Konzepte der Humanwissenschaften

Helga Nitsch-Berg

Kindliches Spiel zwischen Triebdynamik und Enkulturation

Der Beitrag der Psychoanalyse und der Entwicklungstheorie Piagets

Klett-Cotta

CIP-Kurztitelaufnahme der Deutschen Bibliothek

Nitsch-Berg, Helga:
Kindliches Spiel zwischen Triebdynamik und Enkulturation :
d. Beitr. d. Psychoanalye u. d. Entwicklungstheorie Piagets / Helga Nitsch-Berg. –
1. Aufl. – Stuttgart : Klett-Cotta, 1978.
(Konzepte der Humanwissenschaften)
ISBN 3-12-926021-8

1. Auflage 1978

Verlagsgemeinschaft Ernst Klett - J. G. Cotta'sche Buchhandlung
Nachfolger GmbH

Einbandgestaltung und Typographie: Heinz Edelmann
Satz: G. Müller, Heilbronn
Druck: W. Röck, Weinsberg

Inhalt

Vorwort

Die vorliegende Arbeit wurde durch ein Forschungsstipendium des Max-Planck-Instituts für Bildungsforschung, Berlin, gefördert. Sie hat dem Promotionsausschuß „Dr. phil." der Universität Bremen als Dissertation vorgelegen[1].
Herr Dr. Kurt Kreppner und Herr Dr. Lothar Krappmann haben die gesamte Arbeit durch ihre Beratung und Kritik wesentlich unterstützt.
Meine langjährige und intensive Beschäftigung mit der psychoanalytischen Theorie wurde vor allem von Herrn Prof. Gerhard Maetze (Freie Universität Berlin und Berliner Psychoanalytisches Institut) und durch die von ihm veranstalteten Colloquien und Arbeitskreise angeregt und vertieft. Ihm verdanke ich auch wesentliche Hinweise und Kritik zu *Teil A* dieser Arbeit. Für Studienaufenthalte in den USA und London vermittelte er mir die für meine Arbeit wichtigen Kontakte mit Psychoanalytikern aus der Forschung und kindertherapeutischen Praxis. Diesen Besuchen verdanke ich anschauliche und lebensnahe Einblicke in die interdisziplinären und pädagogischen Anwendungsmöglichkeiten der Psychoanalyse.
Kritische Gesprächspartner in verschiedenen Stationen meiner Arbeit waren: Herr Dr. Wolfgang Edelstein, Herr Prof. Dr. Alfred Lorenzer, Frau Prof. Dr. Marina Neumann-Schönwetter, Frau Dr. Sibylle Paulsen, Herr Michael Schröter, Frau Gisela Steppke.

Den Mitarbeiterinnen des Zentralen Schreibdienstes im Max-Planck-Institut für Bildungsforschung danke ich für ihre sorgfältige Arbeit bei der Korrektur und Abschrift meines Manuskripts. Für die sorgfältige Endkorrektur der Arbeit danke ich Frau Hoerkens.
Den Genannten und allen Freunden, die durch Vorschläge, Ermutigung und Kritik meine Arbeit förderten, gilt mein Dank.

Oldenburg, im Dezember 1976 *Helga Nitsch-Berg*

1 Vorarbeiten zu einigen Kapiteln von *Teil A* sind unter dem Titel: „Spiel und Phantasie in der frühen Kindheit aus psychoanalytischer Sicht" in: BAUMGARTNER, A., und GEULEN, D. (Hrsg.): Vorschulische Erziehung. Bd. 1, Weinheim und Basel 1975, S. 147–215, veröffentlicht.

Einleitung

Die hier vorgelegte Arbeit zum kindlichen Spielen und Phantasieren versteht sich als eine vergleichende und systematisierende Darstellung und Interpretation psychoanalytischer und differenzierter entwicklungspsychologischer Studien (PIAGET), verbunden mit einem erziehungstheoretischen Erkenntnisinteresse. Unterschiedliche Interpretationen, Widersprüche und ungelöste Fragen dieser auf klinischen oder anderen empirischen Erkenntnissen aufbauenden Studien werden daraufhin untersucht, was sie zum *Verständnis* kindlicher Spiel- und Phantasietätigkeiten beitragen können, und wie sie die psychodynamischen und kognitiven Grundlagen dieser Tätigkeiten bestimmen.

Es werden daher schwerpunktmäßig in *Teil A* einerseits die zentralen *kommunikativen* (und ‚diagnostischen') *Voraussetzungen* bewußten erzieherischen Handelns gegenüber kindlichen Spielaktivitäten untersucht; andererseits wird – eng damit verbunden – das ‚freie', überwiegend selbstinitiierte, kindliche Spiel als potentielles *Kommunikationsmedium* fast des gesamten, sei es des ‚naturwüchsigen', sei es des reflektierten Erziehungsprozesses im Vorschulalter analysiert. Zu diesem Zweck war es vor allem erforderlich, auf die Genese der frühen (libidinösen) Objektbeziehungen und der darin sich vollziehenden *‚symbolischen' Kommunikationsprozesse* und ihrer averbalen und verbalen Darstellungsmittel einzugehen.

Dabei werden wichtige psychoanalytische Einzelerkenntnisse zum Kinderspiel und zur Phantasie mit herangezogen, die der erziehungswissenschaftlichen Diskussion bisher weitgehend entzogen waren, da sie in theoretischen Beiträgen und reflektierten klinischen Berichten zu anderen Gegenständen psychoanalytischer Arbeit enthalten sind.

Hervorzuheben ist, daß die empirische Ausgangsbasis dieser Arbeiten nicht nur der Fall-Praxis der Kindertherapie entstammt, sondern daß schon seit mehreren Jahrzehnten insbesondere in den USA und England auch empirische teilnehmende Beobachtungsstudien von psychoanalytisch orientierten Forschungs- und Therapiezentren unternommen wurden, die die psychoanalytische Theoriebildung zur kindlichen Entwicklung ebenso befruchtet haben [1].

---

1 Bedeutende Zentren dieser Art, über deren bisherige und laufende Forschung ich mich zum Teil im Rahmen einer Studienreise informieren konnte, sind: *Hampstead Child-Therapy Clinic*, London; *Albert Einstein College of Medicine of Yeshiva University*, New York; *Masters Children's Center*, New York; *Child Development Center*, New

Zur exemplarischen Veranschaulichung der psychoanalytischen Studien wurden auch kulturanthropologische, beziehungsweise ethnographische Berichte und Quellen zum Kinderspiel herangezogen, so vor allem die Arbeiten von SUTTON-SMITH und seinen Mitarbeitern, EIFERMANN, OPIE, PEESCH, MACCOBY, RÓHEIM, PFEIFER, BORNEMAN.

Die Auswertung dieser Untersuchungen wird begleitet von der Fragestellung, ob sich aus diesen hier analysierten und interpretierten Arbeiten auch bestimmte Konsequenzen für die Kritik und Veränderung pädagogischer Strategien und Handlungskonzepte zum Kinderspiel ziehen lassen. Es wird aber nicht angestrebt, explizite curriculare und praktisch-pädagogische Modelle oder Handlungsanweisungen, zum Beispiel für die institutionelle Vorschulerziehung, anzubieten oder einen Beitrag zu einer systematischen normativen Theorie pädagogischen Handelns gegenüber dem Phänomen des Kinderspiels zu liefern.

Es kann auch nicht an dieser speziellen Fragestellung die erst in ihren Anfängen stehende *meta-psychologische* und gesellschaftstheoretische Kritik und Relativierung psychoanalytischer Begriffe konkretisiert werden[2].

In den psychoanalytisch-theoretischen Arbeiten wird vor allem nach der je spezifischen psychodynamischen Funktion des Spiels innerhalb der Entwicklung eines bestimmten Kindes gefragt. Sie sehen das Spiel gleichsam als einen Spiegel der Libido- und Ich-Entwicklung, allerdings in ständiger Wechselwirkung mit der sozialen Realität. Die Untersuchung der Dynamik im kindlichen Spiel und seiner verschiedenen Erscheinungsformen muß vor allem die konkreten Widersprüche zwischen Triebdynamik und dem jeweils herrschenden *Realitätsprinzip* bei der Ich-Entwicklung thematisieren.

Geht man von dem Anspruch aus, daß Gegenstand einer sozialwissenschaftlichen Theorie der Sozialisationsprozesse nicht nur die intentionale Interaktion sein kann, sondern auch das *Es* als gesellschaftlich vermittelte Instanz ver-

---

York; *Erikson Institute for Early Childhood Education*, Chicago; *Institute for Psychoanalysis*, Chicago; *Arsenal Family and Children's Center*, Pittsburgh; *The Cleveland Center for Research in Child Development*, Cleveland; *Child Study Center, Yale University*, New Haven; *Children's Hospital Medical Center and Harvard Medical School*, Boston.

2 Vgl. dazu den Sammelband „Psychoanalyse als Sozialwissenschaft" (1971); die Arbeiten von LORENZER, 1970b, 1971, 1972, 1974; die Beiträge in dem Sammelband „Produktion, Arbeit, Sozialisation" (LEITHÄUSER/HEINZ, 1976); oder die Arbeiten von REICHE, 1972; REIMANN, 1973; SCHNEIDER, 1973; DAHMER, 1973.
Eine Verbindung zwischen familiensoziologischen und psychoanalytischen Fragestellungen zum Kinderspiel versuchen NEUMANN-SCHÖNWETTER, PAULSEN und STEPPKE, 1974, herzustellen.

drängter Triebrepräsentanzen[3], so erweisen sich vor dieser Fragestellung die traditionellen entwicklungspsychologischen Theorien ebenso als unzureichend wie auch rein soziologische Erklärungsmodelle zum *Rollenspiel.* Beide Theorietraditionen lassen außer acht, daß eine Instanz wie das *Es* postuliert werden muß, daß sie historisch entstanden und bestimmt ist durch den jeweiligen Grad und die qualitativen Formen gesellschaftlicher Repression.
BERNFELD hat betont, daß

„... alles seelische Geschehen für FREUD das Schicksal (ist), das die Triebe *in einer bestimmten Realität* finden; die Triebe mitsamt ihren Eigenschaften und Zielen sind der Niederschlag historischen Geschehens, und wo nicht die Realität, sondern innere Faktoren für das Triebschicksal entscheidend sind, da ist das Über-Ich wirksam, das selbst nur die Verinnerlichung eines bedeutsamen Stücks der Realität ist. Wer sich deutlich macht, daß die ‚Realität' für den Menschen beinahe ganz durch die Gesellschaft gegeben ist... muß zugeben, daß FREUD den sozialen Faktor gewiß nicht zu gering geschätzt hat" (BERNFELD, [1929] 1969, S. 198; Hervorhebung H. N. B.).

Das indirekt gesellschaftskritische, auch bildungspolitisch relevante Potential der psychoanalytischen Beiträge zur frühkindlichen Entwicklung besteht darin, daß die Erkenntnisse über die Beziehungen zwischen Triebdynamik und Ich-Entwicklung wichtige Kriterien für die Kritik an Formen und Institutionen der kulturellen Anpassung des Kleinkindes erbringen, in denen sich konkrete, nach gegenwärtigem wissenschaftlichem Erkenntnisstand historisch veränderbare oder überfällige Herrschaftsstrukturen ebenso niederschlagen wie unabdingbare, auch in freieren Gesellschaftsstrukturen notwendige Forderungen zur Realitätsanpassung[4]. Ohne Kenntnis der triebdynamischen Grundlagen von Herrschaft aber bleibt gerade diese Differenzierung unklar, und ohne diese Differenzierung bleibt die Kritik an Herrschaftsstrukturen und ihren psychischen Folgen unklar, utopisch und damit stumpf.
Bei der Erforschung der frühen Kindheit entdeckte die akademische Entwicklungspsychologie zwar auch die Bedeutung des Kinderspiels, ohne aber den genannten *Widerspruch zwischen Triebdynamik und Realitätsanpassung* zu berücksichtigen. Sie betonte dagegen besonders die wichtige Funktion, die dem Spiel für den Erwerb und die Entdeckung neuer Handlungsschemata durch aktives Experimentieren in den ersten Lebensjahren zukommt[5]. Das Spiel wird als ein spontanes, angeborenes Verhalten verstanden, das sich von Instinkthandlungen nur wenig unterscheidet. Die verschiedenen Spielinteres-

---

3 Vgl. u.a. LORENZER, 1972, 1973; REIMANN, 1973; SCHNEIDER, 1973.
4 Vgl. hierzu auch OTTOMEYER, 1976.
5 Siehe W. STERN, 1928; BÜHLER, 1929; HETZER, 1931, 1961, 1970, 1971; REMPLEIN, 1966; SCHENK-DANZIGER, 1963; HECKHAUSEN, 1964.

sen und Spieltätigkeiten sieht man in einer stufenweisen Abfolge als Teil des allgemeinen Wachstumvorgangs sich entwickeln (so z.B. auch bei GESELL, 1946, 1952, 1954).

Die praktisch-pädagogischen Konsequenzen, die aus diesen Theorien der Entwicklungspsychologie gezogen wurden, bestanden weitgehend nur darin, die Kenntnis der Entwicklungsstufen und der notwendigerweise damit auftauchenden Bedürfnisse des Kindes zur Voraussetzung für die Gestaltung von Umweltangeboten zu machen, das heißt in der Beurteilung und noch mehr in der Vorbereitung des Spielmaterials und der Spielbedingungen (zum Beispiel Spielplätze, Kindergarten-Spiel, Vorschule) die Kriterien und Gesetzmäßigkeiten der kindlichen Entwicklung zu berücksichtigen[6]. Die Forderung an die Erzieher und pädagogischen Institutionen, das erforderliche Material für diesen Entwicklungsprozeß in der richtigen Weise und zum rechten Zeitpunkt bereitzustellen, um die zur Entfaltung drängenden *Anlagen* des Kindes zu fördern, kann aber nicht genügen – beschränkt sie sich doch auf die Reproduktion der als naturwüchsig ablaufend gedachten Entwicklungsprozesse. Schon der diffuse Begriff der *Förderung* dient dabei der Entlastung von dem Risiko, qualitative Veränderungen im Entwicklungsprozeß zu denken, die auch aus historisch gewordenen und damit veränderbaren Umweltbedingungen herzuleiten wären[7].

Es genügt auch nicht – wie es in der akademischen Entwicklungspsychologie meist geschieht –, das Spiel als eine nur technische Bemeisterung von Spielsachen und Dingen, d.h. von Außen- und Objektwelt zu verstehen und es zu einer nur motorischen und erforschenden Aktivität zu verharmlosen, es gleichzeitig aber nicht auch als Ausdruck der kindlichen Triebdynamik zu begreifen. Indem das Kind im Spiel zu immer neuen Stufen der Realitätsmeisterung gelangt, stellt das Spiel auch einen Weg der Verarbeitung von Erlebnissen und damit verbundenen Konflikten durch Phantasieren und Experimentieren dar. Zur Erklärung der Verarbeitung von Konflikten und Erlebnissen im Spiel vermögen die Studien der Entwicklungspsychologie kaum etwas beizutragen;

---

6 Vgl. hierzu: „Arbeitsausschuß Gutes Spielzeug", 1967.

7 Extrembeispiel solcher rigiden Förderungsprogramme bis zurück ins Babyalter ist auch das als Taschenbuch verbreitete Buch von PAINTER, 1975. Hier wird gefordert, schon für das Neugeborene einen festen Zeitplan aufzustellen und Platz für den „programmierten Spielunterricht" zu reservieren (S. 27). Die Mutter wird ermahnt, sich vom Säugling nicht in ihrem beabsichtigten Lehrplan abbringen zu lassen. Das Kind „darf auch nicht bestimmen, mit welchem Spielzeug es spielen möchte" (S. 47). Dem Baby soll bei diesen „Spielstunden" als Vorbereitung für den späteren Schulunterricht „das Gefühl zu ‚arbeiten'" vermittelt werden (S. 46).
Ähnliche „Entwicklungsprogramme" – wenn auch nicht ganz so rigide – bietet DIEKMEYER mit seinen Elternbüchern an (1976).

ebensowenig berücksichtigen sie die Determination spezifischer Spieldetails durch die je individuelle Motivation und Biographie des Kindes und die sozialen Faktoren (Familie und andere)[8].

Die psychoanalytischen Interpretationen betonen unter anderem besonders die emotionale Entlastung, die das Spiel dem Kind bietet. Im Spiel können Konflikte gemildert, zeitweise geleugnet oder teilweise sogar gelöst werden. Im Spiel kann das Kind die Omnipotenz, die es einmal zu besitzen glaubte, für kurze Zeit scheinbar wiedererlangen. Durch aktive Wiederholung assimiliert das Kind allmählich passiv erlebte Erfahrungen. Spiel ist so auch ein Assimilationsprozeß, der sich besonders des Wiederholungsprinzips bedient (vgl. Spitz, 1937).

Haben Psychoanalytiker besonders die Bedeutung und Funktion des Spiels für die affektive Entwicklung des Kindes aufgezeigt, so haben sie – obwohl sie die Bedeutung für die kognitive Entwicklung anerkennen und mehrfach auf sie hinweisen – zunächst weniger zur Erklärung der unmittelbaren Herausbildung der kognitiven Fähigkeiten beitragen können.

Der Forschungsschwerpunkt der Psychoanalyse war vor allem die Dynamik von seelischen Prozessen, besonders der unbewußt ablaufenden. Sie versuchte insbesondere, tiefe emotionale *Störungen* und *Konflikte* in der Entwicklung des Individuums zu erklären und ihre innerpsychischen Ursachen aufzudekken. Dabei entdeckte sie auch, daß der innerseelische Konflikt zwischen den verschiedenen entgegengesetzten Kräften der Psyche nicht nur zu deren Aufbau und Differenzierung beiträgt, sondern auch einen wesentlichen Einfluß auf die geistige Entwicklung des Individuums hat. *Erkennen* ist nicht ohne affektive Beteiligung zu denken.

„Das Erkennen und die Erkenntnisvorgänge werden ausgelöst von affektiven Prozessen und Erlebnissen und sind mit ihnen verknüpft. Diese innerseelischen Kräfte üben auf die Erkenntnisse einen mächtigen Einfluß aus, wirken mit an ihrer Entfaltung und treiben im allgemeinen die ontogenetische Entwicklung ebenso stark voran, wie äußere Einflüsse es tun“ (Cobliner, 1967, S. 345).

Erst im Laufe ihrer Weiterentwicklung richtete die Psychoanalyse ihr Forschungsinteresse auch mehr und mehr auf allgemeine, relativ *ungestörte* Entwicklungsprozesse. Von den Psychoanalytikern, die mit der direkten Beobachtung von Kleinkindern beschäftigt waren, ging dann ein entscheidender Anstoß zur Ausarbeitung einer allgemeinen psychoanalytischen Entwick-

8 Zum Verhältnis von akademischer Entwicklungspsychologie und Psychoanalyse vgl. A. Freud (1957/58) und die Diskussion zwischen Bühler und Spitz (1968).

lungstheorie aus, in der auch die kognitive Entwicklung einen breiteren Raum einnimmt[9].

Dennoch haftet der psychoanalytischen Forschung zur Entwicklungstheorie des Kindes noch vielfach das Urteil „Einseitigkeit" an, der man häufig das entwicklungspsychologische theoretische Gebäude PIAGETS entgegensetzt. Demgegenüber ist jedoch hervorzuheben, daß sich auch PIAGET nur mit einem bestimmten Bereich der Entwicklung beschäftigt hat. Ihn interessierte hauptsächlich die Erforschung der Erkenntnis (Wahrnehmung, Gedächtnis, Problemlösung), wie sie sich allmählich aus dem motorischen Handeln entwickelt. Diese Fragestellung ist auch leitend bei seiner Theorie des Spiels, die nur auf dem Hintergrund seiner allgemeinen Theorie der Intelligenz und der Entwicklung des Denkens zu verstehen ist.

Betrachtet man das kindliche Spiel nicht nur als allgemeines sensomotorisches und kognitives Strukturphänomen, sondern wendet sich den verschiedenen Erscheinungsformen spezifischer Spielhandlungen zu, so ergibt sich die Frage, ob zu ihrem Verständnis eine Klassifikation oder Typologisierung, wie sie PIAGET und andere Entwicklungspsychologen anstrebten, ausreicht. Kann eine solche deskriptiv-strukturelle Klassifikation die Funktionen oder das je spezifische Spektrum möglicher Funktionen erklären, die bestimmten Spielformen bei der Entwicklung des Kindes zukommen?

Die *Ausgangsthese*, die durch die konkrete vergleichende Analyse von psychoanalytischen und kognitiv-entwicklungspsychologischen Studien in *Teil B* überprüft werden soll, läßt sich in folgender Weise zusammenfassen:

In den Diskussionen um die entwicklungstheoretischen Grundlagen von pädagogischen Strategien zur institutionellen und familialen Vorschulerziehung (und zu einer entsprechenden Elternbildung) – zunächst vor allem in den USA, zum Teil aber auch in der Bundesrepublik – wird vielfach der Eindruck erweckt, als sei das Werk von JEAN PIAGET hierbei die zentrale theoretische Basis, zumindest für die *Förderung* der in den Vordergrund gestellten kognitiven und sensomotorischen Kompetenzen, und zugleich eine Alternative zur psychoanalytischen, angeblich einseitig ‚affektiven' Entwicklungstheorie. Demgegenüber soll hier am Beispiel des kindlichen Spiels belegt werden:

1. daß weder die psychoanalytische noch die PIAGETsche Entwicklungstheorie in ihrer vorliegenden Form jeweils für sich genommen bereits eine ausreichende psychologische Basis für die Entwicklung pädagogischer Diagnose- und Handlungskonzepte im Vorschulalter sein kann;

---

9 Hierzu gehören auch die meisten Arbeiten von A. FREUD und R. SPITZ. Beispielhaft für eine solche Tendenz sind auch die therapeutisch *und* entwicklungstheoretisch orientierten Forschungen von GALENSON und MAHLER (siehe Literaturverzeichnis) wie auch die Arbeiten von ESCALONA (1968); BRODY (1956), BRODY/AXELRAD (1974); RITVO u.a. (1963); BURLINGHAM (1952).

2. daß andererseits jedoch die Arbeiten von SIGMUND FREUD und ANNA FREUD sowie neuere psychoanalytisch-entwicklungstheoretische Studien bereits zentrale Elemente einer komplexen Vermittlung zwischen sogenannten *affektiven* und *kognitiven* Dimensionen der Entwicklungstheorie enthalten und somit eher eine Ausgangsbasis für die notwendig den gesamten psychischen Entwicklungsprozeß betreffenden pädagogischen Konzepte darstellen, während
3. das Werk PIAGETS seiner eigenen Intention und seiner faktischen Anlage nach bewußt *einseitig* nur die kognitive Entwicklung differenziert strukturell analysiert und nicht beansprucht, damit explizit oder implizit pädagogische Konzepte zu liefern;
4. daß schließlich die psychoanalytischen Beiträge zur Integration *affektiver* und *kognitiver* Entwicklungsdimensionen es wahrscheinlich erlauben, die Studien von PIAGET nicht nur eklektisch zu nutzen, sondern aufgrund von im einzelnen noch zu leistenden psychodynamischen Kontextanalysen (wie es ansatzweise im *Teil B,* Abschnitt 4.3.2, demonstriert wird) in einer weiterentwickelten psychoanalytischen Entwicklungstheorie ‚aufzuheben'.

Es bleibt allerdings darauf hinzuweisen, daß ohne die in konkreter Form noch ausstehende theoretische und empirische Vermittlung von psychologischen und *soziokulturellen* Analysen und Konzepten eine direkte Übertragung psychologischer Entwicklungstheorie in pädagogisches Handeln relativ kurzschlüssig bleibt. Diese Problematik wird an verschiedenen Punkten der Arbeit zwar in der Kritik bestimmter pädagogischer Konzepte zum Kinderspiel demonstriert, ohne daß aber beansprucht wird, einen substantiellen Beitrag zur Lösung dieser Aufgabe zu leisten.

Teil A

Das kindliche Spiel als spezifische Kommunikationsform

1

Spiele
als Manifestationen
des Unbewußten

1.1 Die Bedeutung der Erfahrungen der psychoanalytischen Kindertherapie für das Verständnis des Kinderspiels

Anfangs hatte S. Freud das Kind nur durch das „Medium des Erwachsenen" (Freud, „Aus der Geschichte einer infantilen Neurose", 1918, GW XII, S. 138) studiert. Die aus der Erwachsenenanalyse rückschließend gewonnenen Erkenntnisse über das Seelenleben des Kindes, seine sexuellen Triebregungen und seine Ängste wurden aber bald durch Erfahrungen und Beobachtungen aus der von Freuds Schülern (Hug-Hellmuth, A. Freud, M. Klein) entwickelten Kinderanalyse ergänzt (vgl. S. Freud, Neue Folge der Vorlesungen zur Einführung in die Psychoanalyse, 1932, GW XV, S. 158ff.). Die Kinderanalytiker stellten Erfahrungen bereit, die für die Beobachtung von gesunden Kindern und Säuglingen auch in außertherapeutischen Situationen von großer Wichtigkeit wurden (zum Beispiel: Spitz, A. Freud und die Forschungen an der *Hampstead Child Therapy Clinic;* vgl. auch A. Freud, [1927] 1966, S. 38, 69; Kris, 1950).
Schließlich bildet die Kinderanalyse die Überleitung zu einem – wie A. Freud sagt – der wichtigsten Anwendungsgebiete für die Psychoanalyse: zur Pädagogik ([1927] 1966, S. 69). Die Bedeutung der Psychoanalyse für die Pädagogik sieht sie darin, daß diese sich besonders „zur Kritik der schon bestehenden Erziehungsformen" eigne.

> „Als psychoanalytische Psychologie, als Lehre von den Trieben, vom Unbewußten, als Libidotheorie erweitert sie ... die Menschenkenntnis des Erziehers und schärft sein Verständnis für die komplizierten Beziehungen zwischen dem Kind und dem erziehenden Erwachsenen. Als eine Behandlungsmethode schließlich, als Kinderanalyse, bemüht sie sich, die Schäden wieder auszubessern, die dem Kind während des Erziehungsprozesses zugefügt wurden" (zitiert nach K. Singer, 1970, S. 23f.).

Aus allen drei Bereichen: dem klinischen Material der Erwachsenenanalyse, der Kinderanalyse und der psychoanalytisch fundierten direkten Beobachtung von Kindern (zum letzten vgl. Kris, 1950, S. 29ff.; A. Freud, 1958; Spitz, 1950) stammt die Literatur, die in dieser Arbeit auf das Problem des Kinderspiels hin systematisch ausgewertet und dargestellt werden soll. Dazu kommen andere theoretische Arbeiten zur kindlichen Entwicklung und zu speziellen Fragen der psychoanalytischen Theorie sowie bestimmter psychoanalytischer Begriffe (zum Beispiel Sublimierung, Angst, Realitätsprinzip).

Freud stieß bei seiner Beschäftigung mit den Träumen, Tagträumen, den Phantasien und dem Witz auch auf das Phänomen des Spiels, das er den Phantasietätigkeiten und ihren Produkten gleichsetzt und wie diese als Ausdrucksformen des Unbewußten versteht und analysiert (vgl. besonders: „Der Dichter und das Phantasieren“, 1908, GW VII, S. 214ff.; „Jenseits des Lustprinzips“, 1920, GW XIII, S. 13ff. und S. 21). Historisch gesehen, waren es dann besonders die Erfahrungen und Beobachtungen, zu denen Analytiker im Versuch, neurotische Kinder therapeutisch zu behandeln, gelangten, die die Bedeutung und Funktion des Spiels für das Kind und seine Entwicklung aufwiesen.
Hier interessieren nicht die Kontroversen und Meinungen zu den verschiedenen Verfahrenstechniken der Kinderanalyse, sondern das Material, das in diesen Arbeiten über das kindliche Verhalten, sein Seelenleben, seine Phantasietätigkeit und insbesondere seine Spieltätigkeit zu finden ist.
Ein zentrales Mittel der psychoanalytischen Erwachsenenanalyse ist die Technik der „freien Assoziation“, die einen Hauptweg zur Erforschung des Unbewußten darstellt. Bei der Klärung technischer Probleme der Kinderanalyse erhob sich die Frage, wie der Analytiker Zugang zum Unbewußten des Kindes gewinnen könne. Das Ausbleiben der freien Assoziation bei Kindern und ihre Unfähigkeit dazu waren eine fast übereinstimmend festgestellte Erfahrung der Analytiker [1]. Besonders das Kind in der Latenzzeit und Vorpubertät war nicht in der Lage, frei zu assoziieren und alle seine Einfälle ungehindert und kritiklos mitzuteilen. Das Ich des Kindes hat gerade in der Latenz und Vorpubertät erst mühsam und langsam die Kontrolle über seine instinktiven Antriebe und primären Denkprozesse erlangt, diese Kontrolle will es nicht wieder aufgeben und schützt sich durch besondere Abwehrmechanismen [2].

„Daß Kinder nicht frei assoziieren können oder wollen, ist eine allgemeine Erfahrung und hat mehr als eine Ursache. Für das Bewußtsein ist es wahrscheinlich die Position des Erwachsenen als Autoritäts- und Über-Ich-Figur, die eine uneingeschränkte Aufrichtigkeit von seiten des Kindes verhindert. Dahinter spielt es im Unbewußten eine Rolle, daß das kindliche Ich seiner eigenen Widerstandskraft dem Triebleben gegenüber mißtraut und daß deshalb das volle Ausschalten von Kritik und Zensur dem unreifen Individuum eine größere Gefahr bedeutet als dem reifen Menschen...“
„... Das unreife Ich, das dem Druck von Trieb und Außenwelt weniger gewachsen ist als später, empfindet die Analyse als Gefahr, gegen die es seine Abwehr verstärkt“ (A. Freud, 1968, S. 37, 42).

---

1 Vgl. dazu die Arbeiten von M. Klein und A. Freud, ebenso auch von Buxbaum, *Technique of Child Therapy* und *Psychotherapy and Psychoanalysis in the Treatment of Children*, in: Buxbaum, 1970, S. 88–132 und S. 133–146.
Zu den Kommunikationsschwierigkeiten zwischen Kind und Erwachsenen und der Wichtigkeit prä- und averbaler Kommunikationsformen, die diesen beim kindlichen Spiel zukommt, siehe auch Neubauer, 1972, S. 226ff.

2 Vgl. A. Freud, [1936] o. J.; Bornstein, 1951, 1953.

Bei der Suche nach anderen technischen Hilfsmitteln, die den Ausfall der freien Assoziation ersetzen könnten, fanden einige Kinderanalytiker, daß das freie, nicht angeleitete Spiel, Phantasiespiele aller Art und das Malen und Modellieren dem Analytiker Material zur Deutung unbewußter psychischer Vorgänge und Konflikte boten[3]. Wurden die Bedeutung des kindlichen Spiels und das dadurch produzierte Material auch allgemein anerkannt, so wurden Deutung und Verwendung dieses Materials in der Therapie von den Kinderanalytikern jedoch unterschiedlich bewertet. Besonders kontrovers ist die Stellung M. Kleins und A. Freuds zu dieser Frage. Darauf können wir nur am Rande eingehen.

Exkurs:
Kindliches Spiel als Kommunikationspotential oder als Kompetenztraining

Unter dem Einfluß der Diskussion über Sprachförderungsprogramme übersieht man allzuleicht den Mitteilungswert averbaler Kommunikationsformen, wie sie auch das Spiel darstellen kann. Bittner (1969) hat betont, daß „als erster und allgemeinster pädagogischer Ertrag aus den Erfahrungen der Kinderanalyse" festzuhalten sei, „daß nicht jedes beliebige Sprachniveau dem Bewußtwerden des Affekts gleichermaßen günstig ist. Daher dürfte es auch illusorisch sein, sich von jeder sprachlichen Differenzierung des Kindes zugleich einen Zuwachs an affektiver und emotionaler Differenzierung zu versprechen. Wenn Sprache nur insoweit Affekte wirksam zu formulieren vermag, als sie selbst ihre affektive Wurzel nicht verleugnet, wird man die Eignung einer rein formal eingeübten Sprache zur emotionalen Kultivierung eher pessimistisch einschätzen und einhergehend mit der perfekteren Sprachbeherrschung eine zunehmende Selbst- und Affektentfremdung erwarten" (S. 41).
Die Komplexität von Spielen läßt sich nicht allein an dem Grad der begleitenden Verbalisierungen messen. Vielen Vorschulprogrammen, die dem kindlichen Rollenspiel eine wichtige Funktion zuschreiben, scheint aber dieses Kriterium allein zugrunde zu liegen. Die Arbeiten S. Smilanskys (1968, 1971, 1973) scheinen mir typisch für diese Tendenz in der Vorschulerziehung zu sein, die Rollenspiele nur mit Sprachförderungsprogrammen koppelt[4]. Es wird der Eindruck erweckt, als seien nur die verbalisierten Rollenspiele pädagogisch relevant. S. Smilanskys Beschränkung auf das so definierte „sozio-dramatische

---

3 Vgl. Berna, „Verbalisierung in Erziehung und Kinderanalyse", in: Berna, 1973, S. 149–170, besonders S. 160.

4 Vgl. die Smilanskys Konzept und Thesen folgende Untersuchung von C. E. Rosen, 1974.

Spiel" muß notwendigerweise eine Reihe wichtiger Funktionen und Formen kindlichen Spielens unberücksichtigt lassen.

Mir scheint es auch sehr problematisch zu sein, die Erzieher, wie S. SMILANSKY (1968, 1971, 1973) vorschlägt, zu einer direkten Intervention in das kindliche Spiel aufzufordern. In einer Untersuchung (1968) von Kindern aus stark unterprivilegierten Schichten in Israel fand sie, daß diese nur geringe Fähigkeiten für spezifische Formen verbal vermittelten Rollenspiels mitbringen[5]. Das imitative und fiktive Element fand sie in dem spielerischen Verhalten der Kinder ebensowenig ausgeprägt, wie sie differenzierte Verbalisierungen als Instrument des „sozio-dramatischen" Spiels vermißte. Ausgehend von diesen Ergebnissen und der These, daß ein enger Zusammenhang bestehe zwischen der kognitiven Struktur, die dem in der Schule geförderten Problemlösen zugrunde liegt, und der Fähigkeit zum spielerischen „So-tun-als-ob" als Hauptmerkmal des verbal ausgestalteten Rollenspiels, empfiehlt sie nicht nur ein Mitspielen des Erziehers, sondern auch ein direktes, zielbestimmtes Eingreifen und Anleiten des „sozio-dramatischen" Spiels. Nach dem Muster: „Nun geh und spiel mit deiner Puppe Vater und Mutter"; „Geh und ruf Dan zum Doktorspielen mit deinem neuen Spielzeug" (M. SMILANSKY und S. SMILANSKY, 1972, S. 215), soll die Erzieherin das fiktive Spielen anleiten und fördern. Die Autorin meint, daß es „irgendeiner Demonstration der den Spielsachen innewohnenden Imitationsmöglichkeiten" bedürfe (S. 215). Ihr Ziel ist es, die reinen „Techniken des sozio-dramatischen Spiels" zu vermitteln, und sie meint, dabei vollkommen von seinen Inhalten absehen zu können (vgl. S. SMILANSKY, 1971, S. 48f.). Das „So-tun-als-ob" soll hauptsächlich darauf ausgerichtet sein, die spielerischen Handlungen „realitätsgetreuer" zu machen. Eine Förderung der Phantasietätigkeit bleibt hierbei ausgeklammert (vgl. S. SMILANSKY, 1973, S. 156).

Wie fragwürdig es aber ist, einem Kind die bloße „Technik des verbalen Ersatzes für eine Reihe von Handlungen, Situationen und Ereignissen" beibringen zu wollen, ohne die komplexe affektive Bedeutung der jeweils vorgeschlagenen fiktiven Situation mit zu reflektieren, illustriert besonders folgendes ihrer Beispiele: „Aufregende Ereignisketten" sollen „verbal erlebt" werden, und die Erzieherin fordert das Kind auf: „Stellen wir uns vor, dein Papa ist gestorben!" Nachdem das Kind widerstrebend reagiert, soll die fiktive Situation abgemildert werden: „Also gut, er ist nicht gestorben, sondern im Ausland, und er wird erst nach langer Zeit zurückkehren" (M. SMILANSKY und S. SMILANSKY, 1972, S. 216). Daß die Unfähigkeit bestimmter Kinder, auf die vorgeschlagene fiktive Situation einzugehen, vielseitig determiniert sein kann und nicht nur auf

5 Vgl. die Untersuchung von SIGEL (1967) über den Zusammenhang von kognitiver Kompetenz und dem Grad der Symbolisierungsfähigkeit bei Fünfjährigen.

eine kognitive Unfähigkeit schließen läßt, wird hier nicht in Erwägung gezogen. Gerade die von den Autoren angeführten inhaltlichen Beispiele für „sozio-dramatisches" Spiel – wie Doktorspielen, sich Krankheiten vorstellen und in das Spiel miteinbeziehen, Familiensituationen spielen – lassen sich weder von ihren emotionalen noch von schichtspezifischen Dimensionen trennen. Wie andere Untersuchungen von EIFERMANN (1971 a, 1971 b) zeigen, muß auch S. SMILANSKYS These, daß Kinder „unterprivilegierter Schichten" generell die Fähigkeit für „sozio-dramatisches" Spiel ohne direkte Anleitungen nicht entwickeln würden, relativiert werden[6]. EIFERMANN hat Tausende von Spielbeobachtungen in nichtschulischen Situationen gesammelt und gefunden, daß die „Unterschichtkinder" in den ihnen vertrauten Situationen der Straße und des Spielplatzes sehr wohl die Fähigkeit zu fiktiven, imitativen und sprachlich ausgestalteten Spielhandlungen zeigten. Die Vorschläge S. SMILANSKYS verfolgen zwar konsequent das Ziel, den schulischen Erfolg vorzubereiten; dieser ist für sie das einzige und wichtigste Kriterium für die Bestimmung der Prioritäten der von ihr vorgeschlagenen Programme. Sie scheint dabei vollkommen die möglichen Schäden zu übersehen, die eine solche einseitige Anpassung an kulturelle Normen der Mittelschicht für das Selbstwertgefühl und die Selbständigkeit dieser Kinder mit sich bringen kann. Wird nicht an die eigenen Erlebnisse, Umweltsituationen und Interessen der Kinder angeknüpft, dann wird auch die Entwicklung von kognitiven und sozialen Kompetenzen nicht genügend motivational verankert, sie wird nicht flexibel und kreativ sein, sondern extern konditioniert, rigide und eingeschränkt bleiben[7].
In dieser Arbeit gehen wir von der Grundannahme aus, daß ein besseres Verständnis des kindlichen Spiels als einer weitgehend auch averbalen Ausdrucksform es dem Erzieher ermöglicht, spezifische Ausprägungen psychodynamischer Entwicklungsphasen und ihrer Konflikte zu erkennen. Die Problematik kompliziert sich jedoch dadurch, daß die Ausdrucksformen psychischer Entwicklungsprozesse je nach sozialer Klasse, Schicht und ethnischer Gruppe unterschiedlich, zum Beispiel mehr oder weniger verbal vermittelt sind. Beim Übergang von der familialen zur schulischen Erziehungssituation ergibt sich in der Mehrzahl der Fälle eine soziale beziehungsweise kulturelle Distanz zwischen Erzieherperson und Kind. Diese Distanz behindert die Sensibilisierung der Erzieher für die schicht- oder kulturspezifischen Ausdrucksformen psychischer Konflikte im kindlichen Spiel. Offensichtlich sind pädagogische Strategien, die hauptsächlich mit Formen des veranstalteten und gelenkten Spiels

---

6 Dazu findet sich auch Material in den Arbeiten von GRIFFING (1974) und V. STERN (1973), beides Untersuchungen zum Rollenspiel und zur Symbolisierungsfähigkeit bei Unterschichtkindern.

7 Diesen Gefahren versucht unter anderen RICHARD (1972 b) mit seinen Versuchen zum angeleiteten Rollenspiel zu entgehen.

arbeiten, geeignet, diese Distanz zu verschärfen, weil die Lernziele solcher Spiele, unter den Bedingungen formaler Verschulung fast immer nur dem schichtspezifischen Wertesystem der Lehrer entnommen sind. Je mehr Erzieher für das Verständnis und Aufgreifen averbaler oder lediglich rituell-verbaler Dimensionen des nichtgelenkten Kinderspiels sensibilisiert und ausgebildet werden, desto größer ist die Chance, daß auch nicht der bürgerlichen Kultur entstammende Ausdrucksformen psychischer Konflikte und Bedürfnisse im institutionalisierten Vorschulbereich zu ihrem Recht gelangen.

1.1.1 Der „kleine Hans“ und die Bedeutung von Spielen und Phantasien

Ein Beispiel aus der Geschichte der Kindertherapie soll illustrieren, in welcher Weise das kindliche Spiel ein Kommunikationsangebot an die Erzieher ist. Es soll zeigen, daß man aus genauen Beobachtungen kindlicher Spielaktivitäten sehr viel über die Wünsche, Konflikte und Ängste des spielenden Kindes erfahren kann.

Wenn man von Kinderanalyse im engeren Sinn eigentlich erst mit den theoretisch und systematisch begründeten Behandlungsversuchen neurotischer Kinder bei A. Freud und M. Klein (und einigen Vorläufern; vgl. dazu Rehm, 1968, S. 112ff.) sprechen kann, so kommt für die Entwicklung der Kinderanalyse einer Schrift S. Freuds, die auch für unser Thema des kindlichen Spiels wichtige Aufschlüsse gibt, besondere Bedeutung zu. Es handelt sich um den ausführlichen Bericht über die „psychoanalytische Behandlung“ eines „nervösen“ Kindes; genauer gesagt: um die Beschreibung eines psychoanalytisch angeleiteten Erziehungsversuches. Diese „Analyse der Phobie eines fünfjährigen Knaben“ – 1909 von Freud veröffentlicht – bringt auch wichtige Hinweise zum kindlichen Spiel des „kleinen Hans“ und zur Frage der Deutungen und Bedeutungen der für die Erwachsenen oft fremdartigen und unverständlichen Spiele des Kindes.

Von Analyse oder psychoanalytischer Therapie im strengen Sinn kann darum noch nicht gesprochen werden, weil es sich um die „Analyse eines fünfjährigen Knaben, die dessen Vater mit ihm angestellt“ hat, handelt. Der Vater hatte dann Freud die genau protokollierten Beobachtungen und Berichte zur Veröffentlichung überlassen (GW VII, S. 176). Freud selbst hat zwar „den Plan der Behandlung im ganzen geleitet“ und den Vater ständig über zu ergreifende Maßnahmen und Verhaltensweisen der Eltern, über zu gebende Aufklärungen und Deutung beraten, „aber nur ein einziges Mal im Gespräch mit dem Knaben persönlich eingegriffen ...“ (GW VII, S. 243).

Freud war zur Zeit der Analyse der Phobie des kleinen Hans noch skeptisch hinsichtlich der Möglichkeiten einer direkten Therapie von Kindern. Wenn ihm auch „die Analyse, die man am neurotischen Kind selbst vollzieht", vertrauenswürdiger schien als die der Erwachsenen, so bezweifelte er doch, ob sie sehr „inhaltsreich" sein könne, da man „dem Kind zuviel Worte und Gedanken leihen" müsse und „vielleicht doch die tiefsten Schichten undurchdringlich für das Bewußtsein finden" wird (FREUD, „Aus der Geschichte einer infantilen Neurose", 1918, GW XII, S. 30f.). Die „technischen Schwierigkeiten einer Psychoanalyse im so zarten Alter" hatte er noch für unüberwindbar gehalten.

„Nur die Vereinigung der väterlichen und der ärztlichen Autorität in einer Person, das Zusammentreffen des zärtlichen Interesses mit dem wissenschaftlichen bei derselben, haben es in diesem einen Fall ermöglicht, von der Methode eine Ausnahme zu machen, zu welcher sie sonst ungeeignet gewesen wäre" (GW VII, S. 243).

Im Vordergrund seines Interesses an der Geschichte des kleinen Hans stand deshalb bei FREUD der Versuch, in dem Material dieser „Kinderanalyse" Bestätigungen und Belege für seine auf dem Wege der Erwachsenenanalyse gefundenen entwicklungspsychologischen und pädagogischen Thesen zu erhalten. Neben dem klinischen Interesse an der so häufigen Krankheitsform der Phobie leitete ihn bei der Überprüfung des Materials besonders die Frage, inwieweit es „die Behauptungen unterstützt, die ich in den ‚*Drei Abhandlungen zur Sexualtheorie*', 1905, aufgestellt habe", und was sich der Geschichte des kleinen Hans „etwa zur Aufklärung des kindlichen Seelenlebens und zur Kritik unserer Erziehungsabsichten abgewinnen läßt" (GW VII, S. 336). Letzteres weist auf eine Fragestellung, die in dieser Arbeit die Untersuchung des kindlichen Spiels begleiten wird.

Um weitere Beweise zur Stützung seiner 1905 veröffentlichten Annahmen über die kindliche Sexualität zu bekommen, hatte FREUD Schüler und Freunde angeregt, „Beobachtungen über das zumeist geschickt übersehene oder absichtlich verleugnete Sexualleben der Kinder" zu sammeln (GW VII, S. 244). Er fragte sich, „sollte es denn unmöglich sein, unmittelbar am Kinde in aller Lebensfrische jene sexuellen Regungen und Wunschbildungen zu erfahren, die wir beim Gealterten mit soviel Mühe aus ihren Verschüttungen ausgraben ..." (GW VII, S. 244).

Die sexuellen Regungen und Wunschbildungen des Kindes lassen sich häufig in seinen Spielen und den damit verwandten Phantasien finden, wofür der Bericht über den kleinen Hans viele Beispiele enthält, die in späteren Abschnitten durch weitere Literatur ergänzt und gestützt werden sollen.

Einen wesentlichen Teil des Berichts über die Behandlung des kleinen Hans nehmen die Protokolle über seine Phantasien ein, die von erheblicher Bedeutung für seine Krankengeschichte sind. Der Inhalt dieser Phantasien und mancher Spiele kreist unter anderem um die Fragen des Kindes nach dem Geschlechtsunterschied (GW VII, S. 247, 251, 256f.) und dem Verhältnis zwi-

schen Vater und Mutter („Giraffenphantasie", S. 272ff., 354). Er äußert symbolische Koitusphantasien (S. 276, 355), beschäftigt sich mit dem Problem des „Kinderkriegens" (S. 250, 328f.), zeigt mit seinen Phantasien und einem Spiel, wie er sich die Geburt vorstellt (S. 328, 321, 362) und äußert ödipale Phantasien, nämlich mit der Mutter verheiratet zu sein (S. 324, 328, 332, 363)[8].
Nicht selten beginnt Hans seine Phantasien mit der spontanen Äußerung: „Ich hab mir was gedacht..." (vgl. S. 272, 276) dem Vater zu erzählen, wobei Hans betont, daß er an den Inhalt der Phantasien glaubt, obwohl sie nicht in der Wirklichkeit für die Erwachsenen zu belegen und zu beweisen sind. „Ich hab's halt geglaubt. Es gibt's ja eh net auf der Welt" (S. 272). – Auf die auch bei den kindlichen Spielen auftauchende Frage nach der Unterscheidung, was für das Kind real, wirklich oder Phantasie ist, wird später noch einzugehen sein. – Im Bemühen um analytisches Vorgehen bietet der Vater häufig Deutungen an, die nicht immer von Hans akzeptiert werden, aber sein weiteres Verhalten bestimmen.

Um die Funktion, die bestimmte Spiele und Phantasien für Hans haben, zu erklären, ist es notwendig, kurz seine Krankengeschichte, seine Phobie, wenigstens in einigen Punkten zu skizzieren. Der Inhalt seiner Phobie und Angst lautet: „Ein Pferd wird mich beißen" (S. 352). Hinter dieser Pferdeangst kommt im Laufe der Behandlung die Angst vor dem Vater hervor, hegt der kleine Junge doch feindliche und eifersüchtige Wünsche gegen den Vater als Rivalen um die Liebe der Mutter, für die er fürchtet, bestraft, das heißt gebissen zu werden (S. 356). Die Pferdephobie hat ja auch die Folge, daß Hans nicht das Haus verlassen kann, nicht auf die Straße zu gehen wagt, also immer in der Nähe der Mutter bleibt.

Nachdem FREUD selbst dem Jungen in einfacher Form diesen Zusammenhang gedeutet hatte, daß das Pferd der Vater sein müsse, vor dem er sich eigentlich fürchte (vgl. S. 356 und Einzelheiten zur Form der Deutung, S. 277), zeigte es sich, „daß ihm nun die Möglichkeit gegeben war, seine unbewußten Produktionen vorzubringen und seine Phobie abzuwickeln" (S. 278). Mit diesem ersten erklärenden Hinweis auf den Zusammenhang der kindlichen Angst war der Widerstand gegen die „Bewußtmachung der unbewußten Gedanken bei Hans beseitigt" (S. 356), von da an konnte er sich seine ambivalenten Gefühle gegenüber dem Vater eingestehen (S. 279), und er teilte daraufhin in verschiedenen Phantasien und Spielen den näheren Inhalt seiner Ängste mit. Die Angst, von einem Pferd gebissen zu werden, geht bei Hans weiter bis hin zu der angstvollen Vorstellung, ein Pferd werde umfallen. Diese Furcht geht auf ein reales Erlebnis zurück; bei einem Spaziergang mit der Mutter sah er ein Pferd umfal-

8 Solche Themen und Probleme finden sich sehr anschaulich auch in der Beschreibung einer „Frühanalyse" bei M. KLEIN, [1923] 1971, S. 61.

len, er erschrak sehr und glaubte, es sei tot. Hans spricht von „Umfallen und beißen wird" (S. 285) in einem Atemzug, und FREUD bemerkt dazu: „Hans hat recht, so unwahrscheinlich diese Vereinigung auch klingt. Der Zusammenhang ist nämlich, wie sich zeigen wird, daß das Pferd (der Vater) ihn beißen werde wegen seines Wunsches, daß es (der Vater) umfallen möge" (S. 285; vgl. S. 358). In einem Gespräch weist der Vater Hans auf diesen Zusammenhang hin, „daß er bei dem fallenden Pferd an ihn, den Vater, gedacht und gewünscht haben muß, er solle so fallen und tot sein. Hans sträubt sich nicht gegen diese Deutung; eine Weile später akzeptiert er sie durch ein Spiel, das er aufführt" (S. 358).

„Hans spielt seit einiger Zeit im Zimmer Pferd, rennt herum, fällt nieder, zappelt mit den Füßen, wiehert. Einmal bindet er sich ein Sackerl wie einen Futtersack um. Wiederholt läuft er auf mich zu und beißt mich." – „Er akzeptiert so die letzten Deutungen entschiedener, als er es mit Worten kann, natürlich aber mit Rollenvertauschung; da das Spiel im Dienste einer Wunschphantasie steht. Also er ist das Pferd, er beißt den Vater, übrigens identifiziert er sich mit dem Vater" (S. 287).

Die Deutung bewirkte eine wesentliche Besserung, Hans verliert viel von seiner Angst und „benimmt sich von da ab frei und furchtlos, ja, selbst ein wenig übermütig gegen seinen Vater" (S. 358; vgl. S. 287).

Hier haben wir ein Beispiel, wie im Kinderspiel Angst überwunden werden kann, indem sich das Kind mit dem Angstobjekt identifiziert, dieses darstellt und ihm dadurch seinen Schrecken und seine Überlegenheit nimmt. Auf diese Möglichkeit des Spiels wird noch einzugehen sein. Auch die verschiedenen Formen der Wunscherfüllung, die sich dem Kind im Spielen bieten, werden im einzelnen noch analysiert werden.

Die Angst vor Pferden kann aber noch nicht so schnell vollkommen beseitigt werden, bevor nicht weitere Einzelheiten der Angst aufgedeckt und bewußtgemacht werden. Das Ziel der Behandlung und Deutungen definiert FREUD wie folgt:

„Wir wollen den Patienten in den Stand setzen, seine unbewußten Wunschregungen bewußt zu erfassen. Dies erreichen wir, indem wir auf Grund der Andeutungen, die er uns macht, mit Hilfe unserer Deutekunst den unbewußten Komplex mit unseren Worten vor sein Bewußtsein bringen" (S. 354).

Die ersten Deutungen haben zur Folge, daß Hans in seinen Spielen auf weitere Ängste hinweist:

„... Hans spielt heute fortwährend Gepäckkisten auf- und abladen, wünscht sich auch einen Leiterwagen mit solchen Kisten als Spielzeug. Im Hofe des Hauptzollamtes gegenüber interessierte ihn am meisten das Auf- und Abladen der Wagen. Er erschrak auch am heftigsten, wenn ein Wagen aufgeladen hatte und fortfahren sollte. ‚Die Pferde werden fallen'..." (S. 331).

Er fürchtete sich nicht nur vor Pferden und, daß sie ihn beißen könnten, sondern auch vor

„...Wagen, Möbelwagen und Stellwagen, als deren Gemeinsames sich alsbald die schwere Belastung herausstellt, vor Pferden, die sich in Bewegung setzen, Pferden, die groß und schwer aussehen, Pferden, die schnell fahren. Den Sinn dieser Bestimmungen gibt Hans dann selbst an; er hat Angst, daß die Pferde umfallen, und macht so alles zum Inhalte seiner Phobie, was dies Umfallen der Pferde zu erleichtern scheint..." (S. 356f., vgl. S. 287, 284).

Wie sehr es sich bei den Spielen des kleinen Hans um eine expressive Form averbaler Kommunikation handelt, verdeutlicht folgende Szene: Hans spielt mit einem Spielzeugpferd; als der Vater fragt, ob Hans ihn gern habe, läßt Hans das Pferd plötzlich umfallen, was ihn selbst sehr erschreckt. Die Spielhandlung dient hier unbewußt der Abwehr seiner feindlichen Gefühle, die nicht ausgesprochen werden dürfen, sich nun aber doch Ausdruck verschaffen (vgl. S. 324)[9].

Diese Furcht vor dem Umfallen eines Pferdes, das eine schwere Last ziehen muß, auf die er auch in seinem Spiel hinweist, ist aber nicht nur durch die schon genannten aggressiven Wünsche gegen den Vater, der tot umfallen möge, determiniert, sondern bekommt durch die von Hans geäußerten Phantasien und Spiele noch einen anderen Sinn. Die Zuneigung der Mutter mußte Hans nicht nur mit dem Vater teilen, sondern auch mit einem Geschwister. Die Ankunft der Schwester beschäftigte ihn sehr, er war über die Herkunft der Kinder nicht aufgeklärt worden und suchte das Rätsel in Spielen zu lösen (S. 319, 361f.). In einem Puppenspiel demonstrierte er, wie er sich die Geburt vorstellte (S. 321). Er hatte in ein Loch im Gummileib einer Puppe ein Messer hineingesteckt und es dann wieder herausfallen lassen, indem er der Puppe die Beine auseinanderriß (S. 319; vgl. S. 362).

Sein Interesse an Möbel-, Stell- und Lastwagen und Kisten ist eng mit seiner Erinnerung an die Schwangerschaft der Mutter verbunden, die er vage ahnend mit der Ankunft der Schwester verbindet. Zur Zeit, da er mit den Gepäckkisten auf- und abladen spielt, beschäftigt er sich auch spielend mit seinen ihm gehörenden imaginären Kindern (S. 328ff.). Dem Vater erklärt er: „Stellwagen, Möbelwagen, Kohlenwagen seien Storchkistenwagen" (S. 316). Im Umfallen der schweren oder schwer belasteten Pferde hatte er eine Entbindung, ein Niederkommen gesehen. „Das fallende Pferd war also nicht nur der sterbende Vater, sondern auch die Mutter in der Niederkunft" (S. 360f.; vgl. S. 331, Anmerkung 1).

In mit vielen Einzelheiten ausgeschmückten Phantasieerzählungen deutet Hans dem Vater an, daß er „im Unbewußten und ganz im Gegensatz zu seinen

---

9 Zur Bedeutung averbaler Kommunikationsformen siehe BROCHER (1967).

offiziellen Reden gewußt, woher das Kind kam und wo es früher verweilt hatte" (S. 361; vgl. S. 304ff.). Aufgrund der unterlassenen Aufklärung (die erst später nachgeholt wird, eigentlich zu spät) war er nicht in der Lage, sein Wissen anders als in symbolisch entstellter Form im Spiel mitzuteilen.

Am Beispiel des kleinen Hans kann man sehen, wie Spiele und Phantasien gleichsam die Einkleidung für ein im Unbewußten des Kindes wurzelndes psychodynamisches Geschehen sind. Der eigentliche Inhalt des Spiels, durch Äußeres verdeckt, wird oft in symbolischer Form dargestellt; sie gilt es aufzuschlüsseln und hinter ihr die im Kind unbewußten Vorgänge zu entdecken, die sein Spiel prägen (vgl. WOLFFHEIM, 1966, S. 155). „Die Symbolsprache des Spiels erschwert uns das Verständnis der geheimen Vorgänge, die zur Bildung eines Spiels führten; ohne analytische Deutungskunst wird es uns nur selten in seinen tieferen Zusammenhängen durchschaubar sein" (WOLFFHEIM, 1966, S. 64). Die Phantasien und Spiele des kleinen Hans werden verständlich, sieht man sie als Ausdruck seiner *unbewußten Konflikte* (Ambivalenzkonflikt mit dem Vater), *Interessen* (Wißbegierde und sexuelle Neugier, S. 247), Phantasien und *Ängste* (Kastrationsängste, S. 246, 270ff., 333), seiner *Wünsche*, den Vater zu beseitigen und die Mutter für sich allein zu besitzen (vgl. die „Giraffenphantasie", S. 272ff. und S. 354), seiner *aggressiven und zärtlichen Strebungen*. Man kann aus der Geschichte des kleinen Hans den Schluß ziehen, daß „der Versuch, ihn ohne Einschüchterung aufwachsen und sich äußern zu lassen" (GW VII, S. 244), und die unbeschränkte Gelegenheit, sich im Spiel zu betätigen, dem Kind die Möglichkeit geben, seine Lebenseindrücke zu bewältigen, und den Eltern und Erziehern die Gelegenheit, das Kind aus seinen Spielen kennenzulernen. Man sah, daß keine der Spielhandlungen und Phantasien zufällig waren, sondern daß sie vor dem Hintergrund der täglichen Erfahrungen, Erlebnisse und zu lösenden Konflikte des Kindes entstanden waren [10].

Als charakteristisch für die psychoanalytische Betrachtung von kindlichen Spielen ist hervorzuheben, daß diese als *mehrfach determiniert* verstanden werden; das heißt, eine bestimmte Spielhandlung kann verschiedene Funktionen erfüllen. Die psychoanalytische Theorie versucht insbesondere, die Determinanten spezifischer Spieldetails durch die je individuelle Motivation und Biographie des Kindes zu rekonstruieren (vgl. PFEIFER, 1919; WÄLDER, 1930, 1932). Auch der Erzieher, der nach der Bedeutung kindlicher Spiele fragt, muß diesen Aspekt beachten.

ERIKSON hat zwischen möglichen Bedeutungsaspekten von Spielen unterschieden:

---

10 Zur ergänzenden Interpretation der Fallgeschichte vom „kleinen Hans" mit anderen Fragestellungen als der unseren siehe auch die Arbeiten von FROMM u. a., 1968, S. 178–188; LORENZER, 1970b, S. 93–102; LOCH/JAPPE, 1974; STREAN, 1967.

„Was für alle Kinder in einer Gemeinschaft eine *gemeinsame Bedeutung* hat, (...) kann für manche eine *spezielle Bedeutung* haben (...). Doch kann alles das noch eine *einzigartige Bedeutung* für bestimmte Kinder annehmen" (aufgrund ganz individueller Erfahrungen des Kindes, die in das Spiel eingehen). „Der Beobachter muß, um Spiele richtig einzuschätzen, natürlich einen Begriff davon haben, was alle Kinder eines bestimmten Alters in einer bestimmten Gemeinschaft zu spielen pflegen. Nur so kann er feststellen, ob die einmalige Bedeutung eines Spiels die allgemeine Bedeutung übertrifft. Um die einzigartige Bedeutung zu verstehen, bedarf es sorgfältiger Beobachtung nicht nur des Inhaltes und der Form des Spiels, sondern auch der begleitenden Worte und sichtbaren Affekte..." (ERIKSON, 1968, S. 213 f.).

Was MAENCHEN (1970, S. 187) für die Situation in der Kinderanalyse beschreibt, kann auch hier für die nichtstrukturierte, außeranalytische *freie* Spielsituation gelten. Reifungs- und Entwicklungsprozesse determinieren die Form der Kommunikation, deren sich das Kind im Spiel bedient. In der Entwicklung des Kindes besteht ein Kontinuum von der Körpersprache zu nichtverbalen Phantasiespielen, die sich zum verbalen Spiel weiterentwickeln und schließlich zur direkten verbalen Kommunikation mit den Bezugspersonen führen. Der Grad der jeweiligen Strukturierung beeinflußt den Charakter der Kommunikation zwischen Kind und Erwachsenen beziehungsweise zwischen den Kindern. Aus allem, was das Kind „produziert", einschließlich seines Spiels, lernt man etwas über das Ausmaß der Verdrängung und der Abwehrmechanismen.

1.1.2 Probleme der psychoanalytischen Interpretation des kindlichen Spiels bei der Konfliktbewältigung

Ausgehend von der These, daß kindliches Spiel eine spezifische Bedeutung habe, wobei überwiegend von den Kindern *selbst initiierte* und nicht von den Erwachsenen direkt angeleitete Spiele gemeint sind, fanden Psychoanalytiker immer wieder, daß kindliche Spiele Aufschluß gaben über die Ängste und die Weise, in der das Kind diese bewältigt, und daß die Kinder im Spiel häufig selbst Problemlösungsstrategien entwickelten[11]. GITELSON (1938) weist auf die Wirksamkeit dieser These in der psychoanalytischen Praxis hin[12].

---

11 Zur Frage der Angstbewältigung im Spiel siehe auch BROWN, 1971, S. 26–38; GILMORE, 1966, S. 397–416.

12 „But this ‚letting him play' as a means of discovery and diagnosis soon demonstrated itself not only as a method of observation but as a therapeutic measure per se. Through the inevitable development of rapport with the therapist, through the therapist's permissive, friendly, cooperative attitude, which enabled the child more and more freely to play out his fears and fantasies, a cathartic situation developed and the child in many cases began to show some improvement" (S. 501).

Er warnt zugleich aber vor dem Mißverständnis, mit dem bloßen Ausagieren würden die Konflikte des Kindes schon gelöst und bewältigt und ein neurotisches Kind geheilt[13]. Daß die Psychoanalyse die Funktion des Spiels allein unter dem Gesichtspunkt der „Katharsis" sehe und von der „*Selbstheilung* des seelisch verletzten Kindes durch das Spiel" (Hervorhebung H. N. B.) ausgehe, wie FLITNER (1972, S. 58, 62) es darstellt, ist einseitig und simplifizierend. Das kann dazu führen, daß idealisierende Vorstellungen aus der Tradition der philosophischen Pädagogik über das Spiel auf die psychoanalytische Sichtweise des kindlichen Spiels projiziert werden.

Dafür, daß es zu dieser einseitigen Darstellung kommen konnte, sind die simplifizierenden Schlußfolgerungen, die WÄLDER in seinem Beitrag zur „psychoanalytischen Theorie des Spiels" (1932, jetzt in: FLITNER, 1973) für die pädagogische Praxis zieht, wohl auch mitverantwortlich.

„Wenn es wahr ist, daß durch das Spiel ein Abreagieren traumatischer Erlebnisse zustande kommt, dann ist der Erzieher auch in der Lage, dem Kinde zu dieser Art von Abreagieren zu verhelfen. Wenn das Kind etwas Unangenehmes, Erschütterndes oder Angsterregendes erlebt hat, so ist es dem Erzieher möglich, das Erlebnis mit ihm sofort zum Spiel zu machen, dabei gelegentlich das Spiel mit anderem Ausgang oder mit anderer Rolle des Kindes ablaufen zu lassen und ihm so verhältnismäßig rasch zur Assimilation zu verhelfen" (1973, S. 61).

Auch ERIKSONS Deutung des kindlichen Spiels enthält diese idealistische Komponente, wenn er behauptet: „... Denn das natürliche Mittel der Selbstheilung, das in der Kindheit zur Verfügung steht, liegt im ‚Ausspielen'..." (1968, S. 217; vgl. S. 226).

Ebenso problematisch sind WÄLDERS Ausführungen über den im Spiel wirksamen *instinct of mastery* (nur in der englischen Fassung, 1933). Er sieht ihn im Zusammenhang mit der „Funktionslust", der Freude und Befriedigung, die das Kind aus der Fähigkeit zieht, bestimmte Dinge und Funktionen beherrschen zu können.

GREENACRE (1959) hat diese Thesen WÄLDERS zu Recht relativiert (S. 68). Sie stehen in gewissem Widerspruch zu WÄLDERS sonstigen Ausführungen, in denen er darstellt, *wie* das Kind im Spiel gewisse unlustvolle Erfahrungen oder angstbesetzte Erlebnisse, von denen es sich überwältigt fühlte, durch aktive Wiederholung zu assimilieren sucht und das Unangenehme des Erlebnisses dadurch abschwächt[14]. Dabei wird die Bewältigung der unangenehmen Situation

---

13 Vgl. hierzu REIDER, 1967, besonders S. 29; MAENCHEN, 1970, S. 189ff. Zum komplexen Verhältnis von Ausagieren und kindlichen Spielaktivitäten siehe auch EKSTEIN/FRIEDMAN, 1957, S. 581–629.

14 Zur positiven Funktion von „Wiederholungen" bei der Angstbewältigung im frühen Kindesalter vgl. auch SPITZ, 1937.

aber nicht durch die Entwicklung einer bestimmten Funktion oder Fähigkeit in der Realität erlangt, sondern durch Einschaltung der Phantasie (vgl. WÄLDER, 1933, S. 223). Indem Phantasie und Realität ineinandergreifen, kann ein „Abreagieren" von bedrückenden Erlebnissen und eine Reduktion von Angst im Spiel *illusionär* erfahren werden. Bietet das Spiel einerseits eine gewisse Wunscherfüllung, so geht dies doch einher mit der Fähigkeit des Kindes, die Phantasie von der Realität zu unterscheiden und zu akzeptieren, daß sein Spiel nicht die Realität ist. Nur ein Kind, das durch frühe Identifikationen mit Bezugspersonen ein gewisses Ausmaß an generalisierter emotionaler Sicherheit gewonnen hat, wird auch neue beunruhigende Erfahrungen im Spiel *darstellen*, das heißt in eine *imaginäre Kommunikation* über diese Erfahrungen verwandeln können, in der sein *Urvertrauen* in die Bezugspersonen latent fortwirkt. Dadurch wird es wiederum eher befähigt sein, auch zu einer Konfliktbewältigung in der Realität zu gelangen, indem es sich dieser nun angstfreier zuwendet (vgl. GREENACRE, 1959, S. 68f.). Von WÄLDER wird diese Problematik nicht genügend berücksichtigt. Dabei ist zu bedenken, daß sein Beitrag vor der Veröffentlichung von A. FREUDS Arbeit „Das Ich und die Abwehrmechanismen" ([1936] o. J.) erschien, in der sie unter anderem auch das komplexe Verhältnis von Realität und Phantasie in der Entwicklung des Kindes darstellt. Aus ihrer Sicht müssen bestimmte Merkmale des Spiels, die WÄLDER im Dienst eines *instinct of mastery* sieht, als Abwehrmechanismen interpretiert werden[15]. So kann unter besonderen Umständen die ständige Wiederholung im Spiel als Bearbeitung konflikthafter Erfahrungen auch zur Etablierung neurotischer Abwehrmechanismen führen. Von daher läßt sich auch erkennen, wie sehr sich die

15 Später hat HENDRICK (1942, 1943) das Konzept eines *instinct to master* („Bemächtigungstrieb") im Zusammenhang mit der Entwicklung des kindlichen Spiels ausgearbeitet. Während WÄLDERS *instinct of mastery* überwiegend das Gefühl der Hilflosigkeit und das Bemühen um Bewältigung komplexer und konflikthafter Szenen benennt, behandelt HENDRICK einen anderen Aspekt. Der *instinct to master* zielt auf die Vervollkommnung bestimmter körperlicher Funktionen und sensomotorischer Fähigkeiten. So problematisch die Annahme eines gesonderten Triebes ist, so bieten HENDRICKS Thesen immerhin Erklärungsansätze für die „Funktionslust" bestimmter Spielaktivitäten, besonders der sensomotorischen Phase.
Vgl. in diesem Zusammenhang auch den Versuch von WHITE (1963), *triebunabhängige Ich-Energien* nachzuweisen. Er geht von den manipulativen und explorierenden kindlichen Spielaktivitäten aus, die er von triebunabhängigen Energien motiviert sieht. Das Gefühl der Befriedigung, das aus Handlungen und deren Folgen resultiert („joy in being a cause"), nennt er *effectance*. Er nimmt ein dem spielerischen Tun immanentes Befriedigungserlebnis an, das seiner Meinung nach nicht als eine sekundäre Transformation von Triebenergien begriffen werden kann.
Weitere Bemerkungen zu dieser Problematik siehe unten in den Ausführungen über PIAGETS Motivationskonzept, *Teil B*, Abschnitt 2.4. Vgl. auch HOFFMANN, 1972.

Konfliktbewältigungsformen im Spiel im außertherapeutischen Kontext von denen in einer therapeutischen Situation unterscheiden. Fast nur in letzterer können die im Spiel wirksamen Abwehrmechanismen interpretiert und gedeutet werden, um eine neurotische Verfestigung zu verhindern.

1.1.2.1 Funktionen des Spiels und das Problem seiner Deutung

Gab es zur Zeit von FREUDS Abhandlung über den „kleinen Hans" und in seiner Nachfolge auch noch eine Reihe von Berichten über die Behandlung neurotischer Kinder (vgl. REHM, 1968, S. 113ff.), so wurden erst 14 Jahre später von HUG-HELLMUTH in ihrem Referat „Zur Technik der Kinderanalyse" (1921) auf dem sechsten Internationalen Kongreß für Psychoanalyse in Haag die von FREUD angeschnittenen Probleme der Kinderanalyse systematisch und theoretisch behandelt.

Uns interessiert hier nicht so sehr die Darstellung des Methodenproblems und der gesamten Techniken der Kindertherapie (wie die Frage der Einleitung der Behandlung, der Übertragung und Gegenübertragung) als vielmehr die mit den inhaltlichen Aspekten der Durchführung auftauchende Frage nach der Funktion des Spiels und das Problem seiner Deutung.

Benutzt HUG-HELLMUTH in der Behandlung ihrer 13- bis 18jährigen Patienten weitgehend die Verfahrensweisen der Erwachsenenanalyse, so schreibt sie der Verwendung von Spielen in der Kinderanalyse, die sie als „Charakteranalyse" (1921, S. 179) und mit Hinweis auf S. FREUDS Schrift über den „kleinen Hans" als auf „psychoanalytische Erkenntnisse gegründete Erziehung" (S. 181) versteht, eine besondere Bedeutung zu. Die Kenntnisse über seinen Patienten und dessen Konflikte, die der Analytiker zum großen Teil aus den freien Assoziationen gewinnt, und die in der Kinderanalyse wegfallen, versucht sie dadurch zu ersetzen, „daß sie mit dem Kinde spielte, es in seiner eigenen Umgebung aufsuchte und alle seine näheren Lebensumstände kennenzulernen suchte" [16] (A. FREUD über HUG-HELLMUTH [1927] 1966, S. 37).

„Beim Kinde von sieben, acht Jahren ist ein Eingehen auf seine Spiele oft der Bahnbrecher, und zugleich lassen sich in den Spielformen manche Symptome, Eigenheiten und Charakterzüge erkennen; bei solchen sehr jugendlichen Patienten wird mitunter das Spiel seine Rolle während der ganzen Behandlung behaupten" (HUG-HELLMUTH, 1921, S. 187).

---

16 Zum Problem der Deutung vgl. unter anderem die Arbeiten von BERNFELD [1932] 1969; BALINT: „Gefahren der konsequenten Deutetechnik", in: 1973, S. 126–132; KRIS, 1951; LOEWENSTEIN, 1951.

Die dem kleinen Hans gegebenen Deutungen und erklärenden Hinweise seines Spielverhaltens und seiner Phantasien hatten eine Milderung seiner Ängste bewirkt. In neuen darauffolgenden Spielen hatte er, „*entschiedener, als er es mit Worten kann*" (GW VII, S. 287; Hervorhebung H. N. B.), gezeigt, daß er die Deutungen in einem noch zu klärenden Sinne verstanden und akzeptiert hatte.
Hatte FREUD bedauernd festgestellt, daß man in einer Analyse des Kindes diesem „zuviel Worte und Gedanken leihen" (GW XII, S. 31) müsse, so weist auch HUG-HELLMUTH darauf hin, daß das Kind häufig nicht in der Lage sei, in Worten sein Verständnis und seine Einsicht in die es betreffenden psychischen Probleme auszudrücken. Viel eher lassen sich aus seinen symbolischen Handlungen, seinen Spielen und seinem gewandelten Verhalten Rückschlüsse auf seine veränderte psychische Verfassung ziehen (vgl. BERNA, 1973).

„Es kommt nicht so sehr darauf an, wieviel von den Komplexen man dem jungen Menschenkinde *bewußt* klargemacht hat, ... ein großer Teil der psychoanalytischen Leistung des Kindes vollzieht sich in seinem Unbewußten, bleibt im Gegensatz zum Erwachsenen dauernd unbewußt, nur die Änderung seines Verhaltens gibt dem Analytiker den Beweis, daß die aufgewendete Mühe nicht vergeblich war" (HUG-HELLMUTH, 1921, S. 193).

Ähnliche Aussagen finden wir auch bei M. KLEIN, die zur gleichen Zeit wie A. FREUD an der Ausarbeitung der Technik der Kinderanalyse arbeitete (M. KLEIN, [1921] 1971, 1923; A. FREUD, [1927] 1966). In den Spielen und dazu angeführten Einfällen des Kindes sah M. KLEIN einen Ersatz für den Ausfall der freien Assoziation:

„Die archaische, symbolische Darstellungsform, deren sich das Kind bedient, ist mit einem anderen primitiven Mechanismus verbunden. Das Kind setzt nämlich im Spiel die *Handlungen* – die ja ursprünglich an Stelle der Gedanken standen – *an Stelle* der *Worte*, das heißt das *Agieren* spielt bei ihm eine überragende Rolle" (M. KLEIN, 1932, S. 21).

Was M. KLEIN zum Inhalt der Therapie macht, nämlich das kindliche Spiel und sein Agieren, sieht A. FREUD als besondere Schwierigkeit und als einen Nachteil für das therapeutische Verfahren an:

„Es macht sich als Nachteil fühlbar, daß die Spielhandlungen des Kindes vor allem symbolisches Material bringen, das heißt den Kinderanalytiker zu Interpretationen veranlassen, denen alle Unsicherheiten und Willkürlichkeiten der Symboldeutung anhaften. Es ist ein weiterer Nachteil, daß die Abkömmlinge des Unbewußten, die beim Erwachsenen in Form des Einfalls auftauchen, beim Kind, seiner Natur gemäß, im Handeln erscheinen. Diese Ersetzung des Wortes durch die Tat verändert die Grundlage der analytischen Situation" (A. FREUD, 1968, S. 27, 38).

Die von A. Freud (1966) verwendeten Mittel der Kinderanalyse (überwiegend bei Patienten im Alter zwischen sechs und elf Jahren) umfassen Exploration der Eltern, Traumdeutung (S. 27), Zeichnungen (S. 32), Gespräche und Erzählung der Phantasien, das heißt der Tagträume (S. 30/34). Spielelemente finden überhaupt keine Verwendung. Auch das Rollenspiel wird nicht von ihr erwähnt.

Dagegen kam M. Klein im Laufe ihrer Erfahrungen mit der Behandlung besonders kleiner Kinder (zweieinhalb bis sechs Jahren) dazu, den kleinen Patienten ein ganzes Spielinstrumentarium zur Verfügung zu stellen, also etwa die Verwendung von Wasser und Sand und die Einbeziehung der Zimmereinrichtung im Spiel zu erlauben, ja anzuregen (siehe dazu „Technik der Frühanalyse“, in: 1932, S. 27ff., 44ff., und „Die psychoanalytische Spieltechnik“, in: 1972, S. 17). Sie fand, daß „die Möglichkeit, durch das Spiel gleichzeitig eine Reihe von Erfahrungen und phantasierten oder wirklichen Situationen darzustellen“, dem Analytiker „ein zusammenhängendes Bild von der Arbeit der kindlichen Seele“ vermittle (1972, S. 17).

Akzeptiert A. Freud ([1927] 1966) auch nicht das von M. Klein angewendete Verfahren der Kinderanalyse, so schreibt sie dieser ausgearbeiteten „Spieltechnik“ doch „den größten Wert für die Beobachtung des Kindes“ zu (S. 38, eine auch später von anderen Kinderanalytikern unbestrittene Tatsache) und gibt eine anschauliche Charakterisierung des Vorgehens:

> „Statt das kleine Kind mühsam und mit Zeitverlust in seine häusliche Umgebung zu verfolgen, versetzen wir die ganze ihm bekannte Welt mit einem Schlage in das Zimmer der Analytikerin, aber vorläufig ohne ihre Einmengung, sich in ihr zu bewegen. Wir haben so Gelegenheit, seine verschiedenen Reaktionen kennenzulernen, die Stärke seiner Aggressionsneigung oder seiner Mitleidsfähigkeit sowie seine Einstellung zu verschiedenen Objekten und Personen, die durch die Figuren dargestellt werden. Als Vorteil gegen eine Beobachtung in den Verhältnissen der Wirklichkeit kommt noch hinzu, daß diese Spielzeugumgebung handlich und dem Willen des Kindes unterworfen ist, daß es also an ihr alle Aktionen ausführen kann, die in der wirklichen Welt, ihrer dem Kind gegenüber übermächtigen Größe und Stärke wegen, auf eine bloße Phantasieexistenz beschränkt bleiben. Alle diese Vorzüge machen uns die Verwendung der Kleinschen Spielmethode für das Kennenlernen des kleinen Kindes, dem der sprachliche Ausdruck noch nicht angemessen ist, so gut wie unentbehrlich“ ([1927] 1966, S. 38f.).

Die von M. Klein entwickelten theoretischen und technischen Prinzipien eröffneten einen direkten therapeutischen Zugang auch zur Behandlung von Kindern unter sechs Jahren. Ihre Arbeiten, die häufig besonders auf präödipale Konflikte zentriert waren, bieten eine Fülle von Beobachtungen über kindliches Verhalten, besonders über Phantasien und Spiele, wie man sie sonst kaum findet. Sie benutzte diese vielfach zur Rekonstruktion weiterer frühkindlicher Erfahrungen, die sich zum Teil dem Bewußtsein des Kindes entzogen und von ihm auch nicht verbalisiert werden konnten (vgl. Kris, 1950, S. 29ff.).

Das Kleinkind, das sich mit Worten nur unvollständig auszudrücken vermag, bedient sich der mehr „archaischen Darstellungsform" (M. KLEIN, 1932, S. 21) und setzt die Spielhandlungen für Gedanken, Worte, Phantasien und Ängste (vgl. M. KLEIN, 1972, S. 14, 28; vgl. GINOTT, 1966, S. 66). ERIKSON wies einige Jahre später ebenfalls auf die Wichtigkeit von Spielanalysen und ihres Beitrages zum Verständnis der kindlichen Psyche hin.

„Die systematische Übersetzung von Spielhieroglyphen – vor allem in der legitimeren Sphäre der Kindheit – verspricht, wertvolle Schlüssel für das Verständnis der menschlichen Psyche in ihren prälinguistischen und alinguistischen Teilen zu liefern" (ERIKSON, 1937, S. 516).

Anknüpfend an S. FREUDS Erwartungen in die Ergebnisse der Kinderanalyse suchte M. KLEIN durch ihre Technik „genauere und tiefere Einblicke in das kindliche Seelenleben" zu gewinnen, als es die Analyse Erwachsener ermöglichte, und damit „wichtige und grundlegende Beiträge" zur allgemeinen psychoanalytischen Theorie zu liefern (M. KLEIN, 1932, Einleitung, S. 10). Eine besondere Schwierigkeit bei der Analyse des Kindes, auf die – wie oben erwähnt – auch HUG-HELLMUTH hingewiesen hatte, und die sich auch bei der Analyse und Interpretation des kindlichen Spielens immer wieder einstellt, ist die, zwischen bewußten und unbewußten seelischen Vorgängen beim Kind zu unterscheiden [17].

S. FREUD hat in seiner „Geschichte einer infantilen Neurose" darauf hingewiesen:

„Beim Kinde läßt diese Unterscheidung uns beinahe im Stiche. Man ist oft in Verlegenheit anzugeben, was man als bewußt und was man als unbewußt bezeichnen möchte. Vorgänge, die die herrschenden geworden sind, und die nach ihrem späteren Verhalten den bewußten gleichgestellt werden müssen, sind beim Kinde dennoch nicht bewußt gewesen. Man kann leicht verstehen, warum; das Bewußte hat beim Kinde noch nicht alle seine Charaktere gewonnen, es ist noch in der Entwicklung begriffen und besitzt nicht recht die Fähigkeit, sich in Sprachvorstellungen umzusetzen" (GW XII, S. 139; vgl. Das Unbewußte, 1915b, GW X, S. 288, 294).

---

17 Dieses Problem bezeichnet SCHMIDEBERG (1934) explizit in der Analyse eines dreijährigen Kindes: „The analytic material of a young child is rather different from that of an adult or older child: unconscious phantasies are sometimes expressed in a surprisingly open way. Preconscious material usually plays a smaller rôle; reality factors and ego-interests are certainly not less important but are a different type. The reality-relationship of the young child is narrower but more intense; . . . Its ego-interests are not yet much differentiated . . . On the other hand, the material shows greater and quicker change of attitude and of interaction between the psychic institutions than does the average analysis of a neurotic adult" (S. 245).

Dieser Problematik war sich besonders M. KLEIN bewußt und versuchte, dieser mit der von ihr entwickelten „Spieltechnik“ gerecht zu werden. Bei der Behandlung eines fünfjährigen Knaben war M. KLEIN zu der Einsicht gelangt, daß das Kind von Anfang an seine Phantasien und Ängste hauptsächlich im Spiel ausdrückte:

„... während ich beständig deutete, mit dem Erfolg, daß neues Material im Spiel auftauchte... Diese Methode (der Deutung von Spieleinfällen, H. N. B.) entspricht dem fundamentalen Prinzip des freien Assoziierens. Bei der Deutung der Worte sowie auch der Spieltätigkeit des Kindes wandte ich dieses Prinzip auf das Gemüt des Kindes an, da dessen Spiel und Aktivität, das heißt sein ganzes Gebaren, die Ausdrucksmittel für das sind, was der Erwachsene vorwiegend mit Worten ausdrückt“ (M. KLEIN, 1972, S. 14)[18].

Daß M. KLEIN für jeden der „Spieleinfälle des Kindes dieselbe Stellung wie für den freien Einfall des erwachsenen Patienten“ beansprucht, jede Spielhandlung und Aktion des Kindes fortlaufend übersetzt und deutet und hinter jeder den ihr zugrunde liegenden Symbolwert aufsucht, kritisiert A. FREUD ([1927] 1966, S. 39), wenn sie auch nicht mit theoretischen Gründen entscheiden kann, „ob die Gleichsetzung des kindlichen Spieleinfalls mit dem Gedankeneinfall des erwachsenen Patienten berechtigt ist oder nicht“ (S. 41; vgl. BALINT, 1973, S. 112ff. und S. 126f.).

Es ist hier darauf hinzuweisen, daß M. KLEINS therapeutisches Verfahren aus mehr als nur dem Deuten der Spiele besteht, wie es oft fälschlich dargestellt wird. Im Zusammenhang dieser Arbeit kann allerdings die Technik der Analyse nicht ausführlich dargestellt und diskutiert werden. M. KLEIN (1932) faßt ihre Grundsätze der Kinderanalyse wie folgt zusammen:

„Die besonderen primitiven psychischen Eigentümlichkeiten des kindlichen Seelenlebens machen eine ihnen angepaßte andersartige Technik nötig. Mittels der Technik der Spielanalyse vermögen wir zu den tiefsten verdrängten Erlebnissen und Fixierungen zu gelangen und damit die Entwicklung des Kindes von Grund auf zu beeinflussen. Es handelt sich dabei nur um einen *Unterschied* der *Technik nicht* des *Behandlungsprinzips*. Die Analyse der Übertragungssituation und des Widerstandes, die Behebung der frühinfantilen Amnesie und der Auswirkungen der Verdrängung, sowie das Aufdecken der Urszene werden mittels der Spieltechnik durchgeführt. Es gelten also für diese Technik alle Kriterien des psychoanalytischen Verfahrens. Die Spielanalyse führt zu den gleichen Wirkungen wie die klassische Technik, nur in den technischen Maßnahmen paßt sie sich der kindlichen Seele an“[19] (S. 26f.).

---

18 PIAGET, von einer anderen Fragestellung ausgehend, hatte bemerkt, daß es zur Exploration der „‚unbewußten‘ Schemata“ (zur Erläuterung siehe *Teil B*) beim Kind genüge, dieses „beim Spiel zu beobachten und seinen spontanen Äußerungen zuzuhören, wobei man die Assoziationen, die es selbst vornimmt, zu erfassen versucht...“ (PIAGET, 1969, S. 234).

19 Die Frage, ob Spiel und Deutung in der Kinderanalyse zu kombinieren seien oder eine „deutungsfreie Kinderanalyse“ (vgl. ZULLIGER, 1957, 1970; BERNA, 1949/1950, 1967,

M. KLEIN betont immer wieder, daß ihre dem Kind gegebenen Deutungen die Wirkung hatten, die vom Kind eingebrachten Spiele zu verändern, eine freiere Art des Spielens und Phantasierens zu fördern und neues Material zum Verständnis des kindlichen Seelenlebens hervortreten zu lassen (1932, S. 29, 38, Anmerkung 13). Wichtig in diesem Zusammenhang ist die Bemerkung, daß das Kind längere Zeit hindurch die Deutungen nicht bewußt zu verarbeiten scheint, diese bewußte Verarbeitung folgt meist erst in einem späteren Stadium der Behandlung (1932, S. 24)[20].

In der Kommunikation des Analytikers mit dem Kind richten sich die Deutungen des Spiels vor allen Dingen an das Unbewußte des Kindes (M. KLEIN, 1932, S. 24), und seine Antwort besteht in neuen, veränderten Spielen. Daß das Kind anders als in Worten sein Verständnis von Deutungen erkennen läßt, ist immer wieder von Kinderanalytikern festgestellt worden[21].

M. KLEIN beschreibt ganz ähnliche Wirkungen der Deutung, wie sie S. FREUD in der Analyse des „kleinen Hans“ dargestellt hatte (Angstmilderung, Produktion von neuem, vorher unbewußt gebliebenem Material im Spiel, GW VII, S. 354; vgl. M. KLEIN, 1932, S. 24).

„Vielfach überrascht die Leichtigkeit, mit der Deutungen zeitweise aufgenommen werden. Das Kind zeigt sogar mitunter ausgesprochene Lust dabei. Die Erklärung dafür ist wohl die, daß beim Kinde in gewissen Schichten die Kommunikation zwischen Bewußtem und Unbewußtem noch eine leichtere, der Rückweg daher einfacher herzustellen ist. Die Deutung erzielt häufig sehr schnell eine Wirkung, auch wenn das Kind sie anscheinend nicht bewußt zur Kenntnis genommen hat. Dies äußert sich darin, daß das Spiel, das infolge des eingetretenen Widerstandes abgebrochen worden war, wieder aufgenommen wird, sich verändert, sich ausbreitet und tiefere Schichten zur Darstellung bringt“[22] (M. KLEIN, 1932, S. 20).

1973) anzustreben sei, ist in der Entwicklung der Kindertherapie immer wieder diskutiert worden (vgl. „Section on Play Therapy“, 1938; ERIKSON, 1937, S. 474 f.; oder das sogenannte nichtdirektive Verfahren der Spieltherapie: AXLINE, 1969; SÄNGER, 1969).

Zum Problem der Wahl des Sprachniveaus in der Kinderanalyse vgl. BITTNER, 1969, besonders S. 34 und S. 40.

20 Vgl. zur Wirkung von Deutungen S. FREUD: „Konstruktionen in der Analyse“, 1937, GW XVI, S. 47; „Die endliche und die unendliche Analyse“, 1937, GW XVI, S. 84 ff.

21 Ross [1937], wenn auch unsicher darüber, wieweit Deutungen gehen sollten, betont: „The child accepts much that is merely indicated by attitude; he accepts, we know not how much, symbolically. Whereas, we all feel that the only measure of a child's understanding lies in his power to verbalize, we are often surprised to see how much a child has assimilated symbolically“ (S. 506, in: „Section on ‚Play Therapy‘“, 1938).

22 Zur Rolle der Sprache im Deutungsprozeß der Analyse siehe die Thesen von LOCH und JAPPE (1974). Sie sehen in der Behandlung des „kleinen Hans“ die Heilung seiner Phobie weniger über den Prozeß von „Sprachzerstörung und Rekonstruktion“ (LORENZER) laufen, als vielmehr über einen durch Sprache gelenkten Bildungsprozeß, in dem Denken und Empfinden vermittelt sind (vgl. S. 25).

Diese gleitenden und schwer feststellbaren Übergänge zwischen Bewußtem und Unbewußtem (vgl. S. FREUD, GW XII, S. 139, s. o.) prägen auch das Spielverhalten des gesunden Kindes; dieses Charakteristikum ist bei der Analyse kindlichen Spiels immer soweit wie möglich zu berücksichtigen.

M. KLEIN scheint mir hier weitgehend S. FREUD zu folgen, der nicht nur im „kleinen Hans" die Funktion der Deutung für den Fortschritt der Therapie hervorhob, sondern auch in der „Geschichte einer infantilen Neurose" sowohl die Wichtigkeit der infantilen Phantasien als auch die Notwendigkeit betont, sie durch Deutung dem Bewußtsein zugänglich zu machen; S. FREUD warnt vor der Geringschätzung frühinfantiler Eindrücke, denen man eine so „nachhaltige Wirkung" und die Verursachung von Neurosen häufig nicht zutraue (GW XII, S. 77). Gemeint sind hier zwar die in der Erwachsenenanalyse reproduzierten infantilen Phantasien, man könnte aber daraus auch auf die Bedeutung schließen, die den dargestellten Phantasien (Rollenspiel und ähnlichem) in der Kinderanalyse zukommt, wie es M. KLEIN auch tut:

„Wenn man dem Kranken diese Phantasien nicht in ihrem vollen Umfange bewußtmacht, kann man ihm die Verfügung über das an sie gebundene Interesse nicht geben. Wenn man ihn von ihnen ablenkt, sobald man ihre Existenz und allgemeine Umrisse ahnt, unterstützt man nur das Werk der Verdrängung, durch das sie für alle Bemühungen des Kranken unantastbar geworden sind. Wenn man sie ihm frühzeitig entwertet, etwa indem man ihm eröffnet, es werde sich nur um Phantasien handeln, die ja keine reale Bedeutung haben, wird man nie seine Mitwirkung bereitfinden, um sie dem Bewußtsein zuzuführen" (GW XII, S. 79; GW VII, S. 354).

Mit dem Hinweis auf die Wichtigkeit der Deutungen von Phantasien, Spieleinfällen und ähnlichem ist aber noch nichts über den Zusammenhang von psychoanalytischen Deutungen und pädagogischem Handeln gesagt. Dieses Problem: wie aus Deutungen pädagogische Handlungen resultieren können, ist von Kinderanalytikern immer wieder neu und verschieden diskutiert worden, ohne daß es dabei zu eindeutigen, verallgemeinerbaren Aussagen gekommen wäre (vgl. A. FREUD, [1927] 1966, 1968; BERNA, 1973; BITTNER, 1973, und die Arbeiten von ZULLIGER, 1957, 1970)[23].

---

23 In diesem Zusammenhang soll mit BITTNER nur betont werden: „Analytische Deutungen sind als Instrument der Veränderung an eine grundlegende Bedingung gebunden: an das Bestehen einer *analytischen Situation*, d. h. einer Zweier- oder Gruppenkonstellation, die es erlaubt, das Gedeutete im Wechselspiel von Übertragung und Gegenübertragung mit allen Konsequenzen durchzuarbeiten. Wo keine analytische Situation, kein angemessenes ‚Arbeitsbündnis', keine ausgeprägte Übertragung-Gegenübertragungsrelation bestehen, da bleiben analytische Sentenzen dynamisch unwirksam (...), denaturieren sie zu Formeln, entsteht zwangsläufig *ortlose psychoanalytische Reflexion*" (S. 80). Zur Frage nach den Kriterien der Deutung und ihrem Verhältnis zu direkten Kinderbeobachtungen vgl. auch WÄLDER, 1936, S. 526f.

M. KLEIN wies darauf hin, daß meist Erlebnisse des täglichen Lebens die Grundlage des Kinderspiels bilden. Im Spiel bringt das Kind Geschautes und Gehörtes, Phantasien und Wünsche in neuen Formen, das heißt oft symbolisch zur Darstellung (1932, S. 19).

„Die Mannigfaltigkeit der emotionalen Situationen, die im Spiel ausgedrückt werden können, ist unbegrenzt, z. B. Gefühle der Versagung oder Zurücksetzung, Eifersucht auf Vater oder Mutter oder auf Brüder und Schwestern, Streitlust in Verbindung mit Eifersucht oder Freude an einem Spielkameraden oder Verbündeten gegen die Eltern, Gefühle von Liebe und Haß auf ein neugeborenes oder zu erwartendes Baby sowie die daraus sich ergebende Angst und Schuld und der Drang nach Wiedergutmachung. Wir sehen auch oft im Spiel des Kindes eine Wiederholung wirklicher Erlebnisse, häufig vermischt mit Phantasien. Manchmal ist auch das Gegenteil aufschlußreich, nämlich wenn wichtige wirkliche Erlebnisse weder im Spiele noch in Assoziationen auftauchen und die Betonung auf anscheinend unwichtigen Geschehnissen liegt. Aber diese unwichtigen Geschehnisse sind von großer Bedeutung für das Kind, weil sie seine Gefühle und Phantasien erregen" (M. KLEIN, 1972, S. 20).

Das Spiel ist gleichsam die Einkleidung für ein im Unbewußten des Kindes wurzelndes Geschehen. Wie M. KLEIN (1972) bemerkt, kann man bei der Beobachtung von Spielen immer wieder feststellen,

„daß die Erfahrungen der äußeren Welt des Kindes dauernd von der Welt, die es in sich entwickelt, beeinflußt wird, und umgekehrt, daß äußere Erfahrungen die innere Welt beeinflussen. Dabei ist zu bedenken, daß die Erfahrung seiner äußeren Welt sehr bald die ambivalente Beziehung zum Vater und zu anderen Familienmitgliedern einschließt und daß äußere und innere Situationen miteinander eng zusammenhängen, da Projektion und Introjektion von Anfang an miteinander verknüpft sind" (S. 29).

1.2. Manifester und latenter Spielinhalt

Im Bemühen, einen Zugang zum Verständnis des kindlichen Spiels zu gewinnen, stießen wir immer wieder auf die Frage nach der Funktion der psychoanalytischen Deutung. FREUD selbst sprach wiederholt von der Psychoanalyse als einer „Kunst der Deutung" (Psychoanalyse und Libidotherapie, 1923, GW XIII, S. 215). Deutung als das Erhellen einer latenten Bedeutung eines vorliegenden Materials oder der Worte und Verhaltensweisen eines Subjekts kann als Charakteristikum des psychoanalytischen Verfahrens angesehen werden. „Die Deutung erhellt die Modalitäten des Abwehrkonflikts und zielt letztlich auf den Wunsch ab, der sich in jeder Bildung des Unbewußten ausdrückt" (LAPLANCHE/PONTALIS, 1972, S. 117). Durch FREUDS neuartigen Ansatz zur Traumanalyse (Die Traumdeutung, 1900, GW II/III) entstand das erste Beispiel und Modell des psychoanalytischen Deutungsverfahrens. FREUD ging da-

von aus, „daß der Traum als Ganzes der *entstellte* Ersatz für etwas anderes, Unbewußtes, ist". Als Aufgabe der Traumdeutung folgte daraus, „dieses Unbewußte zu finden" (FREUD, Vorlesungen zur Einführung in die Psychoanalyse, 1916/17, GW XI, S. 112). Dabei geht Freud von der Erzählung des Träumers, dem *manifesten* Inhalt, aus. Die freien Assoziationen führen zum *latenten* Inhalt, in dem sich der Sinn des Traums mit Hilfe der Deutung finden läßt. „Wir wollen das, was der Traum erzählt, den manifesten Trauminhalt nennen, das Verborgene, zu dem wir durch Verfolgung der Einfälle kommen sollen, die latenten Traumgedanken" (FREUD, GW XI, S. 118; vgl. S. 184). Der *latente* Inhalt ist zu verstehen als die Gesamtheit der Bedeutungen, zu der man durch den analytischen Prozeß der Deutung von Produkten des Unbewußten, wie zum Beispiel des Traumes, gelangt. Einerseits setzt sich der latente Inhalt des Traums aus Tagesresten, Körperempfindungen und unmittelbar zurückliegenden Erlebnissen zusammen, andererseits wird er wesentlich durch weiter zurückliegende Kindheitserlebnisse und Erinnerungen geprägt. „Die Träume beziehen nun ihr Material zum großen und zum wesentlichen Teil aus den verdrängten Vorstellungen; nur ein kleiner und minder wichtiger Teil des Trauminhaltes ist aktueller, rezenter Natur" (ABRAHAM, [1909] 1969, S. 289).
FREUDS *Hauptthese* der Traumdeutung besteht darin, daß „der Traum die (verkleidete) Erfüllung eines (unterdrückten, verdrängten) Wunsches" ist (FREUD, Die Traumdeutung, 1900, GW II/III, S. 166, und Kurzer Abriß der Psychoanalyse, 1928, GW XIII, S. 415). Im engeren Sinn erschließt die Deutung des latenten Inhalts also die unbewußten Wünsche. Die Deutungsarbeit ist aber nicht nur dem Traum, als einer der Hauptproduktionen des Unbewußten, vorbehalten. Sie ist ebenso anwendbar auf andere Bildungen des Unbewußten wie Fehlleistungen, Symptome, Spiele, die Phantasie und die Produkte der Phantasie (Witz, Dichtung, Mythen, Märchen; vgl. FREUD, GW XIII, S. 425).
BERNFELD ([1932] 1969) betont:

> „‚Deutung' ist hier für FREUD eher ein Programm als ein Terminus oder eine Methode. FREUD deutet damit eine Entdeckung an, die ihm mit Recht sehr folgenreich erscheint: daß eine ganze Reihe von seelischen Phänomenen, z. B. die neurotischen Symptome und Träume, die von der Psychologie entweder nicht beachtet oder als sinn- und zwecklos angesehen wurden, eine bestimmte Funktion haben und als sinnvolle, vollgültige seelische Äußerungen verstehbar sind" (S. 568).

Letzteres gilt auch für das kindliche Spiel, als dessen Hauptmerkmal in der akademischen Psychologie immer wieder *Zweckfreiheit* hervorgehoben wurde. Mit den Augen der Psychoanalyse betrachtet, ist kindliches Spiel aber gerade nicht ‚zweckfrei' oder ‚ziellos', wie es auch häufig hieß. *Deuten* heißt für FREUD und die Psychoanalyse immer die „psychischen Erscheinungen und

Vorgänge" „in einen personalen Zusammenhang einordnen" (Bernfeld, [1932] 1969, S. 569; vgl. auch S. 607ff.; und 1931a, S. 185ff.)[24].
Abraham ([1909] 1969) deutet nach den Grundsätzen der „Traumdeutung" überlieferte Mythen, und Freud selbst analysiert in „Der Dichter und das Phantasieren" (1908, GW VII, S. 213ff.) die Phantasieprodukte des Dichters, die Tagträume und die Spiele des Kindes analog seinem Verfahren in der Traumdeutung und betont das ihnen Gemeinsame. M. Klein (1932) beruft sich auf Freud, wenn sie immer wieder darauf hinweist, daß das Kind sich im Spiel, in dem es „Phantasien, Wünsche, Erlebnisse in symbolischer Weise zur Darstellung" bringt, einer „archaischen, phylogenetisch erworbenen Ausdrucksweise, die wir aus dem Traume kennen", bedient. „Wir können sie nur verstehen, wenn wir uns ihr in der Weise nähern, die uns Freud für das Erkennen des Traumes gelehrt hat" (S. 19).
Auch Pfeifer (1919) kommt in seiner Untersuchung traditionell überlieferter Kinderspiele (nicht der in einer analytisch-therapeutischen Situation beobachteten) zu dem Schluß,

„daß die Spiele mit den Mitteln der Analyse ebenso deutbar sind, wie die Träume, Mythen, Neurosen u. a. Produkte des Unbewußten der Individual- oder Massenseele, daß das Spiel in seinem Wesen die weitestgehende Übereinstimmung mit diesem aufweist, da auch seinen Kern die infantilerotische Betätigung der Partialtriebe der Sexualität bildet" (S. 243; vgl. Freud, Der Dichter und das Phantasieren, 1908, GW VII, S. 219, 222).

Ähnlich verweist auch Abraham ([1909] 1969) auf das den Produkten der menschlichen Phantasie Gemeinsame.

„Ihnen allen sind gemeinsam die Beziehungen zum Unbewußten, zum Seelenleben der Kindheit und zur Sexualität, gemeinsam ist ihnen die Tendenz, einen Wunsch des Individuums als erfüllt *darzustellen*, gemeinsam sind die Mittel der *Darstellung*, deren sie sich zu diesem Zweck bedienen" (S. 262; Hervorhebung H. N. B.).

Deutet man Spiele wie die Träume, so kann man davon ausgehen, daß das spielende Kind mit seinen Erlebnissen und Gedanken verfährt wie der Träumer in der sogenannten *Traumarbeit*. Als solche bezeichnet man alle Operationen, die die Traummaterialien (das heißt zum Beispiel körperliche Reize, Tagesreste, Erlebnisse, Erinnerungen) in das Produkt des manifesten Traumes umwandeln. Die Entstellung, durch die der eigentliche (latente) Trauminhalt in den manifesten verwandelt wird, ist das Ergebnis der Traumarbeit, deren wichtigste Mechanismen Verdichtung, Verschiebung, symbolische Verkleidung

---

24 Hermann (1922) zeigt überzeugend, wie die psychoanalytische Deutung den „verborgenen Sinn" von Handlungen, ihr „Woher", „Wohin" und „Wozu" aufdecken und die „Kontinuität des psychischen Geschehens" sichtbar machen kann (S. 2ff.).

und Rücksicht auf Darstellbarkeit sind (vgl. Freud, Vorlesungen zur Einführung in die Psychoanalyse, 1916/17, GW XI, S. 174ff.). Auch in den Spielen der Kinder fällt die *symbolische Darstellungsweise* auf, außerdem läßt sich in ihnen die Wirksamkeit der Mechanismen der Traumarbeit und bearbeiteter, verhüllter Wünsche nachweisen (vgl. M. Klein, 1932, S. 20, 29). Dies wird im einzelnen noch zu zeigen sein.

So kann eine Spielhandlung – wie ein Traum – als ein kompliziertes dynamisches Produkt aus manifesten und latenten Inhalten verstanden werden. Sie ist geprägt durch vergangene Erfahrungen des Kindes und die ihm gegenwärtig gestellten emotionalen Aufgaben. Das Spiel will etwas ausdrücken und zugleich doch etwas unterdrücken, die Spielhandlung ist sowohl eine klare Darstellung als eine radikale Verkleidung unbewußter Wünsche (vgl. Erikson, 1951, S. 671).

Mit zunehmendem Alter und der Ausbildung von Abwehrmechanismen tritt die klare Darstellung kindlicher Wünsche zurück, sie treten mehr und mehr in nur verkleideter Form auf.

„Es läßt sich immer wieder beobachten, daß das *Kinderspiel ebenso wie der Traum eine Fassade zeigt*, und daß wir den latenten Spielinhalt analog dem latenten Trauminhalt nur durch eingehende *Analyse* erforschen können. Da aber das Kinderspiel infolge seiner (im Vergleich zum Traume) stärkeren Beziehung zur Realität und der überragenden Rolle, die es als vornehmster Ausdruck des kindlichen Seelenlebens spielt, häufig einer stärkeren sekundären Bearbeitung unterliegt als der Traum, so können wir die verschiedenen Strömungen des Seelenlebens nur schrittweise durch die Veränderungen des Spiels kennenlernen" (M. Klein, 1932, S. 114f.).

Spricht man vom *latenten* Thema oder Inhalt eines Spieles, so bedeutet das nicht immer, daß dieses dem Kind unbewußt ist. Die Feststellung darüber muß auf jeden Fall schwerfallen, da die Trennung zwischen Ubw und Vbw/Bw beim Kind sich erst langsam im Laufe seiner Entwicklung ausbildet. Je nach Alter werden wir mehr oder weniger gleitende Übergänge finden (vgl. Freud, Das Unbewußte, 1915b, GW X, S. 288, 194). Diese Tatsache, „daß wir Unbewußtes noch neben Bewußtem, die primitivsten Strebungen neben kompliziertesten Entwicklungen wirksam finden", darf bei der Analyse von Kinderspielen nicht übersehen werden (M. Klein, 1932, S. 21; vgl. Schmideberg, 1934, S. 245). Entscheidend ist weiterhin, daß das latente Thema des Spiels sich häufig der *Verbalisierung* aus noch zu zeigenden Gründen entzieht (vgl. Freud, Abriß der Psychoanalyse, 1940, GW XVII, S. 84; M. Klein, 1932, S. 26, 43, 45) und einen „entstellten" Ausdruck mittels bestimmter – auch im Traum wirksamer – Mechanismen findet.

Zum Verständnis der vom Kind in symbolischer und zum Teil symptomatischer Weise zur Darstellung gebrachten Wünsche, Erlebnisse oder auch Ängste ist es wichtig, analog zum Verfahren der Traumdeutung, auf die vom Kind zu einzelnen Spielstücken oder -handlungen spontan gebrachten Assoziationen, Deutungen oder Erzählungen zu achten. Danach verfuhr M. KLEIN (1932) in ihren Spielanalysen:

„Was uns das Kind in einer Analysenstunde zeigt, wobei es vom Spiel mit dem Spielzeug zur Darstellung durch die eigene Person übergeht, dann wieder zum Spiel mit Wasser, zum Ausschneiden von Papier, zum Zeichnen – *wie* es das tut, *warum* der Wechsel einsetzt und *welche Mittel* es zur Darstellung wählt –, dieses bunte, oft wirr und sinnlos erscheinende Durcheinander zeigt sich als wohlgeordnet und wird sinnvoll, wenn wir es wie den Traum deuten“ (S. 20, vgl. S. 29).

So erweist eine detaillierte Analyse der Spielhandlungen die assoziative Verbindung zwischen rezentem und entlegenem, weit zurückgedrängtem Material. Akute Konflikte und Probleme des Kindes können dabei Assoziationen zu älteren, das heißt weiter zurückliegenden, noch nicht gelösten wecken. ERIKSON (1937) fand bei der Untersuchung der Spielkonfigurationen von Kindern im Alter von 11 bis 13 Jahren in nichttherapeutischen Situationen, daß die „volle Bedeutung“ dieser Spielszenen sich „wie die eines Traumsymbols nur im Lichte biographischen oder assoziativen Materials“ erhellt (S. 461). Die Analyse der von den Kindern produzierten Spielkonstruktionen (mit Bausteinen, Puppen und ähnlichem) ergab, daß die Kinder im Spiel eine Reihe von Lebensdaten als die subjektiv bedeutsamsten auswählten und in ihrer Darstellung berücksichtigten. ERIKSON sah in der Analyse dieser vorgeführten Spielkonfigurationen ein bedeutendes Hilfsmittel für das Verständnis der Lebensgeschichte des Kindes und einen wichtigen Schlüssel für die Interpretation der kindlichen Persönlichkeit und seiner dynamischen Entwicklung (vgl. 1951, S. 674).
ERIKSON fand bei seiner Untersuchung, daß folgende Themen die Form und den Inhalt der Spielkonstruktionen beeinflussen:
1. Familienkonflikte und -konstellationen,
2. infantile Traumata,
3. körperliche Gebrechen, Behinderungen,
4. akute, mit der Spielaufgabe verbundene Angst,
5. psychosexuelle Konflikte (1951, S. 678).

PFEIFER (1919), der die „Äußerungen infantil-erotischer Triebe“ in Kinderspielen aufzeigt und die in ihnen wirksamen – mit dem Phantasieren, Träumen, den Fehlleistungen, aber auch neurotischen Symptomen übereinstimmenden – Mechanismen analysiert, greift als Beispiel unter anderem auch auf das von FREUD beschriebene Spielverhalten des *kleinen Hans* zurück, in dem sich besonders der psychosexuelle Konflikt des Jungen spiegelt. FREUD selbst nennt das von Hans vorgeführte Spiel mit einer Gummipuppe eine „unzweideutige Symptomhandlung“ (GW VII, S. 362), mit der er den Eltern, die mit der sexuellen Aufklärung des Jungen gezögert hatten, mitteilte: „Seht ihr, so stelle ich mir eine Geburt vor" (GW VII, S. 321).

Hans hatte wiederholt ein kleines Taschenmesser, das er von der Mutter entliehen hatte, durch ein Loch im Bauch der Gummipuppe gesteckt, und indem er der Puppe die Beine auseinanderriß, es wieder herausfallen lassen. Gegenüber dem Kindermädchen hatte er als Sinn seines Spiels den Wunsch angegeben, den „Wiwimacher" (Penis) der Puppe sehen zu wollen; gegenüber dem Vater aber geleugnet, daß es nur das gewesen sei. Seine ungelösten Fragen kreisten um das Problem: Woher kommen die Kinder, und welchen Anteil hat der Vater dabei. Er ahnte doch zumindest bereits, daß das Kind im Bauch der Mutter entsteht (vgl. GW VII, S. 322ff. und S. 365ff.). In seinen ödipalen libidinösen Bestrebungen, die Mutter für sich allein zu besitzen, war Hans der Vater im Wege:

„Wenn er da war, konnte er nicht bei der Mutter schlafen, und wenn die Mutter Hans ins Bett nehmen wollte, schrie der Vater. Hans hatte erfahren, wie gut er's bei Abwesenheit des Vaters haben könnte, und der Wunsch, den Vater zu beseitigen, war nur gerechtfertigt. Nun erhielt diese Feindseligkeit eine Verstärkung. Der Vater hatte ihm die Lüge vom Storch erzählt und es ihm damit unmöglich gemacht, ihn in diesen Dingen um Aufklärung zu bitten. Er hinderte ihn nicht nur, bei der Mutter im Bette zu sein, sondern vorenthielt ihm auch das Wissen, nach dem er strebte. Er benachteiligte ihn nach beiden Richtungen, und dies offenbar zu seinem eigenen Vorteile" (Freud, GW VII, S. 365).

Auf diese Lüge reagiert Hans mit seinem Spiel, mit dem er zum einen demonstrieren will, wie er sich die Geburt vorstellt, nämlich: daß etwas aus dem Körper der Mutter herauskommt, was man vorher irgendwie dort hineingebracht hat; zum anderen will er damit verdeutlichen, wie er sich den elterlichen Koitus vorstellt, der die ihm lästige kleine Schwester als Ergebnis hervorbrachte. Bei dem Spiel des *kleinen Hans* fällt auf, daß es für den Jungen mit intensiver Lust verbunden ist, den ganzen Vormittag über hatte er sich mit dieser Puppe beschäftigt.

Pfeifer (1919) kommt bei der Frage nach der Herkunft der Spielfreude, nach den Quellen der Lust des Spieles, zu folgendem Ergebnis:

„Die Analyse hat zunächst ergeben, daß das Spiel hinter seinem manifesten auch einen verborgenen, unbewußten Inhalt hat, der einen in der Seele Hansens tiefbegründeten Sinn verrät, und aus welchem der erstere durch eine Entstellung entstanden ist. Wird die Entstellung durch die Analyse rückgängig gemacht, so verrät das Spiel seinen unbewußten Inhalt: daß die Puppe im Spiele für Hans, der an seinem Inzestkomplex erkrankt ist, seine Mutter repräsentiert, und die ganze Handlung nichts anderes ist, als die ersehnte, phantasierte und an diesem symbolischen Ersatz vollführte Vereinigung mit der Mutter, also der Inzest, mit der darauffolgenden Geburt. Er wählt zum Zwecke dieser Darstellung die ihm geläufige und mit so vielen, man kann sagen, mit den meisten Kindern gemeinsame sadistische Auffassung des elterlichen Koitus, dessen Versinnbildlichung dieses gewaltsame Eindringen mit dem Messer (einem bekannten Penissymbol) in den Mutterleib ist. Dadurch nimmt Hans die Mutter in Besitz und versetzt sich an die Stelle des

Vaters. Auch der ihn so viel beschäftigenden Phantasie von der Geburt des Kindes wird im Spiele zum Ausdruck verholfen und seine diesbezügliche Neugierde befriedigt" (S. 244).

Mit dieser Deutung des Spiels (die eine stützende Parallele in der *Giraffenphantasie* fände, vgl. FREUD GW VII, S. 272ff. und S. 354), daß eine Quelle der Spielfreude sich aus der *Inzestlibido* herleitet, folgt PFEIFER einem Hinweis FREUDS in der „Epikrise", daß Hans mit seinem Verhalten im Puppenspiel noch mehr zeigt, als es flüchtig gesehen scheint. Er „deutet auf etwas hin, was in der Analyse nicht mehr zur Sprache kommt" (GW VII, S. 362). Gemeint ist die fehlende Aufklärung von Hans über das Vorhandensein der Vagina bei der Mutter und allen Frauen und die Bedeutung des elterlichen Koitus (GW VII, S. 376). Hinter seinem Fragedrang und seinem Spiel stehen diese für ihn ungelösten Probleme. Zusammenfassend beschreibt FREUD die ödipale Situation, in der sich Hans befindet, und seine ambivalenten Empfindungen, die sich auch in seinem Spiel ausdrücken:

„Der Vater wußte aber nicht nur, woher die Kinder kommen, er übte es auch wirklich aus, das, was Hans nur dunkel ahnen konnte. Der Wiwimacher mußte etwas damit zu tun haben, dessen Erregung all diese Gedanken begleitete, und zwar ein großer, größer als Hans seinen fand. Folgte man den Empfindungsandeutungen, die sich da ergaben, so mußte es sich um eine Gewalttätigkeit handeln, die man an der Mutter verübte, um ein Zerschlagen, ein Öffnungschaffen, ein Eindringen in einen abgeschlossenen Raum, den Impuls dazu konnte das Kind in sich verspüren; aber obwohl es auf dem Wege war, von seinen Penissensationen aus, die Vagina zu postulieren, so konnte es doch das Rätsel nicht lösen, denn so etwas, wie der Wiwimacher es brauchte, bestand ja in seiner Kenntnis nicht; vielmehr stand der Lösung die Überzeugung im Wege, daß die Mama einen Wiwimacher wie er besitze. Der Lösungsversuch, was man mit der Mama anfangen müßte, damit sie Kinder bekomme, versank im Unbewußten, und beiderlei aktive Impulse, der feindselige gegen den Vater wie der sadistisch-zärtliche gegen die Mutter, blieben verwendungslos, der eine infolge der neben dem Hasse vorhandenen Liebe, der andere vermöge der Ratlosigkeit, die sich aus den infantilen Sexualtheorien ergab" (GW VII, S. 366).

PFEIFER äußert die Vermutung, daß „das Ausleben der Inzestwünsche in Spielform gerade als ein Zeichen der beginnenden Genesung" betrachtet werden könnte (1919, S. 244).
Als weitere Quellen der Spielfreude verweist PFEIFER auf die *analerotische Lust* (S. 244), stellt doch die von Hans ausgeführte Spielhandlung aufgrund seiner infantilen Analgeburt-Theorie gleichzeitig Geburt und Defäkation dar (vgl. FREUD, GW VII, S. 329ff.). Im Zusammenhang damit steht das Interesse von Hans an den Fäzes („Lumpf" = seine Bezeichnung) und seine von ihm gezogene Parallele zu Kindern. Sein phantasiertes Lieblingskind nennt er „Lodi" (GW VII, S. 329ff.), für ihn eine Anspielung auf „Saffalodi" (= Zervelatwurst, Wurst; S. 330; vgl. S. 363). Seine phantasierten Kinder nimmt er mit aufs Klo-

sett und tut mit ihnen das, was die Mutter mit ihm tut (GW VII, S. 251)[25]. Die Darstellung mit dem Messer, das Hans gewaltsam in den Bauch der Puppe stößt, weist auf eine dritte Quelle der Spielfreude, den *kindlichen Sadismus*. Geburt und Koitus vermag das Kind sich nur als gewaltsame Handlungen vorzustellen. Als weitere Lustquelle des Spiels kommen noch hinzu: kindliche Schaulust und sexuelle Wißbegierde (vgl. PFEIFER, 1919, S. 244f.). Die Fragen von Hans kreisen wiederholt um den Geschlechtsunterschied, immer wieder fragt er nach dem „Wiwimacher" aller Personen (vgl. dazu FREUD, GW VII, S. 251, 256, 268, 271, 332ff., 342). PFEIFER analysiert dann genau, mit welchen Mitteln es zur Herstellung der Spielfassade kommt und welche Mechanismen an der Umwandlung des latenten in den manifesten Spielinhalt beteiligt sind:

„Die Mittel des Spiels: die Puppe, das Messer, das Loch sind bekannte Sexualsymbole. Die Puppe symbolisiert hier in erster Linie die Mutter, hat aber gleichzeitig die Bedeutung des Kindes und des ‚Lumpfes', bedeutet sogar im gewissen Maße den Spieler selbst durch die Identifikation seiner selbst mit der Mutter. Das Loch auf dem Bauche der Puppe ist ein unverkennbares Genitalsymbol mit mütterlicher Bedeutung, durch den Mechanismus der ‚Verlegung nach oben' von dem Genitale auf die Nabelgegend verlegt. Es hat aber gleichzeitig die Bedeutung: anale Öffnung. Das Messer fungiert im Spiele, wie in Phantasien, Traum, Neurosen etc. vorwiegend als Penissymbol, vereinigt aber auch die Bedeutung: Phallus, Fäzes, Kind in sich. Die jetzt erwähnten Symbole der libidinösen Handlungen und Objekte sind Mittel zu einer Entstellung des latenten, unbewußten Inhaltes des Spieles, die sich schon aus dem Gegenüberstellen des manifesten Inhaltes mit dem latenten ergeben hat. Die Ursache dieser Spielentstellung müssen wir in moralischen und sozialen Hemmungen suchen, die nicht mehr erlauben, einmal lustvoll gewesene Regungen auf direktem Wege durch das Bewußtsein dem Ausleben zuzuführen. FREUD hat diese Hemmungen, die sexuelle und egoistisch lustvolle Regungen von dem Bewußtsein fernhalten, in ihrer Wirkung Verdrängung genannt, und ihre entstellende Rolle im Falle Hansens sowohl bei der Ausbildung der neurotischen Symptome, wie dieser Symptomhandlung, die alle Kennzeichen des Spieles an sich trägt und die schlechthin ein harmloses Spiel eines jeden Kindes sein könnte, nachgewiesen" (PFEIFER, 1919, S. 245).

PFEIFER spricht hier die Mechanismen des Primärvorgangs an, auf die später noch eingegangen werden soll.

Als Ergänzung sei noch ein Bericht über das ‚harmlose' Spielverhalten einiger Kinder angeführt. Wir finden dort eine ähnliche Thematik angesprochen wie in dem ausführlich dargelegten Spiel des kleinen Hans. ZULLIGER berichtet über eine Beobachtung von mehreren Jungen und Mädchen im Alter von vier bis sechs Jahren, die interessiert und neugierig um einen Baum stehen, dessen

25 Solche Phantasien über Geburtsvorgänge und über das, was man mit Kindern tut, findet man häufig dort, wo sich Kinder ohne Einschränkung und Ängste äußern dürfen. Vgl. M. KLEIN (1921) und Beispiele unter den von RÜHMKORF (1969, S. 40–44) und BORNEMAN (1973, 1975) gesammelten Kinderversen.

Stamm sich kurz über der Erde in zwei Stämme gabelt, zwischen beiden „ist ein schlitzartiges, schwarzes Loch, wurzelwärts in die Tiefe gerichtet, von grüner Rinde beidseitig wulstartig fast ganz überwuchert" (ZULLIGER, 1957, S. 11). Die Kinder wollen das Loch erkunden und hineingreifen, phantasieren aber über alle möglichen Tiere, die sich darin befinden und sie eventuell beißen und verletzen könnten. Schließlich uriniert ein kleiner Junge in das Loch hinein, und die anderen Jungen eifern ihm darin nach, in der Absicht, die darin phantasierten Schlangen zu ertränken. Die in der Nähe stehenden Mütter sind aufmerksam geworden, sie deuten sich spontan und scherzhaft das Verhalten der Jungen als Koitussymbolik, greifen aber dann doch plötzlich in das weitere Spiel der Kinder ein. „Sie finden auf einmal, was ihre Sprößlinge da machen, sei eine Schweinerei, sie nehmen die Kinder weg und gehen dem Hause zu..." (S. 12). Hatten die Mütter die Koitussymbolik im Spiel der Kinder intuitiv erraten, so drücken sich im weiteren Spiel (das hier nicht weiter beschrieben werden soll) noch die Geburtsphantasien der Kinder aus. Die vorgestellten phantasierten verschiedenen kleinen Tiere in der Baumhöhle sind eine Anspielung auf vermutete unerwünschte Geschwister-Rivalen im Bauch der Mutter, die man beseitigen möchte, wie die Kinder im Spiel die Baumhöhle ausräumen wollen, wenn sie sich davor auch fürchten. Die Triebäußerungen der Kinder drücken sich in diesem Beispiel relativ unverstellt aus. Auch ZULLIGER sieht wie FREUD (GW VII, S. 5 und S. 362) und PFEIFER die Verwandtschaft des kindlichen Spiels mit der Symptomhandlung.

Das Spiel „bedeutet einen Triebdurchbruch in kaum verkleideter Form, vom mangelhaft ausgebildeten Ich (Gewissen, Zensur) kaum gebremst und verkleidet. Die Lust am Spiele wird durch die Triebentspannung verständlich. Sie erhält oft einen Zuschuß durch den durchgesetzten Eigenwillen gegenüber dem Willen der Erwachsenen und der ‚Lust am Verbotenen'. Ökonomisch bedeutet also das Spiel eine Triebabfuhr, die Aufhebung von Unlust, die Vermeidung, beziehungsweise Umsetzung von Angst in Lust, einen Kompromiß zwischen rohen Sexualtrieben und den Ansprüchen der Ich-Organisation, eine Ich-gerechte Triebsättigung. Und sozial kann das Spiel als ein Anpassungsversuch drängender Triebforderungen an die Gesetze des Noch-Erlaubten, Gestatteten und an das Realitätsprinzip gewertet werden" (ZULLIGER, 1957, S. 14).

Auf die symbolische Darstellungsweise als Mechanismus der Spielentstellung wie auf die Wirksamkeit der durch Erziehung vermittelten moralischen und sozialen Hemmungen wird später noch im einzelnen einzugehen sein.

Daß die Vielschichtigkeit latenter Bedeutungen, wie wir sie bei den Spielen des kleinen Hans fanden, keine Ausnahme bildet, die auf analytisch-therapeutische Situationen beschränkt wäre, soll die Analyse eines in verschiedenen Abwandlungen gespielten und in vielen Ländern verbreiteten Kinderspiels zeigen. Das Spiel „Ein Plumpsack geht um", „Der Plumser geht rum" oder „Drop the handkerchief" nach seinem latenten Inhalt befragt, ergibt, daß die Spielfassade

gleichsam aus entstellten Äußerungen der infantil-erotischen Partialtriebe aufgebaut ist, die sich entstellt eben nur deshalb äußern können, weil die Erziehung die ursprünglich lustvollen Bestrebungen des Kindes der Verdrängung anheimfallen läßt (vgl. PFEIFER, 1919, S. 272).
Der Spielablauf wird in einer Sammlung und Darstellung Berliner Kinderspiele folgendermaßen geschildert:

„Die Kinder sitzen im Kreis und singen, immer wieder von vorn beginnend: ‚Dreht euch nicht um, der Plumser geht rum, und wer sich umsieht, der kriecht einen Hieb‘. – Ein Kind, der Plumser, nach dem sich die andern nicht umsehen dürfen, geht außen um den Kreis herum. Es trägt ein Taschentuch mit einem Knoten in der Hand, das es unauffällig hinter einem der Sitzenden fallen läßt. Dieser springt auf, sobald er es bemerkt, läuft dem Plumser nach und versucht, ihn mit dem Taschentuch zu schlagen. Gelingt ihm dies nicht, so wird er Plumser. Hat der Sitzende nicht bemerkt, daß das Taschentuch hinter ihm liegt, so gibt ihm der Plumser, wenn er bei der nächsten Runde wieder vorbeikommt, drei Schläge mit den Worten: Eins, zwei, drei, ins faule Ei! Der Geschlagene muß sich dann in die Mitte des Kreises setzen, bis er von dem nächsten unaufmerksamen Mitspieler abgelöst wird" (PEESCH, 1957, S. 15)[26].

Auch hier taucht das Thema der Analgeburt auf, wie wir es in den Phantasien des kleinen Hans fanden.
Die latente, zum Teil unbewußte Bedeutung dieses Spiels für das Kind, besonders im Vorschulalter und in den ersten Schuljahren, sieht PHILLIPS (1967) darin, daß es dem Kind hilft, die Angst zu mildern, die gelernte Kontrolle seiner Ausscheidungsfunktionen zu verlieren. Das gilt besonders in der neuen Umgebung des Kindergartens, in der das Kind oft erstmals für längere Zeit von der Mutter getrennt ist, der zuliebe es lernte, sauber zu sein. Jede Kindergärtnerin wird berichten können, daß Kinder, die schon längere Zeit rein sind, plötzlich beim Eintritt in den Kindergarten, in eine neue Gruppe oder nach den Ferien wieder rückfällig werden. Im Spiel wird die symbolische Stigmatisierung mit dem Taschentuch als Beschmutzung empfunden. Aber auch wenn man mit den Fingern auf es zeigt, weiß das Kind und hat den Trost, daß es wegen seines Makels oder seiner Verfehlung – zumindest im Rahmen des Spiels – nicht völlig aus der Gemeinschaft der Kinder ausgeschlossen wird. Man wird nur „ins faule Ei" geschickt, die Strafe der Mutter kann manchmal schlimmer sein. Auch

26 Ähnlich beschreibt PHILLIPS (1967) die Hauptmerkmale dieses in englischsprachigen Ländern verbreiteten Spiels: „The essence of ‚drop the handkerchief‘ lies in the fact that one of the children is marked or stigmatized by his association with a symbolic object, the handkerchief. He rids himself of the stigma by stealthily placing it behind or between the legs of another child, or (after the first round of the game) by attempting to restigmatize the person who has placed responsibility for the object on him" (S. 67). Vgl. auch die bei OPIE/OPIE (1970, S. 198–202) beschriebenen Varianten des Spiels.

kann der Makel ebenso schnell, wie er einen selbst traf, auch ein anderes Kind treffen, und durch Geschicklichkeit kann man ihn sogar zu vermeiden suchen. PHILLIPS (1967) hat festgestellt, daß dieses Spiel besonders im Kindergartenalter beliebt und verbreitet ist und im späteren Alter das Interesse daran zurücktritt.

An der latenten Bedeutung, die dieses Spiel für Kinder haben kann, gehen die üblichen Klassifikationen und Beurteilungskriterien vorbei, wie sie sich in vielen populären Büchern zum Spiel der Vorschulzeit finden. Sie bleiben bei der Aufzählung von funktionalen Fähigkeit stehen, ohne nach den Motivationen des Kindes zu fragen, die in solchen Spielen befriedigt werden und die diese erst attraktiv machen. So meinen ROTH-BILZ und ROTH (1972), daß im Plumpsack-Spiel besonders folgende Fähigkeiten gefordert und erworben werden: „Geschicklichkeit (schnelles und geschicktes Laufen), Reaktionsschnelligkeit, Bewegungskoordination, Aufmerksamkeit, Konzentration, Verstehen und Einhalten von Spielregeln (soziales Sicheinordnenkönnen); einem Handlungsablauf folgen können, verbales Verständnis, Singen usw." (S. 174). Es soll nicht geleugnet werden, daß die oben genannten Fähigkeiten eine wichtige Komponente in diesem Spiel darstellen.

Dabei wird aber selbst die mehr auf der manifesten Ebene liegende Möglichkeit zum tolerierten Ausagieren von Aggressionen im Spiel völlig übersehen. REDL (1959) hat überzeugend gezeigt, daß vielen Spielen, wie auch diesem Plumpsack-Spiel, ein gewisser Versuchungscharakter innewohnt[27]. Der Versuchung, latenten Impulsen nachzugeben, wie hier zum Beispiel aggressiven Neigungen, Mitspieler – und sei es nur leicht – zu schlagen, selbst wenn es nur auf den fiktiven Rahmen einer Spielhandlung beschränkt ist, kann nicht jeder mit der gleichen Leichtigkeit nachgeben.

Wenn sich aber ein Kind plötzlich weigert, weiter an diesem Spiel teilzunehmen, anfängt zu weinen oder ängstlich wird, so darf man daraus nicht den Schluß ziehen, daß dies die Folge eines Versagens in den oben genannten Fähigkeiten ist. Die Gründe für diese Spielschwierigkeiten mögen dann eher in der für das Kind latenten Bedeutung des Spiels zu finden sein.

---

27 „Then there is the gratification, obviously offered in this game as one possibility, of the expression of aggression ‚on a mild hitting level'. You can't get mean, cruel or nasty; this game is not a good outlet for such needs. But you can, for the duration of the game, have the fun of getting in a few good socks, even at an adult, provided the adult has the courage to become a ‚player' himself. In fact, ... the game not only permits, it seduces one into expression of aggression on a ‚mild hitting level'. Thus it may actually force a person into enjoying a potential impulse he may really not have felt very strongly just at the time that ‚beetle' got around to him – In short, games have a certain ‚seductive element' in them. For the duration of a given phase of a given game, one is not only permitted, one is even supposed to have certain impulse potentials gratified – ..." (REDL, 1959, S. 37).

Spielen, wie dem oben beschriebenen, können auch noch andere Bedeutungen zukommen. Es ist gerade ein typisches Merkmal, daß die Spielelemente wie die Elemente des Traumas *mehrdeutig*, das heißt *mehrfach determiniert* sind. So kommt PFEIFER bei der Analyse eines sehr ähnlichen, ebenfalls weit verbreiteten Kinderspiels „Fuchs im Loch" (französisch: „Mère Garuche", wobei die „Garuche" der „Plumpsack" ist) aufgrund des von ihm herangezogenen, vielfältigen Materials über verwandte Spiele, Mythen und Märchen zu einer anders akzentuierten Interpretation. Einige Interpretationen PFEIFERS von bestimmten Spieldetails lassen sich ergänzend auch auf das oben beschriebene Spiel „Der Plumser geht rum" anwenden. Da ist zum einen das vielen Spielen gemeinsame Element aus den „beim Kinde so mächtigen sadomasochistischen Komponenten der Sexualität" (PFEIFER, 1919, S. 270), die sich besonders im Verfolgen und Schlagen eines Mitspielers ausdrücken können.
Im Sinne der von PHILLIPS gegebenen Deutung des Spiels sind noch die aus der Analerotik sich herleitenden infantil-erotischen Triebe, die im Laufe der Erziehungsprozesse der Verdrängung anheimfielen, für die Herstellung der Spielfassade von Bedeutung. In vielen Kleinkinderspielen läßt sich die Befriedigung urethraler beziehungsweise analer Triebansprüche nachweisen (im von ZULLIGER beschriebenen Beispiel dominierte die Urethralerotik). So sind die Spiele mit Wasser, Sand, Knete, Lehm und ähnlichem bekannte Sublimierungen für anale und urethrale Wünsche (vgl. A. FREUD, 1968, S. 27). PFEIFER weist darauf hin, daß der *Wurf* in vielen Spielen (wie oben beschrieben: das Fallenlassen des Taschentuches, das Werfen oder Schlagen des Mitspielers damit, der aus dem Kreis aller ausgeschlossen werden soll)

„in drei Bedeutungen assoziiert wird; erstens als Geburtssymbol durch die ‚Lumpf'-Analgeburtstheorie der Kinder; zweitens als Symbol des lustvollen Vorganges der Defäkation; drittens als Verdrängungsprodukt derselben Lust, äquivalent der Angst aus dem Inzestkomplex, als Beschmutzung, Beschämung, Herabsetzung, Verachtung durch das Bewerfen, Beschmutzen mit einem Kotsymbol" (PFEIFER, 1919, S. 271).

Das zusammengeknotete Taschentuch, das ebenso ‚Plumpsack' genannt wird wie der Spieler, der es fallen läßt, läßt sich leicht als *Kotsymbol* erkennen. Diese unterdrückte Bedeutung, die das Symbol repräsentiert, ist aber den spielenden Kindern weitgehend unbewußt geworden, da das anale Interesse der Kinder von Erzieherpersonen nur in den seltensten Fällen toleriert und anerkannt wird, meist aber eine starke Unterdrückung erfährt. Die verdrängte Bedeutung der körperanalogen Symbolbildung im genannten Beispiel wird auch durch die onomatopoetische Wortbildung „Plumpser", „Plumser", „Plumpsack" noch verstärkt.
Besonders die von PFEIFER zuletztgenannten beiden Bedeutungskomponenten finden sich im besagten Spiel; man denke an den Spaß, mit dem der eine Spieler

heimlich das Taschentuch hinter einem Mitspieler fallen läßt, und an die Verspottung, die diesem Spieler zukommt, wenn es ihm nicht gelingt, sich rechtzeitig des zugefügten ‚Schmutzes' und Makels zu entledigen, indem er diesen einem anderen zuschiebt. Man denke hier auch an das bei Kindern beliebte und zum Teil doch gefürchtete Kartenspiel „Schwarzer Peter". Keiner will nämlich auf der Karte des „Schwarzen Peter" sitzenbleiben, um dann nicht nur im übertragenen Sinn angeschwärzt zu werden. Die Schadenfreude bei denen, die diesem Makel noch einmal entgangen sind, ist meist besonders groß.

„Das Werfen aber als sadistisch-analerotische Handlung ist auch in sich lustvoll, wir sehen ihn (sic!) schon bei sehr kleinen Kindern von den Äußerungen großer Lust begleitet. Der Getroffene fühlt dies aber als deutliche Beschämung und Herabsetzung, die Folgen sind auch dementsprechend ..." (PFEIFER, 1919, S. 271).

Beim Plumpsackspiel muß er im Spiel aussetzen, wird mit Beschimpfungen vorübergehend aus dem Kreis ausgeschlossen (vgl. hierzu auch FENICHEL, 1936, S. 103ff.).

1.3 Mechanismen des Primärprozesses und Spielfassade

Die oben auf das Spiel angewandte Unterscheidung von latenten und manifesten Inhalten erfaßt noch nicht genügend die im Spielverhalten wirksamen komplexen dynamischen Prozesse. Die immer wieder aufgeworfene Frage nach den bewußten und unbewußten Anteilen im kindlichen Spielen kann dadurch weiter geklärt werden, daß die Wirksamkeit der Mechanismen des Primärprozesses und die Beteiligung des Sekundärprozesses am Zustandekommen bestimmter Spiele analysiert werden.
Dieser Versuch wird immer wieder auf Schwierigkeiten stoßen, da die mit der Unterscheidung von Primär- und Sekundärprozeß eingeführten und diskutierten Probleme, zum Beispiel der Phantasietätigkeit (die besonders auch für unser Thema relevant ist), von FREUD nur auf der Ebene der *topischen Metapsychologie* ausgeführt worden sind. Dieses Modell einer psychischen Topik, das die drei Systeme *Ubw, Vbw* und *Bw* unterscheidet, denen jeweils auch bestimmte Funktionsweisen, Abwehrformen und typische Inhalte zugeordnet werden, wird von FREUD ab 1920 durch ein Strukturmodell des psychischen Apparates ersetzt, in das die Begriffe und Modelle der vorstrukturellen topischen Theorie nicht ganz widerspruchslos eingearbeitet wurden (vgl. FREUD, Das Ich und das Es, 1923, GW XIII, S. 252; Neue Folge der Vorlesungen zur Einführung in die Psychoanalyse, 1932, GW XV, S. 78ff. und S. 85). Die neuen topischen, besser: *strukturellen* Instanzen von *Es, Ich* und *Über-Ich* koinzidie-

ren nicht mit der Unterscheidung zwischen *Ubw, Vbw, Bw.* Läßt sich die Instanz *Es* noch am ehesten mit den Hauptmerkmalen des Systems *Ubw* gleichsetzen, so finden sich aber im *Ich* und auch im *Über-Ich* unbewußte und vorbewußte Anteile (Neue Folge der Vorlesungen zur Einführung in die Psychoanalyse, 1932, GW XV, S. 76 und S. 78)[28].

In den vorhergehenden Abschnitten war häufig von unbewußten Inhalten des Spiels die Rede. Damit wird einmal die „Gesamtheit der im aktuellen Bewußtseinsfeld nicht gegenwärtigen Inhalte" bezeichnet, „und dies im ‚deskriptiven' und nicht ‚topischen' Sinne, d.h. ohne zwischen den Inhalten der Systeme Vorbewußt und Unbewußt zu unterscheiden" (LAPLANCHE/PONTALIS, 1972, S. 562; vgl. FREUD, Das Unbewußte, 1915b, GW X, S. 271). Zum anderen wurde versucht, bei der Beschreibung unbewußter Spielinhalte (zum Beispiel der Spiele des kleinen Hans) einen zweiten Gesichtspunkt, nämlich den topischen, mit zu berücksichtigen. Damit ist „eines der von FREUD im Rahmen seiner ersten Theorie des psychischen Apparates beschriebenen Systeme", das *Ubw,* gemeint; „es wird von *verdrängten* Inhalten gebildet, denen der Zugang zum System *Vorbewußt-Bewußt* durch den Vorgang der Verdrängung (...) verwehrt ist" (LAPLANCHE/PONTALIS, 1972, S. 562; vgl. FREUD, GW X, S. 271 f.).

Die Hauptmerkmale des Systems Unbewußt *(Ubw)* beschreibt FREUD wie folgt:

„Der Kern des *Ubw* besteht aus Triebrepräsentanzen, die ihre Besetzung abführen wollen, also aus Wunschregungen. Diese Triebregungen sind einander koordiniert, bestehen unbeeinflußt nebeneinander, widersprechen einander nicht. Wenn zwei Wunschregungen gleichzeitig aktiviert werden, deren Ziele uns unvereinbar erscheinen müssen, so ziehen sich die beiden Regungen nicht etwa von einander ab oder heben einander auf, sondern sie treten zur Bildung eines mittleren Zieles, eines Kompromisses, zusammen" (FREUD, Das Unbewußte, 1915b, GW X, S. 285).

Es wäre hier die Frage aufzuwerfen, ob solche, aus dem *Ubw* kommenden, unter dem Zwang des *Realitätsprinzips* einander *widersprechenden* Wunschregungen im kindlichen Spiel eine *Kompromißbildung* eingehen (vgl. PFEIFER, S. 275). Die Inhalte des *Ubw* werden durch die speziellen Mechanismen des *Primärprozesses: Verdichtung* und *Verschiebung,* beherrscht:

---

28 Das Verhältnis von Primär- und Sekundärprozeß und deren jeweilige Beziehung zum Realitätsprinzip sowie die Frage ihrer Zuordnung zu unbewußten beziehungsweise bewußten Prozessen werden von NOY (1969) einer differenzierten metapsychologischen Analyse unterzogen. Im Zusammenhang dieser Arbeit kann auf diese speziell metapsychologischen Probleme nur am Rande eingegangen werden. Es sei noch darauf hingewiesen, daß NOY unter anderem auch versucht, Parallelen zu PIAGETs Theorie der sensomotorischen Entwicklung und zu dessen Konzept der Assimilationsschemata zu ziehen (vgl. *Teil B*).

„Es herrscht eine weit größere Beweglichkeit der Besetzungsintensitäten. Durch den Prozeß der *Verschiebung* kann eine Vorstellung den ganzen Betrag ihrer Besetzung an eine andere abgeben, durch den der *Verdichtung* die ganze Besetzung mehrerer anderer an sich nehmen. Ich habe vorgeschlagen, diese beiden Prozesse als Anzeichen des sogenannten psychischen *Primärvorganges* anzusehen. Im System *Vbw* herrscht der *Sekundärvorgang*" (FREUD, Das Unbewußte, 1915b, GW X, S. 285f.).

Bei seiner Unterscheidung der beiden Funktionsweisen des psychischen Apparates (Primär- und Sekundärprozeß) dachte FREUD auch an die in der Bezeichnung angedeuteten zeitlichen und genetischen Implikationen; er ging davon aus, daß der Primärprozeß auch die entwicklungsgeschichtlich ältere, das heißt primäre Funktionsweise des psychischen Apparates bezeichnet[29].
Aber schon im Laufe der ersten Lebensjahre beginnt sich der Sekundärprozeß zu entwickeln. Eine „Alleinherrschaft" des Primärvorgangs, so betont FREUD, ist eine „theoretische Fiktion" (FREUD, Die Traumdeutung, 1900, GW II/III, S. 609).

„Wir glauben, daß das Es das ganze Leben hindurch in Übereinstimmung mit dem Primärprozeß funktioniert, das *Ich* hingegen während der ersten Lebensjahre, solange seine Organisation noch unausgebildet und in seiner Funktionsweise weitgehend dem *Es* ähnlich ist, aus dem es gerade erst hervorging. Der Sekundärvorgang andererseits entwickelt sich allmählich und fortschreitend während der ersten Lebensjahre und ist für die Operationen des verhältnismäßig reifen *Ichs* charakteristisch" (BRENNER, 1967, S. 59).

Bei der Verwendung beider Begriffe ist stets ihr doppelter Bezugsrahmen zu berücksichtigen und zu unterscheiden zwischen

a) dem *topischen* Gesichtspunkt, das heißt, „der Primärvorgang kennzeichnet das System *Unbewußt*, der Sekundärvorgang das System *Vorbewußt-Bewußt*" (LAPLANCHE/PONTALIS, 1972, S. 397); und
b) dem *ökonomisch-dynamischen* Aspekt dieser Funktionsweisen:

„Beim Primärvorgang strömt die psychische Energie frei ab, da sie ohne Hindernisse nach den Mechanismen der Verschiebung und der Kondensation von einer Vorstellung zur anderen übergeht; sie strebt danach, die Vorstellungen im vollen Umfange wieder zu besetzen, die mit Befriedigungserlebnissen, welche den Wunsch zu konstituieren (primitive Halluzination), zusammenhängen. Beim Sekundärvorgang ist die Energie zunächst ‚gebunden', bevor sie in kontrollierter Form abströmt; die Vorstellungen werden

---

29 Vgl. BRENNER, 1967, S. 58; vgl. FREUD, „Die Traumdeutung", 1900, GW II/III, S. 609; „Jenseits des Lustprinzips", 1920, GW XIII, S. 68; „Formulierungen über die zwei Prinzipien des psychischen Geschehens", 1911, GW VIII, S. 231ff.; vgl. JAPPE, 1971, 3. Kapitel.

auf eine stabilere Weise besetzt, die Befriedigung wird aufgeschoben und erlaubt so psychische Erfahrungen, die die verschieden möglichen Befriedigungswege erproben" (LAPLANCHE/PONTALIS, 1972, S. 397)[30].

Die unbewußten seelischen Vorgänge, die Primärvorgänge, werden vom *Lustprinzip* beherrscht. „Diese Vorgänge streben danach, Lust zu gewinnen; von solchen Akten, welche Unlust erregen können, zieht sich die psychische Tätigkeit zurück (Verdrängung)" (FREUD, Formulierungen über die zwei Prinzipien des psychischen Geschehens, 1911, GW VIII, S. 231; vgl. Jenseits des Lustprinzips, 1920, GW XIII, S. 68).
Das Realitätsprinzip dagegen entspricht den Sekundärprozessen. Auf das komplizierte Verhältnis von Primär- und Sekundärvorgang zum Realitätsprinzip geht RICOEUR (1969) ein:

„Das Verhältnis zwischen Primärvorgang und Sekundärvorgang ist selbst kein einfaches; es enthüllt zwei Arten von Beziehungen zwischen dem Lustprinzip und dem Realitätsprinzip. Zum einen ist das Realitätsprinzip nicht wirklich der Gegensatz des Lustprinzips, sondern eine Verlängerung des Wegs der Befriedigung. Der psychische Apparat hat nämlich nie nach dem einfachen Schema des Primärvorgangs funktioniert; letztlich ist das Lustprinzip, im Reinzustand betrachtet, nur eine didaktische Fiktion; das Realitätsprinzip bezeichnet dementsprechend das normale Spiel eines von den Sekundärvorgängen gelenkten seelischen Apparats. Aber zum anderen setzt das Lustprinzip seine Herrschaft in allen möglichen Verkleidungen fort; es belebt alle Phantasien, sowohl in ihren normalen wie in ihren pathologischen Formen, vom Traum über die Ideale bis zu den Illusionen der Religion" (S. 273).

Auch für das Verständnis der kindlichen Verhaltens- und Denkweisen sind die beiden Funktionsmodi relevant: wenn man sich vergegenwärtigt, daß entwicklungsgeschichtlich gesehen mit dem Primärvorgang auch eine bestimmte Stufe der Denkorganisation gemeint ist, die besonders für das Kind bezeichnend ist, dessen Ich noch unreif und unausgeprägt ist, und die als Ergebnis einer progressiven Differenzierung erst aus dem Es hervorgeht[31]. Der Sekundärvorgang bestimmt wesentlich die Denkprozesse des reifen Ichs, er ist kennzeichnend

---

30 Vgl. NOY, 1969, S. 156. LORENZER (1970a) hat vorgeschlagen, „den Begriff Primärprozeß durch ‚Primärorganisation' zu ersetzen und für Primärorganisation die Zuordnung zu den Systemen zu lösen. Primärorganisation gehört weder zum Ich noch zum Es (oder zum Über-Ich) ausschließlich, sondern man meint damit – je nachdem, ob man sein Augenmerk auf Erkenntnisbildung oder dynamisch-energetische Prozesse richtet – entweder eine niedere Stufe von Ich-Funktionen oder eine Dynamik unter dem besonderen ‚Einfluß des Es'" (S. 70).

31 Vgl. die Beschreibung der Wirkungsweise des Primärprozesses im Verhalten des zweijährigen Kindes bei A. FREUD, 1950/51, S. 152, und 1968, S. 64, 118; vgl. auch ZULLIGER, „Das ‚magische' Denken des Kindes als theoretische Begründung der deutungsfreien Spielanalyse", in: 1957, S. 35, und ZULLIGER, 1970, besonders 1. Kapitel.

für eine systematische und geordnete Form der Denkorganisation und findet sich im Bewußtsein und Vorbewußtsein. Primärvorgänge bleiben aber in bestimmten Bereichen psychischer Tätigkeiten weiter wirksam.
Betrachtet man unter dem *dynamisch und energetischen* Aspekt den Primärvorgang, so ist dessen „freibewegliche Besetzung" (FREUD, Jenseits des Lustprinzips, 1920, GW XIII, S. 35f.) für folgende Merkmale verantwortlich:

„1. die Neigung zu unmittelbarer Befriedigung (Entladung der Besetzung), die für das Es und das unreife Ich charakteristisch ist;
2. die Leichtigkeit, mit der die Besetzung von ihrem ursprünglichen Objekt oder von ihrem ursprünglichen Weg der Entladung, falls diese blockiert oder unzugänglich sind, abgezogen und auf einem ähnlichen oder sogar auf einen ziemlich anderen Weg entladen werden kann" (BRENNER, 1967, S. 60).

Die Neigung zu unmittelbarer Befriedigung, die Herrschaft des Lustprinzips, ist ein dominierendes Merkmal im Säuglingsalter und der frühen Kindheit, weil das Ich des Kindes noch nicht voll ausgebildet ist. Unter dem Einfluß der Außenwelt und des durch libidinöse Objekte vermittelten Wechsels von Befriedigungs- und Versagungssituationen erfährt der Primärprozeß zunehmend eine Einschränkung und kann sich nur noch in bestimmten Bereichen psychischer Tätigkeit (Träume, Phantasien, Spiel, Witz, Fehlleistungen) ausdrücken (vgl. hierzu auch FRANK, 1955, S. 579). „Die Entwicklung des Kindes lehrt uns, wie langsam das Walten dieses unbeständigen und doch so reichen Ausdrucksmittels der Wirklichkeit und der Vernunft angepaßt wird" (KRIS, 1970, S. 876).
Der Mechanismus der *Verschiebung* und die damit zusammenhängende „freibewegliche Besetzung" soll durch Beispiele erläutert werden: Das Kind, das mit Sand, Lehm und Wasser spielt, daraus Kuchen und anderes formt, hat die Besetzung vom ursprünglichen Objekt seiner analerotischen Triebe, dem Kot, und vom ursprünglichen Weg der Entladung der Besetzung, nämlich damit zu spielen, was ihm aber verboten wurde, auf eine andere erlaubte Form der Besetzungsabfuhr verschoben. Die Befriedigung gewinnt das Kind jetzt im Spiel mit Lehm oder Sand. So gibt es eine Reihe von Spielmaterialien, mit denen das Kind sich derart beschäftigen kann, daß diese „der direkten oder zielgehemmten (sublimierten) Befriedigung von Partialtrieben dienen". So zum Beispiel auch „Baumaterialien, mit denen sich alle Arten von Gebilden herstellen und wieder zerstören lassen, und die auf diese Art den ambivalenten Strebungen der analsadistischen Phase sowohl positiv als negativ angepaßt sind" (A. FREUD, 1968, S. 82; vgl. [1947] o. J., S. 475).
Für den Prozeß der *Verschiebung*, den wir in diesem Beispiel sehen, gilt, daß „eine Vorstellung den ganzen Betrag ihrer Besetzung an eine andere abgeben" kann (FREUD, Das Unbewußte, GW X, S. 285; vgl. Abriß der Psychoanalyse,

1940, GW XVII, S. 90); in unserem Beispiel wird die lustvolle Besetzung der Vorstellung, mit dem Kot zu spielen, abgegeben an das Spiel mit Sand. Die „freie“ Verschiebung dieser Besetzungsenergie wurde bereits als eines der Hauptmerkmale des Primärvorgangs hervorgehoben, der das Funktionieren des *Ubw* beziehungsweise die Vorgänge im Es beherrscht. In der Traumanalyse hatte FREUD die Verschiebung außerdem als ein Werk der Zensur charakterisiert (FREUD, Vorlesungen zur Einführung in die Psychoanalyse, 1917, GW XI, S. 177; Neue Folge der Vorlesungen zur Einführung in die Psychoanalyse, 1933, GW XV, S. 21). Auch das spielende Kind handelt unter dem Einfluß einer Zensur, den Verboten der Erziehungspersonen. Ein Ergebnis der Verschiebung ist, „daß der psychische Akzent von einem wichtigen Element auf ein anderes, unwichtiges übergeht“ (FREUD, GW XI, S. 177), im genannten Spiel auf ein weniger anstößiges. Dem Sand und Matsch kommen in diesem Fall als Symbol des Verdrängten die Affekte zu, die die Reinlichkeitserziehung zu unterdrücken suchte. An der Art des Umgangs des Kleinkindes mit Sand und Wasser, Matsch oder „Eierpampe“ ließe sich im Einzelfall beobachten und nachweisen, welcher Grad von Sublimierung (zielgehemmter Triebbefriedigung) oder von Reaktionsbildung (gehemmte Befriedigung in der Ersetzung durch das Gegenteil) bei den kindlichen Handlungen vorliegt. Bei einem Kind, das erst nach Überwindung starker Hemmungen mit Matsch, Sand zu spielen wagt, immer ängstlich ist, sich zu beschmutzen, dominiert schon die Reaktionsbildung aufgrund vorgefallener Erziehungsmaßnahmen. Kinder, die einer rigiden Reinlichkeitserziehung ausgesetzt waren, werden auch Hemmungen haben, im Spiel mit Fingerfarben bereits unterdrückte, anale und urethrale Wünsche neu zuzulassen (vgl. ZULLIGER: „Über Fingerfarben in der Kleinkindererziehung“, in: 1957, S. 60ff.). Mit zunehmendem Alter wird das Sandspiel immer weniger gebilligt. Das koprophile Interesse des Kleinkindes wird weiter eingeschränkt und nur entstellt zugelassen.

Verschiebung bezeichnet also die „Tatsache, daß der Akzent, die Bedeutung, die Intensität einer Vorstellung sich von dieser lösen und auf andere, ursprünglich wenig intensive Vorstellungen übergehen können, die mit der ersten durch eine Assoziationskette verbunden sind“ (LAPLANCHE/PONTALIS, 1972, S. 603). Dieses von FREUD zuerst in der „Traumdeutung“ analysierte Phänomen findet sich auch in anderen Produktionen des Unbewußten.

Ein weiteres Beispiel für Verschiebung wäre in der Phobie des *kleinen Hans* zu finden. Die dem Vater geltende libidinöse Einstellung und die Angst vor ihm sind, nachdem sie verdrängt wurden, auf das Angstobjekt, das Pferd, verschoben worden (vgl. Einzelheiten der Assoziationskette, Analyse der Phobie eines fünfjährigen Knaben, 1909, GW VII, S. 368; Die Verdrängung, 1915a, GW X, S. 257; Hemmung, Symptom und Angst, 1926, GW XIV, S. 131f.). Ein anderes Beispiel findet sich auch im Spiel von Hans mit der Gummipuppe; hier handelt es sich um die Verschiebung der inzestuösen Libido, die der Verdrängung unterworfen wird, von der Mutter auf die Puppe, an der er seine Koitusphantasie agiert (vgl. PFEIFER, 1919, S. 244f.).

Ein häufig zu beobachtendes Ergebnis des Mechanismus der Verschiebung finden wir auch im aggressiven Spielverhalten des Kindes. Das Objekt, gegen das sich die Aggression des Kindes richtet, ein Spielzeug, eine Puppe oder ähnliches, ist oft nicht das eigentlich gemeinte Aggressionsobjekt. Für das Unbewußte des Kindes kann das Spielzeug einen Elternteil, einen ungeliebten Bruder oder eine Schwester repräsentieren[32].

Der zweite Mechanismus neben der Verschiebung (der psychischen Besetzung von einer Vorstellung zur anderen), der für FREUD die dem Es zugeschriebenen Primärprozesse charakterisiert, ist der der *Verdichtung* (von Vorstellungen) (vgl. Das Interesse an der Psychoanalyse, 1913, GW VIII, S. 397). Dieser Begriff bezeichnet die zusammenfassende Darstellung mehrerer Vorstellungen in einem einzigen Wort oder Bild bzw. die Erscheinung des „Pars pro toto" – statt eines gemeinsamen Ganzen erscheint nur ein Teil von ihm.

Verdichtung erscheint aber nicht nur als Ersetzung von Ganzobjekten durch Teilobjekte, sondern auch in der Form der Objektverschmelzung. Wir finden sie sowohl auf ontogenetisch früher Stufe als auch in regressiven Verhaltensweisen späterer Entwicklungsstufen (vgl. auch hier die eindringlichen Beispiele in der *Schizophrenieforschung*, zum Beispiel bei FREEMAN u. a., 1969; SECHEHAYE, 1958, 1973).

Verdichtung darf aber nicht als einfache Zusammenfassung verstanden werden. Am Beispiel des Traumes, genauer: der Traumarbeit, erläutert FREUD dieses Merkmal: „Ein manifestes Element entspricht gleichzeitig mehreren latenten, und umgekehrt kann ein latentes Element an mehreren manifesten beteiligt sein, also nach Art einer Verschränkung" (Vorlesungen zur Einführung in die Psychoanalyse, 1916/17, GW XI, S. 176). So können sich in manchen Kinderspielen in einem bestimmten symbolischen Ausdruck verschiedene Handlungen und Objekte verdichten. Penis, Kind und „Lumpf" (Kot) verdichten sich im Spiel des kleinen Hans mit der Gummipuppe unter dem Bilde des Messers, die Vorstellungen von Geburt und Defäkation sind in einer Handlung des Fallenlassens verdichtet (vgl. PFEIFER, 1919, S. 246; FREUD, Analyse der Phobie eines fünfjährigen Knaben, 1909, GW VII, S. 319).

---

32 Vgl. M. KLEIN, 1932, S. 32f., und 1972, S. 18f.; vgl. FREUD, „Eine Kindheitserinnerung aus ‚Dichtung und Wahrheit'", 1917, GW XII, S. 21f.
Zur Funktion primärer Denkprozesse und der Mechanismen Verschiebung und Verdichtung in „Denkstörungen" bei Schizophrenen siehe unter anderem die Arbeiten von FREEMAN u. a. (1969, S. 83) und SECHEHAYE (1958, 1973). Die dort beschriebenen primären Denkprozesse zeigen viele Ähnlichkeiten mit dem kindlichen Denken.

Der Verdichtungsmechanismus ist nicht nur für den Traum spezifisch, an dem er von FREUD zuerst analysiert wurde. In „Zur Psychopathologie des Alltagslebens" (1901, GW IV), in „Der Witz und seine Beziehungen zum Unbewußten" (1905, GW VI) und anderen Schriften weist FREUD wiederholt darauf hin, daß die Verdichtung ein allen Bildungen des Unbewußten gemeinsamer Mechanismus ist. Überall, wo „psychische Konflikte", „die *Verdrängung* gewisser Triebregungen, die von anderen Seelenkräften ins Unbewußte zurückgewiesen werden, die *Reaktionsbildungen* der verdrängenden Kräfte und die *Ersatzbildungen* der verdrängten, aber ihrer Energie nicht völlig beraubten Triebe" eine Rolle spielen, überall da äußern sich „die vom Traum her bekannten Prozesse der Verdichtung und Verschiebung" (FREUD, Das Interesse an der Psychoanalyse, 1913, GW VIII, S. 401; Hervorhebung H. N. B.).

Die hier aufgezählten Abwehrmechanismen können – wie später zu zeigen sein wird – auch das Spielverhalten entscheidend prägen (vgl. PFEIFER, 1919, S. 275).

Ein Ergebnis der Verdichtungsarbeit ist die *Überdeterminierung* oder mehrfache Determinierung, ein Phänomen, das auf die Vielzahl der determinierenden Faktoren in den Manifestationen des Unbewußten hinweist (vgl. FREUD, Vorlesungen zur Einführung in die Psychoanalyse, 1917, GW XI, S. 176; Über Psychoanalyse, 1910, GW VIII, S. 38; ABRAHAM, [1909] 1969, S. 297; WÄLDER, 1930, S. 285ff., und 1936, S. 542ff.; RICOEUR, 1969, Kapitel IV, S. 507ff.). Damit wird auf „mannigfache unbewußte Elemente (verwiesen), die sich in verschiedenen Bedeutungsreihen anordnen, von denen jede auf einem bestimmten Deutungsniveau ihren Zusammenhang hat" (LAPLANCHE/PONTALIS, 1972, S. 544; vgl. FREUD, Studien über Hysterie, 1895, GW I, S. 293f.; vgl. BERNFELD, [1932] 1969, S. 584).

PHILLIPS (1967) erläutert ein besonderes Einfangespiel, englisch „Tag" genannt, das durch eine besonders ausgeprägte Verdichtung charakterisiert ist. Es ist ein ganz einfaches Spiel. Ein Spieler schlägt einen anderen und ruft: „Du bist!" oder im Englischen „Tag!" oder „You're it!". Der ganze latente Sinn des Spieles scheint sich in dieser Berührung zu verdichten. Aus Berlin wird der Ablauf des „Einkriege" oder „Einkriegezeck" genannten Spiels wie folgt berichtet:

> „Eingeleitet wird das Spiel mit einem Abzählreim, mit dem ermittelt wird, wer zuerst die Aufgabe des Fangens übernehmen muß. Sehr beliebt ist heute wegen seiner Kürze der folgende kleine Reim: ‚Wir ma-chen kei-nen lan-gen Mist, und du bist!' ... Der durch das Abzählen ermittelte Spieler ist dran. Er muß einen anderen Teilnehmer fangen, indem er ihm einen Schlag gibt, womit der Geschlagene die Rolle des Fängers übernimmt. Im allgemeinen gilt die Regel, daß der Schlag nicht sofort an den Spieler, von dem man geschlagen worden ist, zurückgegeben werden darf. Es wird deshalb gerufen: ‚Widerschlach gildet nich!' oder ‚Widerschlach is Katzendreck!'" (R. PEESCH, 1957, S. 33f.; vgl. OPIE/OPIE, 1970, S. 62ff.).

Die auffallende Affektivität und die Erregung, mit der oft gespielt wird, lassen eine unbewußte, vielfach determinierte Bedeutung des Spiels vermuten. Das Spiel tritt häufig auch in vereinfachter Form auf, es brauchen nur zwei oder mehrere Kinder zusammen zu sein, einer beginnt plötzlich, ohne Ankündigung, einen anderen mit dem Ruf: „Du bist!" zu schlagen, der Geschlagene versucht sofort den Schlag weiterzugeben, und es beginnt ein gegenseitiges Sich-Fangen, „Kriegen". PHILLIPS (1967) sieht den latenten Sinn des Spiels darin, daß in dem „Du bist!" auch die Ängstlichkeit in bezug auf Berührungskontakte spielerisch überwunden werden kann. Zugleich scheint – ähnlich wie im „Plumpsack"-Spiel – in ritueller Weise mit Hilfe magischen Denkens ein unbestimmtes Stigma von einem Spieler zum anderen weitergegeben zu werden. Man muß sich so schnell wie möglich von dem mit der Berührung gemeinten Makel wieder befreien. Da mit dem „Du bist!" in realer Form nichts Konkretes verbunden ist, ist der latente Bedeutungsspielraum besonders groß[33].

Einen möglichen Beleg für die Deutung von PHILLIPS, daß in diesem „Einkriege"-Spiel in symbolischer Form Krankheit, Schwäche oder ähnliches an den anderen weitergegeben wird, wodurch man sich selbst davon befreit, könnte in einer Variante des Spiels gesehen werden. „Beim *Englisch Zeck* gelten die gleichen Regeln wie beim einfachen Haschen, nur muß der Geschlagene die Stelle seines Körpers, an der er getroffen worden ist, so lange mit einer Hand berühren, bis er den Schlag weitergegeben hat" (PEESCH, 1957, S. 34). Hierbei wird der Schlag, die Berührung, als körperlicher Makel erkennbar (vgl. auch hierzu OPIE, 1970, S. 62ff., 75ff.). Auf eine weitere wichtige Bedeutung des „tagging", d. h. des Schlagens in vielen Fangspielen, hat SUTTON-SMITH (1959) hingewiesen[34]. Auffallend ist nämlich, daß die aggressive Handlung des Schlagens ohne Schuldgefühle ausgeführt werden kann. „,... tagging represents a guilt-free act of aggression; gratifying because it is limited and symbolic" (S. 20). Aufschlußreich kann das Verhalten eines mitspielenden Kindes sein, das starke Hemmungen hat, selbst im erlaubten Rahmen des Spiels Mitspieler zu schlagen (vgl. oben die Analyse des „Plumpsack"-Spiels). Die mehrfache Determinierung einer Spielbedeutung wird an diesen Beispielen deutlich. Auch PFEIFER hat ausdrücklich in seinen Spielanalysen auf die Überdeterminiertheit des ma-

33 „Since nothing is actually passed between them, the ‚tag' may symbolically represent a variety of things: disease, weakness, ignorance, stupidity, bad luck, a curse, or even in some mystical way, all the evil residues of a day or of a lifetime. Perhaps because of the very vagueness of what is transmitted during ‚tag', the game may be used in an attempt to master anxiety associated with a wide variety of personal exchange situations which extend well past preadolescence" (PHILLIPS, 1967, S. 69).

34 Zum Berührungstabu, wie es in einer Reihe von Spielen verarbeitet wird, siehe den Aufsatz von CAPELL (1967) über die Bewältigung von Hilflosigkeit in Spielen.

nifesten Inhalts hingewiesen, so am Beispiel des in vielen Spielen vorkommenden „Hinkens“ oder „auf einem Bein Hüpfens“ (vgl. PFEIFER, 1919, S. 250f., 153).

PFEIFER hat auch eine Parallele zwischen *Spiel und neurotischem Symptom* gezogen, in dem sich „auf der einen Seite eine Abwehrmaßregel gegen einen unbewußten Wunsch“ ausdrückt, „auf der anderen jedoch auf irgendeine verkleidete Art auch die Erfüllung dieses Wunsches“ (PFEIFER, 1919, S. 253f.; vgl. auch SIMMEL, 1926, S. 529). FREUD hatte wiederholt die Spiele von Hans als *Symptomhandlung* bezeichnet (GW VII, S. 326) und nachgewiesen, daß die Bedingung für Symptombildungen aber auch bei „nichtneurotischen“ Individuen gegeben ist. Wie die neurotischen Symptome „der Erfolg eines Konfliktes sind, der sich um eine neue Art der Libidobefriedigung erhebt“ (FREUD, Vorlesungen zur Einführung in die Psychoanalyse, 1917, GW XI, S. 373), so folgen auch aus den nach Befriedigung drängenden infantil-erotischen Strebungen und den ihnen widersprechenden Anforderungen der Realität Konflikte. Die von PFEIFER aufgeführten infantil-erotischen Partialtriebe können sich im kindlichen Spiel gleichsam nur wie in einer *Kompromißbildung* ausdrücken und nur in entstellter Form „unter der Bildung einer *Spielfassade* zur Wunscherfüllung“ gelangen (PFEIFER, 1919, S. 248). Das Spiel hat also die Aufgabe, „Produkte des Unbewußten, wo allein das Lustprinzip herrscht, mit den Gegebenheiten und dem Zwange des realen Lebens in Einklang zu bringen durch *Kompromißbildungen,* als welche wir das Spiel auf der Verdrängungsstufe eben kennengelernt haben“ (PFEIFER, 1919, S. 275). Während des Heranwachsens muß das Kind immer wieder lernen, daß seinen Wünschen nicht immer eine direkte Befriedigung gestattet ist; häufig werden sie daher verdrängt, „ins Unbewußte geschoben. Solchen verdrängten Wünschen und ihren Abkömmlingen kann nun kein anderer als ein entstellter Ausdruck gegönnt werden“ (FREUD, Der Dichter und das Phantasieren, 1908, GW VII, S. 219). Das hatte FREUD für die Tagträume festgestellt, und es kann auch für viele Spiele gelten.

So gelingt es dem *kleinen Hans,* seine inzestuösen Wünsche nach dem Besitz der Mutter nur in „entstellter Form durch die Phantasie von den beiden Giraffen, von denen die eine erfolglos schreit (der Vater, H. N. B.), weil er von der anderen (der Mutter, H. N. B.) Besitz ergreift (darzustellen). Die Besitzergreifung stellt er unter dem Bilde des Sichdaraufsetzens dar“ (FREUD, GW VII, S. 354; vgl. GW VII, S. 272ff.). FREUD weist in diesem Zusammenhang auch auf die mehrfache Determinierung dieser Phantasien hin (GW VII, S. 355). Auch die Angst des *kleinen Hans* vor dem Umfallen der Pferde war – wie oben gezeigt – mehrfach determiniert (zur Mehrfachdeterminierung von Traum- und Symptombildung vgl. FREUD, Vorlesungen zur Einführung in die Psychoanalyse, 1916/17, GW XI, S. 374).

M. Klein hat in ihren Kinderanalysen immer wieder festgestellt, „wie vieldeutig jedes einzelne Spielzeug und jede einzelne Spielhandlung ist, und daß wir die jeweilige Bedeutung nur aus der Kenntnis der weiteren Zusammenhänge und der ganzen *analytischen Situation* erschließen und deuten können“ (1932, S. 20). Vieldeutigkeit oder Überdeterminierung heißt aber nicht, daß auf das zu analysierende Phänomen (sei es Traum, Symptom oder ähnliches) eine beliebig unbestimmte Zahl von Deutungen zuträfe. Das jeweilige Phänomen ist als Ergebnis mehrerer Ursachen zu verstehen. „Die verschiedenen Bedeutungsketten überschneiden sich in mehr als einem Knotenpunkt, ... das Symptom trägt die Spur der Interaktion verschiedener Bedeutungen, zwischen denen es einen Kompromiß zustande bringt“ (Laplanche/Pontalis, 1972, S. 545).
Die Überdeterminierung eines bestimmten Verhaltens zeigt sich auch darin, daß ihm sowohl für das Über-Ich, das Ich als auch für das Es jeweils verschiedene Funktionen zukommen. Daher sprechen zum Beispiel Bernfeld ([1932] 1969, Bd. II, S. 584) und Wälder (1936, S. 542) auch von der „mehrfachen Funktion“ eines Symptoms.
Ein weiteres Spielbeispiel möge der Illustration solcher *kompromißhafter Befriedigung* im Rahmen einer Spielfassade dienen, wenn hier auch nicht alle seine Details analysiert werden können.

„*Uhrenverkauf.* Ein Kind übernimmt die Rolle des Käufers, ein anderes die Rolle des Verkäufers. Alle anderen Mitspieler, in einer Reihe stehend, stellen verschiedene Uhrenarten dar (Standuhr, Kuckucksuhr, Küchenuhr, Wecker usw.). Der Käufer betritt den Laden und äußert den Wunsch, eine bestimmte Uhr zu kaufen. Hierauf holt der Verkäufer den Darsteller der gewünschten Uhrenart aus der Reihe. Um dem Kunden zu zeigen, daß die Uhr richtig geht, wird sie aufgezogen, was der Verkäufer durch kreisende Bewegungen auf dem Rücken des Betreffenden andeutet. Und die Uhr läßt die Laute ‚Ticketacke, ticke-tacke, ticke-tacke‘ hören. Der Käufer fragt nach dem Preis, bezahlt (durch Gesten angedeutet) und geht nach Hause (einige Schritte beiseite), wo er die Uhr nochmals aufzieht. Doch jetzt ruft die Uhr immer nur ‚Ticke-tacke, Hühnerkacke‘. Empört bringt er die Uhr zum Laden zurück und beschwert sich dort. Unter der Hand des Verkäufers geht die Uhr jedoch richtig. Aber zu Hause gibt sie wieder die falschen Töne von sich. Deshalb wird sie zum Laden zurückgebracht, wo sie sich auch bei den Bemühungen des Verkäufers nicht bessert. Deshalb wird sie auf den ‚Misthaufen geworfen‘ (der Betreffende wird zur Seite gestoßen, wo er bis zum Schluß des Spiels nur noch als Zuschauer mitwirken darf), und der Käufer erwirbt eine andere Uhr, die nach dem gleichen Spielablauf dasselbe Schicksal erleidet wie die erste. In derselben Weise wird das Spiel fortgesetzt, bis alle Uhren verkauft sind. (Nach Erwin H., 10 Jahre, Wartenberg, Berlin 1955)“ (Peesch, S. 47).

Die analerotischen Triebe des Kleinkindes, die im Laufe der Reinlichkeitserziehung eine mehr oder minder rigide Unterdrückung erfahren haben, schaffen sich in diesem Spiel einen gewissen kompromißhaften Ausdruck, wenn auch nur in verbaler Form. Nicht zufällig handelt es sich um Uhren, von denen eine bestimmte Leistung verlangt wird. Auch vom Kleinkind wurde in der Reinlichkeitsdressur verlangt, daß es nur zu bestimmten Zeiten und auf bestimmten Orten seine Körperprodukte abgeben dürfe. Das Kind sollte selbst wie eine wohlaufgezogene Uhr funktionieren[35].

Diesen Erziehungsmaßnahmen wird hier im Spiel ein Schnippchen geschlagen. Das wohlgeordnete, gleichförmige Ticken der Uhr wird durch anstößige, schmutzige oder „derbe Redensarten" (RÜSSEL, 1965, Anhang) unterbrochen. Diese Form der analen Aggression und des Protests wird zwar bestraft, indem die Uhr auf den „Misthaufen" geworfen wird, aber dem Kind bleibt ein gewisser Lustgewinn aus den analen Redewendungen[36]. Außerdem kann – wie PELLER (1968, S. 216) gezeigt hat – das, was in einer bestimmten Altersstufe der Gegenstand und die Quelle der Angst waren (nämlich die Forderung der Mutter, reinlich zu sein, und die Angst zu verfehlen), in einer späteren Stufe der Entwicklung Material für Spaß und Belustigung bieten und zum Lieblingsthema des Kindes werden. Die Kinderreime mit analen Komponenten wären ein weiterer Beleg dafür (vgl. RÜHMKORF, 1969, S. 29ff.; BORNEMAN, 1973). Die ausführliche Beschreibung der Mechanismen des Primärvorganges ist hier

---

35 ERIKSON (1966) beschreibt klar und unmißverständlich, welche Formen und Auswirkungen die Bewältigung und Verarbeitung der Analität in unserer Gesellschaft hat: „Unsere westliche Zivilisation, und besonders einige Gesellschaftsklassen, nehmen diese Angelegenheit (zur Reinlichkeitserziehung) viel ernster. Hier hat das Maschinenzeitalter offenbar das Ideal eines mechanisch trainierten, fehlerlos funktionierenden und stets sauberen, pünktlichen und geruchlosen Körpers beigesteuert. Darüber hinaus wird mehr oder minder bewußt vorausgesetzt, daß eine frühe und rigorose Reinlichkeitsdressur absolut unentbehrlich ist für den Persönlichkeitstyp, der sich in einer mechanisierten Welt, in welcher Zeit gleich Geld ist und Ordnung, Pünktlichkeit und Fleiß gefordert werden, bewähren soll. Es gibt Anzeichen dafür, daß wir hierin zu weit gegangen sind; wir haben das Kind für ein Tier gehalten, das abgerichtet, oder für eine Maschine, die aufgestellt und eingeschaltet werden muß, während sich in Wirklichkeit die menschlichen Fähigkeiten nur schrittweise entwickeln können. Zumindest weist unsere Klinikerfahrung darauf hin, daß zu den Neurotikern unserer Zeit auch der Typ der ‚zwanghaften Persönlichkeit' gehört: geizig, kleinlich in bezug auf Liebe, Zeit, Geld und auch seine Unterleibsfunktionen. Zudem ist die Reinlichkeitsdressur in weiten Kreisen unserer Gesellschaft zum störenden Problem der Kindererziehung geworden" (S. 77).
Das oben beschriebene Spiel kann als eine symbolische Verarbeitung dieser Tendenzen angesehen werden.

36 FERENCZI ([1911] 1964) hat den aggressiven Bedeutungsgehalt im Gebrauch obszöner Worte besonders in der Latenzzeit analysiert und pointiert hervorgehoben, daß die obszöne Rede, wie wir sie zum Beispiel auch in den sogenannten ‚schmutzigen' Kinderversen finden, ihre Herkunft aus der unterlassenen Handlung hat. Dabei bleibt noch offen, warum die Handlung nicht möglich ist und sich durch Worte einen Ersatz sucht (vgl. weiter unten die Analyse der Kinderverse).

berechtigt, weil diese den normalerweise dominanten Denkmodus für das unreife, erst wenig entwickelte Ich prägen und für die ersten Kinderjahre charakteristisch sind[37]. Es seien noch einige andere für den Primärprozeß eigentümliche Merkmale genannt, die das kindliche Verhalten bestimmen. Neben Verdichtung und Verschiebung, die sich unter anderem in der Darstellung eines Teils durch das Ganze und umgekehrt oder der „Darstellung durch Analogie und Anspielung" (BRENNER, 1967, S. 63) ausdrücken, fällt auf, daß die Beziehung zur Zeit fast völlig fehlt. Es ist typisch für die Vorgänge des Systems *Ubw*, daß sie „zeitlos", das heißt „nicht zeitlich geordnet sind" (FREUD, Das Unbewußte, 1915, GW X, S. 286). Daß diese Eigentümlichkeit auch für die komprimierten, verdichteten Inhalte mancher Kinderspiele, besonders denen der frühen Kindheit, charakteristisch ist, erklärt sich auch daraus, daß „das Nichtvorhandensein des Zeitgefühls zum Beispiel (...) in einer leicht verständlichen Beziehung zu dem (steht), was wir von der geistigen Entwicklung kleiner Kinder wissen. Es dauert mehrere Jahre, bevor das Kind ein Zeitgefühl entwickelt, bevor etwas anderes als das ‚hier und jetzt' für es verständlich ist, so daß dieses Merkmal des primärprozeßhaften Denkens nichts anderes als ein vertrauter Zug der frühen Kindheit ist" (BRENNER, 1967, S. 64). Im Gegensatz zu den Erwachsenen „messen Kinder die Zeit auf Grund der subjektiven Triebvorgänge, das heißt der Bedürfnisse und Wünsche" (A. FREUD, 1968, S. 65; vgl. S. 64)[38]. Über den Zeitpunkt, zu dem der Primärprozeß gegenüber

---

37 Vgl. FREUD, „Das Unbewußte", 1913, GW X, S. 288; außerdem zum Vorherrschen des Primärvorgangs auch in Gruppenspielen, vgl. LEWIS, 1954, besonders S. 18. Wie sehr die Möglichkeit zum Gebrauch primärprozeßhaften und divergenten Denkens von der Toleranz der Umgebung und der Einstellung der Eltern gegenüber solchen ‚unlogischen' Denkformen ihrer Kinder abhängt, haben WEISBERG und SPRINGER (1961) untersucht. Sie gingen von der These aus, daß Kreativität die Fähigkeit voraussetzt, Primärvorgänge für ‚gewöhnliches' Denken zu benutzen. Sie fanden in ihrer Untersuchung kreativer Kinder, daß deren Eltern gegenüber den ‚unlogischen' und synkretistischen, von Verschiebung und Verdichtung geprägten kindlichen Kommunikationsformen – wie sie typisch auch für das Phantasiespiel sind – toleranter waren als andere Eltern, die ein nur realitätsgerechtes Denken forderten. Zu ähnlichen Ergebnissen kamen auch GETZELS und JACKSON ([1961] 1970) sowie BISHOP und CHACE (1971), ebenso LIEBERMANN (1965) in ihrer Untersuchung über den Zusammenhang von divergentem Denken und Spiel. Allerdings gehen diese Arbeiten nicht von den psychoanalytischen Theorien zum Primärprozeß aus. Zur Bedeutung von Primärvorgängen für das kreative und divergente Denken siehe KRIS (1952) und KUBIE (1966). Aufschlußreich in diesem Zusammenhang ist auch die Arbeit von STROM (1974) über Formen der Teilnahme von Eltern am kindlichen Phantasiespiel.

38 Wie sich Primär- und Sekundärvorgänge differenzieren, die Denkentwicklung und Realitätsprüfung gefördert werden und was sich daraus für die Erziehung und Anpassungsproblematik ergibt, wird von COHLER (1972) einer differenzierten Analyse unterworfen.

dem Sekundärprozeß als dominierend anzunehmen ist, lassen sich schwer allgemeine Aussagen treffen.

„Ebenso vollzieht sich der Übergang von einem Prozeß zum anderen allmählich, sowohl historisch, wenn wir Wachstum und Entwicklung eines bestimmten Individuums verfolgen, als auch deskriptiv, wenn wir versuchen, bei der Untersuchung der psychischen Funktionen einer bestimmten Person die Grenze zwischen dem Primärprozeß und dem Sekundärprozeß zu bestimmen. Es ist für gewöhnlich nicht schwierig zu sagen, daß eine bestimmte Denk- oder Verhaltensform die und die Züge des Primärprozesses aufweist, aber niemand kann sagen: ‚Hier endet der Primärprozeß, und dort beginnt der Sekundärprozeß.' Der Übergang vom primären auf den sekundären Prozeß vollzieht sich schrittweise als Teil der Differenzierung und des Wachstums jener psychischen Prozesse, die das hervorbringen, was wir das Ich nennen" (Brenner, 1967, S. 61 f.).

So bleibt auch bei Erwachsenen der Primärprozeß – wie schon angedeutet – in bestimmten Bereichen herrschend (Traum, Tagträume, Fehlhandlungen, Symptome)[39].
Bei der Beschreibung kindlichen Spielverhaltens sind so stets der Stand der Ich-Entwicklung des Kindes und die Entwicklung seiner Verbalisierungsfähigkeit mit zu berücksichtigen (vgl. auch *Teil B*, Kapitel 4). Der Grad der Ichentwicklung, die Ausprägung des Über-Ichs, besonders in der ödipalen Phase, wirkt sich auch auf den Charakter der Spiele aus; auffallend sind die Zunahme der Regelspiele und das relative Zurücktreten der offenen Phantasietätigkeit in der postödipalen beziehungsweise Latenzzeit.

„Wir verdanken Anny Katan (1961) wichtige Einsichten in die Rolle der Verbalisierung für die Entwicklung des Kleinkindes. Sie führt aus, daß ein direkter Zusammenhang zwischen der Über-Ich-Bildung und dem Fortschritt vom Primärvorgang zum Sekundärvorgang besteht; daß der Sekundärvorgang seinerseits an den Fortschritt in der Sprachentwicklung gebunden ist; daß die Verbalisierung der äußeren Wahrnehmungen denen der inneren Wahrnehmungen vorausgehen; daß die letzteren ihrerseits einen befördernden Einfluß auf die Entwicklung von Realitätsprüfung und Triebbeherrschung ausüben" (A. Freud, 1968, S. 40; auch 1950/51, S. 151 f.; vgl. Balkanyi, 1964; Kolanski, 1967, S. 277).

39 Vgl. hierzu auch Noy (1969), der versucht, Primär- und Sekundärprozesse konkret auf die Entwicklung des Säuglings und Kleinkindes zu beziehen (besonders S. 156 und 166).
In diesem Zusammenhang wären auch die Ausführungen von Spitz (1957, S. 66; 1967, S. 62 ff., 152) zur Unterscheidung von coenästhetischer und diakritischer Funktionsweise heranzuziehen. Die *coenästhetische* Funktionsweise bezeichnet die Ebene des präverbalen Entwicklungsstadiums und entspricht den Primärvorgängen; die *diakritische* Funktionsweise deckt sich in vielem mit der späteren Organisationsstufe des Sekundärvorgangs und manifestiert sich in den bewußten kognitiven Denkprozessen, intentionalen und volitionalen Handlungen.

Daß das kindliche Spiel unter anderem ein Mittel ist, diese Triebbeherrschung zu üben und dabei doch zu einer gewissen Befriedigung und Wunscherfüllung zu gelangen, die zugleich vereinbar ist mit der Wirklichkeit und den Forderungen des Über-Ichs, wird besonders am Beispiel der Spiele während der ödipalen Phase noch zu zeigen sein (vgl. PELLER).
„Auf seiten des Ichs" hebt A. FREUD besonders „den Fortschritt vom Primärvorgang zum Sekundärvorgang, der Denken, Vernunft und Voraussicht zwischen Wunsch und Wunscherfüllung einschiebt", hervor, damit geht zugleich ein „Fortschritt vom Lustprinzip zum Realitätsprinzip" einher (A. FREUD, 1968, S. 92). Gelangt mit zunehmendem Alter der Sekundärvorgang zur Herrschaft, so bedeutet das: „die Triebregungen können nicht mehr ohne weiteres auf Lusterwerb ausgehen, man verlangt von ihnen Rücksichtnahme auf die Forderungen der Realität und noch mehr als das: Rücksichtnahme auf ethische und moralische Gesetze, die vom Über-Ich aus das Verhalten des Ichs bestimmen wollen" (A. FREUD, 1968, S. 10).
A. FREUD (1968) weist darauf hin, daß eine temporäre Regression in der Ich-Entwicklung bei Kindern häufig zu beobachten ist. Es ist normal, daß Kinder aller Altersstufen immer wieder dazu neigen, von den sekundären Denkvorgängen zum Primärvorgang zu regredieren (S. 97ff.; vgl. GREENACRE, 1959, S. 69). Besonders in der Kinderanalyse beobachtete A. FREUD solche Regressionen, die „den Nachlaß der Ichkontrolle, d. h. die Verminderung der Abwehr und die Zunahme von Phantasietätigkeit, impulsivem Benehmen, unbewußten und vorbewußten Elementen" begünstigen.

„Unter diesen Umständen ändert sich das Spiel des Patienten vor unseren Augen: Logik, Vernunft und Wirklichkeitssinn treten in den Hintergrund, und Verschiebungen, Wiederholungen und Übertreibungen treten an ihre Stelle. Was als verständliches und geordnetes Phantasiespiel beginnt, löst sich in einzelne Bestandteile auf, die ohne Zusammenhang, oder in falsche Zusammenhänge gebracht, das Bild zu beherrschen beginnen. Ein Fünfjähriger spielt zum Beispiel mit der sogenannten ‚Kleinen Welt' und benützt die Figuren, um in dramatischer Weise der Wirklichkeit entsprechende Familienstreitigkeiten darzustellen. Von diesem Anfang ausgehend, entzieht sich das Spiel allmählich der Ichkontrolle: Streit und Kampf als die zentralen Elemente nehmen überhand, Vernunft verwandelt sich in Absurdität, die Unterschiede zwischen Menschen und Dingen verschwinden, und auf der Höhe des Spiels streiten nicht mehr Vater und Mutter, Eltern und Kinder miteinander, sondern der Küchenherd mit den Schränken, der Tisch mit den Sesseln, etc." (A. FREUD, 1968, S. 99).

Daß sich ähnlich regressive Erscheinungen auch außerhalb der analytischen Situation finden und primärprozeßhaftes Denken im kindlichen Verhalten und Spiel wiederholt in den Vordergrund tritt, wird man immer wieder beobachten können (vgl. LEWIS, 1954; CALL/MARSCHAK, 1966, S. 207). KARDOS und PETO (1956) heben in ihren Beiträgen zu einer Theorie des Spiels die enge Beziehung zwischen dem Primärprozeß und dem kindlichen Spielverhalten hervor:

„The dynamics of the primary processes dominate the function of the play object as well. Whatever the origin of the child's actual conflicts, he projects his phantasies on to some object, be it a real or imaginary one. Through play this object operates under the sway of the primary processes. It shows the characteristic oscillation that marks everything connected with play. Though it is a real object, it represents internal objects as well. A toy-soldier may represent the bad as well as the good father in the course of five minutes play. The play object is subjected to the fluctuations of the body scheme. The stuffing of a doll may be felt as identical with the child's inside or with parts of the parental body. A single toy-car may symbolize different phases of the primal mal scene, it may be considered as the condensation of complicated and confused instinctual demands and fears. The play object is dealt with in positive and negative halluzinations. A few marbles may suffice to create a fairy-land, and destructive phantasies may make any object disappear from within the child's magic orbit" (S. 102).

2

Die symbolische Darstellungsweise des Spiels

2.1 Probleme einer Symboldefinition

In den vorangehenden Abschnitten war wiederholt von der verhüllenden Darstellung unbewußter Wünsche im Spiel, von latenten und manifesten Inhalten und von indirekten Darstellungsweisen die Rede. Es wurden die wesentlichsten Mechanismen, durch die diese Darstellungsweisen bestimmt sind, Verdichtung, Verschiebung und Überdeterminierung, als Merkmale des Primärprozesses beschrieben. Es war auch von *symbolischer* Darstellung der Spiele die Rede, ohne daß das spezifisch *Symbolische* begrifflich genauer bestimmt wurde. Einzelne Spiele wurden unter anderem als *symbolischer*, das heißt entstellter und verhüllter Ausdruck bestimmter, zum Teil unbewußter Wünsche oder Abwehrkonflikte beschrieben, wobei diese Wünsche beziehungsweise Konflikte „indirekt, übertragen, mehr oder weniger schwer dechiffrierbar" (LAPLANCHE/PONTALIS, 1972, S. 483) ausgedrückt erscheinen. In dieser allgemeinen Form deckt der Begriff Symbolik ohne genauere Differenzierung alle Formen indirekter Vorstellung oder Darstellung, so auch die erwähnten Mechanismen Verschiebung, Verdichtung, Überdeterminierung. „Tatsächlich kann man von dem Augenblick an, in dem man zum Beispiel an einem Verhalten wenigstens zwei Bedeutungen erkennt, von denen die eine die andere ersetzt, in dem sie sie zugleich verdeckt und ausdrückt, ihre Beziehung als symbolisch bezeichnen" (S. 483). Das entscheidende Charakteristikum des Traums, daß sein manifester Sinn „niemals aufhört, auf verborgenen Sinn zu verweisen" (RICOEUR, 1969, S. 27), und zur Deutungs- und Interpretationsarbeit herausfordert, gilt auch für die indirekten, symbolischen Darstellungsweisen des Kinderspiels, in dem „das Zeigen/Verbergen des Doppelsinns immer Verschleierung dessen (ist), was der Wunsch sagen will" (RICOEUR, 1969, S. 19, vgl. 508).

Wenn hier der Ausdruck ‚symbolisch' verwendet wurde, „um die Beziehung zu bezeichnen, die den manifesten Inhalt eines Verhaltens, eines Gedankens, eines Wortes mit ihrer latenten Bedeutung verbindet" (LAPLANCHE/PONTALIS, 1972, S. 483), wobei latent vielfach gleich unbewußt bedeutet, so ist dies zwar noch eine relativ allgemeine Bestimmung von Symbolik, die aber doch schon spezifischer und eingeengter ist als die Definition von Symbolik in der Linguistik beziehungsweise Semantik. Dort umfaßt der Symbolbegriff auch den der konventionellen und willkürlichen Zeichen – wenn beide sich auch nicht ganz decken. Die Zeichen – wie etwa Worte – dienen dem intentionalen Austausch von Bedeutung. Durch soziale Übereinkunft ist das Zeichen an das Bezeichnete gebunden, wobei ein gewisser Interpretationsspielraum erhalten bleibt (vgl. PIAGET, 1969, S. 218; V. H. ROSEN, 1972, S. 86).

Im folgenden soll ein spezifischer Symbolbegriff, wie er in der Entwicklung der psychoanalytischen Theorie herausgebildet wurde, dargestellt werden, aber nur so weit, wie es als Voraussetzung für das Verständnis der Darstellungsformen des Kinderspiels notwendig ist. Dabei kann und soll nicht auf die ganze Komplexität des Symbolbegriffs und seine Geschichte in der psychoanalytischen Theorie eingegangen werden. (Es sei hier auf die Arbeiten von LORENZER verwiesen.) Mir scheint es wichtig und sinnvoll, an der Unterscheidung zwischen einer weiten Definition symbolischer Funktionen und Formen, wie sie unter dem Einfluß von CASSIRER geltend wurde und in der Linguistik und Semantik gebräuchlich ist und der sich neuerdings auch einige psychoanalytische Theoretiker anzupassen suchen (JAPPE, 1971, S. 103; V. H. ROSEN, 1972), und einem engeren, spezifisch psychoanalytischen Symbolverständnis festzuhalten.

Im Verständnis moderner Linguisten geht Sprache als symbolische Interaktionsform nicht ganz im Verbalisieren auf. SAPIR gibt folgende Definition von Sprache:

„‚Sprache ist ein entwickeltes funktionales System', eine perfekte sich selbst tragende und gestaltende Schöpfung des menschlichen Geistes, die in der Lage ist, alles Denken und Fühlen vollkommen auszudrücken. Sie ist eine nichtintuitive Methode zur Vermittlung von Gedanken, Gefühlen und Wünschen mit Hilfe eines Systems willkürlich hergestellter Symbole, ‚die keine erkennbare Instinktbasis haben'. Sprachen sind ‚vollkommene Ausdrucks- und Kommunikationsmittel der Mitglieder aller bekannten Gesellschaften ... ein vollkommenes Symbolsystem zur Bewältigung aller Bezüge oder Bedeutungen in einer bestimmten Kultur ... durch Kommunikation oder ... (die) ideale Ersatzkommunikation des Denkens ... Sie symbolisieren wirkliche Bedeutung und können dem Sprecher Bedeutungen vermitteln, die nicht auf Erfahrung beruhen, sondern wie Projektionen wirken ... Sprache durchdringt und leitet die Erfahrung ... Sprache ist, was sie ist, nicht aufgrund ihrer wunderbaren Ausdruckskraft, sondern trotz dieser ... Sprachverhalten ist eine erstaunlich komplexe Mischung zweier Systemstrukturen, des symbolischen und des expressiven (und kommunikativen) Systems ... Sprache hat sich aus der spezifisch menschlichen Tendenz zur Symbolisierung entwickelt'" (Referat von ATKIN, 1972, S. 101; vgl. LANGER, 1965).

Im folgenden soll überwiegend ein enger gefaßter Symbolbegriff diskutiert werden, womit aber die Relevanz der anderen Aspekte von Symbolbildungsprozessen nicht geleugnet werden soll, nur können diese hier nicht ausführlich behandelt werden.

RICŒUR kritisiert einen zu weit gefaßten Begriff des Symbols und grenzt ihn vom Zeichen ab. Er betont den konstitutiven Zusammenhang von Symbol und seiner Interpretation.

„Dringen wir nun etwas tiefer in die semantische Analyse des Zeichens und des Symbols ein. In jedem Zeichen ist ein sinnliches Vehikel der Träger der bezeichnenden Funktion, welches bewirkt, daß es für etwas anderes steht. Doch werde ich nicht behaupten, daß ich das sinnliche Zeichen interpretiere, wenn ich verstehe, was es sagt. Die Interpretation bezieht sich auf eine intentionale Struktur zweiten Grades, die voraussetzt, daß ein erster Sinn bereits konstituiert ist, wo etwas in erster Linie gemeint ist, dieses Etwas jedoch auf anderes verweist, das nur durch es gemeint ist.
Anlaß zur Verwirrung könnte hier die Tatsache sein, daß es im Zeichen eine Dualität oder vielmehr zwei Faktoren gibt, die jedesmal als die Bedeutungseinheit bildend betrachtet werden können; da gibt es zunächst die strukturale Dualität von sinnlichem Zeichen und der Bedeutung, die es trägt (von Signifikant und Signifikat in der Terminologie Saussures), sodann die intentionale Dualität von Zeichen (das zugleich sinnlich und geistig, bezeichnend und bezeichnet ist) und Sache oder benanntem Objekt. Mit dem konventionellen und institutionalisierten linguistischen Zeichen gelangt dieser doppelte, strukturale und intentionale, Dualismus zur vollen Manifestation; einerseits haben die je nach der Sprache phonetisch verschiedenen Wörter identische Bedeutungen, andererseits bewirken diese Bedeutungen, daß die sinnlichen Zeichen für etwas stehen, das sie benennen; wir sagen, daß die Wörter aufgrund ihrer sinnlichen Qualität Bedeutungen *ausdrücken* und daß sie, dank ihrer Bedeutung, etwas *benennen*. Das Wort ‚bezeichnen' umfaßt diese beiden Paare, das des Ausdrucks und das der Benennung. Nicht um diesen Dualismus handelt es sich beim Symbol. Hier geht es um einen Dualismus höheren Grades; weder ist es derjenige von sinnlichem Zeichen und Bedeutung, noch derjenige von Bedeutung und Sache, der im übrigen vom ersteren nicht zu trennen ist. Er kommt zu dem Vorherigen hinzu und überlagert ihn als Beziehung des Sinnes zum Sinn; er setzt Zeichen voraus, die bereits einen ersten, wörtlichen, manifesten Sinn haben und die durch diesen Sinn auf einen anderen Sinn verweisen. Ich beschränke also den Begriff des Symbols bewußt auf die doppel- oder mehrdeutigen Ausdrücke, deren semantische Textur in Wechselbeziehung steht mit der Interpretationsarbeit, die ihren zweiten oder vielfachen Sinn expliziert" (Ricoeur, 1969, S. 24f.).

Mit dem Hinweis auf Deutung und Interpretation verweist Ricoeur auf ein gerade für die Psychoanalyse konstitutives Verfahren. Auch am Anfang unserer Überlegungen zum Kinderspiel stand die Frage nach der Funktion der Deutung, wobei wir zwar von der Kinderanalyse ausgingen, aber die dort praktizierte Deutung nicht nur darauf beschränkt wissen wollten (vgl. Bittner, 1973).

Der Doppelsinn beziehungsweise mehrfache Sinn eines bestimmten Symbols verlangt nach einer Interpretation. Die Psychoanalyse war immer mit der Frage nach dem Sinn und der Bedeutung des vom Individuum ‚Mitgeteilten' beschäftigt, handelte es sich nun um einfache Fehlleistungen, um neurotische Symptome, die Träume oder andere komplexe Produkte der Phantasie. Dabei war das Unbewußte in das Blickfeld geraten. „Bei der Psychoanalyse galten als ‚Bezeichnetes', für das das Symbol steht, von vornherein unbewußte Vorgänge; ... Das Bezeichnete gehört bei der Psychoanalyse in den Bereich außerhalb des Bewußtseins oder liegt bestenfalls peripher zum Bewußtsein, ... ". In der Sprachpsychologie war dagegen das „Bezeichnete in den Gegenständen der Wahrnehmungswelt zu suchen" (Lorenzer, 1970a, S. 42).

2.2.1 Stellvertretung für Unbewußtes

Jones (1970, I) hat als ein entscheidendes Kriterium der „eigentlichen Symbolik" im psychoanalytischen Sinn *„die Stellvertretung für Unbewußtes"* hervorgehoben (S. 952). Dabei ist Jones der begrifflichen Bestimmung von Symbol gefolgt, wie sie Rank und Sachs (1913) gegeben haben.

„Ein letztes, wegen seiner besonderen Eignung zur Verhüllung des Unbewußten und zu seiner Anpassung (*Kompromißbildung*) an neue Bewußtseinsinhalte überall mit Vorliebe verwendetes *Ausdrucksmittel des Verdrängten* ist das Symbol. Wie verstehen darunter eine *besondere Art der indirekten Darstellung*, die durch gewisse Eigentümlichkeiten von den ihr nahestehenden, des Gleichnisses, der Metapher, der Allegorie, der Anspielung und anderen Formen der bildlichen Darstellung von Gedankenmaterial (nach Art des Rebus) ausgezeichnet ist. Das Symbol stellt gewissermaßen eine ideale Vereinigung all dieser Ausdrucksmittel dar: Es ist ein stellvertretender anschaulicher Ersatzausdruck für etwas Verborgenes, mit dem es sinnfällige Merkmale gemeinsam hat oder durch innere Zusammenhänge assoziativ verbunden ist. Sein Wesen liegt in der *Zwei- oder Mehrdeutigkeit,* wie es ja selbst auch durch eine Art Verdichtung, ein Zusammenwerfen ... einzelner charakteristischer Elemente entstanden ist. Seine Tendenz vom Begrifflichen nach dem Anschaulichen stellt es in die *Nähe des primitiven Denkens*, und als solches gehört die Symbolisierung wesentlich dem Unbewußten an, entbehrt aber als *Kompromißleistung* keineswegs der bewußten Determinanten, die in verschieden starkem Anteil die Symbolbildung und das Symbolverständnis bedingen" (Jones, 1970, I, S. 951 f.; Hervorhebung H. N. B.).

Hiermit sind einige der wesentlichsten Merkmale des psychoanalytischen Symbolverständnisses genannt, die sich von der Symboldefinition anderer Wissenschaften unterscheiden.

2.2.2 Symbol, ein Ausdrucksmittel des Verdrängten

Versteht man im allgemeinen das Symbolische als eine Form der indirekten Darstellung, die sich des Vergleichs bedient, so überschneidet sich der psychoanalytische Symbolbegriff zwar mit dieser Definition, geht aber zugleich auch über sie hinaus. Das Spezifische des Symbols im psychoanalytischen Verständnis besteht darin, daß es als *Ausdruck des Verdrängten* interpretiert werden kann. So ist das ambivalent gefärbte und mit ausgeprägten Emotionen verbundene Interesse des *kleinen Hans* an schwer beladenen Wagen, sein Auf- und Abladenspielen mit Kisten, bestimmt durch sein ursprünglich nicht offen zugelassenes Interesse an der Gravidität der Mutter, die ihm rätselhaft war, wie ihm die Probleme der Geburt unklar waren.

„Wir verstehen nun, daß alle Möbel-, Stell- und Lastwagen nur Storchkistenwagen sind, auch nur als *symbolische Vertretungen* der Gravidität Interesse für ihn hatten, und daß er im Umfallen der schweren oder schwerbelasteten Pferde nicht anderes gesehen haben kann, als eine Entbindung, ein Niederkommen" (Freud, „Analyse der Phobie eines fünfjährigen Knaben", 1909, GW VII, S. 360; vgl. S. 316 und S. 305; ders., „Eine Kindheitserinnerung aus ‚Dichtung und Wahrheit'", 1917, GW XII, S. 25; Hervorhebung H. N. B.).

Ferenczi ([1913e] 1964) betont: „Nicht alle Gleichnisse sind also Symbole, sondern nur jene, bei denen das eine Glied der Äquation ins Unbewußte verdrängt ist" (I, S. 102; vgl. Ferenczi, [1913c]1964, II, S. 268). Das würde aber bedeuten, daß entwicklungsgeschichtlich gesehen, das heißt in der Ontogenese des Kindes, diese im engeren Sinn bezeichneten Symbole, die auf einer Verdrängung basieren, erst dann auftreten, wenn beim Kind generell auch Verdrängungsprozesse stattfinden können. Es wäre in der Entwicklung des Kindes nach den Vorstufen der so bezeichneten Symbole zu suchen, und diejenige Übergangsstufe zu beschreiben, auf der Verdrängung, häufig vermittelt durch repressive Erziehung, eintritt und die eine Seite der symbolischen Vergleichung aus dem Bewußtsein ferngehalten wird.
Die Sexualneugier, die Wißbegierde des Kindes, alles über den Bereich der Sexualität zu erfahren, handelt es sich nun um den Geschlechtsverkehr der Eltern, die Frage nach den Vorgängen der Geburt oder die Geschlechtsunterschiede, erfährt allzu häufig durch Erzieherpersonen eine Einschränkung oder gar völlige Unterdrückung. Die dadurch unterdrückten beziehungsweise verdrängten Interessen und Phantasien des Kindes suchen sich in verkleideter, indirekter Form ihren Ausdruck in verschiedenen Spielen. Zum Beispiel:

„Das Eisenbahnspiel ist je nach seiner Form für eine ganze Reihe von unbewußten Phantasien charakteristisch: Eine nicht endende Folge von Zusammenstößen verrät, daß das spielende Kind im Unbewußten mit den Rätseln des elterlichen Geschlechtsverkehrs beschäftigt ist; die Vorliebe für Tunnels und Untergrundbahnen entspricht der Neugier für das Körperinnere; schwer beladene Fahrzeuge symbolisieren Schwangerschaftsgedanken; die Konzentration auf gutes Funktionieren und Schnelligkeit stammt aus der Freude des männlichen Kindes an der Penisfunktion" (A. Freud, 1968, S. 27).

2.2.3 Das Symbol beruht auf einer Affektverschiebung

Die mögliche Stellvertretung bestimmter Spielhandlungen für unbewußte Phantasien und Vorstellungen bestimmt aber nicht allein ihren ‚symbolischen' Charakter. Beobachtet man die Spiele von Kindern, wird man sie häufig von starken Affekten begleitet finden, die dem Erwachsenen nicht unmittelbar mit dem betreffenden Spielzeug oder der jeweiligen Spielhandlung zusammenzuhängen scheinen (vgl. PELLER, 1965b, S. 57f.). Auf diese auf den ersten Blick unverständliche Affektbesetzung hat besonders FERENCZI ([1913e] 1964 , I) hingewiesen:

„Symbole im Sinne der Psychoanalyse sind nur solche Dinge (resp. Vorstellungen), denen im Bewußten eine logisch unerklärliche und unbegründete Affektbesetzung zukommt und von denen analytisch festzustellen ist, daß sie diese affektive Überbetonung der unbewußten Identifizierung mit einem anderen Dinge (Vorstellung) verdanken, dem jener Affektüberschuß eigentlich angehört" (I, S. 102; vgl. FREUD, Das Unbewußte, 1913, GW X, S. 276).

M. KLEIN hat in ihren Kinderanalysen beobachtet, daß bei einigen spielgehemmten und auch sonst gestörten Kindern eine mangelhafte Entwicklung der Symbolik vorlag, die sie auf den „Mangel einer Affektbeziehung zu den Dingen" (1972, S. 36) zurückführt. Die Dinge ihrer Umwelt sind diesen Kindern gleichgültig.

„Zufolge der mangelnden affektiven und symbolischen Beziehung zu den Dingen hatten etwaige Handlungen, die Dick mit ihnen vornahm, deshalb auch nicht den Phantasiegehalt, der ihnen den Charakter symbolischer Darstellungen gibt. Sein Mangel an Interesse für die Umwelt, die Schwierigkeiten der Verständigung mit ihm waren – wie ich an bestimmten Unterschieden in seinem Verhalten zu dem anderer Kinder erkennen konnte – nur die Auswirkung der fehlenden symbolischen Beziehung zu den Dingen" M. KLEIN, 1972, S. 36; vgl. S. 43).

Als Illustration zu dieser bei der Symbolbildung auffälligen *Affektverschiebung* denke man an häufig berichtete aggressive Handlungen von Kindern, die im Zusammenhang mit der Geburt eines Geschwisters stehen. So berichtet HUG-HELLMUTH von einem dreieinhalbjährigen Jungen, der „urplötzlich die Gewohnheit angenommen (hatte), alles, was ihm nicht paßte, zum Fenster hinauszuwerfen. Aber er tat es auch mit Gegenständen, die ihm nicht im Wege waren und ihn nichts angingen" (zitiert bei FREUD, Eine Kindheitserinnerung aus ‚Dichtung und Wahrheit', 1917, GW XII, S. 24). Dabei wählte er besonders schwere Gegenstände. FREUD kommentiert das Verhalten als Aggression, die sich gegen die schwangere Mutter richtet, welche durch die schweren Gegenstände symbolisiert wird. „Der dreieinhalbjährige Knabe weiß um die Schwangerschaft der Mutter und ist nicht im Zweifel darüber, daß sie das Kind in ihrem Leibe beherbergt. Man muß sich hierbei an den kleinen Hans erinnern und an seine besondere Angst vor schwerbeladenen Wagen" (GW XII, S. 25). Die Aggression des Jungen gegen seine Mutter ist in diesem Fall sicher nicht völlig verdrängt worden, widerspricht aber den zärtlichen Regungen gegenüber der Mutter, sie muß deshalb also unterdrückt, in diesem Fall auf ein anderes Objekt verschoben werden.

Ähnliches findet man als Reaktion von Kindern auf den Neuankömmling und Rivalen um die Liebe der Mutter, den kleinen Bruder oder die Schwester. Am liebsten möchte das Kind diesen kleinen Nebenbuhler beseitigt wissen, aber diese aggressiven Neigungen werden von den Eltern meist getadelt. So versucht das Kind seine ablehnende Haltung in entstellter Form zum Ausdruck zu bringen, indem es zum Beispiel alles nur greifbare Geschirr zum Fenster hinausbefördert.

„Wir könnten uns also die Meinung bilden, das Geschirrhinauswerfen sei eine symbolische, oder sagen wir es richtiger: eine magische Handlung, durch welche das Kind ... seinen Wunsch nach Beseitigung des störenden Eindringlings zu kräftigem Ausdruck bringt. Wir brauchen das Vergnügen des Kindes beim Zerschellen der Gegenstände nicht zu bestreiten; wenn eine Handlung bereits an sich lustbringend ist, so ist dies keine Abhaltung, sondern eher eine Verlockung, sie auch im Dienste anderer Absichten zu wiederholen ... Der Lust am Zerbrechen und am Zerbrochenen wäre auch Genüge getan, wenn das Kind die gebrechlichen Gegenstände einfach auf den Boden würfe. Die Hinausbeförderung durch das Fenster auf die Straße bliebe dabei ohne Erklärung. Dieses ‚Hinaus' scheint aber ein wesentliches Stück der magischen Handlung zu sein und dem verborgenen Sinn derselben zu entstammen. Das neue Kind soll fortgeschafft werden, durchs Fenster möglicherweise darum, weil es durchs Fenster gekommen ist" (Freud, GW XII, S. 21f.).

Zulliger (1957) berichtet von einem vierjährigen Jungen, der, nachdem er ein Geschwisterchen bekommen hatte, sich damit vergnügte, im Garten allen Tulpen die Köpfe abzuzwicken, „was er vorher nie getan hatte. – Vermutlich äußern sich die Beseitigungswünsche gegen das neu angekommene Kind in dem Spiele" (S. 16).

Im Moment der spielerischen Handlung, in dem sich das Kind zum Beispiel mit dem Hinauswerfen von Gegenständen vergnügt, ist es sich meist der symbolischen Gleichsetzung dieser Handlung mit seinen Beseitigungswünschen gegen das Baby nicht bewußt. Auch Piaget fiel diese Tatsache auf, daß „im Spiel Symbole auftreten, deren Bedeutungen vom Kind selbst nicht verstanden werden: wenn zum Beispiel ein Kind durch die Geburt eines Brüderchens eifersüchtig geworden ist und zufällig mit zwei Puppen unterschiedlicher Größe spielt und es schickt die kleinere fort auf die Reise, während die größere bei der Mutter bleibt" (Piaget, 1969, S. 221). Das Kind wird vielleicht nicht wissen, daß es mit der kleinen Puppe den Bruder meint. Eine solche Gleichsetzung, die in diesem Fall eine noch größere Ähnlichkeit zwischen dem Symbol und dem Symbolisierten beinhaltet, was aber nicht notwendig ist, wie das Beispiel des Geschirrhinauswerfens zeigt, nennt Piaget in Anlehnung an das psychoanalytische Symbolverfahren ein „unbewußtes oder sekundäres Symbol" (Piaget, 1969, S. 221) [1].

---

1 Die Differenzen, die zwischen dem psychoanalytischen Symbolverständnis und dem Piagets bestehen, werden im *Teil B* herausgearbeitet.

Mit JONES sei hervorgehoben,

„daß der Vorgang der Symbolisierung unbewußt durchgeführt wird und das Individuum von der Bedeutung des von ihm benutzten Symbols nichts weiß; in Wirklichkeit ist es oft ohne Kenntnis davon, daß es überhaupt ein Symbol benutzt hat, da es das Symbol für real hält. Die tatsächliche Vergleichung zwischen der symbolisierten Idee und dem Symbol ist dem Bewußtsein niemals gegenwärtig gewesen oder war doch nur zeitweise vorhanden und wurde dann vergessen. In vielen Fällen tritt das Gemeinsame deutlich hervor, sobald die Aufmerksamkeit auf den Vergleich gelenkt wurde. In anderen Fällen braucht es viel Nachdenken, um die Ähnlichkeit zu entdecken, in anderen Fällen ist sie überhaupt noch nicht aufgedeckt – das will sagen, alle in Betracht kommenden Vergleichspunkte zwischen den beiden Ideen scheinen nicht auszureichen, um die Symbolisierung zu rechtfertigen, auch wenn die Tatsache außer Zweifel steht, daß sie stattgefunden hat" (JONES, 1970, I, S. 952; vgl. FREUD, Vorlesungen zur Einführung in die Psychoanalyse, 1917, GW XI, S. 153f.).

Exkurs: Zur Problematik der „konstanten" Symbole

Psychoanalytikern und Entwicklungspsychologen wie PIAGET war aufgefallen, daß es einen bestimmten, eng begrenzten Themenbereich der symbolischen Darstellung gibt, der unabhängig vom einzelnen Individuum die gleichen Inhalte, nämlich bestimmte, allen Individuen gemeinsame Grunderfahrungen behandelt.

Zu dem schon behandelten Charakteristikum „der Stellvertretung für Unbewußtes" kann in bestimmten Fällen noch die *konstante Bedeutung*, die *Unabhängigkeit von individuellen Bedingungen* kommen. Sie zeigt sich vielfach in sprachlichen Beziehungen und phylogenetischen Parallelen, z. B. in Mythen und Kulten. Der Begriff „Symbolik" hatte bei FREUD in der „Traumdeutung" überwiegend eine auf diese beiden Merkmale, *Konstanz* und *überindividuelle Bedeutung*, eingeschränktere Bedeutung erhalten. Dazu war er besonders durch die Analyse „typischer Träume" gelangt, die unabhängig vom Träumer sich immer wieder gleicher Elemente der Traumsprache bedienen. FREUD fand, daß im Traum unbewußt vorgenommene „Vergleichungen zwischen verschiedenen Objekten, die dazu führen, daß das eine konstant anstelle des anderen gesetzt werden kann," ... „nicht jedesmal neu angestellt" (werden), sie „liegen bereit, sie sind ein- für allemal fertig;" (FREUD, Vorlesungen zur Einführung in die Psychoanalyse, 1917, GW XI, S. 168). Obwohl der Träumer oft zu bestimmten Symbolen keine Assoziationen liefern konnte, ergab die „konstante Übersetzung" wiederkehrender Symbole bei verschiedenen Individuen einen Sinn. Und FREUD betont: „Eine solche konstante Beziehung zwischen einem Traumelement und seiner Übersetzung heißen wir eine *symbolische*, das Traumelement selbst ein *Symbol* des unbewußten Traumgedankens" (GW XI,

S. 152). Trotz der Vielzahl der Symbole ist die Thematik des Symbolisierten eng begrenzt. „Der Umfang der Dinge, die im Traume symbolische Darstellungen finden, ist nicht groß. Der menschliche Leib als Ganzes, die Eltern, Kinder, Geschwister, Geburt, Tod, Nacktheit" (FREUD, GW XI, S. 154). Auffallend ist die Mannigfaltigkeit der symbolischen Darstellungsmöglichkeiten, die sich nur auf immer dieselbe Thematik bezieht.

„Es ist dies der Kreis des Sexuallebens, der Genitalien, der Geschlechtsvorgänge, des Geschlechtsverkehrs. Die übergroße Mehrzahl der Symbole im Traum sind Sexualsymbole. Es stellt sich dabei ein merkwürdiges Mißverständnis heraus. Der bezeichneten Inhalte sind nur wenige, der Symbole für sie ungemein viele, so daß jedes dieser Dinge durch zahlreiche, nahezu gleichwertige Symbole ausgedrückt werden kann. Bei der Deutung ergibt sich dann etwas, was allgemein Anstoß erregt. Die Symboldeutungen sind im Gegensatz zur Mannigfaltigkeit der Traumdarstellungen sehr monoton" (FREUD, GW XI, S. 155; vgl. JONES, 1970, I, S. 958f.).

Diese „Polysemie des Symbols" (RICOEUR, 1969, S. 511) führt zu den Fragen, „wo denn das Gemeinsame, das Tertium comparationis dieses vermutlichen Vergleichs" (FREUD, GW XI, S. 154) in der Symbolik zu suchen sei und „woher wir denn eigentlich die Bedeutung dieser Traumsymbole kennen sollen, ...". FREUD antwortet:

„Aus sehr verschiedenen Quellen, aus den Märchen und Mythen, Schwänken und Witzen, aus dem Folklore, d.i. der Kunde von den Sitten, Gebräuchen, Sprüchen und Liedern der Völker, aus dem poetischen und dem gemeinen Sprachgebrauch. Überall hier findet sich dieselbe Symbolik vor, und an manchen dieser Stellen verstehen wir es ohne weitere Unterweisung. Wenn wir diesen Quellen im einzelnen nachgehen, werden wir so viele Parallelen zur Traumsymbolik finden, daß wir unserer Deutung sicher werden müssen" (FREUD, GW XI, S. 160).

Man kann hier ergänzen, daß es innerhalb bestimmter Kulturen überlieferte Spiele gibt, die trotz ihrer Veränderung, die sie im Laufe der Geschichte erfahren, ebenfalls durch eine Symbolik konstanter Bedeutung geprägt sind (vgl. PFEIFER, 1919). Die Annahme eines solchen konstanten Zusammenhangs zwischen Symbol und Symbolisierten, „wobei sich eine solche Konstanz nicht nur beim gleichen Individuum und von einem Individuum zum anderen findet, sondern auf den verschiedensten Gebieten (Mythus, Religion, Folklore, Sprache etc.) und bei sehr weit voneinander entfernten kulturellen Strömungen" (LAPLANCHE/PONTALIS, 1972, S. 481f.), wirft eine Reihe von Fragen und Problemen auf, die weder FREUD noch seine Nachfolger befriedigend klären konnten. Vor allem die Frage: Wie hat das Individuum sich diese universalen Symbole angeeignet? (Vgl. dazu RICOEUR, 1969, S. 511ff.) FREUDS Hypothese einer phylogenetischen Erbschaft kann als Erklärung noch nicht ausreichen (FREUD, Der Mann Moses, 1937, GW XVI, S. 205f.; Die endliche und die unendliche Analyse, 1937, GW XVI, S. 86).

Ferenczi ([1914] 1964, I) stellte einschränkend fest:

„Die wichtige Aufgabe, die Phylogenie und die Ontogenie der Symbolik gesondert zu erforschen und dann deren gegenseitige Beziehungen festzustellen, harrt noch der Lösung durch die Analyse ... soviel können wir schon heute vorwegnehmen, daß zum Zustandekommen eines Symbols nebst der *angeborenen Disposition* auch *individuelle Erfahrungen notwendig sind*, die dann das eigentliche Material zur Symbolbildung abgeben, während jene angeborene Anlage vor der Erfahrung vielleicht nur den Wert eines ererbten aber noch nicht funktionierenden Mechanismus hatte" (I, S. 109; Hervorhebung H. N. B.; vgl. Hacker, 1958, S. 654).

Jones schränkt die Gültigkeit der Kriterien *konstante Bedeutung* und *Unabhängigkeit von individuellen Bedingungen* ebenfalls erheblich ein und betont die Wichtigkeit der Assoziationen für das Symbolverständnis.

„Ein bestimmtes Symbol kann zwei oder gelegentlich auch mehr Bedeutungen haben, zum Beispiel kann im Traum ein Zimmer entweder ein Weib symbolisieren oder den Mutterleib. In diesem Falle wird die Bedeutung vom Zusammenhang mit Assoziationen und anderem erreichbaren Material abhängen. Eine Bevorzugung einer dieser Bedeutungen kann manchmal mit der sozialen Klasse, dem geistigen Gesichtskreis oder der Rasse in Beziehung gesetzt werden, zu welcher die das Symbol benützende Person gehört, oder sie kann auch ausschließlich von individuellen Voraussetzungen abhängen" (Jones, 1970, I, S. 952f.).

Der Hypothese der phylogenetischen Erbschaft setzt er entgegen, „daß die Symbolik immer wieder neu aus dem individuellen Material geschaffen werden muß, und daß die Stereotypie durch die Gleichförmigkeit verursacht wird, welche das menschliche Seelenleben im Hinblick auf jene Strebungen beherrscht, aus denen die Symbolik entspringt, das heißt aus der Gleichförmigkeit der grundlegenden und ewigen menschlichen Interessen" (Jones, 1970, I, S. 954; vgl. Beres, 1970, S. 934). Mit dieser Relativierung hat Jones die „Tendenz zu einer Ontologisierung von Symbol und Ubw noch einmal zurückgewiesen. Das ‚Objektive' ist zurechtgerückt zu dem soziokulturell vorgegebenen Gehalt, der immer erneut angeeignet werden muß" (Lorenzer, 1970a, S. 32; vgl. S. 37)[2].

2 Versteht man Symbole als *Stellvertretung für Unbewußtes* (Jones), so gilt es, das mögliche Mißverständnis zurückzuweisen, „das Ubw für einen vom Subjekt unabhängigen Bereich zu halten, ..." (Lorenzer, 1970a, S. 25). Lorenzer hält es daher für notwendig, den „strikt topographisch-deskriptiven" Gesichtspunkt (das heißt das „Ubw als einen Bereich unbewußter Inhalte") „gegen einen dynamisch-systematischen Gesichtspunkt" (das Ubw „als die Instanz eines ‚unbewußten Kräftespiels' "), der „das Ubw als einen Komplex von Funktionen des Subjektes" nimmt, ‚einzutau-

Will man die Frage der Genese der Symbolik klären, muß man sich noch einmal vergegenwärtigen, was die Grundstruktur der Symbolik bestimmt. JONES (1972, II) nimmt zum Ausgangspunkt seiner Überlegungen

„die Beobachtung, daß bei der Symbolik eine Vergleichung zweier Ideen, und zwar von solcher Art, wie sie dem bewußten Seelenleben fremd ist, im Unbewußten hergestellt wird und daß dann eine der beiden Vorstellungen, die wir bequemlichkeitshalber die sekundäre nennen wollen, unwissentlich dazu gebraucht werden kann, die primäre zu ersetzen und darzustellen“ (S. 581).

JONES hebt zugleich hervor, daß die vorgenommene Vergleichung eine für das bewußte „Seelenleben“ und „reife“ Denken untypische ist. Er meint:

„symbolische Denkweisen sind die primitiveren, sowohl in ontogenetischer wie phylogenetischer Hinsicht, und stellen eine Rückkehr zu einfacheren und früheren Stadien der geistigen Entwicklung dar. Man findet sie daher häufiger in Zuständen, welche eine solche Rückkehr begünstigen, zum Beispiel Müdigkeit, Schläfrigkeit, körperliche Krankheit, Neurose, Wahnsinn und vor allem in Träumen, wo das bewußte Geistesleben nahezu auf ein Minimum reduziert ist“ (1970, I, S. 945).

Hier wird symbolisches Denken als Ausdruck der Primärprozesse charakterisiert[3].

Auch wenn man daran festhält, daß die Symbolbildung *Ausdruck* der Primärprozesse ist, ist es – auch bei der Klärung ihrer Ontogenese – unumgänglich, die frühen Formen einer *Beteiligung* des noch ‚unreifen', infantilen Ichs an den äußeren Darstellungsformen des Symbolisierens zu beschreiben. Dazu gehören

---

schen', „bei dem das Subjekt in irgendeiner Weise an der Symbolproduktion beteiligt ist. Dann können die Symbole als Äußerungen des Ubw dennoch als Leistungen des Subjektes angesehen werden, als Resultate, die sich zwar ohne Billigung des Subjektes, nicht aber unabhängig, als Emanationen eines transzendenten Reiches von Wesenheiten, durchsetzen“ (LORENZER, 1970a, S. 25f.).

3 FREEMAN u.a. (1969) haben auf den engen Zusammenhang zwischen konkretem und symbolischem Denken hingewiesen (so auch PIAGET, s. *Teil B*, Kap. 4) und Parallelen zwischen dem Denken des Kleinkindes und des Schizophrenen aufgezeigt. Es ist die mangelhafte Differenzierung zwischen Ich und Außenwelt, die die Denkvorgänge des Kleinkindes zunehmend konkreter werden läßt. „Um abstrakt denken zu können, muß man fähig sein, zwischen der Vorstellung eines realen Objekts und seiner begrifflichen Repräsentanz zu unterscheiden“ (S. 97).
FREEMAN u.a. zeigen zugleich die Kontinuität auf, die zwischen der indirekten Repräsentanz und dem „Symbolischen“, wie es die Psychoanalyse versteht, besteht. Der Übergang von einem extremen Pol des Symbolbildungsprozesses zum anderen hängt dabei vom jeweiligen Stand der Ich-Funktionen ab (vgl. S. 89f., 92f.).

im wesentlichen die einzelnen Stufen der Entwicklung des (bewußten) Denkens (die Wahrnehmungsfähigkeit, Gedächtnis, Begriffsbildung usw.) und des Spracherwerbs (beziehungsweise die Vorstufen einer ‚normalen' oder ‚rationalen' Sprachbeherrschung), die auch in späteren Entwicklungsstadien des Kindes und im Erwachsenenleben fortexistieren.

Bittner (1969) hat – als Kritik an Habermas – darauf hingewiesen, daß auch eine „unvollständige Theorie der Sprache" vorliegt, wenn man das „eigentliche Oszillieren (der Sprache, H. N. B.) zwischen sekundärprozeßhaft-kommunikativer und primär-prozeßhaft-privatsprachlicher Verwendung" vernachlässigt (S. 21).

Die Tendenz, „verschiedene Gegenstände zu identifizieren und verschiedene Vorstellungen zu vermischen, Ähnlichkeiten und nicht Unterschiede zu finden", wird von Jones als „allgemeiner und sehr charakteristischer Zug" des kindlichen Denkens bezeichnet[4] (1972, II, S. 582). Jones nimmt an, daß eine „intellektuelle Unfähigkeit zu unterscheiden" (S. 582) dabei eine gewisse Rolle spielt.

Auch für Ferenczi ([1913e] 1964, I) unterliegt es keinem Zweifel,

„daß das Kind (wie das Unbewußte) zwei Dinge auf Grund der geringsten Ähnlichkeit identifiziert, Affekte vom einen auf das andere mit Leichtigkeit verschiebt und beide mit demselben Namen belegt. Ein solcher Name ist also der hochverdichtete Repräsentant einer großen Anzahl von grundverschiedenen, aber irgendwie (wenn auch noch so entfernt) ähnlichen und daher identifizierten Einzeldingen. Die Progression in der Realitätserkenntnis (der Intelligenz) äußert sich dann beim Kinde in der fortschreitenden Auflösung solcher Verdichtungsprodukte in ihre Elemente im Erlernen der Unterscheidung der in einer Hinsicht ähnlichen, aber sonst verschiedenen Dinge voneinander" (S. 101)[5].

Ferenczi wendet sich allerdings dagegen, das Wort Symbol auf die ontogenetischen Erkenntnis-Vorstufen anzuwenden, die durch die „infantile Unzulänglichkeit des Unterscheidungsvermögens" (I, S. 102) zustande kommen[6].

---

4 „Die Identifizierung ist also nicht simple Imitation, sondern *Aneignung* auf Grund des gleichen ätiologischen Anspruches, sie drückt das ‚gleichwie' aus und bezieht sich auf ein im Unbewußten bleibendes Gemeinsames." Dieses gemeinsame Element ist eine Phantasie (Freud, Die Traumdeutung, 1900, GW II/III, S. 155f.; Hervorhebung H. N. B.).

5 Die Basis solcher in der Symbolbildung wirksamen Identifizierungsprozesse wäre in dem zu sehen, was Spitz (1967) als „primäre Identifizierung" beschrieben hat. Sie besteht darin, „daß der Säugling alles das in seiner Umwelt, was mit der Bedürfnisbefriedigung (Triebbefriedigung) zu tun hat, als Teil seiner eigenen Person und seines eigenen Körpers erlebt, außerhalb dessen nichts existiert" (S. 244).

6 Das wäre ein Argument, das auch gegen Piaget anzuführen wäre, der die Symbolbildung überwiegend nur als eine Vorstufe des begrifflichen Denkens versteht (Piaget, 1969, S. 131).

Auch JONES (1972, II) nimmt eine gewisse Einschränkung an der These vor, daß die Symbolbildung auf einer „apperzeptiven Insuffizienz" beruhe.

„Das, was als apperzeptive Unfähigkeit gilt, (ist) sehr oft nur eine Einstellung der Funktion infolge anderer Gründe als Unfähigkeit. Es ist richtig, daß das primitive Seelenleben sehr oft keine Unterscheidung macht, aber dies geschieht nicht deshalb, weil es dazu nicht imstande ist, denn wo es notwendig ist, wird es in bemerkenswerter Ausdehnung geleistet" (S. 583; vgl. S. 588).

FERENCZI ([1913e] 1964, I) betont in diesem Zusammenhang ebenfalls, daß bei der Bildung von Symbolen „die Hauptbedingungen zu ihrem Zustandekommen nicht intellektueller, sondern affektiver Natur sind" (I, S. 103), und hebt hervor, daß Dinge nicht nur verwechselt werden, weil das Individuum sie ähnlich findet, sondern,

„daß man ein Ding mit einem anderen nur verwechselt, weil gewisse Motive dazu vorhanden sind; die Ähnlichkeit schafft nur die Gelegenheit zur Betätigung jener Motive. Ebenso muß man sagen, daß die apperzeptive Insuffizienz allein, ohne die Berücksichtigung der zur Gleichnisbildung treibenden Motive, die Bildung der Symbole nicht zureichend erklärt" (I, S. 105)[7].

Auf die Frage des Realitätsverständnisses und der Anpassung des Kindes an die Realität bezieht sich JONES, wenn er die Funktion der „ursprünglichen Identifizierung", die zwar die „Grundlage jeder Symbolik", aber von dieser zu unterscheiden ist, beschreibt.

„Es ist klar, daß das Erkennen von Ähnlichkeiten die Assimilation neuer Erfahrungen erleichtert. Unser instinktives Bestreben in solcher Lage geht dahin, das Neue an das Alte anzuknüpfen, gemeinsamen Boden aufzusuchen. Wenn wir die neue Erfahrung in irgendeiner Weise mit dem, was uns schon vertraut ist, in Beziehung setzen können, dann wissen wir, wo wir es ‚unterbringen' können, und verstehen es; es bekommt einen Sinn. Etwas darlegen und begreifen heißt nichts anderes, als das Unbekannte auf das Bekannte beziehen. So unterstützt der Vorgang der Vermischung und Identifizierung unser Ergreifen der Realität und ermöglicht es uns, ihr besser gerüstet entgegenzutreten. Es ist richtig, daß ein solcher Vorgang große Möglichkeiten für Fehler und Mängel eröffnet, da es ein alltägliches Vorkommnis ist, daß wir das Neue zu eng in den Formeln des Alten fassen, aber es in welchem Grade immer zu fassen, ist der einzige Weg, es zu bewältigen" (JONES, 1972, II, S. 585).

---

7 Auch in der hier referierten Anschauung zu den Charakteristika der Symbolik deutet sich ein wichtiger Unterschied zum Symbolverständnis PIAGETS an, der zwar die „intimen Interessen" und „geheimen und oft auch unbekennbaren Wünsche" (PIAGET, 1969, S. 225) im „Symbolspiel" bemerkt, das Spezifische des Symbolischen aber durch eine bestimmte Stufe des Denkens definiert. Darauf werden wir in *Teil B* noch näher eingehen.

2.3.1 Körperanaloge Symbolbildung

Beispiele für solche *primären Identifizierungen* finden sich in der *körperanalogen Umweltdeutung* und Umwelterfassung des Kleinkindes.
GALENSON u.a. (1971, 1972a, 1972b, 1973) haben in einer Reihe von empirischen Untersuchungen zum Symbolbildungsprozeß die Entstehung erster symbolischer Darstellungsformen im Spiel auf frühe Körpererfahrungen zurückgeführt und gezeigt, wie diese die Verschiedenartigkeit der vom Kind geäußerten symbolischen Repräsentationen prägen. Die vom Kind vorgenommenen körperanalogen Umweltdeutungen und seine darauf basierende Realitätserfassung gehen in den Symbolbildungsprozeß ein. Sie beschrieben, wie bei zweijährigen Kindern die Erfahrung analer, urethraler und genitaler Körpersensationen sich zu den entsprechenden Körperbildern verdichten, die aber nur teilweise ihre direkte Umsetzung in Symbolen mit sozial beziehungsweise familial geteilter Bedeutung finden (GALENSON und ROIPHE, 1971, S. 199)[8].
Häufig beobachteten GALENSON u. a. gerade auch im Spielverhalten Zweijähriger ‚*Abkömmlinge*' (oder Körper-Derivate, „body-derivatives") solcher frühen Körperempfindungen und Selbsterfahrungen, deren Affektgehalt von der ursprünglichen Erfahrung abgetrennt ist. Als solche ‚Abkömmlinge' von Körpererfahrungen wären zum Beispiel spielerische Tätigkeiten wie das ständige Füllen und Ausleeren, Schließen und Öffnen und Ineinanderstecken von Gefäßen und Schachteln oder das Be- und Entladen von Lastwagen anzusehen. Das Erkunden der Dimensionen von Innen und Außen an allen möglichen Objekten kann dann in der analen Phase für die auf das eigene Körperinnere gerichtete Wißbegier stehen. Mit einer Anzahl von Spielmaterialien (wie zum Beispiel Sand, Wasser, plastische Stoffe) können bestimmte Körperfunktionen ‚symbolisiert' werden (vgl. A. FREUD, 1968, S. 82f.). Aber der Affektgehalt, der zum Beispiel mit dem Erlernen und Bewußtwerden analer Körperfunktionen verknüpft war, ist aus den ‚Abkömmlingen' verdrängt (bei der Analyse analer Spiele und der Frage des Zusammenhangs von Symbolisierung und Verdrängung kommen wir hierauf noch einmal zurück).
Diesen ‚Abkömmlingen' kommen viele Merkmale zu, die LANGER (1965) für die „präsentative" Symbolik beschrieben hat, so vor allem, daß ihre Bedeutung nur aus dem je individuellen szenischen Gesamtkontext verstanden werden

---

8 Die Zusammenhänge zwischen dem Körperbild, das das Kleinkind von sich bildet, und seinen Ich-Funktionen – besonders seiner Fähigkeit zur Realitätsprüfung und Wahrnehmung – sowie die Bedeutung dieses Körperbildes für die jeweils individuellen Symbolbildungen haben HOFFER (1950a, 1964), RUBINFINE (1961) und LAUFER (1968) analysiert. LAUFER hat außerdem das Weiterwirken des frühkindlichen Körperbildes in der Adoleszenz beschrieben.

kann und nicht einfach in die Sprache „diskursiver" Symbolik übersetzbar ist[9]. GALENSON nimmt an, daß von dieser „präsentativen" Symbolik des frühen Spiels, deren Inhalt häufig in der Externalisierung beziehungsweise Projektion von bestimmten Erfahrungen einzelner oder mehrerer Körperzonen auf äußere Objekte besteht, eine Entwicklungslinie zur Ausbildung von Kreativität in späteren Altersstufen führt (vgl. hierzu auch ROSE, 1963, 1968)[10].

---

9 LANGER (1965) definiert den *präsentativen Symbolismus* folgendermaßen: Er „zeichnet sich dadurch aus, daß eine Vielzahl von Begriffen in einen einzigen totalen Ausdruck zusammengezogen werden kann, ohne daß diesen einzelnen Begriffen durch die den Gesamtausdruck konstituierenden Teile jeweils entsprochen wird. Die Psychoanalyse bezeichnet diese in der Traumsymbolik zuerst entdeckte Eigentümlichkeit als ‚Verdichtung' " (S. 191). Demgegenüber ist die „*Sprache* im strengen Sinn ihrem Wesen nach *diskursiv*; sie besitzt permanente Bedeutungseinheiten, die zu größeren Einheiten verbunden werden können; sie hat festgelegte Äquivalenzen, die Definition und Übersetzung möglich machen; ... Alle diese hervorstechenden Züge unterscheiden sie vom ‚wortlosen' Symbolismus, der *nichtdiskursiv* und unübersetzbar ist, ... Die durch die Sprache übertragenen Bedeutungen werden nacheinander verstanden und dann durch den als Diskurs bezeichneten Vorgang zu einem Ganzen zusammengefaßt; die Bedeutungen aller anderen symbolischen Elemente, die zusammen ein größeres, artikuliertes Symbol bilden, werden nur durch die Bedeutung des Ganzen verstanden, durch ihre Beziehungen innerhalb der ganzheitlichen Struktur. Daß sie überhaupt als Symbole fungieren, liegt daran, daß sie alle zu einer simultanen, integralen Präsentation gehören. Wir wollen diese Art von Semantik ‚präsentativen Symbolismus' nennen, ..." (S. 103).

10 Auf einer mehr metatheoretischen Ebene hat RICOEUR (1969) die Schwierigkeiten beschrieben, die das Zurückführen von Triebausdrücken und -abkömmlingen auf ihren Ursprung mit sich bringt: „Aber die Verdrängung hindert uns andererseits auch daran, den primären psychischen Ausdruck des Triebes direkt zu erfassen: daher können wir ihn lediglich postulieren. Die ‚Entfernung' der bekannten und wiedererkannten Ausdrücke des Triebs ist, im Vergleich zu seinem ersten Ausdruck, stets größer, als man meint; das sagt FREUD, wenn er die eigentliche Verdrängung bereits eine zweite Stufe der Verdrängung in bezug auf die Urverdrängung nennt, die ‚darin besteht, daß der psychischen (Vorstellungs-)Repräsentanz des Triebes die Übernahme ins Bewußtsein versagt wird' (FREUD, GW X, S. 250). Deshalb ist das, was wir für den ursprünglichen Ausdruck des Triebes halten, bereits das Ergebnis einer Fixierung; die Beziehung zwischen Ausdruck und Trieb erscheint uns immer nur als eine instituierte, sedimentierte, ‚fixierte' Beziehung: man müßte hinter diese Urverdrängung zurückgehen können ... Die Urverdrängung bedeutet, daß wir uns immer schon im Mittelbaren befinden, im Schon-Ausgedrückten, Schon-Gesagten. Um so mehr verurteilt uns die eigentliche Verdrängung dazu, uns unter bloßen Ableitungen zu bewegen. ‚Die zweite Stufe der Verdrängung, die *eigentliche* Verdrängung, betrifft psychische Abkömmlinge der verdrängten Repräsentanz oder solche Gedankenzüge, die, anderswoher stammend, in assoziative Beziehung zu ihr geraten sind' (FREUD, GW X, S. 250). Das Unbewußte erscheint so als ein von den unbestimmten Verästelungen dieser ‚Abkömmlinge' gebildetes, weitverzweigtes Netz; ... Doch stets ist es ein System psychischer Äußerungen, und jede Analyse besteht in der Kunst, diese Abkömmlinge zu interpretieren in ihrem Verhältnis zu immer ursprünglicheren Triebäußerungen, je nach dem Grad ihrer ‚Entfernung' und ‚Entstellung' " (RICOEUR, 1969, S. 148–151).

Ferenczi ([1913e] 1964, I) weist auf die Bedeutung des kindlichen Narzißmus auch für die ersten Vorstufen der Erkenntnisprozesse hin.

„Die Kinder kümmern sich ursprünglich, solange sie die Not des Lebens nicht zur Anpassung und damit zur Wirklichkeitserkenntnis zwingt, nur um die Befriedigungen ihrer Triebe, d.h. um die Körperstellen, an denen diese Befriedigung stattfindet, um die Objekte, die diese hervorzurufen geeignet sind, und um die Handlungen, die diese Befriedigung tatsächlich hervorrufen. Von den sexuell erregbaren Körperstellen (erogenen Zonen) z.B. interessiert sie der Mund, der After und das Genitale ganz besonders" (I, S. 103).

Dieser sogenannte *primäre Narzißmus* [11] des Kindes, das heißt die Phase, in der das Kind, bevor es äußere Objekte wählt beziehungsweise wählen kann, sich selbst und seinen eigenen Körper libidinös besetzt hat, und die Befriedigung, die es daraus ableitet, stellt so eine wichtige Vorstufe und Vorbedingung für die Bildung von Symbolen dar (vgl. Peller, 1965b, S. 59; Piaget, 1969, S. 237). Es lassen sich eine Anzahl von Symbolen auf bestimmte Körperteile und Körperfunktionen zurückführen und die Verknüpfung mit den Funktionen der erogenen Zonen zeigen [12].

---

11 „Man machte sich langsam mit der Vorstellung vertraut, daß die Libido, die wir an den Objekten haftend finden, die der Ausdruck eines Bestrebens ist, an diesen Objekten eine Befriedigung zu gewinnen, auch von diesen Objekten ablassen und an ihrer statt das eigene Ich setzen kann, ..." (Freud, Vorlesungen zur Einführung in die Psychoanalyse, 1917, GW XI, S. 430f.). Dafür prägte Freud den Begriff *Narzißmus*. „Man sagte sich dann alsbald, wenn es eine solche Fixierung der Libido an den eigenen Leib und die eigene Person anstatt an ein Objekt gibt, so kann dies kein ausnahmsweises und kein geringfügiges Vorkommnis sein. Es ist vielmehr wahrscheinlich, daß dieser Narzißmus der allgemeine und ursprüngliche Zustand ist, aus welchem sich erst später die Objektliebe herausbildete, ohne daß darum der Narzißmus zu verschwinden brauchte" (S. 430f.). Auf die vielschichtigen Diskussionen des Narzißmus-Begriffs in der psychoanalytischen Theorie kann hier nicht näher eingegangen werden.

12 Hier ist anzumerken, daß Lorenzer, anknüpfend an das dauernde Weiterwirken dieser ontogenetisch frühen Formen der körperanalogen Symbolik, auch im Leben des Erwachsenen, vorgeschlagen hat, den traditionellen psychoanalytischen Symbolbegriff differenzierend zu ersetzen: a) durch den Begriff des „Protosymbols", der die ontogenetisch einer ersten oder primären Verdrängung unterworfenen, aber weiter virulenten Inhalte bezeichnet, und b) durch den Begriff des „Klischees", der die in den späteren oder sekundären Verdrängungsprozessen abgespaltenen und aus der diskursiven Sprache ausgeschlossenen latenten Inhalte bezeichnet (Lorenzer, 1971, S. 40f.; 1972, S. 118f., S. 123 und 133; vgl. Atkin, 1972, S. 105. Der Begriff und die Charakterisierung von „Paläosymbolen" durch Habermas, 1971, S. 42ff., besonders S. 148, scheinen den gleichen Sachverhalt bezeichnen zu wollen). Lorenzer möchte anscheinend den Begriff Symbol nur in einem erweiterten sprachtheoretischen Sinn verwendet wissen, wobei er, zum Teil in Anknüpfung an Langers (1965) Unterscheidung von diskursiver und präsentativer Symbolik, auch die bewußten oder in-

Auch PIAGET (1969) findet in dieser Phase die Erklärung für den sogenannten „anatomischen Symbolismus", in dem er die „Mechanismen der Bildung des Vorstellungsbildes beim Kind" (S. 256) aufweist. In der Phase des „primären Narzißmus" oder, wie PIAGET sagt,

des „ursprünglichen Egozentrismus . . ., der das Bewußtsein des Kleinkindes kennzeichnet, . . . liegt eine völlige Nicht-Differenzierung zwischen dem Ich und der äußeren Welt vor und eine Assimilation der Dinge an die eigene Aktivität. Diese beiden Aspekte des elementaren Bewußtseins hängen zusammen, doch ist es wichtig, den Grund hierfür zu begreifen: In dem Maße, in dem das Ich die äußere Welt inkorporiert, hat es kein Bewußtsein von sich selbst, weil das Bewußtsein vom Ich von den Widerständen der Objekte der anderen Personen abhängig ist" (1969, S. 256).

Die Stufen, die das Kind in seiner Entwicklung nimmt, um von dieser Ungeschiedenheit zwischen Subjekt und Außenwelt zu einer Differenzierung zu gelangen, analysiert FERENCZI ([1913b] 1964, I) ausführlich in seiner Arbeit über die „Entwicklungsstufen des Wirklichkeitssinnes". Er beschreibt, wie das Kind verschiedene Phasen der Realitätsbeziehung durchläuft: von der „Periode der bedingungslosen Allmacht" (I, S. 67), für die noch nicht die „hemmende, aufschiebende, überlegene Denktätigkeit . . . (sich) zwischen das Wün-

---

tentional eingesetzten präsentativen, komplexen bildlichen Ausdrucksweisen und Bedeutungsverdichtungen neben den ‚eindeutigen' diskursiven Symbolen in diesen Begriff einbezieht (LORENZER, 1972).
Aus bestimmten Gründen möchte ich in dieser Arbeit diesen neuen begrifflichen Bestimmungen und Differenzierungen des Symbolbegriffs durch LORENZER nicht folgen: Mit dieser Studie wird nicht ein Beitrag zur meta-theoretischen erkenntnislogischen Untersuchung der Psychoanalyse angestrebt, wenn es sich auch nicht immer ganz vermeiden läßt, solche Gesichtspunkte mit zu berühren, sondern es soll nur unter einer spezifischen pädagogisch gerichteten Fragestellung die theoretische und deskriptive Literatur überwiegend immanent interpretiert und aufgearbeitet werden. Aus dieser Sicht erscheint es mir zwar prinzipiell als möglich, aber nicht als zwingend, die von LORENZER entwickelte neue begriffliche Systematik in einer Arbeit über kindliches Spielverhalten anzuwenden. Um dem überwiegend an pädagogischen Fragestellungen interessierten Leser durch die Verwendung zweier unterschiedlicher Begriffsapparate bei der Diskussion ein und desselben praktisch relevanten Phänomens das Verständnis nicht zu erschweren, halte ich es für zweckmäßiger, in der Regel die jeweilige traditionelle psychoanalytische Begrifflichkeit beizubehalten und nur in bestimmten theoretischen Exkursen die Relevanz der von LORENZER vorgeschlagenen Begriffsklärungen zu diskutieren. Mir erscheint es in den meisten Fällen durchaus noch möglich, durch einen sehr differenzierten und qualifizierenden Gebrauch ‚traditioneller' psychoanalytischer Begriffe Sachverhalte zu erfassen und darzustellen, die LORENZER aus seinem überwiegend meta-psychologischen und erkenntnistheoretischen Interesse in neugebildeten Begriffen ausdrückt.
Zur Kritik von LORENZERS Neufassung und Uminterpretation der psychoanalytischen Symboltheorie siehe die neuesten Arbeiten von BREDE (1976), MENNE (1976) und MOERSCH (1976).

schen und Handeln einschaltet" (I, S. 64), zur „Periode der magisch-halluzinatorischen Allmacht" (I, S. 69), zur „Periode der Allmacht mit Hilfe magischer Gebärden" (I, S. 72) und von da zur Stufe der „magischen Gedanken und der magischen Worte" (I, S. 76).

Die Wirkung dieser narzißtischen Allmachtswünsche läßt sich auch schon in den ersten Spielen der Kinder finden, worauf noch einzugehen sein wird (vgl. Winnicott, 1971, S. 47; Pfeifer, 1919, S. 278ff.; Freud, Totem und Tabu, 1912/13, Kapitel 3, GW IX; Kardos/Peto, 1956, S. 108). In den letzten beiden Phasen gelangt das Kind durch die Enttäuschung, die es durch die Außenwelt erfährt, dazu, diese als getrennt von seinem Ich anzuerkennen.

„An der ‚Tücke des Objektes' lernt das Kind erfahrungsgemäß und allmählich erkennen, es sei nicht ‚allmächtig', und es bestehe eine Welt außerhalb von ihm, die ihren eigenen Gesetzen gehorcht. Nach und nach öffnet sich ihm der Blick für das ‚Objektive' und die äußere Realität, und zugleich beginnt es, zunächst nur episodenhaft, unsicher und versuchsweise, kausal zu denken. Sobald es sich jedoch etwas nicht kausal-rational zu erklären vermag, nimmt es sein ursprüngliches, das prälogische Sinnbilddenken, die Phantasie zu Hilfe, die noch bei weitem in ihm überwiegt. Oft verwendet es intermittierend beide Denk-Arten – oder es benutzt sie gleichzeitig" (Zulliger, 1970, S. 17).

Ähnlich beschreibt auch Ferenczi ([1913b] 1964, I) die Entwicklung des Kindes auf dem Weg von der magischen Allmacht zu einer realitätsgerechteren Wahrnehmung der Außen- beziehungsweise Objektwelt. Für die Entwicklung der Symbolbildung ist hierbei besonders die „Projektionsphase" relevant.

„Es muß gewisse tückische Dinge, die seinem Willen nicht gehorchen, als *Außenwelt* vom *Ich*, d. h. die subjektiven psychischen Inhalte (Gefühle) von den objektivierten (den Empfindungen) sondern. Ich benannte einmal das erste dieser Stadien die *Introjektionsphase* der Psyche, da hier noch alle Erfahrungen ins Ich aufgenommen werden, die spätere die *Projektionsphase*. Man könnte nach dieser Terminologie die Allmachtsstadien auch als Introjektionsstufen, das Realstadium als Projektionsstufe der Ich-Entwicklung ansprechen. Doch auch die Objektivierung der Außenwelt zerreißt zunächst nicht jeden Faden zwischen dem Ich und dem Nicht-Ich. Das Kind lernt zwar, sich damit zu bescheiden, daß es nur über einen Teil der Welt, über das ‚Ich' verfügen kann, der Rest, die Außenwelt aber seinen Wünschen oft Widerstand entgegensetzt, es hängt aber immer noch dieser Außenwelt Qualitäten an, die es an sich kennengelernt hat, d. h. Ich-Qualitäten. Alles spricht dafür, daß das Kind eine *animistische* Periode der Realitätsauffassung durchmacht, in der ihm jedes Ding beseelt vorkommt und es in jedem Ding seine eigenen Organe und deren Tätigkeiten wiederzufinden sucht" (S. 73f.).

Ein Beispiel Freuds soll diesen Sachverhalt illustrieren. So berichtet er (1909) vom *kleinen Hans*, daß dieser mit nicht ganz drei Jahren ein „ganz besonders lebhaftes Interesse für den Teil seines Körpers, den er als ‚Wiwi-Macher' zu bezeichnen gewohnt war", äußerte (GW VII, S. 245). Es interessiert ihn, ob auch andere Personen und Dinge einen Penis haben.

Die sexuelle Neugierde „macht ihn auch zum Forscher, gestattet ihm richtige begriffliche Erkenntnisse. Er sieht auf dem Bahnhofe, 3³/4 Jahre alt, wie aus einer Lokomotive Wasser ausgelassen wird. ‚Schau, die Lokomotive macht Wiwi. Wo hat sie denn den Wiwi-Macher?' Nach einer Weile setzt er nachdenklich hinzu: ‚Ein Hund und ein Pferd hat einen Wiwi-Macher; ein Tisch und ein Sessel nicht.' So hat er ein wesentliches Kennzeichen für die Unterscheidung des Lebenden vom Leblosen gewonnen" (GW VII, S. 246f.).

Sehr deutlich wird die hier angesprochene Problematik auch in den Ausführungen von SZÉKELY (1962), der die psychoanalytische Theorie der libidinösen Entwicklungsstufen aufgreift und, ausgehend von der Frage des Wunscheffekts (der Motivation), die Frage nach dem Erwerb des Wissens beim Kleinkind zu beantworten sucht:

„An einem klinischen Beispiel zeigt er die Motivationsarbeit bei der Begriffsbildung bei einem weniger als zwei Jahre alten Kleinkind; während gewisse körperliche Prozesse in einem solchen Kind ablaufen – in diesem Fall anale Vorgänge, die dem Kind begrifflich nicht bewußt (es kann seine Defäkation nicht ganz begreifen) und doch ein Teil seines Körperschemas sind. Diese Vorgänge sind verbunden mit lustbetonten somatischen und koenästhetischen Erinnerungsspuren. Das Kind kann folgendermaßen begrifflich zuordnen: Wenn es einen Vogel seine Fäkalien absetzen sieht, sagt es: ‚Vögelchen macht groß'. Es sagt dasselbe (‚macht groß'), wenn es ein Paket aus einem Auto fallen oder irgendein kleines Objekt sich von einem großen Objekt trennen sieht. SZÉKELY zeigte, wie das Kind diese Vorstellung von der Defäkation ebenso auf seine eigenen körperlichen Vorgänge projiziert, wie es die Welt anal interpretiert, was klar und deutlich in sprachlicher Form zum Ausdruck kommt. SZÉKELY nennt dies ein ‚Beispiel von verständnisvollem Denken', das Ausdruck der ‚Begriffsbildung und des Körperschemas' ist" (ATKIN, 1972, S. 114).

Auch KUBIE (1934) hat den Zusammenhang von körperanaloger Symbolbildung und der Entwicklung der Sprache aufgewiesen und beschrieben, wie die ersten Lernprozesse des Kindes wesentlich über seine Körpererfahrungen vermittelt werden, alle neuen Erkenntnisse über die Umwelt auch auf früher erworbene Körperbilder symbolisch bezogen werden. Ein großer Teil der körperanalogen Symbole ist dadurch charakterisiert, daß ein Körperteil oder eine Körperfunktion durch Gegenstände der äußeren Welt, die für die Erfahrungen des Kleinkindes aus bestimmten Gründen eindrucksvoll waren, repräsentiert wird. Das können Gegenstände des Haushalts sein sowie Kleidung, Nahrung, Tiere, Maschinen, Fahrzeuge oder Gebäude. Hier findet man immer wieder eine erstaunliche überindividuelle Konstanz in der Bedeutung zwischen Symbol und Symbolisiertem, die aber durch jeweils individuelle Erfahrungen neu vermittelt wird. Andere körperanaloge Symbolbildungen entstehen dadurch, daß ein Körperteil aufgrund des Prozesses der Verschiebung beziehungsweise Verdichtung durch einen anderen repräsentiert wird.
Folgende Beispiele, die PIAGET protokolliert hat, können als weitere Illustrationen dieses Sachverhalts dienen:

„Mit 1;9 (29) stellt X. eine offene Schachtel auf eine andere und sagt ‚Assise pot' (‚setzen Topf'). Mit 2;1 (9): Ihre Puppen beschmutzen sich: ‚aber, aber, muß Topf verlangen' usw. Die Toilettenszenen werden häufig in den nächsten Wochen wiederholt. Mit 2;7 (9): Sie lacht über einen Erwachsenen, der einen Biskuit nur halb im Munde hat, und macht dabei Scherze, die schwer zu wiederholen sind. Mit 3;6 (10) und an den folgenden Tagen werden die Exkremente mit einem Finger, einer Maus, einem Kaninchen verglichen, sie werden sogar personifiziert, indem sie Namen von Frauen erhalten. Von etwa 2;6 bis 3;6 werden diese Spiele mit allerlei symbolischen Phantasien und eigentlich spielerischen Konstruktionen verbunden, die darin bestehen, die Ausscheidungsorgane bei den verschiedensten Gegenständen wiederzuentdecken, nicht nur bei Spieltieren, sondern auch bei kleinen Autos, Flugzeugen, Tassen, Stöcken etc." (PIAGET, 1969, S. 223f.)[13].

Das kleine Kind gebraucht hier also symbolische Repräsentationen für Körperteile, -funktionen und -produkte, lange bevor seine Vorstellungen von den Gegenständen seiner Umwelt ‚korrekt' sind (vgl. PELLER, 1965b, S. 58). Das Kind glaubt „an den animistisch gedachten Objekten die geschätzten Organe des eigenen Leibes wiederzufinden" (FERENCZI, [1913d] 1964, II, S. 268)[14].

„Es entstehen so jene innigen, fürs ganze Leben bestehen bleibenden Beziehungen zwischen dem menschlichen Körper und der Objektwelt, die wir die *symbolischen* heißen. Einerseits sieht das Kind in diesem Stadium in der Welt nichts als Abbilder seiner Leiblichkeit, andererseits lernt es, die ganze Mannigfaltigkeit der Außenwelt mit den Mitteln seines Körpers darzustellen. Diese Fähigkeit der symbolischen Darstellung ist eine bedeutende Vervollständigung der Gebärdensprache; sie befähigt das Kind zum Signalisieren nicht nur solcher Wünsche, die unmittelbar seine Körperlichkeit angehen, sondern auch zur Äußerung von Wünschen, die sich auf die Veränderung der nunmehr als solche erkannten Außenwelt beziehen. Ist das Kind von liebevoller Pflege umgeben, so muß es selbst in diesem Stadium seiner Existenz die Illusion seiner Allmacht nicht aufgeben. Es braucht ja immer noch einen Gegenstand nur symbolisch *darzustellen* (Hervorhebung H. N. B.), und das (beseelt geglaubte) Ding ‚*kommt*' oft wirklich zu ihm; denn diesen Eindruck muß das animistisch denkende Kind bei der Befriedigung seiner Wünsche haben" (FERENCZI, [1913b] 1964, I, S. 74–75).

Auch in diesem Stadium gewinnt die (vorverbale) symbolische Darstellungsweise des Kindes einen bereits gesellschaftlich – durch die pflegenden Bezugspersonen – vermittelten privat*sprachlichen* Charakter.
Die selbst bei extrem primärprozeßhaften und privatsprachlichen Ausdrucksformen vorauszusetzende ‚Privatsprachgemeinschaft' ist mehr oder weniger dadurch vorhanden, daß die Bezugspersonen (zu denen auch fast gleichaltrige Geschwister und Spielgefährten gehören können) die Ausdrucksformen des

---

13 Zum Witz solcher vom Kind erfundenen Szenen vgl. JACOBSON (1946) und GROTJAHN (1970, dt, 1974).

14 Vgl. hierzu auch SZÉKELY, 1962; ATKIN, 1972; PETO, 1959, besonders S. 229f.; ROSE, 1968.

Kindes, sei es zum Teil auch mißverstehend, einfühlend zu verstehen vermögen. Daß ein Kind in dieser Phase mit den Inhalten, die es symbolisch ausdrückt, noch animistische Vorstellungen verbindet, schließt eine privatsprachliche Kommunikation mit teilweise intersubjektiv geteilter Bedeutung nicht aus.

Mahler (1963a, 1963b, 1972, 1975) hat in ihrer Analyse des Trennungs- und Individuationsprozesses nachgewiesen, wie wichtig das einfühlende Verständnis der Mutter beziehungsweise der nächsten Bezugsperson in die primärprozeßhaften Kommunikations- und Aktionsformen des Kindes für seine wachsende Selbständigkeit ist. Nicht alle Mütter sind in gleicher Weise in der Lage, dem Kind zu helfen, den ‚kommunikativen Graben' zwischen sich und der Welt der Erwachsenen zu überbrücken. Dazu muß man primärprozeßhaftes Sprechen und Handeln entziffern, aufgreifen und es spielerisch verarbeiten helfen. (Das heißt gerade nicht, daß hierfür eine besonders hohe beziehungsweise elaborierte Verbalisierungsfähigkeit erforderlich wäre!)

Andererseits müssen den Kindern zunehmend auch sekundärprozeßhafte Handlungs-, Ausdrucks- und Denkformen angeboten werden, ohne daß dadurch aber primärprozeßhafte Formen total verdrängt werden dürften. Je nach der Intensität und dem Modus des Zurückdrängens primärprozeßhaften inneren und äußeren Sprechens und Denkens dürfte sich das Kreativitätspotential dieser von allen ‚normalen' Individuen erworbenen symbolischen ‚Zweisprachigkeit' divergenten Denkens bemessen.

Oft vermeiden Erwachsene, sich auf die primärprozeßhaften indirekten beziehungsweise latenten Kommunikationsangebote, wie sie das kindliche Spiel darstellen kann, einzulassen, weil sie die dazu erforderliche kontrollierte Regression fürchten, die den Verlust der Ich-Kontrolle sowie ein Überfluten durch ehemals gebändigte Triebimpulse und ein Aufbrechen schon bewältigter Konflikte mit sich bringen könnte (vgl. Olden, 1953, besonders S. 113). Es ist anzunehmen, daß eine Neigung zu intensiv konventioneller Verbalisierung in der frühen Kommunikation mit dem Kind, sei es in der kultur- und schichtspezifischen normierten ‚Kindersprache' von Erwachsenen, sei es in noch konventionellerer Umgangssprache von Erwachsenen, auch eine mehr oder weniger rituelle Abwehr gegen primärprozeßhafte Kommunikationselemente darstellt.

Ferenczi ([1913b] 1964, I) beschreibt das Entstehen der Vorstufen diskursiver Kommunikationsformen. Die Stufe der Gebärdensprache wird schließlich durch die Stufe der frühesten Laut- und Wortsprache ergänzt:

„Gewisse Reihen von Lauten werden mit bestimmten Dingen und Vorgängen in feste assoziative Verbindung gebracht, ja, allmählich mit diesen Dingen und Vorgängen *identifiziert.* Daraus erwächst der große Fortschritt, daß man der schwerfälligen bildlichen *Vorstellung* und der noch schwerfälligeren dramatischen *Darstellung* enthoben wird; die

Vor- und Darstellung jener Reihe von Sprachlauten, die wir Worte nennen, gestatten eine weit spezialisiertere und ökonomischere Fassung und Äußerung der Wünsche. Zugleich ermöglicht die Sprachsymbolik das bewußte Denken, indem es sich an die an sich unbewußten Denkprozesse assoziiert und ihnen wahrnehmbare Qualitäten verleiht" (I, S. 75f.).

Auch hierbei hat das Kind noch nicht notwendig die Phase des magischen Denkens verlassen, sondern es „dünkt sich dabei wirklich im Besitze zauberhafter Fähigkeiten, befindet sich also in der Periode der *magischen Gedanken* und der *magischen Worte*" (I, S. 76).
In seinen Ausführungen über Animismus, Magie und Allmacht der Gedanken hat Freud (Totem und Tabu, 1912/13, GW IX) auch auf das magische Denken im Spiel hingewiesen. Dabei zog er eine Parallele zwischen dem magischen Denken mancher primitiver Völker und dem des Kindes.

An dem Wunsch des Primitiven wie des Kindes „hängt ein motorischer Impuls, der Wille, und dieser... wird jetzt dazu verwendet, die Befriedigung darzustellen, so daß man sie gleichsam durch motorische Halluzination erleben kann. Eine solche *Darstellung* des befriedigten Wunsches ist dem Spiele der Kinder völlig vergleichbar,... Wenn Spiel und imitative Darstellung dem Kinde und dem Primitiven genügen, so ist dies nicht ein Zeichen von Bescheidenheit in unserem Sinne oder von Resignation infolge Erkenntnis ihrer realen Ohnmacht, sondern die wohl verständliche Folge der überwiegenden Wertung ihres Wunsches, des von ihm abhängigen Willens und der von ihm eingeschlagenen Wege. Mit der Zeit verschiebt sich der psychische Akzent von den Motiven der magischen Handlung auf deren Mittel, auf die Handlung selbst. Vielleicht sagen wir richtiger, an diesen Mitteln erst wird ihm die Überschätzung seiner psychischen Akte evident. Nun hat es den Anschein, als wäre es nichts anderes als die magische Handlung, die kraft ihrer Ähnlichkeit mit dem Gewünschten dessen Geschehen erzwingt. Auf der Stufe des animistischen Denkens gibt es noch keine Gelegenheit, den wahren Sachverhalt objektiv zu erweisen, wohl aber auf späteren, wenn alle Prozeduren noch gepflegt werden, aber das psychische Phänomen des Zweifels als Ausdruck einer Verdrängungsneigung bereits möglich ist" (Freud, GW IX, S. 104).

Zur Überwindung des magischen Denkens geht auch das Kind diesen Entwicklungsweg.
Durch das Moment des Magischen bleibt die Sprache in dieser Phase animistischen Denkens privatsprachlich eingeschränkt, durch das Moment der Bildung und Verwendung von Worten nimmt sie bereits teilweise den Charakter einer explizit gesellschaftlich vermittelten ‚diskursiven' Sprache in einer größeren sozialen Kommunikationsgemeinschaft an.
Von den Stufen im Erwerb der Ausdrucksmittel sind zu unterscheiden die Stufen im Erwerb von Ausdrucksinhalten. Katan (1961) hat darauf hingewiesen, daß das Kind erst lange, nachdem es in der Lage ist, seine Wahrnehmungen der Außenwelt zu verbalisieren, und gelernt hat, die Dinge zu benennen, lernt, innere Wahrnehmungen und Gefühle verbal auszudrücken. Ein Anreiz für das

Kind, die Benennung der Objekte seiner Umwelt zu erlernen, ist die Erfahrung, daß es dann auch leichter seinen Wunsch und sein Verlangen nach diesen Dingen verständlich ausdrücken kann. Im Versuch, seine Gefühle auszudrükken, bedient sich das Kleinkind anfangs überwiegend *nicht-verbaler* Mittel, zum Beispiel Weinen, Lachen, motorische Unruhe und andere Gebärden und Gesten. Erst relativ spät lernt es, seine Empfindungen zu benennen. Mit dieser Fähigkeit, innere Wahrnehmungen zu benennen, sieht KATAN zugleich eine wichtige Kontrollfunktion des Ichs erreicht, die das Kind in die Lage setzt, zwischen Wünschen und Phantasien auf der einen Seite und der Realität auf der anderen Seite zu unterscheiden. Diese differenzierte Verbalisierungsfähigkeit ist also auch eine Voraussetzung der Realitätsprüfung und fördert die Entwicklung des Sekundärprozesses (vgl. KATAN, 1961, S. 185f.).
Es wäre zu prüfen, ob insbesondere vor dem Erwerb der verbalen Sprache bestimmte Spielformen, die sich einer Gebärdensymbolik und dramatischen Darstellung bedienen, vom Kind eingesetzt werden, um seine Unfähigkeit insbesondere zur verbalen Darstellung ‚innerer' Strebungen und Konflikte gegenüber seinen Bezugspersonen auszugleichen. Auch nach dem Erwerb der verbalen Sprachmittel wird das Kind immer wieder auf eine dramatisch spielerische Gebärdensymbolik zurückgreifen, da bestimmte, es bewegende ambivalente Gefühle und Konflikte aus mehreren Gründen einer Verbalisierung noch nicht zugänglich sind: einerseits, weil es noch nicht die für die Darstellung so komplexer Inhalte erforderlichen differenzierten verbalen Mittel zur Verfügung hat, andererseits, weil die Erziehungs- und Bezugspersonen eine solche ‚deutlichere' und damit zum Teil gesellschaftlich anstößige Benennung des von ihnen selbst mühsam Verdrängten weniger zulassen und fördern können als eine noch leicht verharmlosend mißzuverstehende Gebärdensprache[15].

2.3.2 Symbolisierung und Verdrängung

Bei der Frage nach den Vorstufen und Grundvoraussetzungen der Symbolbildung und der Ontogenese des Symbols hatten wir die vom Kind vorgenommenen körperanalogen Umweltdeutungen und seine darauf basierende Realitätserfassung hervorgehoben. „Diese Tendenz, das Liebgewonnene in allen Din-

15 Unter dem Gesichtspunkt der kognitiven Entwicklung ist die Rolle des Lallens, Babbelns, der ersten Vokalisierungen und frühen Wortbildungen – wie auch das damit auftauchende Lächeln – für das frühkindliche Spiel in folgenden Arbeiten analysiert worden: MESSER/LEWIS, 1972; MCCALL, 1972; WATSON, 1972, und ZELAZO, 1972.

gen der feindlichen Außenwelt wiederzufinden", so betont FERENCZI ([1915] 1964, II), „ist wahrscheinlich auch die Urquelle der Symbolbildung" (S. 177). Bei der Analyse von ersten Spielen des Kleinkindes hatte PFEIFER (1919) gefunden, daß diese vielfach Ausdruck eines „nicht enttäuschten Allmachtsgefühls" seien, das wiederum „seine Wurzel, wenigstens in einer Hälfte, in der sich durch die lustvollen Organbetätigungen bald einstellenden narzißtischen Überschätzung des eigenen Körpers hat" (S. 278). Diese ersten Spiele (zum Beispiel erste ständig wiederholte Greifbewegungen in bezug auf bestimmte Objekte, mit denen ein ‚Erfolg' erreicht wird, erstes Bauen mit Klötzen oder ähnliches), bei denen sich die Spiellust aus dem egoistischen und narzißtischen Allmachtsgefühl herleitet, stehen nach PFEIFER sozusagen auf einer „ersten – magischen – Spielstufe" (S. 279). Parallel dazu sind die Spiele zu sehen, die sich der körperanalogen Deutung bedienen und im wesentlichen auch in der „Betätigung der erogenen Zonen und der sexuellen Partialtriebe" (S. 280) bestehen. Der hier am klarsten zum Ausdruck kommende „reine Lustcharakter" kann aber nur so lange erhalten bleiben, wie „die moralische und kulturelle Unterdrückung dieses Bildes nicht beeinflußt (wird), was zwar bald, aber keineswegs mit einem Schlage, erfolgt. Selbstverständlich wird man auf dieser Stufe die Bildung einer *Spielfassade* und den Mechanismus, der sie formt, ... vermissen, da sie zum Zwecke der *Verhüllung eines unterdrückten Materials* noch nicht notwendig sind" (S. 280; Hervorhebung H. N. B.).

Wir hatten die Herstellung dieser Spielfassade, deren manifester Inhalt auf einem latenten, nämlich dem unterdrückten beziehungsweise verdrängten Material beruht, auch als symbolische Darstellungsweise charakterisiert. Auf den frühesten Stufen braucht das Kind aber mit seinen körperanalogen Deutungen, die seine ersten Spiele füllen, noch nichts zu verbergen. Sie sind noch nicht Ausdrucksmittel für Verdrängtes und übernehmen noch keine „Stellvertretung für Unbewußtes" (JONES), sondern sie stehen für das noch nicht Begriffene. Aber gerade diese körperanalogen Deutungen, diese „Sexualisierungen des Alls" (FERENCZI, [1913e] 1964, I, S. 103), die das Kleinkind mit allem vornimmt, sowie die damit verknüpften Wunschphantasien erfahren mit zunehmendem Alter des Kindes eine Mißbilligung von seiten der Erzieherpersonen und werden dann zunehmend ‚symbolisiert' (in der Terminologie LORENZERS ‚desymbolisiert'). Im Prozeß der Über-Ich-Bildung geht zugleich mit der Internalisierung von Verbotsnormen auch die Abwehr unbewußter Wünsche einher, und sozial unerwünschte Handlungsmotivationen, wie sie die im Spiel ausgedrückten Wunschphantasien darstellen, werden unterdrückt, sozial erwünschte aufgezwungen.

Die einfache Gleichsetzung oder Analogiebildung ist noch nicht Symbolik. „Erst von dem Momente an, wo infolge der kulturellen Erziehung das eine (und zwar das wichtigere) Glied des Gleichnisses verdrängt wird, gelangt das

andere (früher unwichtigere) Glied zur affektiven ‚Überbedeutung' und wird Symbol des Verdrängten" (FERENCZI, [1913e] 1964, I, S. 104). So können sich die auf der ersten magischen Spielstufe dominierenden unverstellten Inhalte auch in späteren Spielen (PFEIFER spricht sogar von „Verdrängungsspielen" – 1919, S. 279) einen Ausdruck suchen – wenn auch nur in „symbolischer Verkleidung" –, der die verdrängten, unbewußten seelischen Inhalte überdeckt. Der Inhalt bleibt latent, auch für das Kind oft unbewußt.
Neben Geburt und Tod, den familiären Beziehungen und den damit zusammenhängenden affektiven Strebungen wie Liebe, Eifersucht und ähnlichem gehört der eigene Körper zur zentralen Thematik der Symbolik. Wie FERENCZI hebt auch JONES (1972, II) hervor:

„Erstens, daß die *symbolisierten Vorstellungen die denkbar ursprünglichsten* sind und solche, die mit dem stärksten, ursprünglichen Interesse besetzt sind. Zweitens, daß ihnen alle machtvollen *Affekt- und Triebvorgänge angegliedert* sind, die sich in einem Zustand psychischer *Verdrängung* befinden und dadurch vom Eintritt ins Bewußtsein und *der Möglichkeit freier Äußerung abgeschnitten werden.* Sie sind tatsächlich die am *vollständigsten verdrängten Gedankengänge,* die wir kennen. ... Es ist eine wohl gegründete Beobachtung der klinischen Psychologie, daß *die Verdrängung einer stark affektiven Strebung oft zu einer Kompromißbildung führt* – wofür vielleicht neurotische Symptome das bestbekannte Beispiel sind –, in welcher sich die verdrängten und verdrängenden Strebungen mischen und als Resultat eine *Ersatzbildung* ergeben. Von hier aus ist nur mehr ein kleiner Schritt notwendig, um anzunehmen, daß die *Symbole von der gleichen Natur sind,* denn wir wissen, daß sie sich wie andere *Kompromißbildungen aus bewußten und unbewußten Elementen* zusammensetzen. Daß das *Symbol das Resultat eines intrapsychischen Konflikts* zwischen den verdrängenden Strebungen und den verdrängten bildet, ist die von allen Psychoanalytikern akzeptierte Anschauung" (S. 591 f.). Das Fazit, das JONES zieht, lautet: „Nur was verdrängt ist, wird symbolisch dargestellt; nur was verdrängt ist, bedarf der symbolischen Darstellung" (S. 592; Hervorhebungen H. N. B.).

Dabei ist immer zu beachten, daß man den Symbolbildungsprozeß aus zwei verschiedenen Erkenntnisperspektiven untersuchen kann, wie LORENZER (1970a) hervorgehoben hat:

„Für die Symbolbildung sind grundsätzlich zwei Zentren zugleich anzunehmen; je nach der Art der Frage erscheint eine andere Zentrierung im Blickfeld. Erhebt sich die Frage nach den Bildungsprozessen, so stellt sich notwendig das Ich auch bei der Psychoanalyse in den Mittelpunkt. Wird dagegen das ganz anders geartete dynamisch-energetische Konzept bei der Untersuchung maßgebend, so rückt eo ipso das Es in den Blickpunkt. Erscheint erkenntnispsychologischer Betrachtung das Ich als Zentralinstanz des psychologischen Subjektes, dessen Erkenntnisobjekt (unter anderem) die Gehalte des Es sind, so wendet eine dynamische Psychologie den Blick um; hier wird das Es im Rahmen ihrer dynamisch-energetischen Betrachtungsweise zum Mittelpunkt als Energiezentrum, von dem aus sich die Besetzungen auf die Repräsentanzen richten" (S. 70f.)[16].

Es sei hier noch einmal daran erinnert, daß aufgrund der Fragestellung dieser Arbeit vornehmlich die dynamisch-energetische Perspektive, die Frage nach den Motivationen der kindlichen Spielhandlungen und ihrer Brechung durch Erziehungspraktiken, bestimmend ist. Das ergibt sich aus der Absicht, erziehungswissenschaftliche Konsequenzen für die pädagogische Praxis gegenüber dem kindlichen Spiel abzuleiten.
Ich hatte oben darauf hingewiesen, wie die psychoanalytische Erfahrung einen gewissen konstanten Themenbereich des Symbolisierten ausmachte. Als eine *Vorstufe zur Symbolik* war eine Gleichsetzung innerhalb der Körperorgane beobachtet worden. Das Kind schien für „jeden affektiv wichtigen Teil der unteren Körperhälfte ein Äquivalent an der oberen (besonders an Kopf und Gesicht)" zu suchen und zu finden (FERENCZI, [1913e] 1964, I, S. 104). Handelt es sich hier noch nicht um Symbolik im engeren Sinn, so schreitet das Kind zu einer erst bewußten, dann der Verdrängung unterliegenden Identifizierung seines eigenen libidinös besetzten Körpers, seiner Funktionen und Produkte mit anderen Dingen seiner Umwelt[17].
Ontogenetisch sind daher zwei Stufen der Symbolbildung im psychoanalytischen Sinne zu unterscheiden: 1. *vor* dem Einsetzen von Verdrängungsprozessen; hier ist das Symbolische Stellvertretung für *noch nicht Begriffenes, Unbegreifliches* (zum Beispiel körperanaloge Benennungen, magisches Denken, primäre Identifizierungsprozesse); 2. *nach* dem Einsetzen von Verdrängungsprozessen; hier ist das Symbolische Stellvertretung für *verdrängt unbewußte Inhalte.*

---

16 Zur Frage, ob LORENZER die Rolle des Ich als Bildungsstätte des Symbols auf Kosten der Bedeutung des Unbewußten verschiebt, vgl. MOERSCH (1976).
Die Gefahr, daß das Symbol aus dem Zusammenhang mit dem Unbewußten gelöst und ganz den Sekundärprozessen zugeordnet werden könnte, was eine falsche Intellektualisierung der Symbolfrage zur Folge hätte, wie sie bei einigen Arbeiten der psychoanalytischen Ich-Psychologie gegeben ist, kann dadurch vermieden werden, daß man sich vergegenwärtigt und daran festhält, „daß einzig das Ich als formgebende, symbolbildende Instanz zu gelten hat, und daß umgekehrt die Funktion des Unbewußten als die eines ‚Reservoirs' an reizaktiven, noch nicht oder nicht mehr bewußtseinsfähigen Materials (ähnlich den im Vbw gestapelten subliminalen Eindrücken) anzusehen ist" (LORENZER, 1970a, S. 72, vgl. S. 35). Dabei kommt es stets auf das Zusammenwirken des Es beziehungsweise „Ubw als Reizquelle" und energetisches Potential mit dem „Ich als Organisationszentrum" (S. 72) an.

17 Vgl. zu den Vorstufen der Symbolik auf der Basis der Körperanalogie auch PELLER, 1965a, besonders S. 739.

Dieser Symbolik im psychoanalytischen Sinn, die von LANGER (1965) auch als *präsentative Symbolik* charakterisiert wird, muß die ‚normale' Sprache, die auf *diskursiver Symbolik* aufbaut, gegenübergestellt werden[18]. Der Spracherwerb in der kindlichen Entwicklung ist von Verdrängungsprozessen begleitet, in denen die gleichsam *privatsprachlichen*, vor allem körperanalogen ‚primitiven' Denkprozesse zum Teil ins Unbewußte verdrängt werden müssen. Art und Ausmaß dieser Verdrängungsprozesse sind wiederum gesellschaftlich variabel und veränderbar.

Als latente Konnotationen oder Assoziationen der diskursiven Kommunikation bleiben aber Elemente des ‚privatsprachlichen' primärprozeßhaften Denkens virulent. Zwischen der frühen, zum Beispiel körperanalog-identifikatorischen, und der späteren, auf Verdrängung beruhenden präsentativen Symbolbildung und der parallel dazu erworbenen diskursiven Symbolik bleiben stets begrenzte inhaltliche Kontinuitäten und punktuelle Verknüpfungen bestehen: Die Verdrängung ganz bestimmter ‚privater' körperanaloger Symbolik erfolgt zum Teil in bestimmten dramatischen „Szenen", die als unbewußte „Klischees" das spätere Denken und Verhalten mitbestimmen, zum Beispiel in Wortspielen, Wortwitzen, Assoziationen, Fehlleistungen (vgl. LORENZER, 1970b, 1971).

Dieser Gesamtprozeß von präsentativ-diskursiver Symbolisierung zeigt ständig deutliche Merkmale von Kompromißleistungen. Den Resultaten dieses Prozesses, den nach ‚außen' tretenden Symbolen, kommen sowohl unbewußte als auch bewußte Konnotationen zu. Die unbewußten Konnotationen sind ein Niederschlag der je verschieden erlebten Interaktionsprozesse des Individuums mit seinen Bezugspersonen, während die bewußten Konnotationen zusätzlich die äußere gesellschaftlich vermittelte Wirklichkeit einbeziehen. Diese Kompromißleistungen sind häufig ein Ergebnis von Abwehroperationen. So ist jede Symbolisierung durch ein ständiges Oszillieren zwischen Unbewußtem und Bewußtem, zwischen Primär- und Sekundärvorgängen, geprägt.

Für die intersubjektive Kommunikation ergeben sich daraus bestimmte Folgen: Bewußt, intentional eingesetzte Symbolik nach den Gesetzen des Sekundärprozesses teilt einmal etwas Bestimmtes, Intendiertes mit, zum anderen haften dieser Kommunikationsform aber noch für beide Kommunikationspartner *unterschiedliche*, unbewußte Konnotationen an. Aufgrund dieser doppelten Ambiguität jeglicher intersubjektiver Kommunikation, nämlich individuell unterschiedliche, unbewußte Inhalte und das heißt *verdrängte*, abgewiesene Inhalte, hinter der sozialen Fassade geteilter Bedeutungen verbergen zu können und sie zugleich immer mitzutransportieren, ergeben sich stets neue „Fall-

---

18 Vgl. Fußnote 9 in Abschnitt 2.3.1.

gruben der Verständigung" (LORENZER, 1970b, S. 93)[19]. Diese können sich als besonders verhängnisvoll in der Kommunikation zwischen Kindern und Erwachsenen auswirken, zum Beispiel im Übergang von der noch stark wechselseitig privatsprachlich gefärbten verzerrten Interaktion in der Familie zur Kommunikation im Kindergarten und in der Vorschule, in denen unter anderem gefordert wird, „familieninterne Ausdrucksweisen durch allgemeingültige Begriffe zu ersetzen" (Der Senator für Schulwesen, Berlin, in seinem „Berliner Rahmenplan für die Vorklassen", 1972, S. 9f.).

19 Zur Frage des Symbolismus und seiner Möglichkeit, Unbewußtes zu kommunizieren, vgl. auch die metapsychologischen Erörterungen zum Zusammenhang von Symbolismus und Vorstellungsbildern von NOY (1974, besonders S. 154f.).

3

Spiel als Spiegel der Trieb- und Ichentwicklung

3.1 Vorformen und Entstehung des Spiels in der präödipalen Phase

3.1.1 „Übergangsobjekte" und „potential space" in ihrer Bedeutung für Spiel und libidinöse Objektbeziehungen

Die ersten Anfänge des Spiels des Säuglings und Kleinkindes können nicht isoliert verstanden werden, sie müssen auf dem Hintergrund der sich entwickelnden frühen Mutter-Kind-Interaktion gesehen werden.

„Das erste ‚Spiel' des Säuglings ist die Suche nach Lust mit Hilfe von Mund, Fingern, der Hautoberfläche, von visuellen Eindrücken etc. Die Lustsuche geht entweder am eigenen Körper vor sich (Autoerotik) oder am Körper der Mutter (während oder nach der Fütterung), wobei beide als gleichbedeutend behandelt werden" (A. FREUD, 1968, S. 81).

Dann treten sogenannte „Übergangsphänomene" (WINNICOTT) auf, die sowohl mit narzißtischer Libido als auch mit Objektlibido besetzt sind. Sie weisen überwiegend enge Beziehungen zu „oralen Modalitäten" [1] auf und setzen häufig ein zwischen dem Daumenlutschen (oraler und autoerotischer Aktivität) und der ersten intensiveren Beziehung zu einem Spielzeug, wie zum Beispiel einem Teddybären. Sie bereiten also die erste enge Beziehung zu einem Spielzeug vor.

1 Mit *Organ-Modi* hat ERIKSON (1937; [1950] 1966) die einer bestimmten Phase der psychosexuellen Entwicklung zugehörigen Aktivitäten bezeichnet. „Die Organ-Modi sind dann die räumlichen Ausdrucksformen, die den Manifestierungen prägenitaler Tendenzen gemeinsam sind" (ERIKSON, 1937, S. 482). So ist die oral-sensorische Phase nach ERIKSON besonders durch rezeptiv-perzeptive und einverleibende Merkmale charakterisiert. Dieser dominierende Modus der Phase erstreckt sich dann auf alle Aktivitäten dieser Entwicklungsperiode und kann auch später beibehalten werden. Der Reiz eines Übergangsobjekts wie der „Schmusedecke" (vgl. SCHULZ: *Linus, oder: Wo ist meine Schmusedecke?*, 1969) kann für ein Kind in den besonderen oral-sensorischen Wahrnehmungen, die dieses vermittelt, bestehen. Zum Beispiel die Fusseln der Decke, die das Kind belutscht und oral erfühlt, vermitteln dem Kind eine bestimmte Erfahrung.
Ist die Beziehung der Übergangsphänomene zu oralen Modalitäten auch sehr auffallend, so wird doch auch vielfach berichtet, daß sie ebenso zur Befriedigung analer und genitaler Bedürfnisse dienen können und eine Hilfe in der Bewältigung der in der analen und genitalen Phase auftauchenden Konflikte darstellen können. Hierbei tauchen allerdings häufig Verbindungslinien vom Übergangsobjekt zum infantilen Fetisch-Objekt auf (vgl. dazu: GREENACRE, 1969, 1970; KESTENBERG, 1956; ROIPHE/GALENSON, 1973 a, 1975; SMIRNOFF, 1972, besonders S. 103).

Damit ist nicht gemeint, daß diese Phänomene unbedingt *nur* chronologisch *vor* einer ersten Beziehung zu einem Spielobjekt auftreten oder nach dieser Objektfindung verschwinden, sondern daß sie idealtypisch-entwicklungslogisch eine solche Zwischenstellung innehaben. Als Momente der ständig fluktuierenden *Ungleichzeitigkeit* (Regression und Progression) in der Ausprägung bestimmter Aktivitäten sind sie auch parallel zur Objektbildung gewissermaßen als leicht zugänglicher *Regressionskanal* von großer Bedeutung.
Die Psychoanalyse hat die Entwicklung der Objektbeziehung unter drei verschiedenen Gesichtspunkten analysiert:

1. Unter *strukturellem Gesichtspunkt* erscheint die Entstehung von Subjekt-Objekt-Differenzierung als Trennung zwischen Objekt- und Selbstrepräsentanzen (vgl. dazu JACOBSON, 1973).
2. Die Psychoanalyse beschreibt vom *ökonomischen Aspekt* her den Fortschritt vom primären Narzißmus zur libidinösen Objektbesetzung. Das heißt, der Säugling erwirbt die Fähigkeit, von der Besetzung des Befriedigungserlebnisses oder der bedürfnisbefriedigenden Situation zur Besetzung des bedürfnisstillenden Objekts, zum Beispiel der Mutter, die Nahrung, Wärme und Zuwendung spendet, zu gelangen.
Das Kind kennt anfangs nur eine „Liebe nach dem Anlehnungsbedürfnis" (das heißt, die Mutter wird ausschließlich zur Bedürfnisbefriedigung benutzt) und befindet sich hier auf einer

„Vorstufe der Objektbeziehung, auf der Objektwahl noch nicht vom Ich, sondern von den Bedürfnissen und Triebregungen reguliert wird. Was wir hier sehen, ist eine positive Libidobesetzung der durch das Objekt vermittelten Befriedigung. Besetzungen dieser Art sind nicht konstant, sondern werden zurückgezogen, wenn die Wunscherfüllung eingetreten ist. Im Zustand der Ruhe kehrt das Individuum zur narzißtischen Libidoverteilung zurück" (A. FREUD, 1968, S. 68)[2].

Die Stufe der eigentlichen „Objektbeziehung" ist erst dann erreicht, wenn „die Libidobesetzung sich von der Bedürfnisbefriedigung unabhängig macht und konstant auf eine bestimmte Person gerichtet bleibt" (S. 69), also die nächste Bezugsperson auch dann libidinös besetzt bleibt, wenn sie dem Kind vorübergehend Frustrationen vermittelt. Die analsadistische Phase ist dann gekennzeichnet durch besonders ambivalente Beziehungen; Libido und Aggression richten sich gleichermaßen auf ein und dasselbe Objekt.

2 Vgl. hierzu auch S. FREUDS Bemerkung, daß erst „wiederholte Befriedigungssituationen das Objekt der Mutter geschaffen" haben („Hemmung, Symptom und Angst", 1926, GW XIV, S. 203).
Vgl. auch S. FREUD, „Abriß der Psychoanalyse", 1938, GW XVII, S. 115, und siehe weiter unten *Teil B*, Abschnitt 3.2.2.

3. Die Psychoanalyse beschreibt den Wandel in der Mutter-Kind-Beziehung von der biologischen Beziehungsebene zu einer psychologischen. Mit fortschreitender Entwicklung stellt sich an den psychischen Apparat die Forderung, stabile, einen hohen Grad an Besetzungskonstanz aufweisende psychische Repräsentanzen aufzubauen (Objektkonstanz)[3].
Von psychoanalytischen Autoren ist die erste Periode nach der Geburt wiederholt als Phase der Undifferenziertheit beschrieben worden (vgl. unter anderen SPITZ, 1967; JACOBSON, 1973; FORNARI, 1970)[4].

FORNARI (1970) beschreibt in Anlehnung an M. KLEIN[5] und SPITZ, wie sich das psychische Leben des Kindes in „globalen Primärerfahrungen der *Zugehörigkeit* und der *Veräußerung*" vollzieht (S. 47).

---

3 LINCKE (1972) vertritt mit seiner Interpretation von WINNICOTT die These, daß „sich die Beziehung zwischen Mutter und Kind zunächst auf der biologischen Stufe angeborener (präverbaler) Kommunikationsformen ab(spielt). Diese Entwicklungsphase entspricht der Phase der undifferenzierten Ich-Es-Einheit. Die biologische Beziehungsform hat den ‚zwingenden' Charakter des Instinktiven ... Die dadurch geschaffene ‚Dualunion' zwischen Mutter und Kind zerfällt jedoch mit der Entwicklung des rational organisierten, realitätskritischen Bezugs zur Wirklichkeit. Mit der zunehmenden Objektivierung im Objekt- und Selbstbereich, mit der Bildung relativ realistischer Objekt- und Selbstrepräsentanzen und der damit verbundenen Verlagerung der Mutter-Kind-Beziehung von der biologischen auf die psychologische Ebene entsteht zwischen der ursprünglichen und der neuen Form der Realitätsanpassung ein Riß" (S. 840, Fußnote 17).

4 Hier und in den folgenden Abschnitten werden die psychoanalytischen Theorien zur Entwicklung des libidinösen Objekts und der Objektbeziehung vorausgesetzt. Es werden hier nur bestimmte theoretische Erklärungsansätze herangezogen, das heißt in dem Umfang, in dem sie mir in diesem Zusammenhang die Anfänge des Spiels mit verständlich zu machen scheinen. Es wird also keine systematische Erklärung und Darstellung der Theorie psychoanalytischer Objektbeziehungen angestrebt. Mit etwas anderer Akzentsetzung und mit besonderer Berücksichtigung der kognitiven Entwicklung werden Fragen der Objektbeziehung, des libidinösen Objekts und seine Bedeutung für frühes Spielen in gewissen Aspekten ausführlicher und einführender in *Teil B*, Abschnitt 3.2, analysiert. Gewisse inhaltliche Überschneidungen haben sich dabei nicht ganz vermeiden lassen.
Es sei hier nur allgemein daran erinnert, daß im psychoanalytischen Sprachgebrauch mit ‚Objekt' dasjenige, wodurch der Trieb seine Befriedigung findet, also das Objekt der Libido, gemeint ist.

5 Vgl. M. KLEIN (1952, S. 52): „Fantasy activity underlies the mechanism of introjection and projection, which enable the ego to perform one of the basic functions mentioned above, namely, to establish object relations. By projection, by turning outward libido and aggression and imbuing the object with them, the infant's first object relation comes about. This is the process which, in my opinion, underlies the cathexis of objects. Owing to the process of introjection this first object is simultaneously taken into the self. From the outset the relations to external and internal objects interact. The first of these ‚internalized objects', as I termed them, is a part-object, the mother's

„Sie sind der direkte Ausdruck des Lust-Unlust-Prinzips innerhalb der ursprünglichen Verfassung des Ichs, in der die lustvolle Erfahrung in der Zugehörigkeit und die Unlusterfahrung an der Veräußerung erlebt wird. Der Zustand der Undifferenziertheit zwischen Subjekt und Objekt bewirkt, daß unterschiedslos Teile der Außenwelt in der Zugehörigkeit und Teile des Subjekts in der Veräußerung erlebt werden können ... Auch wenn die primären Modalitäten der Aneignung und Veräußerung, in die sich das ursprüngliche psychische Erleben umsetzt, vom Gesichtspunkt der späteren Realitätsprüfung aus illusionärer Natur sind, legen sie doch den Grundstein für die Realitätsprüfung, die sich das ganze Leben hindurch als ununterbrochene Konfrontation von primärem Erleben und perzeptiv-motorischer Erfahrung abspielt" (S. 47f.).

Aus der wiederholten Erfahrung von Lust und Unlust, Befriedigung und Frustration bilden sich in der Phantasie die ersten Objekte. Diese aktivieren die libidinösen und aggressiven Triebe. FORNARI (1970) nimmt an, daß sich aus der wiederholten Lusterfahrung schließlich eine „gute Gegenwart in der Form eines guten inneren Objekts" entwickelt.

„Man muß annehmen, daß die Entstehung einer guten Gegenwart aus einer realen Gegenwart und die Entstehung einer bösen Gegenwart aus einer realen Abwesenheit zu Anfang diskontinuierlich vor sich gehen und daß beide sich nach und nach in der Bildung eines guten und eines bösen phantastischen Teilobjekts vermischen. Die primordialen Modalitäten der Zugehörigkeit und Veräußerung, die sich an Teilobjekten der Phantasie abspielen, führen zu den Prozessen der Internalisierung und Externalisierung; diese bilden die Grundlage für die nachfolgenden Prozesse primitiver Identifikation und Projektion" (S. 48).

Das ‚gute' und das ‚böse Teilobjekt'[6] gewinnen gegen Ende des zweiten Lebensmonats einen gewissen Grad an Stabilität und eine relative Autonomie.

---

breast; in my experience this applies even when the infant is bottle-fed, ... The breast, to which are soon added other features of the mother, as an internalized object vitally influences ego development. As the relation to the whole object develops, the mother and the father, and other members of the family, are introjected as persons in good or bad aspects, according to the infant's experiences as well as according to this alternating feelings and fantasies. A world of good and bad objects is thus built up within, and here is the source of internal persecution as well as of internal riches and stability."

Die problematischen Schlußfolgerungen, die M. KLEIN aus ihrer Theorie der Objektbeziehung und frühen Phantasietätigkeit für die Über-Ich-Bildung und den Ödipus-Komplex zieht, deren Beginn und Wirkung sie vorverlegt und schon in der prägenitalen Phase aufzuweisen versucht, können hier leider nicht diskutiert werden. Vgl. auch M. KLEIN, 1932, S. 146, 149.

6 Zur Bedeutung des „Partialobjekts" siehe vor allem die Arbeiten von S. FREUD, „Drei Abhandlungen zur Sexualtheorie", 1905, GW V, S. 98ff.; „Über Triebumsetzungen, insbesondere der Analerotik", 1917, GW X, S. 401–410; ferner ABRAHAM ([1923] 1969, I, S. 165–184). Zur Funktion des „Partialobjekts" in der Theorie von M. KLEIN siehe den Aufsatz von PONTALIS (1968b); außerdem STIERLIN (1971) und SMIRNOFF, (1971, S. 102ff.).

Zwischen dem sechsten und achten Monat gelingt es schließlich dem Kind, die Mutter als eigenständiges Objekt zu erkennen. Das Kind erfährt, daß sie ein wirklich gutes Objekt sein und reale Befriedigung spenden kann. Somit erhält das Realobjekt, die Mutter, das bisher nur der Vergegenwärtigung des inneren guten Objekts gedient hatte, eine bevorzugte perzeptive Besetzung.

„Winnicott ergänzte den strukturellen Gesichtspunkt der Subjekt-Objekt-Differenzierung (der Trennung zwischen Selbst- und Objektrepräsentanzen) durch die Unterscheidung zweier psychischer ‚Realitäten', einer innerpsychischen, subjektiven, und einer objektiven (von allen Menschen in gleicher Weise wahrgenommenen) Realität" (Lincke, 1972, S. 840).

Die Wichtigkeit der frühen Mutter-Kind-Interaktion (beziehungsweise der ersten Objektbeziehungen) auch für die Entwicklung der Realitätsprüfung sowie für die Fähigkeit zur Unterscheidung von Innen- und Außenwelt, von Selbst und äußeren Objekten, die wiederum die Grundlage und Vorstufe für die Symbolbildung darstellt und damit auch die Basis für die Anfänge des Spiels bildet, hat Winnicott (1960/61, 1969, 1970, 1973) wiederholt beschrieben und analysiert. Eine der schwierigsten Aufgaben in der Entwicklung sieht er darin,

„daß das Subjekt das Objekt außerhalb des Bereichs seiner eigenen omnipotenten Kontrolle" ansiedeln muß; „es handelt sich also darum, daß das Subjekt das Objekt als ein äußeres Phänomen und nicht als etwas Projiziertes wahrnimmt, also letzten Endes um die Anerkennung des Objekts als ein Wesen mit eigenem Recht" (1973, S. 105).

Winnicott nimmt einen *psychischen Zwischenbereich des Illusionären* an, an dem sowohl die Gesetzmäßigkeiten der objektiv wahrnehmbaren Realität als auch die des subjektiven Realitätsverständnisses beteiligt sind. In diesem intermediären Bereich kann das Kind (und unter bestimmten Umständen später auch der Erwachsene) Gegenstände und Erscheinungen der realen Außenwelt in den Dienst seiner Phantasie stellen, ohne ganz den Bezug zur Realität zu verlieren. Obwohl das Kind den Dingen der Außenwelt vermittels seines magischen Denkens Traumcharakter und Symbolbedeutung verleihen kann, wird die Realitätsprüfung nicht völlig außer Kraft gesetzt. Indem die Realitätskritik mit dem magischen Denken in der Schwebe bleibt, kann das Kind eine gewisse Omnipotenz genießen, und zwar neben der rationalen Kontrolle der Realität. Ob das Kind durch die Ausschöpfung beider psychischer Bereiche (innerpsychische Realität und sogenannte objektive Außenwelt) zu spielerischen und schöpferischen Aktivitäten gelangt, hängt nach Winnicott wesentlich von der Qualität der frühen Mutter-Kind-Beziehung ab.

„Der Mensch ist also von Geburt an mit dem Problem der Beziehung zwischen dem objektiv Wahrnehmbaren und dem subjektiv Vorgestellten befaßt, und er kann eine gesunde Lösung nur finden, wenn ihn die Mutter auf den richtigen Weg gebracht hat. Das

Zwischenreich, von dem ich hier spreche, ist eben jener dem Kind zugestandene Bereich zwischen ursprünglicher Kreativität und der auf Realitätsprüfung beruhenden objektiven Wahrnehmung. Die Übergangsphänomene stellen die frühen Stadien jenes Gebrauchs der Illusion dar, ohne den ein menschliches Wesen keinen Sinn in der Beziehung zu einem Objekt finden kann, das von anderen als außerhalb seiner selbst befindlich wahrgenommen wird." Ist die Anpassung der Mutter an die Bedürfnisse des Kindes hinlänglich gut, „dann wird dies dem Kind die Illusion geben, daß es eine äußere Realität gibt, die mit seiner eigenen schöpferischen Fähigkeit korrespondiert" (WINNICOTT, 1969, S. 678f.).

Mit den Ausdrücken „Übergangsobjekt" und „Übergangsphänomen" bezeichnet WINNICOTT jenen intermediären Erfahrungsbereich des Säuglings und Kleinkindes, der zwischen der oralen Autoerotik und der ersten echten Objektbeziehung, zwischen dem Subjektiven und dem objektiv Wahrnehmbaren, zwischen dem Daumenlutschen und der Liebe zu einem Spieltier, einer Puppe oder ähnlichen Gegenständen liegt.
Das erste Auftreten der Übergangsphänomene ist in der Zeit zwischen dem vierten und zwölften Lebensmonat zu beobachten. Zwischen Knaben und Mädchen gibt es hinsichtlich der Verwendung jenes ersten, nicht zum Selbst gehörigen Besitzes, des Übergangsobjekts, keinen wesentlichen Unterschied. Mit dem Übergangsphänomen ist mehr als die autoerotische Betätigung gemeint. Die Hinzunahme von Gegenständen besonders weichen Materials, z. B. Stoff, Bettzipfel, Wollfaden, manchmal einem weichen Spielzeug, und die Erzeugung von Tönen und Geräuschen sind dafür kennzeichnend. Sie gewinnen für das Kind besonders in der Zeit des Alleinseins und des Schlafengehens an Bedeutung und können der Abwehr von Ängsten dienen. Gerade die Zeit des Schlafengehens wird als paradigmatische Erfahrung des Objektverlustes erlebt. Das Übergangsobjekt kann dann das bedrohliche Gefühl der Trennung und Verlassenheit illusionär überwinden helfen, indem es die Wiedervereinigung mit der Mutter illusionär erfahrbar macht (vgl. ROIPHE/GALENSON, 1975, S. 211).
Der Beziehung zum Übergangsobjekt schreibt WINNICOTT bestimmte charakteristische Merkmale zu:

1. Das Kind, das sich das Übergangsobjekt selbst gewählt hat, betrachtet und behandelt es als seinen eigenen Besitz, der ihm bedingungslos gehört.
2. Das Übergangsobjekt verkörpert Permanenz und Konstanz, es darf nicht ausgetauscht oder verändert werden. Durch diese Beständigkeit dürfte auch das Zeit-Erleben stabilisiert werden und dadurch die Entwicklung des Urvertrauens (ERIKSON, [1950] 1966) gefördert werden.
3. Das Übergangsobjekt wird kraft seiner Unverletzlichkeit gebraucht. Es muß triebhafte Liebe ebenso aushalten wie Haß und direkte Aggression. SPITZ (1972) hatte hervorgehoben, daß die Bedeutung unbelebter Gegenstände für

das Kind darin bestehen kann, daß sie zur Abfuhr aggressiver Strebungen geeignet sind. Das Kind kann sie schlagen, beißen, zerstören, wegwerfen, ohne daß es Vergeltung fürchten muß. Das gilt auch für das Übergangsobjekt in seiner Funktion als inneres ‚böses Teilobjekt'.

4. Durch seine meist weiche und schmiegsame wie verformbare Beschaffenheit und Oberflächenstruktur muß das Übergangsobjekt dem Kind ein Gefühl von Wärme vermitteln können.

5. Ebenso muß es durch diese spezielle Materialbeschaffenheit den Eindruck scheinbar vom Kind unabhängiger Aktion und eigenem Leben vermitteln können.

6. Während es vom Erwachsenen nur als Gegenstand der Außenwelt verstanden wird, ist es für das Kind in einem spezifischen Zwischenbereich angesiedelt. Es gehört nicht nur zur ‚inneren' Welt, ist nicht selbst ein phantasiertes ‚inneres Objekt', es partizipiert sowohl an der Außenwelt als auch an der psychischen Realität des Kindes.

7. Allmählich, im Laufe der fortschreitenden Entwicklungs- und Individuationsprozesse zieht das Kind seine Besetzung vom Übergangsobjekt ab. Es wird also nicht zerstört oder verinnerlicht, auch werden die mit ihm verknüpften Empfindungen nicht verdrängt. Es verliert nur seine ursprüngliche Bedeutung und Funktion (vgl. WINNICOTT, 1971, S. 671 f., und 1973, S. 14 f.).

WINNICOTT macht deutlich, wie das Kind durch seine intensive Beziehung zu einem „unbelebten" Ding ein Mittel in die Hand bekommen kann, durch das es unter anderem eine relative Autonomie vom libidinösen Objekt erwirbt. Außerdem kann das Kind mit Hilfe der am Übergangsobjekt agierten Phantasien bestimmte Konflikte in seiner Beziehung zum libidinösen Objekt bearbeiten und überwinden (vgl. SPITZ, 1972, S. 251)[7].

Dieser nicht zum Körper gehörende Gegenstand (ein Stück Stoff, eine Windel, ein Stoffzipfel, eine Decke oder ähnliches) ist der „erste Besitz", der mit dem äußeren Objekt (der Mutterbrust) wie mit dem inneren Objekt (der magisch introjizierten Brust) in Zusammenhang steht. Das Übergangsobjekt steht für die Brust oder für das Objekt der ersten Beziehung. Es ist mit dem Begriff des ‚inneren Objekts' von M. KLEIN nicht ganz vergleichbar (WINNICOTT, 1973,

7 Am Beispiel eines ein Jahr alten Mädchens haben ROIPHE und GALENSON (1975) gezeigt, wie das Kind mit Hilfe des Übergangsobjekts den normalen Anforderungen und Schwierigkeiten, die die Phase des Erwerbs der aufrechten Motilität und der analen, urethralen wie frühen genitalen Bewußtwerdung mit sich bringt, begegnen kann. Mit der zunehmenden Fähigkeit des Kindes, sich allein von der Mutter wegzubewegen und sich ihr wieder zuzuwenden, wird Trennung vom Kind ambivalenter erlebt, und seine Angst vor Objektverlust in dieser Phase zunehmender Individuation wird verstärkt (vgl. auch MAHLER, 1963 a, 1963 b, 1967).

S. 19). Es ist aber vom inneren Objekt, das real und hinlänglich gut, das heißt nicht allzu verfolgend und versagend sein darf, abhängig. Das Übergangsobjekt wird dann sinnlos, wenn das innere Objekt durch fortgesetzte Versagungen des äußeren an Bedeutung verloren hat.
Fornari (1970) versteht die Übergangsobjekte als Fortsetzung der Vergegenwärtigung des inneren guten Objekts und schreibt ihnen eine ähnliche Funktion zu wie dem menschlichen Gesicht. Die ersten Lächelreaktionen mit drei Monaten zeigen, wie das Kind „die Vergegenwärtigung des inneren guten Objekts in einem wirklich wahrgenommenen Realobjekt, dem menschlichen Gesicht", vornimmt (S. 48). Während das menschliche Gesicht aber dem Kind von der Mutter dargeboten werden muß, können die Übergangsobjekte als eine primitive Form der Besitzergreifung des Kindes verstanden werden, die dem Kind die illusionäre Kontrolle über das innere gute Objekt erlauben, das in dem realen Objekt, dem Gegenstand, den das Kind als Übergangsobjekt erwählt hat, vergegenwärtigt ist.

„Da die autoerotische Betätigung des Daumenlutschens mit ihrer halluzinatorischen Wunscherfüllung ebenso zur Vergegenwärtigung des inneren Objekts beiträgt wie das menschliche Gesicht und die Übergangsobjekte, kann das Kind nach dem dritten Monat auf drei verschiedenen Wegen zur primitiven Objektivation der Phantasietätigkeit gelangen: über die menschliche Gestalt, den eigenen Körper und die Übergangsobjekte. Deshalb sind das menschliche Gesicht, die Übergangsobjekte und die autoerotische Betätigung nicht einfach Ausdruck von Beziehungen zu Objekt-Vorläufern, sondern sie werden zu *realen Trägern* des inneren guten Objekts" (Fornari, 1970, S. 48f.).

Übergangsobjekte und Übergangsphänomene ordnet Winnicott einem Bereich der *Illusion* zu, einer Zwischenstufe der Erfahrung, zu der innere Realität und Außenwelt gleicherweise ihren Beitrag leisten. Er meint, daß das Kind unfähig sei, vom Lustprinzip zum Realitätsprinzip fortzuschreiten, wenn nicht eine „hinlänglich gute" („good enough") Mutter vorhanden ist, die sich aktiv und zu Beginn fast vollständig auf die Bedürfnisse des Säuglings einstellt.
Doch nach und nach entsteht eine Differenz zwischen den Bedürfnissen des Säuglings und der Bereitschaft der Mutter, sich an diese völlig anzupassen. Eine „hinlänglich gute" Mutter wird ihre Anpassungsbereitschaft entsprechend den Fähigkeiten des Kindes, Frustrationen zu ertragen, reduzieren und einschränken. Anfangs ermöglicht die Mutter durch ihre vollkommene Anpassungsbereitschaft dem Baby die Erfahrung der Illusion; immer dann nämlich, wenn das Baby Hunger verspürt, ist die ‚Brust' (Mutter) zur Verfügung. So kann das Kind glauben, die Brust gehöre zu seinem Selbst, sie stehe gleichsam unter seiner magischen Kontrolle. So wird die Allmacht fast eine ‚Erfahrungstatsache'

des Kindes[8]. Aber schließlich muß die Mutter das Kind allmählich desillusionieren. Die damit notwendig verknüpften Frustrationen kann das Kind um so besser bewältigen, je mehr ihm folgende Hilfsmittel schon zur Verfügung stehen:

„1. Die oft wiederholte Erfahrung, daß die Versagung zeitlich begrenzt ist. Anfangs muß diese Zeit natürlich recht kurz sein.
2. Zunehmendes Gefühl für Handlungsabfolgen.
3. Anfänge geistiger Aktivitäten.
4. Der Einsatz autoerotischer Befriedigung.
5. Erinnern, Wiederbeleben, Phantasieren, Träumen; die Integration von Vergangenheit, Gegenwart und Zukunft.
Wenn alles gutgeht, dann kann das Erlebnis der Versagung für das Kind schließlich zum Gewinn werden, weil erst die unvollständige Bedürfnisbefriedigung durch die Objekte diese zu realen – das heißt zu geliebten und zugleich gehaßten – Objekten macht. Daraus ergibt sich, daß das Kind durch eine zu vollkommene und zu lange andauernde Befriedigung, durch eine unverminderte Anpassung der Mutter an alle seine Bedürfnisse in der Entwicklung gestört werden kann, weil vollkommene Anpassung der Magie gleicht und das in seinem Verhalten vollkommene Objekt sich von halluzinierten nicht unterscheidet. Dennoch muß am *Anfang* die Anpassung eine fast vollkommene sein; ist sie es nicht, dann hat der Säugling keine Möglichkeit, eine Beziehung zur äußeren Realität zu entwikkeln, geschweige denn diese äußere Realität zu erfassen“ (WINNICOTT, 1969, S. 677).

Das Übergangsobjekt geht für das Kind der gesicherten Realitätsprüfung voraus, es gehört nur für den Erwachsenen der Außenwelt an, vom Kind aber wird es weder der Außenwelt noch der Innenwelt als zugehörig betrachtet; auch ist es nicht der Halluzination vergleichbar (vgl. WINNICOTT, 1969, S. 668 und 671). Bei zu gering ausgeprägter Realitätsprüfung wird das Kleinkind das Übergangsobjekt für das reale libidinöse Objekt nehmen.

„In der Beziehung zum Übergangsobjekt schreitet das Kind von der (magischen) Kontrolle durch Allmachtsphantasien zu einer Kontrolle durch Handhabung fort, an der Muskelerotismus und Lust an der Bewegungskoordination beteiligt sind“ (WINNICOTT, 1969, S. 675).

---

8 In diesem Zusammenhang wäre auch die Interpretation, die KARDOS und PETO (1956) dem allerersten und ursprünglichen Spiel des Babys an der Mutterbrust („primal play“) geben, heranzuziehen. Sie meinen (vgl. insbesondere S. 108ff.), daß dieses ‚Spiel‘ dem Baby die Integration des ‚abgespaltenen bösen Teilobjekts‘ (das heißt der versagenden, sich entziehenden, Nahrung verweigernden Brust) in sein sich entwickelndes Ich ermögliche und damit der Realitätsbewältigung diene. Das integrierte ‚böse‘ Partialobjekt könne – gelingt diese Integration – dann nicht mehr zerstörerisch wirken. KARDOS und PETO interpretierten früheste Spielaktivitäten als einen um libidinöse (Teil)-Objekte kreisenden Prozeß der Integration und Desintegration. Vgl. auch LINCKE (1972) über die Gesetzmäßigkeiten der frühen Mutter-Kind-Interaktion, besonders S. 834 und 840.

Die Art der Erfahrungen des Kindes in dieser Phase der frühen Objektbeziehungen sind von entscheidender Bedeutung auch für die Entfaltung und Ausgestaltung von Spieltätigkeiten.

„Von Anfang an macht das Baby intensivste Erfahrungen im Spannungsbereich (im Englischen „*potential space*", vgl. WINNICOTT, 1971, S. 100) zwischen dem subjektiven und dem objektiv wahrgenommenen Objekt, zwischen den Extensionen des Selbst und dem, was nicht zum Selbst gehört. Dieser Spannungsbereich entsteht innerhalb des Wechselspiels zwischen dem Erlebnis der völligen Zugehörigkeit zum Selbst und der Erfahrung, daß es Objekte und Phänomene außerhalb des Selbst und der Omnipotenz von dessen Kontrolle gibt" (WINNICOTT, 1970, S. 266)[9].

Der von WINNICOTT benutzte Begriff „potential space" bedarf einiger Erläuterungen. Die in der deutschen Fassung (1970) seines Aufsatzes „The Location of Cultural Experience" gegebene Übersetzung „schöpferischer Spannungsbereich" (S. 266) scheint mir nicht ganz passend und zutreffend für die von ihm intendierten Konnotationen. Mir scheinen die möglichen Konnotationen des Begriffs „potential space" mit „Spielraum" besser getroffen zu sein. WINNICOTT hebt in seinem Buch „Playing and Reality" (1971, deutsch 1973) selbst den notwendigen Bezug des Spielens zu einem affektiv gefärbten Begriff von „Raum" und „Zeit" hervor, wobei er auch auf die von FERENCZI angesprochenen – und oben referierten – kindlichen Allmachtswünsche zu sprechen kommt, die sich in diesem „potential space" zu verwirklichen suchen.

Spielen ereignet sich an einer bestimmten Stelle in *Raum und Zeit.* „Es ereignet sich nicht im Innern, ... jedoch auch nicht außen, ist also nicht Teil des ‚Nicht-Ich', der Welt, die das Individuum irgendwann (trotz aller Schwierigkeiten und damit verbundenen Schmerzen) als etwas tatsächlich Äußeres anerkennt, der Welt außerhalb magischer Kontrolle. Um zu kontrollieren, was außen ist, hat man zu *handeln,* da es nicht ausreicht, zu denken oder zu wünschen. *Handeln braucht Zeit.* Spielen ist Handeln" (WINNICOTT, 1973, S. 52).

Zentral ist der Begriff von *Spiel-Raum* („potential space")

1. im Sinn der Eröffnung eines affektiv besetzten und geschützten Raumes für kreative, auch von ‚Regelhaftigkeit' abweichende Objekthandhabung (vgl. WINNICOTT, 1971, S. 107f.).
2. Es handelt sich um Spiel-*Raum:* im Sinne der Konstituierung eines Raumes, der durch die spielerische Vermischung von Realität und Irrealität bezie-

---

9 Vgl. hier die Charakterisierung von Spiel durch KARDOS und PETO (1956): „Playing means to possess an object and being able to disregard it at one and the same time. The main weapon in this operation is negation, permitting the creative oscillation between reality and illusion, object and symbol" (S. 110).

hungsweise Innen- und Außenwelt bestimmt ist. Dabei spielt die Erfahrung von magischer Kontrolle, die die Mutter dem Kind ermöglicht, eine wichtige Rolle.

„In der Atmosphäre des Vertrauens, die entsteht, wenn die Mutter diese schwierige Aufgabe bewältigen kann (und die nicht entsteht, wenn sie dazu nicht in der Lage ist), fängt das Kleinkind an, Erfahrungen zu machen, die darauf beruhen, daß die Omnipotenz intrapsychischer Prozesse mit seiner Kontrolle der Wirklichkeit in Einklang steht. Aufgrund des Vertrauens zur Mutter entsteht dann ein *intermediärer ‚Spielplatz';* hier hat die Vorstellung des Magischen ihren Ursprung, da das Kind in diesem Bereich in einem bestimmten Ausmaß *Omnipotenz erlebt* ... Ich spreche hier von *‚Spielplatz'*, weil an dieser Stelle das Spiel beginnt. Der *‚Spielplatz' ist ein potentieller Raum zwischen Mutter und Kleinkind, der beide miteinander verbindet ... Der wesentliche Aspekt des Spielens liegt darin, daß es stets mit einem gewissen Wagnis verbunden ist, das sich aus dem Zusammenwirken von innerer Realität und dem Erlebnis der Kontrolle über reale Objekte ergibt"* (WINNICOTT, 1973, S. 59; Hervorhebungen von H. N. B.).

3. Es ist ein *Möglichkeits*-Raum, das heißt die Konstituierung eines Raumes für allererste mögliche Erfahrungen des Kindes, die Gegebenes spielerisch variieren [10].
4. Es liegt dem Begriff „potential space" die Erfahrung von der objektiven Möglichkeit eines spezifischen Raumes beziehungsweise Zwischenraumes, nämlich zwischen der geliebten Mutter und dem Baby beziehungsweise Kleinkind, zugrunde, der überbrückt wird durch ein „Übergangsobjekt beziehungsweise -phänomen" (vgl. WINNICOTT, 1971, S. 108f.).

Erst in diesem ‚potentiellen Raum', der das Vertrauen zwischen Mutter und Kind zur Voraussetzung hat, kann sich das Spielen des Kindes entwickeln, in dem WINNICOTT zugleich auch eine erste Vorbedingung für das kulturelle Erleben des Erwachsenen sieht.
Darüber hinaus erblickt er eine direkte Entwicklungslinie von Übergangsphänomenen zum kindlichen Spielen (1971, S. 41 und 51), da beide sich auf der Grundlage des Vertrauens zur primären Bezugsperson entwickeln und den auf dieser Grundlage gebildeten „potential space" nutzen [11].

„Macht der Säugling auf diesem Gebiet der ersten Befassung mit Dingen (welche so früh einsetzt, und wieder und wieder einsetzt) durchschnittlich gute Erfahrungen, so findet er ein intensives, fast überwältigendes Vergnügen, eng verknüpft mit dem phantasievollen

10 Wie die Art und Weise der frühesten Eltern-Kind-Interaktion und die Form des „handling" (des körperlichen Umgangs, des Haltens und Aufnehmens) mit dem Kind schon in den ersten Monaten die Entwicklung von Spielmöglichkeiten beeinflussen, haben CALL und MARSCHAK (1966) mit ihrer empirisch beobachtenden Untersuchung gezeigt. Vgl. hierzu auch KARDOS/PETO (1956, insbesondere S. 107ff.).

11 Vgl. A. FREUD, 1968, S. 81ff.

Spiel. Noch gibt es keine Spielregeln, deshalb ist auch alles schöpferisch, und obwohl das Spiel ein Teil der Objekt-Beziehung ist, steht alles, was geschieht, auch in persönlicher Beziehung zum Kind. Alles Körperliche wird in der Imagination ausgestaltet und trägt den Stempel der Erstmaligkeit" (Winnicott, 1970, S. 267).

Das Bemerkenswerte an den Ausführungen Winnicotts (wenn man sie etwa mit Piagets Behandlung des Phänomens Spiel vergleicht) scheint die starke Akzentuierung der affektiven Bedürfnisse des Kindes im Prozeß der frühesten Symbolbildung zu sein. Die Bedeutung der Verläßlichkeit affektiver Sicherheit für das Kleinkind läßt sich aus seiner Sicht auf die beiden grundlegenden Dimensionen des Symbol- und Phantasiespiels beziehen:

1. Die Gewinnung einer minimalen Urvorstellung von der regelmäßigen Wiederkehr (‚Regelhaftigkeit') positiv besetzter Erfahrungen mit Objekten, insbesondere mit der Mutter[12].
2. Die Gewinnung eines sicheren „Spielraums" zum Aufbau und zur Verwendung und Ausgestaltung von Symbolinhalten (oder Objekten). Zur Aufrechterhaltung und produktiven Nutzung eines affektiven ‚Urvertrauens' ist paradoxerweise zweierlei gleichzeitig erforderlich: die positive affektive Erfahrung mit einem Regelhaften (zum Beispiel die Mutter kommt immer wieder, gibt immer wieder Nahrung) und die zugleich auf dieser Basis möglich werdende Spielfreiheit, ein Regelhaftes partiell kreativ durchbrechen zu können, ohne diese Vertrauensbasis zu verlieren. Dabei könnte die *Art* der Erfahrung eine Rolle spielen: Handelt es sich um unregelmäßige, chaotisch ablaufende Sequenzen der Wiederkehr positiver Erlebnissituationen, aus denen das Kind nur mühsam das Gefühl des ‚Urvertrauens' und der Verläßlichkeit von Objekten (beziehungsweise Liebespersonen) ableiten und gewinnen kann, so kann es keinen „potential space" aufbauen; dagegen gewinnt es dieses ‚Urvertrauen' durch eine ungestörtere Erfahrung von Wiederkehr beziehungsweise ‚Regelhaftigkeit'.

Greenacre (1970) hat noch stärker den Aspekt hervorgehoben, daß das, was Winnicott als „Illusionsraum" charakterisiert hat, gerade deshalb in sich äußerst dynamisch strukturiert ist, weil es mit einer Entwicklungsphase zusammenfällt, die durch einschneidende Umwälzungen und ständige Neuerwerbungen in der Motorik gekennzeichnet ist.
Greenacre ordnet das Auftauchen von Übergangsobjekten und Übergangsphänomenen ein in die allgemeinen dynamischen Veränderungen, die die sensomotorische Entwicklung mit dem Erwerb der Fähigkeit des Sitzens, Krab-

---

12 Vgl. Spitz, 1967, S. 257; zur Bedeutung der Erfahrung von Objektkonstanz siehe auch *Teil B*, Abschnitt 3.2.

belns und Laufens für das Kind während des ersten Lebensjahres mit sich bringt [13]. Das Kleinkind ist im ersten Lebensjahr nur unsicher in der Lage, zwischen Innen und Außen, Selbst und Nicht-Selbst, belebt und unbelebt, beweglich und unbeweglich zu unterscheiden. Die Wahrnehmungsfähigkeit sowie die Art der Wahrnehmung von Form und Beschaffenheit äußerer Objekte entwickeln sich in ständiger Wechselbeziehung zum zunehmenden Bewußtwerden des eigenen Körpers, wie er über innere Körpersensationen und durch Selbstexploration erfahren wird [14].

In diesem Prozeß der Selbst- und Außenwahrnehmung, der Konstituierung eines eigenen Körperbildes und konstanter äußerer Objekte spielt – wie GREENACRE (1970) betont – die Entwicklung von anfänglich stark eingegrenzten motorischen Bewegungsmöglichkeiten zum Krabbeln und schließlich zum Aufrichten und Laufen eine entscheidende Rolle. Schon durch den Erwerb der Fähigkeit zum freien Sitzen gelangt das Kind zu einer differenzierteren und vollkommeneren Selbstwahrnehmung seines Körpers und der Außenobjekte. Das Kind, das sitzend oder stehend an sich heruntersehen kann, wird Beine und Arme zu seinem Körperbild anders in Beziehung setzen können als der auf dem Bauch oder Rücken liegende strampelnde Säugling, der zwar auch seine Körperteile wahrnimmt, aber nur sehr partiell und unkoordiniert. Das Kind, das seine Körperextremitäten schon zu einem Gesamtkörperbild integriert hat, wird seine motorischen Fähigkeiten auch in andere und komplexere Beziehungen zu den Gegenständen setzen können. Das Kind stellt zwischen seinen neuen Erfahrungen mit differenzierterer und vielgestaltigerer Objektwahrnehmung und seinen komplizierter werdenden Körperbewegungen ständig variierende Verknüpfungen her, die einen illusionären und quasi experimentierenden Charakter haben. Dabei wird die Verbindung zu ersten spielerischen Aktivitäten deutlich. Hierzu gehören

---

13 Vgl. hierzu auch JACOBSON (1973).

14 Vgl. hier oben *Teil A*, Abschnitt 2.3.1. Detaillierte Analysen zum Zusammenhang zwischen Körperbild, sensomotorischer Entwicklung und den Ich-Leistungen (wie zum Beispiel Wahrnehmungsfähigkeit, Realitätsprüfung) enthalten die Arbeiten von GALENSON u.a. (1971, 1972a, 1972b, 1973).
Für ein Verständnis der Funktion von Bewegungs-Pattern im Laufe der kindlichen Entwicklung siehe die Arbeiten von KESTENBERG (1965, I und II, 1967, III; für die hier genannten Probleme besonders 1967, III, S. 383f.); außerdem KAPLAN (1965). Eine differenzierte und ausführliche Diskussion und Darstellung der Vielfalt motorischer Entwicklungsfortschritte im Übergang vom ersten zum zweiten Lebensjahr in ihrem Zusammenhang mit kognitiven und emotionalen Aspekten geben die Arbeiten von MITTELMANN (besonders 1954 und 1955, S. 261f.; vgl. aber auch 1958, 1959, 1960).

1. rhythmisch-ekstatische, nicht mehr nur autoerotische ‚Gesamterlebnisse' von Körper- und Objektbewegungen, die noch keine Ursache-Wirkung-Zuschreibung kennen. Man denke an die häufig zu beobachtende Erscheinung, daß Säuglinge auf dem Rücken liegend, begleitet von einem rhythmischen Sing-Sang, lang andauernde, rhythmische Arm- und Beinbewegungen ausführen, während sie sich bewegende Erscheinungen wie Wolken, Bäume, Schatten und ähnliches fixieren;

2. phantastisch-magische Ursache-Wirkung-Zuschreibungen, bei denen Koordinationen zwischen eigenen Körperbewegungen und wahrgenommenen Objektbewegungen, die das Kind nicht selbst in Gang setzt, vollzogen werden, so etwa wenn das Kind phantasiert, seine Laute oder Kopfbewegungen setzten bestimmte Objektphänomene in Bewegung [15];

3. ein aus der Sicht des Kindes riskantes Explorieren und Ausprobieren beim phantastisch-magischen Koordinieren zwischen Körperbewegungen und Bewegungen unbekannter und ‚Widerstand' leistender Gegenstände, die das Kind selbst zu handhaben versucht.

Insbesondere in der dritten Situation benötigt das Kind die affektive Rückversicherung durch die Anwesenheit der Mutter, ohne daß diese aktiv eingreifen müßte.

Alle diese drei Konstellationen können entweder mit oder ohne Teilnahme einer libidinös besetzten Bezugsperson eintreten. Nimmt die Bezugsperson aktiv teil, so kann

- im ersten Fall die Vorstellung des Einsseins mit der Mutter bekräftigt werden.
- Im zweiten Fall kann es auch zu phantastischen Ursache-Wirkung-Zuschreibungen kommen, die dem Kind Gefühle der Allmacht gegenüber der Bezugsperson ermöglichen, zum Beispiel in verschiedenen Formen des Weg-da-Spiels, in denen die Bezugsperson vom Kind aktiv weggeworfene Gegenstände zurückgibt, die das Kind sich selbst noch nicht holen kann, oder im „Guck-guck-Spiel" des ein Jahr alten Kindes mit seinen engsten Bezugspersonen. Indem das Kind sich selbst aktiv ein Tuch, eine Zeitung oder ähnliches vor das Gesicht zieht, läßt es zum Beispiel die Mutter magisch verschwinden, wie es dem Kind erscheinen muß. Die Mutter darf allerdings

---

15 Vgl. Piaget (1974, S. 156ff.) über die Entdeckung der Perspektive und ihre Auswirkungen auf die Objektwahrnehmung.

nicht wirklich verschwinden, sonst würde die magische Verknüpfung, die das Kind zwischen seinen Handlungen und der angenommenen Bewegung des Objekts (der Mutter) vornimmt, zerstört. Indem das Kind in solcher Weise die Mutter magisch verschwinden läßt, ist es im Besitz illusionärer Kontrolle über ihr Weg- und Wiederkommen[16].

- Erst im dritten Fall schließlich wird dem Kind, unterstützt durch die affektive Vergewisserung, die allmähliche *Abschwächung* von phantastisch-magischen Ursache-Wirkung-Verknüpfungen zugunsten realitätsgerechter Vorstellungen ermöglicht, weil es sich bei der Handhabung oder beim Zugang zu Gegenständen in doppelter Weise (versagend und befriedigend) als abhängig von den Handlungen zum Beispiel der Mutter erfährt. Gleichwohl bleiben auch hier magische Wirkungsvorstellungen erhalten, zum Beispiel dann, wenn ein Kind Gegenstände, ‚die ihm Schmerz zufügen', durch aggressive Handlungen beseitigen will.

Durch die drei wichtigsten motorischen Entwicklungszäsuren freies Sitzen, Krabbeln sowie Aufrichten und Laufen werden der quantitative Anteil sowie die Erlebnisqualität dieser drei illusionären Selbst-Objekt-Beziehungen jeweils grundlegend verändert.
So wird etwa ein laufendes Kind eher in kompensatorischer Weise die Verknüpfungen der zweiten Konstellation phantasieren, um Frustrationen beim Umgang mit Gegenständen zu begegnen[17]. Erst durch eine unendliche Fülle von illusionären und phantastischen Koordinationen zwischen sensomotorischen Operationen und wahrgenommenen wie manipulierten Objekten bilden sich allmählich affektive Erwartungshaltungen hinsichtlich der Verläßlichkeit von Gegenständen und Zusammenhängen zwischen Körperbewegungen und Gegenstandswelt heraus. Das Spektrum der illusionären und phantastischen Interpretationen wird durch eine Kette von Frustrationserfahrungen einge-

---

16 Vgl. die Analyse des „Guck-guck-Spiels" im Zusammenhang mit PIAGETS Entwicklungsbild kindlichen Spiels; *Teil B*, Abschnitt 3.1.2. Eine andere, gleichsam passive Variante und Vorform dieses „Guck-guck-Spiels", bei der die mit dem Kind spielende Person sich ganz oder teilweise versteckt und dann plötzlich wieder auftaucht, enthält andere Bedeutungen für das Kind (vgl. KLEEMAN, 1967, S. 267).

17 FORNARI (1970) hat auch die „triebhaften – libidinösen und aggressiven – Besetzungen des Laufens" hervorgehoben, die „zu den Voraussetzungen sowohl der Laufbewegungen wie der besonderen Lust, mit der das Kind sie vollzieht", gehören. „Diese Lust hängt zusammen mit Phantasien von der Vereinigung mit befriedigenden oder der Flucht vor frustrierenden Objekten und mit dem Umstand, daß das Laufenlernen das Ende der motorischen Impotenz gegenüber der Welt bezeichnet" (S. 140). Schon von PFEIFER (1919) wurden unter anderem auch die triebdynamischen Aspekte des Laufens in einer Reihe von Spielen herausgearbeitet (besonders S. 265ff.).

engt. Je wirksamer die affektive ‚Rückversicherung', desto größer bleibt der Phantasiespielraum[18].

Es ist wichtig hervorzuheben, daß Gefühle der Verläßlichkeit und Sicherheit in der affektiven Beziehung zur Mutter nicht nur eine notwendige Bedingung für das relativ freie Phantasieren sind, sondern ebenso eine Voraussetzung dafür, daß das Kind trotz der zunächst bedrohlich chaotischen Reize zu einer differenzierten und konzentrierten Objektwahrnehmung und Realitätsprüfung gelangt[19].

Im ersten Fall gelingt es dem Kind, eine zum Teil frustrierende Situation durch Phantasien über ihre Aufhebung befristet zu überwinden; im zweiten Fall wird es fähig, frustrierende Objekterfahrungen auszuhalten, ohne die Objektwahrnehmung regressiv-phantastisch zu verzerren oder gar abzubrechen. Beide Prozesse sind Momente kognitiver Höherentwicklung und ergänzen einander bei der differenzierten und flexiblen Strukturierung von Selbst- und Objektwahrnehmung. Sowohl das wechselhafte Zusammenspiel von sensomotorischen Explorationen und Objekthandhabungen als auch die daraus resultierende Objektwahrnehmung und zunehmende Objektkonstanz, sind abhängig von dem Gefühl der Verläßlichkeit der Mutter, welches das Kind durch die aktive Unterstützung, die die Mutter seinen Erkundungen der äußeren Wirklichkeit entgegengebracht hat, gewinnt. Das gilt nicht nur für Kleinkinder von einem Jahr, sondern auch für ältere Kinder, besonders dann, wenn sie in eine für sie fremde Umgebung kommen.

---

18 Vgl. hier Greenacre (1970): „This flexibly *changing interplay* of sensorimotor responses to the external object must furnish the possibility for *myriad illusions* to occur, before the exploratory experiences have been repeated sufficiently that a central core of reliable expectancy has formed, permitting the perceived object gradually to settle down to a *recognizable entity or identity of its own*. It should also be remembered that *all this* can occur *only* when the infant, relatively helpless by himself, can depend on the mother for essential protective support. It appears that in some situations the infant's perceptions may be determined not only by his varying reactions to the object but by the way in which these are combined with simultaneous reactions to and by the mother, if she is present and in some contact with the infant" (S. 347, Hervorhebungen H. N. B.).

19 Vgl. hierzu noch einmal Winnicott (1969, S. 677). Wie notwendig die Bereitschaft der Mutter ist, die Realitätsprüfung des Kindes zu fördern, was ihre vorherige Anpassungsbereitschaft an die Bedürfnisse des Kindes durchaus voraussetzt, hat unter anderem auch Mahler (1972) herausgearbeitet: „Je mehr sich die Symbiose, die ‚emotionale Bereitschaft' der Mutter, dem Optimalzustand angenähert hatte, je besser der symbiotische Partner dem Kind behilflich war, reibungslos und allmählich dem symbiotischen Umkreis zu ‚entschlüpfen' (‚hatch') – das heißt ohne unangemessene Beanspruchung seiner eigenen Hilfsquellen –, desto besser ist das Kind ausgerüstet, seine Selbstrepräsentanzen aus den bisher miteinander verschmolzenen Repräsentanzen von Selbst-plus-Objekt herauszulösen und zu differenzieren" (S. 24).

Speers u. a. (1971) haben das Spielverhalten von 82 dreijährigen Kindern beim Eintritt in den Kindergarten beobachtet und analysiert. Für die Kinder gab es eine Eingewöhnungsphase, in der die Mutter ganz oder teilweise im Kindergarten anwesend sein konnte. Es wurde beobachtet, daß die meisten Kinder von einer schon erreichten reiferen Ebene der Konstanz libidinöser Objektbesetzung regredierten und, ausgelöst durch die fremde Umgebung und die fremden Personen, sich der Mutter gegenüber verstärkt anklammernd verhielten. Sie brauchten ihre Anwesenheit, um die einmal schon erreichte Vielgestaltigkeit ihrer spielerischen Aktivitäten auch in der neuen Umgebung fortsetzen zu können.

Selbst in Phasen intensiven Spielens mit anderen Kindern oder stark explorativer Beschäftigung mit neuen Spielobjekten kehrten die Kinder vorübergehend zum Arm oder Schoß der Mutter zurück. Sie brauchten dieses zwischenzeitliche „emotionale Auftanken" („refueling" vgl. Mahler/Furer, 1963; Mahler, 1963a, 1963b, 1965 und 1975) bei der Mutter, um mit der Bestätigung ihrer Verläßlichkeit sich erneut der Außenwelt aktiv erkundend, ihre Angebote spielerisch nutzend, zuwenden zu können.

Begünstigt die Liebe der Pflegepersonen (Eltern) die Herstellung stabiler und dauerhafter libidinöser Besetzungen der Objekte und des Selbst, so rufen indessen übermäßige Befriedigungen,

> „genauso wie schwere Frustrationen, regressive Phantasien von Verschmelzung zwischen Selbst und Liebesobjekt hervor. Ein ständiges Zuviel an Befriedigung oder ein Übermaß an Frustration behindern deshalb das Kind bei der Herstellung fester Grenzen zwischen den Objekten und dem Selbst und können von daher die Ich- und Über-Ich-Entwicklung und den normalen Individuationsprozeß stören" (Jacobson, 1973, S. 66–67).

Es wäre sinnvoll, der Frage nachzugehen, welche Störungen der affektiven Entwicklung korrespondieren mögen

a) mit einer einseitigen Dominanz von tendenziell chaotischen Objekterfahrungen,

b) einer einseitigen Dominanz „Spielraum" zerstörender ‚Regelhaftigkeit'.

Das heißt, man kann annehmen, daß Spielstörungen sowohl auf einem (sein Ziel verfehlenden) Zuviel von ‚Regelhaftigkeit' der Pflege beruhen, indem diese ‚Regelhaftigkeit' von der Pflegeperson auch zur Unterdrückung unbequemer Spielimpulse, zum Beispiel nach rigiden Zeit- und Raumvorstellungen, ausgeweitet wird. Zum anderen können Spielstörungen auf einem Zuwenig von ‚Regelhaftigkeit', im Sinne der Erfahrung von Verläßlichkeit, beruhen. Im ersten Fall wird das ‚Urvertrauen' gewissermaßen durch eine Art von ‚Pflegeterrorismus' (unter Umständen eine besonders starke Form von „overprotection") wieder zerstört. Im zweiten Fall kann ‚Urvertrauen' erst gar nicht entstehen.

Auch die Ausbildung konstanter Objekte (siehe dazu *Teil B,* Kapitel 3) ist durch den Mangel an ‚Regelhaftigkeit', die Verläßlichkeit vermittelt, verzögert oder erschwert.
Ein Kind mit wenig positiv erlebten Objektbeziehungen und der Erfahrung ständiger Enttäuschung, was die Zuverlässigkeit der ersten Bezugspersonen und Liebesobjekte betrifft, ist viel weniger fähig, intensiv zu spielen. Das ist eine oft beschriebene und analysierte Tatsache[20].
Müller-Braunschweig (1975) referiert die Untersuchung von Ainsworth, Salter und Wittig (1967), die das Spiel- und Explorationsverhalten von 14 einjährigen Kindern in Anwesenheit und Abwesenheit der Mutter beobachteten. Die Anwesenheit eines Fremden und die fremde Umgebung beeinflußten das Spielverhalten der Kinder wesentlich.

„Der Anstieg des exploratorischen und des Spielverhaltens war am ausgeprägtesten, wenn Mutter und Kind alleine zusammen waren. Wenn ein Fremder den Raum betrat, während die Mutter weiterhin anwesend war, wurde das Kind nicht sehr gestört, doch ging das Ausmaß explorativen Verhaltens signifikant zurück ... Die sicherheitgebende Funktion der Mutter wird deutlich in dem hohen Grad des explorativen Verhaltens und des Spielverhaltens (und dem ausgeprägten Rückgang des Schreiens), wenn die Mutter anwesend war, dagegen nahm das explorative und Spielverhalten stark ab und das Schreien stieg an, wenn das Kind alleine war.
Die Ausbildung kognitiver, motorischer und perzeptiver Fähigkeiten, die eng mit dem explorativen Verhalten und dem Spielverhalten verbunden sind, kann also durch mangelnde Präsenz der Mutter und der damit verbundenen Unsicherheit auf seiten des Kindes beeinträchtigt werden. Die übermäßige Suche nach Nähe auf Kosten des exploratorischen Verhaltens kann in Fällen, in denen dieses Verhalten durch eine entsprechende Einstellung der Mutter ständig verstärkt wird, zu übermäßiger Abhängigkeit und zu einer Einschränkung der epigenetisch angelegten Möglichkeiten des Kindes führen" (Müller-Braunschweig, 1975, S. 132).

---

20 Stevenson (1954) fand in seiner umfassenden Untersuchung zur Verbreitung von Übergangsobjekten, daß Kinder, die nie die Erfahrung einer befriedigenden Objektbeziehung (zum Beispiel zur Mutter) machen konnten (wie zum Beispiel Heimkinder), auch nicht in der Lage waren, sich so etwas wie Übergangsobjekte oder -phänomene zu schaffen. Zu ähnlichen Ergebnissen kamen Provence und Ritvo (1961). Sie fanden, daß die in Institutionen aufgezogenen Kleinkinder selbst dann, wenn die formale Pflege optimal war, im Gegensatz zu Kindern, die in Familien heranwuchsen, unbelebten Objekten wie dem Spielzeug nicht dasselbe forschende und explorierende Interesse entgegenbrachten. Sie hatten auch keinerlei Motivation, nach aus ihrem Blickfeld geratenen Spielsachen zu suchen, kannten also noch nicht die für ihre Altersstufe übliche Objektkonstanz. Auch zeigten sie im Gegensatz zu den Familienkindern keine intensive emotionale Bindung an bestimmte Spielsachen, noch konnte man so etwas wie Übergangsphänomene beobachten (vgl. auch *Teil B*, die Abschnitte 3.1.2 und 3.2.1).

Aber auch eine zu ‚aufdringliche' Präsenz der Mutter, ein einengendes Zuviel an ‚Regelhaftigkeit', kann das spielerisch explorierende Ausschöpfen der durch den „potential space" bereitgestellten Möglichkeiten behindern und die Entwicklung der kognitiven und motorischen Fähigkeiten des Kindes beeinträchtigen.
Beide Verhaltensweisen von seiten der engsten Bezugspersonen bedrohen – wie WINNICOTT hervorgehoben hat – auch den Symbolbildungsprozeß.

„Ein Versagen der Verläßlichkeit oder ein Objektverlust bedeutet für das Kind den Verlust des Spielbereichs und damit den Verlust sinnvoller Symbole. Unter günstigen Umständen füllt sich das schöpferische Spannungsfeld mit den Produkten der schöpferischen Phantasie des Kindes. Unter ungünstigen Verhältnissen ist der schöpferische Gebrauch, den das Kind von den Dingen macht, nicht vorhanden oder dementsprechend unsicher ... Die zweite Gefahr bei frühzeitigem Versagen der Umwelt-Verläßlichkeit besteht darin, daß der schöpferische Spielraum sich mit dem füllen kann, was von anderen hineingetragen wird" (WINNICOTT, 1970, S. 268).

Wie versteht WINNICOTT im einzelnen den Zusammenhang zwischen Übergangsphänomen und Symbolbildung? Er behauptet,

„daß wir beim Anblick der Beschäftigung eines Kindes mit einem Übergangs-Objekt, diesem ersten nicht zum Selbst gehörenden Besitz, Zeuge von zwei Vorgängen sind: vom ersten Umgang des Kindes mit einem Symbol und von seiner ersten Spielerfahrung. ... Tatsächlich ist ja dieser Gegenstand Symbol für das Einswerden des Kindes mit der Mutter (oder einem Teil der Mutter). Dieses Symbol kann lokalisiert werden. Es entsteht an jenem räumlich wie zeitlich verstandenen Punkt, an welchem das (vom Kind so erlebte) völlige Verschmolzensein von Mutter und Kind in einen Zustand übergeht, da die Mutter vom Kind als Objekt erlebt und mehr wahrgenommen als aufgenommen wird. Die Verwendung eines Objekts symbolisiert die Vereinigung der beiden nunmehr voneinander getrennten Individuen, Mutter und Kind, *zum Zeitpunkt des Beginns ihrer Trennung*" (WINNICOTT, 1970, S. 262).

Es erscheint mir problematisch, die von WINNICOTT beschriebenen Übergangsobjekte/-phänomene generell als Symbole im psychoanalytischen Sinn zu verstehen. Zwar finden wir die für das Symbol typische Affektverschiebung (siehe oben) vom ursprünglichen Objekt auf ein anderes; hier in diesem Fall meint der intensive Affekt des Kindes, der sich auf das Übergangsobjekt richtet, ja eigentlich die abwesende Mutter. Es handelt sich hier vielmehr um wichtige *Vorstufen* für die spätere Symbolbildung im engeren Sinne. BERES (1970) meint, daß die von WINNICOTT beschriebenen Phänomene einen „Übergang von einem Ersatzobjekt zu einem Symbol" darstellen. „Was als Ersatz für die Brust beginnt, wird mit der Zeit zu einer Repräsentanz der Brust" (S. 927). „Das Ersatzobjekt kann anstelle des ursprünglichen Objekts dienen; das symbolische Objekt kann die Illusion geben, daß das ursprüngliche Objekt nicht verloren ist" (S. 931). Insofern ist das Übergangsobjekt auch ein Übergang zwischen Ersatzobjekt und symbolischem Objekt.

Indem das Übergangsobjekt für einige Zeit die Präsenz der abwesenden Mutter garantieren hilft, fördert es die Bildung einer inneren psychischen Repräsentanz. Auch das, die Fähigkeit, sich die Repräsentanz abwesender Objekte vorzustellen, ist eine wichtige *Vorbedingung* der Symbolbildung.
WINNICOTT betont zugleich, daß bei zu langer Abwesenheit der Mutter gerade beim kleinen Kind die Imago von der Mutter in der psychischen Realität des Kindes verblaßt und damit auch die Fähigkeit schwindet, „sich des Symbols (im präsentativen Sinn; H. N. B. siehe oben) der Vereinigung zu bedienen" (WINNICOTT, 1970, S. 262).
In dem früheren Aufsatz über „Übergangsobjekte und Übergangsphänomene" (1969) bezeichnet WINNICOTT diese nicht eindeutig als Symbole, sondern hebt, wie auch später (1970), hier aber noch deutlicher hervor, daß sie mehr eine notwendige *Vorstufe* für spätere Symbolbildungsprozesse sind.

„Symbolische Verwendung findet ein Objekt erst dann, wenn das Kind zwischen Phantasien und Fakten, zwischen inneren und äußeren Objekten, zwischen erster schöpferischer Tätigkeit und Wahrnehmungen deutlich unterscheiden kann. Das Übergangsobjekt aber läßt nach meiner Definition gerade für jenen Prozeß Raum, durch den das Kind erst fähig wird, Unterschied und Ähnlichkeit zu akzeptieren. Ich glaube, daß wir einen Begriff für die Wurzeln der Symbolbildung im zeitlichen Ablauf brauchen, einen Begriff, der die Entwicklung des Kindes vom rein Subjektiven zur Objektivität beschreibt; und das Übergangsobjekt (der Zipfel der Decke usw.) scheint mir eben das zu sein, was wir von diesem mit zunehmender Erfahrung fortschreitenden Entwicklungsprozeß zu sehen bekommen" (1969, S. 672).

Mir scheint, daß man die Übergangsobjekte/-phänomene nicht als ‚Symbole' bezeichnen sollte, sie sind auch nicht als ihre direkte Vorform im Sinn von Protosymbolen zu verstehen, da ihnen, wie auch WINNICOTT hervorgehoben hat (1969, S. 672), im Laufe der kindlichen Entwicklung fast immer die libidinöse Besetzung entzogen wird, während die Symbole im engeren psychoanalytischen Sinn eine starke affektive Besetzung immer behalten. Wenn sie dennoch hier ausführlich beschrieben wurden, so deshalb, weil die Erfahrungen, die das Kind mit den Übergangsobjekten macht, konstitutiv für seine spätere Fähigkeit zur Symbolbildung im engeren wie weiteren Sinn sind. Darauf sollte auch die Analyse des „potential space" hinweisen.

3.1.2 Die präödipale Beziehung zur Mutter als Spielimpuls

Wie die Übergangsobjekte eine verläßliche Mutter-Kind-Beziehung zur Voraussetzung und Bedingung haben, so dient eines der frühesten Spiele in der zweiten Hälfte des ersten Lebensjahres – das „Guck-guck-Spiel" – der ständigen Versicherung: „die Mutter kommt immer wieder". Dieses frühe Spiel entwickelt sich im selben Zeitraum wie die Übergangsobjekte. KLEEMAN (1967, S. 267) nennt es sogar ein „Übergangs-Spiel", weil es wie die Übergangsphänomene die libidinöse Objektbeziehung vorbereiten und stützen helfe. Der Säugling kann – wie auch S. FREUD beschrieb –

„das zeitweilige Vermissen und den dauernden Verlust noch nicht unterscheiden; wenn er die Mutter das eine Mal nicht zu Gesicht bekommen hat, benimmt er sich so, als ob er sie nie wieder sehen sollte, und es bedarf wiederholter tröstlicher Erfahrungen, bis er gelernt hat, daß auf ein solches Verschwinden der Mutter ihr Wiedererscheinen zu folgen pflegt" (Hemmung, Symptom und Angst, 1926, GW XIV, S. 203).

Diese so wichtige tröstliche Erfahrung vermittelt die Mutter dem Kind unter anderem mit dem von ihr initiierten „Guck-guck-Spiel", in dem sie sich vor den Augen des Kindes – möglichst nur partiell – versteckt und sich ihm nach kurzer Zeit wieder mit freudiger Begrüßung zeigt. Die Mutter darf nicht zu lange versteckt bleiben, weil das Kind kognitiv noch nicht in der Lage ist, die Situation ohne Angst zu begreifen.

„Die Situation, in der er die Mutter vermißt, ist infolge seines Mißverständnisses für ihn keine Gefahrsituation, sondern eine traumatische, oder richtiger, sie ist eine traumatische, wenn er in diesem Moment ein Bedürfnis verspürt, das die Mutter befriedigen soll; sie wandelt sich zur Gefahrsituation, wenn das Bedürfnis nicht aktuell ist. Die erste Angstbedingung, die das Ich selbst einführt, ist also die des Wahrnehmungsverlustes, die der des Objektverlustes gleichgestellt wird. Ein Liebesverlust kommt noch nicht in Betracht. Später lehrt die Erfahrung, daß das Objekt vorhanden bleibt, aber auf das Kind böse geworden sein kann, und nun wird der Verlust der Liebe von seiten des Objektes zur neuen, weit beständigeren Gefahr und Angstbedingung" (FREUD, GW XIV, S. 203).

Die mögliche Gefahr der ‚Vergeltung', die das Kind für sein ‚Böse-sein' befürchtet, kann ebenfalls nur durch die prompte Wiederkehr der Mutter im Spiel überwunden werden. Daß die Mutter auch außerhalb von solchen Spielsituationen verläßlich und nicht allzu versagend, also ‚hinlänglich gut' sein muß, bedarf nach den Ausführungen über das Übergangsobjekt keiner weiteren Erklärung.

Das aktive „Guck-guck-Spiel", in dem das Kind selbst die Mutter verschwinden und wiederkommen läßt und das um den siebenten/achten Monat zu beobachten ist, fällt in die zweite Hälfte der von MAHLER (1975) sogenannten „Differenzierungsphase", in der das Baby sich aus dem Stadium der „Zwei-Einheit" zu lösen beginnt und Freude daran empfindet, „sich in einem körperlichen Sinne aus (seinem) bis dahin völlig passiven Schoßkinddasein zu lösen" (MAHLER, 1975, S. 615), sich den Umarmungen der Mutter zu entziehen und, sobald es motorisch dazu in der Lage ist, sich von ihr durch Krabbeln zu entfernen. Zugleich beginnt es

„ein vergleichendes Abtasten (‚scanning'), ein ‚checking back', das heißt ein Nachprüfen bei der Mutter. Es interessiert sich für die ‚Mutter' und scheint sie mit ‚anderen' zu vergleichen – das Vertraute mit dem Unvertrauten. Es scheint gewissermaßen gründlicher gewahr zu werden, was die Mutter *ist,* was sich wie die Mutter anfühlt, schmeckt, riecht, aussieht und ihren ‚Klang' hat" (MAHLER, 1975, S. 615).

Im aktiven „Guck-guck-Spiel" kann das Kind nun die selbst kontrollierte Wiederkehr des Vertrauten (der Mutter) genießen. Es kann sich stets erneut vergewissern, daß das immer wieder auftauchende Gesicht kein fremdes, sondern ein vertrautes ist.
Es ist aufgrund kognitiver Reifungsprozesse nicht zufällig, daß in derselben Zeit, in der dieses Spiel an Beliebtheit gewinnt, auch die sogenannte Acht-Monats- beziehungsweise Fremdenangst[21] auftritt.

„Bei Kindern, deren symbiotische Phase optimal verlaufen ist und bei denen ‚vertrauensvolle Erwartung' überwog, sind Neugier und Staunen – erkennbar am Nachprüfschema – die vorherrschenden Elemente, wenn sie Fremden begegnen" (MAHLER, 1975, S. 615).

Diese Kinder können sich bei der Begegnung mit Fremden ähnlich verhalten wie beim „Guck-guck-Spiel". Sie verbergen ihren Kopf an der Schulter der ihnen vertrauten Person und lugen zur fremden Person erst prüfend, dann zunehmend lächelnd. Sie beginnen auch mit dem Weg- und Wiederkommen der fremden Person zu spielen und gewinnen so das Gefühl, daß sie die Ab- oder Anwesenheit des Fremden kontrollieren können.
Das „Guck-guck-Spiel" kann also der Bewältigung von Trennungsängsten dienen. Dabei finden wir den vielen Spielen zugrunde liegenden Mechanismus, daß unangenehme, passiv erduldete Erfahrungen (zum Beispiel „die Mutter geht weg") in angenehme dadurch verkehrt werden, daß das Kind die Situation aktiv gestaltet, das Fort- und Wiederkommen also selbst – wenn auch nur illusionär – kontrolliert.
In den von der Mutter initiierten „Guck-guck-Spielen", in denen das Kind passiv ihr Weg- und Wiederkommen betrachtet, dosiert noch die Mutter die Frustration und hilft damit die Frustrationstoleranz des Kindes auszuweiten, was wiederum den Trennungs- und Individuationsprozeß (MAHLER) und damit die Ich-Bildung fördert. Bei diesen noch passiven Versteckspielen werden Explorationsschemata zur kognitiven Funktion des Vergleichens von Unbekanntem mit Vertrautem weiterentwickelt (vgl. MAHLER, 1975, S. 615). Das aktive „Guck-guck-Spiel" hat allerdings in ausgeprägterer Form als die passive Va-

---

21 Vgl. *Teil B,* Abschnitt 3.2.3.

riante des Spiels bestimmte Ich-Leistungen zur Voraussetzung (vgl. KLEEMAN, 1967). So müssen die Fähigkeiten: Erinnerung, visuelle und auditive Wahrnehmung, Antizipation, gezielte Kontrolle der Motilität und Hand-Auge-Koordination ausgebildet sein. Um gezielt suchen zu können, muß das Kind auch schon die Vorstellung erworben haben, daß Objekten (Gegenständen und Personen) – auch dann, wenn sie aktuell nicht sichtbar und manipulierbar sind – Konstanz und Dauer zukommt[22]. Das Kind zeigt mit diesem frühen Spiel, daß es gewisse Problemlösungsmöglichkeiten beherrscht, räumliche Distanz und Nähe einschätzen und kausale Zusammenhänge verstehen kann.
Durch diese Vielzahl von Ich-Leistungen kann das „Guck-guck-Spiel" außerdem in vielerlei Weise der Realitätsprüfung dienen. Es unterstützt besonders die Fähigkeit, zwischen Selbst und Nicht-Selbst, Selbst und anderen lebenden Personen zu unterscheiden, stabilisiert dadurch das Körperbild und differenziert die Ich-Struktur.
Wenn die Realitätsprüfung beim Kind schließlich so weit entwickelt ist, daß es gelernt hat, daß auch unabhängig von seiner Wahrnehmung die Personen und Gegenstände fortexistieren, und wenn es sich auch in Abwesenheit geliebter Personen fest an diese gebunden fühlt und sich ihrer sicher sein kann, dann verliert auch das „Guck-guck-Spiel" an Bedeutung.
Die Angst, von der Mutter getrennt oder verlassen zu werden, sie zu verlieren, wird aber auch in Versteckspielen älterer Kinder thematisiert. Formal komplexer, variieren sie doch denselben psychodynamischen Konflikt: verloren sein und gefunden werden, weggehen und sicher wiederkehren. Diese Versteckspiele variieren stets ein bestimmtes Grundmuster.
Ein Spieler schließt seine Augen, während er an einer Mauer, einem Zaun oder Baum lehnt. Dieser Platz ist der ‚Anschlag'[23] oder das ‚Haus'[24]. Während dieser Spieler einen bestimmten Spruch aufsagt, ist den anderen Mitspielern die Zeit zum Verstecken geblieben. Mit dem Ruf: „Eins, zwei, drei, ich komme" macht sich der erste Spieler auf die Suche. Entdeckt der Sucher einen Versteckten, läuft er zum Anschlagplatz und ruft: „Anschlag für (Namen des Betreffenden)". Die Versteckten können aber auch versuchen, diesem ‚Anschlag' zuvorzukommen und sich selbst mit dem Ruf: „Erlöst" freizuschlagen.
Es besteht auch die Möglichkeit, daß ein Kind aus dem Versteck von selbst herauseilt und sich freischlägt, entweder um dem Finden zuvorzukommen oder

22 Vgl. *Teil B*, Abschnitt 3.1.2.

23 Vgl. die ausführlich beschriebenen Spielvarianten bei PEESCH, 1957, S. 40ff.

24 PFEIFER (1919) hat durch seine Analyse des Spiels „Fuchs im Loch" und verwandter Spiele so wie durch Vergleiche mit Mythen den ‚Anschlag'-Platz, der auch häufig als ‚Haus' erscheint, als Symbol für die Mutter interpretiert (S. 251ff., 269).

dann, wenn die Suche nach ihm zu lange dauert, so besonders bei sehr kleinen Kindern[25].

Phillips (1967) sieht in diesen Versteckspielen die Möglichkeit für das Kind, die Angst zu verarbeiten, von der Mutter oder den Eltern verloren und nicht gefunden zu werden. Er verweist auf eine Variante des Spiels, die die Beziehung zur Mutter, zu der im Spiel alle versteckten Kinder schließlich zurückkehren, deutlicher hervortreten läßt:

In Äthiopien ist ein Versteckspiel, genannt „cook-a-loo", verbreitet. Ein Kind spielt die ‚Madonna', ein anderes Kind muß den Kopf in ihrem Schoß verbergen, während die anderen Kinder sich verstecken. Dann fragt es die ‚Madonna': „cook-a-loo?", und diese antwortet: „Nein, es ist noch nicht Abend". Das Kind fragt mehrmals, und die ‚Madonna' antwortet so lange: „Nein", bis alle anderen Kinder sich versteckt haben. Dann sagt sie: „Ja, jetzt ist es Abend", und das Einzelkind geht die anderen suchen. Die Kinder versuchen, wenn sie entdeckt werden, so schnell wie möglich zur ‚Madonna' zurückzueilen. Das Kind, das zuerst gefangen wird, muß beim nächsten Mal suchen[26].

Phillips meint, daß in dem suchenden Kind die suchende Mutter oder der suchende Vater zu sehen sei; die Elternfigur vermißt ihre Kinder und will sie nicht verlorengehen lassen. Das Wichtigste und für das mitspielende Kind Verlockende und Beruhigende ist, daß die im Spiel geweckte Angst nicht unaufgelöst bleibt. Das Spiel kennt eigentlich kein Risiko. Denn die Angst, nicht gefunden zu werden, kann das Kind dadurch überwinden, daß es selbst ‚nach Hause' läuft, sich am ‚Anschlagplatz/Haus' oder bei der ‚Madonna' erlöst[27]. Das scheinbare Risiko, zu verlieren, das heißt gefangen zu werden und dann selbst den Suchenden (Elternteil) zu spielen, ist nicht im selben Sinn eine Bedrohung für das Kind wie die Gefahr, nicht gefunden zu werden (man denke an die Angst kleiner Kinder, sich zu verlaufen).

---

25 „Symbolically, in ‚hide-and-seek' a child is lost; that is, his location is unknown to ‚It', who in this case is a surrogate for the searching parent. In the game there is no intention that a child should remain undiscovered. Instead, he should be *almost* undiscovered and then found, or at times should be passed by, whereupon he runs ‚homefree', or unpunished. The penalty prescribed for the first child of the hidden group to be found or ‚caught' is that he himself becomes ‚It' – the anxious, searching, angry exasperated parent" (Phillips, 1967, S. 68).

26 Vgl. Phillips, 1967, S. 70, Anmerkung 11.

27 „Perhaps the most ingenious part of ‚hide-and-seek' is that it cannot fail. It cannot leave unresolved anxiety created within the game. The ability of the hidden or lost child to run ‚homefree' provides this assurance. The lost child will *always* reach ‚home'. If he is not found, he can, in terms of the game, find himself" (Phillips, 1967, S. 68).

Übergangsphänomene und „Guck-guck-Spiele" reflektieren in gewisser Weise die Beziehung des Kleinkindes zur ‚präödipalen' Mutter (vgl. PELLER, 1968, S. 206) und dienen in verschiedener Weise der Abwehr der Angst, die Mutter könnte das Kind verlassen. Das vom Kind passiv erduldete Kommen und Gehen der Mutter wird im Versteckspiel variiert und umgekehrt. Das Kind selbst versucht, indem es sich selbst versteckt und vorübergehend der Mutter entzieht, zu demonstrieren: „Ich kann dich allein lassen, wie du mich allein gelassen hast" (PELLER, 1968, S. 207). Allerdings bedarf es auch hier einer ständigen emotionalen Rückversicherung durch die Mutter.

KLEEMAN (1967) hat aufgezeigt, daß auch das wiederholte Wegwerfen von Spielzeug, oder in deutlicherer Form, das Weg-da-Spiel in einem bestimmten Alter, gegen Ende des ersten Lebensjahres, ebenfalls in diesen Zusammenhang gehört und die Ängste und Phantasien des Kindes über den möglichen Verlust der Mutter spiegelt. PELLER (1968) sieht diesen Spielen die Phantasie zugrunde liegen, die man mit der Formel „Wie du mir, so ich dir" (S. 207) zusammenfassen könnte.

Ähnlich hat S. FREUD in seiner vielzitierten Schilderung das Spule-Spiel gedeutet.

„Das Wegwerfen des Gegenstandes, so daß er fort ist, könnte die Befriedigung eines im Leben unterdrückten Racheimpulses gegen die Mutter sein, weil sie vom Kinde fortgegangen ist, und dann die trotzige Bedeutung haben: Ja geh' nur fort, ich brauch' dich nicht, ich schick' dich selber weg" (Jenseits des Lustprinzips, 1920, GW XIII, S. 14).

S. FREUD schildert das Spielverhalten eines eineinhalb Jahre alten Jungen, dessen emotionales Verhältnis zu seinen Eltern als gut beschrieben wird. Obwohl die Mutter das Kind gelegentlich für einige Stunden allein ließ, weinte es nie.

„Dieses brave Kind zeigte nun die gelegentlich störende Gewohnheit, alle kleinen Gegenstände, deren es habhaft wurde, weit weg von sich in eine Zimmerecke, unter ein Bett usw. zu schleudern, so daß das Zusammensuchen seines Spielzeugs oft keine leichte Arbeit war. Dabei brachte es mit dem Ausdruck von Interesse und Befriedigung ein lautes, langgezogenes o-o-o-o hervor, das nach dem übereinstimmenden Urteil der Mutter und des Beobachters keine Interjektion war, sondern ‚Fort' bedeutete. Ich merkte endlich, daß das ein Spiel sei, und daß das Kind alle seine Spielsachen nur dazu benützte, mit ihnen ‚fortsein' zu spielen. Eines Tages machte ich dann die Beobachtung, die meine Auffassung bestätigte. Das Kind hatte eine Holzspule, die mit einem Bindfaden umwickelt war. Es fiel ihm nie ein, sie zum Beispiel am Boden hinter sich herzuziehen, also Wagen mit ihr zu spielen, sondern es warf die am Faden gehaltene Spule mit großem Geschick über den Rand seines verhängten Bettchens, so daß sie darin verschwand, sagte dazu sein bedeutungsvolles o-o-o-o und zog dann die Spule am Faden wieder aus dem Bett heraus, begrüßte aber deren Erscheinen jetzt mit einem freudigen ‚Da'. Das war also das komplette Spiel, Verschwinden und Wiederkommen, wovon man zumeist nur den ersten Akt zu sehen bekam, und dieser wurde für sich allein unermüdlich als Spiel wiederholt, obwohl die größere Lust unzweifelhaft dem zweiten Akt anhing" (GW XIII, S. 12).

Freud nimmt an, daß das Kind den von ihm geforderten und geleisteten Triebverzicht (sich von der Mutter zu trennen) damit beantwortete, daß es nun aktiv mit seinen Spielgegenständen das Verschwinden und Wiederkommen der Mutter in Szene setzte. Während das Kind in der Realität passiv das Fortgehen der Mutter erduldete, bringt es sich im Spiel in eine aktive Rolle und verwandelt das unlustvolle Erlebnis (die Angst vor Objektverlust) in ein lustvolles, indem es selbst die Mutter – wenn auch nur symbolisch und illusionär – herbeiholt. Wenn Freud in dem Wegwerfen der Gegenstände Racheimpulse gegen die Mutter, die das Kind verlassen hat, vermutet, so sieht M. Klein (1932) in dem gezielten Wiedererscheinenlassen der Spule durch das Kind, das für die gewünschte Wiederkehr der Mutter steht, „auch die magische *Wiederherstellung* der im ersten Teil des Spieles *zerstörten* (weggeworfenen = getöteten) *Mutter*" (S. 187).

Sie (1932) sieht im Kinderspiel nicht nur die Möglichkeit der Bewältigung der unlustvollen Realität (Freuds Beispiel vom Fortgehen der Mutter), sondern eng verknüpft damit die Möglichkeit, Triebangst und innere Gefahren (zum Beispiel Phantasien um die gefürchtete Vergeltung für aggressive Neigungen[28] gegen die Mutter, weil diese zeitweilig versagend ist) durch Projektion in die Außenwelt zu bewältigen.

„Die Verlegung von Angst, die aus intrapsychischen Ursachen entstanden ist, in die Außenwelt (diese Verlegung geht mit der Abdrängung des Destruktionstriebes nach außen einher) erhöht auch die Bedeutung des Objektes, denn am *Objekt* (respektive an dessen Ersatz) werden die *destruktiven* Triebregungen, zugleich aber auch die positiven und *reaktiven Tendenzen bestätigt.* Das Objekt wird so zur Gefahrenquelle, aber insoweit es sich als gütig erweist, wird es auch zum Rückhalt gegen Angst" (M. Klein, 1932, S. 187).

So kann die Spule insofern als ein ‚gütiges Objekt' (symbolisch stellvertretend für die gütige Mutter) fungieren, weil sie dem Zerstörungstrieb des Kindes (seinem Wegwerfen) standhält und nicht wirklich zerstört wird. Indem die

---

28 Zum besseren Verständnis der aggressiven und ambivalenten Strebungen des Kleinkindes in der zweiten Hälfte des ersten Lebensjahres sei hier an die Charakterisierung der oralsadistischen Stufe durch Abraham ([1924] 1969) erinnert: „Auf der Stufe der beißenden Mundtätigkeit wird das Objekt einverleibt und erleidet dabei das Schicksal der Vernichtung. Man braucht nur einem Kinde zuzusehen, um sich von der Intensität der Beißimpulse zu überzeugen, in welchen Nahrungstrieb und Libido noch zusammenwirken. Es ist das Stadium der kannibalistischen Antriebe. Folgt das Kind den Reizen des Objektes, so gerät es zugleich in die Gefahr, ja in die Notwendigkeit, das Objekt zu vernichten. Damit beginnt die *Ambivalenz* das Verhältnis des Ich zum Objekt zu beherrschen. Die *sekundäre, oral-sadistische Stufe* bedeutet also in der Libidoentwicklung des Kindes den *Anfang* des Ambivalenzkonfliktes, während wir die primäre (Saug-)Stufe als *vorambivalent* bezeichnen müssen" (S. 141).

Spule vom Kind wieder unversehrt herangezogen werden kann, wird die Angst des Kindes, es könne sie durch Wegwerfen zerstört haben (oder die Mutter durch seine Racheimpulse für immer haben verschwinden lassen), abgewehrt und widerlegt.

Man kann annehmen, daß der kleine Junge in FREUDS Beispiel wahrscheinlich nicht dazu in der Lage gewesen wäre, das Weg- und Wiederkommen der Mutter mit der Spule symbolisch (das heißt präsentativ symbolisch) zu inszenieren, wenn er nicht – trotz des zeitweiligen Weggehens der Mutter – die Erfahrung ihrer Beständigkeit gemacht hätte. Vor allem durch diese Erfahrung hatte das Kind auch zu der Vorstellung der Konstanz und Beständigkeit externer Objekte gelangen und begreifen können, daß diese auch unabhängig von seiner eigenen Wahrnehmung existieren. Diese Erfahrung ist eine weitere kognitive Voraussetzung dafür, im Spiel die weggeworfene Spule auch wieder heranziehen zu können und nicht zu glauben, sie sei für immer verschwunden. Wie SCHACHTEL (1955/56) in seiner Arbeit über die Entwicklung gegenständlicher Aufmerksamkeit zusammenfaßte, liegen dem Spiel mit der Spule eine Reihe kognitiver Prozesse zugrunde:

„So ergeben sich vielfältige Beziehungen zwischen den folgenden Erfahrungen: A. Der Entdeckung der Beständigkeit der Objekte. B. Dem Vermögen, ein Objekt wiederherzuholen – die Mutter durch Weinen, oder die Spule durch Ziehen an dem Faden. C. Der Fähigkeit, ein Objekt wiederzuerlangen, indem man ihm nachfolgt und es in der Realität findet. D. Dem Vertrauen darauf, daß ein Objekt weiterhin besteht und auch wieder erreichbar ist, selbst wenn man es im Augenblick nicht herrufen, herziehen oder aufsuchen kann. E. Der Fähigkeit, ein Objekt in *Gedanken* festzuhalten – d.h. gegenständliche Aufmerksamkeit auf die Vorstellung eines Objektes zu richten, selbst wenn dieses Objekt nicht unmittelbar zuhanden ist zur Befriedigung der Bedürfnisse, zur Manipulation, Wahrnehmung und Erforschung“ (1955/56, S. 216).

Sowohl in den „Guck-guck-Spielen“ als auch in den „Weg-da-Spielen“ stellt das Kind die Beständigkeit der Objekte auf die Probe. Es sucht im Spiel durch ständig wiederholtes Experimentieren mit verschwindenden und wiedererscheinenden Objekten seine Orientierung in der Wirklichkeit zu finden, wobei ihm die Verläßlichkeit der Mutter hilft.

3.1.3 Frühe Spiele und Körpererfahrung

Wir hatten wiederholt den Stellenwert der frühesten Erfahrungen mit der Objekthandhabung (seien es Personen oder Gegenstände) für die ersten spielerischen Aktivitäten des Kindes hervorgehoben. Die um die Beziehung zur Mutter und zum eigenen Körper kreisenden Phantasien werden zunehmend auf die Beziehung zu anderen Objekten ausgeweitet.

Im Prozeß des spielerischen Er- und Begreifens der Objektwelt kommt dem Erwerb der Augen-Hand-Mund-Koordination um den dritten Monat eine zentrale Rolle zu[29].

„Die motorischen Initiativen der Hand zeigen schon früh die Tendenz, aus der Situation absoluter Passivität gegenüber dem oralen Objekt herauszukommen. Die autoerotische Betätigung und das zum-Mund-Führen der Gegenstände, Früchte der beginnenden motorischen Koordination, sind eine bedeutsame Erwerbung auf dem Weg zur aktiven Besitzergreifung der Objekte" (FORNARI, 1970, S. 139).

Denkt man an die Befriedigungssituation, die das Daumenlutschen schafft, und an die tröstende Funktion der Übergangsobjekte, so kann die Hand unter anderem auch als ein bevorzugtes Mittel zur Vergegenwärtigung der befriedigenden, Nahrung spendenden Mutter angesehen werden. Aufgrund dieser Bedeutung wird die Hand um den dritten beziehungsweise vierten Monat zu dem interessantesten Körperteil, den das Kind vor sich spielerisch hin und her bewegt und fasziniert – als handele es sich um ein äußeres, stets neues Objekt – betrachtet. Das begeisterte Betrachten und spielerische Bewegen der Hand ist begleitet von einer Vielzahl von Lauten unterschiedlicher Intonation. Es scheint nicht nur ‚Funktionslust' zu demonstrieren, sondern man hat eher den Eindruck, daß das Kind sich in einem intensiven ‚Dialog' mit durch die Hand dargestellten libidinösen Objekten befindet.
FORNARI (1970) hat mit seiner Analyse der frühesten kindlichen Phantasien und ihrer ‚Schicksale' überzeugend nachgewiesen,

„daß das Studium des Lernens von Fertigkeiten in der Manipulation der Objekte bzw. der Einübung der motorischen, sensorischen und intellektuellen Funktionen des Kindes nicht von deren phantastischer Belebung und der Notwendigkeit der Beherrschung der Grundängste absehen kann" (S. 128).

Er folgt hierin M. KLEIN (1932)[30], für die das kindliche Spiel, „das die Brücke zwischen Phantasie und Realität herstellt, dem Bestreben dient, Angst vor äußeren und inneren Gefahren zu bewältigen" (S. 191 f.).

---

29 Vgl. besonders die Arbeiten von HOFFER, 1950a, 1950b, 1964; siehe auch unten *Teil B*, Abschnitt 2.3.

30 Zur Frage der Projektion von inneren Ängsten auf Spielobjekte und deren Bewältigung siehe besonders die Arbeit M. KLEINS: „Die Bedeutung früher Angstsituationen für die Ichentwicklung", in: 1932, S. 185–203.
In einer Diskussion zu der Frage des wechselseitigen Einflusses von Es und Ich in der frühkindlichen Entwicklung (1952) hat sie ihre Theorie der frühkindlichen Phantasien folgendermaßen beschrieben: „The specific system of fantasies centering on the infant's internal world is of supreme importance for the development of the ego. The internalized objects are felt by the young infant to have a life of their own, harmoniz-

M. KLEIN hat zugleich aber hervorgehoben, daß die Angstbewältigung im Spiel nie vollständig gelingen kann, sondern eine gewisse Angst immer latent wirksam bleibt, die als ständiger Spielantrieb wirkt. Das Spiel kann aber dann vom Kind nicht fortgesetzt werden, wenn die Angst vollkommen durchbricht und manifest wird. Bei der Bewältigung von Angst hilft sich das Kind durch den Mechanismus der Projektion, der es ihm erlaubt, innere Gefahren wie äußere zu behandeln[31].

„Reale Gefahren können auch aus dem Grunde besser bewältigt werden, weil man ihr Wesen deutlicher erkennen und den Erfolg der gegen sie angewendeten Maßnahmen überprüfen kann. Aus diesem Bedürfnis nach Realitätsprüfungen ergeben sich starke Antriebe für die Entwicklung des Wißtriebes und aller Aktivitäten. Die Aktivitäten, die der Abwehr von Gefahren, dem Beweis gegen Angstinhalte, der Wiedergutmachung am Objekt dienen, stehen ebenso wie die frühen Äußerungen des Spieltriebs im Dienste der Aufgabe, mit der Realangst zugleich auch die Angst vor inneren Gefahren zu bewältigen" (M. KLEIN, 1932, S. 188).

Mit der zunehmenden Fähigkeit, mit realen Objekten umzugehen, sie zu handhaben, steigt gleichzeitig die Möglichkeit des Kindes, mit Hilfe seiner Objektbeziehungen in der Realität auch seine inneren Ängste zu bewältigen und sie der Realitätsprüfung zu unterwerfen.
ERIKSONS Konzept der Organ-Modi (1937, [1950] 1966) – das heißt der durch die Organe vermittelten Modi der Aneignung innerer und äußerer Realität –

---

ing or conflicting with each other and with the ego, according to the infant's emotions and experiences. When the infant feels he contains good objects, he experiences trust, confidence and security. When he feels he contains bad objects he experiences persecution and suspicion. *The infant's good and bad relation to internal objects develops concurrently with that to external objects and perpetually influences its course*. On the other hand, the relation to internal objects is from the outset influenced by the frustrations and gratifications which form part of the infant's everyday life. *There is thus a constant interaction between the internal object world, which reflects in a fantastic way the impressions gained from without, and the external world* which is decisively influenced by projection" (S. 53, Hervorhebungen H. N. B.).

31 *Projektion* und *Introjektion* sieht M. KLEIN in folgender Wechselwirkung: „Wenn die Introjektion der – zunächst allerdings nur in vagen Umrissen durch die Organe repräsentierten – Objekte begonnen hat, so setzt ... die *Angst* vor den *introjizierten Objekten* die Mechanismen der *Ausstoßung* und *Projektion* in Gang. Es kommt nun zu einer *Wechselwirkung* zwischen *Projektion* und *Introjektion*, die sowohl für die *Über-Ich-Bildung* wie auch für die Entwicklung der *Objektbeziehung* und *Realitätsanpassung* von grundlegender Bedeutung ist. Der fortgesetzte, stetige Antrieb zur Projektion der angsterregenden Identifizierungen auf das Objekt wirkt sich allem Anschein nach in dem verstärkten Antrieb zu immer wieder erneuter Introjektion des Objekts aus und wird so ein bestimmender Faktor auch für die Entwicklung der Objektbeziehung" (1932, S. 153; vgl. auch S. FREUD, „Triebe und Triebschicksale", 1915, GW X, S. 228).

kann ebenfalls dabei helfen, die den frühesten Spielaktivitäten zugrundeliegenden Phantasien und Ängste zu verstehen, wenn man sich vergegenwärtigt, daß in jeder psychosexuellen Phase ein bestimmter Erfahrungsmodus dominiert, der sich auf alle Aktivitäten und die ihnen zugrundeliegenden Kognitionsakte auswirkt (vgl. TEIL B, Abschnitt 2.4).

Die Organ-Modi „werden an ihren körperlichen Zonen entwickelt und während der (sich überlagernden) Phasen der Prägenitalität generalisiert, welche im Großen durch die folgenden Tendenzen charakterisiert sind: *Einverleibung* (oral-respiratorisch), sensorisch, retentiv-eliminative *Diskriminierung* (muskulär, anal-urethral) und *Eindringen* (motorisch, phallisch-urethral). Im Verlauf phylogenetischer und ontogenetischer Entwicklung sind diese Organ-Modi ihren Ursprungszonen entfremdet worden und suchen neue Manifestierungen: der Organismus bietet ihnen eine begrenzte Verschiebungswelt von nicht gefährlichen Symptomen und Gewohnheiten an; die Realität läßt sich gewisse Projektionssysteme gefallen; die Gesellschaft erlaubt gewissen Charakterzügen den Ausdruck in Aktion. Die Welt des Spiels, neben und zwischen all diesem, gibt Gelegenheit, mit prägenitalen Organ-Modi in außerkörperlichen Konfigurationen zu experimentieren: physiologisch ungefährdet, sozial in erlaubten Grenzen, in der Realität erfolgreich und psychologisch mit Genuß" (ERIKSON, 1937, S. 490f.).

Der Fortschritt des Säuglings von der oral-saugenden und einverleibenden Stufe zur oral-beißenden Stufe bringt auch eine Veränderung der Phantasien mit sich, die mit dem spielerisch experimentierenden Hantieren mit Objekten verknüpft sind[32].

Am Ende des ersten Lebensjahres wird das Kind mit Erleichterung feststellen,

„daß sein Be-greifen mit den Händen (nachdem es die Welt so lange im Munde getragen hat) zwar ein weniger tiefes und weniger inniges Begreifen ist, aber sich ein stabileres und vor allem besser kontrollierbares; deshalb beginnt es, um sich gegen die Erfahrung eines kontinuierlichen Verschwindens zu versichern, der es auf der oralen Stufe ausgesetzt war, die ständig gegenwärtigen Objekte wegzuwerfen und wieder zurückzuholen. Eine objektivierende Stellung der Welt ... könnte also mit unserem Wunsch nach Kontrolle verknüpft sein: die Dinge, die man mit der Hand berührt und mit den Augen sieht, sind immer anwesend, stabil und kontrollierbar und verflüchtigen sich nicht auf Grund innerer Vorgänge, wie es bei den durch die Phantasie geschaffenen Objekten der Fall ist" (FORNARI, 1970, S. 82)[33].

---

32 Vgl. ERIKSON, 1937, S. 483: „Das Beiß-System (Gaumen, Kiefer, Hals etc.) ist jetzt im Besitz einer relativ großen Libidomenge und Muskelenergie, die sich aber auch in den perzipierenden und Greif-Organen zeigt: die Augen lernen ‚herauszugreifen' und ‚festzuhalten', das Hörsystem Geräusche zu lokalisieren, Hände und Arme lernen zu reichen und zu greifen. Koordiniert ist also das System, das einen Teil-Gegenstand der Umwelt zum Zwecke der Einverleibung isolieren und sich aneignen (‚pflükken') kann."

33 FORNARI (1970, S. 82) merkt hier noch an: „Man muß daher den Einwänden eine gewisse Berechtigung zugestehen, die GLOVER gegen die KLEINsche Interpretation des ersten Lebensjahres vorgebracht hat: MELANIE KLEIN habe Triebe, Phantasien und

Die volle Komplexität frühkindlicher Spielaktivitäten wird erst dann deutlich, wenn man sieht, wie eng die fortschreitenden perzeptiv-motorischen Fähigkeiten mit bestimmten, durch phasenspezifische Organ-Modalitäten geprägten Phantasieerlebnissen verflochten sind.

„Spiele wie die, einen Gegenstand mit einem anderen voranschieben (achter bis neunter Monat), einen komplizierten Gegenstand wie eine Klingel analysieren, das Fassende und das Umfaßte – etwa Tasse und Würfel – miteinander zu vergleichen, ein Ding weit wegzulegen, Gegenstände hintereinander aufzureihen, sie zusammenzusetzen und auseinanderzunehmen, das Spielzeug einem Erwachsenen zu geben und sofort zurückzuholen (sämtlich in der zweiten Hälfte des ersten Lebensjahres) . . . und alle die Spielgeschichten mit der Puppe und dem bevorzugten Tier, wie sie für das Eintreten in die Phase der Übergangsobjekte bezeichnend sind, können nur unter dem Aspekt der Externalisierung der – phantastisch belebten – inneren Objekte auf die Spielobjekte verstanden werden. Das Kind hat ein fundamentales Bedürfnis, sein illusionäres Erleben in etwas Realem zu konkretisieren, um mittels Manipulation und Augenschein zur Wahrheitsfindung und Kontrolle zu gelangen“ (Fornari, 1970, S. 123 f.)[34].

Betrachtet man den Einfluß der Phantasietätigkeit auf die Entwicklung der sensorischen, motorischen und manipulativen Fertigkeiten, dann wird auch die illusionäre und doch zugleich Sicherheit verleihende Bedeutung des Spieles verständlich.
Aber nicht nur das Hantieren mit Gegenständen und Spielmaterialien ermöglicht dem Kind die illusionäre und zugleich reale Kontrolle von Ängsten in dem von der Mutter gewährleisteten „potential space“. Mit Beginn oder in der Mitte des zweiten Lebensjahres kann man bei vielen Kindern zeitweilig ein deutliches Zurücktreten des Interesses an Gegenständen beobachten. Das hängt mit ihrer zunehmenden Beherrschung der Motilität zusammen[35].

„Das Kind lernt in schneller Folge kriechen, laufen, klettern und springen, es hantiert mit Dingen, bringt, holt, zieht, stößt, führt, trägt, was ihm an Gegenständen erreichbar ist . . . Manche Kinder dieses Alters benehmen sich wie berauscht von Raum, Bewegung und Schnelligkeit. Sie kriechen, gehen, marschieren, laufen, jederzeit bereit, von einer Art der Fortbewegung wieder in die andere zu verfallen. Spielzeug bekommt Bedeutung, wo es sich der Bewegung dienstbar machen läßt. Sessel lassen sich vor den Kindern herschieben

---

Objekte durcheinander geworfen. Freilich ist dieser Tatbestand weniger Klein selbst, als der ursprünglichen psychischen Erfahrung anzulasten, . . .“
Etwas Ähnliches meint auch Pontalis (1968 b, S. 175), wenn er bemerkt, daß man die Kleinsche Sprache nicht als metaphorisch abtun dürfe, „denn indem sie metaphorisch ist, ist sie ihrem Objekt adäquat“.

34 Siehe auch oben Abschnitt 2.3.1 die Analyse der körperanalogen Umweltdeutungen und deren Auswirkung auf frühe Spieltätigkeiten, die als ‚Abkömmlinge‘ erster Körpererfahrungen gedeutet wurden.

35 Zur Bedeutung der Motilität für frühe Spielaktivitäten siehe auch die Arbeit von Kaplan, 1965.

wie Wagen oder Schubkarren; auf Töpfen wird, statt stillzusitzen, durch das ganze Zimmer gefahren. Spieltiere, Teddybären, Tiere auf Rädern werden spazieren geführt; Bälle eignen sich dazu, fortgerollt und eifrig verfolgt zu werden. Einzelne Kinder, die ihr Gleichgewicht gut halten können, haben besondere Freude daran, mit jeder Hand ein anderes Spielzeug und gleichzeitig sich selbst fortzubewegen. In manchen Stunden ist die ganze Kleinkinderabteilung (eines Kindergartens, H. N. B.) in solcher Art wie auf einem Eislaufplatz in ständiger Hin- und Her-, Auf- und Ab-Bewegung" (Burlingham / A. Freud, 1950, S. 13f.).

Man kann annehmen, daß auch Spielen solcher Art Phantasien zugrunde liegen, die sich deutlich mit den Funktionen des eigenen Körpers beschäftigen und getragen sind von Wünschen nach körperlicher Vollkommenheit und Geschicklichkeit. Das Kind versucht, Ängste über die Unzulänglichkeit und Hilflosigkeit des eigenen Körpers dadurch abzuwehren, daß es sich in ein fortgesetztes Bewegungsspiel begibt, das getragen ist von kompensierenden Phantasien über einen mächtigen und starken Körper, der ein geeignetes Instrument für die Erfüllung verschiedenster Wünsche ist[36].

„Eine andere Art der frühesten Spiele beschäftigt sich mit Veränderungen der Körperhaltung oder der Extremitäten, unterstützt von einer lebhaften Phantasie. Eine Schaufel ist ein wirkungsvolleres Werkzeug als eine hohle Hand; ein hölzerner Klotz ein besserer Hammer als die Faust, und ein Ball springt und rollt ohne die Gefahr eines schmerzhaften Hinfallens oder eines aufgeschlagenen Knies. Gerät, das im Spiel benützt wird, wird zuerst eher als Ersatz oder als Verbesserung von Körperteilen empfunden, denn als Werkzeug" (Peller, 1968, S. 205).

Damit wird es als Teil des Körper-Ichs erlebt und gewinnt hohe narzißtische Besetzung im Unbewußten[37].
Im freien Bewegungsspiel kann sich die entwickelnde Motilität zwar üben und zunehmend entfalten, die manipulativen Fähigkeiten können differenziert

---

36 Vgl. Peller, 1968, S. 204. Die Befriedigung, die die Kontrolle der Motilität für das Kind mit sich bringt, wird um so verständlicher, wenn man an die völlige Passivität und Abhängigkeit des Säuglings in den ersten Monaten denkt, der seine Bewegungen noch nicht gezielt zur Vermeidung von Unlustsituationen einsetzen kann.
„Man muß annehmen, daß diese Situation der Impotenz, welche auf das Unvermögen zurückgeht, bei Gefahr über Motilität zu verfügen (anzugreifen oder zu fliehen), in der menschlichen Psyche einen unauslöschlichen Eindruck hinterläßt, ist doch eine der am weitesten verbreiteten Angsttraumvorstellungen die Situation, daß das Individuum sich von einer hereinbrechenden Gefahr verfolgt und überwältigt vorkommt und davonzulaufen versucht, sich jedoch wie gelähmt fühlt – so, als kehre es in die Position des Neugeborenen zurück und habe keine willentliche Verfügung über seine Motilität" (Fornari, 1970, S. 145).

37 Sehr anschaulich wird die Bedeutung des Spiels für die motorische Geschicklichkeit auch bei Caplan und Caplan (1973) im Kapitel: „The body-building power of play" beschrieben.

werden und eine bessere Körperbeherrschung kann immer mehr in den Dienst infantiler Allmachtswünsche wie auch realer Befriedigung gestellt werden. Dennoch bleibt auch das ältere Kind immer wieder mit Phantasien über seinen Körper und dessen Funktionen beschäftigt und arbeitet an Ängsten über die Unzulänglichkeit einzelner Körperteile oder -funktionen, die es nur schwer in das eigene Körperbild integrieren kann. Bei älteren Kindern tritt zeitweise die *verbale* und zum Teil auch witzige Verarbeitung solcher nun aber unbewußt gewordener Ängste in den Vordergrund.

Das Spiel „Jule hat ein Schwein geschlachtet ..." verschiebt das Interesse am eigenen Körper zwar scheinbar auf ein Tier. Der geschickte Frager versucht im Spiel das Gespräch aber meist so zu führen, daß der gewählte Körperteil des Tieres als der des Kindes erscheint und durch den Gesprächskontext unter Umständen in einen für das Kind peinlichen Zusammenhang gerät. Indem Körperteile und -funktionen durch geschicktes Fragen und Beantworten oder aber unfreiwillig aus Verlegenheit in komische, peinliche oder entstellende Zusammenhänge gerückt werden, entsteht vielfach bei den Kindern eine Verunsicherung des Körper-Selbst-Bildes und eine Gefährdung der Integration von Körperfunktionen.

Das Spiel wird von Peesch (1957, S. 46) wie folgt beschrieben:

Jule (Jude, Judas) hat ein Schwein geschlachtet

Die Spieler stehen oder sitzen nebeneinander in einer Reihe. Vor ihnen steht ein Einzelspieler, der den ersten in der Reihe fragt: „Jule hat ein Schwein geschlachtet, was willste davon haben?" Der Betreffende wählt einen Körperteil des Schweines, z. B. Ohr, Schwanz, Schnauze, Schinken, Zahn. In der gleichen Weise nennt einer nach dem anderen einen bestimmten Teil des Tieres. Nun beginnt der Einzelspieler ein Gespräch mit dem ersten der Reihe, der stets nur mit dem von ihm gewählten Körperteil antworten darf. Gelingt es dem Einzelspieler durch geschickte Fragen, den anderen zu einer Antwort zu veranlassen, die ein anderes Wort enthält, so scheidet dieser aus. In der gleichen Weise unterhält sich der Einzelspieler auch mit den anderen Spielern, wobei es ihm gestattet ist, auch einen Spieler zu fragen, der eigentlich nicht an der Reihe ist. Wer bis zuletzt bei dem von ihm gewählten Wort beharrt, hat gewonnen und übernimmt die Rolle des Einzelspielers beim nächsten Spiel (nach Ingeborg P., 13 J., Pankow 1954)" [38].

---

38 Vgl. auch das sehr ähnliche Spiel: „Ja, Nein, Gummibauch", das auch mit dem Zusatz „Glaspopo" vorkommt. „Vor der Spielschar, die sich in einer Reihe aufgestellt hat, steht ein Spieler, der mit dem ersten in der Reihe ein Gespräch beginnt. Dieses Gespräch beginnt mit kurzen Fragen, die der Partner nacheinander mit *Ja*, mit *Nein*, mit *Gummibauch*, (mit *Glaspopo*) und wieder mit *Ja* usw. beantworten muß. Die Fragen werden nach Möglichkeit so gestellt, daß der Partner nicht gern die laut Spielregel verlangte Antwort gibt, und außerdem möglichst schnell gestellt, um ihn zu verwirren. Wer hierbei eine andere Antwort gibt, als es die Spielregel vorsieht, scheidet aus oder muß ein Pfand geben. In gleicher Weise werden dann die Gespräche mit den anderen Mitspielern geführt (nach Dagmar Z., 11 J., Wartenberg 1955)" (Peesch, 1957, S. 46).

Die peinliche Betroffenheit oder das unsichere Kichern kann ebenso Aufschluß über die den Körper betreffenden Ängste des Kindes geben, wie ein befreites Lachen schon eine größere Sicherheit ausdrücken kann. Allerdings gibt es auch die Variante, daß Lachen verboten ist und, wer zuerst lacht, selbst den Frager spielen muß. Lachen ist vielleicht auch deshalb verboten, weil es so verräterisch ist und die Assoziationen erahnen läßt, die durch die komische Antwort hervorgerufen wurden.

3.1.4 Anale Modalitäten im kindlichen Spiel

Die spezifischen Körpererfahrungen der analen Phase prägen auch in besonderer Weise das kindliche Spiel. Die Reifung des Muskelsystems und die daraus resultierende Fähigkeit (wie die verstärkt empfundene Unzulänglichkeit bei Nicht-Gelingen), eine Vielzahl verschiedener sehr komplexer Handlungsmuster wie ‚Festhalten' und ‚Loslassen' zu koordinieren, stärken auch das Unabhängigkeitsbemühen des bis dahin so abhängigen Säuglings. Mit diesen beiden entgegengesetzen Modalitäten, die Erikson ([1950] 1966, S. 78) „retentiv-eliminierend" nennt, experimentiert das Kind auch in seinen Spielen. Manche Spielaktivitäten, in denen ein ständiges Wegwerfen und Zurückholen, Auseinandernehmen und wieder Zusammensetzen, Füllen und Ausleeren von Behältern dominiert, können auch als Ausdruck dieser analen Grunderfahrung verstanden werden[39].

In der analen Phase „erhält das Zusammentreffen der Entleerungsfunktionen mit der Erziehung zur Kontrolle der Sphinktere besondere Bedeutung bei der Ausbildung von Phantasien, in denen das Kind seine Körpergeschehnisse verarbeitet. Unterstützt durch Billigung und Mißbilligung der Mutter, die in die konkreten Modalitäten der Erledigung der Entleerungsfunktionen eingreift, werden die unbewußten Phantasien von den Prozessen des Ausstoßens oder Zurückhaltens, des Verweigerns, des gewaltsamen Hervorbringens oder Anbietens von etwas, das inwendig und ein Teil des Körper-Ichs ist, ausgelöst. Je nach der Art und Weise, wie das Verhalten der Mutter erlebt wird, nehmen diese ursprünglichen Triebintentionalitäten die Bedeutung von ‚gut gemacht' oder ‚schlecht gemacht' an. Phantasien von guten (bzw. bösen) Dingen im eigenen Körper werden überdies von angenehmen oder unangenehmen Körperempfindungen abgeleitet, die wiederum mit den Entleerungsprozessen verknüpft sind" (Fornari, 1970, S. 62; vgl. auch Erikson, [1950] 1966, S. 80).

---

39 Vgl. die Arbeiten von Roiphe (1968), Galenson/Roiphe (1971, 1973), Roiphe/Galenson (1972, 1973b) zur psychosexuellen Entwicklung des zweiten Lebensjahres. Ihre Arbeiten versuchen in eindringlicher und anschaulicher Weise die Auswirkung früher Erfahrungen mit analen, urethralen und genitalen Körper-Modi auf die Spielaktivitäten und Objektbeziehungen des Kindes aufzuweisen.

Wie das ursprüngliche anale Interesse des Kindes „unter Mithilfe pädagogischer Maßregeln" sich zunehmend auf symbolische Ersatzobjekte verschiebt, deren Ähnlichkeit und Verwandtschaft mit dem ursprünglichen Objekt im Laufe des Drills zur „Reinlichkeit" immer mehr abnehmen und verhüllter erscheinen, hat FERENCZI ausführlich in seinem Aufsatz „Zur Ontogenie des Geldinteresses" ([1914] 1964, I) beschrieben.

„Der Kot ist aber auch eines der ersten *Spielzeuge* des Kindes. Die rein *autoerotische* Befriedigung, die dem Kinde das Pressen und Drücken der Fäkalmassen und das Spielenlassen der Schließmuskeln bereitet, wird bald – wenigstens zum Teil – in eine Art *Objektliebe* umgewandelt, indem das Interesse von der intransitiven Sensation gewisser Organempfindungen auf die Materie selbst verschoben wird, die diese Empfindungen verursachte." Von diesem „wertvollen Spielzeug" ist „das Kind nur durch Abschreckung, Strafandrohungen zu entwöhnen" (I, S. 111)[40].

Im Spiel mit Sand und Wasser findet das Kind symbolische Ersatztätigkeiten für seine analen und urethralen Wünsche, die auf dem Wege der Sublimierung zum Teil der Verdrängung unterliegen. Aber zugleich bricht das ursprünglich affektiv Besetzte und Gemeinte immer wieder durch und wird im Spiel sichtbar.

„Substanzen, die infolge ihrer Klebrigkeit, Feuchtigkeit und Farbe geeignet wären, bleibende Spuren auf dem Körper und dessen Bekleidung zurückzulassen, werden als ‚schmutzige Dinge' verachtet und gemieden. Das Symbol des Kotes muß sich also eine weitere Entstellung, eine ‚Entwässerung' gefallen lassen. Das Interesse des Kindes wendet sich dem *Sande* zu, der bei erhaltener Erdfarbe trocken und reinlicher ist. Die instinktive Freude der Kinder am Sammeln, Zusammenscharren und Formen von Sand wird dann von den Erwachsenen, denen das stundenlange ruhige Spielen der sonst ungebärdigen Kleinen mit dem Sande sehr gelegen kommt, nachträglich rationalisiert und ratifiziert, indem dieses Spielen für ‚gesund', das heißt hygienisch angezeigt erklärt wird. Und doch ist auch der Spielsand nichts anderes als ein Koprosymbol, als desodorierter und entwässerter Kot. Schon in diesem Stadium der Entwicklung kommt es übrigens oft zur ‚Wiederkehr des Verdrängten'. Es bereitet den Kindern unendliche Lust, die in den Sand gebohrten Löcher mit Wasser zu füllen und so die Materie ihres Spieles dem ursprüngli-

---

40 Die Neugier und das Interesse, das vom Kind seinen Körperprodukten und insbesondere seinem Kot entgegengebracht wird, mit dem es gerne hantieren würde – wenn es dürfte –, findet seinen direkten Ausdruck in einem Kindervers Drei- bis Fünfjähriger:
„Mama ist im Klo
Und ruft immer: wo?
Heinerle, wo bist du?
Mama, schrei nicht so
Ich bin doch nur im Klo
Und seh die Würstchen zu!" (BORNEMAN, 1973, S. 120, Nr. 256)

chen wässerigen Stadium näher zu bringen. Nicht selten benützen Knaben zu dieser Berieselung den eigenen Harn, als wollten sie damit die Zusammengehörigkeit beider Stoffe recht deutlich betonen" (FERENCZI, [1914] 1964, I, S. 112f.)[41].

A. FREUD hat bei ihrer Skizzierung der psychischen Entwicklungslinie: „Von der Reinlichkeitserziehung zur Reinlichkeit" hervorgehoben, daß es sich bei dieser Entwicklung vielfach nicht „um die grundsätzliche Erhaltung von Triebabkömmlingen mit allmählicher Überleitung von direkter zu zielgehemmter Triebbefriedigung, sondern um die Ersetzung von Partialtrieben (urethral, anal) durch ihr Gegenteil, also um die Herstellung von Reaktionsbildungen" handelt (1968, S. 75)[42].
Das vielfach angestrebte Erziehungsziel, die Reinlichkeit, wird auf dem Wege der Reaktionsbildung schließlich zum innerlichen Wunsch des Kindes, Schmutz zu vermeiden. Hierbei wird deutlich, wie die ursprüngliche Schmutzlust des Kindes mit der Forderung seiner Umwelt in Konflikt gerät und die ursprüngliche Lust verdrängt wird und zugunsten einer mehr tolerierten, weniger direkten Triebbefriedigung aufgegeben wird.
Der Einfluß, den Pflege- und Erzieherpersonen gerade in dieser psychosexuellen Phase auf die Gesamtentwicklung der Persönlichkeit nehmen, hat A. FREUD (1968) besonders hervorgehoben:

„Manche Mütter bleiben in Fühlung mit den inneren Bedürfnissen ihrer Kinder, den analen Regungen gegenüber nicht weniger als vorher den oralen Wünschen, ihnen gelingt es, zwischen der Schmutzlust des Kindes und der Außenweltsforderung nach Reinlichkeit die geeignete Vermittlerrolle zu spielen und das Kind allmählich und schonend zur Beherrschung seiner Schließmuskeln zu erziehen. Für andere Mütter machen die eigenen Verdrängungen des Analen, die Reaktionsbildung von Ekel, Sauberkeit und Ordentlichkeit ein solches Verhalten unmöglich. In diesen Fällen begegnen wir der Reinlichkeitserziehung in ihren unerwünschten Formen. Die Mutter beharrt mit aller Strenge auf ihrer Forderung auf Entleerung zur bestimmten Zeit und am bestimmten Ort, und das Kind seinerseits verteidigt ebenso hartnäckig und kompromißlos sein Recht auf die Eigenbestimmung über Harn und Kot. Was sich ergibt, ist ein Kampf zwischen Mutter und Kind, mit nachteiligen Folgen für die Objektbeziehung zwischen ihnen einerseits und die Charakterbildung des Kindes (Eigensinn, Starrheit der Reaktionsbildung, zwangsneurotische Neigungen) andererseits" (S. 76f.).

RÜHMKORF (1969, S. 31) hat die „sprichwörtliche Lust des Kindes, mit Dreck zu werfen" herausgestellt und damit treffend die analsadistische Phase des Kindes charakterisiert.

---

41 Vgl. die von ZULLIGER (1957, S. 11f.) beschriebene Spielbeobachtung. Siehe auch oben Abschnitt 1.2.

42 Vgl. S. FREUD, „Charakter und Analerotik", 1908, GW VII, S. 203ff.; ABRAHAM: „Ergänzungen zur Lehre vom Analcharakter", [1921] 1969, S. 184ff.

Der Kinderreim wäre eine der symbolischen Ersatzbildungen dieser Schmutzlust, die im provokatorischen Aussprechen des Verbotenen Befriedigung findet. Es stellt sich hierbei die Frage, ob der Kinderreim als eine Sublimierungsleistung analerotischer Triebe anzusehen ist. Die Frage soll hier offenbleiben. JONES (1972) weist auf den möglichen Zusammenhang von Symbolisierungen und Sublimierungen beziehungsweise Reaktionsbildung hin:

„Die Vorstellungen oder seelischen Einstellungen, die durch echte Symbole dargestellt werden, ergeben natürlich als Resultat der Verdrängung außer der Symbolik noch eine ganze Menge anderer Manifestationen. Diese können entweder positiv sein, wie das Ergebnis der Sublimierung und anderer Abänderungen, oder negativ, wie zum Beispiel Reaktionsbildungen. Diese, ebenso wie die Symbole, sind teils bewußte Ersatzbildungen und teils Ergebnisse unbewußter seelischer Prozesse" (1972), II, S. 601)[43].

Eine andere Form symbolischer Befriedigung analerotischer Triebe wäre das Spielen mit Sand und ähnlichen Materialien. Dem Sand und Matsch kommen in diesem Fall als Symbol des Verdrängten die Affekte zu, die die Reinlichkeitserziehung zu unterdrücken suchte. An der Art des Umgangs des Kleinkindes mit Sand und Wasser, Matsch oder ‚Eierpampe' ließe sich im Einzelfall beobachten und nachweisen, welcher Anteil von Sublimierung (zielgehemmter Triebbefriedigung) oder Reaktionsbildung bei den kindlichen Handlungen vorliegt. Bei einem Kind, das erst nach Überwindung starker Hemmungen mit Matsch und Sand zu spielen wagt und immer ängstlich ist, sich zu beschmutzen, dominiert schon die Reaktionsbildung aufgrund vorgefallener Erziehungsmaßnahmen. Kinder, die einer rigiden Reinlichkeitserziehung ausgesetzt waren, werden auch Hemmungen haben, im Spiel mit Fingerfarben schon unterdrückte anale und urethrale Wünsche neu zuzulassen[44].
Mit zunehmendem Alter wird das Sandspiel immer weniger gebilligt. Das koprophile Interesse des Kleinkindes wird weiter eingeschränkt und nur entstellt zugelassen. Die Sandspiele, deren besondere Wertschätzung sich auch daraus ablesen läßt, daß das Kind besonder häufig solche Dinge herzustellen sucht, die als Eßwaren, Kuchen und ähnliches ausgegeben werden, wobei zugleich noch die orale Komponente hineinkommt, werden zugunsten von Sammelaktivitäten aller Art aufgegeben.

„Der Fortschritt des Reinlichkeitssinnes macht dann allmählich auch den Sand für das Kind unannehmbar, es beginnt die infantile *Steinzeit*: Das Sammeln von möglichst schön geformten und gefärbten Kieselsteinen, womit ein höherer Entwicklungsgrad der Ersatzbildung erreicht ist: Das Übelriechende, Wässerige, Weiche wird durch etwas Ge-

43 Zum Verhältnis von Sublimierungen zu Reaktionsbildungen beziehungsweise Symbolisierungen vgl. GLOVER (1931, S. 272 und 277).

44 Vgl. ZULLIGER: „Über Fingerfarben bei der Kleinkindererziehung", in: 1957, S. 60ff.

ruchloses, Trockenes und nunmehr auch Hartes dargestellt. An den eigentlichen Ursprung dieser Liebhaberei erinnert uns nur mehr der Umstand, daß Steine – wie Kot und Sand – von der Erde aufgehoben und gesammelt werden" (Ferenczi, [1914] 1964, I, S. 114f.).

Bald werden die verschiedenen Gegenstände der Sammellust, seien es Steine, Glaskugeln, Murmeln, Knöpfe, Muscheln und ähnliches, aber nicht mehr um ihrer selbst willen aufgehoben. Sie werden zum „Wertmesser, gleichsam als primitive Münzen, die den bisherigen Tauschhandel der Kinder in einen schwunghaften Geldverkehr umwandeln" (Ferenczi, [1914] 1964, I, S. 115). Daß das Kind sich sehr bald auch für die glänzenden Geldstücke interessiert, sie begehrt und schätzt, auch weil es sieht, welche Achtung die Erwachsenen dem Geld zollen, und weil es erfährt, daß es mit Geld viele begehrenswerte Sachen kaufen kann, soll hier nicht näher in seiner Bedeutung untersucht werden. Daß die latente Konnotation von Geld gleich Symbol für Kot immer mit anklingt und Kindern auch sonst nicht fremd ist, zeigt das Märchen vom „Esel, streck' dich".

Daß der Sammeleifer (nicht nur der Kinder) seine Herkunft aus den verdrängten Regungen der analen Phase verrät und sich die hohe Bewertung der Körperinhalte gleichsam auf die Gegenstände der Sammellust verschiebt, ist vielfach hervorgehoben worden (A. Freud, 1968, S. 25, 77). Interessant in diesem Zusammenhang ist das Spiel „Klimpern", „bei dem kleine Münzen (Pfennige, seltener auch Fünf- und Zehnpfennigstücke) sowohl als Spielmittel verwendet wie auch als Gewinn dem Sieger überlassen werden" (Peesch, 1957, S. 49; vgl. S. 51). Im Erwerb des Spielmittels liegt zugleich das Spielmotiv.

Wie die analerotischen Interessen und damit verbundenen Befriedigungserlebnisse des Kindes zunehmend ein Opfer der Verdrängungsmechanismen werden, da die Erwachsenen den Kindern gegenüber die Machtpersonen bleiben, andererseits sich aber die Kinder einen mehr oder weniger indirekten, symbolischen Ersatzbereich suchen, hat Rühmkorf (1969) am Beispiel der *Kinderreime* gezeigt, die als „Auflehnung gegen Erziehung als Lustentziehung" zu verstehen sind (S. 30).

„Die Lust an der Entleerung und Entspannung, aber doch eben nicht nur an dem bloßen Vorgange, nein, auch das elementare Vergnügen, über die ersten Eigenproduktionen selbst zu gebieten und sie ins Spiel mit einzubeziehen, bilden sich unter dem Zwange des Reinlichkeitsgebots zu wahrhaft subversiven Tätigkeiten aus. Da außerdem die Verhaltenserziehung in einen Entwicklungsabschnitt fällt, in dem ein eigener Wille sich zu entfalten beginnt, wird das elterliche Bemühen um Reinlichkeit zu einem Machtkampf ganz besonderer Prägung. Der naturbedingte Lustanspruch rebelliert mit allen zur Verfügung stehenden Trotzmitteln – das sind vorerst noch nicht viele – gegen das Kulturgebot. Das künstlich reglementierte oder unterbundene Bedürfnis beginnt sich selbst zu regulieren: häufig im Widerstand zu den Kontrollmächten und mit entschiedener Zivilisationsfeindlichkeit. So kann denn auch das zunächst nur lustbetonte und wahrhaft zweckfreie Spiel mit den Exkrementen zu methodischem Terror gedeihen. Das Schmierbedürfnis wird zur Tendenzaktion mit dem Maße, wie die Erziehungsbevollmächtigten die unschuldsvolle Äußerung zur Quelle stets und ständig fließender Schuldgefühle denaturieren. Daran ändert auch nichts, daß das Kind im häuslichen Gehege zur Unterwerfung früher oder später einfach gezwungen wird. Die Restriktionsmittel der Erwachsenen überwiegen nun einmal die Ausdauer des mit sehr viel primitiveren Druckmitteln ausgestatteten Naturwesens beträchtlich. Wo aber kindliche Ausdruckslust schon an so früher Stelle gezwungen wird, sich als Verunreinigung zu empfinden, da kann man gewiß sein, daß der Zusammenhang von Produktion und Provokation, von Spiel und Unart nie mehr ganz aus der Welt kommt" (Rühmkorf, 1969, S. 30f.).

An den Kinderversen läßt sich die verschieden starke Intensität der Verdrängungsleistung ablesen, und zwar a) am Grad der Entstellung, die das ursprüngliche Bedürfnis findet, und b) an der Entfernung der Abkömmlinge des Unbewußten von den verdrängten Triebregungen.
Die „Wahrheit des Kinderreimes, insbesondere des Abzählreimes", sieht Rühmkorf in der „Symbiose von Freiheitsbedürfnis und analer Aggression". Ihnen liegt das Prinzip zugrunde:

„Erst wo das tabuierte Reizwort ausgesprochen ist, beginnt die Freiheit. Erst nach der symbolischen Gesetzesübertretung ist der Bann geprochen, das Spiel möglich. Erst wo sich das unterdrückte Naturanliegen Luft verschafft hat, kann es heißen: Du bist raus, du bist frei, du bist ab" (S. 32).

Diese anale Aggressionslust fanden wir auch im „Plumpser"-Spiel. Der Mitspieler wurde mit dem Kotsymbol beschmutzt und dadurch beschämt, man selbst zugleich wurde ‚frei', nachdem man den „Plumpsack" hatte fallen lassen.

In neuerer Zeit hat auch Borneman (1973) eine umfangreiche Sammlung von Kinderversen vorgelegt, in denen sich die psychosexuelle Entwicklung des Kindes in vielfältiger Weise spiegelt. Besonders bei den Abzählversen Drei- bis Fünfjähriger findet sich eine Fülle analer Anspielungen.

Diese Verse „berichten vom Darmwind, von der Defäkation, dem Kot, dem Nasenschleim, dem Harn und anderen Dingen, die von den Erwachsenen als ‚ekelhaft' empfunden werden, die für die Kinder in der analen Lebensphase aber starken Lustwert besitzen" (Borneman, 1973, S. 34).

So befassen sich einige Verse „liebevoll mit dem Geräusch, Geruch und Getose des Darmwinds" (S. 34). So zum Beispiel:

„Heini Klausen
Läßt einen sausen
Mit Getose
In die Hose
Mit Gebraus –
Und du mußt raus!"

„Ri ra rurz
Der Teufel ließ nen Furz.
Er ließ ihn in ein Butterfaß,
Achherrjeh wie stank denn das!
Das stank wie lauter Mist –
Und du bist!"

(Borneman, 1973, S. 38f.)

In knappen, direkten Worten ist von urethralen Vorgängen, die nicht vollkommen beherrscht werden können, die Rede. Dabei ist häufig von irgendwelchen dritten Personen (manchmal auch Autoritätspersonen) die Rede, so daß die direkte Betroffenheit zu umgehen versucht wird. Dabei wird aber mit der Schlußwendung des ‚du bist' in manchen Versen doch jedes ‚abgezählte' Kind wieder ‚ertappt' und mit dem Makel der Unsauberkeit konfrontiert.

„Drei Polizisten
Pißten in die Kisten.
Einer pißt vorbei –
Und du bist frei!"

„Eine kleine Micki
Muß mal Pipi.
Macht vorbei –
Und du bist frei" (S. 43f.).

Aber es gibt auch Verse, die mit direkter Namensnennung schadenfroh den Spielkameraden zu beschämen suchen.

„Achim, der Verrückte,
Saß auf dem Topf und drückte,
Drückte bis der Topf zerbrach
Und die Wurst daneben lag" (S. 115).

„Das Vergnügen, einen anderen anzuschmieren, hängt aufs Innigste mit dem Bedürfnis zusammen, unterdrückten fäkalischen Lustvorstellungen zum Ausdruck zu verhelfen, freilich so, daß sich die Äußerung in der Beschuldigung des Partners entschuldigt fühlen kann" (Rühmkorf, 1969, S. 76).

Denn das, was den anderen als Handlung unterstellt wird, ist viel schlimmer als das eigene Reden von solchen analen Vorgängen.

Aufschlußreich an einem Vers wie dem letzten ist, „daß es die anale Aggression mit dem Wunsch im Verein zeigt, den anderen für verrückt zu erklären. Auch die Unmündigkeitsbezichtigung ist ein fester und verbreiteter Topos in der kindlichen Volkspoesie. Der Beschuldiger, selbst noch ein Kind, selbst unmündig, oft für dumm verkauft, als ungeschickt gescholten, unklug und trottlig genannt, projiziert das Gefühl eigener Inferiorität auf einen anderen, der dann zusehen kann, wie er sich mit Abwehrreimen oder Konterstrophen wieder aus der Affäre zieht" (Rühmkorf, 1969, S. 77).

In die anale Thematik gehört auch das Interesse an Ungeziefer sowie körperlichen Sekretionen.

„Marianne hat'n Floh
Am Popo
Weiß nicht wo,
Krabbelt so,
Knipps, knapps,
Ich hab's.
War'ne Laus –
Und du bist raus!"

„Ene mene mopel
Wer frißt Popel?
Süß und saftig,
Einemarkundachtzig!
Einemarkundzehn
Und du kannst gehn!"

(Borneman, 1973, S. 37f.)

Der von RÜHMKORF (1969, S. 32) zitierte Reim

„D K W
Scheißt in den Schnee
N S U
Raus bist du."

bedient sich in regressiver Weise der körperanalogen Symbolbildung derart, wie das Kleinkind alle seine eigenen Körperfunktionen auch bei allen anderen Dingen wiederzufinden glaubt, es verschiebt das anale Interesse auf scheinbar gleichgültige Gegenstände. Andere Verse sind etwas direkter in der Benennung und Beschreibung analer Vorgänge[45].

„1 2 3 4 5 6 7 8 9
Wie heißt Dein kleiner Freund?
Herbert!
Herbert hat ins Bett geschissen
Gerade aufs Paradekissen
Mutter hats gesehn
Und du kannst gehn."

(RÜHMKORF, 1969, S. 34)

„Eins, zwei, drei, vier,
Du bist ein Murmeltier.
Du kannst nicht tanzen,
Frißt Pomeranzen,
Frißt Aprikosen,
Scheißt in die Hosen,
Scheißt dauernd nur Dreck –
Und jetzt nichts als weg."

(BORNEMAN, 1973, S. 42)

Wieder andere Reime sparen den eigentlichen analen Vorgang einfach aus, aber die Anspielung genügt, um bei den Mitspielern die gemeinten Assoziationen auszulösen.

„Eine kleine Mickymaus
Zog sich ihre Hosen aus
Zog sie wieder an
Und du bist dran."

(RÜHMKORF, 1969, S. 34 f.)

„Rolle Rolle Möpschen
Roll ins Töpfchen
Roll wieder raus
Und du bist draus."

RÜHMKORF äußert die Vermutung, daß das obligate „Du bist frei", „Du bist raus" nicht durch Zufall in bestimmten Versen durch Zeilen wie „Du bist" oder „Du bist dran" ersetzt worden ist.

„Immerhin scheint es mir ein wenig verdächtig, wenn dort, wo der anale Knalleffekt verweigert wird, der Auswahlmechanismus in umgekehrtem Sinn funktioniert und statt des Freispruchs der Haschauftrag erfolgt" (RÜHMKORF, S. 34 f.)[46].

---

45 BERGLER (1956) hat unter anderem gezeigt, wie das Lachen und die Witze des Kindes ihre angstvermindernde Wirkung oft dadurch gewinnen, daß sie sich gegen die Forderungen der introjizierten Elternfiguren, das heißt gegen das Ich-Ideal, richten.

46 Der Stolz über die erreichte Beherrschung der eigenen (besonders analen und urethralen) Körperfunktionen läßt die Kinder (besonders in der frühen Latenzzeit) gerade solche Szenen mit der spezifischen Komik „analer Knalleffekte" erfinden (vgl. GROTJAHN, 1970, S. 73 ff.).

Mir scheinen Zeilen wie „Raus bist Du“ oder „Du bist“ zugleich einen symbolischen Hinweis auf anale Geburtstheorien zu enthalten, die beinhalten, daß man glaubt, das Kind gehe bei der Geburt denselben Weg wie die Exkremente (vgl. Freud, Über infantile Sexualtheorien, 1908, GW VII, S. 181).

Das drei- bis fünfjährige Kind kann die Schwierigkeiten, mit denen es in der Reinlichkeitserziehung zu kämpfen hatte, schon in scherzhafter Weise bearbeiten, gerade weil es die Herrschaft über seine Körperfunktionen schon erworben hat. Andererseits liegen die Ängste und Gefühle der Unsicherheit, die mit dem Erwerb der analen Modalitäten von Festhalten und Loslassen zeitweise verknüpft waren, auch noch nicht so weit zurück, als daß sie nicht mehr aktuell wären. In bestimmten Angst- und Streßsituationen ist das Kind immer wieder von dem Verlust dieser Herrschaft über seine Körperfunktionen bedroht oder bedroht selbst (wenn auch unbewußt) seine Pflegepersonen damit, das heißt, es beantwortet Versagungen von seiten seiner Liebesobjekte damit, daß es wieder ‚unsauber' wird und im übertragenen Sinn ‚mit Schmutz wirft'.

Dabei kommen unter Umständen neben dem versteckten Lustgewinn an der verbalen Ersatzhandlung selber auch Momente wie Schadenfreude in bezug auf das Ertapptwerden hinzu, die mit reaktiven Fixierungen auf Strafvorstellungen zusammenhängen mögen.

Jacobson (1946) berichtet, wie drei- bis vierjährige Kinder einer Kindergartengruppe das Problem der Reinlichkeitserziehung und die Entdeckung des Geschlechtsunterschiedes laut kichernd und lachend mit Wortwitzen und Wortspielen zu verarbeiten suchen. Über diese für sie schwierigen und angstbesetzten Themen können sie aber nur lachen, wenn sie sich der Verschiebung oder des körperanalogen Symbolismus bedienen (vgl. oben auch die Beschreibung des „Plumpsack-Spiels“ und des „Uhrenverkauf-Spiels“).
Zum anderen sind Kinderverse der genannten Art ein typischer Ausdruck der sogenannten Latenzphase, in der häufig die Prägenitalität die regressive Antwort des kindlichen Ichs auf die stärker werdenden genitalen Impulse ist. Besonders die aggressive Komponente der prägenitalen Phase wird wieder aufgegriffen und beeinflußt das kindliche Verhalten (vgl. Bornstein, 1951, S. 280; 1953, S. 68).

Ferenczi ([1911] 1964, I) hat in seiner Analyse über die Funktion obszöner Worte darauf hingewiesen, daß diese ihre Herkunft aus der unterlassenen Handlung herleiten. In der Zeit, in der die Kinder gezwungen werden, zunehmend ihre „polymorph-perversen“ Triebe einzuschränken und die infantilen Befriedigungsarten aufzugeben, entsteht ein „Drang zum Aussprechen, Aufzeichnen, Aufschreiben, Hören und Lesen“ obszöner Worte; dazu gehören auch viele Kinderverse. Ferenczi erklärt diesen Drang als eine

„Vorstufe der Hemmung der infantilen Entblößung und sexuellen Sehbegierde. Erst die Unterdrückung auch dieser zur Rede abgeschwächten geschlechtlichen Phantasien und Handlungen bezeichnet den Beginn der eigentlichen Latenzzeit, jenes Zeitabschnittes, in dem die ‚seelischen Gegenkräfte gegen die infantile Sexualität: Ekel, Scham und Moral, aufgebaut werden' (FREUD) und das Interesse des Kindes sich kulturellen Leistungen zuwendet (Wißbegierde). Man dürfte kaum mit der Annahme fehlgehen, daß diese Unterdrückung der öbszönen Wortbilder zu einer Zeit stattfindet, wo die Sprache, besonders aber der so stark affektbetonte sexuelle Sprachschatz noch durch einen hohen Grad von Regressionstendenz und durch lebhafte Vorstellungsmimik ausgezeichnet ist" (I, S. 181f.).

Hier ist allerdings einschränkend darauf hinzuweisen, daß die Intensität dieser Unterdrückung, zum Beispiel selbst der zur Rede abgeschwächten Handlungen, zunächst wohl sogar in der psychoanalytischen Sichtweise überschätzt wurde, zumal sich Formen, Verlauf und Intensität der Latenz als kulturell und subkulturell-schichtspezifisch variabel erwiesen haben.
Durch die Interpretation der zuletzt referierten Spiel- und Phantasieäußerungen soll nicht unterstellt werden, in der analen Phase gebe es überwiegend quasi subversive, rebellierende Spiel- und Phantasieverarbeitungen von Analität und Reinlichkeitserziehung. Schon die unmittelbar anale Vorgänge verbal-aggressiv ausagierenden Reime setzen ja fast immer anerzogene Ekel- und Schamgefühle bei den Kindern voraus, sind also nicht einfache (hier verbale) Sublimierungen wie das Schmieren mit Matsch. In ihnen kommen also unmittelbar auf Analität bezogener Lustgewinn mit einem indirekten Angstlustgewinn an der Gefahr des Erwischtwerdens, an der Schadenfreude, daß andere ertappt werden, usw. zusammen. Daneben finden sich aber auch in dieser Phase spielerische Verarbeitungen von Analität und Reinlichkeitserziehung, die durch ihr ganzes szenisches Arrangement nur noch sekundär subversive Momente enthalten: so die entweder von Kindern allein oder nur mit wenigen Spielgefährten arrangierten analen Erziehungsspiele mit Puppen (zum Teil auch als Rollenspiele mit anderen Kindern), die sich darüber hinaus auch häufiger im Hause, das heißt unter gelegentlicher Nähe zu den erwachsenen Bezugspersonen, abspielen. Anale Aggressivität wird hier häufig schon fast ganz in den Abwehrmechanismus der Identifizierung mit dem Angreifer integriert, nach der Devise: Was mir angetan wurde, tue ich jetzt der Puppe oder dem Kleinkind spielenden Spielgefährten an. Hinzu kommen dann oft Äußerungen von Ekel, in denen das Moment der Reaktionsbildung das der Angstlust am Verbotenen zurückdrängt oder zumindest aus der bewußten und verbalisierten Spielhandlung selbst herausdrängt. Es liegt nahe zu vermuten, daß eine rigide und autoritäre Reinlichkeitserziehung sowohl solche Abwehr- und Reaktionsmechanismen im angepaßt-analen Spiel als auch das Durchbrechen subversiver und regressiver Analitätsphantasien und -verbalisierungen in den gegenüber Erwachsenen

geheim gehaltenen Spielsituationen mit ‚Kinderbanden' zumindest unterstützt[47].

Unter welchen Bedingungen und in welchem Maße eine solche Dichotomisierung eintritt und wie sie wiederum von den Kindern erlebt und verarbeitet wird, ist jedoch ungeklärt. Unter Umständen kann es aber schon anhand der Analitätsproblematik zu ersten Weichenstellungen für die Herausbildung unterschiedlicher psycho-sozialer ‚Spiel-Räume' im Bewußtsein und Verhalten kommen, die in unterschiedlichem Maße von den Kindern parallel oder alternativ und in der einen und/oder anderen Richtung zueinander kompensatorisch ausgestaltet oder genutzt werden. Die Intensität und die mehr oder weniger kompromißhaft und mehrdeutig ausgestaltete Ekel- und Schamschwelle hinsichtlich der Analität kann unter anderem zur Weiche werden, die bestimmte Spiel-Räume und differenzierte Metakommunikationsformen zum Spiel erschließt oder versagt, wie zum Beispiel die Aussage: ‚Das ist ein verbotenes oder geheimes Spiel, weil es Spaß macht oder das Spaß macht' oder ‚Dies ist nur Spiel; ist nur Spaß, der nicht verboten ist'.

Es ist offensichtlich, daß die hier möglicherweise schon vorgeprägten Dispositionen und Grundmuster zu submissivem versus subversivem Spiel und zu entsprechenden Metakommunikationsformen für das Verhalten der Kinder beim Einsetzen veranstalteter oder angeleiteter Spielaktivitäten wie in der institutionalisierten Vorschulerziehung von großer pädagogischer Relevanz sind.

3.2 Spiel und Phantasie in der ödipalen Phase und im Übergang zur Latenz

3.2.1 Triebdynamik und Objektbeziehungen im ödipalen Konflikt

Im Alter von etwa zweieinhalb bis dreieinhalb Jahren beginnen die kindlichen Objektbeziehungen einen neuen Charakter anzunehmen. Die von ambivalenten Gefühlen begleiteten Beziehungen des Kindes zu den Elternfiguren und

47 Daß die Funktion der Kinderverse nicht ohne ihren Entstehungskontext, die Kindergruppe, zu verstehen ist, hat Rühmkorf (1967) besonders herausgearbeitet: „Den Kindervers begreifen wollen, heißt, ihn in seinen sozialen Funktionen sehen und seine unterschiedlichen Erscheinungsformen als Funktionsmodelle. Wenn er nämlich etwas nicht ist, so etwa ein schönes Spielzeug des behüteten Einzelkindes. Auch als Unmutsventil ist er nicht zu trennen von einer Gemeinschaft der Unmutigen und ihrem Wunsch zur kollektiven Willenskundgebung. Auch als Ausdrucksmittel dient er vornehmlich dem Ausdruck einer verschworenen Spießgesellschaft, ja er ermöglicht überhaupt erst die Verschwörung. Was ohne ihn in ohnmächtiger Isolierung verharren müßte, weil es über keinerlei technischen Organisationsapparat verfügt, dem bietet sich hier ein differenziertes und doch wieder handliches Instrumentarium dar, geeignet, die dringendsten Sozialprobleme gemeinschaftlich zu erledigen" (S. 58).

unter Umständen zu den Geschwistern gestalten sich zu den intensivsten, konflikthaftesten und folgenreichsten seines Lebens. Vom Gesichtspunkt der Triebentwicklung befindet sich das Kind im Übergang von der analen in die phallische Phase der Libidoentwicklung. Die mit den Liebesobjekten verknüpften Wünsche und Strebungen sind von den neu erwachten phallischen Triebimpulsen stark geprägt und bestimmen die spezifisch konflikthafte Dreierkonstellation, die FREUD mit dem Namen Ödipuskonflikt benannte.

Mit dem Wandel im Triebleben des Kindes vollzieht sich zugleich ein Wachsen seiner kognitiven Fähigkeiten und Leistungen. Mit vier bis fünf Jahren ist das Kind in der Lage, Beziehungen zu verinnerlichen und Zusammenhänge begrifflich zu erfassen; es denkt über seine Stellung in der Familie anders nach als zuvor, wenn sein Standpunkt auch noch immer egozentrisch geprägt ist. Es lernt komplexere interpersonale Beziehungen zu begreifen und muß schmerzlich einsehen, daß die Mutter außer ihm selbst auch noch andere Personen liebt, den Vater und die Geschwister. Es sieht, daß es andere Mütter und Väter gibt, denen andere Kinder gehören; das relativiert auch seine eigene Stellung in der Familie und erschüttert den Glauben daran, daß es der alleinige Mittelpunkt seiner Eltern ist.

Mit dem Erwerb der Sphinkterkontrolle gegen Ende des zweiten Lebensjahres erreicht die Bemeisterung des Bewegungsapparates einen gewissen Höhepunkt. Das Kind gibt sich oft in rauschhafter Freude den unterschiedlichsten Bewegungsformen hin[48]. Es ist in der Lage, sich unabhängig und frei umherzubewegen und auf diese Weise Räume direkt sinnlich zu erfahren. Mit diesen motorischen Fähigkeiten gehen wiederum eine Reihe kognitiver Fähigkeiten einher, so vor allem auch das Begreifen der Kategorien Raum und Zeit.

Man kann bei Kindern dieses Alters (um das dritte Lebensjahr) eine unersättliche Wißbegier feststellen, die sich in bohrenden Fragen äußert und auf Größenunterschiede und besonders Geschlechtsunterschiede zielt.

ERIKSON ([1950] 1966) hat näher gekennzeichnet, wie der dominierende ‚Modus des Eindringens' der phallischen Phase sich vom psychosexuellen Bereich auf andere Tätigkeiten ausweitet.

> Der Modus des Eindringens „umfaßt das Eindringen auf und in andere durch physischen Angriff; das Eindringen in die Ohren und das Bewußtsein anderer durch aggressives Reden; das Eindringen in den Raum durch kraftvolles Umherlaufen; das Eindringen in das Unbekannte durch unersättliche Wißbegier.

---

48 Die Lust, die verschiedene Bewegungsformen bieten, aber auch die Spannungsreize und die Angstlust („thrills"), die entstehen, wenn die erworbene Sicherheit über den Bewegungsapparat freiwillig einer Bedrohung ausgesetzt wird, zum Beispiel in den Vergnügungen, die ein Jahrmarkt mit Karussells, Schaukeln, Achterbahnen und ähnlichen Geräten bietet, hat BALINT (1959) sehr eindringlich und anschaulich dargestellt.

Das ist auch das Stadium einer frühen geschlechtlichen Neugier und genitalen Erregbarkeit, der gelegentlichen, mitunter sogar übermäßigen Beschäftigung mit sexuellen Dingen" (S. 89).

Die phallischen, selbstbewußten und in gewisser Weise exhibitionistischen Interessen des Kindes dieser Entwicklungsstufe zeigen sich auch darin, daß es demonstrativ seine Fähigkeiten vorführen, dabei gesehen und bewundert werden möchte; ebenso sieht es selbst aber gern Dinge und Personen genau und erforschend an.

„Da die *Trieb- und Gefühlsstrebungen des Kindes den stärksten Ansporn für die Entwicklung der Wahrnehmungsfunktionen darstellen,* beschränkt sich seine Sexualneugier keineswegs auf die eigenen und fremden Genitalien, sondern gilt gleichermaßen dem Sexualverhalten, und zwar dem eigenen wie dem fremden. Die Urszenenphantasien des Kindes zeigen sein eindringliches Interesse dafür, was es selbst und was andere sexuell erleben." Darüber hinaus bewirken „auch die Tabus und Kastrationsängste, daß sich seine Erkundungen und vergleichenden Untersuchungen mehr und mehr auf andere Körperzonen verlagern" (JACOBSON, 1973, S. 84; Hervorhebung H. N. B.).

Bei diesem Streben, alles genau zu beobachten und zu erforschen, kann dem Kind der offensichtliche Geschlechtsunterschied nicht entgehen. Die damit verknüpften und dadurch ausgelösten Fragen geben ihm vielfache Rätsel und Probleme auf, die auch seine Spiele und Phantasien anregen und in unterschiedlichster Weise gestalten.
JACOBSON (1973) hat hervorgehoben, daß dem durch die Wahrnehmung verschiedener Geschlechtsmerkmale ausgelösten Kastrationsschock, obwohl er eine der traumatischsten Erfahrungen und eine schwer zu überwindende narzißtische Kränkung für das Kind darstellt, unter bestimmten Umständen auch eine positive Wirkung für die intellektuelle Entwicklung des Kindes zukommt.

„Bei einem normalen Kind erregt die Wahrnehmung der Geschlechtsunterschiede sicherlich Neugier und Forschungsdrang, fördert seine wißbegierige Erforschung der äußeren Welt und hilft ihm, libidinöse und aggressive Strebungen auf die Wahrnehmung und auf kritische, intellektuelle Betätigung zu verschieben. Wenn die Feindseligkeit, die durch solche Erlebnisse ausgelöst wird, vom Ich ausreichend absorbiert und nutzbar gemacht werden kann, profitiert im allgemeinen die Funktion der Realitätsprüfung viel davon. Kritische und selbstkritische Funktionen werden angeregt, die realistische Wahrnehmung der Welt und das Selbst wird erweitert und geschärft, und die Fähigkeit des Ichs, illusionäre Vorstellungen und Erwartungen abzubauen, wird gestärkt" (S. 118).

Wie kommt es in der Entwicklung des Kindes zum sogenannten Ödipuskomplex, der durch eine spezifisch konflikthafte Dreierkonstellation gekennzeichnet ist und der in entscheidender Weise sämtliche Aktivitäten des Kindes und die Strukturierung seiner Persönlichkeit beeinflußt? Weil ohne Kenntnis der um den Ödipuskomplex zentrierten dynamischen Prozesse das Kind in seinen vielfältigen Lebensäußerungen nur unzureichend zu verstehen ist, sollen im folgenden die idealtypische Vorgeschichte und Entfaltung des Ödipuskomplexes und die möglichen Formen seiner Überwindung in großen Zügen skizziert werden[49]. Bei dieser die allgemeinen typischen Entwicklungsabläufe skizzierenden Darstellung sei aber daran erinnert, daß das Hauptaugenmerk der psychoanalytischen Forschung und therapeutischen Praxis neben der Herausarbeitung der Allgemeingültigkeit der triangulären Struktur des Ödipuskomplexes (auch in unterschiedlichen Kulturen[50]) auf die je individuelle Ausprägung dieses ‚Kernkomplexes' gerichtet war und ist.

Den Einfluß des sozialen Bezugsfeldes und der daraus hergeleiteten realen Erfahrungen auf den Ödipuskomplex des Kindes kann man mit FENICHEL folgendermaßen zusammenfassen:

„Die Entwicklung von Ödipuskomplex und Kastrationsangst ist durch *determinierende* Faktoren gegeben; sie kommt bestimmt. Aber *wie* sie kommt, also das realisierende Moment hängt davon ab, was der Mensch tatsächlich an Einzelschicksalen erlebt hat, und wie er darauf reagiert, was wieder abhängt von seiner Konstitution und sämtlichen jeweils noch früheren Erlebnissen. Das ist wichtig zu betonen. *An der historischen Arbeit der Psychoanalyse und den dadurch bedingten Schwierigkeiten hat sich nichts geändert* ... Es macht nicht nur den größten Unterschied aus, wie die Mutter beschaffen ist, die ein kleiner Junge liebt, sondern auch, was sich ein kleiner Junge unter ‚Liebe' vorstellt, und wie sich eine solche Liebe in sein Seelenganzes einfügt, ist von Individuum zu Individuum verschieden. Da ist jeder Fall einmalig. Warum der Ödipuskomplex einmal praktisch überwunden wird, ein anderesmal nicht, kann man nicht prinzipiell beantworten. Aber in einzelnen Fällen kann man verstehen, daß bestimmte Erlebnisse oder Erlebnisse, auf die eine bestimmte Konstitution reagierte, Ödipuskomplex und Kastrationsangst frühzeitig weckten oder besonders in die Höhe trieben. Und die vergleichende Analyse vieler Einzelpersonen läßt die verschiedene Gestaltung des Ödipuskomplexes je nach dem Erleben, so jeweils einmalig sie ist, doch bis zu einem gewissen Grade typisieren. Es gibt relativ typische Antworten auf relativ typische Erlebnisse, die Spezialformen des Ödipuskomplexes bedingen. Das leuchtet sofort ein für die Arten der *Überwindung des Ödipuskomplexes.* Wenn diese durch Identifizierung geschieht, so wird das dabei entste-

---

49 Auf die volle Komplexität und zum Teil auch ungelösten und noch umstrittenen Fragen zum Ödipuskomplex, besonders seiner geschlechts- und schichtspezifisch unterschiedlichen Ausprägungen kann im Rahmen dieser Arbeit nur am Rande eingegangen werden.

50 Auch die Frage der Universalität des Ödipuskomplexes, wie sie FREUD besonders in seinen kulturtheoretischen Schriften („Totem und Tabu", 1912/13, GW IX; „Die Zukunft einer Illusion", 1927, GW XIV; „Das Unbehagen in der Kultur", 1930, GW XIV) entwickelt hat, kann hier nicht diskutiert werden. Es sei jedoch auf die neueren Arbeiten von A. PARSONS (1969), REICHE (1972) und PARIN (1972) verwiesen. Die französischen Beiträge in STORCK (1974) zu einer psychoanalytischen Anthropologie, die sich mit „Fragen nach dem Vater" beschäftigen, gehören ebenfalls in diesen Zusammenhang; darin besonders auch der Aufsatz von LEBOVICI und CRÉMIEUX (1974, S. 159–232).

hende Über-Ich so mannigfaltig sein wie Erziehungseinflüsse mannigfaltig sein können und dazu paßt die reale Mannigfaltigkeit der menschlichen Charaktere“ (Fenichel, [1931] 1972, S. 68f.).

Die emotionalen Konflikte des Kindes, die aus den ambivalenten Beziehungen zu seinen Elternfiguren (seien es die biologischen Eltern, seien es andere elterliche Ersatzfiguren, zum Beispiel bei Heim- oder Adoptionskindern [51]) resultieren, finden ihren Kulminationspunkt zwischen dem dritten und fünften Lebensjahr. Diese Konflikte sind in unterschiedlicher schichtspezifischer Ausprägung zumindest bei der monogamen Familienstruktur der westlichen Kultur zu beobachten.

Die Phantasien, Gefühle und unbewußten Strebungen des ödipalen Kindes nehmen eine Vielzahl von Formen an, die aber fast alle um den zentralen Wunsch nach dem ausschließlichen und sexuellen Besitz des gegengeschlechtlichen Elternteils kreisen. Dieser Wunsch ist gekoppelt mit feindlichen Gefühlen und Beseitigungs- beziehungsweise Todeswünschen gegen den gleichgeschlechtlichen Elternteil, der dem Kind in der Realisierung seines Wunsches im Wege ist (dies ist der sogenannte *positive Ödipuskomplex*). Kompliziert wird diese konflikthafte Periode durch das Koexistieren von Gefühlen der Zuneigung und des Hasses gegen beide Elternteile. Hinzu kommt, daß Freud auch vom *vollständigen Ödipuskomplex* sprach, wofür er unter anderem die konstitutionelle Bisexualität des Kindes verantwortlich machte. Damit bezeichnete er die Tatsache, daß gleichzeitig und parallel zum positiven Ödipuskomplex auch die *negative Form* zu beobachten ist, in der sich die ödipale Beziehung in umgekehrter Weise darstellt: Der gleichgeschlechtliche Elternteil wird geliebt und begehrt, und der gegengeschlechtliche mit Haß und Eifersucht verfolgt. Man findet in Wirklichkeit vielfach beide Formen in unterschiedlicher Ausprägung und Intensität nebeneinander (vgl. Freud, „Das Ich und das Es“, 1923, GW XIII, S. 261).

In der komplizierten Vor- und Nachgeschichte des Ödipuskomplexes, in der vom Kind die Bewältigung des Übergangs von der Mutter-Kind-*Dyade* zur *Triade* der Elternbeziehung (Vater *und* Mutter) verlangt wird, begegnen sich

51 Zum Ödipuskomplex bei Heim- oder Adoptionskindern vgl. die Arbeiten von Burlingham und A. Freud (1949, 1950); ferner Goldstein, A. Freud und Solnit (1974). Zum Zusammenhang von Lernstörungen und Ödipuskomplex besonders bei Adoptionskindern siehe Jarvis (1969/70, vor allem S. 290ff.).
Die Verarbeitung der ödipalen Problematik bei Kindern mit nur einem Elternteil diskutieren besonders die Arbeiten von Meiss (1952) und Neubauer (1960). Zur Frage, ob es einen Ödipuskomplex auch bei Umgehung der üblichen Familienstruktur, zum Beispiel in der Kibbutz-Erziehung, gibt, siehe besonders Bettelheim (1971) und Spiro (1969).

zwei Entwicklungslinien des Kindes, die beide an verschiedenen Punkten besonders störanfällig sind.
Mit FENICHEL ([1931] 1972) können wir zwei Entwicklungslinien skizzieren:

„a) *Die Entwicklung der körperlichen Leitzonen*, von denen die Triebansprüche ausgehen, also die libidinöse Entwickung, die durch die Schlagworte orale – anale – phallische Entwicklungsstufe der Libido charakterisiert ist; der eigentliche Ödipuskomplex gehört der phallischen Periode an, bereitet sich aber früher vor, so daß er auch mehr oder weniger orale und anale Elemente enthält.
b) *Die Entwicklung der Objektbeziehungen*, des Verhaltens zu äußeren Objekten, also die libidinöse Entwicklung, die durch die Schlagworte Narzißmus, das heißt Objektlosigkeit – archaisch-ambivalente Objektbeziehungen, nämlich die Idee, die Objekte zu fressen (Totaleinverleibung) oder ihnen etwas abzubeißen (Partialeinverleibung) – endlich Liebe und Haß charakterisiert ist; der eigentliche Ödipuskomplex gehört der Liebes- und Haßperiode an, aber er bereitet sich früher vor, so daß er auch mehr oder weniger ‚Einverleibungs'-Elemente enthält. Seine Überwindung, notwendig gemacht durch die Überzeugung des Kindes, daß seine Befriedigung eine große Gefahr mit sich brächte, geschieht durch die komplizierten Mechanismen, die wir als ‚Über-Ich-Bildung' zusammenfassen, dadurch, daß das Kind es lernt, sich mit den Forderungen der Eltern zu identifizieren" (S. 66; vgl. zur prägenitalen Vorgeschichte des Ödipuskomplexes auch FENICHEL, 1930).

Bis zur Überwindung und Aufhebung des Ödipuskomplexes hat das Kind einen weiten Weg zu gehen. Es sei noch einmal die erste Objektbeziehung des Kindes kurz gekennzeichnet, bevor sie sich von der Dualbeziehung zur Dreierkonstellation umgestaltet. Die völlige Hilflosigkeit des Säuglings gegenüber den Pflegepersonen bestimmt seine erste noch primitive Objektwahl. Für den Jungen wie das Mädchen gilt:

„Das erste erotische Objekt des Kindes ist die ernährende Mutterbrust, die Liebe entsteht in Anlehnung an das befriedigende Nahrungsbedürfnis. Die Brust wird anfangs gewiß nicht von dem eigenen Körper unterschieden, wenn sie vom Körper als abgetrennt nach *außen* verlegt werden muß, weil sie so häufig vom Kind vermißt wird, nimmt sie als *Objekt* einen Teil der ursprünglich narzißtischen Libidobesetzung mit sich. Dies erste Objekt vervollständigt sich später zur Person der Mutter, die nicht nur nährt, sondern auch pflegt und so manche andere, lustvolle wie unlustige, Körperempfindungen beim Kind hervorruft. *In der Körperpflege wird sie zur ersten Verführerin des Kindes* (hier Hervorhebung H. N. B.). In diesen beiden Relationen wurzelt die einzigartige, unvergleichliche, fürs ganze Leben unabänderlich festgelegte Bedeutung der Mutter als erstes und stärkstes Liebesobjekt, als Vorbild aller späteren Liebesbeziehungen – bei beiden Geschlechtern" (FREUD, „Abriß der Psychoanalyse", 1938, GW XVII, S. 115).

Diese Vorgeschichte des Ödipuskomplexes hilft die Intensität der beim ödipalen Kind zu beobachtenden Gefühle und Konflikte besser verstehen. Wie direkte Beobachtungen von Eltern-Kind-Beziehungen zeigen, sind diese nicht frei von sexuellen Triebregungen[52]. FREUD hat wiederholt hervorgehoben, daß diese libidinösen Strebungen des Kindes in der phallischen Periode über die Art von Zärtlichkeit hinausgehen,

„in der wir Erwachsene so gern das Wesen der Eltern-Kind-Beziehung sehen. Nein, die Analyse läßt keinen Zweifel darüber, daß die Wünsche des Kindes über die Zärtlichkeit hinaus alles anstreben, was wir als sinnliche Befriedigung begreifen, soweit eben das Vorstellungsvermögen des Kindes reicht. Es ist leicht zu verstehen, daß das Kind den wirklichen Sachverhalt der Vereinigung der Geschlechter niemals errät, es setzt dafür andere aus seinen Erfahrungen und Empfindungen abgeleitete Vorstellungen ein. Gewöhnlich gipfeln seine Wünsche in der Absicht, ein Kind zu gebären – oder in unbestimmbarer Weise – zu zeugen. Von dem Wunsch, ein Kind zu gebären, schließt sich in seiner Unwissenheit auch der Knabe nicht aus" (FREUD, „Die Frage der Laienanalyse", 1926, GW XIV, S. 241 f.).

Nicht nur das Kind nimmt beide Eltern oder einen von beiden zum Objekt seiner erotischen Wünsche, sondern vielfach richten sich auch latent sexuelle Wünsche der Mutter beziehungsweise des Vaters auf den Sohn beziehungsweise die Tochter. FREUD bemerkt, daß das Kind in seiner erotischen Objektwahl „einer Anregung der Eltern (folgt), deren Zärtlichkeit die deutlichsten Charaktere einer, wenn auch in ihren Zielen gehemmten Sexualbetätigung hat" (FREUD, „Über Psychoanalyse", 1910, GW VIII, S. 50).
Idealtypisch gestaltet sich die Ödipussituation für den Jungen[53] in folgender Weise:

---

52 Vgl. hierzu die Arbeiten von RICHTER (1969, 1972), in denen er immer wieder darstellt, wie Eltern das Kind als Substitut für einen anderen Partner nehmen. ANTHONY (1970) hat dargestellt, welche Bedrohung die latent sexuellen Verführungsversuche des ödipalen Kindes für die Eltern bedeuten.

53 Zur ödipalen Entwicklung beim Mädchen bemerkt FREUD: „Unser Material wird hier – unverständlicherweise – weit dunkler und lückenhafter. Auch das weibliche Geschlecht entwickelt einen Ödipuskomplex, ein Über-Ich und eine Latenzzeit. Kann man ihm auch eine phallische Organisation und einen Kastrationskomplex zusprechen? Die Antwort lautet bejahend, aber es kann nicht dasselbe sein wie beim Knaben" („Der Untergang des Ödipuskomplexes", 1924, GW VIII, S. 400).
„Bei diesem (dem Knaben) entsteht der Kastrationskomplex, nachdem er durch den Anblick eines weiblichen Genitales erfahren hat, daß das von ihm so hochgeschätzte Glied nicht notwendig mit dem Körper beisammen sein muß. Er entsinnt sich dann der Drohungen, die er sich durch Beschäftigung mit dem Glied zugezogen, fängt an, ihnen Glauben zu schenken, und gerät von da an unter den Einfluß der *Kastrationsangst*, die der mächtigste Motor seiner weiteren Entwicklung wird. Auch der Kastrationskomplex des Mädchens wird durch den Anblick des anderen Genitale eröffnet. Es merkt sofort den Unterschied und – man muß es zugestehen – auch seine Bedeutung. Es fühlt sich schwer beeinträchtigt, äußert oft, es möchte ‚auch so etwas haben' und verfällt dem *Penisneid*, der unvertilgbare Spuren in seiner Entwicklung und Charakterbildung hinterlassen, auch im günstigsten Fall nicht ohne schweren psychischen

„Ganz frühzeitig entwickelt es für die Mutter eine Objektbesetzung, die von der Mutterbrust ihren Ausgang nimmt und das vorbildliche Beispiel einer Objektwahl nach dem Anlehnungstypus zeigt; des Vaters bemächtigt sich der Knabe durch Identifizierung. Die beiden Beziehungen gehen eine Weile nebeneinander her, bis durch die Verstärkung der sexuellen Wünsche nach der Mutter und die Wahrnehmung, daß der Vater diesen Wünschen ein Hindernis ist, der Ödipuskomplex entsteht. Die Vateridentifizierung nimmt nun eine feindselige Tönung an, sie wendet sich zum Wunsch, den Vater zu beseitigen, um ihn bei der Mutter zu ersetzen. Von da an ist das Verhältnis zum Vater ambivalent; es scheint, als ob die in der Identifizierung von Anfang an enthaltene Ambivalenz manifest geworden wäre. Die ambivalente Einstellung zum Vater und die nur zärtliche Objektstrebung nach der Mutter beschreiben für den Knaben den Inhalt des einfachen, positiven Ödipuskomplexes.
Bei der Zertrümmerung des Ödipuskomplexes muß die Objektbesetzung der Mutter aufgegeben werden. An ihre Stelle kann zweierlei treten, entweder eine Identifizierung mit der Mutter oder eine Verstärkung der Vateridentifizierung. Den letzteren Ausgang pflegen wir als den normaleren anzusehen, er gestattet es, die zärtliche Beziehung zur Mutter in gewissem Maße festzuhalten. Durch den Untergang des Ödipuskomplexes hätte so die Männlichkeit im Charakter des Knaben eine Festigung erfahren. In ganz analoger Weise kann die Ödipuseinstellung des kleinen Mädchens in eine Verstärkung ihrer Mutteridentifizierung (oder in die Herstellung einer solchen) auslaufen, die den weiblichen Charakter des Kindes festlegt" (FREUD, „Das Ich und das Es", 1923, GW XIII, S. 260).

Die Wünsche nach Beseitigung des Rivalen um den alleinigen Besitz der Mutter lassen beim Jungen die Furcht vor Vergeltung, aber auch die vor Liebesverlust auftauchen, denn trotz seiner ablehnenden Haltung gegen den Vater liebt und bewundert er ihn auch. Diese Furcht vor Vergeltung, die der kleine Junge als Folge der ödipalen Wünsche gegenüber seiner Mutter befürchtet, konkretisiert sich vielfach für ihn in der sogenannten Kastrationsangst, das heißt der Angst, den Penis zu verlieren. Diese Furcht findet durch verschiedene Erfahrungen des Jungen, die zusammenkommen müssen, immer wieder Nahrung.

„Die Mutter hat sehr wohl verstanden, daß die sexuelle Erregung des Knaben ihrer eigenen Person gilt. Irgendeinmal besinnt sie sich darauf, daß es nicht recht ist, sie gewähren zu lassen. Sie glaubt das Richtige zu tun, wenn sie ihm die manuelle Beschäftigung mit

---

Aufwand überwunden werden wird. Daß das Mädchen die Tatsache ihres Penismangels anerkennt, will nicht etwa besagen, daß sie sich ihr leichthin unterwirft ..." (FREUD, „Neue Folge der Vorlesungen zur Einführung in die Psychoanalyse", 1933, GW XV, S. 133f.; vgl. auch FREUD, „Einige psychische Folgen des anatomischen Geschlechtsunterschiedes", 1925, GW XIV, S. 22ff.; „Über die weibliche Sexualität", 1931, GW XIV, S. 518–537).
Von der Fülle psychoanalytischer Arbeiten zur Entwicklung des weiblichen Ödipuskomplexes seien hier nur noch einige – weniger häufig zitierte – genannt: JONES (1933), der sich auch mit den Arbeiten von HORNEY und M. KLEIN auseinandersetzt; GREENACRE (1950), KESTENBERG (1956), MÜLLER-BRAUNSCHWEIG (1959) und JACOBSON (1973, besonders S. 118ff.).

seinem Glied verbietet. Das Verbot nützt wenig, bringt höchstens eine Modifikation in der Art der Selbstbefriedigung zustande. Endlich greift die Mutter zum schärfsten Mittel, sie droht, daß sie ihm das Ding wegnehmen wird, mit dem er ihr trotzt. Gewöhnlich schiebt sie die Ausführung der Drohung dem Vater zu, um sie schreckhafter und glaubwürdiger zu machen. Sie wird es dem Vater sagen, und er wird das Glied abschneiden. Merkwürdigerweise wirkt diese Drohung nur, wenn auch vorher und nachher eine andere Bedingung erfüllt ist.
An sich scheint es dem Knaben allzu unvorstellbar, daß etwas derartiges geschehen könnte. Aber wenn er sich bei dieser Drohung an den Anblick eines weiblichen Genitales erinnern kann oder kurz nachher ein solches Genitale zu Gesicht bekommt, ein Genitale, dem dies über alles geschätzte Stück wirklich fehlt, dann glaubt er an den Ernst dessen, was er gehört hat, und erlebt, indem er unter den Einfluß des Kastrationskomplexes gerät, das stärkste Trauma seines jungen Lebens" (FREUD, „Abriß der Psychoanalyse", 1938, GW XVII, S. 116f; vgl. auch: „Einige psychische Folgen des anatomischen Geschlechtsunterschiedes", 1925, GW XIV, S. 23f.).

Die Kastrationsdrohung braucht nicht einmal so direkt ausgesprochen zu werden, Andeutungen sehr indirekter Art, die auch auf die Beschädigung des Körpers zielen, negative Erfahrungen mit ärztlichen Eingriffen genügen, um die Kastrationsangst zu schüren. So signalisieren Kastrationsängste zwar eine äußere Gefahr, werden aber nicht allein durch Bedrohungen von außen hervorgerufen. Im wesentlichen sind Kastrationsängste magische Vergeltungsängste vor bedrohlichen Elternimagines, die intrapsychischen Spannungen entstammen (vgl. JACOBSON, 1973, S. 133). Die Kastrationsangst selbst wird sich häufig durch Verschiebung in sehr unterschiedlicher Form äußern.

„Jeder Mensch ... hat die Angst, am Genitale blutig beschädigt zu werden. Jeder hat sie anders. Nicht nur die sekundären Angstformen, die durch Verschiebung entstanden, die tiefer verdrängte Genitalangst ersetzen sollen, hängen von speziellen Kindheitserlebnissen ab: Das Kind nach der eindrucksvollen Mandeloperation verschiebt seine Angst auf den Hals, ein Kind, das gegen seinen Willen gezwungen wurde, dem Köpfen einer Taube beizuwohnen, behält für sein Leben eine Angst vor dem Geköpftwerden als Ersatz der Kastrationsvorstellung; bewußte oder unbewußte Ängste vor Beschädigung des Auges deuten auf besondere Erlebnisse des sexuellen Schautriebes, die Lokalisation der Angst auf den Daumen auf beim Lutschen erworbene Ängste" (FENICHEL, [1931] 1972, S. 69).

Durch Beobachtung des weiblichen Genitale wird also der Junge mit der Möglichkeit seiner Kastration konfrontiert, wodurch ein heftiger Konflikt hinsichtlich seiner ödipalen Wünsche ausgelöst wird, der schließlich dazu führt, daß diese aus narzißtischen Interessen verworfen werden.

„Der Ödipuskomplex bot dem Kinde zwei Möglichkeiten der Befriedigung, eine aktive und eine passive. Es konnte sich in männlicher Weise an die Stelle des Vaters setzen und wie er mit der Mutter verkehren, wobei der Vater bald als Hindernis empfunden wurde, oder es wollte die Mutter ersetzen und sich vom Vater lieben lassen, wobei die Mutter überflüssig wurde. Worin der befriedigende Liebesverkehr bestehe, darüber mochte das Kind nur sehr unbestimmte Vorstellungen haben; gewiß spielte aber der Penis dabei eine

Rolle, denn dies bezeugten seine Organgefühle. Zum Zweifel am Penis des Weibes war noch kein Anlaß. Die Annahme der Kastrationsmöglichkeit, die Einsicht, daß das Weib kastriert sei, machte nun beiden Möglichkeiten der Befriedigung aus dem Ödipuskomplex ein Ende. Beide brachten ja den Verlust des Penis mit sich, die eine, männliche, als Straffolge, die andere, weibliche, als Voraussetzung. Wenn die Liebesbefriedigung auf dem Boden des Ödipuskomplexes den Penis kosten soll, so muß es zum Konflikt zwischen dem narzißtischen Interesse an diesem Körperteile und der libidinösen Besetzung der elterlichen Objekte kommen. In diesem Konflikt siegt normalerweise die erstere Macht; das Ich des Kindes wendet sich vom Ödipuskomplex ab...
Ich sehe keinen Grund, der Abwendung des Ichs vom Ödipuskomplex den Namen einer ‚Verdrängung' zu versagen, obwohl spätere Verdrängungen meist unter der Beteiligung des Über-Ichs zustandekommen werden, welches hier erst gebildet wird. Aber der beschriebene Prozeß ist mehr als eine Verdrängung, er kommt, wenn ideal vollzogen, einer Zerstörung und Aufhebung des Komplexes gleich... Wenn das Ich wirklich nicht viel mehr als eine Verdrängung des Komplexes erreicht hat, dann bleibt dieser im Es bewußt bestehen und wird später seine pathogene Wirkung äußern" (Freud, „Der Untergang des Ödipuskomplexes", 1924, GW XIII, S. 398f.).

Der Verzicht auf die inzestuösen Strebungen und Beseitigungswünsche in bezug auf den ödipalen Rivalen gelingt mit Hilfe der Identifizierungen mit den Elternfiguren, die zur Über-Ich-Bildung führen. Das Über-Ich, in dessen Kern das Verbot des Vater- beziehungsweise Muttermordes und das Inzesttabu eingegangen sind, bildet sich gleichsam durch Verinnerlichung der elterlichen Forderungen und Verbote. Wenn Freud das Über-Ich als den Erben des Ödipuskomplexes definierte und seine Einsetzung als eine gelungene Identifizierung mit der „Elterninstanz" beschrieb (Neue Folge der Vorlesungen zur Einführung in die Psychoanalyse, 1933, GW XV, S. 70), so deutet dieser Ausdruck an, daß damit nicht nur die Identifizierung mit den realen Elternfiguren gemeint ist, sondern sich die Einflüsse von anderen Erzieherfiguren, Autoritäten, aber auch gesellschaftliche Wert- und Moralvorstellungen vermengen und einen bedeutsamen Einfluß auf die kindliche Entwicklung nehmen. Zugleich ist hier der Einfluß der Erziehung auf die Über-Ich-Bildung angesprochen.

„In der Regel folgen die Eltern und die ihnen analogen Autoritäten in der Erziehung des Kindes den Vorschriften des eigenen Über-Ichs. Wie immer sich ihr Ich mit ihrem Über-Ich auseinandergesetzt haben mag, in der Erziehung des Kindes sind sie streng und anspruchsvoll. Sie haben die Schwierigkeiten ihrer eigenen Kindheit vergessen, sind zufrieden, sich nun voll mit den eigenen Eltern identifizieren zu können, die ihnen seinerzeit die schweren Einschränkungen auferlegt haben. So wird das Über-Ich des Kindes eigentlich nicht nach dem Vorbild der Eltern, sondern des elterlichen Über-Ichs aufgebaut; es erfüllt sich mit dem gleichen Inhalt, es wird zum Träger der Tradition, all der zeitbeständigen Wertungen, die sich auf diesem Wege über Generationen fortgepflanzt haben. Sie erraten leicht, welch wichtige Hilfen für das Verständnis des sozialen Verhaltens der Menschen, z. B. für das der Verwahrlosung, vielleicht auch welch praktische Winke für die Erziehung sich aus der Berücksichtigung des Über-Ichs ergeben" (Freud,

„Neue Folge der Vorlesungen zur Einführung in die Psychoanalyse", 1933, GW XV, S. 73)[54].

Wenn die Annahme eines präödipalen Über-Ichs, die M. KLEIN vorbringt, auch sehr problematisch ist, so ist aber doch hervorzuheben, daß der Prozeß der Über-Ich-Bildung ein sehr früh einsetzender Vorgang ist, deren wichtigste Vorläufer auf eine Vielzahl unterschiedlicher Eltern- und Selbstimagines zurückgehen[55]. JACOBSON (1973) hat diese präödipalen Vorstufen des Über-Ichs und vor allem die damit verknüpften Phantasien des Kindes – wie wir sie zum Teil schon in den phasenspezifischen Spielen ausgedrückt fanden (siehe oben und die folgenden Abschnitte) – präzis zusammengefaßt.

„Auf der einen Seite haben wir die archaische Phantasiewelt, von der wir soeben mit Bezug auf die Kastrationsängste gesprochen haben. Sie stammt aus den eigenen Triebwünschen des Kindes, die zu irrationalen, physischen Vergeltungsängsten führen (gebissen oder verschlungen zu werden, des Körperinhalts beraubt und – später – kastriert zu werden). Auf der anderen Seite gibt es eine Phantasiewelt, die enger mit der Realität, mit verbal geäußerten elterlichen Verboten und Geboten verknüpft ist. Diese Phantasiewelt erregt Ängste und Erwartungen auf einer zunächst noch primitiven, später auf einer fortgeschritteneren emotionalen Ebene (Trennungsängste, Ängste vor Objektverlust, vor Verlassenwerden und vor Liebesverlust, Ängste vor Tadel, Bloßstellung, Zurückweisung, Kritik; Erwartung von Liebe, Lob, Belohnung). Diese Vorstellungswelt spiegelt die wechselnden ambivalenten Gefühle des Kindes und die emotionalen Haltungen der Eltern in der Erziehung wider. Sie provozieren nicht nur Ängste, sondern liefern bereits positive Anstöße und Richtungsimpulse für prägenitale Reaktionsbildungen und Sublimierungen. Sie führen auch bereits zur Internalisierung gewisser Verhaltensnormen. Und schließlich gibt es die Phantasiewelt, die aus den narzißtischen, omnipotenten und dann auch aus den perfektionistisch-moralischen Strebungen des Kindes stammen: die idealisierten Objekt- und Selbstimagines, von denen das Ich-Ideal, der moralische Führer des Ichs geprägt wird" (JACOBSON, 1973, S. 136).

JACOBSON (1973) hat auch wiederholt den engen Zusammenhang des Wandels der affektiven Objektbeziehung mit dem damit verzahnten raschen Fortschreiten der Ich-Leistungen dargestellt, der schließlich auch in der Über-Ich-Bildung seinen Niederschlag findet.

„Offensichtlich ist der psychische Organismus nicht in der Lage, das Über-Ich als Funktionssystem aufzubauen, bevor nicht die Reifung des Ichs und der Objektbeziehungen ein gewisses Niveau erreicht hat. Ich beziehe mich auf die Entwicklung der Gefühls- und

---

54 A. FREUD hat wiederholt an dieser Stelle angeknüpft und den Zusammenhang von Erziehung und Über-Ich-Bildung analysiert, vgl. hierzu besonders [1936] o. J., S. 44ff., 92f., 110f., und 1968, S. 162ff.

55 Vgl. zu den Vorläufern der Über-Ich-Bildung auch SPITZ (1960/61). Eine theoretische Diskussion des Über-Ich-Begriffs mit einer Anwendung auf klinisches Material der therapeutischen und Beratungspraxis gibt SANDLER (1964/65).

Denkprozesse, der Wahrnehmung und Realitätsprüfung, des logischen und abstrakten Denkens, des Zeitsinns, des kritischen Urteils- und des Unterscheidungsvermögens und schließlich auf die Entwicklung der Selbst- und Objektrepräsentanzen, der zärtlichen Objektbeziehungen, der Ich-Identifizierungen und der exekutiven Ich-Funktionen" (S. 137).
Das Ich des Kindes muß von der „Stufe der konkretistischen Phantasien bezüglich Selbst und Objekt zu der Stufe eines mehr begrifflichen, abstrakteren und zu Unterscheidungen fähigen Verstehens der elterlichen Persönlichkeiten" gelangen. „Ich meine damit ein Verstehen ihrer seelischen Eigenart, ihrer Überichnormen, ihrer Gedanken und Meinungen, ihrer Haltungen und Wünsche, ihrer Erwartungen und Forderungen wie auch ihrer Verbote und der moralischen Codes, die sie implizieren" (S. 138).

Der Übergang von der Kastrationsangst zur Über-Ich-Angst, den das ödipale Kind vollzieht, stellt ebenfalls einen Schritt in seiner kognitiven Entwickung dar.

„Doch es ist ein enormer Schritt von der einfachen moralischen Logik der Kastrationsangst, der Angst vor Bestrafung und Hoffnung auf Belohnung, zu der abstrakten moralischen Ebene eines Über-Ichs, das sich vom Inzest- und Tötungstabu zu einer Garnitur von unpersönlichen, ethischen Prinzipien und Regeln für menschliches Verhalten erweitert hat" (S. 139).

3.2.2 „Das Rätsel der Sphinx": Spiele in der ödipalen Situation

Es sollen im folgenden unter anderem besonders die Spielformen und Phantasien analysiert werden, die der Abwehr und Lösung ödipaler Verstrickungen dienen und zum anderen die Entwicklung des Kindes zur Selbständigkeit und die notwendige Lösung von den Elternfiguren fördern. Dabei werden wir aber auch immer wieder die noch unmittelbar mit der ödipalen Situation zusammenhängenden Spiele und Phantasien analysieren, da einige ihrer Elemente auch in spätere Spiel- und Phantasietätigkeiten eingehen. Je nach Familienstruktur und sozio-kultureller Schicht wird der gleitende Übergang aus der ödipalen Phase in die Latenzzeit auch verschieden ausfallen.
In dieser Altersphase wäre zu unterscheiden zwischen

a) den gewissermaßen hermetisch um die ödipale Dreierkonstellation kreisenden Phantasien und Spielen, die unter Umständen eine Fixierung der ödipalen Situation unterstützen, und
b) den durch neue außerfamiliale Kontakte und Beziehungen geförderten Phantasie- und Spieltätigkeiten, die zum Teil und zunehmend über diese Ödipusstruktur hinausweisen. Indem sie diese transzendierende Funktion erfüllen, übernehmen sie eine wichtige Rolle für die Weiterentwicklung des Kindes.

Es wäre wichtig, an die Spiele der auslaufenden ödipalen Phase und die in ihnen

ausgedrückten Probleme im Erziehungsprozeß anzuknüpfen und sie auch in der institutionellen vorschulischen Erziehung mehr aufzugreifen.
Auch wenn viele Erzieher behaupten, die Phantasietätigkeit des Kindes fördern zu wollen, so unterliegt diese oft unnötigen Einschränkungen durch institutionelle Bedingungen und unbewußte Abwehrhaltungen der Erzieher. So versuchen zum Beispiel viele Vorschulprogramme, die mehr an Funktionsspielen als an Phantasiespielen interessiert sind, auch die besonders mit der ödipalen Phase zunehmende freie, schöpferische Phantasie zurückzudrängen, da sie einen „Zug zum Anarchischen" (BITTNER, 1971, S. 425) zeigt.
Die charakteristischen Merkmale der ödipalen Spiele sind besonders von PELLER (1968) im Zusammenhang von Libido- und Ich-Entwicklung dargestellt worden. Sie ordnet den verschiedenen Phasen der psychosexuellen Entwicklung des Kindes, seinen phasenspezifischen Ängsten, Konflikten und Frustrationen die entsprechenden häufigsten und typischsten Spielformen zu und interpretiert sie vor diesem Hintergrund. Als dominierende Angst der ödipalen Phase, die sich auch in Spielen und Phantasien der Kinder niederschlägt, weist PELLER auf das stark ausgeprägte Gefühl der Unzulänglichkeit hin, das verbunden ist mit der Vorstellung, von ‚Vergnügungen' der Erwachsenen ausgeschlossen zu sein, womit die ödipale Rivalität thematisiert ist. Nach der obigen Darstellung der ödipalen Konfliktsituation wird auch verständlich, daß das Gefühl der Unzulänglichkeit sich aus der Kastrationsangst beziehungsweise aus dem Penisneid herleitet. Diesen Ängsten und Gefühlen versucht das Kind durch kompensierende Phantasien, in denen es sich in eine aktive und mächtige Rolle versetzt, zu begegnen. Wie sich die Wertschätzung von Macht und Stärke, die für das Kind die Bedeutung von Mitteln zur Erlangung der Unabhängigkeit haben, schon in der präödipalen Zeit vorbereitet, hat JACOBSON (1973) herausgearbeitet.

> „Tatsächlich beginnt das Kind in der präödipalen und stärker noch in der ödipalen Phase realistische Vorstellungen über den Wert von Macht und Stärke zu entwickeln. Sie knüpfen an seine Wünsche nach (oraler, analer, urethraler) Triebkontrolle und -meisterung, nach physischer (phallischer) Stärke und Geschicklichkeit an, entstehen in Verbindung mit seinen wachsenden unabhängigen Ich-Leistungen und ersetzen allmählich seine magischen Omnipotenzphantasien. Diese neuen Vorstellungen über den Wert von Macht und Stärke äußern sich in sichtlichem Stolz und Überlegenheitsgefühl als Reaktion auf die neuerworbenen Fähigkeiten oder in Scham, Ekel und Minderwertigkeitsgefühlen bei Mißerfolgen" (S. 113).

Die reale Erfahrung, schwächer und kleiner zu sein als zum Beispiel der Vater, und die daraus resultierenden Ängste, beantwortet der Junge mit der Verleugnung der Realität in Form der typischen ödipalen Phantasien, der Größte, Stärkste, Schnellste zu sein. Ständig beginnt er sich mit anderen, den Eltern, anderen Erwachsenen, älteren Geschwistern und Spielkameraden, zu vergleichen und versucht sich mit ihnen zu messen. Fällt der Vergleich zu sehr zu seinen Ungunsten aus, so daß selbst die Phantasie nicht ausreicht, die Kluft zwischen Wirklichkeit und Wünschen zu überbrücken, so bleibt dem Kind der Ausweg in die wiederholt gesuchte Tröstung „Wenn ich groß bin, dann ...“; so auch die typisch ödipale Antwort des kleinen Jungen, dem man erklärt, er könne nicht seine Mutter heiraten. Man sieht hier, daß die ödipale Phantasie auch einen entwicklungsfördernden und vorantreibenden Einfluß hat und das Kind vor regressiven Neigungen in Richtung auf die präödipale symbiotische Mutter-Kind-Beziehung bewahren kann (vgl. auch SCHECTER, 1968, S. 123).

Die dramatischen Spiele der ödipalen Zeit zeichnen sich durch Spontaneität und eine besondere Intensität und Vielfalt der Emotionen aus. Die zunehmende Phantasietätigkeit des Kindes prägt das ödipale Spiel, erschließt ihm an sich, das heißt unter günstigen sozio-kulturellen Bedingungen, eine Fülle von Handlungsmustern und Rollen und äußert sich in großer Beweglichkeit und Veränderungsfreudigkeit, die das Spiel zugleich unvorhersehbar und unlenkbar für den Erzieher machen. Hinzu kommen das Bewußtsein sexueller Rollen und die intensiven, aber meist ambivalenten Gefühle gegenüber beiden Elternteilen. Die damit zusammenhängenden Konflikte machen die Eigenart ödipaler Spiele aus, prägen sie auch dann, wenn die Außenwelt und alle Erziehungsbemühungen diese hier vorherrschenden kindlichen Bedürfnisse drastisch reduzieren (vgl. PELLER, 1968).
Die mit drei Jahren stärker werdende Fähigkeit, mit Hilfe einer vielgestaltigeren Phantasie in Form von Geschichten oder szenisch-dramatischen Rollenspielen in mehr oder weniger direkter, manchmal aber auch recht verkleideter, das heißt verhüllter Form, Gedanken und Gefühle mitzuteilen, wird vom Kind der ödipalen Phase besonders dazu benutzt, Szenen aus seiner Familie zu wiederholen und sie aus seiner individuellen Perspektive in der ödipalen Dreierkonstellation zu interpretieren und darzustellen. So erfolgt im darstellenden Spiel dieser Phase nicht nur die Wiederholung der in den Familienbeziehungen gemachten Erlebnisse und Erfahrungen, sondern zugleich auch eine Bearbeitung und ein Lösungsversuch ödipaler Konflikte.
Die in Kapitel 1 mit einer anderen Fragestellung analysierten Spiele und Phantasien des „kleinen Hans“ zeigten deutlich und anschaulich die ödipale Thematik: der Ambivalenzkonflikt mit dem Vater, der Wunsch, die Mutter allein zu besitzen, die sexuelle Neugier und allgemeine Wißbegier und schließlich deutlich Kastrationsängste.
A. FREUD ([1936] o. J.) hat die Spielphantasien eines zehnjährigen Jungen geschildert, der den noch nicht bewältigten ödipalen Ambivalenzkonflikt mit seinem Vater mit Hilfe der Phantasie, ein mächtiger Zirkusbesitzer und Tierbändiger zu sein, zu lösen versuchte.

„Der Mittelpunkt aller seiner Tierepisoden ist folgende Geschichte. Eines Tages, in einer Zirkusvorstellung, die alle Tiere versammelt, schießt plötzlich aus dem Publikum ein Räuber mit einer Pistole auf ihn. Sofort vereinigen sich die Tiere zu seinem Schutz und holen den Räuber vorsichtig, ohne jemand anderen zu verletzen, mitten aus der Menschenmenge. Die Phantasie beschäftigt sich weiter mit der Art, wie die Tiere – immer aus Liebe für ihren Herrn – den Räuber bestrafen, gefangenhalten, begraben, im Triumph aus ihren eigenen Körpern einen riesig in die Höhe ragenden Turm über ihn errichten. Sie nehmen ihn dann mit sich in ihre Höhle, wo er drei Jahre bleiben muß. Bei seiner endlichen Freilassung wird er noch von einer langen Reihe von Elefanten mit den Rüsseln geschlagen, schließlich mit erhobenem Finger (!) verwarnt und gemahnt, es nicht wieder zu tun. Das verspricht er. ‚Er wird es nicht wieder tun, solange ich mit meinen Tieren bin.' Eine merkwürdige Schlußbemerkung versichert noch, nach Schilderung all dessen, was der Räuber von den Tieren zu erdulden hat, daß die Tiere ihn in der Gefangenschaft sehr gut ernährt haben, so daß er nicht von Kräften gekommen ist" (S. 60).

In dieser Schlußbemerkung wird die Ambivalenz gegen den Vater (Räuber) deutlich. Ihn verhungern und sterben zu lassen, hätte zu starke Vergeltungsängste und Schuldgefühle hervorgerufen. Die Strafe, die über den Räuber-Vater verhängt wird, von den Rüsseln der Elefanten – die ihre symbolische Bedeutung als Phallus in diesem Kontext nicht verleugnen können – geschlagen zu werden, kann als omnipotente Phantasie des Jungen verstanden werden, der sein Glied mit dem des Vaters mißt. Der drohende Zeigefinger könnte die Erfahrung des Onanieverbots rekapitulieren. Besonders wird vom Jungen die Wildheit der Tiere betont, die er als Zirkusbesitzer nun befehligt und bändigt. Sie läßt erkennen, daß die wilden Tiere die ursprünglichen Angstobjekte darstellen, wobei die Angstquelle vom Vater auf die Tiere verschoben wurde (ähnlich wie in der Pferdephobie des „kleinen Hans"). In der Phantasie identifiziert sich der Junge zugleich mit den gewünschten Eigenschaften – Geschicklichkeit und Stärke – des Vaters, die er sich über die Tiere aneignet.
A. Freud hat zugleich hervorgehoben, daß solche und ähnliche Tierphantasien (besonders auch vom Jäger und dem gejagten Tier) in der Märchen- und Kinderliteratur weit verbreitet sind und in vielen Variationen Probleme der ödipalen Konfliktsituation symbolisch thematisieren. Von der neuesten Kinderliteratur sei hier nur auch auf Sendaks Bilderbuch „Wo die wilden Kerle wohnen" (1967) verwiesen. In dieser Geschichte wird der „böse Max" von der Mutter wegen seiner Wildheit ohne Essen ins Bett geschickt. Außer der oralen Versagung, die er hinnehmen muß, wird er auch noch von dem – hier nicht ausgesprochenem – Zusammensein der Eltern ausgeschlossen. Er träumt sich dann als König der wilden Kerle, als der er tun und lassen kann, was er will, auch das, was ihm die Mutter verbot. Aber er sehnt sich schließlich doch wieder nach Hause zurück. Auch diese Ambivalenz – von zu Hause weg und doch wieder zurückzuwollen – ist typisch für das ödipale Kind. In der Analyse der „Familienroman-Phantasie" kommen wir darauf noch einmal zurück.

Ferenczi ([1913] 1964, II) hat sehr anschaulich von einem fünfjährigen Jungen, Árpád, berichtet, der aufgrund seiner ödipalen Problematik und insbesondere seiner spezifisch verursachten Kastrationsangst sich nach einem Sommerurlaub auf dem Lande mit dreieinhalb Jahren auf einmal fast nur noch für Geflügel und ähnliches Federvieh zu interessieren begann und sich besonders mit Hähnen zu identifizieren schien. Ferenczi nannte ihn „ein kleiner Hahnemann", weil der Junge zusätzlich noch die Angewohnheit angenommen hatte – obwohl er vorher schon fließend und gut sprechen gelernt hatte –, stundenlang zu gackern, zu krähen und zu piepsen.

„Sein gewöhnliches, täglich unzähligemal wiederholtes Spiel war und blieb das folgende: Er knüllt aus Zeitungspapier Hühner und Hähne, bietet sie zum Verkaufe an, dann nimmt er irgend einen Gegenstand (meist einen kleinen flachen Besen), ernennt ihn zum Messer, trägt sein ‚Geflügel' unter die Wasserleitung (wo die Köchin auch in Wirklichkeit die Hühner zu schlachten pflegt) und schneidet seinem Papierhuhn den Hals durch. Er zeigt, wie das Huhn verblutet, und ahmt mit Stimme und Gebärden meisterhaft den Todeskampf des Geflügels nach. – Werden im Hofe Hühner zum Verkaufe angeboten, so wird der kleine Árpád rastlos, läuft bei der Tür hinaus und hinein und ruht nicht, bis die Mutter davon kauft. Er will offenbar Zeuge ihres Schlachtens sein. Vor lebenden Hähnen hat er aber nicht geringe Angst" (II, S. 186).

Diese Furcht vor dem Hahn resultiert nach Befragen des Jungen und Erinnerungen der Eltern aus einer Situation, die zum Auslösemoment für die latente Kastrationsangst des Jungen werden mußte. Als dieser einmal in das Geflügelhaus hineinurinierte, war ein Hahn gekommen und hatte nach seinem Glied geschnappt. Árpád behauptet, er sei gebissen worden und das Stubenmädchen habe sein Glied verbunden und dem Hahn sei zur Strafe der Kopf abgeschnitten worden. Es verwundert im ersten Moment, daß diese mit zweieinhalb Jahren gemachte Erfahrung erst ein Jahr später seine volle Auswirkung zu zeigen beginnt. Die Eltern berichten ferner, daß Árpád rückblickend von seinem fünften Lebensjahr schon lange mit seinem Gliede spiele, wofür er auch oft bestraft worden sei, „es sei auch ‚nicht unmöglich', daß ihm einmal jemand ‚scherzweise' mit dem Abschneiden gedroht habe" (II, S. 187).
Diese Drohungen zusammen mit der ursprünglich angsterregenden Erfahrung mit dem Hahn, der nach seinem Glied schnappte, wurde durch den wiederholten Ferienaufenthalt am gleichen Ort neu belebt. Obwohl der Junge geistig sehr rege zu sein schien, war sein Interesse nur um das Federvieh zentriert. Er sang und liebte Volkslieder, in denen von Hahn und Hennen die Rede war, zeichnete mit Geschick wiederholt Vögel mit großen Schnäbeln. Die Eltern schenkten ihm schließlich als Spielzeug verschiedene unzerbrechliche Hühner, Hähne, Gänse und ähnliche Tiere, mit denen Árpád allerlei Phantasiespiele aufführte. Außer der geäußerten Angst vor lebenden Hähnen schlief er sehr schlecht und unruhig und hatte häufig Träume von geschlachtetem Geflügel.

Er zeigt eine „ungewöhnliche Lust am Phantasieren über grausames Quälen von Federvieh", wozu aber noch deutlich ambivalente Gefühle kommen, liebkost er doch die vorher so grausam behandelten Spielzeug-Hühner, -Hähne oder -Gänse (II, S. 190).

„Einmal warf er seine unzerstörbare Puppe (ein Huhn) aus Wut darüber, daß er sie nicht zerreißen konnte, in den Ofen, holte es aber sofort wieder heraus, reinigte und liebkoste es. Den Tierfiguren seines Bilderbuches erging es aber schlimmer, er zerriß sie dann natürlich in Stücke, konnte sie nicht wiederbeleben, was ihn sehr betrübte" (II, S. 190f.).

Oder „er spielt in der Küche mit einem soeben von der Köchin geschlachteten Hahn. Auf einmal geht er ins Nachbarzimmer, holt aus der Schublade des Toilettenspiegels das Brenneisen und ruft: ‚Jetzt steche ich die blinden Augen dieses krepierten Huhnes aus.' Das Schlachten des Federviehs ist ihm überhaupt ein Fest. Er ist imstande, stundenlang um die Tierleichen hochgradig erregt herumzutanzen" (II, S. 190).

Ferenczi deutet das Rupfen und Blendenwollen der Tiere als symbolische Kastrationsabsicht, die wieder nur eine Reaktion auf die eigene Kastrationsangst ist. Die dem Federvieh gegenüber geäußerten ambivalenten Gefühle gelten – so Ferenczi – eigentlich dem Vater. Die Verdrängungsarbeit ist bei dem kleinen Árpád noch nicht so weit fortgeschritten, daß man das Verdrängte nicht mehr ahnen könnte, sondern sein Verhalten und Reden lassen das Verdrängte, den ungelösten Ödipuskomplex und seine Kastrationsangst, sehr deutlich erkennen.
Immer wieder äußert Árpád Interesse an den Genitalien von Menschen und Tieren und ist ungewöhnlich offen und brutal mit Kastrationsdrohungen gegen diese, wie er sie selbst – wenn auch in anderer Form – wegen seiner Onanie erfahren hatte.

„‚Ich haue eins auf Ihren Dreck (sic!), auf Ihren Popo', sagte er gern einem etwas älteren Jungen. ‚Ich schneide Ihnen die Mitte aus', sagte er einmal noch viel deutlicher" (S. 192).

Ebenso deutlich äußert er aber selbst unvermittelt, daß mit den Haß- und Racheimpulsen gegen den Hahn der Vater gemeint ist, den er in seinen Phantasien zu ersetzen wünscht. Wie Freud sagt, übersetzt er dabei seine ödipalen Wünsche aus der „totemistischen Ausdrucksweise zurück in die des Alltagslebens" (Freud, „Totem und Tabu", 1912/13, GW IX, S. 159).

„‚Mein Vater ist der Hahn! ... Jetzt bin ich klein, jetzt bin ich ein Küchlein. Wenn ich größer werde, bin ich ein Huhn. Wenn ich noch größer werde, bin ich ein Hahn. Wenn ich am größten werde, bin ich ein Kutscher.' (Der Kutscher, der den Wagen lenkt, scheint ihm noch mehr zu imponieren als der Vater.) ...
Alle Geheimnisse der eigenen Familie, über die ihm zu Hause jede Auskunft vorenthalten ward, konnte er ihm Geflügelhaus bequem beobachten; die ‚hilfreichen Tiere' zeigen ihm unverhüllt alles, was er nur sehen wollte, insbesondere auch das stets rege Sexualtreiben zwischen Hahn und Henne, das Eierlegen und das Herauskriechen der jungen Brut.

(Die Wohnverhältnisse bei den Eltern Árpáds sind derart, daß der Kleine ganz unzweifelhaft auch zu Hause Ohrenzeuge von ähnlichen Vorgängen gewesen ist. Die so geweckte Neugierde mußte er dann durch das unersättliche Anschauen der Tiere befriedigen.)" (Ferenczi, [1913a] 1964, II, S. 193.)

Seine in der phallischen Phase geweckten Triebbedürfnisse konnten an den ursprünglichen ödipalen Zielen (den Eltern) nicht ausreichend befriedigt werden und hatten sich durch Verschiebung andere Objekte gewählt.

Wie der „kleine Hans" befindet sich auch der kleine Árpád wegen seiner ödipalen Wünsche in einer ambivalenten Gefühlseinstellung gegenüber dem Vater[56]. Diesen Ambivalenzkonflikt sucht er dadurch zu lösen, daß er die Angst vor dem Vater auf den Hahn verschiebt. Dieser hatte sich aufgrund seines aggressiven, bedrohenden Verhaltens dafür angeboten.

„Die Verschiebung kann den Konflikt allerdings nicht in der Weise erledigen, daß sie eine glatte Scheidung der zärtlichen von den feindseligen Gefühlen herstellt. Der Konflikt setzt sich vielmehr auf das Verschiebungsobjekt fort, die Ambivalenz greift auf dieses letztere über" (Freud, „Totem und Tabu", 1912/13, GW IX, S. 157).

So wird der Hahn von Árpád ja nicht nur gefürchtet, sondern wegen seines prächtigen Aussehens, seiner Fähigkeiten und bevorzugten Stellung unter den Hühnern bewundert.

In seinen Spielen und Phantasien, die sich mit Hahn und Hühnern beschäftigen, bedient sich der kleine Árpád der Identifizierung mit dem Angreifer, um seine ödipalen Ängste, insbesondere seine Kastrationsängste, abzuwehren. Zugleich zeigt er mit seinen gegen das Federvieh und Personen gerichteten aggressiven Kastrationsphantasien, wie der „Identifizierung mit dem Angreifer mit Hilfe eines neuen Abwehrvorgangs der aktive Angriff auf die Außenwelt folgt" (A. Freud, [1936] o. J., S. 90).

Wie in vielen Spielen der ödipalen Phase gelingt auch dem kleinen Árpád dadurch, daß er sich selbst in eines der von ihm gefürchteten Objekte verwandelt, die Abmilderung der Angst durch die Identifizierung mit dem Angstobjekt. (Wie sich dieser Abwehrmechanismus der Identifizierung mit dem Aggressor in Spielen ausdrückt, wird weiter unten noch einmal ausführlicher dargestellt.)

Den grausamen Charakter der mit den Kastrationsängsten und -wünschen verknüpften Phantasien versucht Jacobson (1973) zu erklären.

„In den Kastrationsängsten scheinen die grausamen Qualitäten der frühesten infantilen Phantasiewelt zu überleben, wenn auch ihr Inhalt von der genitalen Natur der ödipalen

---

56 So sagte Árpád einmal zur Nachbarin: „‚Ich werde Sie heiraten und Ihre Schwester und meine drei Cousinen und die Köchin, nein, statt der Köchin lieber die Mutter.' Er will also wirklich ‚Hahn im Korbe' werden" (Ferenczi, II, [1913a] 1964, S. 195).

Strebungen bestimmt ist. Im allgemeinen lassen die Elternimagines auf der ödipalen Ebene deutlich beträchtliche Veränderungen und Revisionen gegenüber der frühinfantilen Phantasiewelt erkennen. Das Kind im Alter von vier oder fünf Jahren hat bereits einen Weg zu realistischeren Wahrnehmungen freundlich anleitender, liebender, belohnender, aber auch ärgerlicher, fordernder, kritischer, bestrafender Eltern gefunden. Kastrationsängste aber sind eindeutig irrationale Ängste vor bedrohlichen Elternimagines. Sie spiegeln die grenzenlose Grausamkeit des kleinen Kindes wider und gehören zu einer Art Phantasieleben, das sich auf einer früheren Ebene aufhält, als es die Objektimagines des Kindes in diesem Stadium im allgemeinen tun. Wenn sie jedoch abgemildert werden, entwickeln sie sich zu wirksamen Warnsignalen, die das Inzesttabu mit Hilfe von Verdrängung und anderen auxiliären Abwehrmechanismen strikt durchsetzen. Weil sie aber ihre Herkunft nicht verleugnen können, sprechen sie eine eigenartig primitive moralische Sprache. Sie weisen keinerlei besondere Richtung und haben keine Verbindung zu jenen anleitenden Elternimagines und Reaktionsbildungen, von denen die Rede war und die bereits während der präödipalen Phase Einfluß auf das Ich gewinnen und für das soziale Verhalten, die zweckgerichtete Ich-Aktivität und die Sublimierungen förderlich sind" (S. 133f.).

Auffallend für die ödipale Phase ist auch die auf das höchste geweckte *Wißbegierde* des Kindes, die sich in intelligenten und unermüdlichen Fragen niederschlägt und bei nicht unterdrückter Neugier sowohl zu einem Fortschritt der kognitiven Fähigkeiten als auch zu einer Ausgestaltung seiner Phantasien führt. Diese unersättlichen Fragen sind dem Erwachsenen solange unverständlich, wie er nicht versteht, daß sie eigentlich auf eine Frage zielen, die das Kind dann meist doch nicht stellt: Was ist der Mensch, und woher kommt er. Es handelt sich um das Rätsel der Sphinx, das schon Ödipus lösen mußte und das sich für jedes Kind neu stellt.

„Die Forschung richtet sich auf die Frage, woher die Kinder kommen, geradeso, als ob das Kind nach Mitteln und Wegen suchte, ein so unerwünschtes Ereignis zu verhüten. Wir haben so mit Erstaunen erfahren, daß das Kind den ihm gegebenen Auskünften den Glauben verweigert, zum Beispiel die mythologisch so sinnreiche Storchfabel energisch abweist, *daß es von diesem Akte des Unglaubens an seine geistige Selbständigkeit datiert*, sich oft in einem Gegensatz zu den Erwachsenen fühlt und diesen eigentlich niemals mehr verzeiht, daß es bei diesem Anlaß um die Wahrheit betrogen wurde. Es forscht auf eigenen Wegen, errät den Aufenthalt des Kindes im Mutterleibe und schafft sich, von den Regungen der eigenen Sexualität geleitet, Ansichten über die Herkunft des Kindes vom Essen, über sein Geborenwerden durch den Darm, über die schwer zu ergründende Rolle des Vaters, und es ahnt bereits damals die Existenz des sexuellen Aktes, der ihm als etwas Feindseliges und Gewalttätiges erscheint. Aber wie seine eigene Sexualkonstitution der Aufgabe der Kindererzeugung noch nicht gewachsen ist, so muß auch seine Forschung, woher die Kinder kommen, im Sande verlaufen und als unvollendbar im Stiche gelassen werden. Der Eindruck dieses Mißglückens der ersten Probe intellektueller Selbständigkeit scheint ein nachhaltiger und tief deprimierender zu sein" (FREUD, „Eine Kindheitserinnerung des Leonardo da Vinci", 1910, GW VIII, S. 145f.; vgl. auch: „Über Psychoanalyse", 1910, GW VIII, S. 50f.; Hervorhebung H. N. B.).

Des Rätsels Lösung und die Befriedigung dieser Wißbegierde sucht das Kind unter anderem in den für die ödipale Phase typischen Spielen: *Doktorspiel*[57] und *Schulespiel*.

Ross (1968) hat auf den engen Zusammenhang zwischen beiden hingewiesen; das Thema dieser Spiele ist der Wunsch des Kindes, zu lernen und seine Wißbegierde zu befriedigen. Das *Doktorspiel* dient ganz offensichtlich der infantilen Sexualforschung.

„Aus Neugier begonnen, bereitet es masturbatorische Lust, und die sonst verbotene Betätigung scheint jetzt erlaubt, weil es nur ein Spiel sei, obwohl dieses Spiel in Gegenwart der Erwachsenen nicht weitergespielt wird ... Das Spiel befriedigt den Voyeurismus der phallischen Phase sowohl aktiv als auch passiv, und es versucht die Kastrationsängste bei Knaben und Mädchen zu beruhigen. Es wird ja auch gewöhnlich von Knaben und Mädchen gemeinsam gespielt. Aber diese Angst führt dazu, daß das Spiel eher wiederholt als aufgegeben wird. Elterliche Verbote bringen Schuldgefühle, was dazu führen kann, daß man nun den Spaß im geheimen fortführt. Wenn auch solche Verbote *das Bedürfnis, durch Hinschauen zu lernen*, selten völlig zu unterdrücken vermögen, können sie immerhin dazu führen, daß Lernen durch Hinschauen zu etwas ‚Schlechtem' wird, so daß eine Lernhemmung entsteht, besonders auf dem Gebiet des Lesens, wie klinisches Material beweist" (Ross, 1968, S. 605f.; Hervorhebung H. N. B.)[58].

Simmel (1926) zeigte, daß das Kind im Doktorspiel besonders seine Es-Interessen verfolgen kann.

„Der Arzt darf ja scheinbar aktiv all die Lustmechanismen betätigen, die dem Kinde versagt werden. Er erkennt keine Kleidung an, keine Scham. Er darf alles sehen, alles hören, mit Urin und Kot sich straflos beschäftigen. Er weiß alle Geheimnisse der Geschlechtsunterschiede wie des Kinderkriegens und verfügt allmächtig ... über den Körper des Kranken. Je nach dem besonderen Anspruch seiner eigenen erogenen Zonen und Partialtriebe wird das Kind dann ein anderes Moment des Arztseins beim Spiel bevorzugen oder aber seiner aggressiven, sadistischen Lust – der ‚Lust des Messers' – speziell als Operateur frönen, um durch ein Agieren der Kastrations*lust* die eigene Kastrations*angst* zu ersparen. Das Spielen scheint uns speziell am Doktorspiel ganz deutlich seine psychobiologische Funktion zu verraten, die seelischen Mechanismen zu *üben*, die zur glücklichen Erledigung des Ödipuskonfliktes notwendig sind. Dadurch, daß das Über-Ich die überschüssige Ichlibido gewissermaßen als eine subjektivierte Objektlibido an sich zieht und hier über das reale Ichideal nach außen leitet, wird auch im Agieren des Spiels bereits ein Stück Außenwelt verändert und die Introversion des Konfliktes, d. h. die Erkrankung, verhütet" (S. 531).

---

57 Vgl. hierzu auch den Beitrag und die Fotodokumentation zu Doktorspielen von H. N. Burkert und Bonne im ZEIT-Magazin (1973, S. 10–18); ebenso die Materialien des Kinder- und Jugendtheaters Rote Grütze: „Darüber spricht man nicht!!! Ein Spiel vom Kindermachen und Kinderkriegen, vom Liebhaben und Schämen und was noch alles vorkommt" (1973).

58 Zur Bedeutung von Wahrnehmungsprozessen für die Identifizierung und zur Rolle des libidinös besetzten Schauens siehe die Arbeit von Fenichel (1935).

Simmel machte zugleich darauf aufmerksam, daß dieses Spiel häufig zur gleichen Zeit wie das „Papa-Mama-Spiel" zu beobachten ist und es gleitende Übergänge zwischen beiden gibt[59].
Das, was Papa und Mama miteinander treiben, die verbotenen, frühinfantilen Koitus- und Schwängerungsphantasien, stellt das Kind in beiden Spielen in zum Teil symbolischer Form dar.

„Das Instrumentarium des kleinen Arztes, das Penisäquivalente in Form von fingierten Höhrrohren, Thermometern, Klistierspritzen und Operationsmessern enthält, verrät dabei deutlich die sadistische Auffassung des Aktes. Die zu behandelnde Krankheit selbst bedeutet sehr häufig in mehr oder weniger verhüllter Form die Schwangerschaft der Mutter" (Simmel, 1926, S. 528).

Dort, wo das Doktorspiel mit dem „Papa-Mama-Spiel" kombiniert wird, spiegeln sich im Leidensweg des vom Doktor und den Eltern ‚behandelten' Puppen-Kindes, dem infolge der Behandlung nicht selten einige Gliedmaßen verlorengehen, die Kastrationsängste der mitspielenden Kinder.

Die Puppe wird ein „Opfer des Kastrationskomplexes ihrer Schutzpatrone, denen sie das Ausleben aggressiver Tendenzen gestattet, die eigentlich den Konkurrenten um die elterliche Liebe, den Geschwistern, zugedacht sind" (S. 528).

In weniger dramatischer Form (die hier spielenden Kinder sind schon älter und die Affekte schon zum Teil verdrängt) spiegeln sich die mit dem Ödipuskomplex verknüpfte Geschwisterrivalität und die Abwehr gegen den neu hinzugekommenen Rivalen um die ausschließliche Gunst der Eltern in dem Spiel: *„Frau Meier (oder vielfach: Mutter) hat ein Kind gekriegt"*.

„Die Kinder stehen oder sitzen in einer Reihe; ein Kind steht davor und beginnt mit dem ersten in der Reihe ein Gespräch mit den Worten: ‚Guten Tag! Frau Meier hat ein Kind gekriegt, was wollen Sie dafür geben?' Der Angeredete nennt ein Geschenk (Kinderwagen, Windeln oder ähnliches). Darauf sagt der erste Sprecher: ‚Danke schön! Den Kinderwagen hole ich morgen ab. Auf Wiedersehn!' Dieses Gespräch wiederholt sich mit nur geringen Abwandlungen bei allen Kindern. Danach geht der erste Sprecher zum Anfang der Reihe zurück und fragt an, ob er das Geschenk abholen könne. Ihm wird geantwortet, daß dies aus irgendeinem Grunde nicht möglich sei, worauf der erste Sprecher sein Kommen für den nächsten Tag ankündigt. In gleicher Weise wird auch dieses Gespräch bei allen anderen wiederholt, wobei die üblichen Grußformeln ‚Guten Tag' und ‚Auf Wiedersehn' stets beachtet werden. Auch in zwei weiteren Durchgängen wird die Herausgabe des Geschenks verweigert, wobei sich die Kinder bemühen, möglichst originelle Ausreden zu finden. Beim dritten Durchgang droht der erste Sprecher für den Fall, daß er auch am nächsten Tag die Gabe nicht erhalten werde, strenge Strafmaßnahmen an:

59 Vgl. auch die Schilderung von Eltern-Kind-Spielen, Puppen-Spielen bei Peesch, 1957, S. 64 f.; auch Isaacs ([1933] 1972) gibt viele Beispiele aus der Kindergartenarbeit zu Doktor- und Familienspielen.

‚Dann kommt die Kitzelmaschine‘ (oder ‚Kneifmaschine‘ oder ‚Ziepmaschine‘). Höhepunkt des Spiels ist dann der letzte Durchgang, bei dem natürlich wieder die Geschenke nicht ausgehändigt werden können und nun die angedrohten Strafen ausgeführt werden: die Mitspieler werden gekitzelt, gekniffen oder geziept (an den Haaren gezogen)“ (Peesch, 1957, S. 49).

Die so häufige Forderung der Mutter, recht lieb und freundlich zu dem kleinen Baby zu sein, wird hier – selbst unter Androhung von Strafe – mit der hartnäkkigen Verweigerung der Geschenke beantwortet. Allerdings sucht das spielende Kind auch hier in der Strafform einen Kompromiß zwischen seinen Schuldgefühlen und seinem Streben nach Lust zu finden. Das Kitzeln und Kneifen macht nämlich sowohl in aktiver wie passiver Rolle auch Spaß.
Im Gegensatz zum ‚Doktorspiel‘ kann das *Schulespiel* in aller Öffentlichkeit stattfinden und braucht keine Verbote und Kritik durch den Erzieher zu fürchten. Im ‚Schulespiel‘ finden Wißbegierde und Zeigelust des Kindes gleichsam einen sublimierten Ausdruck. Das Kind entdeckt sehr früh, daß die Eltern nicht alles mitteilen, was sie wissen. Das Kind fühlt sich um die zurückgehaltenen ‚Geheimnisse‘ und Informationen betrogen. Es strebt danach, so allwissend zu werden wie die Eltern. Das ‚Schulespiel‘ gibt dem Kind die Möglichkeit, mittels der Rolle des Lehrers zu dieser ‚Allwissenheit‘ zu gelangen. Als Lehrer kann das Kind dann selbst „von seinem Wissen mitteilen (so wie es es sich von den Eltern wünscht), oder sein Wissen zurückhalten (so wie es ihm geschieht)“ (Ross, 1968, S. 608).
In der Rolle des Lehrers kann das Kind aber auch seine sadistischen Neigungen frei ausdrücken, indem es sich für die ‚Unarten‘ der Schüler allerlei Strafen ausdenkt. Je autoritärer der Lehrer sich gebärdet, desto mehr nutzen die Schüler wiederum ihre Rolle dazu, besonders aufsässig und unartig zu sein, und wehren sich so gegen die angebliche Allwissenheit und ausgespielte Überlegenheit[60].

---

60 Vgl. die Schilderung von Schulespielen bei Peesch, 1957, S. 65. In sehr stilisierter Form findet sich das Grundmuster: Lehrer, der fordert und ‚bestimmt‘ – Schüler, der gehorcht, in verschiedenen Spielen wie: „Rechenschule“, „Turnschule“, „Springschule“ oder „Ballschule“: „Auf der Straße werden mit Kreide nebeneinanderliegende Bahnen mit 8 Feldern gezogen, für jeden Mitspieler eine Bahn. Die Felder bedeuten die 8 Klassen der Schule. Die Schüler stehen zuerst in den Feldern mit der Nr. 1. Ein Spieler ist der Lehrer; er steht am Ende der Bahnen und wirft dem ersten Schüler einen Ball zu. Bei jedem Wurf ruft er ein Schulfach (Deutsch, Matte usw.). Der Schüler muß den Ball fangen und wieder zurückwerfen. Ruft der Lehrer ‚Pause‘, so darf der Ball nicht gefangen werden. Fängt der Schüler in diesem Fall nicht, so wird er versetzt und betritt das Feld Nr. 2; fängt er den Ball, so bleibt er sitzen und muß in seinem Feld stehenbleiben. Danach kommt der zweite Schüler an die Reihe. Wer als erster die 8. Klasse verläßt, wird Lehrer beim nächsten Spiel (beobachtet in Berlin-Pankow, 1954, Mädchen, acht bis zwölf)“ (Peesch, 1957, S. 55).

Das Schulespiel der Kinder (besonders im Übergang von der ödipalen Phase zur Latenz) läßt drei Triebkomponenten besonders gut erkennen, wobei prä-ödipale Impulse ebenfalls integriert und bewahrt werden:

1. Das Spiel wurzelt – wie das ‚Doktorspiel' – in der phallischen Neugier.

2. Es nimmt daneben aber auch noch die anale Feindseligkeit auf und rekapituliert in gewisser Weise die Reinlichkeitserziehung, die die erste Unterweisung in Pflichten und Gehorsam von seiten der Mutter war. So bekommt die Lehrer-Figur etwas von der Reinlichkeit fordernden Mutter, verlangt der Lehrer doch, daß man bestimmte Dinge lernen (das heißt sich einverleiben) muß, sie wiederholen (das heißt aufbewahren und behalten) und auf Befehl wieder produzieren (das heißt ausstoßen) muß[61].

3. Im ‚Schulespiel' sind aber auch deutlich orale Elemente zu erkennen.

„Die Lehrerin, wie die Mutter, ... gibt und versagt, sie verlangt, daß das Kind aufnimmt, was sie zu geben hat. Sie unterscheidet zwischen richtigen und falschen Antworten (gute und schlechte Nahrung). Sie hat ihre verführerischen Formen der Bestechung: Bevorzugung und Lob. Oft verteilt sie auch Süßigkeiten als Belohnung" (Ross, 1968, S. 612).

Psychoanalytiker haben immer wieder betont, daß die Befriedigung der sexuellen Neugier des Kindes für seine weitere kognitive Entwicklung von Bedeutung ist:

„Die Ehrlichkeit dem Kinde gegenüber, die aufrichtige Beantwortung aller seiner Fragen und die ihm dadurch ermöglichte innere Freiheit beeinflussen grundlegend in günstiger Weise die geistige Entwicklung, indem sie es vor den das Denken treffenden Hauptschädigungen der Verdrängungsneigung bewahren: dem Entzug von Triebkraft, von der auch ein Teil der Sublimierung verlorengeht, und der mit den verdrängten Komplexen zugleich verbundenen Mitverdrängung von Ideenassoziationen, wodurch die Folgerichtigkeit des Denkens gestört wird" (M. Klein, [1919] 1971, S. 42)[62].

---

61 Vgl. Kestenberg (1970, S. 301), die darauf hinweist, daß die Witze mit analer Thematik ebenso eine Antwort auf dieses Reinlichkeitstraining darstellen wie die bei Kindern so beliebten Irren-Witze und Irren-Rätsel, die in ihrem Nonsens-Inhalt die Überlegenheit der Erwachsenen, die die Kinder für dumm, unwissend und unmündig verkaufen wollen, karikieren sollen. Dazu vgl. auch Wolfenstein, 1951, 1953; ebenso Rühmkorf, 1969, S. 76f. Siehe auch oben den Abschnitt 3.1.4; Borneman, 1973, S. 200–226.

62 In dieser Arbeit („Eine Kinderentwicklung") beschreibt M. Klein sehr anschaulich die „Sexualaufklärung und Autoritätsmilderung in ihrem Einfluß auf die intellektuelle Entwicklung des Kindes". Vgl. auch den Aufsatz „Zur Frühanalyse", [1921] 1971, S. 51 ff.

Zugleich zeigten die Erfahrungen der Kinderanalyse, in welchem engen Zusammenhang Spielhemmungen und eingeschränkte Phantasietätigkeit mit Lern- und Denkhemmungen stehen können. Diese gehen zurück auf die Unterdrückung und Verdrängung frühkindlicher Sexualität und eine Einschränkung des kindlichen Wißtriebes[63].

M. KLEIN hat zu zeigen versucht, wie erste schulische Leistungen, Lesen und Schreiben, die selbst einen Sublimierungsprozeß voraussetzen, an bestimmte dynamische Triebprozesse und Ängste der ödipalen Phase gebunden sein können.

Mit dem Einsetzen des Latenzalters tritt das Spiel gezwungenermaßen hinter die Schulaufgaben zurück, die verbleibenden Spieltätigkeiten verlieren viel von ihrem ursprünglich reichen Phantasiegehalt.

„Die zunächst spielerische Beschäftigung mit Buchstaben, Zahlen, Zeichnungen löst vielfach die Rolle des Spielzeugs ab. Die Art, wie die Buchstaben aneinandergefügt werden, der Eifer, der auf die Form, Gleichmäßigkeit und Reihenfolge verwendet wird, die Freude am Gelingen all dieser Einzelheiten beruht auf den gleichen inneren Voraussetzungen wie das Hausbau- und Puppenspiel. Das schöne, ordentliche Schulheft besitzt für das Mädchen die gleiche symbolische Bedeutung wie das Haus und die Wohnung, nämlich die des heilen, makellosen Körpers. Buchstaben und Zahlen stellen die Eltern, Geschwister, Kinder, Genitalien und Exkremente dar ... Dem normalen Entwicklungsgang entspricht, daß die Sorgfalt, die das kleinere Kind auf das ‚Malen' der Buchstaben und Zahlen verwendet, beim größeren Kinde auch auf das intellektuelle Gelingen der Leistung übergeht. Die Befriedigung über die ‚Leistung' ist aber in dieser Entwicklungsperiode von der Anerkennung der Umgebung abhängig. Die Leistung ist das Mittel, die Zufriedenheit der Autoritäten zu erwerben. Der Gegenbeweis gegen die Gefahrsituationen (die inneren Gefahren, wie sie die ödipale Problematik und Kastrationsangst zum Beispiel mit sich brachte, H. N. B.) wird also im Latenzalter weitgehend durch die Liebe und Zufriedenheit der realen Objekte erbracht. Das Verhältnis zu den Objekten und zur Realität ist ein überbetontes" (M. KLEIN, 1932, S. 193f.).

Diese überpointiert scheinende Deutung der Schulleistung stützt M. KLEIN vor allem auf ihre Erfahrungen mit der Therapie zur Behebung von Schulschwierigkeiten besonders bei Kindern in den ersten Schuljahren, also des sogenannten Latenzalters. Aber auch andere Autoren – BORNSTEIN (1930a), SCHMIDEBERG (1930), BLANCHARD (1946) und K. SINGER (1970) – haben den Zusam-

63 Wenn im „Strukturplan für das Bildungswesen" zum Thema frühes Lernen im Kindergarten verlangt wird, die „kindliche Neugierde" in „Wißbegierde" zu verwandeln, so muß diese tautologische Formulierung stutzig machen (S. 46). Das ursprüngliche Neugierverhalten des Kindes, das sich zuerst auf die Funktionen seines eigenen Körpers richtet und von da auf alle Dinge seiner Umwelt, soll hier anscheinend von der Sexualität abgelenkt werden. Diese wird im „Strukturplan" völlig ausgeklammert und wird nicht einmal unter den Grundbedürfnissen des Kindes erwähnt (DEUTSCHER BILDUNGSRAT, 1971).

menhang zwischen den auf Sublimierung beruhenden Schulleistungen und sexuellen Interessen der ödipalen Phase aufgewiesen und gezeigt, daß ein Scheitern in den ersten Schuljahren häufig auf unterdrückte Phantasien in bezug auf ungelöste ödipale Konflikte zurückzuführen ist. Besonders „isolierte, auf Teilgebiete beschränkte Lernhemmungen tauchen oft im Zusammenhang mit der Kastrationsangst resp. dem Penisneid auf" (Bornstein, 1930a, S. 450; vgl. Maenchen, 1936; Buxbaum, 1966; Jarvis, 1969/70). So hat auch Jarvis (1969/70) hervorgehoben, daß ein unangemessenes Einmischen in das phasentypische und notwendige Ausagieren bestimmter ödipaler Phantasien (wie z. B. Familienroman, s. u., die Rettungsphantasie, Zwillingsphantasie und anderes) die Lernfähigkeit der Kinder einschränkt und behindert. Schon Freud hat in einem Aufsatz „Zur sexuellen Aufklärung der Kinder" (1907) gezeigt, welche Entwicklung der unterdrückte Forscherdrang des Kindes nimmt. „Wenn es die Absicht der Erzieher ist, die Fähigkeit der Kinder zum selbständigen Denken möglichst frühzeitig zugunsten der so hochgeschätzten ‚Bravheit' zu ersticken, so kann dies nicht besser als durch Irreführung auf sexuellem und durch Einschüchterung auf religiösem Gebiet versucht werden" (GW VII, S. 25)[64].

3.2.3 Lösung von ödipalen Fixierungen

Der Eintritt in die *Latenzperiode*, mit der in der Psychoanalyse das Alter etwa zwischen dem sechsten bis zehnten (oder elften) Lebensjahr bezeichnet wird, erfolgt meist mit der *Lösung oder dem „Untergang des Ödipuskomplexes"* (Freud, 1924, GW XIII) und der Modalitäten seiner Bewältigung. Im Zusammenhang damit führt die Identifikation mit den Objekten des Ödipuskomplexes zur Etablierung des Über-Ichs.

> „Die dem Ödipuskomplex zugehörigen libidinösen Strebungen werden zum Teil desexualisiert und sublimiert, was wahrscheinlich bei jeder Umsetzung in Identifizierung geschieht, zum Teil zielgehemmt und in zärtliche Regungen verwandelt" (Freud, „Der Untergang des Ödipuskomplexes", 1924, GW XIII, S. 399).

Das bedeutet aber nicht in jedem Fall ein völliges Ruhen der kindlichen Sexualität, wie der Begriff ‚Latenz'[65] nahelegen könnte. Auch Freud relativierte die-

64 Vgl. Bernfeld, [1926] 1969, I, S. 79–84.

65 Der Begriff ‚Latenz' wird heute in der psychoanalytischen Literatur nur noch aus pragmatischen Gründen beibehalten, um die Altersphase zwischem dem „Untergang des Ödipuskomplexes" und der Präadoleszenz zu bezeichnen. Die meisten Psychoanalytiker stimmen heute darin überein, daß von einer *völligen* Latenz sexueller Re-

sen Begriff, indem er darauf hinwies, daß die sexuelle Latenz, wie sie bei manchen Kindern zu beobachten ist, wesentlich durch die sozialen Institutionen und in Verbindung mit den durch sie vermittelten Über-Ich-Forderungen bestimmt ist. „Eine völlige Unterbrechung des Sexuallebens kann sie (die Latenzzeit) aber nur in jenen kulturellen Organisationen hervorrufen, die eine Unterdrückung der infantilen Sexualität in ihren Plan aufgenommen haben. Dies ist bei den meisten Primitiven nicht der Fall" (FREUD, „Selbstdarstellung", 1925, GW XIV, S. 64; als Fußnote [2] 1935 hinzugefügt).

Der Charakter und die Intensität gegenwärtiger Sexualunterdrückung oder -tolerierung in der Erziehung sind so auch wesentlich für die Merkmale dieser Altersphase mitbestimmend.

Es ist wichtig, sich zu vergegenwärtigen, daß die Notwendigkeit, die ödipalen Fixierungen in irgendeiner Weise ‚aufzuheben' oder stabiler zu verarbeiten, gerade mit dem Schuleintritt oder dem Eintritt des Kindes in die Vorklasse zusammenfällt.

So hat JACOBSON (1973) betont, „daß die Über-Ich- und Ich-Bildung gewöhnlich durch die beginnenden Kontakte des Kindes mit der Welt der Schule unterstützt und angeregt wird, die ihm nun neue Sublimierungsmöglichkeiten, neue und andersartige Beziehungsformen und neue Möglichkeiten der Identifizierung mit Lehrern und Altersgenossen bietet. Kinder jedoch, die in einer verwirrenden emotionalen und erzieherischen häuslichen Atmosphäre aufwuchsen, können zu diesem Zeitpunkt plötzlich und schmerzhaft der Gegensätze zwischen der Welt der Schule und der Welt zu Hause oder innerhalb der Familie im Hinblick auf sexuelle, allgemeinmenschliche, soziale, ethische und intellektuelle Haltungen, Ziele und Normen gewahr werden" (S. 153).

Diese widersprüchlichen Erfahrungen können das Kind dann in schwere Konflikte stürzen. Für den Erzieher scheint es mir notwendig zu sein, die spezifischen damit zusammenhängenden Probleme zu kennen. Die ödipale Problematik wurde oben relativ ausführlich dargestellt, weil viele Schwierigkeiten, denen der Erzieher beim drei- bis sechsjährigen Kind begegnet, auf ödipale Konflikte zurückzuführen sind.

Das gilt auch für das Kind der Latenzzeit, für das der Eintritt in die Vorklasse oder Schule ein entscheidender Schritt weg von den ödipalen Identifizierungen bedeuten kann.

---

gungen beim Kind in keiner Altersstufe gesprochen werden kann (vgl. A. FREUD, [1947] o. J., S. 483; NAGERA/BOLLAND, 1968; BUXBAUM, 1970, S. 227; SARNOFF, 1971; FRAIBERG, 1973, S. 439–475). ALPERT (1941) hat in zehnjähriger Praxis mit Kindern gefunden, daß in einer kindzentrierten – im Gegensatz zu einer verschulten – Umgebung, in der Erwachsene nicht disziplinierend auftreten, sehr viele offene sexuelle Äußerungen der Kinder zu beobachten sind.

Je nach den herrschenden sozio-kulturellen Bedingungen und Normen werden in der *postödipalen Phase* Regression und Verdrängung mehr oder weniger – und nicht immer erfolgreich – dazu benutzt, mit den libidinösen und aggressiven *ödipalen* Wünschen ‚fertig zu werden', während in ähnlicher Weise Reaktionsbildung, Verschiebung und Sublimierung dazu dienen, die *prägenitalen* Impulse zu verarbeiten. In der *Latenzperiode* findet man – mit erheblicher sozio-kultureller Varianz – meist eine Fülle von Kombinationen dieser Abwehrmechanismen[66]. Sie alle sind zugleich wichtig für die Entwicklung des kindlichen Ichs, das in der postödipalen Phase eine zunehmende Stärkung erfährt[67].

Die wachsenden Funktionen der Intelligenz, der Realitätsprüfung und der Urteilsfähigkeit helfen dem Kind, zunehmend Befriedigung aufzuschieben und anstelle direkter Triebabfuhr Sublimierungsprozesse in Gang zu setzen. Ein großer Anteil an der neuen Stärke des Ichs resultiert nach BUXBAUM (1970, S. 208) aus den Identifikationsprozessen mit den Elternfiguren, die für die Etablierung des Über-Ichs entscheidend sind. Zwar unterstützt das Über-Ich das Ich des Kindes darin, den von Erziehungsinstitutionen geforderten Anpassungsprozessen nachzukommen, doch muß darüber hinaus das Ich lernen, nicht nur die Prüfung seiner Triebansprüche zu übernehmen, sondern auch den Anforderungen der Außenwelt und denen des Über-Ichs kritisch begegnen zu können (vgl. BORNSTEIN, 1951, S. 280).
Diese Aufgaben fallen dem Kind in der postödipalen Zeit aber noch schwer, da trotz des gestärkten Ichs und der Fähigkeit zur Realitätsprüfung sich die infantilen Triebwünsche weiter behaupten, die einst mit Verdrängung und Phantasiebildung beantwortet wurden (vgl. SARNOFF, 1971, S. 410). Das Ich des Kindes hat oft noch gegen die ungestümen Triebäußerungen anzukämpfen, fürchtet die Wiederkehr des schon Verdrängten und fühlt sich zugleich durch das ihm noch fremd erscheinende Über-Ich bedroht. So ist oft eine übermäßige Strenge des Über-Ichs (das heißt eine extreme Unterwerfung unter verinnerlichte Verbote und Forderungen der Erzieherpersonen) für die kindliche Bewertung und Abwehr inzestuöser Wünsche und Phantasien der ödipalen Phase und für den Kampf gegen die Masturbation verantwortlich (vgl. BORNSTEIN, 1951, S. 280, 282; A. FREUD [1949] o. J., S. 95ff.). Gerade diese Merkmale hebt BORNSTEIN (1951) als charakteristisch für die frühe, *erste* Phase der Latenz hervor, die ungefähr das fünfte bis achte Lebensjahr umfaßt. Sie unterscheidet diese von einer *zweiten*, die das achte bis zehnte Lebensjahr umfaßt und die

66 Vgl. A. FREUD, [1936] o. J.; [1949] o. J., S. 99f.; BORNSTEIN, 1951, S. 282; 1953; SARNOFF, 1971, S. 407; KAY, 1972, S. 75.

67 Vgl. BUXBAUM, 1970, S. 206ff.; A. FREUD, [1947] o. J., S. 479f.; NAGERA/BOLLAND, 1968, S. 538.

durch ein weniger strenges Über-Ich, ein etwas stärkeres Ich und eine gewisse Reduzierung der Triebansprüche bestimmt ist (vgl. auch SARNOFF, 1971, S. 409–412; WILLIAMS, 1973, S. 598–620).

Die Probleme der frühen Latenzphase werden zusätzlich kompliziert durch zwei sich überschneidende Abwehrformen: a) die Abwehr der genitalen und b) die Abwehr der prägenitalen Strebungen. Als Abwehr gegen die neu und intensiv erlebten genitalen Impulse erfolgt eine zeitweise Regression zur Prägenitalität, die BLOS (1962, S. 55) bei Jungen häufiger als bei Mädchen fand. Diese prägenitalen Triebe erscheinen dem Ich als weniger gefährlich als die genitalen, aber sie sind immer noch stark genug und so beunruhigend, daß auch gegen sie neue Abwehrmechanismen gebildet werden. Infolgedessen kommt es häufig zu Reaktionsbildungen und einer Überbetonung des Gegenteils der abgewehrten prägenitalen Strebungen (vgl. BORNSTEIN, 1953, S. 68). Der Wechsel zwischen vorherrschenden Reaktionsbildungen und einer Regression zur Prägenitalität ist aber eines der auffallendsten Merkmale der Triebstruktur dieser Altersstufe, und wir fanden ihren Niederschlag auch in den analen und aggressiven Komponenten bestimmter Kinderverse (vgl. oben Abschnitt 3.1.4) und Kinderspiele.

Dazu gehören aber auch die besonders in der Kindergruppe ausgesprochenen oder ausagierten Phantasien des sadistischen Koitus und der Geburt, die FREUD mit Beispielen aus der Analyse des „kleinen Hans" illustriert hat („Seht ihr, so stelle ich mir eine Geburt vor", hatte Hans mit seinem Spiel den Eltern demonstrieren wollen), auch ZULLIGER hat sie wiederholt beschrieben. RÜHMKORF zeigt überzeugend, welche Funktionen diese Phantasien in bestimmten Kinderreimen übernehmen, wie sehr diese eine Antwort auf die versagte Aufklärung und ein typischer Ausdruck sowohl der Wißbegierde als auch der Unzulänglichkeit und schließlich der Kompensation beider Gefühle sind.

„Wenn sich da ganze Schöpfungsmythen zum groben Schema reduzieren, wenn sich die Geheimnisse von Zeugung und Geburt und vom Unterschied der Geschlechter in einfachsten Bildern und Vergleichen dargestellt sehen, dann erhalten wir Einblick in einen Informationsapparat, dessen Lehrmittel und Anschauungsmaterialien vollkommen auf das Fassungsvermögen des Kindes zugeschnitten sind. Freilich, auch die etwas zweifelhafte Verbindung von Wißbegier und Bloßstellungslust hängt ursächlich mit der verweigerten Aufklärung zusammen. Wo es auf der einen Seite Geheimnisträger und Rechtsinhaber gibt, auf der anderen Fehlinformierte und Zukurzgekommene, da ist es nur zu verständlich, wenn die Benachteiligten sich weiszumachen suchen, das so ängstlich gehütete Geheimnis sei gar keine große Kunst, eher ein Witz, und nichts, was den Autoritätsanspruch der Großen ansehnlich legitimieren könnte" (RÜHMKORF, 1969, S. 42).

„In der Nacht, in der Nacht
Wenn die Fliegerbombe kracht
Und der Bauch explodiert
Kommt das Kind herausmarschiert."

„Leise zieht durch Mamas Bauch
Papas lange Gurke
Und schon nach neun Monaten
Kommt ein kleiner Schurke" (S. 40, 42).

Die Ergebnisse des in der Latenz immer wieder reaktivierten Konfliktes zwischen Über-Ich und Triebansprüchen können in einer verstärkten Ambivalenz gegenüber den Anforderungen beider Instanzen beobachtet werden. Sie zeigt sich im kindlichen Verhalten häufig in Form eines plötzlichen Wechsels zwischen Bravheit, Gehorsam und Auflehnung. Der Auflehnung folgen oft Schuldgefühle, die für das Kind zu dieser Zeit schwer zu verarbeiten sind; ebenso kann es einer Kritik von außen nur schlecht begegnen. Der Versuch, die Kritik von außen zu internalisieren, führt nicht selten zur Identifikation mit dem Aggressor, verbunden mit einer Projektion der ‚Schuld' auf andere (vgl. A. FREUD, [1936] o. J., und siehe unten *Teil B*, Abschnitt 4.4).

Für das Kind im Alter von acht bis zehn Jahren, in der zweiten Phase der Latenz, ist vielfach ein scheinbar stärkeres Zurücktreten der sexuellen Triebansprüche – vielleicht besser gesagt: eine effektivere Triebkontrolle – einhergehend mit größerer Anpassungsbereitschaft, Zuwendung zur Realität und einer Zunahme kognitiver Funktionen beobachtet worden (vgl. BORNSTEIN, 1951, S. 281; A. FREUD, [1949] o. J., S. 96; KAY, 1972, S. 75; PIAGETS Phase konkret-operationalen Denkens). Das Kind tendiert zu größerem ‚Realismus'; Spiele auf der Basis des „So-tun-als-ob" treten zurück. Auch scheint das Kind mehr Gratifikationen in der Außenwelt zu suchen und zu erhalten. Die Gruppe der Gleichaltrigen spielt dabei weiterhin eine wichtige Rolle.

A. FREUD und BORNSTEIN haben aber auch darauf aufmerksam gemacht, wie täuschend dieses Bild von einer ruhigen Zeit der Latenz und dem Zurücktreten sexueller Impulse ist. Was Erwachsenen rückblickend aufgrund eigener Verdrängungsprozesse als eine mehr oder minder erfolgreiche Abwehr der Triebimpulse erscheint, ist eher eine Idealisierung dieser Altersphase. Das Verhalten des sechs- bis zehnjährigen Kindes kann als andauernde Verleugnung des Kampfes gegen den Durchbruch der Triebansprüche und der Versuchung zur Masturbation beschrieben werden, eine Verleugnung, die sich teilweise auch in der ‚Amnesie' (das heißt Vergessen aufgrund von Verdrängung) dieser Altersphase bei den Erwachsenen fortsetzt (vgl. BORNSTEIN, 1951, S. 282; A. FREUD [1949] o. J., S. 99; [1947] o. J., S. 482). Das erschwert auch die Sensibilisierung und Verbesserung der Kommunikationsfähigkeit der Erzieherpersonen bei der Wahrnehmung und Interpretation von irritierenden und zweideutigen Spielaktivitäten dieser Phase.

A. FREUD ([1947] o. J.) hat hervorgehoben, daß das zunehmende Objektwissen des Kindes aufgrund der Verdrängungsprozesse einhergeht mit einer Abnahme des Wissens über sich selbst. Von seinem Bewußtsein werden zunehmend die Wünsche, Phantasien und Gedanken ferngehalten, die Schuldgefühle hervorrufen könnten. Aber es ist eine normale Erscheinung, daß das Kind während der Latenz verschiedentlich Durchbrüche seiner Triebansprüche erlebt, denen nur dann Schuldgefühle oder Angst folgen, wenn die frühe Erziehung beson-

ders streng und repressiv war. Wo solche normalen Durchbrüche in der Latenz überhaupt fehlen, hat – so betont A. FREUD – die Verdrängung zu gute Arbeit geleistet ([1947] o. J., S. 482f.).
Auch RÜHMKORF (1969) fand in seiner Untersuchung der Kinderverse, daß mit dem Schuleintritt eine Veränderung zu beobachten ist, die sich als Folge eines „Domestikationserlebnisses" (S. 103) erklären läßt. „Die Zeit, wo es (das Kind) kraft seiner Phantasie die Welt in direktem Angriff glaubte nehmen zu können, weicht einer anderen mit neuen Gesetzen, neuen Reglements und neuartigen Bewährungsproben" (S. 103). Das „Vermögen, frech und unbefangen mit Dreck zu werfen" (S. 107), das sich sowohl an den anal-aggressiven Komponenten der Kinderspiele als auch in den Versen des Übergangs von der ödipalen in die postödipale Phase findet, scheint verlorengegangen zu sein. Statt dessen dominieren ein „kollektives Insuffizienzerlebnis" und das Gefühl der Ohnmacht gegenüber den neuen Autoritäten der Schule (S. 108). Auch PELLER (1968) hatte ja diese Gefühle der Unzulänglichkeit und der Vorstellung, drohenden Autoritäten ausgeliefert zu sein, in den postödipalen Spielen gefunden (S. 203 und 213f.) und gezeigt, wie als kompensierende Antwort darauf die Identifikation mit Gleichaltrigen zunehmend wichtig wird. In der „libidinösen Farblosigkeit" des Schulverses könnte man, so RÜHMKORF, einen Beweis für das Vorhandensein einer sexuellen Latenzzeit finden. „Wie stark sexuelle Antriebe mit Aggressionsmomenten zusammenhängen, bezeugt sich einmal mehr in einem Fall, wo beide Triebäußerungen komplementär zurücktreten" (RÜHMKORF, 1969, S. 108).
Zusammenfassend ließe sich feststellen, daß sich für das Kind in der Latenzperiode besonders drei Aufgaben stellen. Es muß

1. den Ödipuskomplex verarbeiten und sich von den Elternfiguren lösen,
2. ein stabiles Über-Ich entwickeln, und
3. Identifikationen mit den Idealen der „peer-group" entwickeln.

3.2.4 Eröffnung neuer „Spiel-Räume": Kindergruppe, Tagträume und Phantasiespiele

Die Abwehr und Loslösung von ödipalen Fixierungen hängt wesentlich von der Möglichkeit ab, sich mit anderen Personen, insbesondere mit Gleichaltrigen *außerhalb der familialen Gruppe*, zu identifizieren[68]. Diese neue Grup-

---

68 Zum notwendigen Ablösungsprozeß der Kinder von ihren Eltern bemerkt FREUD: „Es ist unvermeidlich und durchaus normal, daß das Kind die Eltern zu Objekten seiner ersten Liebeswahl mache. Aber seine Libido soll nicht an diese ersten Objekte fi-

penidentifikationen fördern ein Gefühl der Solidarität unter den Kindern und helfen ihnen, sich gegenüber Eltern und Erzieher-Autoritäten besser durchzusetzen.

Das Widerstandsmoment ist aber nur ein Merkmal dieser Gruppenspiele. Die zunehmende Bedeutung, die die Spielgefährten in der postödipalen Phase gewinnen, erklärt sich auch aus der Angst des Kindes vor dem sich formierenden Über-Ich und dessen Repräsentanten, denen es möglichst nicht allein gegenübertreten möchte. „Daher die kompensatorische Vorstellung: ‚Wir sind viele, sind untereinander gleich, gehören zur gleichen Gruppe.'" (PELLER, 1969, S. 50)

Die auf hierarchischer Abhängigkeit beruhende libidinöse Bindung an die Elternfiguren wird gelockert und durch horizontale libidinöse Beziehungen ergänzt. Es soll im folgenden auf einige typische Spielphantasien eingegangen werden, die diesen Ablösungsprozeß von der ödipalen Konstellation fördern und durch die *Kindergruppe* eine weitere Unterstützung finden.

Die Erfahrung der Ablehnung seiner libidinösen, sexuellen Wünsche und die daraus resultierende Frustration treiben das Kind dazu, seine Gefühle auf andere Personen außerhalb der Familie zu lenken. Das Kind ist nicht nur physisch unabhängiger von den Eltern geworden, sondern entfernt sich auch emotional von ihnen. Ödipale Frustrationen und Kastrationsängste lassen das Kind – besonders im Latenzalter – nach Unterstützung, Zuneigung und neuen emotionalen Bindungen suchen, die es auf die Gruppe der Gleichaltrigen als notwendiges kompensatorisches Erfahrungsfeld verweisen. Die Kindergruppe wird zum „willkommenen Schutzraum" (vgl. BUXBAUM, 1945, S. 363).

Die Übertragung der Gehorsamspflicht von den Eltern auf den Anführer oder andere Mitglieder der Spielgruppe und die daraus folgenden Identifikationen mit den Spielkameraden bieten dem Kind eine Hauptunterstützung bei der Überwindung seiner ödipalen Trennungsängste, Kastrationsängste und seiner Schuldgefühle. Allein schreckt das Kind davor zurück, den Eltern zu widersprechen, weil es den Verlust ihrer Liebe fürchtet; dagegen fühlt es sich in der Gruppe der Gleichaltrigen stark. Einerseits wird es in seinem Bemühen um Unabhängigkeit unterstützt, andererseits bleibt ihm die Möglichkeit, sich der Gruppe unterzuordnen. Seine Selbständigkeit wird also noch nicht überfordert. Anstatt zur Unterordnung und zum Gehorsam gezwungen zu werden, kann das Kind sich nun ‚freiwillig' in die Gruppenspielaktivitäten einordnen.

---

xiert bleiben, sondern sie späterhin bloß zum Vorbild nehmen und von ihnen zur Zeit der definitiven Objektwahl auf fremde Personen hinübergleiten. Die *Ablösung* des Kindes von den Eltern wird so zu einer unentrinnbaren Aufgabe, wenn die soziale Tüchtigkeit des jungen Individuums nicht gefährdet werden soll" („Über Psychoanalyse", 1910, GW VIII, S. 51).

Fühlte das Kind – da es glaubte, von den Eltern abgelehnt zu werden – sich in die Selbständigkeit gedrängt, so kann es mit der Gruppe im Rücken nun selbst den Ablehnenden spielen. Sein vorbewußtes Wissen, daß seine Spielgefährten – wie es selbst – danach streben, die Rolle des Anführers (das heißt die mächtige Vaterrolle) zu übernehmen, reduziert seine Schuldgefühle und Kastrationsängste soweit, daß es in der Lage ist, selbst der Anführer in der Spielgruppe zu werden (vgl. Buxbaum, 1945, S. 364)[69].
Viele Psychoanalytiker haben die Bedeutung der Kindergruppe als transitorischer Erfahrungsraum zwischen Familie und äußerer sozialer Umwelt für das Kind der Latenzzeit betont. Das gilt aber auch schon für das drei- bis vierjährige Kind (vgl. z. B. Becker, 1965, S. 586; Buxbaum, 1945; 1970; Bornstein, 1951; 1953). Unter besonderen Bedingungen kann die Kindergruppe in vorschulischen Einrichtungen auch dem jüngeren Kind bei der Verarbeitung seiner ödipalen Konflikte eine wichtige Unterstützung bieten und ödipale Fixierungen verhindern helfen (vgl. Isaacs, [1933] 1972, S. 427).
Der notwendige und für das Kind schmerzliche Ablösungsprozeß von der Autorität der Elternfiguren wird nicht nur durch die neuen emotionalen Bindungen zu anderen Kindern ermöglicht, sondern ist auch von einem Fortschritt der intellektuellen Entwicklung des Kindes abhängig (vgl. S. Freud, „Der Familienroman der Neurotiker", 1909, GW VII, S. 227). Die fortschreitende Entwicklung des Kindes ermöglicht eine realistischere und kritische Einschätzung der Eltern. Indem das Kind mehr und mehr fähig wird, seine Eltern und auch Geschwister mit anderen Personen seiner erweiterten Umwelt zu vergleichen, gibt es nach und nach sein Bild von den allmächtigen und vollkommenen Eltern auf. Das Kind kann sie zunehmend so wahrnehmen, wie sie wirklich sind und sieht sich selbst als getrennt und unabhängig von ihnen (vgl. A. Freud, [1949] o. J., S. 101 ff., und [1947] o. J., S. 480). Die Aufgabe dieser frühen und intensiv erlebten Bindungen zu den Eltern geht einher mit einem Gefühl von Verlassenheit und Einsamkeit. Sowohl ein Fortschritt in der Ich-Entwicklung des Kindes als auch die Gruppe Gleichaltriger helfen diesen Trennungs- und Individuierungsprozeß absichern (vgl. Kay, 1972, S. 78 ff., und die Arbeiten von Speers u. a., 1971)[70].

---

69 Wie Kinder in der Spielgruppe auf der Ebene des Primärprozesses miteinander kommunizieren können und gemeinsam Phantasien über ihnen unbewußte Probleme ausagieren, hat Lewis (1954) analysiert.

70 Kestenberg (1970) hat analysiert, welche Wirkungen diese Ablösungsprozesse auch auf die Eltern selbst haben können und wie auch diese einen neuen Trennungs- und Individuationsprozeß durchlaufen, indem sie ihre Elternrolle neu definieren müssen. Wie dieser Ablösungsprozeß und die Hinwendung zu Gruppen Gleichaltriger von seiten der Eltern und insbesondere der Mutter erschwert oder gar verhindert werden kann, hat Levy ([1943] 1966) in seiner Studie zum Thema „Maternal Overprotection" herausgearbeitet, siehe besonders S. 173 ff. und 183 ff.

Während dieser Prozesse entwickelt das Kind Phantasien und Tagträume, die zum Teil auch ihren Niederschlag in Spielen finden, die die Familie zum Thema haben und die beginnende „Entfremdung von den Eltern" (FREUD, 1909, GW VII, S. 228) reflektieren. FREUD hat diese Phantasien zunächst als „Familienroman der Neurotiker" (1909) beschrieben. Sowohl er als auch A. FREUD ([1949] o. J.) sahen in diesen Phantasiebildungen aber zugleich einen ‚normalen' Ausdruck der Ablösungsbemühungen des Kindes.

„Die Tagträumerei verdankt ihre Existenz dem unbewußten Wirken verdrängter, im wesentlichen den Ödipussituation entstammender, also inzetuöser, infantiler Phantasien. Ihre Dynamik und Ökonomie entspricht im wesentlichen den Verhältnissen beim Traum. Doch waltet die Zensur strenger ihres Amtes, die Tagträumerei ist der Realität näher als der Nachttraum" (BERNFELD, 1924, S. 267f.).

Der Inhalt dieser bewußten Tagträume ist mit einigen Abwandlungen meist der folgende: Das Kind phantasiert sich als von reichen und mächtigen Eltern verlassen. Es wächst bei armen, einfachen Leuten auf. Eines Tages kommen aber die wahren Eltern wieder und holen ihr Kind zurück. A. FREUD ([1949] o. J.) hat darauf hingewiesen, daß das reiche, mächtige und edle Elternpaar, das den Figuren von König und Königin in Märchen nachgebildet ist, die Elternfiguren der vergangenen frühen Kindheit repräsentiert, während das arme Elternpaar, das viele Entbehrungen und Einschränkungen und seine Ohnmacht ertragen muß, ein Bild der gegenwärtigen Elternfiguren ist, wie es sich dem fünf- bis zehnjährigen Kind darstellt.
DEUTSCH (1930) hat in diesen Phantasien eine Reihe von Motiven auf verschiedene Konstellationen des Ödipuskomplexes zurückgeführt. „Feindseligkeit und Schuldgefühle, Rache und Vergeltung, Eifersucht und Versöhnung münden in die Phantasie des Familienromans ein" (S. 249; vgl. L. J. KAPLAN, 1974). Diese Phantasie, die sich mit dem „Untergang des Ödipuskomplexes" entwickelt, repräsentiert einerseits die progressive Entwicklung der Individuation, den Wunsch des Kindes, sich von den Eltern zu lösen, andererseits drückt sich in ihr eine Überschätzung der Eltern und die „regressive Sehnsucht" nach der in frühester Kindheit genossenen Beziehung zu den Eltern aus, als das Kind noch glaubte, diese seien allmächtig, allwissend und unfehlbar (vgl. A. FREUD, [1949] o. J., S. 102)[71]. Zugleich nimmt diese Phantasie die schonungslose Ab-

71 Das idealisierte Elternbild der prädipalen und frühödipalen Phase kommt nach JACOBSON (1973) durch „die Anstrengungen des Kindes, seine gefährlichen sexuellen und aggressiven Tendenzen gegenüber seinen Eltern zu überwinden", zustande. Diese „finden in gegenläufigen, reaktiv intensivierten Strebungen Unterstützung: in seiner Bewunderung und Überschätzung der Eltern und dem magischen Glauben an ihre Omnipotenz und ihren hohen Wert. Diese Überhöhung der Elternimagines in

wertung der Eltern vorweg, wie man sie verstärkt in der Präadoleszenz findet. Beispiele dafür bieten auch wieder die Kinderverse, zum Beispiel:

„Du sollst deinen Vater und deine Mutter ehren
Und wenn sie dich schlagen, so sollst du dich wehren."

oder

„Du sollst deine Eltern lieben
Wenn sie um die Ecke glotzen
Sollst sie in die Fresse rotzen" (RÜHMKORF, 1969, S. 37).

Zum anderen haben FRIEDLÄNDER (1941) und später PELLER (1958, 1959) die Beliebtheit klassischer Kinderbücher darauf zurückgeführt, daß sie – zwar in verschiedener und häufig im Detail abgewandelter Form – immer wieder die mit Familienroman-Phantasien zusammenhängende ödipale Problematik und ihre möglichen Lösungsversuche in für das Kind entlastender und für sein Ich akzeptabler Form darstellen. Eine Variante dieser Thematik in den Kinderbüchern besteht darin, daß der gleichgeschlechtliche Elternteil gestorben ist. Das Kind vermißt ihn in keiner Weise, noch empfindet es Schuldgefühle. Es ersetzt ihn ganz, übernimmt viele seiner Aufgaben und lebt mit dem andersgeschlechtlichen Elternteil in harmonischer Beziehung zusammen.

„Es handelt sich um die ideale Erfüllung des Ödipuswunsches, mit Verdrängung aller aggressiven Tendenzen, die im Märchen noch die Hauptrolle spielen; wir sehen die teilweise Sublimierung der einstigen Triebwünsche in der gelungenen Identifizierung und die teilweise Erfüllung der alten aggressiven Tendenzen im Verschwundensein des gleichgeschlechtlichen Elternteils" (FRIEDLÄNDER, 1941, S. 239).

PELLER (1968) hat gezeigt, wie die im „Familienroman" vorkommende Phantasie: „Ihr seid nicht meine richtigen Eltern" weitergeführt wird zu der Phantasie: „Um sie zu suchen, muß ich weit fortgehen" (S. 211). Der Befriedigung und Ausgestaltung solcher Tagträume dienen vielfach Abenteuer- und Schatz-

---

der präödipalen und frühödipalen Phase beruht, das ist wichtig, noch hauptsächlich auf dem Bedürfnis des abhängigen Kindes nach mächtigen Eltern. Ausdruck seiner eigenen aggressiv-narzißtischen Wünsche, führt sie also zunächst zur Vergrößerung und Glorifizierung der Liebesobjekte – Phantasien, die dem Kind Sicherheit geben, seine Selbstimago erweitern und sein Selbstwertgefühl erhöhen. Doch unter dem Einfluß der Erziehung und der fortschreitenden Triebhemmung und -verdrängung machen auch die Wertvorstellungen des Kindes weitere Fortschritte" (S. 121, vgl. S. 116ff.; siehe auch FREUD, „Neue Folge der Vorlesungen zur Einführung in die Psychoanalyse", 1933, GW XV, S. 70).

suchgeschichten, die in der Latenzphase bei Kindern besonders beliebt sind (vgl. FRAIBERG, 1959)[72].

Wenn wir unter dem Thema Spiel auch die *Tagträume* und *Phantasien*[73] darstellen, so darum, weil ihre Verbindung zu dem, was man gemeinhin unter Spiel versteht, sehr eng ist. FREUD hat auf diesen Zusammenhang hingewiesen und betont, daß das Kind, obwohl es sich im Spiel „eine eigene Welt erschafft, oder richtiger gesagt, die Dinge seiner Welt in eine neue ihm gefällige Ordnung versetzt", seine Spielwelt doch von der Wirklichkeit unterscheidet. Das Kind „lehnt seine imaginierten Objekte und Verhältnisse gerne an greifbare und sichtbare Dinge der wirklichen Welt an. Nichts anderes unterscheidet das ‚Spielen' des Kindes noch vom ‚Phantasieren'." (FREUD, „Der Dichter und das Phantasieren", 1908, GW VII, S. 214) Es ist wichtig, sich hier FREUDS Definition des Phantasierens zu vergegenwärtigen: „Mit Einsetzung des Realitätsprinzips wurde eine Art Denktätigkeit abgespalten, die von der Realitätsprüfung freigehalten und allein dem Lustprinzip unterworfen blieb. Es ist dies das *Phantasieren*, welches bereits mit dem Spielen der Kinder beginnt und später als Tagträume fortgesetzt die Anlehnung an reale Objekte aufgibt" (FREUD, „Formulierungen über die zwei Prinzipien des psychischen Geschehens", 1911, GW VIII, S. 234).

Ein Antrieb zum Phantasieren ist für FREUD die unbefriedigende Realität.

„Man darf sagen, der Glückliche phantasiert nie, nur der Unbefriedigte. Unbefriedigte Wünsche sind die Triebkräfte der Phantasien, und jede einzelne Phantasie ist eine Wunscherfüllung, eine Korrektur der unbefriedigenden Wirklichkeit. Die treibenden Wünsche sind verschieden je nach Geschlecht, Charakter und Lebensverhältnissen der phantasierenden Persönlichkeit" (FREUD, „Der Dichter und das Phantasieren", 1908, GW VII, S. 216).

---

72 So zum Beispiel die in der späten Latenz sehr beliebten Abenteuerromane von ENID BLYTON, die in immer neuen Variationen schildern, wie eine Kindergruppe gemeinsam und ohne Unterstützung von Eltern oder Erwachsenen Geheimnisse löst und Schwierigkeiten meistert.

73 Es würde hier leider zu weit führen, die interessanten, auch subkulturell vergleichenden Untersuchungen von J. L. SINGER (1966, 1971) zum Tagträumen mit heranzuziehen und auszuwerten. Sehr lohnend wäre auch eine Diskussion der von SINGER u. a. (1973) zusammengetragenen experimentell-beobachtenden Studien zum Phantasiespiel von Kindern und sein theoretischer Beitrag dazu. Für eine pädagogisch angeleitete Spielpraxis wie für empirische Spielforschungen vermitteln diese Arbeiten sicher eine Fülle von Einsichten in das Verständnis von Phantasiespielen, aber auch Anregungen zu Möglichkeiten, diese besser zu beobachten. Auf die theoretischen Probleme einer Metapsychologie der Phantasie, der Frage von unbewußten Phantasien (dazu BERES, 1960a, 1960b, 1962), ihr Verhältnis zu Tagträumen und Spielen kann hier leider nicht angemessen eingegangen werden. Vgl. zu dieser Problematik unter anderem auch ARLOW, 1969; ISAACS, 1952; SANDLER/NAGERA, 1966.

Die meisten Wünsche, die im Medium der Phantasie befriedigt werden, bleiben aber weiterhin von der realen Befriedigung in der Wirklichkeit ausgeschlossen. Es bleibt offen, ob und wie sich der Übergang von der phantasierten Wunscherfüllung zur realen Wunscherfüllung vollziehen kann [74]. Es gibt aber immer eine Reihe von Wünschen (zum Beispiel besonders die ödipalen), die real unerfüllbar sind und nur in der Phantasie eine Erfüllung finden können. Diese ödipalen Phantasien sind daher fast immer unbewußt. Der kleine Junge, der sich als Tierbändiger und Zirkusbesitzer phantasiert und den Räuber bestrafen will, weiß nicht, daß dieser Racheakt dem Vater gilt. Die auf die ödipalen Objekte gerichteten inzestuösen Wünsche werden an der Schwelle zur Bewußtwerdung unter dem Eindruck der Kastrationsängste verdrängt, bleiben beziehungsweise werden also unbewußt. Bei anderen Wünschen bleibt die ausweichende, nur partielle Befriedigung in der Phantasie weiterhin so ungenügend, daß nach anderen Wegen zu ihrer Erfüllung gesucht werden muß.
Das Verhältnis der Phantasie zur Zeit ist ein besonderes, wie FREUD es charakterisiert hat.

„Man darf sagen: eine Phantasie schwebt gleichsam zwischen drei Zeiten: den drei Zeitmomenten unseres Vorstellens. Die seelische Arbeit knüpft an einen aktuellen Eindruck, einen Anlaß in der Gegenwart an, der imstande war, einen der großen Wünsche der Person zu wecken, greift von da aus auf die Erinnerung eines früheren, meist infantilen Erlebnisses zurück, in dem jener Wunsch erfüllt war, und schafft nun eine auf die Zukunft bezogene Situation, welche sich als die Erfüllung jenes Wunsches darstellt, eben den Tagtraum oder die Phantasie, die nun die Spuren ihrer Herkunft vom Anlasse und von der Erinnerung an sich trägt. Also Vergangenes, Gegenwärtiges, Zukünftiges wie an der Schnur des durchlaufenden Wunsches aneinandergereiht" (FREUD, „Der Dichter und das Phantasieren", 1908, GW VII, S. 217f.).

Die latente Erinnerung an eine frühinfantile Wunscherfüllung hält auch die gegenwärtigen Wünsche wach, deren Erfüllung in der Zukunft gesucht wird. So umfaßt das Spielen eine bestimmte Form des Phantasierens, die wesentlich durch die *dargestellte* Wunscherfüllung charakterisiert ist. Das Spielen wird aber immer dann durch nur in der Vorstellung verbleibendes Phantasieren und Tagträumen ersetzt werden, wenn das Kind die Kritik durch die Außenwelt fürchtet, die das Ausmaß an möglicher Triebbefriedigung und Wunscherfüllung einschränkt und die „Korrektur der unbefriedigenden Wirklichkeit" (FREUD, GW VII, S. 216) nur noch in der Phantasie zuläßt.

In den geheimgehaltenen Tagträumen der Kinder wird deutlich, wie die „Phantasie ein Resultat stattgehabter Verdrängungen und Libidobindungen (ist). Aus ihr und an ihr be-

---

74 „Zum Verhältnis von Phantasie und gesellschaftlicher Unterdrückung" siehe RICHTER/MERKEL, 1974, S. 5–36.

zieht das Ich gewisse Befriedigungslust. Solange dies der Fall ist, bleibt die Phantasie stabil. Erst neue Ichanforderungen, meist ein neuer Schub von Schuldgefühl, verbieten die weitere Befriedigung an der nunmehr verpönten Phantasie. Sie erfährt eine Umgestaltung, die den alten Triebzielen eine den neuen Zensurverhältnissen angepaßte Befriedigung gestatten soll. Jede Verstärkung der phantasiebildenden Wünsche, jede Versagung in der Außenwelt wird eine neue Belebung und Wandlung der Phantasien herbeiführen. Je mehr, je stärkere Wünsche in die Phantasiewelt eingehen, um so lebhafter, mannigfaltiger, andauernder werden die Phantasien sein. Die Phantasien sind immer auch narzißtisch; treten sie in innigen Kontakt mit dem Idealich, so wird die Phantasiewelt zusammenhängend und vollbewußt gestaltet werden. Meist ist dies nicht der Fall; sondern ein großer Teil der Phantasien bleibt unbewußt, oder ist durch sehr geringe Assoziationsbande an das Ich geknüpft, so daß die Phantasien ein Halbdunkelleben führen. Sie werden ganz allgemein geheim gehalten" (Bernfeld, 1924, S. 270).

Fuchs (1922) hat die Phantasiespiele und gemeinsamen Tagträume zweier Schwestern, Klara und Hedwig, ausführlich beschrieben und analysiert. Sie wurden ihm nachträglich in der Analyse von der einen Schwester berichtet. Von ihrem 5. beziehungsweise 8. bis zu ihrem 14. beziehungsweise 17. Lebensjahr beschäftigten sich die Schwestern mit einer Phantasie- und Wunschwelt, die sie „Knurrland" nannten. Zuerst hatten die Kinder sich eine Phantasie-Geheimsprache ausgedacht, die „Knurrsprache".

„Schicknu sa knululu. (Was heißt das?) Nichts. Die Hauptsache war, die Leute haben geglaubt, wir sprechen etwas Bestimmtes und dabei haben wir nichts gesprochen. Verstanden haben wir uns immer, weil wir immer beisammen waren und wußten, was die andere wollte, wenn wir ein Wort deutsch dazwischen gesagt haben" (S. 150).

So erklärt Klara die Knurrsprache, aus der sich dann das „Knurrland-Spiel" entwickelte:

„Erst war das Wort Murrendindanda, dann wurde König daraus. Das Wort ist aus Karl May. Da kommt ein Murrendin oder so was vor ... Sonntag sind wir nicht aufgestanden, sondern zueinander in die Betten gegangen. Und da haben wir knurrisch gesprochen. Und dazu sagten wir, nach Knurrland gehen. Eigentlich hieß das von den anderen fortgehen, wo man uns in Ruhe ließ. Beskm – Besenkammerl, das war ein Kammerl, wo die Besen drin waren, wo wir immer hineingegangen sind, wenn wir ein neues Spiel besprochen haben. Das hat sich dann aber verallgemeinert und hat bedeutet: irgend etwas Geheimes bezeichnen, was die anderen nicht wissen sollen ...
Seit wann wir einen Kaiser hatten, weiß ich nicht. Ich glaube, seit der Onkel Alexander aus Ägypten eine Puppe mitgebracht hat. Früher haben wir immer ‚Zwergerln' gespielt. Da sind wir zueinander ins Bett gegangen und haben aus den Polstern Häuser gebaut und anderes mehr. Einmal, ich weiß nicht warum, habe ich geschworen, ich werde nicht mehr Zwergerln spielen. Knurrland war dann Ersatz dafür ... Die Hedwig wollte nicht recht spielen und da habe ich gesagt, sie ist der Kaiser von Knurrland und außer dem Zwergenland hat es dann Luftgeister, Feuergeister, Erdgeister und Wassergeister gegeben" (Fuchs, 1922, S. 150f.).

Aus diesen Anfängen entstand ein kompliziertes Phantasiegebilde, das von den Schwestern über Jahre hinweg immer wieder neu ausphantasiert wurde und zum Teil spielerisch dargestellt wurde[75].
In diesem selbst geschaffenen Land herrscht die Allmacht der Gedanken und Wünsche.

„Es genügt, einen Gedanken auszusprechen, und er ist verwirklicht, einen Namen zu sprechen, und sein Träger: die Luftperson besteht; das Wort Bischinko rettet vor allen Gefahren; Puppen, denen man ‚gescheitelte Haare' frisiert und Hosen anzieht, sind männlichen Geschlechts; geheimnisvolle Propheten, Geister, Eselinnen, Metalle, Bücher bestehen – und alles dies von Klara und Hedwig geschaffen und beherrscht" (S. 180).

Die in der gemeinsamen Spielphantasie verwirklichten Wünsche erschließen sich aus den Differenzen zwischen der phantasierten und wirklichen Welt der Kinder. Dabei weisen die Hauptmotive dieser gemeinsamen Tagträume auf die Unzufriedenheit mit dem eigenen Geschlecht und die Familienbeziehungen. Die beiden Mädchen phantasieren sich als Jungen, und andere Familienmitglieder werden ihrer Funktion beraubt. Als besonders auffällig hebt Fuchs am Knurrland-Spiel hervor, daß die beiden Schwestern jeden Hinweis auf Kindschaftsverhältnisse ausgespart haben, obwohl die Thematik, die sie ausschmücken, genügend Anlaß dafür böte. Aus einer Fülle von Spiel- und Phantasiedetails erklärt Fuchs das Fehlen von Eltern-Kind-Beziehungen, die Nicht-Existenz von Kindern in diesem Spiel aus der Eifersucht Klaras und Hedwigs gegen die älteren Geschwister (darunter einen Bruder).

„Man kann sich vorstellen, daß diesem Motiv noch eines helfend hinzukommt. Klaras infantile Sexualforschung hat offenbar Schiffbruch erlitten an der Frage der Funktion des Vaters, des Geschlechtsunterschiedes. Und von hier aus setzte eine energische Verdrängung gegen das Problem der Geburt ein, ... Die Wunschwelt der Kinder setzt der wirklichen entgegen: wir haben keine Geschwister, wir sind ein Brüderpaar völlig ohne Konkurrenten – und wir haben auch keine Eltern, es ist, als wären wir unsere eigenen Eltern" (Fuchs, 1922, S. 182).

75 Sehr ähnlich beschreibt Zulliger die Entstehung einer gemeinsamen Spielphantasie „Sangoi-Land": Auch hier versuchen die Kinder ihre Phantasien vor den Erwachsenen geheimzuhalten und erfinden eine Geheimsprache. Den Eltern war zunächst aufgefallen, „daß sich die drei Kinder so oft als möglich in Verstecke oder selbstgemachte Zelte und ‚Häuschen' zurückzogen. Fragte man sie, was sie dort trieben, schwiegen sie unter Zeichen der Verlegenheit. Hanneli verriet: ‚Wir sangöierlieren!' Dies ist das von Sangoiland abgeleitete Tätigkeitswort und bedeutet gleichviel wie ‚sich über das Sangoi-Land unterhalten'. Der Inhalt dieser Unterhaltungen blieb den Erwachsenen lange Zeit unbekannt. Treten sie in die Nähe der ‚sangöierlenden' Kinder, dann verständigten sich diese nur noch in einer den Großen unverständlichen Sprache, der ‚Sangoi-Sprache', wie die Kleinen sie nannten" (Zulliger, 1970, S. 44).

Die weiblichen Familienmitglieder spielen in der gemeinsamen Phantasie nur eine sehr geringe Rolle, dagegen weisen viele Spieldetails auf den Einfluß von Onkel und Vater. Als Motor dieses Phantasiespiels läßt sich die Ödipussituation erkennen. Die Abänderungen an der Realität, die Klara in ihrer „spielschaffenden Phantasie" vornimmt, dienen alle der Verarbeitung dieser Situation. Auffallend an dieser – wie auch an anderen gemeinsamen Tagträumen[76] – sind zwei Ebenen: eine der Phantasie und eine der Spielrealität. Besteht ein Merkmal des Spiels in der *dargestellten* Wunschbefriedigung, so fügt FUCHS hinzu,

„daß die Wünsche, die einer besonderen Annäherung an die Realität bedürfen, damit man sie für befriedigt halte, durch Aktion dargestellt werden, während die halluzinatorisch befriedigbaren Phantasien nicht der Darstellung bedürfen. So werden in Knurrland zahlreiche Übertragungen aus der Wirklichkeit, die nur ad maiorem gloriam Knurrlands, zur Verstärkung der Glaubwürdigkeit ... dienen, also sekundäre Elemente des Spieles, nicht dargestellt, sondern phantasiert" (S. 185).

In Abgrenzung von den Erwachsenen und als Schutz vor ihrem vernichtenden Urteil haben sich die Kinder auch die Geheimsprache ausgedacht, in der sie über ihr Knurrland reden.
Die erfundene Geheimsprache dient nur dazu, den Erwachsenen ein nicht vorhandenes Geheimnis vorzutäuschen. Man will damit zugleich andeuten, daß man das Geheimnis der Erwachsenen, nämlich die Sexualität, kenne.

„Das Moment, unverstanden zu bleiben, *wenn* man vor anderen spricht, erklärt die Geheimsprache nicht, da eben dieses ‚wenn' nicht sein muß. Vielmehr wird unbewußt gewünscht, daß die anderen wissen: wir haben ein Geheimnis oder wir wissen ein Geheimnis. (Geheimnis ist dann erst wertvoll, wenn andere um dessen Vorhandensein wissen.) Und in provozierend auffälliger Weise wird manchmal die Geheimsprache vor Dritten angewendet, daß sie aufmerksam werden müssen und erkennen müssen, daß die Kinder oder Jugendlichen ein Geheimnis haben. Aber die Sprache oder Schrift selbst ist gar nicht das Geheimnis, worauf es ankommt. Kinder wissen, daß ihnen etwas von den Erwachsenen verheimlicht werde. Sie wissen es durch Ausweichen auf Fragen, durch das Abbrechen von Gesprächen, durch Winke, die Erwachsene einander geben, durch das Gebrauchen einer fremden Sprache u. a. m. Und sie haben es bald heraus, daß dieses verheimlichte Etwas mit ihrer und ihrer Kameraden und Kameradinnen Entstehung und Geburt und mit dem Unterschied der Geschlechter, den sie eben zu erkennen beginnen, zusammenhängt" (FUCHS, 1922, S. 186).

HOFFER (1924) hat in seiner Analyse des kindlichen *Phantasiespiels* folgende Charakteristika hervorgehoben.

---

76 Zum Thema „Gemeinsame Tagträume" siehe auch SACHS (1924).

„Es hat eine *Kindergruppe* zur Voraussetzung; es wird *wiederholt* ausgeführt und hat die Darstellung und Ausschmückung eines Tagtraumes oder einer Phantasie zum Inhalt; von den Kindern selbst wird es als ‚Spiel' bezeichnet. Die Darstellung der Phantasien wird ausschließlich mit Hilfe der Sprache vorgenommen; die für das Kinderspiel sonst charakteristischen *Handlungen*, auch die Verwendung unbelebter Gegenstände fällt weg" (S. 239).

Hoffer hat ausführlich Beispiele für solche Phantasiespiele aus der Latenzzeit analysiert. Er hat zugleich darauf aufmerksam gemacht, daß diese Form der Spiele, das gemeinsame Tagträumen, aus zwei Gründen vor Erwachsenen geheimgehalten wird: 1. weil der Inhalt der Phantasien – es handelt sich meist um die Thematik des „Familienromans" – als verpönt gilt und einer Zensur unterliegt; 2. um die „illusionierte Wirklichkeit" vor Störungen durch Erwachsene zu bewahren (S. 253). Aber es kommen noch weitere komplizierende Momente hinzu. Die Realitätsprüfung der an diesen gemeinsamen Tagträumen beteiligten Kinder ist schon soweit geschärft, daß sie selbst ihrer Tätigkeit den verharmlosenden Namen ‚Spiel' geben, um sich nach außen von ihren Handlungen und Phantasien und den in ihnen auftretenden Wünschen zu distanzieren. Die Kinder wissen aber auch zu gut, daß die Ersatzleistungen, die Phantasien für erlebte Versagungen anbieten, keine wirklichen sind. So macht das Kind den Erwachsenen gegenüber „Konzessionen, indem es seiner ernsten Phantasiewelt den Stempel erwachsener Bewertung aufdrückt: es ist ‚Spiel'" (Hoffer, 1924, S. 254). Je weniger der eigentlich ödipale Inhalt der Phantasie verhüllt ist, desto mehr bedarf es einer Geheimhaltung vor den Erwachsenen[77].

In den Phantasiespielen überwiegen vielfach die Wünsche narzißtischer Natur.

„Die Phantasiespiele sind nun gerade solche Spiele, in denen die narzißtische Libidofixierung des Individuums konfliktlos zu bestehen versucht und meistens wohl auch bestehen kann" (Hoffer, 1924, S. 251).

77 Die ‚Darstellungen' der Phantasien als Spiele verfallen der Zensur der Erwachsenen und Kinder seltener, als wenn den offen ausgesprochenen Phantasien der Realitätswert zugesprochen wird, wie in der „Phantasielüge" (der sogenannten Pseudologia phantastica), die in vielem die Merkmale des Tagtraumes teilt. Im Gegensatz zu diesem wird sie aber nicht geheimgehalten, sondern demonstrativ mitgeteilt. „Alles das, was den Inhalt des Tagtraumes bildet: üppigst gedeihende Wünsche von ehrgeizigem und erotischem Charakter, scheinbar vollkommene Unabhängigkeit der in der Phantasie hergestellten Wunscherfüllung von Bedingungen des realen Lebens – alles das bietet auch den Stoff zur Bildung der Pseudologie. Wie der Tagtraum sich bald in den bescheidenen Grenzen der Korrektur einer unerwünschten Gegenwartssituation bewegt, bald zu einem phantastischen, im krassesten Widerspruch zur Gegenwart stehenden Gebilde werden kann, so ist auch der Stoff der Pseudologie quantitativ wechselnd" (Deutsch, 1922, S. 153f.).

Hoffer führt hierfür erklärend die triebökonomischen Prozesse während der Latenz an. Ekel, Scham und moralische Forderungen bauen gegen den Sexualtrieb Hemmnisse auf.

„Die ganze Latenzperiode hindurch sind Kräfte am Werke, dem Ich diese Arbeit (der Verdrängung, H. N. B.) zu erleichtern (Erziehung usw.). So werden auch frühere, bei Überwindung der animistisch-narzißtischen Stufe vorgenommene Verdrängungen gelockert oder gar rückgängig gemacht. Der Verzicht auf die Objekte hat vorerst eine Erhöhung des Ich zur Bedingung, wenn der Prozeß ohne merkbare Störungen abläuft. So wird nicht nur durch die Verminderung früherer Verdrängungen der allgemeine Verdrängungsdruck reduziert, sondern zum Gegendruck in den Dienst der neuen Verdrängungsschübe gestellt.
Es scheint, daß gerade in den Phantasiespielen mit ihren deutlichen auf das Ich bezüglichen Wunscherfüllungen sozusagen die letzten Reserven am Ende der Latenz ins Treffen geführt werden. Jedenfalls zeigen die unentstellten Wünsche, da sie unentstellt sind, am deutlichsten, daß sie dem seelischen Gleichgewicht gegenwärtig am wenigsten schaden. Sie stützen ja nur die Schranken, die die Latenz gegen den aktuellen Partner, den Sexualtrieb, aufrichtet" (S. 252).

In entstellter und zum Teil grotesker Form finden sich Elemente der Familienroman-Phantasie zum Beispiel in einem zum Seilspringen gesungenen Lied:

(1) Im Jahre achtzehnhundert
zu Luxemburg am Rhein,
da war ein Kind geboren
mit Namen Humpelbein.
./. Das Triatriahumpel,
das Triahumpelbein ./.

(2) Schauspieler wollt sie werden.
Die Mutta sagte: „Nein!
Mach lieba Schularbeiten,
verflixtes Humpelbein!"
./. Das Triatriahumpel,
das Triahumpelbein ./.

(3) Mit Schuhe ohne Sohle,
mit Hose und Schakett,
so reiste es nach England
und lernte dort Ballett.
./. Das Triatriahumpel,
das Triahumpelbein ./.

(4) Und als es dann jestorben,
die Mutta weinte sehr,
der Lehra in der Schule,
der flennte noch viel mehr.
./. Ums Triatriahumpel,
ums Triahumpelbein ./.

(5) Und als es dann im Himmel,
der Petrus ließ es rein,
und alle Englein sangen:
„Da kommt das Humpelbein."
./. Das Triatriahumpelbein,
das Triahumpelbein ./.

(Peesch, 1957, S. 30)

Das Lied drückt eine trotzige und ablehnende Haltung gegenüber den Eltern aus und will sagen: „Ich brauche euch überhaupt nicht!" Zugleich versucht das Kind sich aber über diese Trennung von den Eltern damit zu trösten, daß die verlassenen Eltern es sehr vermissen. Daß das Kind in diesem Lied selbst den Ablehnenden spielt und das traumatische Gefühl, von den Eltern zurückgewiesen worden zu sein, umkehrt, wird im wesentlichen durch die Gruppensituation, in der es gesungen wird, ermöglicht. Denn in der Gruppe fühlt das Kind sich stark genug, gegenüber Eltern und anderen Autoritätspersonen seine Forderungen selbstbewußt anzumelden und sie zu verteidigen. Der Komplexität dieses Liedes und seinen verschlüsselten Anspielungen (warum zum Beispiel Humpelbein und Triahumpelbein?) kann hier nicht nachgegangen werden. Man kann aber annehmen, daß in dem „Tria-“ ein Hinweis auf die Dreierkonstellation der Ödipussituation steckt und das „Humpelbein“ wie das Ergebnis einer vollzogenen Kastration erscheint[78]. Zur Stützung dieser Deutung müßte man aber weitere Belege heranziehen.

3.2.5 Verkörperung der Es-Impulse und der Über-Ich-Forderungen in imaginären Spielgefährten

Ebenfalls ein Ergebnis der Frustration ödipaler Wünsche und Enttäuschungen durch die Eltern und in vielen Merkmalen und Funktionen mit den Tagträumen verwandt sind die *imaginären Spielgefährten* und Begleiter, die sich Kinder zwischen dem Ende des zweiten Lebensjahres und oft bis zum achten oder zehnten Lebensjahr schaffen. Das können bestimmte Tiere sein, märchenhafte Figuren oder gleichaltrige Kinder oder Zwillingsgeschwister (vgl. zum Beispiel BURLINGHAM, 1945). Je nach Alter kommt ihnen zwar eine verschiedene, für die Entwicklung des Kindes aber meist positive Funktion zu[79].

Der imaginäre Begleiter repräsentiert häufig die *Es-Impulse* des Kindes, die sich aufgrund von Erziehungsmaßnahmen nur noch kompromißhaft in den Phantasien ausdrücken können. Wie die Tagträume dienen diese imaginären Gefährten sehr häufig der Wunscherfüllung und Kompensation real erlebter Versagungen. Anders als Ad-hoc-Phantasien begleiten diese Phantasiegebilde das Kind oft über einen längeren Entwicklungsabschnitt.

Der Charakter der Wünsche ist wiederum wesentlich von dem Alter des phantasierenden Kindes bestimmt. Beim etwas älteren Kind handelt es sich vielfach um die Befriedigung bestimmter wiederbelebter Triebkomponenten, die inzwischen in Konflikt mit den Normen der Außenwelt geraten. Beim jüngeren Kind hilft der imaginäre Gefährte über Einsamkeit und das Gefühl, von den Eltern abgelehnt zu werden, hinweg. Die Phantasiebildungen sind hier weniger konflikthaft im neurotischen Sinn. Das jüngere Kind kann noch offen über seine Phantasien sprechen und teilt bereitwillig viele Details mit. Ganz im Ge-

---

78 Diese Deutung des Hinkens beziehungsweise Humpelns in verschiedenen von Mädchen bevorzugten Spielen gibt auch PFEIFER (1919, S. 250f.) aufgrund verschiedener Quellen.

79 Vgl. hierzu HURLOCK/BURSTEIN, 1932; SVENDSEN, 1934; BENDER/VOGEL, 1941; SPERLING, 1954; NAGERA, 1969; FRAIBERG, 1972.

gensatz dazu steht die Geheimhaltung solcher Phantasien und imaginärer Freunde bei älteren Kindern, die eine Kritik und Zensur durch Erwachsene fürchten und gegenüber ihrem eigenen Über-Ich Kompromisse machen müssen. Das phantasierende Kind ist sich aber stets bewußt, daß seine imaginären Gefährten nicht wirklich sind. Die primärprozeßhafte Denkweise, besonders beim jüngeren Kind, kann zwar das Realitätsprinzip vorübergehend ignorieren, läßt aber die Realitätsprüfung unangetastet (vgl. NAGERA, 1969, S. 194). Man kann sagen, daß primärprozeßhaftes und sekundärprozeßhaftes Denken nebeneinander bestehen bleiben, zwar abwechselnd in den Vordergrund treten, ohne daß aber eine Form des Denkens die allein vorherrschende wird. ZULLIGER (1970) hat am Beispiel einer über einen längeren Zeitraum fortgeführten Kinder-Kollektiv-Phantasie, „Sangoi-Land", den engen Zusammenhang zwischen der Triebentwicklung und den infantilen Denkkategorien aufgezeigt. In den von ihm beschriebenen Phantasien finden sich sowohl noch magisch-animistisches und prälogisches Denken, eine ‚anthropomorphologische' Auffassung, derzufolge Tierfiguren wie Menschen handeln und denken, als auch symbolische Darstellungsweisen im engeren Sinne. Aufschlußreich ist auch, wie jedes an dieser Spielphantasie beteiligte Kind (es handelt sich um Geschwister verschiedener Altersstufen) entsprechend seiner Entwicklungsphase in ganz spezifischer Form seine Wünsche, Ängste und Probleme in die Phantasietätigkeit einbringt und gemäß seinem kognitiven Entwicklungsstand verarbeitet. Die Funktion der imaginären Spielgefährten ist daher entsprechend dem Alter der Kinder jeweils verschieden. Dominieren bei dem jüngsten an den gemeinsamen Tagträumen beteiligten Kind orale Phantasien, so berichten die älteren Kinder ‚schlimme Unarten' von den „Sangoi-Buben" und ergehen sich in der Ausschmückung analer Vorgänge.

Die bösen Jungen „lutschen nicht nur alle am Daumen, sie machen noch in die Hosen und reden wüste Worte, dreckige Worte, die man nicht sagen darf. Hanneli klagt die Sangoi-Buben vor Lorli und Hanspeter an: ‚Wißt ihr, was ich wieder hören mußte, was sie miteinander redeten? Man muß sich ja schämen, es zu sagen!' Hanneli flüstert nur noch. ‚Denkt euch, sie reden nur noch vom ‚Scheißdreck' und solchen Sachen!' Die Geschwister entsetzen sich, aber alle drei kichern belustigt. Alle die verpönten, verbotenen Worte, anale Vorgänge und die Organe unten am Leibe betreffend, werden von diesen scheußlichen Sangoi-Buben benutzt, ohne Scheu und Scham und Ekel. ‚Das darf man doch nicht dulden', ruft Lorli, und Hanspeter seufzt. Dann droht er mit dunkler Stimme: ‚Wißt ihr – es könnte sein, daß ich meine Löwen und Elefanten aussende, die bösen Buben zu strafen!' Die bösen Buben bessern sich nicht, man vernimmt immer neue Schandtaten von ihnen. Sie stellen sich in eine Reihe oder in einen Kreis und defäzieren gemeinsam, um nachher zu untersuchen, wer den größten Haufen produziert hat. Ebenso urinieren sie gemeinsam, schauen, wer seinen Harnstrahl am weitesten wegsenden, wer ihn an einer Mauer am höchsten hinaufspritzen kann. Sie speien und beobachten, wer den Speichel am weitesten weg oder am höchsten hinaufzuspeien vermag, und sie schämen sich nicht, einander anzuspeien" (ZULLIGER, 1970, S. 47f.).

Man merkt hier deutlich, daß die Kinder die Sangoi-Buben all das tun lassen, was sie gern selber täten, aber nicht dürfen. Was ZULLIGER an dieser kollektiven Spielphantasie charakterisiert, gilt auch für das individuelle Phantasieren von imaginären Gefährten. „Das Triebhafte suchen sie zu meistern, indem sie all das, was als verpönt gilt, an die schlimmen Sangoi-Buben abdelegieren und es auf diesem Umweg mitgenießen. Im Spiel und bereits auf dem Wege der Wortvorstellungen, werden die Triebregungen verarbeitet“ (S. 55).

Mit Hilfe der imaginären Spielgefährten erfolgt oft eine Verneinung der in der Realität erfahrenen Einschränkungen, sie ermöglichen es dem Kind – wenn auch nur in der Phantasie –, trotzig gegen diese aufzubegehren. Die Korrekturen der Wirklichkeit, die das Kind mit Hilfe symbolischer Fiktionen vornimmt, lassen für den Erzieher sichtbar werden, wie es Repressionen erlebt und verarbeitet, die von den Erwachsenen häufig gar nicht als solche wahrgenommen werden.

NAGERA (1969) hat darauf aufmerksam gemacht, daß der imaginäre Gefährte, besonders jüngerer Kinder, häufig „quasi-physikalische Gegenwart“ (S. 195) in der wirklichen Welt des Kindes beansprucht (zum Beispiel muß ein bestimmter Sitzplatz am Tisch für ihn reserviert werden, er verlangt etwas zu essen, man muß die Tür öffnen, um ihn hinaus- oder hereinzulassen usw.), während andere Phantasiegebilde und -objekte dagegen vollkommen in der Vorstellung verbleiben.

Bedeutet das Phantasieren häufig Rückzug von der Außenwelt und den realen Objekten, folgt der phantasierten Kommunikation mit den vorgestellten Spielgefährten eine schnelle Rückkehr in die Wirklichkeit und Objektwelt. Das Kind versucht oft mit Hilfe dieses Gefährten die Verbindung zwischen seinen Gefühlen und Ängsten und der Außenwelt aufrechtzuerhalten und ihn in diese zu integrieren. SPERLING (1954) hat hervorgehoben, daß es manchen Kindern gerade leichter fällt, ihre Ängste und Schuldgefühle oder Wünsche und Hoffnungen auf den imaginären Begleiter zu projizieren und in dieser Form sie den Erwachsenen mitzuteilen und darüber zu kommunizieren, als zuzugeben, daß sie selbst diese Ängste oder Wünsche haben (vgl. S. 252).

Hierbei tritt eine spezifische Kombination von Projektion und Identifikation auf, die A. FFREUD ([1936] o. J.) als eine Form von Altruismus beschrieben hat. Charakteristisch ist, daß eigene Wunschregungen an einen anderen abgetreten werden und die Wunscherfüllung am Ersatzobjekt überwacht wird (S. 100; vgl. auch das Sangoi-Land-Beispiel). Bei imaginären Gefährten ist die Kontrolle der Wunscherfüllung in der Hand des Kindes. A. FREUD erklärt auch, wie es zu dieser Projektion und „altruistischen Abtretung“ (S. 101, 103) kommt. Die „Vorstellungsrepräsentanz gefährlicher Triebregungen“ muß aus dem „Zusammenhang des Ichs“ beseitigt werden. Wird bei der Verdrängung „die beanstandete Vorstellung ins Es zurückgewiesen“, so verlegt die Projektion „sie statt dessen in die Außenwelt". Ausgelöst wird die Projektion sowohl durch Realangst als auch durch Über-Ich-Angst und Triebangst (S. 95). Diese Mechanismen finden wir auch bei der Analyse der Funktion von imaginären Spielgefährten, und WANGH (1962) hat ihre „Stellvertreter"-Bedeutung („proxy") beschrieben.

Indem das Kind sich solche imaginären Begleiter schafft, gewinnt es eine Reihe von Vorteilen:

- Es bekommt einen immer willigen Spielgefährten.
- Es gewinnt einen Beschützer, der immer da ist, auch dann, wenn die Mutter einmal nicht erreichbar ist.
- Dieser kann aber auch der Abwehr von „overprotection" seitens der Mutter dienen.
- Das Kind versucht, die Kritik der Eltern an seinen ‚Unarten' zu vermeiden, indem es die letzteren dem Phantasiegefährten zuschreibt; so kann es an seiner ‚Selbstliebe' festhalten.
- Indem das Kind die von der Umwelt und den Eltern nicht akzeptierbaren Triebansprüche und Wünsche auf den imaginären Freund projiziert, sich dann aber mit ihm identifiziert, gelangt es zu einer indirekten Befriedigung seiner Bedürfnisse. Die Wunscherfüllung mittels des „Stellvertreters" erfolgt in einer von der Umwelt tolerierten Weise.
- Dadurch entwickelt das Kind aber langsam die Bereitschaft, sich in der Realität anzupassen, und lernt, daß nicht alle seine Wünsche und Bedürfnisse real erfüllbar sind oder toleriert werden können.

Wie NAGERA (1969) betont hat, fungiert der imaginäre Begleiter als „developmental buffer" (entwicklungsgemäßer Schutzwall) und vermittelt zwischen dem primitiven Ich des Kindes und realen unbefriedigenden Situationen (vgl. S. 183). Er dient so dem Training „kontrollierter Illusion" (SPERLING, 1954, S. 257). Mittels der Phantasiebildung schafft sich das Kind bestimmte Freiheiten, auf die es in der Wirklichkeit schon längst hatte verzichten müssen.

Der imaginäre Spielgefährte nimmt außerdem eine wichtige Funktion in der *Über-Ich-Bildung* des Kindes ein. PIAGET (1969, S. 168ff.) hat die wechselnden phantasierten Gefährten, die sich seine Tochter J. im Alter von drei bis vier Jahren schuf, ausführlich beschrieben. Sie erscheinen teils als Vorläufer, teils als Vertreter des Über-Ichs. Besonders interessant ist, daß sich J. zwei sich gegenseitig ergänzende Gefährten zulegt. Einmal „Aseau", der manchmal als Vogel erscheint, aber auch verschiedene andere phantastische Merkmale annimmt und ganz deutlich die vom kleinen Mädchen erfahrenen Erziehungsanforderungen und Verbote, die moralische Autorität der Eltern, vertritt. PIAGET macht deutlich, daß diese Figur J. half, die Realität zu akzeptieren, und eine „moralische Unterstützung" bei der Befolgung der Ge- und Verbote darstellt.

Daneben tritt aber „Marécage“ auf, ein Mädchen wie J., nur ist sie eine Negerin, die aber alle Freiheiten genießen kann, die J. versagt sind. Sie repräsentiert die Wünsche und Bedürfnisse J.'s, die sowohl mit internalisierten Verboten als auch mit der Außenwelt in Konflikt geraten. Außerdem signalisiert diese Figur nicht nur den ständigen Kampf mit den internalisierten Über-Ich-Forderungen, sondern zugleich auch eine Reihe von Ängsten, auf die hier nicht eingegangen werden kann (siehe unten *Teil B*, Abschnitt 4.3.2).
Das Ich des Kindes, besonders des jüngeren, ist – solange das Über-Ich noch nicht vollkommen etabliert ist – auf äußere Unterstützung in der Kontrolle seiner Handlungen angewiesen. Eltern und Erzieherfiguren helfen dabei. Aber auch der imaginäre Spielgefährte stellt häufig die Projektion von Vorstufen des Über-Ichs dar (vgl. Hammerman, 1965). Während beim jüngeren Kind dieser Gefährte oft einen integrierten Bestandteil der Entwicklungsschritte in Richtung auf Internalisierung und Introjektion von äußeren Anforderungen darstellt und *im Prozeß der Über-Ich-Bildung* eine wichtige Rolle spielt, stellt er beim älteren Kind oft eine notwendige, wenn auch nur vorübergehende Stütze des schon *etablierten Über-Ichs* dar (vgl. Nagera, 1969, S. 176).
Die imaginären Begleiter können aber in unterschiedlichen Situationen, zum Teil auch gleichzeitig, eine doppelte Funktion erfüllen:

a) Stellvertretend übernehmen sie die Auflehnung gegen die dem Kind auferlegten Einschränkungen und Versagungen. Indem sie das Verbotene tun, stellen sie eine Kritik der Über-Ich-Forderungen dar.
b) Andererseits unterstützen sie die Einhaltung der Über-Ich-Forderungen, entweder dadurch, daß das Kind sich von ihren Auflehnungsakten als bloßen Phantasiegebilden distanziert, oder dadurch, daß sie selbst unmittelbar Über-Ich-Forderungen personifizieren.

3.2.6 Spiele und Abwehrmechanismen [80]

3.2.6.1 Verleugnung der Realität in der Phantasie

Fraiberg (1972) hat an einem Beispiel gezeigt, wie die Ausgestaltung dieser Phantasiegefährten und die ihnen zugeschriebenen Funktionen zugleich ein Bild der vom Kind erfahrenen Erziehung erkennen lassen. Ein dreijähriges Mädchen legt sich zeitweise als ständigen Begleiter einen „Lachenden Tiger“ zu. Dieser Tiger ist weder furchterregend noch ungebärdig, noch beißt oder brüllt er; er ist folgsam, ohne zu murren und gehorcht allen Anordnungen sei-

---

80 Zur Diskussion von A. Freuds Werk „Das Ich und die Abwehrmechanismen“ ([1936] o. J.) siehe besonders die Arbeiten von French (1938) und Loewenstein (1967).

ner kleinen Herrin, welcher Art diese auch sein mögen. „Er muß sich merken, daß er nicht alles haben kann, wie er will", erklärt seine Bezwingerin (S. 23).

„Die Verwandlung eines Tigers in ein gehorsames und ruhiges Tier ist wahrscheinlich eine Karikatur beziehungsweise ein Abbild des Zivilisationsprozesses, dem das kleine Mädchen unterliegt. Die Belohnungen und Strafen, die törichten Befehle für den Lachenden Tiger erscheinen uns, wenn wir diese Komödie sehen, ebenso sinnlos wie die Launen und Wünsche der erwachsenen Welt dem kleinen Mädchen. Vermutlich ist der gebesserte Tiger auch ein Abbild des kleinen Mädchens, und die ursprünglichen Eigenschaften eines Tigers – das Unbeherrschte, Impulsive und Wilde – stellen die Neigungen im Inneren des Kindes dar, die allmählich umgewandelt werden" (FRAIBERG, 1972, S. 23).

Wenn dieser Tiergefährte das Kind auch darin unterstützt, Anordnungen der Eltern nachzukommen, so fördert diese Phantasiebildung andererseits eine gewisse Unabhängigkeit. Der „Lachende Tiger" läßt, ebenso wie andere Phantasien über wilde Tiere, deren Herkunft aus vergangenen Angstsituationen erkennen. Nur ist das ehemalige Angsttier jetzt zum Freund geworden. A. FREUD ([1936] o. J.) hat ähnliche Phantasien bei Kindern beschrieben; zum Beispiel phantasierte sich ein fünfjähriger Junge als Besitzer eines zahmen Löwen, ein anderer zehnjähriger Junge als Zirkusbesitzer und Tierbändiger. Auch hier benehmen sich die wilden Tiere dem Kind gegenüber zahm und folgsam (S. 58ff.).

Das kleine Kind, das sich vor eingebildeten oder wirklichen Gefahren fürchtet, kann seiner Angst dadurch ausweichen, daß es die angsterregenden Situationen zu vermeiden sucht, oder dadurch, daß es nicht von der Seite der beschützenden Eltern weicht. Beides würde aber seine Abhängigkeit verstärken. Die weiterführende Lösungsmöglichkeit besteht, wie in den genannten Beispielen, darin, daß sich das Kind in der Phantasie von der Außenwelt unabhängig und zum Herrscher über das wilde, angsterregende Tier macht und es zähmt. Durch die Phantasiebildung gewinnt das Kind eine gewisse Kontrolle über seine Ängste. Mit Hilfe seiner Phantasie verleugnet es die unlustvolle Realität, in der es hilflos und schwach ist; es verkehrt nun die alten Rollen. „Wenn die Umwandlung gelingt, wenn das Kind durch die Phantasiebildung für das betreffende Stück der Wirklichkeit unempfindlich gemacht wird, so erspart sich das Ich die Angstentwicklung und alle Triebabwehr und Neurosenbildung" (A. FREUD, [1936] o. J., S. 63).

A. FREUD und FRAIBERG haben darauf hingewiesen, wie ‚normal' dieser Abwehrmechanismus der Verleugnung der Realität in der Phantasie in einer bestimmten Phase der kindlichen Ich-Entwicklung ist. Erst wenn solche Mechanismen im *späteren* Alter beibehalten würden, komme es zu einer Beeinträchtigung der Realitätsprüfung und zu einer Anfälligkeit für ideologische Konstrukte und Stereotype.

„Es ist etwas anderes, so *zu tun*, als wäre man ein mächtiges Wesen, das Tiger und Löwen zähmen und unterwerfen kann; so *zu tun*, als wäre der Kleiderschrank ein Dschungel voller wilder Tiere, etwas anderes, das Kinderzimmer in ein Theater zu verwandeln, um ein solches Drama aufzuführen, als andererseits dieses Drama in sich zu tragen, es zum Teil seiner Persönlichkeit werden zu lassen und so die Welt in ein Theater zu verwandeln, in dem dann dieses Drama aufgeführt wird" (FRAIBERG, 1972, S. 24).

Am Beispiel der Krankengeschichte des „kleinen Hans", der ebenfalls die Realität mit Hilfe seiner Phantasien verleugnet, dann aber – im Gegensatz zu den anderen genannten Beispielen – den ganzen Konflikt verinnerlicht und sich phobisch aus der Wirklichkeit zurückzieht (vgl. A. FREUD, [1936] o. J., S. 59), wird aber auch die Nähe solchen Verhaltens zu pathogenen Abwehrmechanismen deutlich (ebenso beim „kleinen Hahnemann"). Nicht in jedem Fall reicht die Phantasiebildung zur „Vermeidung von Realunlust und Realangst" (S. 63) aus. FRAIBERG (1972) hat hervorgehoben, daß das besonders für die Situationen gilt, in denen die „Wirklichkeit die nur eingebildeten Gefahren des Kindes bestätigt". Das können schwere Fälle von Vernachlässigung sein, unzureichende Ernährung oder grobe körperliche Angriffe, Züchtigungen und Zornausbrüche seitens der Eltern (S. 24). Die Eltern müßten daher alles zu vermeiden suchen, was die befürchteten Gefahren und eingebildeten Ängste der Kinder verstärken könnte.
Das Eigentümliche an der frühen Kindheitsphase (zwischen drei und etwa sieben Jahren) ist gerade – so widerspruchsvoll es scheint –, daß die Verleugnung in der Phantasie einhergeht mit einer intakten Realitätsprüfung.

„Mit dem Intellekt verstehen sie, Phantasie und Wirklichkeit sehr gut zu unterscheiden. In ihrem Gefühlsleben aber ist der reale peinliche Tatbestand entwertet und die ihm entgegengesetzte Phantasie überbesetzt, so daß die aus der Vorstellung bezogene Lust über die reale Unlust triumphieren kann" (A. FREUD, [1936] o. J., S. 64).

Das Verhalten des Kindes wird erst dann pathogen, wenn es im Phantasiespiel nicht mehr die Grenze zwischen Phantasie und Wirklichkeit einzuhalten vermag. FRAIBERG (1972) betont: „Hält man sich an die Spielregeln, hält man die Phantasietiere in Schach und bringt sie im Kinderzimmer unter Kontrolle, dann ist die Möglichkeit um so geringer, daß sie in die wirkliche Welt eindringen" (S. 25; vgl. ISAACS, [1930] 1968, S. 106f.). Unter günstigen Bedingungen besteht die positive Funktion des Spiels darin – wie SEARL (1932) formuliert –, daß es „die psychische Realität mit der äußeren Realität verknüpft". Dadurch vermag es das Kind vor zwei Gefahren zu bewahren: „vor der Verleugnung (oder Verdrängung) der psychischen Realität, die zur Neurose führen kann, und der Verleugnung der äußeren Realität, die zur Psychose führen kann" (S. 213).

3.2.6.2 *Verleugnung in Wort und Handlung*

Das Rollenspiel der Kinder verleugnet – wie A. Freud ([1936] o. J.) beschreibt – die Realität nicht nur in der Phantasie, sondern auch in Wort und Handlung (vgl. S. 65ff.). Wegen seiner Sichtbarkeit und Auffälligkeit ist das Spielen aber mehr noch als das Phantasieren und Tagträumen von dem Verhalten der Erwachsenen abhängig. Ihre Toleranz oder Unduldsamkeit und Kritik werden das Spielen des Kindes beeinflussen und modifizieren. Das bedeutet, daß das Spiel des Kindes im Gegensatz zu dem vor Erwachsenen meist geheimgehaltenen Phantasieren und Tagträumen immer schon einen stärker kompromißhaften Charakter annehmen muß. Die Wunscherfüllung findet nur noch in verkleideter, zensierter und symbolischer Form statt.
In dem Moment, in dem das Kind die Realitätsprüfung allzu weitgehend unbeachtet läßt und die Grenze zwischen Phantasie und Wirklichkeit überschreitet, indem es versucht, auch für sein wirkliches Verhalten Konsequenzen aus seinen Phantasien zu ziehen, wird das Wohlwollen der Erwachsenen aufhören.

Andererseits ist die Gefahr groß, daß die „Phantasietätigkeit des Kindes aufhört, Spiel zu sein und zum Automatismus oder Zwang wird" (A. Freud, [1936] o. J., S. 68). A. Freud sieht ein großes Problem in der Frage, „wieweit es die Aufgabe der Erzieher ist, schon das kleinste Kind ausschließlich auf die Verarbeitung der Wirklichkeit hinzuweisen, wieweit es der Erziehung gestattet ist, ihm bei der Abkehr von dieser Wirklichkeit und dem Aufbau einer Phantasiewelt Vorschub zu leisten" (S. 67). Selbst wenn der Erzieher bereitwillig sich an den Spielen des Kindes beteiligt, auf seine Phantasie eingeht, wird er doch schon durch seine alltäglichen Erziehungsforderungen das Kind an die Realitätsprüfung erinnern.

Das Kind, das „eben noch Pferd oder Elefant war und wiehernd oder trompetend auf allen vieren gegangen ist, muß imstande sein, im nächsten Augenblick verhältnismäßig still und gesittet bei Tisch zu sitzen. Der Löwenbändiger muß sich selber wieder irgendeinem Kindermädchen unterwerfen können, der Abenteurer oder Pirat es sich gefallen lassen, ins Bett geschickt zu werden, gerade wenn in der Welt der Erwachsenen das Interessanteste beginnt" (S. 67f.).

3.2.6.3 *Flucht in die Realität*

Die „Verleugnung in der Phantasie" als Antwort auf die unbefriedigende Realität ist nicht der einzige Fluchtweg, der dem noch unreifen Ich offensteht. Unter bestimmten Bedingungen kann man im kindlichen Verhalten auch eine „Flucht in die Realität" (Searl, 1929) beobachten. Diese erfolgt aus Angst vor den Phantasiegebilden, die sowohl aus den Anforderungen des Über-Ichs als

auch aus den Triebansprüchen hervorgehen. Die Flucht soll der Angstwiderlegung dienen. Sie setzt voraus, daß die in den Phantasien selbst wirksamen Abwehrmechanismen zeitweise nicht mehr ausreichen.
Searl (1929) hat darauf aufmerksam gemacht, daß die vom Es ausgehenden lustvollen Wunscherfüllungsphantasien, die die Realität leugnen oder zu ändern versuchen, Bestrafungsphantasien des Über-Ichs in der Art provozieren können, daß das Kind sich in die Realität flüchtet. Es versucht dann, seine Spielhandlungen so realistisch und wirklich wie möglich zu gestalten, jedes „So-tun-als-ob" zu vermeiden. Oder es bemüht sich – wie Moore (1964) beschrieben hat –, bestimmte Spielsituationen übereifrig zu entwerten, indem es sich von ihnen und den in ihnen auftretenden Emotionen und Affekten distanziert, sich über sie lustig macht, sie als Jux und bloßes Spiel charakterisiert (vgl. S. 21). Auch die mit bestimmten intensiven Phantasien hervortretenden Aggressionstendenzen, die vorher unterdrückt waren, rufen im Kind vielfach Angst hervor. Es fürchtet, für seine Aggressionen, die sich oft in verkleideter Form gegen geliebte Personen richten, bestraft zu werden. Wenn immer die Angst vor den Bestrafungstendenzen des Über-Ichs in der Phantasie zu stark wird, besteht die Gefahr des Spielabbruchs.
In den meisten Spielaktivitäten wird man aber ein ständiges Hin und Her zwischen Phantasieren und betonter Realitätszuwendung finden, dem das ständige Oszillieren zwischen sekundärprozeßhaftem und primärprozeßhaftem Denken parallel läuft (vgl. Isaacs, [1933] 1972, S. 312). Searl (1929) geht nicht darauf ein, warum ein Kind, das sich aus Angst vor furchterregenden Phantasien an die Realität klammert, doch immer wieder zur Phantasietätigkeit zurückkehrt.
Kardos und Peto (1956) betonen dagegen den positiven Aspekt, den Phantasien als „abgespaltene Teile" des Ichs übernehmen. Mit ihrer Hilfe bearbeitet das Kind einerseits seine Triebansprüche, Über-Ich-Forderungen und die Realitätsforderungen und integriert sie in seine Persönlichkeit, andererseits kann es sich aber von dem Druck des Über-Ichs, des Es und der Außenwelt zeitweise distanzieren. Kardos und Peto beschreiben diese „Ich-Spaltung" als komplizierten Abwehrmechanismus. Angsterregende Aspekte des Ichs erscheinen als fremd und vom bewußten Ich „abgespalten", sie üben vom Unbewußten des Kindes her aber weiterhin Druck aus und erregen Angst. Daraufhin – so Kardos und Peto – reagiert das Kind mit einem „Aus-Spielen" seiner Konflikte. Durch die „Abspaltung" der gefährlichen und angsterregenden Ich-Anteile erfolgt eine Desintegration, das bewußte Ich kann sich erleichtert und frei von Schuld fühlen, da es die im Spiel ausgedrückten verbotenen Tätigkeiten und Triebe als nicht sich, sondern fremden Spielfiguren zugehörig beschreiben kann (vgl. besonders S. 101). Ähnliche Mechanismen fanden wir beim Umgang des Kindes mit seinem imaginären Begleiter. Im Spiel bleibt das Kind aber

ständig mit den „abgespaltenen“ desintegrierten Inhalten seines Ichs konfrontiert und lernt sie wieder zu integrieren. M. KLEIN (1926) hat in ähnlicher Weise für das Rollenspiel des Kindes festgestellt, daß es gleitende Übergänge zwischen den desintegrierten und integrierten Ich-Anteilen ermöglicht.

Der grundlegende Mechanismus des frühkindlichen Rollenspiels diene dem Zweck, „die verschiedenen im Kinde wirksamen Identifizierungen, die *etwas Einheitliches werden sollen*, wieder zu zerlegen: Den Vater und die Mutter, die es in der Verarbeitung des Ödipuskomplexes in sich aufgenommen hat, und die es nun in ihm durch Strenge quälen, entfernt es durch diese Rollenverteilung wieder aus sich und empfindet dadurch eine Erleichterung, die zum Lustgewinn durch das Spiel wesentlich beiträgt“ (S. 370, Hervorhebung H. N. B.).

3.2.6.4 Identifizierung mit dem Angreifer

Wir haben oben verschiedene Formen der Angstbewältigung in Spielen und Phantasien beschrieben, ohne genauer auf „eines der wichtigsten Mittel im Umgang mit den angsterregenden Objekten der Außenwelt“ eingegangen zu sein: „die Identifizierung mit dem Angreifer“ (A. FREUD, [1936] o. J., S. 85).

Dieser von A. FREUD analysierte Abwehrmechanismus liegt auch vielen kindlichen Verhaltensweisen zugrunde. S. FREUD hat diesen Terminus zwar nicht verwendet, aber den damit gemeinten Mechanismus in bestimmten kindlichen Spielen analysiert. Er hat darauf aufmerksam gemacht, wie das Kind zum Beispiel nach einem Besuch beim Arzt seine schmerzlichen oder gar traumatischen Erfahrungen in seine Spiele einbringt und zu bearbeiten sucht. „Indem das Kind aus der Passivität des Erlebens in die Aktivität des Spielens übergeht, fügt es einem Spielgefährten das Unangenehme zu, das ihm selbst widerfahren war, und rächt sich so an der Person dieses Stellvertreters“ (FREUD, „Jenseits des Lustprinzips“, 1920, GW XIII, S. 15). Diese Wendung von der Passivität zur Aktivität ist eines der auffallendsten Merkmale kindlichen Spielens; sie findet sich auch in weniger aggressiv bestimmten Spielhandlungen. Die Spiele des Kindes sind oft von dem Wunsch bestimmt, „groß und erwachsen zu sein“ und alles das tun zu dürfen, was die Erwachsenen sich als ihr Vorrecht nehmen. „Es spielt immer ‚groß sein‘, imitiert im Spiele, was ihm vom Leben der Großen bekannt geworden ist“ (FREUD, „Der Dichter und das Phantasieren“, 1908, GW VII, S. 216). Zugleich phantasiert das Kind auch einen Rollentausch, der es nicht nur an die Stelle des Erwachsenen setzt, sondern diesen ihm unterwirft.

Diese frühen Identifizierungen des Kindes mit den ersten Liebesobjekten sind, wie SPITZ (1960/61) aufgezeigt hat, auch für das Verständnis der Identifizierung mit dem Angreifer und die Über-Ich-Bildung relevant; sie liegen auf einer Entwicklungslinie. Das Kind, das beim Füttern durch die Mutter plötzlich den

Löffel nimmt und ihn in den Mund der Mutter steckt und im späteren Alter die Puppe füttert, wird auch dazu übergehen, die verbietende und versagende Rolle der Mutter gegenüber Puppen oder Spielgefährten zu übernehmen.
Spitz (1960/61) betrachtet „diese Form der ‚Identifizierung mit dem Angreifer', nämlich die spielende Übernahme der Rolle der Mutter und die Anwendung des Verbietens auf sich selber, als einen der Grundmechanismen, der in die spätere Überichbildung eingeht" (S. 408). Auf dieses allererste Verständnis des Kindes für ein Verbot folgt – angesichts des noch schwach ausgebildeten Ichs und Über-Ichs – ein aktiver Angriff auf Objekte der Außenwelt als Kompromißbildung zwischen den ausgelösten Aggressionsimpulsen und dem Drang zur Befolgung von Geboten des frühen Liebesobjekts. Spiele mit dieser Funktion finden sich schon in der präödipalen Phase bei zwei- bis dreijährigen Kindern, sie variieren, wie Peller (1968) gezeigt hat, die Formel: „Ich kann mit dir machen, was Mama mit mir macht" (S. 207). Das jüngere Kind, das sich zum Beispiel seinen Puppen und Spieltieren gegenüber wie die strafende und tadelnde Mutter verhält oder für eigene begangene ‚Untaten' den imaginären Spielgefährten verantwortlich macht, hat die von außen kommende Kritik der Erziehungspersonen noch nicht vollständig verinnerlicht und mit der „Aufrichtung der Über-Ich-Instanz noch nicht recht Ernst gemacht" (A. Freud, [1936] o. J., S. 90). Darum sieht A. Freud in der „Identifizierung mit dem Angreifer" eine Vorstufe der Über-Ich-Bildung. An der endgültigen Ausgestaltung und Etablierung des Über-Ichs sind die „fortschreitende Verinnerlichung" der durch die Eltern vermittelten gesellschaftlichen Normen, Gebote und Restriktionen und die „Introjektion der Eigenschaften der Erzieher durch Übernahme ihrer Attribute und ihrer Meinungen" wesentlich mitbeteiligt (S. 90).
Alle nachahmenden Identifizierungen, die das Kind vornimmt, greifen Handlungen auf, die es bei dem „Angreifer-Versager" (Spitz, 1960/61, S. 414) beobachtet hat. Als solcher muß die Erzieherperson dem Kind in jedem Fall erscheinen, denn jedes Verbot beinhaltet eine „Versagung der Es-Triebe des Kindes. Ob wir es hindern, etwas zu nehmen, was es begehrt, oder ob wir mit der besonderen Form, in welcher es seine Objektbeziehungen in die Tat umsetzt, nicht einverstanden sind, in jedem Fall legen wir ihm eine Triebversagung auf. Die Erinnerungsspuren, die mit dem Verbot verbunden sind, die Gesten und Worte, in welchen sich die Verneinung ausdrückt, werden darum den Stempel einer spezifischen affektiven Besetzung der Versagung tragen" (S. 406). Das macht zugleich verständlich, warum als Antwort darauf die Identifizierung mit dem Angreifer für das Kind so wichtig wird. Sie resultiert aus der Auflehnung des Kindes gegen seine infantile Hilflosigkeit.
Indem das Kind sich entweder mit der Person des Angreifers oder seinen als aggressiv empfundenen Handlungen oder seinen spezifischen Attributen iden-

tifiziert, wird das Kind zum Bedroher, anstatt selbst bedroht zu werden (vgl. A. Freud, [1936] o. J., S. 88). Vornehmlich durch diese Introjektion von furchterregenden Aspekten des Aggressors kann das ohnmächtige Kind seine Angst überhaupt verarbeiten.

A. Freud unterstellt, daß in einem zweiten Schritt ‚normalerweise' eine Verinnerlichung der Verbote und Versagungen von Autoritätspersonen im Sinne einer verschärften Selbstkritik erfolgt und eine Projektion der erlebten Aggression nach außen weitgehend zurücktritt. Sie betont, daß die Projektion, soweit sie nach außen dem Schutz vor aggressiven Eingriffen von Autoritätspersonen dient, ein ‚normales' Abwehrmittel eines schwachen oder hilflosen Individuums sei[81]. Erst wenn ein nicht primär durch aktuell-reale Angriffe ‚von außen' bedrohtes Individuum auf die Wiederkehr verdrängter traumatischer Erlebnisse ‚von innen' mit Projektionen seiner Schuldgefühle und Aggressionstendenzen in die Außenwelt reagiere, gewinne der Mechanismus eine pathologische Qualität. Diese Situation ist häufig auch schon bei Kindern gegeben. Wenn es hier auch noch schwieriger als bei Erwachsenen ist, reale, ‚von außen' kommende Bedrohung von projizierten Gefahren zu unterscheiden, so ist doch festzuhalten, daß ein und dieselbe Spielhandlung, die primär auf diesem Abwehrmechanismus aufbaut, durchaus entgegengesetzte Funktionen haben kann: Sie kann für einige Kinder ein Mittel sein, sich aus der Abhängigkeit von dieser Abwehrform *in der Realität* zu lösen. Sie kann für andere die Funktion einer Verstärkung und Bekräftigung einer einseitigen und rigiden Fixierung an diesen Mechanismus auch in nicht spielerischen Situationen haben.

A. Freud (1968) hat an den Abwehrmechanismen nicht so sehr den Gegensatz zwischen ‚normalem' und ‚pathologischem' Verhalten betont, sondern stellte am Beispiel der Abwehrmechanismen den Widerspruch zwischen Individuum und Gesellschaft heraus.

„Die Abwehrvorgänge, deren Aufgabe es ist, die soziale Zukunft des Individuums zu sichern, haben gleichzeitig eine hemmende, einschränkende und verarmende Wirkung für die Gesamtperson, eine Schädigung, die weder auf die Wahl der Abwehrmechnismen noch auf übermäßigen Druck der Erziehung zurückzuführen ist. Abwehrmaßnahmen an sich sind nicht ... einseitig krankmachend (Verdrängung, Reaktionsbildung) oder gesunderhaltend (Verschiebung, Sublimierung). Sie sind immer beides, d. h. stehen gleichzeitig im Dienst der inneren Triebbewältigung und der äußeren Anpassung, die letzten Endes nur zwei Seiten desselben Vorgangs sind. Zwischen den Entwicklungsvorgängen und den Abwehrvorgängen besteht kein innerer Widerspruch; im Gegenteil, die Organisation der Abwehrvorgänge ist selbst ein wichtiger und unentbehrlicher Bestandteil der Ichentwicklung. Die wirklichen Gegensätze, auf die wir hier stoßen, liegen tiefer, zwi-

81 Zur Problematik des „Angstangriffs" siehe Reik (1937): „Die Bedrohung, die *vom* Objekt ausgeht (auszugehen scheint), soll in ihnen (den Aggressionen, H. N. B.) durch die Bedrohung *des* Objektes bewältigt werden" (S. 308).

schen Individuum und Gesellschaft: Freiheit der individuellen Persönlichkeit (einschließlich Triebfreiheit) gegen Einordnung des Individuums in die Gemeinschaft (einschließlich Triebbeschränkung). Der volle Widerspruch zwischen den beiden Zielen spricht gegen den glatten Ablauf des Sozialisierungsvorgangs" (S. 162f.).

Es wäre zu prüfen, ob der Grad der Abhänigkeit des Kindes von dieser Abwehrform, der Identifikation mit dem Angreifer, mit dem Grad der emotionalen Zuwendung variiert, mit dem die ersten Erzieherpersonen die unvermeidlichen Versagungen und Verbote verbinden.
Gould (1972) hat bei der Untersuchung aggressiver Spielphantasien und Spielhandlungen von Drei- bis Fünfjährigen gefunden, daß Kinder, die sehr früh schon eine stabile Identifikation mit einer fürsorglichen und beschützenden Person ausgebildet haben, beim Rollenspiel und in ihren Phantasien ein Selbstbild zu erkennen geben, das sehr viel weniger auf Identifizierung mit dem Aggressor aufbaut.
In folgenden Spielen demonstrieren die Kinder durch die Identifizierung mit dem Angreifer, den abwechselnd ein Kind im Spiel darstellt, ihre Bemühungen, sich von ihrer Angst vor Autoritäten unabhängig zu machen. Indem sie sich selbst an die Stelle des gefürchteten Objektes setzen, gelingt ihnen die „Umwandlung von Angst in lustbetonte Sicherheit" (A. Freud, [1936] o. J., S. 86). Die fiktiven Figuren, mit denen viele Eltern ihren Kindern bei Ungehorsam drohen, und vor denen sich jüngere Kinder fürchten, da sie die Glaubwürdigkeit der Eltern nicht in Frage zu stellen wagen, können den etwas älteren Kindern schon als Zielscheibe des Spotts dienen.

„Zwischen der Hauptgruppe, die am Rande des Bürgersteigs steht, und dem Einzelspieler, dem Schwarzen Mann, der sich in der Mitte des Dammes befindet, wird das folgende Gespräch geführt:

Schw. M.:	Wer fürchtet sich vorm Schwarzen Mann?	
Gruppe:	Niemand!	
Schw. M.:	Und wenna kommt?	
Gruppe:	Denn kommta eben!	oder: Denn fahren wir nach Amerika!
Schw. M.:		Amerika ist abgebrannt.
Gruppe:		Rüber kommen wir doch!

Dann laufen alle zum gegenüberliegenden Bürgersteig, und der Einzelspieler versucht, sie durch Schlag zu fangen. Die Gefangenen helfen dem Einzelspieler bei den folgenden Touren. Wer zuletzt gefangen wird, muß Schwarzer Mann beim nächsten Spiel sein"

(Peesch, 1957, S. 36).

In der Gruppe ist es dem Kind möglich, seine unerschütterliche Selbstsicherheit (siehe besonders die letzten Zeilen) zu demonstrieren. Es glaubt, in jedem Fall dem Angreifer entkommen zu können. Dem Spieler des Schwarzen Mannes mag es so gehen wie dem kleinen Mädchen, das sich in dunklen Zimmern vor Gespenstern fürchtete und ihre Angst dadurch überwand, daß es mit allerlei seltsamen Gebärden selbst das Gespenst spielte. Ihrem Bruder erklärt sie: „Du brauchst Dich im Vorzimmer nicht zu fürchten ... du mußt nur spielen, daß du selber der Geist bist, der Dir begegnen könnte" (A. Freud, [1936] o. J., S. 86).

Die Angst vor einem Angriff auf den eigenen Körper und vor seiner Zerstörung gehen die Kinder direkt im folgenden Spiel an, indem sie sich selbst provokativ in die Gefahrensituation begeben, die fiktive Spielsituation ihnen aber zugleich die Sicherheit gibt, daß sie niemand in Wirklichkeit auffrißt. Außerdem bekommt jedes Kind abwechselnd die Möglichkeit, die Rolle des Angreifers zu übernehmen.

Hexe Kaukau: „Mit Kreide oder mit einem Stock wird auf der Erde ein kleiner Raum bezeichnet: das Haus der Hexe. Ein Spieler, der durch Abzählen bestimmt wird oder sich freiwillig hierfür anbietet, ist Hexe. Sie wird von den Kindern geneckt mit den Worten ‚Hexe, Hexe, kaukau, ausgestopfter Wauwau' (Karlshorst) oder ‚Hexe, Hexe, kaukau, hau mir doch den Hintern blau!' (Steglitz). Darauf läuft die Hexe heraus, fängt einen nach dem anderen und bringt die Gefangenen in ihr Haus. Wenn alle gefangen sind, werden sie in den Backofen geschoben und nach einer Weile gekostet (mimisch dargestellt). Wer salzig schmeckt, darf heraus, wer süß schmeckt, muß die Rolle der Hexe beim nächsten Spiel übernehmen" (Peesch, 1957, S. 39)[82].

In einem anderen, von der Projektgruppe Brelohstraße (1973) berichteten Spiel, „Dicker Mann", ist die Aggression einerseits deutlich gegen die Mutter gerichtet, andererseits ist aber mit der Menschenfresser-Thematik, die ja auch schon im Hexen-Spiel anklingt, auch die Angst vor Aggressionen und vor einer Verletzung des eigenen Körpers ausgedrückt.

„Der dicke Mann klaut jedesmal ein Kind von der vorbeigehenden Mutter und versteckt es hinter seinem Rücken. Die Kinder (gemeint sind hier wohl die anderen, zum Teil älteren Geschwister, H. N. B.) bekommen von der Mutter Prügel, weil sie nicht aufgepaßt haben, wo das Kind geblieben ist; die Mutter fragt den dicken Mann: ‚Was haben Sie denn gegessen?' – ‚Ich hab Häuser, Pferde, Schweine gefressen.' – Ist kein Kind mehr bei

82 Vgl. das bei Maccoby u. a. (1964) beschriebene „Wolfsspiel" aus einem mexikanischen Dorf. Auch dieses Spiel arbeitet mit dem Mechanismus der Identifikation mit dem Angreifer. Eine Gruppe von spielenden Kindern bildet einen Kreis und fordert den „Wolf" (den ein anderes Kind spielt) mit Worten heraus, die Kinder suchen ihn zu provozieren, sie anzugreifen. Sie erkundigen sich, was er gerade tue. Er erwidert und berichtet, wie er sich gerade zum Ausgehen anzieht und fertig macht, die Kinder zu fangen. Nachdem er das letzte Kleidungsstück angelegt hat, ruft er: ich komme! Und er versucht die wegrennenden Kinder zu fangen. Das zuerst gefangene Kind muß den Wolf in der nächsten Runde spielen. Maccoby u. a. deuten aufgrund verschiedener Materialien das Ankleiden des Wolfes als die Umkehr der latenten und eigentlichen Bedeutung des Ausziehens, das als Vorbereitung auf einen sexuellen Angriff zu verstehen sei. Dieses Spiel wird hauptsächlich von Mädchen gespielt, die auf diese Weise sich mit dem sexuellen Aggressor zu identifizieren suchen (vgl. S. 156).

der Mutter, drehen sich alle Kinder hinter dem dicken Mann um (der so dick ist, weil hinter ihm die Kinder an der Wand stehen, er streckt seinen Bauch vor, um sie zu verdekken). Die Mutter tippt sie von hinten an; sie sagen: ‚Alte Zicke, bist nicht meine Mutti', bis ein Kind dann sagt: ‚Mutti!'" (S. 373).

Die Projektgruppe hat aus solchen und ähnlichen Spielen mit „Kinderklau(fress)-Problematik", die sie bei Arbeiterkindern häufig beobachtet haben, den Eindruck gewonnen, daß sie die „starke Ambivalenz der liebenden und strafenden (schlagenden) Arbeitermutter" ausdrücken, die auch im Bild der menschenfressenden Hexe auftaucht (S. 373). Ich glaube, daß sich diese ambivalente Einstellung gegenüber der Mutter nicht nur bei Arbeiterkindern findet. In jedem Fall wehren solche Spiele die Angst vor Autoritätspersonen und vor eigenen Aggressionstendenzen ab. Der Spieler der Hexe, des „Dicken Mannes" oder des „Schwarzen Mannes" hat die Möglichkeit, im fiktiven und zugleich erlaubten Rahmen des Spiels seine Aggressionen auszudrücken und zugleich doch zu kontrollieren.
Gould (1972) hat Beispiele für das Spielverhalten von Vierjährigen beigebracht, in denen die Angst vor Aggressionen, auch vor den eigenen, zu groß ist, als daß das Kind der Harmlosigkeit der fiktiven Situation trauen könnte. Ein Junge zum Beispiel verhält sich zwar ganz nach dem Muster der Identifizierung mit dem Aggressor und bedroht andere Kinder, ist aber nicht bereit und zu ängstlich, die Rolle des Opfers zu übernehmen. Folgende Spielsituation soll das illustrieren (frei übersetzt):

„Gerry: Laß uns ein scharfes Messer holen und die Strickleiter zerschneiden. Laß uns alles zerschneiden.
Mark: (ängstlich): Aber nicht Leute. Die wollen nicht zerschnitten (oder aufgeschnitten) werden.
Gerry: O.k.
Mark: Ich brauche jemand, der krank ist. Willst du krank sein, Gerry?
Gerry: Nein, ich nicht!
Mark: Wir tun doch nur so – spielen Doktor.
Gerry: Ich habe ein Gewehr und es kann auch die Tür versperren. (Gemeint ist hier die Tür, die den Spielplatz von den Räumen des Kindergartens trennt, wo die Erzieher sind.)
Nun kann ich rumgehen und alle Leute totschießen.
Mark: Wir können sie (gemeint sind die Leute) in Scheiben schneiden, kochen und aufessen.
George: Aber iß mich nicht!

Die Kinder setzen die Phantasien, andere zu töten, fort" (Gould, 1972, S. 97).

Obwohl alle beteiligten Kinder wissen, was „so-zu-tun-als-ob" bedeutet und es selbst als Spielmuster verwenden, werden sie in bezug auf aggressive Inhalte, die in den Spielphantasien anderer Kinder auftauchen, völlig unsicher und scheinen einen Umschlag der fiktiven Situationen in Wirklichkeit zu befürchten. Dahinter stehen eigene Aggressionstendenzen, die sie aber in der eigenen fiktiven Rolle bis zu einem gewissen Grad kontrollieren können und daher nicht fürchten. Es wäre zu prüfen, ob in Gruppenspielen, in denen die Kinder wechselseitig die Rolle des Aggressors und des Opfers übernehmen lernen, eher die Möglichkeit besteht, ein Festhalten an diesem Abwehrmechanismus zu vermeiden.

Die vorher genannten Spiele, in denen gewisse Formeln und der Ablauf der Spielhandlung vorstrukturiert sind und zugleich eine Rollenumkehr von Angreifer und Opfer vorgesehen ist, vermögen dem Kind wahrscheinlich eine größere emotionale Sicherheit zu geben und mitzuhelfen, sowohl die Angst vor den eigenen unkontrollierten Aggressionstendenzen, die anfangs gegen Geschwister und Eltern gerichtet sind, als auch die Angst vor Autoritätspersonen zu überwinden.

So positiv in früher Kindheit die Funktion der Identifizierung mit dem Angreifer als Bewältigungsstrategie gegenüber Ängsten und der eigenen Hilflosigkeit des Kindes sein kann, so kann dieser Abwehrmechanismus der Weiterentwicklung des Kindes hinderlich werden.

Gould (1972) meint, in ihren systematischen Kinderbeobachtungen gefunden zu haben, daß die Identifikation mit dem Aggressor als einziges Mittel der Wunscherfüllung und Angstvermeidung eine Einschränkung der Ich-Entwicklung des Kindes bedeutet. Das Gefühl der Unabhängigkeit, das das Kind aus der erfahrenen Demütigung und der verleugnenden Umkehr der in Wirklichkeit herrschenden Rolle herleitet, könne nicht stabil genug sein für die Herstellung seines künftigen Selbstwertgefühls. Die Bewältigungs- und Abwehrmittel, die dem Kind aufgrund dieser Identifikation bereitstehen, sind der Gefahr ausgesetzt, rigide und eingeschränkt zu sein (vgl. S. 45).

3.2.7 Bearbeitung und Abwehr von ödipalen Phantasien in Bewegungsspielen

Eine andere Form der Phantasievermeidung scheinen die im Latenzalter dominierenden Bewegungsspiele darzustellen. Hüpf- oder Springseil-, Hopse-, Ball- und Fangespiele und die Vorliebe des Kindes für alle motorischen Tätigkeiten wie Klettern, Springen, Balancieren, Schlittern und anderes scheinen dem unbefangenen Beobachter von den Phantasiespielen, ihrer Komplexität und manchmal auch Anstößigkeit weit entfernt zu sein. Für das Kind selbst können diese Tätigkeiten deshalb eine Anpassung an die Realität darstellen, weil sie eine sozial eher lizensierte Triebabfuhr ermöglichen (vgl. Balint, 1959, besonders S. 21 und 28f.). Schon in der prägenitalen Phase dienen rhythmische Tätigkeiten aller Art einer Triebabfuhr, ihre Nähe zur autoerotischen Befriedigung ist häufig offensichtlich. In der postödipalen Phase haben sie für das Unbewußte des Kindes zusätzlich die Aufgabe, masturbatorische und inzestuöse Phantasien abzuwehren und die Wiederkehr des Verdrängten zu verhindern (E. B. KAPLAN, 1965)[83].

E. B. KAPLAN (1965) hat gezeigt, wie wichtig motorische Aktivitäten für die Lernprozesse des Kindes sind und welche Rolle das mittels rhythmischer und motorischer Tätigkeiten erfahrene ‚Körperbild' auch bei der Wahrnehmung und kognitiven Verarbeitung der Außenwelt spielt. In der Latenz ist die Entwicklung des Ichs und der Realitätsprüfung so weit fortgeschritten, daß das Kind in der Lage ist, seine motorischen Fähigkeiten zu verfeinern und seine Motilität besser zu kontrollieren. Daher stellen einige Bewegungsspiele auch ganz bestimmte Aufgaben an die Beherrschung der Motorik (zum Beispiel Hopse, Seilspringen). Die kindliche Motilität ist aber auch mit libidinösen und aggressiven Trieben verknüpft, eine Unterdrückung dieser Impulse schlägt sich meist in stark gehemmter oder rigider Motorik nieder (vgl. E. B. KAPLAN, 1965, S. 232). Das trifft wohl häufig für die Kinder zu, die Hemmungen und Ängste zeigen, sich an Bewegungsspielen zu beteiligen, zunächst weil sie die geforderte motorische Beweglichkeit nicht beherrschen, aber auch weil sie mehr als andere Kinder einen Durchbruch abgewehrter Phantasien fürchten.

Diese abgewehrten Phantasien finden ihren mehr oder weniger entstellten Ausdruck in den die Spiele begleitenden rhythmischen Versen und Liedern, auf deren Inhalt die wenigsten Erwachsenen bei der Beobachtung der Ausdrucksformen kindlicher Motorik achten. Die sich zum Teil steigernde rhythmische Bewegung ist häufig mit einem sich steigernden aggressiven Vers-Inhalt koordiniert. Die rhythmischen Verse fördern zugleich die Kommunikation der Kinder untereinander und ihre wechselseitige Identifikation.

BUTLER (1973) hat die gegenwärtig zum Seilspringen gesungenen Lieder in verschiedenen Ländern gesammelt und eine ihnen allen gemeinsame Thematik gefunden. Sehr häufig finden sich deutlich ausgesprochene aggressive Wünsche gegen das kleinere oder andersgeschlechtliche Geschwister. Das Aussprechen dieser Wünsche ist wohl nur hier, in der Gruppe der Gleichaltrigen, möglich, bei denen das spielende Kind ähnliche Erfahrungen und Aggressionstendenzen voraussetzen kann.

BUTLER beobachtete, daß zum Beispiel in Belfast – und nicht nur dort – die älteren Kinder aus großen Familien die jüngsten Kinder beaufsichtigen müssen,

83 Wie eng Libido- und Ich-Entwicklung mit der Ausprägung und Entwicklung bestimmter rhythmischer Bewegungsmuster – wie sie sich im Spiel und anderen Aktivitäten des Kindes finden – verknüpft sind, ist besonders ausführlich und präzis von KESTENBERG analysiert worden; siehe besonders 1965, II, über „Movement patterns", S. 519, und 1967, III, S. 390ff.

was sie natürlich meist sehr ungern tun, da ihre freie Zeit zum Spielen dadurch eingeschränkt wird. Ausdruck der daraus resultierenden Frustrationen sind dann Verse wie:

„My wee brother is no good.
Chop him up for firewood.
When he's dead
Cut off his head,
Make it into gingerbread."

Oder in der USA:

„(1) I had a little brother,
His name was Tiny Tim.
I put him in the washtub
To teach him how to swim.

(2) He drank up all the water,
He ate up all the soap.
He died last night
With a bubble in his throat."

(Butler, 1973, S. 90)

Um die eigenen Aggressionstendenzen, die sich hinter dem scheinheiligen Bemühen, dem Baby Schwimmen beizubringen, verbergen, nicht so deutlich werden zu lassen, heißt es oft auch statt dessen: Virginia had a baby etc ... (vgl. P. H. Evans, 1961, S. 21). In einem anderen Vers wird dem Baby jegliches Geschlechtsmerkmal abgesprochen, was seine Überflüssigkeit und Nutzlosigkeit demonstrieren soll, die es erlauben, den Bruder oder die Schwester wegzuwerfen.

„(1) Fudge, fudge,
Tell the judge.
Mama's got a newborn baby
It ain't no girl
It ain't no boy
It's just a newborn baby.

(2) Wrap it up in tissue paper
Send it down the elevator.
First Floor, Stop.
Second Floor, Stop.
Third Floor, Stop.
And throw the baby O U T."

Beim letzten Vers springt das Kind aus dem Seil (P. H. Evans, 1961, S. 44).

Die disziplinierende Rolle der Mutter spiegelt sich ebenfalls in einer Reihe von Liedern.

„Wollen zwei Kinder gemeinsam in einem Seil springen, so springt erst eins in das Seil und ruft das zweite herein mit den Worten:

Mutta ruft die Kinder rein:
N. N. komm herein!

Springt das aufgerufene Kind nicht gleich herein, so wird weitergesungen:

Kommst du nich, so hol ich dich
mit dem Stock versohl ich dich,
eins, zwei, drei.

Bei drei muß es dann einspringen"
(PEESCH, 1957, S. 31).

Die gefürchteten Schläge suchen Kinder natürlich häufig zu vermeiden, indem sie für die begangenen ‚Untaten' jeweils das andere Geschwister verantwortlich machen.

„(1) Down by the river,
Down by the sea,
Johnny broke the bottle
And blamend it on me.
I told Ma,
Ma told Pa.

(2) Johnny got a licking
So ha! ha! ha!
How many lickings
Did Johnny get?
1 2 3"

(P.H. EVANS, 1961, S. 45; vgl. BUTLER, 1973, S. 92).

Viele Springseilverse, so zeigt BUTLER (1973), behandeln nicht nur alltägliche Familienbeziehungen und die in ihnen herrschenden Erziehungsstile der Eltern, sondern lassen manchmal auch den Durchbruch ödipaler Phantasien erkennen und gehen bis zu Inzestdarstellungen. Daneben zeigen viele in romantischer oder ironisch distanzierter Form das Kind in neuen Liebesbeziehungen, die es von den Eltern – und oft gegen ihren Protest – wegführen (vgl. BUTLER, 1973; BRITT/BALCOM, 1941).

Schlußbemerkungen: Kindliches Spiel als Sublimierungstätigkeit und die Triebdynamik pädagogischen Handelns

In dieser Arbeit wurde versucht zu zeigen, wie sehr bestimmte kindliche Spiele und Phantasien das Ergebnis eines Kompromisses zwischen den verdrängten frühinfantilen Wünschen und den gesellschaftlich vermittelten Verboten dieser Wünsche sind, wenn auch die konkret-historischen Vermittlungsformen hier nicht analysiert werden konnten. Bei genauerer Analyse lassen viele Spiele sowohl das Verdrängte, Abgewehrte erkennen als auch die gesellschaftlich erzwungenen Abwehrmechanismen. So zeigen die Spiele vielfach deutliche Merkmale der Ersatzbildungen für versagte Befriedigungen; zugleich sind sie der Ausdruck der von den Erziehern ausgehenden Sanktionen, die wiederum einer eigenen gesellschaftlich vermittelten Triebdynamik folgen.

Die Pädagogik hat sich meist nur die Beherrschung, vielfach sogar die Unterdrückung der Triebe des Kindes zur Aufgabe gestellt. Muß das Kind um den Preis der Einschränkung seiner Triebbedürfnisse für die Erwachsenenwelt erzogen werden, so darf doch nicht übersehen werden, „auf welchem Wege und mit welchen Opfern die Unterdrückung der unbequemen Triebe erreicht wurde" (FREUD, „Analyse der Phobie eines fünfjährigen Knaben", 1909, GW VII, S. 376). Aufgabe der Erziehung wäre – so FREUD –, „das Individuum mit der geringsten Einbuße an seiner Aktivität kulturfähig und sozial verwertbar zu machen" (S. 376). Hier klingt das Problem der *Sublimierung* und der Reaktionsbildung an, das im Zusammenhang mit der spielerischen Tätigkeit des Kindes und den darin sich ausdrückenden sexuellen Trieben und mit der Einstellung der Erzieher dazu an verschiedenen Stellen der Arbeit angesprochen wurde[84]. Für den Erzieher stellt sich immer wieder die Frage, welche Haltung er im Widerstreit zwischen dem Lustprinzip und Realitätsprinzip einnehmen will und aufgrund gesellschaftlicher Bedingungen einnehmen kann[85]. FREUD hat die Rolle der Erziehung als „Anregung zur Überwindung des Lustprinzips, zur Ersetzung desselben durch das Realitätsprinzip" beschrieben und ihr die Aufgabe zugeordnet, dem das „Ich betreffenden Entwicklungsprozeß eine Nachhilfe" zu bieten (FREUD, „Formulierungen über die zwei Prinzipien des psychischen Geschehens", 1911, GW VIII, S. 236).
Die im Sublimierungsprozeß erfolgende Änderung des ursprünglichen Triebzieles geht mit einer Änderung im Modus der Triebabfuhr einher. Ursprünglich angstauslösende, unmittelbar triebhafte Entladungsmuster können durch andersartige Ausdrucks- und Abfuhrmodi ersetzt werden. Diese können – wie unter bestimmten Umständen das kindliche Spiel – „eine symbolische und kompromißhafte Befriedigung unbewußter Wünsche mit einschließen" (SANDLER/JOFFE, 1968, S. 90). Für das Ich kann die Sublimierung „ein Mittel zur Vermeidung oder Entschärfung konflikthafter, angsterregender Lebensbereiche" darstellen (S. 90). Leitet die Sublimierung sich einerseits aus infantil-erotischen Betätigungen oder Phantasien her, so stellt sie andererseits auch eine realitätsangepaßte Verhaltensweise dar. Mit der Modifizierung des ur-

84 Es gibt eine Vielzahl theoretischer und praxisbezogener Arbeiten zur Frage der Sublimierung und zum Verhältnis der Pädagogik zur Psychoanalyse. Es wäre eine sehr umfangreiche – sicher aber auch lohnende – Arbeit, die dort schon diskutierten Fragen und Thesen auch mit Berücksichtigung der Triebdynamik des Spiels einer Analyse zu unterziehen. Das kann hier aber nicht geschehen. Es sei nur auf einige wichtige Arbeiten zur Theorie der Sublimierung verwiesen: JONES (1912); BERNFELD (1922); STERBA (1930); GLOVER (1931); KRIS (1955); HARTMANN (1956/57; PELLER (1956); HEIMANN (1959); BITTNER (1964/65); SANDLER/JOFFE (1968).

85 Siehe hierzu auch: BALINT ([1938] 1969); BITTNER (1966, 1973); FÜRSTENAU (1967); COHLER (1972); NOLTE (1974).

sprünglichen Triebes, mit seiner Desexualisierung geht zugleich eine Ich-Modifizierung einher. Die Sublimierung ist wesentlich an der Entwicklung der Ich-Funktionen beteiligt.
Im Prozeß der Sublimierung werden die Sexualregungen von ihren ursprünglichen sexuellen Zielen abgelenkt und auf „sozial höherstehende" Ziele gerichtet (Freud, „Vorlesungen zur Einführung in die Psychoanalyse", 1917, GW XI, S. 16), „wobei wir uns der *allgemeinen Schätzung fügen*, welche soziale Ziele höher stellt als die im Grunde selbstsüchtigen sexuellen" (Freud, GW XI, S. 358, Hervorhebung H. N. B.).
Die meisten Spielaktivitäten des Kindes entsprechen noch primitiven Formen der Sublimierungstätigkeit. Von hier aus läßt sich auch verstehen, daß die pädagogischen Einstellungen und ‚Strategien' zum kindlichen Spiel mehr oder weniger unfreiwillig von der größeren unvermittelten Nähe des *selbstinitiierten Kinderspiels* zur Triebdynamik und von dem Verhältnis der *erziehenden Erwachsenen* zu ihren *eigenen* ungelösten, reprimierten Sexualtrieben und Triebkonflikten geprägt werden, die möglicherweise in der Konfrontation mit bestimmten kindlichen Spielen reaktiviert werden[86].
Die zu beobachtende kontrollierte Duldung und Kanalisierung kindlichen Spielverhaltens, bei der bestimmte entwicklungspsychologische Schemata und entsprechende („altersgemäße") Spielmaterialien ‚eingesetzt' werden, kann man weitgehend auch als die kollektive Antwort der Erwachsenen auf ihre mehr oder weniger bearbeiteten Triebkonflikte verstehen.
Dabei ist nicht nur an die noch unmittelbar durchsichtige Abwehr tabuisierter ‚polymorph-perverser' Verhaltensweisen von Kindern zu denken – etwa, wenn in Eltern-Kind-Gruppen bestimmte schmutzige Material-Spiele oder sexuelle Spiele der Kinder eingeschränkt werden –, sondern auch die scheinbar rationalen Schematisierungssysteme und Klassifikationen altersgemäßen oder bestimmte Funktionen fördernden Spielverhaltens und Spielzeugs (bis hin zur Spielzeug-Warenkunde der entsprechenden Industrie; vgl. auch die Materialien des „Arbeitsausschusses Gutes Spielzeug") können als ein Abwehr- und Rationalisierungsgebilde der jeweils herrschenden Erziehungsideologie gegenüber der ungebärdig chaotischen Spiel- und Phantasiewelt der Kinder interpretiert werden.
Im Anschluß an Bernfeld (1967), Fürstenau (1964) und Richter (1963) stellt daher Bittner (1971) in bezug auf die Institutionen der Kleinkindererziehung die Frage: „Könnten nicht die pädagogischen Institutionen, die eine Gesellschaft erfindet, die Rollen, die den Kindern von diesen Institutionen angesonnen werden, als Ergebnis einer kollektiven, durch unbewußte Prozesse

86 Zur Rolle der erwachsenen Spielpartner im Phantasiespiel der Kinder siehe besonders die empirisch-beobachtende Studie von Strom (1974).

erzwungenen Konfliktlösung bei den Erwachsenen zu verstehen sein?" (S. 418)

Die These Bernfelds (1967), daß jedes pädagogische Handeln bestimmt ist von der Haltung des Erziehers zu dem verdrängten Kind in ihm, zu dem Kind, das er selbst einmal war (vgl. S. 32 und 141), gilt im besonderen Maße auch für die Einstellung der Erzieherpersonen zum spezifisch kindlichen Tun, dem Spiel.

Die Psychoanalyse hat gezeigt, „daß Kinder wegen ihrer ‚polymorph-perversen' Triebeinstellung (ihrer noch mangelhaften Triebkontrolle) und wegen ihrer noch nicht auf das Erlaubte und Gewohnte eingeschliffenen freieren Ausübung von Fähigkeiten und Interessen eine Bedrohung der Trieb- und Verhaltenskontrolle der Erwachsenen darstellen. Der Umgang mit dem Kind hat in diesem Sinne die Chance, unbewußt, manchmal auch bewußt, als Versuchungssituation vom beteiligten Erwachsenen erlebt zu werden. Das ist an der Einstellung der Erwachsenen zur kindlichen Sexualität . . ., aber auch zu prägenitalen triebhaften Betätigungen wie Schmieren, Tierquälerei, Unordentlichkeit zu beobachten" (Fürstenau, 1964, S. 67).

Und man kann ergänzen: auch an ihrer Einstellung zum kindlichen Spiel, in dem vielfältige „Äußerungen infantil-erotischer Triebe" (Pfeifer, 1919) nachgewiesen werden können.
Es ist bezeichnend, daß, konfrontiert mit Äußerungs- und Betätigungsformen kindlicher Sexualität, „die verständnisvolle Haltung von Erziehern (. . .) in eine von Angst bestimmte Haltung mehr oder minder deutlicher Aggression" umschlagen kann (Fürstenau, 1964, S. 67).

Jacobson (1973) bemerkt dazu, „daß die durch das Kind in den Eltern wieder wachgerufenen Kindheitserinnerungen nicht nur Identifizierungen mit dem Kind auslösen, sondern bei den Eltern auch die Identifizierungen mit ihren eigenen Eltern (den Großeltern des Kindes) verstärken. Hinsichtlich der Individuation des Kindes ist es wirklich wichtig, sich das Wechselspiel dieser doppelten Identifizierungen in den Einstellungen der Eltern zu vergegenwärtigen und ihre unterschiedlichen Funktionen und ihre unterschiedliche Beschaffenheit ins Auge zu fassen. Die Identifizierungen der Eltern mit ihren eigenen Eltern haben eine lange Geschichte. Diese Identifizierungen haben ihr Ich und Überich geformt und bleiben das Fundament ihrer Einstellung dem Kind gegenüber, wenn auch durch die aufeinanderfolgenden Entwicklungsphasen des Kindes unterschiedliche Aspekte an ihnen wiederbelebt und zum Bewußtsein gebracht werden. Die Identifizierungen der Eltern mit dem Kind sind von anderer Art. Aus Erinnerungen an die eigene infantile Vergangenheit geboren, beschränken sie sich lediglich auf vorübergehende und sich verändernde Identifizierungen in Phantasie und Gefühl, die dem empathischen Verstehen des Kindes dienen und sich in Grenzen halten müssen, um nicht die elterliche Einstellung zu unterminieren" (S. 67f.)[87].

---

87 Die Bedeutung der wechselseitigen Identifizierungen zwischen Eltern und Kind für das erziehende Verhalten der Erwachsenen ist auch von Benedek (1960) und Greenacre (1958) analysiert worden.

Psychoanalytisch informierte Erzieher und Eltern werden versuchen, in Kenntnis der Probleme und Konflikte der Kinder, wie sie sich unter anderem im Spiel darstellen, konfliktlösende Spielaktivitäten freizusetzen und ihrer spontanen und kollektiven Betätigung möglichst weitgehend Raum zu geben. Es läßt sich aber die Frage nicht umgehen, in welchem Maße bestimmte Triebe (zum Beispiel sexuelle Neugier, anales Interesse) des Kindes in Spielen zugelassen werden können und wie die bestehenden Möglichkeiten in ihrer Befriedigung zu erweitern sind, um damit auch eine bessere Basis für Sublimierungen zu geben, und auch die Frage, unter welchen Kosten und Risiken für die betroffenen Kinder *und* erziehenden Erwachsenen dies im jeweiligen gesellschaftlichen Kontext geschehen würde.
Die *psychoanalytisch orientierte Erziehung* wird davon ausgehen, „daß ein Maximum von Sublimierungs- und Reaktionsbildung nur dort erreicht wird, wo ein Trieb einem Minimum störender Einwirkung ausgesetzt war" (MÜLLER-BRAUNSCHWEIG, 1966, S. 43). Werden Triebbedürfnisse durch den Prozeß der Verdrängung dem Bewußtwerden und der Beeinflussung durch das Ich entzogen, dann ist „damit zugleich der Weg zu Sublimierungen und Reaktionsbildungen wie der zu höheren Organisationsstufen überhaupt erschwert" (S. 43).
Ein Maximum an Triebunterdrückung würde nicht einmal Reaktionsbildungen zustande bringen; um so mehr gilt, daß eine Voraussetzung für Sublimierungsleistungen ein größeres Maß an Triebbefriedigung ist. In konkreten Spielaktivitäten ist natürlich der jeweilige Anteil an Reaktionsbildungen und Sublimierungen zu unterscheiden. Es stellt sich hier auch die Frage, ob Spielaktivitäten von anderen kindlichen Tätigkeiten sich dadurch abgrenzen lassen, daß sie ein Mindestmaß an Sublimierung oder Reaktionsbildung voraussetzen.

A. FREUD ([1936] o. J.) hat deutlich gemacht, wie sehr die Erziehung sich stets auf die Seite des Über-Ichs und der Realität mit ihren Anforderungen stellt, so daß dem Kind im allgemeinen nur wenig Möglichkeiten bleiben, seine Triebe wirklich kennenzulernen oder gar zu entfalten.

„Der Kampf zwischen Ich und Es beim kleinen Kind hat seine eigenen Bedingungen. Die Ansprüche auf Befriedigung, die von den Wünschen der oralen, analen und phallischen Phase ausgehen, die Affekte und Phantasien, die mit dem Ödipuskomplex und Kastrationskomplex zusammenhängen, sind außerordentlich lebhaft; das Ich, das ihnen gegenübersteht, ist eben erst in Bildung begriffen, also noch schwach und unentwickelt. Trotzdem ist das kleine Kind weder ein uneingeschränktes Triebwesen, noch kommt es unter normalen Verhältnissen dazu, den Druck der Triebängste zu spüren, die sich in ihm abspielen. Das schwache Ich des Kindes hat an der Außenwelt, also an den erziehenden Einflüssen, denen es unterworfen ist, einen starken Bundesgenossen gegen sein Triebleben. Es kommt gar nicht in die Lage, seine eigenen geringen Kräfte an den sehr viel stärkeren Triebregungen zu messen, denen es alleine sicher unterliegen müßte. Man läßt ihm kaum Zeit, seine eigenen Wünsche kennenzulernen und seine eigene Stärke oder Schwä-

che gegenüber dem Trieb zu spüren. Die Außenwelt schreibt ihm durch Versprechungen und Drohungen, also durch Liebesprämien und Strafen, sein Verhalten gegen das Es einfach vor.
Das kleine Kind ist unter dem Einfluß der Außenwelt im Verlaufe einiger Jahre sehr gut fähig, sein Triebleben zu bändigen; was von dieser Leistung seinem Ich und wieviel dem direkten Druck der Außenwelt zuzuschreiben ist, bleibt allerdings unentschieden. Soweit das Ich des Kindes sich in dieser Kampfsituation auf die Seite der Außenwelteinflüsse stellt, nennt man das Kind ‚brav'. Man nennt es ‚schlimm', wenn sein Ich die Partei des Es ergreift und sich gegen die Einschränkung der Triebbefriedigung durch die Erziehung wehrt" (S. 110f.).

Im Zusammenhang mit der Analyse der Trieb-unterdrückenden und Ich-einschränkenden Funktion des Über-Ichs hat A. FREUD sich skeptisch über die Möglichkeiten der Pädagogik bei der Verhütung von Neurosen gezeigt[88]. Wie ihre Analyse der Abwehrvorgänge schon zeigte, hat sie wiederholt auf den Widerspruch zwischen den Triebbedürfnissen des Kindes und den kulturspezifischen Zwängen von neurotisierenden gesellschaftlichen Verhältnissen hingewiesen.

„Wenn die Neurose vom strengen Über-Ich gemacht wird, dann braucht die Erziehung nur alles zu vermeiden, was einer extremen Über-Ich-Bildung dient. Die Erziehungsmittel, die später vom Über-Ich verinnerlicht werden, müßten milde gehalten sein; das Beispiel der Eltern, daß das Über-Ich sich durch Identifizierung aneignet, soll das Bild ihrer wirklichen menschlichen Schwächen und ihrer Triebfreundlichkeit enthalten, statt eine in Wirklichkeit gar nicht durchzuführende strenge Übermoral vorzuspiegeln; und die Aggression des Kindes soll Möglichkeiten haben, sich gegen die Außenwelt zu äußern, damit sie nicht aufgestaut und nach innen gewendet werden muß, wo sie dann das Über-Ich mit seinen grausamen Zügen ausstattet. Bringt die Erziehung all das zustande, dann müßten die Menschen, die aus ihr hervorgehen, angstfrei sein, unneurotisch, genußfähig und nicht von inneren Konflikten zerrissen. Aber diese Hoffnung auf Ausrottung aller Neurosen aus dem menschlichen Leben erfüllen sich in der pädagogischen Praxis nicht ..." (S. 44f.).

Den hier angesprochenen Widersprüchen einer scheinbar das Triebleben ‚bändigenden' Sozialisation wird von einer vorwiegend kognitiv-funktional orientierten Vorschulerziehung und ihren eingeschränkten Spielmöglichkeiten nur unzureichend Rechnung getragen, sie werden in der pädagogischen Praxis zu wenig reflektiert.
Auch die Bemühungen mancher „Interaktions-Pädagogen" (vgl. KLEWITZ/NICKEL, 1972) um die Anleitung richtigen Rollenspiels und die Vermittlung der „Grundqualifikationen des Rollenhandelns" scheinen mir – entgegen ihrer Behauptung – vielfach an den Bedürfnissen und Interessen des Kindes

88 Vgl. hierzu die Arbeit von BALINT: „Ich-Stärke, Ich-Pädagogik und Lernen" ([1938] 1969, S. 202–213).

vorbeizugehen. Dies geschieht besonders dann, wenn die verschulte und undifferenzierte Lernsituation den Kindern ein vorfabriziertes Angebot von Rollen aufzwingt. Dadurch wird ein von den individuellen und schichtspezifischen Bedürfnissen der einzelnen Kinder ausgehendes Phantasieren und Assoziieren von Rollenhandeln häufig abgeschnitten (vgl. oben die Kritik an SMILANSKY, Exkurs in Abschnitt 1.1). Je stärker die Verschulung der Lernsituation ist, desto weniger kann sich die für die ödipale Phase notwendige Ablösung von Elternfiguren vollziehen und die selbständige Hinwendung zu Gruppen Gleichaltriger entfalten.

Die in die institutionelle Vorschulerziehung einbezogene pädagogische Veranstaltung von kindlichem Spiel sowie deren Instrumentalisierung und planmäßiger Einsatz zum Training kognitiver Funktionen und Fähigkeiten lassen die Probleme der emotionalen Entwicklung und die Triebbedürfnisse des Kindes weitgehend unberücksichtigt.

Auf diese Weise wird vielfach die Energie infantiler Wunschregungen blokkiert, oder es werden durch Konzentration auf Sortier-, Zuordnungs- und ähnliche Spiele spezifische Reaktionsbildungen (zum Beispiel Ordnungsliebe, Pedanterie, Sauberkeit) gefördert, anstatt Möglichkeiten zur Sublimierung anzubieten.

Symptomatisch für diese Tendenz scheint mir der „Berliner Rahmenplan für die Vorklasse" (1972) (Der Senator für Schulwesen, Berlin, 1973) zu sein. In ihm wird das Spiel einer „systematisch betriebenen Funktionsschulung als gezielte Vorbereitung auf den nachfolgenden Unterricht der Anfängerklassen" (S. 55) subsumiert. Die kognitiven Trainingsaufgaben, die dem Kind als Suchspiele, Ratespiele, Sortierspiele, Transformationsspiele und Zuordnungsspiele angeboten werden, dienen nur dem Einüben von Mengenoperationen (S. 16). Daneben werden Sprachmuster und Kulturtechniken trainiert. Spiele werden als pädagogische Techniken eingesetzt, die eine bestimmte Art von Lernerfolg absichern sollen. Die angebotenen Lern- und Spielmaterialien verlangen vom Kind, daß es nur in einer bestimmten funktionalen Weise mit ihnen umgeht. Nur durch den vorher festgelegten ‚richtigen' Umgang soll dem Kind ein Erfolgserlebnis vermittelt werden. Verwendet es aber die didaktischen Spielmaterialien zu einem anderen Zweck, heißt es: das ist falsch. So wird die Entwicklung von Kreativität verhindert und das Kind zur Anpassung an ein falsch verstandenes, enges Leistungsprinzip gezwungen. Beim Bewegungstraining ist zwar auch laufend vom Spiel die Rede, aber es geht immer wieder nur um bestimmte gestellte Aufgaben, was sich besonders paradox im folgenden Satz ausdrückt: „In Darstellungspielen mit Ordnungsaufgaben haben die Kinder freie Bewegung, ..." (S. 21).

Die Kritik, die sich im „Strukturplan für das Bildungswesen" (DEUTSCHER BILDUNGSRAT, 1970) an der Familienerziehung findet, gilt noch uneingeschränkt für die neue staatlich verordnete Vorschulerziehung, wie sie der Berliner Rahmenplan vorsieht. „Die Erziehung ist oft noch viel zu sehr auf Kritik am Kind, auf *Einschränkung* und *Hemmung seiner natürlichen Neugier und Wißbegierde* eingestellt ... Die Wertschätzung des braven, stillen, ruhigen, gesitteten Kindes steht so sehr im Vordergrund, daß die wichtige Pflege der *Neugier*, der *kindlichen Erfindungsgabe*, der *phantasievollen Spieleinfälle*, der *Lernbereitschaft* und der Betätigung kindlicher *Entdeckungsfreude* zu kurz kommt" (S. 44f.; Hervorhebung H. N. B.). Die Forderung des DEUTSCHEN BILDUNGSRATES (1970), daß in den Lernprozessen des Elementarbereichs „alle Grundbedürfnisse des Kindes Berücksichtigung finden (müssen), also neben den intellektuellen die emotionalen, sozialen und physischen Bedürfnisse" (S. 108), muß als nicht erfüllt angesehen werden.

Nimmt man an, daß der Berliner Rahmenplan die sich durchsetzenden Tendenzen und verbindlichen Richtlinien in der öffentlichen Vorschulerziehung eher repräsentiert als die Empfehlungen des Bildungsrates (1970, 1973, 1975)[89], so scheinen weniger verschulte Erziehungssituationen, wie sie in Eltern-Kind-Gruppen, auf Abenteuerspielplätzen und bei Tagesmütter-Programmen gegeben sind, unter günstigen Umständen den freieren Phantasiespielen und Gruppenidentifikationen der Kinder mehr Entfaltungsraum zu bieten, weil sie sich einer Pervertierung zur vorverlegten Verschulung eher entziehen.

Aufschlußreich ist auch das in vielen Vorklassen praktizierte Verhältnis von sogenanntem „freiem Spiel" und gelenktem Spiel. Soweit sich der Begriff „freies Spiel" nicht als bloße Fiktion und leere Floskel erweist, wird „freies Spiel" nur kompensatorisch *nach* Absolvierung der angeleiteten „Lernspiele" zugelassen. Daß aber gerade das *vom Kind selbst initiierte Spiel* auch einen *diagnostischen* Wert für die Kindergärtnerin oder Vorklassenleiterin haben könnte und daß sie daran anknüpfen könnte, wird nicht gesehen. Das vom Kind selbst initiierte Spiel ist durch seine darstellende Verarbeitung von Erfahrungen zugleich eine Form der indirekten Kommunikation des Kindes mit den Eltern und anderen Erzieherpersonen. Ein besseres Verständnis dieser kindlichen Kommunikationsform ermöglicht es den Erziehern auch, auftauchende und vorhandene Konflikte des Kindes rechtzeitig zu erkennen und sie mit dem Kind zu bearbeiten. Hier wird die Notwendigkeit einer verbesserten Ausbildung und Arbeitssituation der Erzieher deutlich.

---

89 Ob die im Gegensatz zu rigiden Rahmenplänen stehenden Vorschläge zur Frage Spielen und Gestalten in der Eingangsstufe des Primarbereichs, wie sie besonders von den Autoren CALLIESS, KRAPPMANN, CONOLLY-SMITH und DAUBLEBSKY für den DEUTSCHEN BILDUNGSRAT (1975) ausgearbeitet wurden, Eingang in die allgemeine institutionelle Vorschul- und Primarbereich-Erziehung finden werden, bleibt abzuwarten.

Diese Notwendigkeit formuliert auch der Deutsche Bildungsrat (1970), doch wird es zur Verwirklichung dieser Forderungen noch ein weiter Weg sein.

„Eine erneuerte Kindergartenpädagogik muß sich neben der Förderung der kognitiven und sozialen Entwicklung in verstärktem Maße dem *Problem der emotionalen Entwicklung* eines Kindes widmen und besonders Störungen nachgehen, wie sie häufig als Folge von Erziehungsschäden entstehen. (...) Im Umgang mit solchen Problemen bedarf es einer nüchternen Einstellung und einer *sachlichen Kompetenz durch entsprechende Grundkenntnisse in der Kinderpsychotherapie*, die wenigstens in Ansätzen in die Ausbildung der Erzieher übernommen werden sollten, so daß diese die Probleme bewußt wahrnehmen und ihr Verhalten darauf einstellen lernen. Die Erzieher sollten außerdem stärker als bisher in der Lage sein, in besonderen Fällen Erziehungsberatung zu leisten und so den Versuch zu machen, möglichen Störungen entgegenzuwirken" (S. 114f.; vgl. S. 128f.; Hervorhebung H. N. B.).

Ich habe wiederholt versucht herauszuarbeiten, daß die kindlichen Spiele als *abwehrende* und *kompromißhafte* Reaktionen auf Erziehungsanforderungen zu verstehen sind. Mir schien es wichtig zu sein, insbesondere die Momente und Formen am kindlichen Spiel zu analysieren, die noch nicht direkt von den Erziehungsmächten in den Dienst der Enkulturation genommen worden sind, sondern zum Teil den Widerstand gegen die Anpassungsforderung der Gesellschaft ausdrücken. Daß das Kind nicht bereit ist, kampflos die Normen, Werte und Rollenerwartungen der Erwachsenen zu übernehmen, zeigen bestimmte Einzel- und Gruppenspiele, die dazu dienen, die Trennung von der Welt der Erwachsenen und den Widerstand gegen sie zu organisieren. Dazu gehören auch mit zunehmendem Alter die *kollektiven* Spielphantasien, die die Kinder untereinander gegen die Eltern- und Erzieherpersonen vereinen.
Die – scheinbar durch Erwachsene und Erzieher unbeeinflußt – von Kindern initiierten *Gruppenspiele* der postödipalen und Latenzphase können als eine Antwort auf ganz bestimmte Erziehungspraktiken verstanden werden. Sutton-Smith und Roberts (1964; Roberts, Sutton-Smith und Kendon, 1963) haben in einem Vergleich der in verschiedenen Kulturen mehr oder weniger vorherrschenden Spiele die These aufgestellt, daß Kinderspiele eine bestimmte *expressive* Form der Entlastung von persönlichen Konflikten darstellen und daß bestimmte Spielformen die durch Erziehungszwänge verursachten Konflikte dadurch bewältigen helfen, daß sie einen abgeschirmten Raum für die Erfahrung („buffered experience" – Sutton-Smith/Roberts, 1964, S. 14) von Glück und Zufall (games of chance), Erfolg (games of skill) und Führerschaft, Leitung (games of strategy) bieten. Den Spielen kommt die Funktion zu, gleichsam ein selbstorganisiertes Verbindungsglied zwischen ihnen und den zu vermittelnden kulturellen Normen der Erwachsenenwelt herzustellen.

Mit ihrer „Konflikt-Enkulturation"-Hypothese wollen Sutton-Smith und andere zum Beispiel den Zusammenhang zwischen einer strengen Erziehung

und Gehorsam und der Beliebtheit von Strategiespielen erklären. Sie gehen davon aus, daß in komplexen Gesellschaften, die auf den Gehorsam ihrer Mitglieder angewiesen sind, die Strategiespiele eine Entlastung von der Forderung zur Unterordnung bieten. Die Frustration und den Ärger, den diese Erziehung zum Gehorsam in Kindern hervorruft, suchen diese im Spiel auszuagieren. Im unwirklichen Kampf der Strategiespiele kann das Kind selbst Entscheidungen herbeiführen, die Situation beherrschen und dadurch Erfolg und Befriedigung erfahren, während es außerhalb der Spielsituation abhängig und gehorsam bleiben muß (SUTTON-SMITH/ROBERTS, 1964, S. 34ff.). Daneben erfordert das strategische Verhalten von den Spielern ein hohes begriffliches Niveau. Die strategischen Spiele setzen ein Verständnis der Prinzipien, die das Verhalten und die Operationen der Mitspieler bestimmen, voraus. Die zunehmende Häufigkeit strategischer Spiele korrespondiert mit dem Hervortreten des abstrakten Denkens beim Kinde (vgl. S. 34ff.).
Glücksspiele dagegen, die auf dem Prinzip des Zufalls basieren, können als eine qualitativ andere, aber ebenso kompensatorische Antwort des Individuums auf seine *passive*, kontrollierte und belastende Rolle als „gehorsames" und „normales" Kind gesehen werden. Sie ermöglichen ihm „unverantwortliches" Verhalten. Dadurch wird das Kind in einem streng abgegrenzten Raum von dem Druck der ständigen Erziehungsbemühungen in Richtung auf individuelle, zugleich gehorsame und tätige „Verantwortlichkeit" entlastet.
Geschicklichkeitsspiele schließlich, die sich besondere Fertigkeiten zunutze machen, stehen nach SUTTON-SMITH und ROBERTS überwiegend in einem direkten, nicht kompensatorischen Zusammenhang mit der Forderung der Erziehungspersonen nach Leistung und Erfolg. Allerdings weisen die Autoren darauf hin, daß all diesen Spielen noch das für die (amerikanische) Gesellschaft nützliche und zu ihrer Aufrechterhaltung notwendige Moment der Einübung in Konkurrenzverhalten gemeinsam ist. Sie stärken in einer zugleich idealisierenden und idealtypisierenden Weise das Vertrauen der Kinder in Wettbewerbssituationen. Bestimmte Spiele sollen gleichsam eine Modellform realer Wettbewerbssituationen darstellen und der Ausdruck der Einstellungen gegenüber dem Wettbewerb sein, die aus einem spezifischen Ineinandergreifen von Erziehungsprozessen und der Durchsetzung kultureller Vorschriften entstehen. Auch diese Gruppenspiele sind somit Kompromisse zwischen verdrängten frühinfantilen Wünschen (zum Beispiel nach Allmacht, Identifikation, ‚Urvertrauen') und den gesellschaftlich vermittelten Verboten dieser Wünsche im herrschenden Konkurrenz- und Leistungsprinzip.
Der spezifische Beitrag psychoanalytisch-theoretischer Untersuchungen sowohl zu den Problemen einer pädagogisch angeleiteten Spiel-Praxis als auch zu denen einer zum Teil kompensatorischen ‚freien' Spiel-Subkultur besteht im wesentlichen ‚nur' in einer Aufklärung und Sensibilisierung erziehender Er-

wachsener über mögliche Konsequenzen ihres Handelns (oder Unterlassens). Die konsequente Praktizierung psychoanalytisch-pädagogischer Einsichten im erzieherischen Handeln erfordert ein so hohes Maß an kontinuierlicher individueller wie kollektiver Selbstreflexion, Beobachtungs- und Kommunikationsfähigkeit, wie es in der durchschnittlichen ‚Alltagspraxis' familialer *und* institutioneller Erziehung unter den herrschenden Bedingungen kaum erreicht werden kann. Die Chancen einer psychoanalytischen Pädagogik liegen zunächst eher in einer entsprechenden Sensibilisierung und Aufklärung im Rahmen der Ausbildung von Kindergärtnerinnen, Vorschulerziehern und Erziehungsberatern sowohl über die pädagogischen Möglichkeiten der Nutzung psychoanalytischer Erkenntnisse als auch über die dem entgegenstehenden gesellschaftlichen Verhältnisse.

Teil B

Das Verhältnis von kognitiven und affektiven Prozessen im frühkindlichen Spiel bei PIAGET und in der Psychoanalyse

1

Entwicklung und Funktionsmodi der Intelligenz bei PIAGET und ihre Relevanz für die Analyse des kindlichen Spiels

PIAGETS *Spieltheorie* ist nicht von seiner Theorie der Intelligenzentwicklung zu trennen und nur auf deren Hintergrund zu verstehen. Sein Interesse gilt vorrangig den sich mit dem Alter verändernden *Strukturen* der Intelligenz, dagegen weniger ihren invarianten Funktionsmodi und noch weniger den wechselnden Gegenständen oder Inhalten des Denkens (vgl. FLAVELL, 1963a, S. 17).

Die *Strukturen* sind die organisatorischen Eigenschaften der Intelligenz, sie entstehen im Prozeß des intelligenten Funktionierens. Die grundlegenden Merkmale der Funktionsmodi der Intelligenz, die das biologische Erbe ausmachen, bleiben während der ganzen Entwicklung konstant, auch wenn sie eine Vielzahl von unterschiedlichen kognitiven Strukturen hervorbringen (vgl. PIAGET, 1972b, S. 162; FLAVELL, 1963a, S. 43). Das unterschiedliche Zusammenwirken der invarianten Funktionsmodi führt zu variablen kognitiven Strukturen. Ein wichtiges invariantes Merkmal, das das intelligente Funktionieren charakterisiert, ist die *Anpassung*. PIAGET geht davon aus, daß jegliches menschliches Verhalten letztlich den Zwecken der biologischen Anpassung eines Organismus an seine Umwelt dient.

Intelligenz ist damit für ihn eine Form der Anpassung (PIAGET, 1970, S. 10, 1972b, S. 162). Er definiert „Anpassung als ein Gleichgewicht zwischen den Wirkungen des Organismus auf die Umwelt und den Wirkungen der Umwelt auf den Organismus" (1970, S. 10). Daher sind nach PIAGET *Assimilation* und *Akkomodation* die beiden invarianten Funktionsmodi der Intelligenz. Sie bezeichnen komplementäre Aspekte jeder intelligenten Verhaltensweise. *Assimilation* bezeichnet den Prozeß, durch den das Subjekt die Dinge der Außenwelt an in ihm angelegte *Schemata* anpaßt. Mittels der *Akkomodation* werden dagegen die Schemata entsprechend den Bedingungen der Umwelt umgeformt und an sie angepaßt. Die Assimilation der Dinge an die jeweils bereits herausgebildeten Handlungsschemata erfolgt selektiv nach den jeweiligen Interessen und Bedürfnissen des Subjekts (1972b, S. 192).

Die Struktur, mittels der neue Objekte begriffen werden können, nennt PIAGET auch *Assimilationsschemata*.

„Durch die Assimilation wird der Gegenstand oder vielmehr das, was von ihm in diesem Assimilationsschema ‚abgebildet' wird, ein organisches Teilstück einer Handlungsabfolge und bildet mit ihr eine geschlossene Einheit und unteilbare Gesamtheit, an der der ‚subjektive' und ‚objektive' Anteil nicht voneinander geschieden und bewußt erlebt werden können..." Der Gegenstand ist „Erkenntnisobjekt nur insofern und insoweit, als er einem Assimilationsschema einverleibt wird, das ihm Bedeutung und Sinngehalt verleiht. Mit anderen Worten, das Objekt wird nur als Funktion einer bestimmten Verhaltensweise des Subjekts ‚erkannt'" (SEILER, 1968, S. 19f.).

Diese assimilierenden Handlungsschemata bedürfen keines äußeren Motivs, um zu funktionieren, es ist gerade ihr Hauptmerkmal, daß sie aufgrund einer inhärenten Tendenz zu funktionieren angewendet werden. Sie streben nach wiederholter Assimilation von allem Assimilierbaren in der Umwelt.
Es liegt in der Natur der Assimilation, daß sie Schemata hervorbringt, die, einmal vorhanden, sich durch assimilatorisches Funktionieren erhalten (vgl. FLAVELL, 1963a, S. 78). PIAGET spricht daher von der *funktionellen* oder *reproduktiven Assimilation* (Übung), durch die neu erworbene Verhaltensweisen auch stabilisiert werden. Daneben unterscheidet er noch den *generalisierenden*, transponierenden Aspekt (Ausdehnung des Reflexschemas auf neue Gegenstände) und den *rekognitiven* Aspekt der Assimilation (Unterscheiden und Wiedererkennen verschiedener Situationen) (PIAGET, 1970, S. 113). Das Baby, das sein Reflexschema des Saugens nicht mehr nur auf die Mutterbrust oder Flasche anwendet, sondern auch auf verschiedene andere Dinge, mit denen es zusammentrifft, generalisiert also das Assimilationsschema des Saugens. So werden der Daumen und andere geeignete Objekte (zum Beispiel Schnuller) als „etwas zum Dran-Saugen" erfahren (PIAGET, 1972b, S. 194). Die rekognitive Assimilation bezeichnet das motorische Wiedererkennen, die Unterscheidung zwischen Dingen, die dem Assimilationsschema angemessen sind, weil sie schon einmal assimiliert worden waren und in diesem Schema funktioniert hatten, und denen, die für das Assimilationsschema fremd sind und bleiben, denn es gibt Gegenstände, an denen nicht gesaugt werden kann.
Ein Schema konstituiert sich jeweils durch bestimmte Handlungsabläufe. So spricht PIAGET vom „Saug-Schema", „Greif-Schema", „Seh-Schema" usw. Die Schemata sind also generelle Strukturen von koordinierenden Akten, die auf analoge Situationen angewendet werden können. Die Annahme von Handlungsschemata als Grundlagen kognitiver Prozesse, mittels deren Erfahrungen bewahrt werden und wiederum determinierend auf gegenwärtiges und zukünftiges Verhalten wirken, impliziert das Vorhandensein einer inhärenten geistigen Organisation, die jeder Erfahrung des Subjekts in der äußeren Umwelt vorhergeht.
Der Organismus erfährt die Umgebung, vermittelt durch diese bestehenden Schemata, und alle ihm zufließenden Erfahrungen werden in ein vorhandenes Schema eingefügt, das sich aber wiederum in bezug auf die Bedingungen der Realität verändert (WOLFF, 1960, S. 22).
Die Assimilations- oder Handlungsschemata müssen, damit sie auf verschiedenartige Gegenstände und Situationen angewendet werden können, umge-

formt, differenziert und an diese angepaßt werden (vgl. PIAGET, Einleitung zu DÉCARIE, 1966; WOLFF, 1974, S. 868).

Durch den Prozeß der *Akkomodation* wird ein ursprünglich rein assimilatorisches Schema so verändert, daß es der Natur der Objekte und neuer Situationen entsprechend und dem Ziel der Anpassung adäquat funktioniert. Der Akkomodationsprozeß läuft vom Objekt zum Subjekt und zwingt dieses, sich (seine Handlungsschemata) an das Objekt anzupassen, während im Assimilationsprozeß die Bewegung vom Subjekt zu den Objekten geht, in der Absicht, diese dem Subjekt (seinen Handlungsschemata) einzupassen.

„Wenn der Akkomodationsprozeß wirkungsvoll und erfolgreich vollzogen wird, wenn so durch die ‚Umstrukturierung' eines Handlungsschemas oder eines ganzen Systems von Handlungen und Operationen ein widerstrebender Gegenstand endlich erfolgreich in das veränderte Schema integriert wird, dann ‚versteht', wie PIAGET sagt, das intelligente Wesen die neue Situation und den neuen Gegenstand (SEILER, 1968, S. 24).

Jeder intelligente Anpassungsakt resultiert in einem Gleichgewicht zwischen Akkomodation und Assimilation, „was nichts anderes bedeutet als ein Gleichgewicht der Austauschprozesse zwischen Subjekt und Umwelt" (PIAGET, 1970, S. 11).

Assimilation und Akkomodation treten immer komplementär auf und bedingen sich gegenseitig, sie sind nicht als in der Realität isoliert auftretende Funktionsmodi der Intelligenz zu verstehen. Jegliches menschliche Verhalten wird dadurch charakterisiert, das sich Assimilation und Akkomodation, allerdings in jeweils unterschiedlicher Gewichtung je nach Entwicklungsstufe und Situation, aufeinander beziehen.

Beide sind für sich allein ‚unobjektiv', sie ‚verfälschen' das Erkennen. PIAGET nimmt jedoch an, daß gerade in der Gegensätzlichkeit dieser beiden Prozesse die Möglichkeit einer Aufhebung dieser ‚Verfälschung' liege. Was die Assimilation am Objekt verändert und ‚verkennt', soll nach und nach aufgewogen und korrigiert werden durch die Anpassung, die die Akkomodation am Assimilationsschema, dem ‚erkennenden' Verhaltensmuster, vornimmt (vgl. SEILER, 1968, S. 24). SEILER weist darauf hin, daß nach PIAGET

„diese ergänzende Funktion sich erst dann richtig auswirken kann, wenn die Assimilations- und Akkomodationsakte sich vervielfältigen, wenn die Handlungsschemata sich durch gegenseitige Assimilation und Akkomodation bereichern und damit einen stets größeren Reichtum an Handlungsstrukturen zur Bewältigung der Wirklichkeit zur Verfügung stellen" (1968, S. 24f.).

Befinden sich diese einander ergänzenden Handlungsschemata in einem Gleichgewicht, so sieht PIAGET ein weiteres Kriterium der Intelligenz erfüllt, nämlich die „fortschreitende *Reversibilität* der von ihr gebildeten mobilen

Strukturen" (PIAGET, 1970, S. 14). Reversibilität meint also die Fähigkeit, vollzogene Denkoperationen oder Handlungen umzukehren.
Der Zustand des Äquilibriums zwischen den beiden Funktionsmodi der intelligenten Anpassung wird aber erst in einem relativ späten Entwicklungsabschnitt des Individuums möglich, beim Kleinkind ist er noch nicht vorhanden.

„Das Besondere an der Kindheit liegt nun gerade darin, daß sie dieses Gleichgewicht durch eine Reihe von Übungen oder Verhaltensweisen sui generis finden muß, durch eine beständige strukturierende Aktivität, ausgehend von einem Zustand chaotischer Undifferenziertheit zwischen Individuum und Objekt" (PIAGET, 1972b, S. 157; vgl. auch 1969, S. 268).

PIAGET geht dabei von einem dem Organismus innewohnenden Gleichgewichtsstreben aus, einer Tendenz, die ein immer beweglicheres und zugleich stabileres Gleichgewicht innerhalb und zwischen den Strukturen anstrebt (vgl. COBLINER, 1967, S. 327; PIAGET, 1972b, S. 281 ff. und 333).
PIAGETS Entwicklungstheorie legt also das Schwergewicht auf die *progressive Koordination und Internalisierung von experimentellem Handeln*, durch die dieses zunehmend reversibel, mobiler und unabhängig vom unmittelbaren Wahrnehmungsfeld wird. Er betont, daß sich das Kind durch sein Handeln mit seiner Umwelt in Verbindung setzt und sie handelnd begreifen und verstehen lernt. Die intellektuelle Entwicklung besteht nach der Meinung PIAGETS nicht nur in der Differenzierung und Reorganisation der Wahrnehmungssphäre. Er konzediert, daß die intellektuelle Entwicklung zwar als abhängig von Reifungsfaktoren, sozialen Erfahrungen und der Wahrnehmung beschrieben werden kann, hebt aber hervor, daß sie zugleich als schrittweise ständig erneuerte Herstellung des Gleichgewichts von Handlungsschemata, die zunehmend internalisiert, abstrahiert und koordiniert werden, zu qualifizieren ist.
Bezüglich der von PIAGET postulierten Vervielfältigung und gegenseitigen Bereicherung von Handlungsschemata, die sich dem Individuum in seinem Verhältnis zur Umwelt erschließen und damit seine Mobilität und Unabhängigkeit vom unmittelbaren Wahrnehmungsfeld erhöhen, stellt sich nun aber die Frage nach den Determinanten und Regeln der sozio-kulturellen und individuellen Selektivität in der Aktualisierung bestimmter Schemata.
PIAGET nennt nur sehr vage Gesichtspunkte zur Vermittlung zwischen einer Analyse der gattungsspezifischen Entwicklungslogik allgemeiner Handlungsstrukturen und einer Analyse ihrer kultur- und schichtspezifischen sowie individuell-ontogenetischen Konkretisierung.
Ohne die Kenntnis und Erforschung der ‚Übersetzungsregeln' dieser Gattungslogik in die genannten historischen Konkretisierungsebenen ist aber eine ‚Anwendung' von PIAGETS Entwicklungstheorie auf konkrete Sozialisationsforschung und davon geleitete pädagogische Praxis kaum möglich.

Im Rahmen einer allgemeinen Analyse der kognitiven Entwicklung auf der Gattungsebene behandelt Piaget auch die Entwicklung kindlichen Spiels. Dieses wird von ihm immer wieder auf seine mögliche intelligente Anpassungsleistung und auf das sich in ihm darstellende spezifische Verhältnis von Assimilation und Akkomodation hin befragt.

Spiel ist für Piaget alles Verhalten, das den Aspekt der Anpassung an die Realität vernachlässigt; es ist wesentlich durch ein „Nachlassen der Anpassungsanstrengung" charakterisiert (Piaget, 1969, S. 120).

„Das Spiel ist an einer mehr oder weniger großen Veränderung der Gleichgewichtsbeziehung zwischen der Wirklichkeit und dem Ich zu erkennen. Man kann also sagen: Wenn angepaßte Aktivität und Denken ein Gleichgewicht zwischen Assimilation und Akkomodation herstellen, dann beginnt das Spiel dort, wo die Assimilation über die Akkomodation dominiert" (1969, S. 193).

Dabei bezieht er sich hauptsächlich auf die sich aus der sensomotorischen Übung entwickelnden ersten Spiele und die sogenannten „symbolischen" Spiele, weniger auf die Regelspiele. In den beiden zuerst genannten Arten des Spiels sieht er eine „Assimilation des Wirklichen an die eigene Aktivität", wobei das Spiel dieser Assimilation „ihren notwendigen Stoff liefert und die Wirklichkeit anhand der mannigfachen Bedürfnisse des Ichs transformiert" (Piaget, 1972, S. 160; vgl. 1969, S. 136 und 215).

Piagets Beschreibung des Spiels als „verzerrende' und „entstellende" – wie es immer wieder heißt (vgl. 1972b, S. 208 und 223) – Assimilation der Wirklichkeit und seine Annahme, daß das Spiel ein Ergebnis des Ungleichgewichtes im kindlichen Denken sei (1969, S. 214), interpretiert das Spiel als eine Kompensation der noch mangelnden Ausbildung des Denkens und als eine transitorische Phase, die es möglichst bald zu überwinden gilt. Ziel der Entwicklung sind das „objektive Denken, das sich an die Erfordernisse der äußeren Realität anzupassen versucht" (S. 217), und die adaptive Intelligenz, die das Gleichgewicht zwischen Assimilation und Akkomodation darstellt.

„Warum aber gibt es eine Assimilation der Wirklichkeit an das Ich, statt daß die ganze Welt von Anfang an an das logische und experimentelle Denken assimiliert wird? Ganz einfach deshalb, weil dieses Denken beim kleinen Kind noch nicht elaboriert ist und weil es während der Elaboration weit davon entfernt bleibt, die Anforderungen des täglichen Lebens zu erfüllen. Darüber hinaus ist auch das logischste und am meisten angepaßte Denken, dessen das kleine Kind fähig ist, noch immer vorlogisch und egozentrisch, und es hat eine Struktur, die gerade in der Mitte zwischen diesem symbolischen Denken, das sich im Spiel entfaltet, und dem Denken des Erwachsenen bleibt" (Piaget, 1969, S. 213 f.; vgl. 1972b, S. 160, und 1969, S. 137).

Bei der Analyse des Spiels ist Piaget daher weniger an einer Interpretation der Inhalte und der Funktionen der kindlichen Spielformen im Kontext der psychischen Entwicklung interessiert als vielmehr an einer „reinen Strukturanalyse" (1969, S. 139). Der Inhalt des Spiels sei von dessen Struktur zu unterscheiden, betont PIAGET.

„Der Inhalt, das sind die besonderen Spielinteressen, die an diese oder jene Objekte gebunden sind. ... Die Struktur, das ist die Form der geistigen Organisation, so da sind Übungen, Symbole, Regeln und ihre Varianten" (1969, S. 202).

Die Tatsache, daß es für die Mehrzahl der Spiele fast unmöglich sei, sie einer einzigen Kategorie zuzuordnen, und der „Polytelismus" der meisten komplexen Spiele verbieten nach Meinung PIAGETS eine Klassifikation, „die auf die Inhalte oder die ‚Motive' gegründet ist" (1969, S. 141). Es kann von daher nicht verwundern, daß in seiner Theorie der Kinderspiele die motivationale Seite und der emotional bestimmte Inhalt von Spielen weitgehend unberücksichtigt bleiben. Er bemüht sich um eine Klassifikation der Spiele, die zu deren Erklärung dienen, die Erklärung aber nicht vorwegnehmen soll. Das führt ihn im wesentlichen aber dazu, *nur* noch „die Strukturen als solche zu analysieren, die jedes Spiel enthält, den Grad der geistigen Komplexität vom elementaren sensomotorischen Spiel bis zum höheren Sozialspiel" (1969, S. 144). Es wird in den folgenden Abschnitten zu überprüfen sein, wieweit seine deskriptive Klassifikation von Strukturen des Kinderspiels vor dem Hintergrund der Ausbildung kognitiver Strukturen auch eine Klärung des komplexen Verhältnisses von kognitiver und affektiver Entwicklung erleichtern kann.

2

Die Genese des kindlichen Spiels in PIAGETs Entwicklungsmodell

2.1 Die Periodisierung der kognitiven Entwicklung

PIAGET unterscheidet drei große Perioden (oder Stadien) der kognitiven Entwicklung, die er wiederum in verschiedene Stufen unterteilt.
Die *1. Periode* umfaßt die ersten eineinhalb bis zwei Lebensjahre, Es ist die *Periode der sensomotorischen, präverbalen* und *praktischen Intelligenz*. In ihr werden schon alle jene kognitiven Strukturen aufgebaut, die zur Entwicklung späterer perzeptiver und intellektueller Konstruktionen notwendig sind. Das Kind lernt in diesem Entwicklungsabschnitt unkoordinierte Eindrücke der verschiedenen Sinne und seine eigenen Bewegungen zu organisieren und gelangt über diese kumulativen Erfahrungen und Probehandlungen zum Aufbau der miteinander eng verbundenen Schemata des permanenten Objekts, des Raumes, der Zeit und der Kausalität.
Mittels dieses komplexen Systems von Assimilationsschemata gelingt es dem Kind, gewisse Aktionsprobleme zu lösen. Das geschieht wesentlich durch sensomotorische Koordinationen, ohne daß die Vorstellungskraft oder das ‚Denken' hierbei bereits mitwirken (‚Denken' wird von PIAGET gewöhnlich nur auf operationale Aktivitäten eingeschränkt; vgl. 1972b, S. 197ff.; PIAGET/INHELDER, 1972, S. 16).
Erst gegen Ende dieser Periode der sensomotorischen Intelligenz beginnen sich die Symbolfunktionen und schließlich die Sprache zu entwickeln.
Während dieser ersten Periode entwickelt sich das *Übungsspiel*, nach PIAGET die einzige Spielform dieses Stadiums, die aber zum Teil auch noch später neben entwickelteren Formen des Spiels vorkommt. Das Übungsspiel sieht er durch die Wiederholung und Kombination von Tätigkeiten charakterisiert, die ursprünglich mit dem Ziel der Anpassung aufgenommen wurden, dann aber anscheinend zum bloßen Vergnügen ausgeübt werden (vgl. PIAGET/INHELDER, 1972, S. 67).
Die *2. Periode* ist die der begrifflichen Intelligenz und der *konkreten Operationen*. Sie erstreckt sich von etwa der zweiten Hälfte des zweiten Lebensjahres bis zum zehnten/elften Lebensjahr und ist wesentlich durch die Entwicklung des repräsentativen (vorstellenden) Denkens und der Sprache charakterisiert. Für die Entwicklung des Spiels sind besonders die ersten beiden sogenannten präoperationalen Stufen dieser Periode interessant, in denen sich das Symbolspiel ausprägt.

Piaget unterteilt diese 2. Periode in insgesamt drei Stufen:

1. Stufe des vorbegrifflichen und symbolischen Denkens (etwa 18 Monate bis viertes Lebensjahr),
2. Stufe des anschaulichen Denkens (etwa viertes bis siebentes Lebensjahr),
3. Stufe der konkret operationalen Begriffe und Beginn des logischen Denkens (etwa siebentes/achtes bis elftes/zwölftes Lebensjahr).

Mit dem Übergang zur 3. Stufe meint Piaget ein starkes Zurückgehen des Symbolspiels zugunsten der Regelspiele und Konstruktionsspiele beobachten zu können.

Die *3. Periode* ist die der begrifflichen Intelligenz und *der formalen und abstrakten Operationen.*

Sie beginnt mit dem elften/zwölften Lebensjahr und umfaßt die Adoleszenz und das Erwachsenenalter. In dieser Arbeit werden wir nicht näher auf diese Phase eingehen, da die Rolle des Spiels in diesem Entwicklungsabschnitt von Piaget nicht behandelt wird und auch der Schwerpunkt der vorliegenden Arbeit auf der frühkindlichen Entwicklung liegt.

Im folgenden soll besonders nach den Anfängen des Spiels – wie sie Piaget sich entwickeln sieht – gefragt werden.

2.2 Probleme in Piagets Modell der Entwicklungsstufen

Wenn im folgenden die Herausbildung von verschiedenen Spielformen in den von Piaget herausgearbeiteten einzelnen Stufen der Entwicklung kognitiver Strukturen dargestellt wird, so ist damit immer zu beachten, daß er hier ein ideales abstrahierendes Modell *einer* Dimension des psychischen Entwicklungsprozesses konstruiert. Aspekte dieses Modells können nicht unmittelbar zur Erklärung von konkreten Erscheinungen, Situationen und Handlungen benutzt werden. Soweit Piaget selbst konkrete Beispiele von Spielhandlungen verwendet, haben diese eher einen illustrativen Charakter und werden nur in bezug auf diese eine Dimension, die Herausbildung kognitiver Strukturen, interpretiert.

Unter den Stufen der intellektuellen Entwicklung versteht Piaget die konstante Abfolge der entwicklungsbedingten qualitativen Veränderungen der Intelligenz.

„Die Stufen beziehen sich auf die gesetzmäßige Folge relativ stabiler Erkenntnisstrukturen, die das Verhalten des Organismus charakterisieren. Überdies sind die Strukturen so beschaffen, daß die späteren in sich aufnehmen, was auf früheren Stufen erreicht worden ist, und daß sie die früheren Strukturen durch Rekonstruktion und Erweiterung auf einer höheren Ebene bereichern" (FURTH, 1972, S. 39; vgl. auch PIAGET, 1972b, S. 190)[1].

Wird die Abfolge der Stufen von PIAGET als konstant angenommen – es kann also zum Beispiel die 3. Stufe der formalen Denkoperationen nicht vor der Vollendung der 2. Stufe der konkreten Denkoperationen erreicht werden –, so kann das Alter beim Erreichen einer Stufe aufgrund verschiedener Faktoren wie kulturelles Milieu, Übung usw. variieren[2].

Es liegt in der Konsequenz dieser Theorie der qualitativen stufenweisen Veränderungen im Entwicklungsprozeß, daß PIAGET Eigenarten im Verhalten eines Kindes, die über die Stufen hinweg beibehalten werden, weniger beachtet und auch die Unterschiede im Verhalten von Kindern auf *einer* Entwicklungsstufe weniger berücksichtigt (vgl. FLAVELL, 1963a, S. 24).

Wie BEARISON (1974) gezeigt hat, kann es im strukturellen Rahmen dieser Entwicklungstheorie PIAGETS keinen Platz für das Phänomen der Regression geben, da dieses Modell Variationen im Durchlaufen des Entwicklungsganges zwischen verschiedenen Individuen und in verschiedenen Entwicklungsbereichen innerhalb einer Person ausschließt[3]. Von der Logik des Modells her wird Homogenität im Verhalten der Individuen gemäß den entsprechenden Stufen erwartet. Die einzigen möglichen Variationen im kognitiven Verhalten, die angenommen werden, sind entweder Retardation oder Akzeleration in der Abfolge der Entwicklungsschritte (vgl. PIAGET, 1973a, S. 260).

Es scheint dem Konzept der qualitativen, integrierten Stufen zu widersprechen, daß ähnliche kognitive Strukturen auf verschiedenen Stufen der ontogenetischen Entwicklung ihre Anwendung finden. Diesem Sachverhalt versucht PIAGET durch Einführung des Begriffs der „*décalage*" (Verschiebung) Rechnung zu tragen. Das Gesetz der „Verschiebungen" besagt: „Wenn eine Operation von einer Bewußtseins- oder Handlungsebene zu einer anderen über-

---

1 Zum Problem der invarianten Stufenfolge in PIAGETS Entwicklungstheorie vgl. WOHLWILL, 1963, S. 254–262. Das Stufenmodell von PIAGET und FREUD unterzieht auch HAYNAL (1975, S. 260ff.) einer vergleichenden Analyse.

2 Vgl. hierzu PIAGET, 1969, S. 321, Anm. 1; FURTH, 1972, S. 51; FLAVELL, 1963a, S. 20.

3 Zum Problem von Regressionen in der Ich-Entwicklung vgl. A. FREUD, [1963] o. J., S. 407–419, und 1968, S. 97ff.; NAGERA, 1964, und NAGERA/BOLLAND, 1968, S. 547. Das von A. FREUD und anderen entwickelte Entwicklungsprofil geht im Gegensatz zum Stufenmodell PIAGETS von verschiedenen parallel laufenden Entwicklungs*linien* aus, die „mehr oder wenig gleichmäßig, das heißt harmonisch, verlaufen oder aber mit großen zeitlichen Unterschieden, die zu allen möglichen Störungen, Veränderungen und Unausgeglichenheiten der Persönlichkeitsentwicklung führen..." (NAGERA/BOLLAND, 1968, S. 546). So kann eine ausgeprägte und fortgeschrittene Entwicklung der Sprech- und Denkfähigkeit einhergehen mit infantilen Bedürfnissen, Phantasien und Wünschen einer früheren Phase.

wechselt, so muß sie auf dieser neuen Ebene wieder neu erlernt werden" (PIAGET, 1974, S. 80)[4].
Er unterscheidet horizontale „décalages" von vertikalen (vgl. FLAVELL, 1963 a, S. 21 ff.). Folgendes Verhalten illustriert die „horizontale décalage": Eine bestimmte Funktion oder eine bestimmte kognitive Struktur, die das Kind zu einem bestimmten Zeitpunkt erworben hat, kann es anfangs nur auf bestimmte Aufgaben anwenden, auf andere aber nicht, selbst dann nicht, wenn diesen eine ähnliche Struktur zugrunde liegt. Erst zu einem späteren Zeitpunkt kann es dieselbe Organisation der Operation auch auf verschiedene, aber strukturell ähnliche Aufgaben ausweiten beziehungsweise verlagern[5].
Außerdem spricht PIAGET von „vertikaler décalage"; damit meint er die Wiederkehr bestimmter struktureller Ähnlichkeiten im Verhalten auf verschiedenen Entwicklungsstufen. Die formale Ähnlichkeit besteht zwischen den Strukturen und den Inhalten, auf die die Strukturen angewendet werden. Aber auf den verschiedenen Stufen der Entwicklung sind unterschiedliche Ebenen des Funktionierens, verschiedene Arten der Operation impliziert. Zum Beispiel besitzt das Kind am Ende der sensomotorischen Periode eine ziemlich genaue ‚Verhaltenskarte' von seiner unmittelbaren Umgebung. Es kann ohne Schwierigkeiten von einem Ort A nach B und dann nach C und wieder zurück nach A gelangen; es kann auch, wenn Hindernisse auf seinem Weg liegen, über Umwege zum Ziel gelangen. Man kann also sagen, daß seine motorischen Aktivitäten im Hinblick auf räumliche Beziehungen eine bestimmte Struktur besitzen. Aber erst nach einem späteren Entwicklungsschritt, auf der Stufe des symbolischen und repräsentativen Denkens, wird das Kind in der Lage sein, zum Beispiel eine genaue Zeichnung seiner nähesten Umgebung anzufertigen und dort seine Wege einzuzeichnen (vgl. FLAVELL, 1963 a, S. 23). So drücken „vertikale décalages" eine verborgene Einheitlichkeit in den augenscheinlichen Unterschieden der verschiedenen Stufen aus (vgl. auch FLAVELL/WOHLWILL, 1969, S. 77.; PINARD/LAURENDEAU, 1969, S. 134).

---

4 Vgl. auch die Beispiele, die PIAGET (1974) zum Gesetz der „Verschiebungen" für den Bereich des konstanten Objekts anführt und die illustrieren, wie bestimmte Entdeckungen, die das Kind auf einer Entwicklungsstufe macht, noch nicht auf alle verschiedenen Situationen verallgemeinernd angewendet werden können (S. 63 und 74 ff.).

5 Zu dem Problem der „décalage" vgl. auch PINARD/LAURENDEAU, 1969, S. 130 ff.; WOHLWILL, 1963, S. 259.
Zum Einfluß von schichtspezifisch unterschiedlichen Anregungen in der Sozialisation des Kindes auf die Ausprägung von horizontaler und vertikaler „décalage" vgl. die Arbeit von CORMAN/ESCALONA (1969), die in einer Untersuchung von 293 Kindern aus verschieden sozio-ökonomischen Schichten im Alter von 9 bis 26 Monaten horizontale „décalages", das heißt die Ausweitung eines bestimmten Schemas auf verschiedenartige Problemlösungsbereiche, überwiegend bei Kindern fanden, die aufgrund ihrer sozialen Herkunft einem reicheren Anregungspotential ausgesetzt waren.

Der Übergang von der sensomotorischen Periode zur Periode der begrifflichen Intelligenz und der konkreten Operationen besteht in einer solchen Verlagerung von der Ebene der Handlung auf die der Sprache und Vorstellungen. Bei diesem Übergang können sich bestimmte strukturelle Probleme, die auf der Ebene der Handlung schon einmal gelöst waren, auf der sprachlichen Ebene neu stellen (vgl. PIAGET, 1972c, S. 213).
Im Zusammenhang mit dem Problem der horizontalen und vertikalen „décalages" wäre die von FLAVELL und WOHLWILL (1969) in enger Anlehnung an CHOMSKY getroffene Unterscheidung von Kompetenz und Performanz im kognitiven Funktionieren heranzuziehen.
Kompetenz steht für die formale und logische Repräsentation einer Struktur eines bestimmten Bereichs, und Performanz repräsentiert die psychischen Prozesse, durch die die in der Kompetenz implizierten Kenntnisse aktuell in realen Situationen verwendet werden (FLAVELL/WOHLWILL, 1969, S. 77).
PIAGETS Konzept der kognitiven Strukturen, denen er nur illustrativ Phänomene aus dem Bereich der Performanz gelegentlich zuordnet, impliziert eigentlich nur die Dimension der Kompetenz. Weil aber Aussagen über die Kompetenz nur die rein logischen abstrakten Formen der Entwicklung darstellen und keine Aussagen über die situativen Merkmale (Grenzen der Erinnerung, Wahrnehmungsunterschiede, affektive Zustände usw.) enthalten, unter denen der Organismus aktuell funktioniert, schlagen sich die Strukturen nicht unmittelbar in der Performanz der Individuen nieder (vgl. BEARISON, 1974, S. 25). FLAVELL und WOHLWILL (1969) haben in diesem Zusammenhang betont, wie wichtig es sei, transitorische Phasen zwischen den Stufen zu unterscheiden, die jeweils einen Entwicklungsabschnitt bezeichnen, in dem eine neue Kompetenz sich in ersten Performanzakten anbahnt und durchsetzt. In solchen Übergangsphasen werden die affektiven und sozialen Bedingungen der Durchsetzung (als Performanz) einer qualitativ neuen Stufe in der Entwicklung bestimmter kognitiver Prozesse besonders deutlich hervortreten und eher zu untersuchen sein. Bei einer Konzentration auf diese Übergangssituationen von einer Stufe zur anderen reicht wahrscheinlich das von PIAGET gebildete Konzept der „décalages" nicht aus, um Performanzakte und -bedingungen zu berücksichtigen, sondern es müssen Theoreme herangezogen werden, die Aussagen über alternative individuelle Entwicklungswege unter angebbaren Bedingungen zulassen, wie die psychoanalytischen Studien über Regressionen und Entwicklungsstörungen (vgl. A. FREUD, 1968, S. 97ff.; NAGERA, 1964).

Die ersten Spiele des Kindes entwickeln sich vor dem Hintergrund der sensomotorischen Intelligenz, die PIAGET als allmähliche Entfaltung einer assimilatorischen Tätigkeit auffaßt, „die dazu tendiert, die Objekte der Umwelt in ihre Schemata zu inkorporieren, indem sie gleichzeitig diese Schemata an die Objekte akkomodiert" (PIAGET, 1969, S. 21; vgl. auch S. 114). Die Entfaltung der sensomotorischen Intelligenz vollzieht sich nach PIAGET über sechs Stufen hinweg.

Die *1. Stufe* der Entwicklung, und daß heißt zugleich der erste Lebensmonat, wird durch den Gebrauch der Reflexe beherrscht.

Mit der *2. Stufe* (etwa erster bis vierter Monat) werden zunehmend neue Elemente aus der Umwelt des Kindes an die Reflexschemata assimiliert. Nachdem Reflexe einmal ausgelöst worden sind, besteht eine Tendenz zu ihrer Wiederholung auch ohne äußere Stimulierung, das heißt, es findet eine Transformation der passiven Antwort in eine aktive Suche nach Restimulierung statt. Dabei werden die Reflexschemata entsprechend der Vielfalt äußerer Objekte zunehmend generalisiert, wie das Beispiel des „Saug-Schemas" zeigt. Das daumenlutschende Baby generalisiert bereits das Assimilationsschema des Saugens auf neue Gegenstände (erst die Mutterbrust – dann der Daumen) und zeigt in der Folge die Fähigkeit zur rekognitiven Assimilation, indem es den Daumen als geeignetes Befriedigungsobjekt ‚erkennt'. PIAGET hebt in diesem Zusammenhang hervor, „daß die Ausdehnung des Reflexschemas durch Einverleibung eines neuen Elements die Entstehung eines höheren Schemas zur Folge hat (die Gewohnheit), dem sich das einfache Schema (der Reflex) integriert" (1970, S. 114).

PIAGET entlehnt von JAMES BALDWIN den Begriff „Zirkulärreaktion" und nennt dieses Verhaltensschema *primäre Zirkulärreaktion*. Damit bezeichnet er die vom Kind bewußt wiederholt vollzogenen Tätigkeiten, die seinen eigenen Körper zum Gegenstand haben (wie Saugen, Plappern von Lauten) und die das Kind wiederholt, in der Hoffnung, eine einmal zufällig hervorgerufene Wirkung andauern zu lassen oder neu zu reproduzieren.

PIAGET wirft in diesem Zusammenhang die Frage auf, ob diese „primären Zirkulärreaktionen", wie zum Beispiel die ersten Lallaute, die Bewegungen der eigenen Hände, die das Kind oft mit Faszination, Interesse und dem Ausdruck von Freude begleitet, „spielerisch, adaptiv oder beides gleichzeitig" sind. Er kommt zu dem Schluß, „daß die *meisten* Zirkulärreaktionen sich im Spielverhalten fortsetzen" können. Diese Übergänge zum Spiel werden deutlich, wenn man an das Kind denkt, das

„schaut, um zu schauen, manipuliert, um zu manipulieren, seine Hände und seine Arme bewegt (und auf dem folgenden Stadium, wenn es die aufgehängten Dinge bewegt, seine Rassel schüttelt usw.). Es widmet sich dann Handlungen, die auf sich selbst zentriert sind, nach Art aller Übungsspiele, die in keine Handlungsfolge eingefügt sind, die durch jemand anderes oder auch äußere Umstände notwendig sind. Sie haben ebensowenig ein *äußeres* Ziel, wie später die motorischen Übungen – Steine ins Wasser werfen, am Wasserhahn Wasser spritzen lassen, springen usw. – haben werden, was jedermann als Spiel ansieht" (1969, S. 121).

Da, wo das Kind Verhaltensweisen über die bloße Akkomodation hinaus mit Vergnügen wiederholt, scheint für PIAGET ein Kriterium für Spiele, die Freude an der reinen funktionellen Assimilation, die Freude am Funktionieren, gegeben zu sein. Wir haben es dann mit der vielfach zitierten „Funktionslust" (K. BÜHLER) zu tun. In PIAGETs Worten: mit dem Primat der Assimilation hat sich das Übungsspiel konstituiert, die Assimilation hat sich so weit von der Akkomodation dissoziiert, daß sie sich diese unterordnet (vgl. 1969, S. 209).

Entscheidend aber ist, daß die Schemata der Zirkulärreaktionen

„später ebensogut als Mittel in vollständige Anpassungsakte eingegliedert werden, wie daß sie auf spielerische Weise ablaufen. Anders ausgedrückt: Ein Schema ist niemals aus sich selbst heraus spielerisch oder nicht spielerisch, sein spielerischer Charakter wird nur vom Kontext und von den aktuellen Verhaltensprozessen bestimmt. Aber alle Schemata können möglicherweise in der Form der reinen Assimilation auftauchen, deren eine Extremform das Spiel darstellt" (PIAGET, 1969, S. 121 f.).

Man kann also auf der 2. Stufe Vorformen des Spiels erkennen, die sich aus der progressiven Differenzierung von Akkomodation und Assimilation entwikkeln.
Auch auf den folgenden Stufen der Entwicklung erscheint das Spiel immer wieder als die Ausweitung der Assimilationsfunktion „über die Grenzen der aktuellen Anpassung hinaus" (1969, S. 127). Indem das Kind die primären Zirkulärreaktionen praktiziert und dadurch konsolidiert, entdeckt es zunehmend, daß seine Handlungen einen Einfluß auf *äußere* Objekte haben, und der Schwerpunkt seines Interesses richtet sich auf diesen Effekt seiner Handlungen.
Das Kind sucht nach den motorischen Aktivitäten, die das neu entdeckte Ergebnis in der Umgebung produzierten und es wiederholen können. Damit tauchen auf der *3. Stufe*, die mit der Koordinierung von Wahrnehmung und Greifen (Augen-Hand-Mund-Koordination) ungefähr im vierten Monat beginnt, neue Verhaltensweisen auf, die über die ersten einfachen Gewohnheiten hinausgehen[6]. PIAGET spricht hier von *sekundären Zirkulärreaktionen*; gemeint

---

6 Zur Auge-Hand-Mund-Koordination vgl. aus kognitivistischer Sicht BRUNER (1969) und aus psychoanalytischer Sicht W. HOFFER (1950a, 1964).

sind damit Handlungen des Kindes, die über die Beschäftigung mit dem eigenen Körper oder seiner Betätigung hinausgehen und aufgrund des neu erworbenen Schemas des koordinierten Greifens auch quasi systematisch Gegenstände der Außenwelt mit einbeziehen können (1970, S. 115; 1969, S. 122). Wir haben es hier zugleich mit der *reproduktiven Assimilation* zu tun, durch die das Neue – nachdem es zuvor durch generalisierte Assimilation inkorporiert wurde – in das Bekannte verwandelt wird und durch die jede neue Koordination zwischen äußeren Ereignissen und der sensomotorischen Aktivität stabilisiert wird (vgl. WOLFF, 1960, S. 90f.).
Auch die so entstandenen sekundären Zirkulärreaktionen können sich in spielerischen Tätigkeiten fortsetzen, besonders dann, wenn zur einfachen ‚Funktionslust' die „Lust, Ursache zu sein" (GROOS) hinzutritt (PIAGET, 1969, S. 122; vgl. S. 208f.). Das Kleinkind, das die über seinem Kinderwagen aufgehängten Gegenstände erforscht und dabei entdeckt, daß sie zu bewegen sind und es neue Geräusche damit hervorbringen kann, wird fortfahren, mit zunehmender Freude mit den Gegenständen zu hantieren, auch wenn es sie schon längst ‚erforscht' und ‚verstanden' hat[7]. Wir werden in solchen Verhaltensweisen des Kindes alle Übergänge von der Assimilation im Rahmen der sekundären Zirkulärreaktionen zur reinen Assimilation und damit zum Spiel finden.

„Mit anderen Worten, die Assimilation ist nicht mehr begleitet von einer aktuellen Akkomodation und besteht also nicht mehr in einer Anstrengung um Begreifen: Es gibt nur noch eine Assimilation an die eigene Aktivität, d.h. das Phänomen wird nur noch benutzt aus der Freude am Handeln, und gerade darin besteht das Spiel" (1969, S. 123; vgl. S. 208f.).

Während der *4. Stufe* (vom sechsten/achten bis zehnten/zwölften Monat) finden wir beim Kind die Fähigkeit, bereits erworbene und bekannte Schemata sowohl untereinander zu koordinieren als auch auf neue Situationen anzuwenden. Mittels generalisierter Assimilation kommt eine Koordinierung von Mitteln und Zwecken zustande, so daß das Kind die Dinge bereits gezielter erkunden kann (vgl. PIAGET, 1970, S. 116f.). Darin sieht PIAGET einen wesentlichen Schritt von den Reflexen zur Ebene strukturierter Leistungen der Intelligenz (S. 117; vgl. FURTH, 1972, S. 76).
Auch hier finden wir den Übergang von der intelligenten Anpassung zum Spiel, in dem sich das Interesse vom Ziel der Handlung häufig wieder auf die Handlung selbst verschiebt. Außerdem erfolgt ein Fortschritt in Richtung auf die Mobilität beziehungsweise Flexibilität der Schemata, wodurch jetzt auch

7 HUNT (1963) sieht in diesen Tätigkeiten der 3. Stufe, die eine gewisse primitive Intention der Handlung erkennen lassen, den ersten „Markstein" in der Entwicklung „intrinsischer Motivation" (S. 265).

die Bildung weiterer spielerischer Kombinationen möglich wird, gerade weil die Anpassung der Schemata an die äußere Realität grundsätzlich kein Problem mehr für das Kind darstellt.
Aus solchen spielerischen Kombinationen können sich spielerische „Rituale", daß heißt eine Art „Ritualisierung" der Schemata, entwickeln, womit PIAGET nur den starren Wiederholungscharakter dieser Handlungen bezeichnet, ohne auf die tiefere Bedeutung, die in solchen Ritualisierungen liegen kann, oder auf die Nähe zu Symptomhandlungen einzugehen.
Diese „spielerischen Rituale" beobachtet PIAGET besonders während des Übergangs von der 4. zur 5. Stufe, die eine entscheidende Vorstufe des Symbolspiels darstellt. Er bringt das Beispiel seiner neun Monate alten Tocher J., die, aus dem aktuellen Kontext des Zubettgehens herausgelöst, angeregt durch das Spielen mit Kissen, plötzlich alle ihre üblichen Verhaltensweisen, die sie vor dem Einschlafen sonst ausführt, „rituell" produziert. Sie legt sich in Schlafstellung hin, saugt am Daumen und hält dabei eine Franse vom Kissen fest. PIAGET meint, das Kind habe sich beim Spiel mit dem Kissen zufällig an den Handlungsablauf beim Zubettgehen „erinnert" und daraufhin diese Abfolge „rituell" wiederholt. Es bleibt die Frage, ob diese fiktive Handlung wirklich so „zufällig" ausgelöst wurde, wie es PIAGET erscheint, und warum es gerade dieser Handlungsablauf ist, der sich zur fiktiven Wiederholung anbietet.
Erst in dem Moment, in dem sich das Kind der Fiktion bewußt wird, daß es so tut, als schlafe es, gewinnt das „spielerische Ritual" Symbolcharakter. Das wird mehr und mehr auf der 6. Stufe der Entwicklung zu beobachten sein (PIAGET, 1969, S. 124f. und 128).
Auf der *5. Stufe* (10./12. bis 16./18. Monat) breiten sich – wie PIAGET beobachtet hat – die aus „rituellen" Handlungen resultierenden motorischen Handlungskombinationen in differenzierter Weise aus, und die bisher entwickelten Assimilationsschemata akkomodieren sich ununterbrochen an die neuen Gegebenheiten der Umwelt (1969, S. 125ff.). Dabei versucht das Individuum weiterhin nach seinen Bedürfnissen[8] zu handeln und die Widerstände, die der

8 PIAGET rekurriert an verschiedenen Stellen auf die motivationale Kategorie der Bedürfnisse, wobei er weder den Inhalt noch die Richtung, auf die das Bedürfnis zielt, jemals konkret beschreibt. Selbst dort, wo er das Bedürfnis in Verbindung bringt mit dem „interessanten Objekt", vermißt man genauere Ausführungen darüber, warum das Bedürfnis oder Interesse in einer bestimmten individuellen Situation gerade auf dieses oder jenes Objekt bezogen ist. „Das Interesse ist nämlich die Fortsetzung der Bedürfnisse: Es ist der Zusammenhang zwischen einem Objekt und einem Bedürfnis, da ein Objekt in dem Maß interessant wird, als es einem Bedürfnis entspricht. Das Interesse ist also die Einstellung bei jedem Akt geistiger Assimilation: denn geistig assimilieren heißt ein Objekt in die Aktivität des Individuums eingliedern" (1972b, S. 220).

Umgang mit neuen Gegenständen bringt, möglichst zu umgehen, das heißt in den Worten PIAGETS: zu ungewohnte Objekte bleiben entweder unbeachtet oder werden weiterhin nur gemäß vorher geprägter Schemata assimiliert. Zugleich beginnt das Kind aber sich mehr und mehr für das Neue zu interessieren, obwohl dieses dem schon Vertrauten ähnlich genug sein muß, damit es interessieren kann. Nun werden die Zirkulärreaktionen

„aus einer Reproduktion der neuen Gegebenheit bestehen, die jedoch ein aktives Variieren und Experimentieren impliziert, das gerade ihre neuen Möglichkeiten hervortreten läßt ... Man kann diese reproduktive Assimilation, die von einer differenzierten und beabsichtigten Akkomodation begleitet ist, ‚tertiäre Zirkulärreaktion' nennen" (PIAGET, 1970, S. 118; vgl. 1969, S. 75).

Auf der *6. Stufe* (16./18. bis 24. Monat) schließlich, nachdem das Kind aufgrund der tertiären Zirkulärreaktionen sich das aktive Experimentieren und „intelligente Erproben" (1970, S. 120) angeeignet hat, gelangt es zunehmend zu einer Internalisierung sensomotorischer Schemata, und es werden die ersten *symbolischen Schemata* gebildet. Diese stellen die Reproduktion sensomotorischer Schemata außerhalb ihrer üblichen Zusammenhänge und in Abwesenheit des üblichen Gegenstandes dar (vgl. 1969, S. 158). Sie bilden den Übergang zwischen dem Übungsspiel und dem eigentlichen Symbolspiel.

„Vom ersteren bewahren sie das Merkmal, eine Verhaltensweise außerhalb des Kontextes einer aktuellen Adaption zu üben (aus einfacher Funktionslust also), aber vom zweiten enthalten sie bereits das Merkmal, diese Verhaltensweisen in Abwesenheit ihres üblichen Gegenstandes auszulösen, sei es in Gegenwart neuer Objekte, die als einfache Substitute aufgefaßt werden, sei es in Abwesenheit aller materiellen Gegenstände" (PIAGET, 1969, S. 158; vgl. 1970, S. 142).

PIAGET unterscheidet in diesem Zusammenhang nicht besonders zwischen dem Einfluß von Personen und dem von Gegenständen.
Parallel zur Ausbildung symbolischer Schemata entwickelt sich die Fähigkeit des Kindes zur *aufgeschobenen repräsentativen Nachahmung*, das heißt einer Nachahmung, die erst dann erfolgt, wenn das wahrgenommene und im folgenden nachgeahmte Objekt längst aus dem Gesichtskreis des Kindes verschwunden ist. Auf den vorhergehenden Stufen der sensomotorischen Entwicklung war die Nachahmung die Weiterentwicklung der Akkomodationsbewegung, die mit den Assimilationsschemata eng verknüpft ist. Die Nachahmung funktionierte nur in Anwesenheit des Modells und war sensomotorischer Art.

„Nimmt das Kind, das eine gewisse Bewegung ausführen kann, eine ähnliche Bewegung bei einem anderen Menschen, Lebewesen oder Ding wahr, so assimiliert es diese Bewegung an sein Schema, und diese Assimilation, die gleichzeitig wahrnehmungsmäßig und motorisch ist, setzt das eigene Schema in Bewegung. Später wird ein neues Vorbild eine ähnliche assimilierende Antwort hervorrufen, aber das aktiv gewordene Schema wird jetzt den neuen Eigentümlichkeiten akkomodiert" (PIAGET, 1970, S. 142; vgl. 1969, S. 21f.).

Auf der *6. Stufe* schließlich löst sich die Nachahmung von der aktuellen Handlung, und damit kann eine Anzahl von Vorbildern innerlich nachgeahmt werden, „Vorbilder, die bildhaft und gleichsam als skizzenhafter Entwurf der Handlungen gegeben sind. Auf diese Weise erreicht die Nachahmung den Beginn der Periode der Repräsentation"(1969, S. 84; vgl. 1970, S. 121). Die Frage nach der Bedeutung der Vorstellung und des Erinnerungsvermögens soll weiter unten noch aufgenommen werden.

Mit der aufgeschobenen und vorstellungsmäßigen Nachahmung tauchen auch die einfachsten Formen des *Symbolspiels* auf, von PIAGET interpretiert als eine Art „gespielte Vorstellungsbilder", die aber noch motorisch bleiben und darum erst die „Vorstufe der Vorstellung" erreichen (1970, S. 120). Er leitet diese motorischen Vorstellungsbilder aus der verinnerlichten Koordinierung der sensomotorischen Schemata her und illustriert das mit dem Verhalten seiner Tochter L., die angesichts einer halbgeöffneten Streichholzschachtel, in der sich eine Kette befand, das Problem, diese weiter zu öffnen, nach vergeblichen direkten Versuchen dadurch zu lösen sucht, daß sie den Mund mehrmals öffnet und schließt, also mit der Bewegung des Mundes das Öffnen der Schachtel nachahmt und in der Vorstellung eine mögliche Lösung vorwegzunehmen versucht. PIAGET sieht darin eine „motorische Reflexion" und die Nähe zum „geistigen Experiment" (1969, S. 95, vgl. S. 87; 1970, S. 120f.). Der Mund dient als „Bezeichnung" oder repräsentatives Symbol (1969, S. 95).

In der präverbalen Phase können solche Gesten oder andere Körperbewegungen häufig als symbolische Repräsentation funktionieren und den jeweiligen Entwicklungsstand des kindlichen Wissens und Verstehens signalisieren[9]. „Gespielte Vorstellungsbilder" haben wir auch in dem Verhalten des Kindes, das sein Zubettgehen-Ritual außerhalb der gewohnten Zeit des Schlafengehens wiederholt oder die Handlungen des Essens und Trinkens vortäuscht, entweder ohne jegliche Requisiten oder indem es sich zum Beispiel einer Schachtel als Tasse bedient. Die „Anwendung des Schemas auf inadäquate Objekte und Aktivierung des Schemas rein aus Vergnügen" scheinen für PIAGET den Beginn der Fiktion, des spielerischen So-tun-als-ob, zu charakterisieren (1969, S. 129). In diesen ersten symbolischen Darstellungen ist die spielerische Assimilation, die auf bestimmte Weise die Gegenstände der Außenwelt entsprechend der subjektiven Phantasie umgestaltet, gleichzeitig mit der Nachahmung verknüpft, imitiert das Kind doch die üblichen Handlungen wie Essen, Trinken, Schlafen usw.

---

9 Vgl. zu den Gemeinsamkeiten zwischen Funktionsspielen und Symbolspielen auch GALENSON (1971); GALENSON/ROIPHE (1971).

„Gerade dank dieser besonderen Art von Nachahmung der eigenen Verhaltensweisen wird der spielerische Symbolismus möglich, denn ohne diese Nachahmung gäbe es weder eine Darstellung nicht vorhandener Objekte noch folglich eine Fiktion oder das Gefühl des ‚als ob'" (1969, S. 136).

Wenn PIAGET auch immer wieder kindliches Spiel als „fast reine Assimilation" (S. 117, 121, 208) charakterisiert, so darf jedoch nicht übersehen werden, daß er vielmehr die relative Beteiligung von Assimilation beziehungsweise Akkomodation innerhalb jeder Verhaltensweise für ausschlaggebend hält, und zwar bezüglich Nachahmung, Spiel und Intelligenz.

„Man muß zunächst festhalten, daß kein Schema jemals als solches und ein für allemal Anpassungs-, Nachahmungs- oder Spielfunktion hat, selbst wenn die ursprüngliche Funktion in einer dieser drei Richtungen verläuft. Aus diesem Grunde kann ein Nachahmungsschema zu einem Spielschema und ebenso zu einem Anpassungsschema werden. Darüber hinaus muß man sich daran erinnern, daß jedes Schema zu jeder Zeit gleichzeitig Assimilation und Akkomodation ist, da jeder dieser beiden Prozesse notwendigerweise vom anderen untrennbar ist: Es sind also nur ihre Beziehungen, die den Anpassungs-, Nachahmungs- oder Spielcharakter des Schemas bestimmen" (1969, S. 137).

So wichtig diese differenziertere Äußerung PIAGETS ist, muß doch hervorgehoben werden, daß sie die einzige dieser Art ist und er an keiner Stelle seiner Spielanalysen das genaue qualitative Verhältnis von Assimilation und Akkomodation näher bestimmt, sondern dort im Gegenteil das Spiel immer wieder als *reine* Assimilation, *verzerrende* Assimilation oder Dominieren der Assimilation über die Akkomodation beschreibt.
Das Symbolspiel wird nun im Gegensatz zum Übungsspiel dadurch charakterisiert, daß es die Vorstellung eines abwesenden Objektes voraussetzt. Das Symbolspiel enthält außerdem einen Vergleich zwischen einem gegebenen Element und einem *vorgestellten* Element und resultiert in einer „deformierenden" Assimilation und einer fiktiven Darstellung.

„Zum Beispiel stellt ein Kind, das eine Schachtel herumschiebt und sich dabei ein Automobil vorstellt, das letztere durch die erstere symbolisch dar und begnügt sich mit einer Fiktion, da die Verbindung zwischen dem Zeichen und dem Bezeichneten völlig subjektiv bleibt" (1969, S. 148).

Die Zwischenform zwischen dem eigentlichen Symbolspiel und dem Übungsspiel besteht in den Tätigkeiten des Kindes, die ohne Einschaltung der Vorstellung ablaufen; PIAGET bezeichnet diese als „Rituale", auch sie laufen außerhalb des üblichen Handlungskontextes ab. Dabei betont er, daß kein völliger Bruch zwischen Übungsspiel und Symbolspiel besteht. Auch letzteres ist – mit Ausnahme der reinen Phantasiegebilde – immer an Handlungsabläufe gebunden.

„Sie sind gleichzeitig sensomotorisch und symbolisch, aber wir nennen sie symbolisch in dem Maße, wie die symbolische Darstellung sich alle anderen Elemente integriert. Darüber hinaus entfernen sich die Funktionen des Symbolspiels mehr und mehr von der einfachen Übung: Die Kompensation, die Realisierung von Wünschen, die Beseitigung von Konflikten usw. kommen immer wieder zur Freude hinzu, sich die Realität zu unterwerfen, die die Freude, Ursache zu sein, weiterführt, welche der sensomotorischen Übung anhaftet" (1969, S. 149).

Die ausführliche Diskussion der Entwicklung symbolischen Denkens und Darstellens und die Formen des Symbolspiels sollen einem eigenen Kapitel vorbehalten werden. Hier sollten nur die Vorstufen dieser Entwicklung, wie sie sich auf der 6. Stufe der Entwicklung der sensomotorischen Intelligenz zeigen, skizziert werden.

2.4 ‚Funktionslust' als tautologisches Motivationskonzept für das Übungsspiel

Wir haben dargestellt, daß nach PIAGET die Übungsspiele aus der Entwicklung, die das Kind in den ersten ein und eineinhalb Jahren durchläuft, resultieren. Diese hat zum Ergebnis, daß

„alle vom Kind erworbenen sensomotorischen Schemata neben der Bewältigung eigentlicher Anpassungssituationen zu einer funktionellen Assimilation führten, das heißt zu einer Art einfachen Funktionierens aus dem Vergnügen am Funktionieren selbst!" (1969, S. 151).

PIAGET sieht die darauf basierenden Spiele sich auch in den späteren Jahren der Kindheit fortsetzen, und

„zwar immer dann, wenn eine neue Fähigkeit erworben worden ist: Während der Phase ihrer Entstehung und der aktuellen Anpassung (im Gegensatz zur erreichten Anpassung) ist jede Verhaltensweise Gegenstand einer funktionellen Assimilation oder einer Übung ‚a vide', die begleitet ist von einer Freude, Ursache zu sein, oder von einem Gefühl der Leistungsfähigkeit" (1969, S. 151).

An PIAGETS Charakterisierung des sensomotorischen Übungsspiels fällt immer wieder auf, daß er sie als quasi ‚zweckfrei', ohne äußeres Ziel, auf sich selbst zentriert, ohne Interesse an den Resultaten der Handlung, interpretiert (1969, S. 121, 152, 156, 157). Es stellt sich die Frage: Wenn es kein äußeres Ziel gibt, gibt es dann ein inneres Ziel? Die Motivation jeglichen Verhaltens läßt sich in Piagets Theorie nur im Bedürfnis zu funktionieren entdecken, das er auf ein Disäquilibrium in den kognitiven Strukturen zurückführt (vgl. Flavell, 1963a, S. 78ff.). Jede Motivation resultiert nach Piaget aus solchem Ungleichgewicht zwischen den Schemata und strebt nach Wiederherstellung eines stabilen, aber zugleich mobilen Gleichgewichts (vgl. Piaget, 1972b, S. 281ff. und 333; dazu auch Aebli, 1970, S. 14f.). Motivation richtet sich nach Piaget nur auf intelligente Anpassung, die immer wieder neu geleistet werden muß. Das Gleichgewicht der die Intelligenz begründenden Strukturen bedarf der ständigen Aktivität des Individuums, das allen Störungen von außen kompensierend entgegenwirkt (Piaget, 1972b, S. 282; vgl. 334).

Soweit psychoanalytische Autoren überhaupt von Motivation sprechen, unterscheiden sie Motive, die unmittelbar Triebderivate (beziehungsweise -abkömmlinge) sind, und Motive, die – vermittelt über integrative Ich-Funktionen – bewußtseinsnäher, aber triebfundiert sind. Angewendet auf Phänomene der ‚Funktionslust' ergibt sich meines Erachtens daraus, daß sich diese auf den frühesten Entwicklungsstufen vor der Ausbildung von infantilen Ich-Funktionen nur auf der Basis von Triebderivaten, danach in wechselnder Gewichtung von beiden Komponenten mitdeterminiert herausbilden können (vgl. Rapaport, 1960, S. 183ff., 225, 239)[10].

Im Konzept Piagets sind Ziel und Zweck der Handlung durch Kontext und Schemata, in denen die Handlung abläuft, weitgehend bestimmt. Die Begeg-

---

10 Auf das von White (1959, 1960, 1963) am Beispiel der ‚Funktionslust' und der spielerischen, explorierenden und manipulativen Aktivitäten der Kinder diskutierte Konzept einer von Trieben unabhängigen „Kompetenz-(oder Effektanz-)Motivation" und ihnen zugrundeliegender primär triebunabhängiger Ich-Energien kann hier ebensowenig eingegangen werden wie auf die sich daran anschließenden Diskussionen und die Kontroversen um die Ich-Psychologie (vgl. dazu: Rapaport, 1960; G. S. Klein, 1969/70, besonders S. 513, 522; Apfelbaum, 1966, besonders S. 454–458; Fürstenau, 1964). White, der sich unter anderem immer wieder auf die Arbeiten Piagets, seine Theorie der sensomotorischen Entwicklung und seine Interpretation der ‚Funktionslust' bezieht, sieht in dem explorierenden und spielerischen Verhalten des Kindes einen Beleg für ein triebunabhängiges Motiv, mit Handlungen Wirkung erzielen zu wollen. Diesen Wirkungsdrang nennt er „effectance" und die Befriedigung, die mit der „Freude, Ursache zu sein" (Groos, Piaget) einhergeht, nennt er „feeling of efficacy" (1963, S. 35). Der aktiv forschende Umgang mit der Umwelt führt schließlich zur Entwicklung von „competence", und aus dem erfolgreichen Handeln resultiert dann das subjektive Gefühl des Selbstvertrauens und ein „sense of competence" (S. 38). (Vgl. Hoffmann, 1972).
Borowitz u. a. (1970) legen die Theorie Whites ihrer Untersuchung des Spielverhaltens vierjähriger Ghetto-Kinder zugrunde.

nung mit dem Neuen löst die Wiederholung oder eine Zirkulärreaktion aus [11]. Es ist die Handlung selbst, die das Bedürfnis nach weiterem Kontakt mit den Gegenständen der Umwelt hervorbringt und nicht ein davon getrenntes libidinöses Bedürfnis und/oder eine integrative Ich-Leistung, die diese Handlung hervorbringt (vgl. WOLFF, 1963, S. 232) [12].

Anders als ‚Motivationen' im psychoanalytischen Sinne, womit immer libidinöse Besetzungsvorgänge gemeint sind, die zur Aktivierung der verschiedenen psychischen Funktionen den Anstoß geben, kann das „Bedürfnis zu funktionieren" (oder auch die „effectance motivation") nicht von einem Ziel auf ein anderes verschoben werden. Denken und Handeln, Wahrnehmung und Empfindung beruhen aber nach der psychoanalytischen Theorie gerade auf der Verschiebung libidinöser Besetzungsenergien auf jeweils verschiedene Objekte (vgl. SPITZ, 1967, S. 157). Die ‚Funktionslust' oder „das Bedürfnis zu funktionieren" produziert also keine Ersatzhandlungen, sucht sich auch keine Ersatzobjekte, wenn das angestrebte Objekt beziehungsweise Ziel nicht erreichbar ist (vgl. auch RAPAPORT, 1960, S. 188). Daß das Kind das „Saug-Schema" für verschiedene Objekte benutzt, heißt für PIAGET nur, daß sie für das Kind dieser Phase als Objekt des „Saug-Schemas" identisch und gleichwertig sind.

Insbesondere haben sogenannte ‚Funktionslust' oder „Kompetenz-Motivation" (WHITE) nicht die für Triebderivate und davon bestimmte ‚Motive' charakteristischen Merkmale der Selektivität der Objektwahl und der periodischen Triebspannungszunahme und -spannungslösung.

Bei den Kontroversen um die unterschiedlichen Konzepte von ‚Funktionslust', „Bedürfnis zu funktionieren", „Kompetenz-Motivation" wäre zu beachten,

---

11 Ob durch die Begegnung mit dem Neuen immer Handlungen beim Kind ausgelöst werden, untersuchte GILMORE (1966) am Beispiel der unterschiedlichen Hypothesen, mit denen die Psychoanalyse und PIAGET das Verhalten von Kindern bei der Wahl bestimmter Spielzeuge erklären. Sagt die psychoanalytische Theorie – vereinfacht zusammengefaßt –, daß das Kind sich das Spielzeug auswählt, das für die Bearbeitung seiner Ängste relevant sein kann, so würde PIAGET dagegen betonen, daß das Kind sich bei der Wahl eines Spielzeugs hauptsächlich vom Reiz des Neuen leiten läßt. GILMORE fand, daß sowohl der Charakter des Neuen, den ein Spielzeug trägt, als auch die Angst des Kindes sein Spielverhalten deutlich beeinflussen. Aber nur dann, wenn ein Kind relativ frei von Angst ist, kann es auch optimal auf neues Spielzeug reagieren oder wird es solche Reize bevorzugen. Dagegen wird ein von Angst bestimmtes Kind Spielgegenstände bevorzugen, denen es aufgrund der Quelle seiner Angst Bedeutung zuerkennt.

12 HUNT (1963) knüpft an PIAGETS Beobachtungen zur ‚Funktionslust' seine theoretischen Annahmen für eine „intrinsische Motivation", die im Prozeß des Informationserwerbs und der Handlung selbst angelegt sei und sich unabhängig von primären Bedürfnissen entfalte. Er sieht in PIAGETS Beobachtungen einen Beleg für die Annahme autonom motivierten Strebens nach Erkundung, Bemeisterung und Begreifens neuer Situationen und Sachverhalte (vgl. auch HUNT, 1965).

daß solche Konzepte meistens zu expansiv auf alle möglichen Phänomene angewendet werden, die statt dessen besser durch psychoanalytische Theoreme über den Zusammenhang von Triebderivaten, Abwehrmechanismen und Ich-Leistungen zu erklären wären.
Es geht nicht darum, prinzipiell den begrenzten Erklärungswert von solchen Konzepten für bestimmte Phänomene zu bestreiten, die gewissermaßen auf der Basis von Triebderivaten und relativ bewußtseinsfernen Ich-Leistungen aufruhen, doch können diese Phänomene dadurch im einzelnen nicht befriedigend konzeptuell strukturiert werden.
Wie Wolff (1960, 1974)[13] ausführlich gezeigt hat, kann man sagen, daß in der sensomotorischen Theorie die invariante Funktion der Assimilation die Rolle einnimmt, die die psychoanalytische Theorie den Trieben zuschreibt[14]. Erfahrungen konstituieren sich nach Piagets Theorie im Rahmen von Handlungsschemata, die den Erfahrungen erst eine Bedeutung und einen Sinn verleihen.

Die prinzipielle Untrennbarkeit von affektiven und kognitiven Aspekten des Verhaltens ist für Piaget – wie er in einem Vorwort zur Arbeit von Décarie (1966) hervorhebt – im Begriff *Schema* angelegt (vgl. auch Piaget 1974, S. 49). Das Schema ist für Piaget ein Werkzeug für die intelligente Generalisierung und für die Befriedigung von Bedürfnissen und Interessen. Diese beiden letzten Begriffe werden von Piaget aber nicht abgeleitet oder näher erläutert. Eine zentrale Funktion kommt der Assimilation beziehungsweise den assimilatorischen Schemata zu.
„Die Assimilation ist ein innerer Entwicklungsfaktor mit der invarianten Funktion, neue Erfahrungen selektiv im Rahmen der bereits bestehenden psychischen Strukturen zu organisieren" (Wolff, 1974, S. 868). In der psychoanalytischen Theorie werden dagegen die Triebe als die primären Quellen der Stimulierung angesehen. Sie machen die Grundmotivationen aus und gelten, zusammen mit den sich herausbildenden Strukturen der Triebkontrolle (Abwehrmechanismen), als die wichtigsten Entwicklungsfaktoren. Daraus folgt, daß die Anpassung an die Realität eine Folge des wiederholten Mißerfolgs in der unmittelbaren Triebabfuhr ist. Die Realitätserfahrung der Frustration führt schließlich zur Organisierung der Abwehrmechanismen zum Zweck der Triebkontrolle und zum Schutz vor weiteren Frustrationen (vgl. Wolff, 1960, S. 63).

---

13 Die Arbeit von Wolff (1960) stellt den Versuch dar, am Beispiel einer detaillierten Darstellung von Piagets Theorie der Entwicklung sensomotorischer Intelligenz in Gegenüberstellung mit der psychoanalytischen Theorie der Entstehung des psychischen Apparats Möglichkeiten einer Integration der beiden Theoriengebäude aufzuzeigen.

14 Vgl. dazu auch Fornari, 1970, S. 10f.

„Die Triebe als dem Organismus inhärente, selektive Faktoren geben bestimmten Umweltereignissen besondere Bedeutung; sie zeichnen jene Sinneswahrnehmungen aus [15], die biologisch mit der Herabsetzung von Triebspannung koordiniert sind. Mit der Entwicklung von Kontroll- und Abwehrmechanismen differenzieren sich die globalen Triebe zu abgeleiteten Motivationen, und beim Erwachsenen legen meist nur solche Triebabkömmlinge in Gestalt von bestimmten Motivationen von den dem Organismus inhärenten Beiträgen zur kognitiven Entwicklung Zeugnis ab" (WOLFF, 1974, S. 859).

Bei PIAGET vermißt man aber die Beschreibung der kognitiven Prozesse und Strukturen, die sich auf interne Triebimpulse oder auch Körperfunktionen und Bedürfnisse beziehen oder sich in Auseinandersetzung mit diesen herausbilden. Es ist auffallend, daß sich alle Beobachtungen (mit ganz wenigen Ausnahmen), auf die sich PIAGETS Theorie stützt, auf ein Verhalten des Kindes im Zustande der Befriedigung grundlegender organischer und psychischer Bedürfnisse beziehen. Das Kind scheint weder Hunger, Durst noch andere Unlust- beziehungsweise Spannungszustände zu kennen. Nur weil diese Bedürfnisse befriedigt sind, kann das Kind optimal auf äußere Stimulierung antworten (vgl. WOLFF, 1960, S. 62ff.). PIAGETS Motivationskonzept

„läßt der Möglichkeit keinen Raum, daß einige Modi in spezifischen sozialen Situationen oder nach Entbehrungsphasen gegenüber anderen vorrangig sein können. PIAGET subsumiert alle Motivationen unter das Funktionsbedürfnis und unterstellt damit gleiche Intensität des Funktionsbedürfnisses für alle sensomotorischen Handlungen, ohne Rücksicht auf den Zustand des Organismus oder der Triebspannung" (WOLFF, 1974, S. 887).

Erforderlich wäre ein die Kognitionsakte und ‚externe' sowie ‚interne' körperliche und psychische Kognitionsgegenstände vermittelndes Konzept, das den aktuellen und kumulativen Einfluß der mehr oder weniger Lust beziehungsweise Unlust bereitenden oder davon begleiteten körperlichen Impulse, Zonen, Erscheinungen auf die Herausbildung von kognitiven Strukturen und Funktionen einbezieht, wie es in ERIKSONS Konzept der „Organ-Modi" (1937, [1950] 1966) oder auch bei SPITZ (1957, 1967) angelegt ist [16].

---

15 Die deutsche Übersetzung ist hier mißverständlich, vgl. das Original in: PSYCHOLOGICAL ISSUES, Bd. 5 (1967), S. 305: „Instinctual drives are the inherent selective factors that give meaning to selected events, and that attribute value or pre-eminence to the sense data that are biologically coordinated with the reduction of tension."

16 ERIKSON (1937, S. 481–491; [1950] 1966, S. 55) hat meiner Meinung nach überzeugend darlegen können, daß der Rückgriff auf die Residualkategorie ‚Funktionslust' oder das Konzept WHITES von der „Kompetenz-Motivation" überflüssig werden, wenn man Neugieraktivität und Explorationsverhalten der Kinder genauer auf die psychosexuelle Entwicklung des Kindes bezieht. Die orale Phase kennzeichnet ERIKSON als oral-sensorische, in der alle Aktivitäten des Kindes von den „Organ-Modi" der Oralität bestimmt sind und einverleibenden, aufnehmenden Charakter haben. Die muskulär-anale Phase läßt sich durch die Modi von Festhalten und Loslassen, die

So lassen sich die von PIAGET beschriebenen Übungsspiele einer späteren Altersstufe (zwischen zwei und drei Jahren), wie zum Beispiel das stundenlange Spielen mit Sand, das Zerteilen und Zusammensetzen wie Kneten von Plastilin (PIAGET, 1969, S. 152, 153, 154), das Aus- und Einfüllen von Kieselsteinen in Eimer, das PIAGET nur als Ausdruck der Übung von Fähigkeiten oder als Manipulation um ihrer selbst willen ansieht, aus psychoanalytischer Sicht sehr wohl auf Motive zurückführen, die über die bloße ‚Funktionslust' hinausweisen (vgl. A. FREUD, 1968, S. 82; FORNARI, 1970, S. 121 ff.; GALENSON, 1971, S. 50). Gerade die genannten Spieltätigkeiten bekommen auf dem Hintergrund der psychosexuellen Entwicklung des Kindes einen neuen Sinn und lassen deutlich anale Triebderivate erkennen. Auch die von PIAGET erwähnten unermüdlichen Warum-Fragen der Kinder sind häufig sicher mehr als nur ein intellektuelles Übungsspiel zum Training von Fragen-Stellen ohne Interesse am Inhalt der Fragen (PIAGET, 1969, S. 157). Wenn er behauptet, daß diese Warum-Fragen der Kinder keine „echte Wißbegier" manifestieren und mehr „affektiv als intellektuell" sind, so verkennt er, welche Bedeutung der Befriedigung dieser Fragelust für die gesamte intellektuelle Entwicklung zukommt (1972a, S. 193). Es gibt eine Reihe psychoanalytischer Untersuchungen, die gerade gezeigt haben, daß eine Hemmung dieser frühen Fragelust und affektiv besetzter Wißbegier zu Denkhemmungen verschiedener Art führen kann (vgl. M. KLEIN, [1919] 1971). PIAGET übersieht auch, daß das scheinbar unstillbare kindliche Fragebedürfnis oft unausgesprochen um das Kind brennend interessierende Probleme kreist, wie zum Beispiel: woher kommen die Kinder, was bedeutet „verheiratet" zu sein, was machen die Eltern, wenn das Kind ausgeschlossen ist, Fragen nach dem Geschlechtsunterschied usw. PIAGET bringt selbst eine Fülle von Kinderäußerungen, die den Inhalt der hinter den Fragen stehenden Interessen ganz deutlich hervortreten lassen (vgl. PIAGET, 1969, S. 311; 1972a, S. 192f.). Diese widersprechen aber seiner Interpretation der Übungsspiele.

Auch den sogenannten zweckfreien spielerischen Kombinationen, wie sie sich im Fabulieren ausdrücken, kann sicherlich ein zugrundeliegendes Interesse des Kindes an dem, was es sagt, nicht ganz abgesprochen werden.

Wenn das Kind im Alter von 3 Jahren und 9 Monaten phantasiert: „Ich war in einem Schrank, man hat mit dem Schlüssel abgeschlossen, aber ich konnte herauskommen. Ich sah durch die Scheibe hindurch, was passierte", so drängt sich

---

lokomotorisch-genitale Phase durch Aktivitäten des Eindringens kennzeichnen. Diese und andere psychosexuell dominanten Aktivitäten lassen sich auch in den Spielaktivitäten der Kinder wiederfinden. Vgl. auch die weiterführende Interpretation der kognitiven Implikationen des Begriffs der psychosexuellen Modalitäten durch FORNARI (1970, S. 61 ff.).

die Deutung auf, daß hier eine Anspielung auf Phantasien über die ‚Urszene' vorliegt und das Kind das Gefühl ausdrückt, von dem, was die Eltern tun, ausgeschlossen zu sein. PIAGET kommentiert dagegen hier:

„Solche zweckfreien Übungen (in diesem Fall der verbalen Intelligenz, H. N. B.) sind im wesentlichen unstabil, insofern als sie keinerlei wirkliches Interesse für den Inhalt dieses Denkens enthalten. Sobald ein solches Interesse wiederauftauchen würde, würde aus diesen zweckfreien Kombinationen ein Spielsymbol werden" (1969, S. 156).

PIAGET bemerkt weiter in diesem Zusammenhang, daß das Problem der Grenzbestimmung zwischen Übungsspiel und Symbolspiel – wie will man wissen, ob das Kind ein wirkliches Interesse am Inhalt hat – die zentralen Fragen der Interpretation des kindlichen Spiels berührt.
Im Rahmen des psychoanalytischen Verständnisses, des symbolischen Denkens und Darstellens und des primärprozeßhaften Denkens würden die zuletzt genannten Beispiele PIAGETs eine andere Interpretation erfahren. Bei der Diskussion der Symbolspiele werden wir darauf zurückkommen.

3

Zum Objektbegriff und zur Entwicklung der Objektbeziehungen

3.1 PIAGETs Konzeption der Entstehung des konstanten Objekts

Wir hatten oben gezeigt, daß die Entstehung der Fiktion in Spielhandlungen, die Fähigkeit zum „So-tun-als-ob", zentral mit der Herausbildung der Vorstellung von abwesenden Objekten verknüpft ist. Voraussetzung jeder Symbolisierungstätigkeit ist die Fähigkeit, sich die Repräsentanz eines abwesenden Objekts vorzustellen. Auch die in ersten primitiven Symbolspielen der 6. Stufe verwendete aufgeschobene Nachahmung setzt solche Vorstellungsbilder voraus. In seiner Arbeit „Der Aufbau der Wirklichkeit beim Kinde" (1974) behandelt PIAGET die gegenseitige Abhängigkeit von Objektbegriff und Vorstellung, eins bedingt für ihn das andere. Es müssen also bestimmte geistige Operationen auf dem symbolischen Niveau bereits vollführt werden können, die den Übergang zur operationellen Intelligenz bezeichnen. Das konstante Objekt, das heißt der Gegenstand, dem auch unabhängig von der aktuellen Wahrnehmung und Handlung des Individuums Permanenz zukommt, ist erst das Ergebnis der sensomotorischen Entwicklung und der in ihr stattfindenden zunehmenden Differenzierung von Innen- und Außenwelt. In den Anfängen der sensomotorischen Intelligenz und der assimilatorischen Tätigkeiten erfährt das Baby die Gegenstände der Außenwelt als eine Ausdehnung und Fortsetzung von sich selbst und seiner Handlungen. Es erlebt ein Objekt in erster Linie als eine

„Sache zum Saugen, Anschauen oder Greifen... In der Folge dagegen wird das Objekt in eine Sache umgewandelt, die man zu immer komplexeren Zwecken verlagern, bewegen und benutzen kann. Die Gesamtheit der Relationen, die durch das eigene Verhalten zwischen dem betreffenden Objekt und den anderen ausgearbeitet worden sind, wird also zum Wesentlichen: Assimilation bedeutet von da an Verstehen oder Ableiten, und die Assimilation vermischt sich mit der Herstellung von Beziehungen" (PIAGET, 1974, S. 11).

Die sensomotorische Theorie PIAGETs handelt daher von der Externalisierung der objektiven physikalischen Relationen und der Internalisierung der sensomotorischen Aktivitäten, jeweils als Denkformen. Mit Externalisierung ist gemeint, daß Objekte auch als außerhalb des Ichs und unabhängig von ihm erfahren und vorgestellt werden. Die Polarisierung von Innen und Außen wird erreicht durch Loslösung des Objekts von seinem Handlungskontext und da-

durch, daß die Handlung wiederum von der Abhängigkeit des direkten Kontaktes mit den Objekten befreit wird[1].
Das Objektschema, zu dem das Kind am Ende des zweiten Lebensjahres gelangt, ist wie die Konstruktion der anderen Kategorien der Realität (Raum, Zeit und Kausalität), von denen es nicht zu trennen ist und die in demselben Zeitraum gebildet werden, wesentlich eine auf Handlung basierende Kategorie[2].

„Die Entwicklung des praktischen Raumes ist mit der Erstellung von Objekten eng verbunden... Die Kausalität ist zunächst an die eigene Aktivität mit ihrem ganzen Egozentrismus gebunden. Sie ist der – für das Individuum lange Zeit zufällige – Zusammenhang zwischen einem empirischen Ergebnis und irgendeiner Aktion, die dieses erbracht hat" (PIAGET, 1972b, S. 199).

Wir hatten gezeigt, daß das Kind erst mit der 4. Stufe zu einer Koordinierung von Mitteln und Zielen gelangt und damit langsam erfährt, daß seine Handlungen selbst Ursache von Veränderungen an Gegenständen der Außenwelt sind, während es sich vorher auf einer Stufe von „magischer Kausalität" (PIAGET, 1972b, S. 199) befand und die Kausalitätsbeziehungen der Dinge untereinander noch nicht wahrnehmen und ‚erkennen' konnte. Parallel zu dieser Entwicklung erfolgt die Objektivierung zeitlicher Abläufe. Auch die Konstituierung des konstanten Objekts vollzieht sich in sechs Stufen wie die Entwicklung der sensomotorischen Intelligenz insgesamt.

3.1.1 Zur Problematik der Versuchsanordnungen PIAGETS

Diese theoretische Interpretation von dem allmählichen Aufbau der Realität und Wahrnehmungswelt mit ihren schließlich in Raum und Zeit gleichbleibenden „permanenten Objekten" gründet PIAGET auf die systematisch gesammelten Beobachtungen und auf die Ergebnisse zahlreicher kleiner Experimente und Versuche, die er mit seinen eigenen drei Kindern während der ersten Lebensjahre angestellt hat.

---

1 „Im Laufe der ersten achtzehn Monate vollzieht sich aber eine Art kopernikanische Wende oder, einfacher ausgedrückt, allgemeine Dezentrierung, die zur Folge hat, daß sich das Kind am Ende als ein Objekt unter anderen einordnet – in ein Universum, das aus permanenten Gegenständen besteht, in raumzeitlicher Weise strukturiert und Sitz einer in den Dingen zugleich verräumlichten und objektivierten Kausalität ist" (PIAGET/INHELDER, 1972, S. 23). Vgl. auch PIAGET, 1974, S. 17; WOLFF, 1960, S. 95; FRAIBERG, 1969, S. 28.

2 Vgl. dazu PIAGET, 1970, S. 122; 1974, S. 14 und 95; 1972, S. 197; PIAGET/INHELDER, 1972, S. 23 ff.

Das Kriterium für die zunehmende ‚Objektivierung' glaubt er im Auftreten von Verhaltensweisen zu finden, „die sich auf die nicht gegenwärtigen Bilder beziehen: Suche nach dem verschwundenen Objekt, Glaube an seine Permanenz, bildhafte Erinnerung usw." (PIAGET, 1974, S. 17).
So versucht er, diese Verhaltensweisen zum Gegenstand seiner Versuche und Beobachtungen zu machen. Bei diesen Beobachtungen handelt es sich zum Teil a) um selbstinitiierte, vom Erwachsenen (in diesem Fall dem Vater und Versuchsleiter in einer Person) nicht unmittelbar beeinflußte explorative und spielerische Tätigkeiten, zum größten Teil b) aber um in bestimmter Weise von PIAGET mitgestaltete Aktivitäten. Er knüpft zwar überwiegend an begonnene Handlungen des Kindes an, die Art und Weise seiner Intervention verändert aber den affektiven Charakter der Gesamtsituation, wodurch wiederum das Verhalten des Kindes und die Interaktionsform zwischen ihm und dem Vater wesentlich mitverändert werden. Die affektive Gesamtsituation wird von ihm aber in seinen Interpretationen der Versuche nicht berücksichtigt. Unklar bleibt auch, ob er die von ihm selbst als Versuchsleiter und Vater vorgenommenen Eingriffe in ihren Auswirkungen reflektiert.
Die folgende Aufstellung einiger typischer Versuchsanordnungen (des Typs a und b) PIAGETs soll der Veranschaulichung und Konkretisierung der folgenden Ausführungen dienen (alle Hervorhebungen von H. N. B.).

a) „Mit 0;7 (30) ergreift Lucienne eine kleine Puppe, die ich ihr das erste Mal zeigte. Sie prüft sie *mit großem Interesse*, läßt sie dann (unbeabsichtigt) fallen und sucht sie darauf sofort mit dem Blick vor sich, ohne sie sogleich zu sehen. Als sie sie wiedergefunden hat, *nehme ich sie ihr weg* und decke sie vor ihren Augen mit einer Decke zu (Lucienne sitzt): *keine Reaktion*" (1974, S. 25).
„Jacqueline, 0;8 (20), bemächtigt sich meiner Uhr, die ich ihr hinhalte, wobei ich die Kette in meiner Hand behalte. Sie prüft sie *mit großem Interesse*, betastet sie, dreht sie um, macht ‚apff' usw. Ich ziehe an der Kette, sie fühlt einen Widerstand und hält kräftig fest, aber schließlich läßt sie doch los. Da sie liegt, versucht sie nicht, herzuschauen, streckt aber den Arm aus, zieht die Uhr wieder heran und führt sie vor ihre Augen.
Ich beginne das Spiel von neuem. Sie *lacht* über die Widerstände der Uhr und sucht immer, ohne hinzuschauen..." (S. 31).
„Mit 0;9 (16) sitzt Jacqueline auf meinem Arm, *spielt* mit ihrer Zelluloid-Ente und läßt sie hinter meiner Schulter fallen. Sie *versucht sogleich, sie wiederzufinden*, aber interessanterweise versucht sie nicht, hinter meinen Rücken zu schauen, sondern stellt ihre Nachforschungen vorne an" (S. 27).

b) Versuche mit Jacqueline, 0;7 (28):
„Ich (Piaget) ziehe also die Ente aus ihrem Versteck und lege sie dreimal in die Nähe ihrer Hand. Jedesmal versucht sie, sie zu ergreifen, *aber in dem Moment, als sie sie gerade berühren will, lege ich sie sichtbar unter das Tuch*. Jacqueline *zieht sofort ihre Hand zurück* und *gibt auf*. Beim zweiten und beim dritten Mal lasse ich sie die Ente durch das Tuch ergreifen; sie schüttelt sie einen kurzen Moment, kommt aber nicht auf den Gedanken, das Tuch hochzuheben...

Ich zeige ihr dann ihre Sprechpuppe. Jacqueline *lacht*. Ich verstecke sie hinter der Falte des Bettuches: sie *murrt*. Ich lasse die Puppe sprechen: kein Suchen. Ich zeige ihr wieder die Puppe und drehe sie in ein Taschentuch ein: keine Reaktion. Ich lasse die Puppe in dem Taschentuch sprechen: nichts" (S. 44).

c) „Lucienne, 0;8 (15), schaut sich einen Zelluloidstorch an, *den ich ihr gerade weggenommen habe* und den ich mit einem Tuch zudecke. Sie versucht in keiner Weise, dieses Tuch hochzuheben, um das Spielzeug wieder an sich zu nehmen" (S. 37).
PIAGET versteckt ein Glockenspiel vor den Augen Jacquelines, 0;8 (16), unter einer Decke.
„Dann ziehe ich an dem Band, das an dem Glockenspiel befestigt ist und das sichtbar geblieben ist. Sie macht es nach und hört den Ton, sucht aber noch immer nicht unter der Decke. Ich hebe sie also hoch, um den Gegenstand sichtbar zu machen; Jacqueline *streckt hastig die Hand aus, aber in dem Moment, als sie es gerade erreicht, decke ich es wieder zu, und Jacqueline zieht ihre Hand zurück.*
Ich wiederhole den Versuch, verstecke dieses Mal aber das Glockenspiel hinter einer einfachen Falte des Bettuches: gleiche negative Reaktion, trotz des gehörten Tons. Die folgenden Versuche ergeben nicht mehr...
Mit 0;9 (8), in einem Alter also, in dem sie sehr wohl eine Schirmwand, die ihr den Blick versperrt, zur Seite schieben kann, spielt Jacqueline mit einem Papagei. *Ich nehme ihn ihr aus den Händen* und lege ihn hinter die Falte des Bettuches, die sie vor Augen hat..." (S. 45).
„Laurent, 0;8 (29), *amüsiert* sich mit einer Blechdose. *Ich nehme sie ihm weg* und lege sie unter sein Kopfkissen: Und obwohl das Kind vier Tage zuvor unter der gleichen Bedingung nicht reagierte, greift er dieses Mal nach dem Kopfkissen und bemerkt die Dose, derer er sich sogleich bemächtigt. Gleiche Reaktion bei einem zweiten Versuch.
Aber ist dies Zufall oder ist es eine beabsichtigte Verhaltensweise? Von seiten Laurents ist es zweifellos nur ein einfacher Versuch und durchaus noch keine wirkliche Antizipation.
Das *beweist* seine *Untätigkeit*, sobald ich die Versuchsbedingungen ein wenig ändere. Bei einem dritten Versuch lege ich die Dose 15 cm von ihm entfernt hin, und *sobald er die Hand ausstreckt, bedecke* ich das Objekt mit demselben Kopfkissen: Er zieht seine Hand sofort zurück" (S. 52).

Das schließlich erfolgreiche Suchen von Gegenständen, das unter bestimmten Umständen den Kindern mit etwa neun Monaten gelingt, kommentiert PIAGET mit den Worten: „Die Verhaltensweise ist von nun an erworben" (1974, S. 52). Es bleibt die Frage, was in diesem Zusammenhang „erworben" heißt. Es scheint eher so, daß das Kind die Erwartungen des Vaters ‚verstanden' hat und ‚gelernt' hat, sie durch das gewünschte Suchverhalten zu beantworten. Die oft an einem Tag bis zu zehn Mal nacheinander wiederholten Versuche führen auch zu gewissen Ermüdungserscheinungen und vorübergehendem Desinteresse bei den Kindern.

„In den folgenden Tagen ist sie an verschwundenen Objekten wieder desinteressiert. Mit 0;9 (20) hingegen *verstecke ich ihren Papagei* unter ihrer Daunendecke, *nachdem sie sich damit amüsiert hat*, diesen spontan hochzuheben. Sie nimmt die Decke, hebt sie hoch, bemerkt den Papagei und ergreift ihn. Beim zweiten Versuch gleiches Spiel, aber mit einer gewissen Langsamkeit. Beim dritten Versuch scheint die Suche sie überhaupt nicht mehr zu interessieren" (1974, S. 53).

Versuche mit einer dem Kind vertrauten Puppe aus Gummi, „an der sie gern saugt oder knabbert", werden achtmal wiederholt. Die Puppe wurde zum Teil halb, zum Teil ganz unter der Windel, auf der das Kind sitzt, versteckt und schließlich auch wiedergefunden. Unmittelbar anschließend folgt eine zweite Versuchsreihe mit sechs Wiederholungen.

Mit 0;9: „Diesmal lege ich die Puppe unter eine Decke, 10 cm von dem ersten Platz entfernt. Ich hebe diese Decke hoch, lege die Puppe auf den Boden und bedecke sie langsam und deutlich. Sobald die Puppe versteckt ist, *manifestiert Lucienne ihren Zorn, obwohl es ihr so leicht wie zuvor fallen müßte, sie wiederzufinden. Sie meckert eine Weile, sucht aber keineswegs*" (1974, S. 55).

Die Versuche auf einer späteren Entwicklungsstufe sind zwar komplizierter organisiert, haben aber dieselbe Struktur.

Mit 1;6: „Sie hat eine Blume, die gerade gepflückt wurde und *auf die sie großen Wert legt*, in den Händen. Ich *nehme sie ihr weg...*" (1974, S. 78).
Mit 1;7: „Sie hat ein Stück gelbes Papier in der Hand, *auf das sie großen Wert legt*. Ich verstecke es in meiner Hand..." (1974, S. 79).

Auffallend an allen Versuchsanordnungen, auch denen, die schließlich doch ein erfolgreiches Suchen des etwas älteren Kindes demonstrieren, ist das von PIAGET ständig und wiederholt eingefügte Element der Frustration. Ständig wird eine vom Kind als befriedigend erlebte Situation und Aktivität abgebrochen oder behindert. Das Kind beschäftigt und vergnügt sich mit einem für ihn wichtigen Gegenstand, der ihm dann plötzlich weggenommen und versteckt wird. Die oft nicht einmal verbal ausgesprochene Suchaufforderung muß das Kind aufgrund der affektiven Gesamtsituation – je nach seinem Alter – oft mißverstehen oder es kann ihr nur ratlos gegenüberstehen.
PIAGET läßt nicht nur die affektive Gesamtsituation außer acht, in die er eingreift, sondern verkennt oft auch den Sinn und die Bedeutung, die bestimmte Gegenstände für das Kind in einer spezifischen Situation haben können und denen er durch seine Intervention eine neue Bedeutung zuschreiben will. Dieser kann das Kind aber nicht sofort folgen, da es durch sein vorhergehendes Spiel in einem anderen Sinn-Kontext befangen war.

„Bb. 55. – Mit 1;6 (8) sitzt Jacqueline auf einem grünen Teppich und spielt mit einer Kartoffel, die sie lebhaft interessiert (sie ist für sie ein neues Objekt). Sie sagt ‚Po-terre' und amüsiert sich damit, sie in eine leere Schachtel zu legen und wieder herauszunehmen. Dieses Spiel spielt sie seit einigen Tagen mit Leidenschaft.
Ich nehme die Kartoffel und lege sie vor Jacquelines Augen in die Schachtel. Dann lege

ich diese unter den Teppich, drehe sie um, lasse das Objekt so durch den Teppich versteckt (ohne daß das Kind mein Vorgehen hat sehen können) und ziehe die leere Schachtel hervor. Ich sage zu Jacqueline, die den Teppich mit den Augen nicht losgelassen hat und die sich darüber im klaren ist, daß ich irgend etwas darunter getan habe: ‚Gib Papa die Kartoffel'. Sie sucht das Objekt in der Schachtel, dann schaut sie mich an, schaut wieder die Schachtel genau an, schaut den Teppich an usw., aber sie kommt nicht auf die Idee, den Teppich hochzuheben, um die Kartoffel darunter zu finden.
Die Reaktion ist während fünf folgender Versuche gleichmäßig negativ..." (1974, S. 73).

Kartoffel und Schachtel sind in der ursprünglichen Spielsituation affektiv und kognitiv eng miteinander verknüpft. Man kann annehmen, daß das Versteckspiel, das Jacqueline mit der Kartoffel initiiert hat, wobei der Schachtel dabei sicher ebenfalls ein spezifischer Sinn zukommt, sich durch das Eingreifen des Vaters qualitativ ändert, auch wenn dieser – formal gesehen – an die Versteckspielsituation anzuknüpfen scheint. Die Objekte bekommen im neuen Kontext einen anderen Sinn, die Schachtel unter dem Teppich ist nicht mehr dasselbe wie die neue und interessante Kartoffel in der Schachtel. Der Vater hat durch sein Eingreifen das ursprüngliche Spiel abgebrochen, und das Kind kann nicht verstehen, welches Spiel nun auf einmal gespielt wird.
Gerade bei einem zu abrupten Übergang von einer befriedigenden Situation mit wichtigen Objekten zu von außen angeleiteten neuen Spielsituationen – auch wenn diese die sonst beliebte Form des ‚Weg-Da' fortzusetzen suchen – muß eine Desorientierung des Kindes eintreten.
Außerdem berücksichtigt Piaget hier nicht, daß ein Kind dieses Alters den Erwachsenen und besonders seinen Eltern magische Kräfte zuschreibt und sie für allmächtig hält, wozu durchaus gehört, daß sie Macht haben, Gegenstände auf undurchsichtige Weise verschwinden zu lassen. Gerade diese Vorstellungen *entmutigen* aber das Kind in seinen Suchanstrengungen. Es stellt sich hier die Frage, ob die spezifische affektive Beziehung des Kleinkindes zu seinen zentralen Bezugspersonen es ihm überhaupt erlaubt, Handlungen zum Beispiel des Vaters gezielt zu kalkulieren, zu rekonstruieren und nachzuvollziehen. Das würde nämlich voraussetzen, daß das Kind sich selbst so stark und selbständig fühlt und den Vater so distanziert betrachten kann, daß auch dessen Handlungen kontrollierbar und analysierbar werden.
Der Einfluß der frustrierenden Gesamtanordnung der Interaktion zwischen Vater und Kind auf die Entwicklung kognitiver Strukturen wird von Piaget bei der Interpretation seiner Beobachtungen nicht mitreflektiert. Dabei scheint er durchaus bemerkt zu haben, daß seine Spielanordnungen von den Kindern manchmal als „schlechter Scherz" erlebt werden, mit dem man sie „zum Narren hält" (vgl. 1974, S. 38, 55, 72).
Ohne reflektierte und aktive Berücksichtigung (im Verhalten des Versuchsleiters) der affektiven Gesamtsituation bei einer solchen Versuchssituation kann

man aber kaum zwischen kognitiven Kompetenz-Grenzen und affektiven Barrieren *vor* Erreichen der kognitiven ‚Grenzsituation' unterscheiden.
Es scheint, daß Piaget häufig affektive Performanzbarrieren als kognitive Inkompetenz mißinterpretiert (zum Beispiel das Nicht-Suchen unter bestimmten Bedingungen). Es liegt somit der Verdacht einer systematischen Unterschätzung des bei günstigen affektiven Voraussetzungen den Kindern jeweils bereits kognitiv Möglichen nahe. Das Ziel der Versuche Piagets ist eingeengt auf die Feststellung des Erreichens beziehungsweise Noch-nicht-Erreichens von Operationen einer bestimmten Strukturhöhe; dabei werden die affektiven Voraussetzungen und Besetzungsvorgänge solcher Leistungen (wie Suche nach dem verschwundenen Objekt), die in bestimmten Phasen oder Situationen fördernd oder hindernd beziehungsweise verzögernd wirksam werden können, von Piaget als zu vernachlässigende Randbedingungen behandelt. Piaget scheint immer nur dann affektive Aspekte der Gesamtsituation aufzugreifen, wenn sie sein Theoriegebäude illustrativ stützen, sie werden aber nicht systematisch von ihm miteinbezogen.
Es geht nicht darum, die allgemeinen Aussagen der Theorie von der allmählichen Herausbildung „permanenter Objekte" in Frage zu stellen, sondern eher darum, zu zeigen, daß diese mangelnde Analyse der Gesamtsituation und die Vernachlässigung der an ihr beteiligten Affekte zu *nichtzweifelsfreien* Schlüssen auch für die Entwicklung kognitiver Strukturen und für die Interpretation des Spiels führen müssen.
Ein Extrembeispiel für die Verkennung der Gesamtsituation, die in diesem Fall gerade durch die spezifische Bedürfnisspannung (hier: Hunger) des Kindes charakterisiert ist und die nicht ohne Einfluß auf dessen Wahrnehmungsfähigkeit und andere kognitive Leistungen gedacht werden kann, stellt Piagets Schilderung seiner Versuche mit der Milchflasche des Kindes dar. Diese Versuche sind zugleich typisch für den frustrierenden Gesamtrahmen auch aller anderen Versuchsanordnungen, mit denen Piaget seine Kinder konfrontiert.

„Mit 0;6 (19) fängt Laurent zum Beispiel augenblicklich vor Hunger und Ungeduld an zu weinen, wenn er seine Flasche sieht (er murrte schon seit einer Weile, wie er es ziemlich regelmäßig zur Stunde seiner Mahlzeit macht). Genau in dem Moment nun, als ich die Flasche hinter meiner Hand oder unter dem Tisch verschwinden lasse – das Kind folgt mir mit den Augen! –, hört er auf zu weinen. Sobald sie wieder erscheint, erneuter Ausbruch des Verlangens, dann nach dem Verschwinden völlige Ruhe. Ich wiederhole den Versuch noch viermal: Das Ergebnis bleibt das gleiche bis zu dem Augenblick, in dem der arme Laurent, der anfängt, das als einen schlechten Scherz zu empfinden, in einen heftigen Wutanfall ausbricht" (1974, S. 38).

Aus dem Verstummen des Kindes beim Verschwinden der Flasche schließt Piaget, daß diese – vom Standpunkt des Kindes aus – auch aufhört, für es zu existieren. Er will zwar nicht endgültig behaupten, daß sie „völlig vergessen" ist, nimmt doch aber an, daß das Vorstellungsbild von der Flasche so schnell verblaßt ist, daß auch der Wunsch nach ihr verschwindet – zumindest solange, wie der Hunger des Kindes nicht zu groß wird. Zur Stützung seiner Annahme schildert PIAGET weitere Situationen, in denen das Kind in dem Moment aufhört zu weinen, in dem die Flasche, die es haben will, verschwindet.

„Es geschieht also alles so, als ob das Kind annähme, daß sie aufhört, gegenständlich zu existieren. Mit 0;7 (3) insbesondere schreit Laurent, der seit einer Woche auf Diät gesetzt ist, nach jeder Mahlzeit vor Hunger und hält seine Flasche tobend fest. Damit Laurent sich beruhigt, genügt es indes, daß ich das Objekt hinter meinem Arm oder hinter meinem Rücken langsam verstecke. Er brüllt, wenn er sie verschwinden sieht, aber in genau dem Moment, in dem er sie nicht mehr sieht, hört er auf zu reagieren" (1974, S. 46).

Für PIAGET enthalten diese Beispiele – so meint er – eine „von Zweideutigkeit freie Aussage" (S. 38), obwohl er zugleich schildert, daß seine Tochter Jacqueline beim Verschwinden der Flasche sich nicht beruhigt.

„Desgleichen öffnet Jacqueline mit 0;6 (29) den Mund, als sie ihre Flasche sieht, die ihr gebracht wird. Als sie in Reichweite ihres Armes ist, verstecke ich die Flasche in meiner Hand. Jacqueline strampelt vor Wut und Ungeduld mit den Füßen. Sie kommt nicht auf die Idee, meine Hand wegzuschieben, sondern sie starrt sie mit einem Ausdruck intensiver Erwartung und intensiven Wünschens an. Alles geschieht also, als schiene ihr die Flasche aus meiner Hand zu kommen und als erwarte sie, diese Emanation, die gerade fort ist, ohne weiteres wieder auftauchen zu sehen" (1974, S. 40).

Eine sich wiederholende Fehlinterpretation PIAGETS bei seinen Experimenten (und das bezieht sich auch auf die zuerst aufgeführten Beispiele, die eine weniger extrem starke Bedürfnisspannung schildern) scheint mir darin zu bestehen, daß er das beim Wegnehmen und Wegstecken eines Objekts eintretende momentane Einhalten, Stillwerden oder Abbrechen der Such- beziehungsweise Greifhandlung beim Kind ohne Analyse der affektiven Gesamtsituation als Indiz für einen sofort nach Verschwinden des Objekts eintretenden Verlust des Vorstellungsbildes vom Objekt interpretiert, durch den dann auch angeblich eine Frustrationsquelle beim Kind beseitigt oder gemildert werde.
Mir scheinen die Verhaltensweisen des Vaters, die die Versuchsanordnungen bestimmen, in den Zusammenhang der Verbots- und Nein-Gesten zu gehören, mit denen Vater und Mutter das kleine Kind ständig einer – teilweise notwendigen – affektiven Versagung aussetzen.
SPITZ (1967; vgl. auch 1957) hat die Bedeutung dieser Versagungs-Gesten genau beschrieben.

„Ob sie (das heißt die Mutter, H. N. B.) ihm nun irgendeine Betätigung verbietet, oder ob es daran gehindert wird, ein Ding zu erlangen, das es haben will, ob man die Art und Weise mißbilligt, wie es die Objektbeziehungen zu gestalten wünscht – es sind immer Triebe, die frustriert werden. Das Verbot, die Gesten, die Worte, durch die die Frustra-

tion auferlegt wird, werden mit einer spezifischen affektiven Besetzung versehen, die die Bedeutung von Verweigerung, von Niederlage, mit einem Wort von Versagung (Frustration) trägt. Ebenso ist es mit der Erinnerungsspur des Erlebnisses selbst. Diese affektive Besetzung ist es, die der Gedächtnisspur sowohl der Geste als auch des Wortes ,Nein' die Dauerhaftigkeit verleiht.
Andererseits unterbricht ein Verbot seinem Sinn nach eine Initiative, ein Handeln des Kindes und stößt es aus seiner Aktivität zurück in die Passivität" (S. 199f.).

Die oben aufgeführten Beispiele, in denen PIAGET in die Handlungen des Kindes eingreift, ihm Gegenstände fortnimmt, mit denen es gerade spielt, zeigen beim Kind deutlich dieses Zurückfallen in die Passivität[3].
Bei Berücksichtigung der affektiven Gesamtsituation und ihres Prozeßcharakters lassen sich diese Verhaltensweisen des Kindes (Verstummen, Abbrechen der Suchhandlung, Abbrechen jeder Aktivität) gerade auch als momentane Blockade seines Erkundungs- und Greifverhaltens verstehen angesichts der Erwartung, daß der Gegenstand – obwohl vielleicht noch als vage Vorstellung präsent – endgültig sich ihm entzieht. Ist eine Situation vorausgegangen, in der der erstrebte Gegenstand (zum Beispiel Flasche) von der anwesenden Bezugsperson zwar dargeboten, aber ferngehalten und dann weggezogen wurde, so kann die nach dem Verschwinden aus dem Blickfeld eintretende „Beruhigung" oder Inaktivität auch als Nachlassen einer besonders frustrierenden neuen Situation des Widerspruchs zwischen zwei Gruppen von Reizen, die bisher als identisch erfahren wurden, aufgefaßt werden.
Oder aber es tritt dabei momentan die bei einer „double-bind"-Situation typische Aktivitätsblockade ein, ohne daß damit etwas über das Vorhandensein der Vorstellung vom verschwundenen Objekt beim Kind zweifelsfrei auszumachen wäre.
Wird die Situation des Vorenthaltens und Wegnehmens eines erstrebten Objekts mehrfach wiederholt, so könnte die sofort nach Verschwinden des Objekts eintretende Inaktivität ebensowenig zweifelsfrei als Indiz für eine bereits ansatzweise vorhandene Vorstellung vom abwesenden Objekt aufgefaßt werden: das Kind zeigt sich deshalb beruhigt, weil es aus Erfahrung merkt, daß der Gegenstand wiederkommen wird.

3 Vgl. auch zur Bedeutung von Verboten und Geboten im Prozeß der Identifizierung und Über-Ich-Bildung und deren Vorstufen beim neun bis zwölf Monate alten Kind: SPITZ, 1960/61, besonders S. 403ff.

3.1.2 Piagets Darstellung der stufenweisen Konstituierung des konstanten Objekts

Auf der *1. Stufe der Reflexe*, aber auch auf der *2. Stufe der frühen Gewohnheiten* gibt es für das Baby noch keine Gegenstände von Dauer. Das ‚Wiedererkennen' auf diesen Stufen setzt die Vorstellung des Vorhandenseins von Gegenständen unabhängig von ihm selbst noch nicht voraus, vielmehr ist das ‚Wiedererkennen' auf diesen Stufen für PIAGET ein Ergebnis der Assimilation, da

„sich jedes Schema reproduktiver Assimilation früher oder später zu generalisierender und wiedererkennender Assimilation, die miteinander verbunden sind, erweitert..." (PIAGET, 1974, S. 15). „Das wiedererkannte Ding löst das sensomotorische Schema, das vorher zu seinem Gebrauch aufgebaut war, aus und beschäftigt es, und zwar ohne daß notwendigerweise ein Bild evoziert wurde" (1974, S. 17; vgl. 1970, S. 123).

Wie interpretiert aber PIAGET das in der ersten Phase der Undifferenziertheit von Subjekt und Objekt, Innen- und Außenwelt, scheinbare Wiederfinden und ‚Wiedererkennen' der mütterlichen Brust in der Stillsituation?

„Wenn der Säugling die Brust sucht und auch wiederfindet, ist es nicht notwendig, daß er sie als Gegenstand sieht; die genaue und dauernde Stellung des Saugens genügt ohne Intervention irgendwelcher komplexer Schemata, um dieses Verhalten zu erklären" (1970, S. 123; vgl. 1974, Bb. 1, S. 20).

Der Säugling entdeckt also einen sensomotorischen Komplex (eine Kombination von Saugen und Schlucken), der wieder in Gang gesetzt wird. „Was das Subjekt wiedererkennt, ist vorerst seine eigene Reaktion und erst später das Objekt als solches" (1974, S. 17). PIAGET hebt in diesem Zusammenhang nur die „reflexhafte Aktivität" und die sich entwickelnde „Gewohnheit" hervor, nicht aber das ‚Befriedigungserlebnis', das durch den bestimmten Reiz „Brustwarze" in einer bestimmten Situation ‚wiedererkannt' wird. Von dem Erkennen eines Objekts kann also ebensowenig die Rede sein, wie von einem

„rein perzeptiven (wahrnehmenden) Wiedererkennen oder einem Wiedererkennen von sensorischen Bildern (Darbietungen, Tableaux sensoriels/vgl. COBLINER, 1967, S. 341), die aus der Außenwelt kamen. Für das neugeborene Kind kann es im Gegenteil nur ein Gewahrsein von Haltungen, von Emotionen oder Empfindungen von Hunger und von Sättigung geben" (zitiert bei COBLINER, 1967, S. 343).

Auf dieser Stufe der Entwicklung sucht das Kind auch noch nicht nach aus seinem Gesichtskreis schwindenden Gegenständen oder Personen. Es kann auch nicht nach dem greifen, was es sieht, könnte aber den verschwindenden Objekten mit den Augen folgen.

> „Das ist jedoch genau das, was es nicht tun kann, denn das verschwundene Objekt ist für es noch kein permanentes Objekt, das verlagert wird, sondern ein einfaches Bild, das in das Nichts zurücktritt, sobald es verschwindet, und ohne objektiven Grund wieder daraus hervortritt" (PIAGET, 1974, S. 22).

Wenn dagegen so etwas wie Suchen (zum Beispiel nach der Brust) stattzufinden scheint, so handelt es sich um einen Reflexmechanismus oder um eine Wiederholung des akkomodativen Aktes. Das Objekt besteht noch nicht unabhängig von der eigenen Aktivität, es liegt gleichsam nur „in der direkten Verlängerung der Handlung" (S. 22). In den allerersten Monaten äußert das Kind nur Unbehagen über das Verschwinden von Gegenständen und anderen Objekten. Wenn es dann etwas später mit Schreien besonders auf das Verschwinden von geliebten Personen reagiert, so scheint es damit diese zurückrufen zu wollen. Das

> „erfordert nur die Vorwegnahme ihrer möglichen Wiederkehr als bekanntes Wahrnehmungsbild und nicht die räumliche Lokalisierung dieses Menschen als substantiellen Gegenstand innerhalb einer organischen Wirklichkeit" (1970, S. 123).

Die Unlustäußerung des Kindes wegen der verschwindenden sensorischen Darbietung ist für PIAGET noch kein Anzeichen einer Permanenz des Objekts. Hierbei macht er keine systematische und konsequente Unterscheidung zwischen der beobachteten Unlustäußerung über verschwindende Gegenstände und der differenzierteren Äußerung des Kindes über das Verschwinden von geliebten Personen. Auch für ihn scheinen aber Äußerungen der letzten Art mehr als ein bloßes Vergessen und Versinken in das „affektive Nichts" auszudrücken; die Person scheint „vermißt" und „herbeigewünscht" zu werden (vgl. 1974, S. 23). Aber aus dem möglichen qualitativen Unterschied zwischen verschwundenem Gegenstand und abwesender Mutter leitet PIAGET keine theoretischen Folgerungen ab.
Die Hypothese von dem Vorhandensein eines konstanten Objektes ist hier – so meint PIAGET – nicht notwendig. Es genüge,

> „daß das Kind die Rückkehr des interessanten Bildes (seiner Mutter usw.) erhofft, damit es ihm eine Art von *affektiver oder subjektiver Permanenz* ohne Lokalisierung oder Substantialisierung zuschreibt: das verschwundene Bild bleibt sozusagen ‚zur Verfügung', ohne daß es sich irgendwo im räumlichen Blickfeld befindet" (PIAGET, 1974, S. 23; vgl. PIAGET/INHELDER, 1972, S. 117).

Nicht erklärt wird, was die ‚Mutter' oder eine entsprechende Person zum „interessanten" Objekt macht und ihre affektive Dauer ermöglicht.
Die hier von PIAGET getroffene Unterscheidung zwischen affektiver und ‚objektiver', daß heißt kognitiver, Permanenz (das heißt Gedächtnisleistung) ist wichtig für die Diskussion des psychoanalytischen Begriffs des libidinösen

Objekts, auf den wir weiter unten zurückkommen werden. In PIAGETS Äußerung steckt zugleich die nicht näher erklärte Annahme, daß die affektive Permanenz der kognitiven vorausgehen kann[4]. Es sei hier aber schon vorweggenommen, daß PIAGET bei seiner Beschreibung der kindlichen Suche nach der Nahrung spendenden Brust und nach dem menschlichen Gesicht den Bedürfnisdruck, unter dem das Kind handelt und der die Entwicklung der affektiven Permanenz entscheidend mitbeeinflußt, nicht genügend berücksichtigt.
Halten wir gegen die Beschreibung PIAGETS die Charakterisierung und Interpretation, die A. FREUD diesen mit der Stillsituation verknüpften Vorgängen gibt:

„Wenn es (das Kind) unter dem Druck dringender körperlicher Bedürfnisse steht, wie zum Beispiel Hunger, stellt es periodisch Verbindungen zur Umwelt her, die wieder abgebrochen werden, nachdem die Bedürfnisse befriedigt worden sind und die Spannung aufgehoben ist. Bei diesen Gelegenheiten macht das Kind zum ersten Mal die Erfahrung der Wunscherfüllung und der Lust. Sie errichten Zentren des Interesses, an die sich die libidinöse Energie heftet. Ein Säugling, der mit Erfolg saugt, ‚liebt' das Erlebnis des Saugens (narzißtische Liebe)." „Es zeigt sich, daß die libidinöse Besetzung zu dieser Zeit nicht an die Vorstellung von dem Objekt gebunden ist, sondern an das lustvolle Erlebnis der Befriedigung" (zitiert nach COBLINER, 1969, S. 351).

Auf der *3. Stufe* der sensomotorischen Entwicklung (vierter bis achter Monat), dem Stadium der sekundären Zirkulärreaktionen, kann das Kind bereits nach dem Gesehenen greifen. Das hat zur Folge, daß den wahrgenommenen Gegenständen eine gewisse Dauer zukommt. Diese Permanenz ist aber gleichsam nur die Funktion und Folge der vorhergehenden und dann einfach fortgeführten beziehungsweise wiederholten Handlung (zum Beispiel des Greifens) in Richtung auf den Gegenstand, der vom Kind als für diese Handlung „zur Verfügung stehend" erlebt wird. Unabhängig von der Geste kommt den Gegenständen noch keine „substantielle Permanenz" zu (PIAGET, 1974, S. 33). Zum Beispiel kann das Kind einen Gegenstand, den es fallen ließ, nur begrenzt mit den Augen verfolgen und nur ‚ungezielt' nach ihm greifen.

„Schon mit 0; 4 (6) suchte Laurent mit der Hand eine Puppe wieder, die er fallen gelassen hatte. Er schaut nicht darauf, was er tut, streckt aber den Arm in die Richtung, in die er ihn im Moment des Falls hielt... Laurent hält den Gegenstand für verschwunden, wenn er ihn nicht durch einfaches Senken des Armes findet" (1974, S. 32).

---

4 Vgl. hierzu PIAGETS Beobachtungen (26, 34): Die acht Monate alte J. vermag den Vater hinter Schirmwänden wiederzufinden, ohne daß ihr eine analoge Suchleistung in bezug auf verstecktes Spielzeug gelingt. PIAGET äußert die Vermutung, „daß Personen offensichtlich von den vom Kind wahrgenommenen sensorischen Bildern am leichtesten zu substantifizieren (sic!) sind" (1974, S. 53). Leider bezieht er diese These nicht weiter in seine Interpretationen des kindlichen Suchverhaltens ein und vernachlässigt auch ganz die Rolle der an diesen Versuchen beteiligten Personen.

Einen vollständig versteckten Gegenstand, auch wenn es sein Lieblingsspielzeug ist, vermag das Kind aber noch nicht hinter den zwischengeschobenen Hindernissen (zum Beispiel Tuch oder Wand) zu entdecken. Das Kind reagiert auf das Verschwinden des Gegenstandes so,

„als ob er im gleichen Augenblick, in dem er aus dem Wahrnehmungsfeld verschwindet, auch zu existieren aufhörte, ... es besitzt (also) noch kein Verhaltensschema, das ihm erlauben würde, den verschwundenen Gegenstand durch eine Handlung (das Tuch entfernen) oder gedanklich (ihn sich vorstellen) zu suchen" (Piaget, 1970, S. 124; 1974, S. 31).

Ein mit etwa acht Monaten zu beobachtender Fortschritt in Richtung auf die Herstellung eines konstanten Objektes zeigt dann die Fähigkeit des Kindes, ein nur teilweise verstecktes Spielzeug wiederzufinden und damit von einem sichtbaren Teil aus ein zunächst unsichtbares Ganzes wiederherzustellen (vgl. Piaget, 1974, S. 36ff.).
Trotz des auf der 3. Stufe zu beobachtenden unterschiedlichen Interesses, mit dem das Kind auf Objekte seiner Umwelt reagiert (seien es Gegenstände, seien es bestimmte bevorzugte Personen), sieht Piaget keinen Grund zu der Annahme, daß das Kind seine Eindrücke und Erfahrungen im Hinblick auf in Raum und Zeit unverändert bleibende Objekte ordnet. Für ihn reagiert das Kind in jedem Fall nur aufgrund eines einzigen und noch undifferenzierten Schemas, dem „Assimilationsschema",

„das in einem einzigen Akt die Gegebenheiten der äußeren Wahrnehmung und die inneren Eindrücke affektiver, kinästhetischer usw. Art umfaßt. Solange das Objekt präsent ist, wird es an dieses Schema assimiliert und kann daher nicht außerhalb der Handlungen, die es hervorruft, vorgestellt werden. Wenn es verschwindet, wird es entweder vergessen, weil es zu wenig interessant ist, oder es gibt einem Gefühl von Enttäuschung oder Hoffnung oder dem Wunsch, die Handlung fortzusetzen, Raum. Es entsteht also das, was das Wesentliche der Zirkulärreaktion oder reproduzierenden Assimilation ausmacht: ein Bemühen um Erhaltung" (1974, S. 49).

Wir sehen hier denselben Erklärungsmechanismus wie bei der ‚Funktionslust' der Übungsspiele (vgl. Abschnitt 2.4).
Das Gefühl der Enttäuschung, wie es das Kind beim Verschwinden von geliebten Personen zeigt, und das Bemühen um fortdauernde Anwesenheit und schnelle Wiederkehr bevorzugter Objekte werden von Piaget nicht auf ihre Ursachen zurückverfolgt – ganz im Gegensatz zur psychoanalytischen Theorie, die über die bloße Konstatierung affektiver Äußerungen hinausgeht und sie auf unterschiedliche libidinöse Besetzungsvorgänge zurückführt. Für ihn besteht die Welt des Kindes im ersten Lebensjahr nur in einer Folge von beweglichen und unbeständigen Bildern, die zwar auditiver, visueller, taktiler, kinästhetischer und damit affektiver Art sein können, aber praktisch nur im Hier

und Jetzt existieren, ohne „Erinnerungsspuren" zu hinterlassen (vgl. dazu im weiteren unten).
Die einfachen Vorformen des Versteckspiels (Guck-guck), die Kinder bereits im Alter von fünf bis sieben Monaten auf Anregung von Erwachsenen zu spielen beginnen, setzen allerdings die Fähigkeit des Kindes voraus, das Hindernis, das zwischen ihm und dem gesuchten Objekt (Mutter oder eine andere bevorzugte Person) steht, zu beseitigen, eine Fähigkeit allerdings, die auf dieser Entwicklungsstufe noch nicht generell erworben ist.
In diesen Versteckspielen wird anfangs der Erwachsene sein eigenes Gesicht mit den Händen oder anderen Hindernissen verstecken, die das Kind dann beiseite schiebt. Schließlich wird das Kind selbst sein Gesicht verstecken und die Objekte aus seinem Gesichtskreis ausschließen, um sie dann wieder erscheinen zu lassen. PIAGET bemerkt dazu, daß das Kind hier weniger das Objekt von der Verhüllung befreit als seine eigene Wahrnehmung von den störenden Hindernissen zu befreien sucht (vgl. 1974, S. 40, 42, 53). Seine Beobachtung scheint aber dieser Interpretation zu widersprechen.

> „Zum Beispiel liegt Jacqueline mit 0; 8 (14) neben mir in meinem Bett. Ich bedecke meinen Kopf, wobei ich ‚Kuckuck' rufe, zeige mich wieder und fange wieder von vorne an: Sie lacht laut auf und befreit mich von den Tüchern, um mich wiederzufinden. Ihre Haltung ist durch Erwartung und lebhaftes Interesse geprägt" (1974, S. 53).

Es ist hier die Frage, ob nicht doch wesentliche qualitative Unterschiede bestehen zwischen der Beseitigung von Hindernissen, die die Wahrnehmung von geliebten Personen beeinträchtigen, und der Überwindung von Barrieren, bei der es nur um die Wahrnehmung von Gegenständen geht. Psychoanalytische Interpretationen (S. FREUD, „Jenseits des Lustprinzips", 1920, GW XIII; KLEEMAN, 1967) haben zwar gezeigt, daß bestimmte Gegenstände stellvertretend für bevorzugte Personen stehen können und dann das libidinöse Objekt symbolisieren. Gerade in diesem Fall wird man aber annehmen können, daß es beim Versteckspielen mit diesen Objekten um mehr als die Beseitigung von Hindernissen der Wahrnehmung geht.
KLEEMAN (1967) hat auch nachgewiesen, in welchem engen Zusammenhang das anfangs unabsichtliche und dann immer gezielter werdende Fallenlassen und schließliche Wegwerfen des Spielzeugs mit dem Guck-guck-Spiel und anderen frühen Versteckspielen des Kindes steht. Das Fallenlassen oder Wegwerfen eines Spielzeugs aus dem Bett oder vom hohen Kinderstuhl stellt gleichsam die eine Seite einer doppelten Handlung dar, wie sie komplett im „Weg-Da-Spiel" erscheint. S. FREUD („Jenseits des Lustprinzips", 1920, GW XIII) hat dieses mit einer am Faden befestigten Garnrolle ausgeführte Spiel eines 18 Monate alten Jungen als symbolische Darstellung des Verschwindens und Wiederkommens der Mutter analysiert. Das Wiedererlangen des weggeworfenen

Spielzeugs ist die notwendige Ergänzung und macht das Spiel des Wegwerfens erst komplett. Hat der weggeworfene Gegenstand keine Schnur, wie etwa die Garnrolle, so glaubt das Kind (zumindest dieser Altersstufe) im allgemeinen, das Wiederkommen des Spielzeugs durch die Allmacht seiner Gedanken bewerkstelligen zu können, was in Wirklichkeit hilfreiche Erwachsene besorgen, die sich auf dieses Spiel des „Weg-Da" einlassen.
KLEEMAN (1967) hat zugleich betont, wie das Wiedererlangen des Gegenstandes und die Wiederherstellung des visuellen Kontaktes im Guck-guck-Spiel die Grenzen des sich entwickelnden Selbst des Kindes – als unterschieden von äußeren Objekten – ausbilden helfen, somit also auch die Bildung von Objekten fördern, die zunehmend als unabhängig von der eigenen Handlung und Wahrnehmung begriffen werden können (S. 242)[5].
Mit der *4. Stufe* (8. bis 13. Monat), auf der das Kind lernt, bekannte, bereits erworbene Mittel auf neue Situationen anzuwenden, beginnt es auch aktiv nach dem vor seinen Augen versteckten Ding zu suchen. Es sucht aber nur dort, wo es dasselbe verschwinden sah. Versteckt man daraufhin den Gegenstand in seiner Gegenwart ein zweites Mal an einem anderen Ort, so sucht das Kind nur dort, wo es das letzte Mal den Gegenstand fand, nicht dort, wo es ihn zuletzt sah[6].

„Mit 0;10(18) sitzt Jacqueline auf einer Matratze, ohne daß irgend etwas sie hindern oder ablenken könnte (keine Decken usw.). Ich nehme ihr ihren Papagei aus den Händen und verstecke ihn zweimal nacheinander unter der Matratze an ihrer linken Seite, an Stelle A. Beide Male sucht Jacqueline sofort das Objekt wieder und nimmt es an sich. Dann nehme ich es ihr wieder aus den Händen und führe es sehr langsam und vor ihren Augen an den entsprechenden Platz an ihrer rechten Seite unter der Matratze, an Stelle B. Jacqueline schaut dieser Bewegung sehr aufmerksam zu, aber in dem Moment, in dem der Papagei bei B verschwindet, dreht sie sich nach links und sucht ihn da, wo er vorher versteckt war, bei A" (PIAGET, 1974, S. 57).

Das gesuchte Ding kann unabhängig von der aktuellen Handlung in der Vorstellung behalten werden, aber es bleibt noch „eng mit einer Gesamtsituation verbunden, die durch die soeben gelungene Handlung charakterisiert ist" (1970, S. 125; vgl. 1974, S. 51 f.). Daher ist die begrenzte Vorstellung der Objektpermanenz auf der 4. Stufe immer noch mehr eine Funktion der unmittel-

---

5 WATSON (1972) hat untersucht, welche kognitiven Prozesse im ersten sozialen Lächeln des Säuglings, der spielerisch, schäkernd und schelmisch auf die ihn anlachenden und mit ihm spielenden Bezugspersonen reagiert, wirksam sind. Er stellt dieses Lächeln und Anlachen, wie es besonders ausgeprägt auch im Guck-guck-Spiel auftaucht, in einen Zusammenhang mit der „rekognitiven Assimilation", wie sie PIAGET beschreibt.

6 Vgl. zu diesem Versuchsergebnis die problematisierenden Nachuntersuchungen von GRATCH u.a. (1974) und GRATCH (1976).

bar vorangegangenen Erfahrungen des Kindes mit diesem Objekt als eine Folge seiner jeweils aktuellen neuen Erfahrung damit. PIAGET bringt das Beispiel eines 13 Monate alten Jungen, der in einem Zimmer mit einem Ball spielt, ihn vor sich herrollt, ihm hinterherläuft. Nachdem der Ball unter einen Sessel rollt, krabbelt der Junge ihm hinterher und holt ihn hervor. Danach fällt der Ball unter das Sofa, das Kind folgt anfangs dem Ball und sucht unter dem Sofa. Da man aber nicht so gut darunter sehen kann und es den Ball nicht sofort entdeckt, kehrt es zum Sessel zurück und sucht den Ball dort, wo er das erste Mal hingerollt war und wo es ihn gefunden hatte (1974, S. 64; vgl. S. 68f.). Aus solchem Verhalten schließt PIAGET sowohl auf ein mangelndes Erinnerungsvermögen als auch auf einen Mangel an räumlicher Strukturierung, da das Kind den Gegenstand noch nicht von seinen verschiedenen Standorten zu abstrahieren vermag.

Das Objekt bleibt weiterhin in den Handlungskontext eingefügt. „So ist das Objekt vielleicht für das Kind nur ein besonders erstaunlicher Aspekt des Gesamtbildes, in das es einbezogen ist; ...“ (1974, S. 67). PIAGET nimmt an, daß die verschiedenen Gegenstände, mit denen das Kind umgeht, nicht unabhängig von den bevorzugten Situationen, in denen diese Handlungen stattgefunden haben, bestehen;

„vielmehr würden nur erst Bilder existieren wie ‚Ball-unter-dem-Sessel‘, ‚an-der-Schaukel-befestigte-Puppe‘, ‚Uhr-unter-einem-Kissen‘, ‚Papa-an-seinem-Fenster‘ usw. Das gleiche Objekt, das in unterschiedlichen praktischen Positionen oder Zusammenhängen wiederauftaucht, wird als solches zweifellos wiedererkannt, identifiziert und mit Permanenz versehen. In diesem Sinne ist es relativ unabhängig. Ohne wirklich als in mehreren Exemplaren gegeben aufgefaßt zu werden, kann es sich indessen dem Kind doch so darstellen, als nehme es eine begrenzte Zahl von unterschiedlichen Formen an, als ein Mittelding zwischen Einheit und Vielheit, und in diesem Sinne bleibt es in seinem Kontext eingebunden“ (1974, S. 67f.).

Erst mit dem Übergang zur *5. Stufe* (11/13. bis 18. Monat) gelangt das Kind zu einem Bewußtsein von den unterschiedlichen Positionen der Objekte und kann sie entsprechend den aufeinanderfolgenden Ortsveränderungen suchen. Das Kind sucht nun auch hinter mehreren Verhüllungen beziehungsweise Hindernissen nach dem Objekt, jedoch nur, wenn es Zeuge des Versteckens beziehungsweise Verschwindens war. Nur dann kann es kompliziertere Suchsituationen (wie zum Beispiel Objekt in Schachtel, Schachtel unter Tuch) bewältigen und Verlagerungen des Objekts bei der Suche berücksichtigen. Der Gegenstand wird vom Kind nun dort gesucht, wo es ihn zuletzt verschwinden sah, und nicht dort, wo es ihn zuletzt fand. Dem Objekt wird damit anscheinend eine vom unmittelbaren Handlungskontext losgelöste unabhängige Existenz zugeschrieben. Die Objektkonstanz hängt aber weiterhin von bestimmten Wahrnehmungsreizen ab. Wenn das Objekt von einem Versteck zu einem anderen gebracht wird, ohne daß das Kind den Veränderungen zusehen konnte, sucht es den Gegenstand nur dort, wo es ihn zuletzt gesehen hat, und gibt die Suche auf, wenn es ihn dort nicht findet. PIAGET schließt daraus, daß das Kind immer *noch keine geistige Vorstellung* von dem Objekt hat, die ihm als Erinnerungsstütze bei der Suche dienen könnte.

Die Methode des Versuchs und Irrtums, die auf der 5. Stufe vorherrschend war, wird mit Beginn der *6. Stufe* (16. bis 18. Monat) durch ‚echte Erfindungen', die durch spontane Umstrukturierung und Differenzierung gewohnter Schemata zustande kommen, ersetzt. Es gibt jetzt antizipatorische Denkschemata, die der Interaktion mit den Objekten vorausgehen. Das Kind kann das Objekt hinter mehreren ineinandergelagerten Hindernissen suchen, auch wenn es dem Verstecken nicht zugesehen hat. Das Objekt wird also unabhängig von der Wahrnehmung als Erinnerungsbild bewahrt, das heißt, die Konstanz des Objektes ist damit erreicht. Sie ist dadurch charakterisiert, daß dem Objekt stabile ‚objektive', permanente Attribute zukommen, die unabhängig von der Sichtweise und den Handlungen des Subjekts sind. Von nun an leitet – so folgert PIAGET – das Vorhandensein einer Vorstellung von dem abwesenden Objekt das Kind bei seiner Suche (1974, S. 85). Aufgrund dieses Erinnerungsbildes kann das Kind die zuvor in der Vorstellung nachvollzogenen Verhüllungen des versteckten Gegenstandes gedanklich wieder entfernen, es kann also die vorher beobachtete Handlung des Versteckens *umkehren*. Diese Leistung bezeichnet für PIAGET das Erscheinen der Reversibilität von Denkakten. Sie setzt also das Kind in die Lage, gezielt und systematisch auf die Suche zu gehen, was es auf den vorhergehenden Entwicklungsstufen noch nicht konnte.

PIAGET hat gezeigt, daß die zunehmend aktive Suche des Kindes nach dem vor seinen Augen verschwindenden Objekt mit der Entwicklung der Handlungsschemata und deren fortschreitender Koordinierung einhergeht. Zunächst sucht der Säugling nur nach dem verschwundenen Objekt, „wenn die Suche eine Erweiterung seiner gegenwärtigen sensomotorischen Betätigung darstellt": dann macht er nach und nach weitere Fortschritte;

„1. er sucht nach dem verschwundenen ‚Objekt', wenn er es gerade in der Hand gehalten hat; 2. er schaut sich nach ihm um innerhalb der Reichweite seiner Handbewegung; 3. er sucht nach einem ‚Objekt', das er bis zum Augenblick des Verschwindens eine Zeitlang ununterbrochen gesehen hatte; 4. später sucht er nach einem ‚Objekt', das er nur einen Augenblick lang gesehen hatte, bevor es verschwand. Die Suche nach dem verschwundenen ‚Objekt' schreitet fort vom Suchen nach einem bekannten Ort (wo das ‚Objekt' vorher war) zur Lokalisierung innerhalb des Gesichtskreises" (COBLINER 1967, S. 355; vgl. PIAGET, 1974, S. 87 und 90)[7].

---

7 In ähnlichen und als Ergänzung zu sehenden Beobachtungen hat SPITZ (1967) beschrieben, wie das Kleinkind langsam über den ersten Bereich seines Bettes ‚hinauslangt'. Reicht man ihm in sein Bett hinein ein Spielzeug, greift es ohne Schwierigkei-

Die Fähigkeit des Kindes mit 18 Monaten, das Bild eines abwesenden Objektes zu evozieren, geht mit anderen kognitiven Fähigkeiten einher, die alle in der Mitte des zweiten Lebensjahres voll ausgebildet werden. Dazu gehören die aufgeschobene Nachahmung und das symbolische Denken. Diese setzen – so meint PIAGET – die Entwicklung der *Vorstellung* (Repräsentation) und ein *evokatives Gedächtnis* voraus. Mit dem „evokativen Gedächtnis" ist die Fähigkeit gemeint, einen Gegenstand auch ohne äußeren Stimulus durch eine Bild-Erinnerung zu evozieren[8]. Dagegen hatten wir es auf den ersten Stufen nach PIAGETs Unterscheidung von zwei Gedächtnisformen immer nur mit dem *rekognitiven Gedächtnis* zu tun. Dieses ist

> an die „Aktions- oder Gewohnheitsschemata gebunden. Beim Säugling sind seine Ursprünge in den Schemata der elementaren sensomotorischen Assimilation zu suchen: die Brustwarze erkennen (und sie von der umgebenden Haut unterscheiden), wenn sie beim Saugen verlorenging, den mit den Augen verfolgten Gegenstand wiedererkennen, wenn er einen Augenblick lang aus dem Sehfeld verschwand, usw." (PIAGET/INHELDER, 1972, S. 85; vgl. PIAGET, 1974, S. 91).

3.2 Libidinöses und kognitives Objekt

3.2.1 Besetzungsvorgänge und affektive Schemata

PIAGET behauptet, daß das Kind aufgrund der Entstehung und der wachsenden Stabilität eines Erinnerungsbildes, die mit der Koordinierung der Handlungsschemata, dem räumlichen Erfassungsvermögen und der Entstehung des kau-

---

ten danach, hält man es ihm aber von außen, außerhalb der Gitterstäbe des Bettes hin, streckt es zwar die Hand aus, hält dann aber vor den Stäben inne und greift nicht hindurch. Erst nach dem achten Monat beginnt das Kind den Raum zu ‚begreifen', das heißt, es kann über die Grenze des Gitters hinauslangen und nach den Gegenständen greifen (S. 190ff.).

8 „Einen Gegenstand unter einer Schirmwand zu suchen, wenn man ihn dort hat verschwinden sehen (4. und 5. Stadium), setzt nicht unbedingt voraus, daß das Subjekt sich das Objekt unter dieser Schirmwand ‚vorstellt', sondern einfach, daß es die Beziehung der beiden Objekte in dem Moment verstanden hat, als es sie wahrgenommen hat (in dem Moment, als man das Objekt bedeckt hat), und daß es daher die Schirmwand als Indikator für die gegenwärtige Präsenz des Objektes auffaßt. Es ist in der Tat etwas anderes, die Permanenz eines Objektes anzunehmen, wenn man es gerade wahrgenommen hat und wenn ein anderes augenblicklich wahrgenommenes Objekt an seine Präsenz erinnert, als sich das erste Objekt vorzustellen, wenn keine augenblickliche Wahrnehmung seine versteckte Existenz bezeugt. Die wirkliche Vorstellung beginnt also erst von dem Moment an, in dem kein wahrgenommener Indikator den Glauben an die Permanenz befiehlt, das heißt von dem Augenblick an, da das verschwundene Objekt entlang einem Pfad verlagert wird, den das Subjekt ableiten, aber nicht wahrnehmen kann" (PIAGET, 1974, S. 87f.).

salen Denkens Hand in Hand geht, zur Suche nach dem verschwundenen Gegenstand oder Spielzeug in der Lage ist. Die Annahme einer ‚Motivation' des kindlichen Verhaltens ist für PIAGET nicht notwendig. Er betont, daß das Kind immer wieder Kontakt sucht mit den Objekten der Außenwelt, die einmal sein Verhalten aktiviert haben. Jede Begegnung mit einem neuen Objekt ruft ein neues Bedürfnis zu funktionieren hervor, welches das Kind zu neuen Aktivitäten ‚motiviert' (vgl. WOLFF, 1960, S. 82; FURTH, 1972, S. 141).
Die psychoanalytische Theorie erklärt dagegen die Suche des Kindes nach dem Spielzeug durch einen „Wunsch" und ein besonderes Interesse, die das Kind zur Handlung treiben [9]. „Dieser Wunsch wird getragen von der positiven Besetzung, mit der das Spielzeug – oder vielmehr das endopsychische (geistige Vorstellungs-)Bild des Spielzeugs – versehen worden ist" (COBLINER, 1967, S. 357). Die psychoanalytische Theorie nimmt an, daß die Suche des Kindes nach dem verschwundenen Objekt also durch die geistige Organisation von vergangenen Erfahrungen der Frustration und Befriedigung mit diesem Objekt geleitet wird, sie verknüpft „Erkennen und Streben (cognition and conation) mit intrapsychischen Prozessen", was bei PIAGET nirgends angedeutet ist (COBLINER, 1967, S. 358).
Wie sehr das Suchverhalten des Kindes von seinen vergangenen Erfahrungen (positiver oder negativer Art) mit unbelebten Objekten und Personen beeinflußt ist, zeigt eine Studie von PROVENCE und RITVO (1961). Sie wiederholten die Versuche PIAGETs zur Etablierung konstanter Objekte mit „institutionalisierten" Kindern (die in Säuglingsheimen getrennt von der Mutter aufwuchsen) und Kindern, die nicht von der Mutter getrennt aufgezogen wurden. Sie kamen zu dem Ergebnis, daß „institutionalisierte" Säuglinge eine zunehmende Retardierung in der Entwicklung des Suchverhaltens bezüglich versteckter Spielsachen zeigen, und daß nach ihren Beobachtungen am Ende des ersten Lebensjahres gar keine Motivation mehr vorhanden ist, das versteckte Spielzeug überhaupt zu suchen [10].

9 Vgl. dazu S. FREUD, „Die Traumdeutung", 1900, GW II/III, S. 604: „Das erste Wünschen dürfte ein halluzinatorisches Besetzen der Befriedigungserinnerung gewesen sein."
Die Funktion der Erinnerung an die Befriedigung erläutert NAGERA (1974): „Genetisch gesehen, dienen Erinnerungen in erster Linie der Funktion, die Repräsentanzen von Bedürfnissen mit den auf sie folgenden Erlebnissen zu verknüpfen, so daß zum Beispiel im Falle eines Befriedigungserlebnisses das ‚Erinnerungsbild' einer Wahrnehmung ‚mit der Gedächtnisspur der Bedürfniserregung assoziiert bleibt'. Dies ermöglicht eine erneute Besetzung des Erinnerungsbildes der Wahrnehmung, wenn das Bedürfnis wieder auftritt, und richtet die Anstrengung auf die ‚volle Besetzung der Wahrnehmung'" (S. 410).

10 Im Einklang damit steht auch der Befund, daß diese Kinder keine Vorliebe für ein bestimmtes Spielzeug entwickelten und so etwas wie Übergangsobjekte bei ihnen völlig fehlte.

Wie PROVENCE und RITVO durch ihre Untersuchung belegen, ist die Art der Mutter-Kind-Beziehung entscheidend für das Verhältnis des Kindes zu Spielsachen. Die Unfähigkeit „institutionalisierter" Kinder, einen ähnlich intensiven Gebrauch von Spielsachen zu machen oder eine Beziehung zu ihnen herzustellen, wie dies bei Kindern der Fall ist, denen eine konstante Bezugsperson nicht fehlt, findet ihre Erklärung in der Hypothese von K. M. WOLF:

„Die Fähigkeit des Kindes, Vertrauen in die Haltbarkeit und Beständigkeit (consistency and constancy) unbelebter Objekte (das heißt einer Welt von Dingen) zu entwickeln, ist abhängig von der Haltbarkeit und Beständigkeit des menschlichen Objekts" (nach PROVENCE/RITVO, 1961, S. 198, frei übersetzt)[11].

Außer in den allerersten Monaten reagiert das Kind auf das Verschwinden des Spielzeugs mit der Äußerung von Unmut, Bestürzung oder gar Unlust, wie PIAGET anhand seiner Beobachtungen ebenfalls hervorhebt. Das Kind erfährt also eine bestimmte Versagungssituation. Es kommt nun darauf an, dieses Frustrationserlebnis zu meistern; gelingt das nicht, so kommt es, wie SPITZ (1953) gezeigt hat, zu einer zeitweiligen Desorganisation. Das Kind kann sich dann

„kaum die sensomotorische Koordination zunutze machen, die ihm zur Verfügung steht, um sie in zielgerichtetes Handeln überzuführen. (Das nimmt PIAGET hingegen als immer problemlos möglich an, H. N. B.) Um unter diesen Umständen (Versagung) zu handeln, genügt es aber nicht, ein Erinnerungsbild zu haben (eine Vorstellung vom Ziel, wenn es kein Sinneseindruck mehr ist), wie PIAGET andeutet; das Kind muß auch imstande sein, es gewissermaßen in den Bereich des Gewahrseins zu ‚ziehen' ... Der psychische Prozeß, der die Verlagerung eines existierenden Erinnerungsbildes an die Schwelle des Gewahrseins bewerkstelligt, ist an Besetzungsverschiebungen gebunden. Daraus folgt, daß das Kind seine Suche nach dem Spielzeug nur dann durchführen kann, wenn es die ‚Repräsentanz' oder das Bild von dem Objekt libidinös besetzen kann" (COBLINER, 1967, S. 362).

FREUD versteht den Begriff der „Besetzung" in Analogie zu einer elektrischen Ladung und meint damit die Tatsache, daß eine bestimmte psychische Energie an bestimmte Teile des Körpers, an Objekte, aber auch an Vorstellungen usw. gebunden ist.

„Die Energie der Ladung entspringt aus den Trieben, aber sie wird in gewissem Maß nutzbar gemacht. Die libidinöse Besetzung (der Drang, nahe zu sein, sich einem Objekt zu nähern) entspringt aus dem Sexualtrieb und wird entsexualisiert; die aggressive Besetzung (der Drang, ein Objekt zu ergreifen, zu beseitigen, zu zerstören), die aus dem Aggressionstrieb entspringt, wird neutralisiert und kann einem Menschen sehr wohl bei vielen konstruktiven Aufgaben helfen ..." (COBLINER, 1967, S. 362f.).

---

11 Ähnlich hat ANTHONY (1956) gefunden, daß psychotische Kinder, die eine gestörte Entwicklung der Objektbeziehungen (im psychoanalytischen Sinn) durchliefen, auch Retardierungen und Lücken in der Bildung des Schemas vom konstanten Objekt und des Zeit- und Raumschemas zeigen (S. 25f.).

Die psychoanalytische Theorie (vgl. u. a. FERENCZI, [1913b] 1964; SPITZ, 1953, S. 128; JACOBSON, 1973) ist von der These ausgegangen, daß libidinöse und aggressive Triebenergien im ersten Lebensmonat noch undifferenziert, also vermischt auftauchen. Es steht deshalb auch keine libidinöse Energie zur Besetzung von Erinnerungsbildern zur Verfügung. JACOBSON (1973) beschreibt den frühen Prozeß der strukturellen und energetischen Differenzierung folgendermaßen:

„Nach der Geburt kommt es zu einer zunehmenden Besetzung der Wahrnehmung und der Erinnerungssysteme, des Bewegungsapparates und der prägenitalen erogenen Zonen; lustvolle und unlustvolle Empfindungen beginnen wahrgenommen zu werden und werden mit den ersten äußeren Wahrnehmungen verknüpft (zugleich aber auch mit ihnen verwechselt). Es tritt eine energetische Differenzierung ein; libidinöse und aggressive Besetzungsschwerpunkte bilden sich um Kerne bisher unorganisierter und unverbundener Erinnerungsspuren. Abfuhr nach außen über primitive, biologisch vorgeformte (Instinkt-)Reaktionen auf innere und äußere Reize setzt ein. Es entwickelt sich eine affektive Organsprache.
Stadium der beginnenden strukturellen Differenzierung und Ichentwicklung, Lustprinzip und ‚Primärprozeß' herrschen vor. Unbewußtes (früher präödipales) Phantasieleben, prägenitale sexuelle und affektiv-motorische Aktivität beginnen sich zu entwickeln, obgleich die affektive Organsprache noch dominiert. Multiple, rasch sich verändernde und noch nicht klar auseinandergehaltene Teilimagines von Liebesobjekten werden gebildet, mit den Erinnerungsspuren vergangener Lust-Unlust-Erlebnisse verknüpft und mit libidinösen und aggressiven Kräften besetzt..." (1974, S. 63).

Auf dem Hintergrund dieser Entwicklung ist auch das Verhalten des Babys in bezug auf das Verstecken des Spielzeugs zu sehen und zu verstehen.

„Wenn das Kind sich zwei Abdeckungen gegenübersieht – das heißt, wenn das Spielzeug vor seinen Augen zuerst in, sagen wir, eine Baskenmütze eingewickelt und die Mütze ihrerseits hinter ein Kissen gesteckt wird –, wird eine komplexere Leistung von ihm gefordert. In diesem Fall könnte man annehmen, daß das Bild des Spielzeugs positiv und die Baskenmütze negativ besetzt sei. Im Geist des Kindes sind die beiden Besetzungen noch miteinander verbunden. Wenn die Baskenmütze nun unter das Kissen gesteckt wird, wird dieses seinerseits negativ besetzt. An diesem kritischen Punkt gibt das Kind eines gewissen Alters die Suche auf.
Was das Kind braucht, um fortzufahren, wird von SPITZ (1960b) in seiner unveröffentlichten Abhandlung erklärt. Das Kind muß zuerst die positive Besetzung, mit der das Spielzeug versehen ist, in zwei Teile spalten; einer bleibt bei dem Spielzeug, der andere muß abgelöst werden und dem Erinnerungsbild der Baskenmütze verliehen werden, das, wie gezeigt wurde, schon in gewissem Grad negativ besetzt ist. Mit anderen Worten, nur das Kind kann die Suche fortsetzen, das positive und negative Besetzungen nebeneinander, auf dem gleichen Erinnerungsbild, ertragen und aufrechterhalten kann" (COBLINER, 1967, S. 363f.; vgl. dazu das Beispiel 63 in PIAGET, 1974, S. 80).

Die Fähigkeit, einander widersprechende Besetzungen auf dem gleichen Bild aufrechtzuerhalten, ist deshalb die Voraussetzung für die Bildung des konstanten Objekts. Es wird hier deutlich, wie bereits in diesem Alter Erkenntnisvorgänge durch komplexe affektive Prozesse und Erlebnisse aufgelöst werden und wie eng diese mit jenen verknüpft sind.
Pauschal behauptet PIAGET zwar, daß es eine „konstante Parallele zwischen dem Gefühlsleben und dem intellektuellen Leben" gebe und daß Gefühlsleben und Intelligenz untrennbar verbunden seien. Er betont auch, daß „jedes Verhalten auch Motive und finale Werte (Wert und Ziele) voraussetzt: und das sind die Gefühle" (1972b, S. 200). Mit einem generellen Verweis auf die psychoanalytische Theorie spricht er auch von „affektiver Objektwahl", die er eng mit der „intellektuellen Konstruktion des Objekts verbunden" sieht (1972b, S. 200; vgl. PIAGET/INHELDER, 1972, S. 34ff.). Dabei betrachtet PIAGET die Affektivität neben dem Erkennen und der Wahrnehmung als einen Aspekt der Intelligenz. Die letzten beiden Aspekte beziehen sich auf geistige Strukturen, während der Affekt von PIAGET als der dynamische und energetische Aspekt, der die Bildung jeder kognitiven Struktur begleitet, definiert wird (vgl. PIAGET/INHELDER, 1972, S. 117; INHELDER, 1956; WOLFF, 1960, S. 97). PIAGET spricht zwar im Zusammenhang mit der Konstruktion des „Objekt-Schemas" auch von „elementaren Gefühlen von Freude und Traurigkeit, Erfolg und Mißerfolg" (1969, S. 26; 1972b, S. 200ff.), aber dieser Bereich der Affektivität bleibt bei ihm dennoch eigentümlich inhaltsleer, wie auch sein Rekurs auf die „affektiven Schemata" zeigt, die mehr als Residualkategorie und Leerformel erscheinen, als daß sie etwas erklären oder differenziert strukturieren. So sagt er nur lakonisch, daß mit „affektivem Schema" einfach der „affektive Aspekt der Schemata, die im übrigen ebenfalls intellektuell sind", gemeint sei (1969, S. 265; vgl. 1974, S. 49; 1976, S. 61).
PIAGET nimmt zwar an, daß Affekte das Denken immer begleiten, er sieht sie aber zu sehr als gleichbleibende und unveränderliche Konstante und vernachlässigt daher die Affekte als mögliche systematische Variablen in der Entwicklung der Intelligenz. Er berücksichtigt nicht, daß ein bestimmter Affekt mit verschiedenen kognitiven Akten assoziiert sein kann, während ein bestimmter kognitiver Akt wiederum mit den unterschiedlichsten Affekten verknüpft sein kann. Das führt dazu, daß PIAGET manchmal völlig unsystematisch auf motivationale Kategorien wie „kompensatorisch", „liquidatorisch" zurückgreift oder auf den in seinem System unzureichend fundierten Begriff der „Bedürfnisse" verweist (vgl. dazu auch GOULD, 1972, S. 10ff.; PULASKI, 1971, S. 89–95).
In einen Vorlesungen an der Sorbonne (1954) spricht PIAGET besonders deutlich von der besonderen Beziehung zu einer Person und deren Einfluß auf die affektive und kognitive Entwicklung.

„Die andere Person ist ein Gefühlsobjekt erster Ordnung, aber zur gleichen Zeit ist sie das interessanteste kognitive Objekt ... und ich betone, auf dieser Stufe das lehrreichste, die Quelle der Wahrnehmung ... Darum ist die andere Person ein Objekt, das eine Vielzahl von Austauschvorgängen zustande bringt, in die sowohl kognitive als auch affektive Faktoren eingehen ...“ (zitiert nach COBLINER, 1967, S. 346; vgl. DÉCARIE, 1966, S. 211).

DÉCARIE hat gezeigt, warum PIAGET die Mutter oder eine entsprechende Bezugsperson („the mothering one“) für die Ausbildung früher Schemata als ein besonders wichtiges „kognitives Objekt“ ansieht und nicht nur als Quelle affektiver Stimulierung. Allein die Mutter kann nämlich eine Vielzahl von Schemata anregen: An ihr kann gesaugt werden (Saug-Schema), man kann sie hören (auditives Schema), man kann sie riechen, fühlen, greifen, das Kind wird von ihr auf den Arm genommen (kinästhetisches Schema). Sie tritt in immer verschiedenen Kontexten in das visuelle Feld des Säuglings.
DÉCARIE (1966, S. 24f.) folgert, daß die Assimilation der verschiedenen Schemata untereinander besonders in bezug auf spezifische Objekte erfolgt, und sie nimmt an, daß auf der visuellen Ebene das sinnliche Bild „Menschliches Wesen“ daher früher erkannt werden wird als zum Beispiel das Bild „Milchflasche“. Auch wenn an der Flasche gesaugt werden kann, das Kind sie greifen und fühlen kann, so ist sie dennoch keine Quelle von Geräuschen noch ein Mittel zur Integration von kinästhetischen Schemata [12].
Man darf daher erstaunt sein, daß PIAGET in keinem seiner zentralen Experimente, mit denen er die Konstituierung des konstanten Objekts untersucht, dieser besonderen Funktion des menschlichen Objekts Rechnung getragen hat (diese Funktion wird nur am Rande in einigen Arbeiten vermerkt; PIAGET/INHELDER, 1972, S. 32ff.). Auch unterscheidet er in keiner Weise zwischen belebten und unbelebten Objekten [13].

---

12 Vgl. dazu SPITZ (1967): „Da die affektiven Erlebnisse im Rahmen der Mutter-Kind-Beziehungen im ersten Lebensjahr als Bahnbrecher für die Entwicklung in allen anderen Bereichen dienen, ist die logische Folge, daß die Entstehung des Objekt-Vorläufers auch den Beginn der Beziehungen zu den ‚Dingen‘ einleitet. Nachdem das Kind die Fähigkeit erlangt hat, das menschliche Gesicht wahrzunehmen und verläßlich darauf zu reagieren, dauert es noch einmal zwei Monate, bis es ihm gelingt, die Flasche zu erkennen, die doch gewiß ein höchst vertrautes ‚Ding‘ ist. Es sieht die Flasche mehrmals am Tage und handhabt sie, und außerdem erlebt es, daß sie ihm Bedürfnisbefriedigung bringt. Trotzdem erkennt es die Flasche erst viel später als das menschliche Gesicht“ (S. 158).

13 DÉCARIE (1966) hat in einer Untersuchung von 90 Kindern versucht, sowohl die Konstituierung des libidinösen Objekts als auch die des konstanten Objekts im Sinne PIAGETS zu verfolgen. Den schrittweisen Fortschritt in beiden Richtungen versucht sie miteinander zu korrelieren und bestimmte Übereinstimmungen beziehungsweise Entsprechungen herauszuarbeiten. Dabei hat sie drei verschiedene Gruppen von Kindern untersucht: a) Kinder, die bei ihren Eltern aufwuchsen, b) die von Pflegeel-

Dagegen hat SPITZ (1967) festgestellt, daß die Fähigkeit, Objekte voneinander zu unterscheiden, wesentlich durch die Interaktion mit dem menschlichen Objekt, dem Partner, erworben wird.

„Die Rolle der affektiven Beziehungen als Bahnbrecher für die Entwicklung der Wahrnehmung ist besonders deutlich bei den unbelebten Gegenständen. Erst zwei Monate, nachdem das Kind die Mutter von einem Fremden zu unterscheiden gelernt hat (das heißt, eine Person von einer anderen), lernt es, ein Spielzeug von einem anderen zu unterscheiden" (SPITZ, 1967, S. 192) [14].

Die psychoanalytische Theorie hat sich besonders systematisch mit der Beziehung des Kindes zu Personen befaßt und diese als Triebobjekte charakterisiert. Das Kind sucht immer vorrangig nach den Objekten, die seine Triebspannung reduzieren können. Sofern Personen im Zusammenhang mit befriedigenden Situationen erlebt werden, spielen sie auch eine zentrale Rolle für die Beziehung des Kindes zu seiner Umwelt und werden zum Muster für alle späteren Interaktionen des Kindes mit seiner Außenwelt (vgl. auch BRODY/AXELRAD, 1974, Kap. V). Zugleich hat die Psychoanalyse darauf aufmerksam gemacht,

---

tern aufgezogen wurden, c) die in Heimen aufwuchsen. Sie entwickelte zwei Objekt-Skalen; die eine in Anlehnung an PIAGETS Entwicklungsmodell der Konstituierung des konstanten Objekts, die andere benutzt Ergebnisse der Beobachtungen von SPITZ. Folgende affektive Reaktionen dienen ihr als Kriterium für die Entwicklung der (libidinösen) Objektbeziehungen:

1. spezifische Reaktion auf die Fütterungssituation,
2. Fähigkeit zu warten, wenn die Bezugsperson gesehen oder gehört wird,
3. automatisches oder differenzierendes Lächeln,
4. negative affektive Reaktion als Antwort auf den Verlust eines Spielzeugs oder das Weggehen einer Person,
5. aktives Zeigen von Zuneigung,
6. Eingehen auf bestimmte Forderungen oder Verbote,
7. Fähigkeit zur differenzierten Wahrnehmung und zum Verständnis averbaler Kommunikationsformen.

Empirische Ergebnisse zur Untersuchung der Entwicklung der Objektbeziehungen (im psychoanalytischen Sinne) und des konstanten Objekts (im Sinne PIAGETS) enthält auch die Arbeit von ESCALONA (1968).

14 INHELDER (1956) versucht sich von SPITZ wie folgt abzugrenzen: „Das heißt, in unserer Perspektive gesehen, weder daß das Gefühlsobjekt ein Derivat des Gegenstandsschemas sei (die Mutter-Kind-Beziehung ist unendlich viel reicher als der Erkenntnisakt) noch…, daß das Gefühlsobjekt primärer, das Gegenstandsschema sekundärer Natur sei. Die freudige Erregung bei der Rückkehr der Mutter, die Enttäuschung, das Unbehagen oder gar die von Spitz beobachtete 8-Monate-Angst, die der Säugling bei der Annäherung des Fremden empfindet, bilden den Affekt oder die Dynamik des Erkenntnisaktes, welche diesen beschleunigen oder hemmen, nicht aber hervorbringen können. Es heißt also vielmehr, daß allgemeinen Entwicklungsgesetzen gemäß der Säugling, unter günstigen Bedingungen, eine zugleich affektiv und kognitiv bedingte Objektwahl zu treffen vermag" (S. 255).

daß unbelebte Gegenstände eine bestimmte Funktion als Ersatz für die befriedigende, aber zeitweilig nicht erreichbare Person einnehmen können. Das hat besonders WINNICOTT mit seiner Analyse der „Übergangsobjekte“ gezeigt (WINNICOTT, 1969)[15].

PIAGETS pauschaler Verweis auf die parallele Entwicklung hin zum konstanten Objekt und zur affektiven Objektwahl reicht nicht aus[16]. Vordringlich ist die Klärung der Unterschiede, die zwischen dem libidinösen Objekt (das heißt dem Objekt, wodurch der Trieb seine Befriedigung findet)[17] der psychoanalytischen Theorie und dem Objektbegriff einer Theorie und Psychologie des Bewußtseins und der PIAGETS bestehen[18].

3.2.2 Die Genese des libidinösen Objekts

Als Objekt des Triebes ist das Objekt nicht immer auch Gegenstand der Wahrnehmung, wie es für PIAGET immer gilt, sondern oft auch ein phantasiertes Objekt. Einerseits hängt die Konsolidierung des Libido-Objekts teilweise davon ab, daß das Baby sich gewisse Aspekte des konstanten kognitiven Objekts angeeignet hat, andererseits ist die Entstehung des konstanten kognitiven Objekts nicht ohne eine gewisse libidinöse Besetzung der jeweiligen konkreten (kognitiven) Objekte möglich. Diese wechselseitige Abhängigkeit ist nicht als Identität beider Objekte mißzuverstehen; vielmehr verbleiben entscheidende Unterschiede:

> „Das Objekt der Libido stammt aus ... den Sinneseindrücken des Säuglings, die aus seiner ständig wiederkehrenden Interaktion mit dem menschlichen Partner, das heißt mit seiner Mutter oder ihrer Vertreterin, entstehen. Das Libido-Objekt ist daher von Anfang an mit dynamischen Zügen ausgestattet“ (COBLINER, 1967, S. 338). „Die Matrix des Libido-Objekts wird also aus erinnerten Bruchstücken von Interaktionen mit dem menschlichen Partner ... geformt. Sie ist ein durch Erfahrungen aufgebautes Bild, in dem das sensorisch Aufgenommene, motorische und später symbolische Elemente gemeinsam kombinierte Erinnerungsspuren hinterlassen“ (S. 339).

Dabei ist es besonders verknüpft mit den durch diese Personen vermittelten affektiven Befriedigungs- und Versagungserlebnissen. Ganz im Gegensatz zum kognitiven Objekt im Sinne PIAGETS ist das Objekt der Libido gerade nicht dadurch bestimmt, daß es identisch mit sich selbst bleibt. Darüber hinaus wäre zu

---

15 Vgl. dazu auch PROVENCE/RITVO, 1961, und FORNARI, 1970, S. 124.

16 Vgl. PIAGET, 1972b, S. 200f.; vgl. auch PIAGET/INHELDER, 1972, S. 33f. und 116ff.; Inhelder, 1956, S. 255.

17 Vgl. dazu S. FREUD, „Triebe und Triebschicksale“, 1915, GW X, S. 215.

18 Vgl. dazu auch PONTALIS, 1968a, S. 169f., und LAPLANCHE, 1974, besonders Kap. I.

klären, ob auch der kognitive Objektbegriff PIAGETs revidiert werden müßte, das heißt, es wäre zu überprüfen, ob auch unbelebte (erst recht menschliche) Objekte der Kognition je nach den situationsspezifischen Besetzungsvorgängen bis zu einer bestimmten Entwicklungsstufe tatsächlich überwiegend mit sich selbst identisch bleiben, oder ob nicht zunächst eher nur eine Konstanz von widersprüchlich besetzten Gegenstandsbereichen, die ihre jeweiligen konstituierenden Merkmale noch wechseln können, entsteht (vgl. PIAGET, 1974, S. 67f. und 87)[19]. (Beispiel des Balles, der in einer Situation als ‚böser' Ball erfahren wird, der wegen seiner runden glatten Gestalt nicht festgehalten werden kann, und in einer anderen Situation als ‚guter Ball', wenn er festgehalten werden kann, wenn er vom Kind in dessen Allmachtsphantasie als manipulierbarer Gegenstand erfahren werden kann und durch diese Erfahrung zur Quelle der Befriedigung wird.)

In diesem Zusammenhang ist auch zu berücksichtigen, was unter anderen FORNARI (1970) hervorgehoben hat:

„Im strengen Sinn freilich gibt es für das Kind keine unbelebten Objekte, da die Phantasietätigkeit alle Gegenstände durch die Externalisierung von inneren Objekten und den an sie geknüpften Erfahrungen auf sie belebt – gleichgültig, ob sie tatsächlich belebt sind oder nicht. Das Spielzeug und das Spiel stellen Objekte und Situationen dar, über die das Kind auf dem Feld der Realität verfügen und eine fast absolute Kontrolle ausüben kann" (1970, S. 124).

Das Objekt der Libido verändert sich mit den im Laufe der individuellen Entwicklung wechselnden Erfahrungen und Bedürfnissen und den Bedingungen ihrer Befriedigung oder Versagung. Ist zum Beispiel das Verhalten der Mutter gegenüber dem Kind inkonsequent und widersprüchlich, dann führt das dazu,

„daß das Kind in seinem Gedächtnis widersprüchliche Objektvorstellungen aufbewahrt. Dieser Vorrat von Erinnerungsspuren ist nicht geeignet, durch das Verschmelzen der auf die Mutter gerichteten Triebe zu einem einheitlichen libidinösen Objekt verbunden zu werden. Solche Erfahrungen beeinträchtigen die Bildung eines Objekts, das in Raum und Zeit mit sich selbst identisch bleiben kann. Genetisch ist die Objektvorstellung wegen der Schwankungen, wegen des Auf und Ab im affektiven Klima der Mutter, nicht mit sich selbst identisch" (SPITZ, 1967, S. 257; vgl. COBLINER, 1967, S. 340).

Im Verhältnis des Kindes zu Personen fällt auf, wie das drei Monate alte Baby plötzlich mit besonderer Aufmerksamkeit den Bewegungen des menschlichen Gesichts folgt (vgl. auch PIAGET, 1974, S. 20). SPITZ erklärt dieses Interesse als Folge der häufig erfahrenen Befriedigungserlebnisse in Gegenwart des Gesichts. Einen Fortschritt in Richtung auf die Objektbeziehung sieht er beson-

---

19 Zur Bedeutung der Unterscheidungsfähigkeit von ‚Unbelebtem' und ‚Lebendigem' für die Entwicklung eines Dialogs in Objektbeziehungen siehe SPITZ (1972).

ders im Antwort-Lächeln (Spitz, 1967, S. 104ff.). Das Baby reagiert dabei nicht auf die Person, sondern auf eine „Zeichen-Gestalt", als die sich ihm das menschliche Gesicht darstellt. Spitz sieht darin einen „Objekt-Vorläufer" (vgl. S. 177), der zwischen der Wahrnehmung von Dingen (das Objekt bei Piaget) und dem Objekt der Libido steht. Dieses bildet sich erst im Laufe des wechselseitigen Austausches zwischen Mutter und Kind, während dieses Prozesses wird das Objekt mit libidinöser Besetzung versehen (S. 109).
Die vorübergehende diffuse Wahrnehmung des Liebesobjektes oder zumindest von Teilobjekten, die vom Kind als von sich selbst unterschieden erfahren werden, wird im Zustand der Befriedigungssituation wieder verwischt.

„Jedesmal, wenn es Befriedigung erlangt, verschmelzen daher seine Selbst- und Objektimagines zeitweilig miteinander, um sich dann wieder mit dem Anwachsen von Triebbedürfnissen, dem Erleben von Hunger, Frustration und realer Trennung, das geeignet ist, aggressive und libidinöse Wünsche zu erregen, voneinander zu sondern. So wird also das Verlangen des hungrigen Säuglings nach Nahrung, nach libidinöser Befriedigung und nach körperlichem Verschmelzen mit der Mutter ... zum Vorläufer künftiger Objektbeziehungen..." (Jacobson, 1974, S. 50)[20].

Das Weinen des drei Monate alten Säuglings als Reaktion auf das Verschwinden des menschlichen Gesichts (insbesondere das der Mutter), hatte Piaget (1974, S. 23) mit dem Hinweis auf die affektive Dauer, die das Kind dem Bild des mütterlichen Gesichts zugeschrieben hatte, zu begründen versucht. Mit psychoanalytischen Hypothesen, die sich auf die Forschungen von Spitz stützen, läßt sich das Verhalten des Säuglings folgendermaßen erklären:

„Sie besagen, daß ein bestimmter Sinneseindruck in Form einer Konfiguration (einer Gestalt), gebildet durch Augen, Nase, Stirn – in Bewegung – allmählich vom Säugling mit einem Erlebnis der Befriedigung assoziiert wird, das heißt, mit der Abfuhr von Spannung, die ihr Zentrum im Mund hat..." (Spitz, 1967, Kap. 3). Außerdem wird angenommen, „daß die propriozeptive Erfahrung (Befreiung von Spannung) eine deutliche Erinnerungsspur hinterlassen kann, weil der Säugling sie libidinös besetzt hatte. Das gleiche trifft für den exterozeptiven Reiz (das Gesicht der Mutter) nicht zu" (Cobliner, 1967, S. 354).

A. Freud (1954) hat besonders klar dargestellt, wie sich dann in der Mitte des ersten Lebensjahres (etwa zwischen dem sechsten und achten Monat) ein

---

20 Vgl. dazu auch S. Freud, „Triebe und Triebschicksale", 1915, GW X, S. 226: „Der Gegensatz von Ich – Nicht-Ich (Außen), (Subjekt-Objekt), wird dem Einzelwesen, ..., frühzeitig aufgedrängt durch die Erfahrung, daß es Außenreize durch seine Muskelreaktion zum Schweigen bringen kann, gegen Triebreize aber wehrlos ist."
Vgl. außer den empirischen Arbeiten von Spitz (1967) auch die intensiven Forschungen von Brody/Axelrad (1974) zu Fragen der Ich-Bildung im frühen Säuglingsalter und der Prägung dieser Entwicklungsprozesse durch die Mutter.

Übergang von der narzißtischen zur Objektlibido und damit auch die Vorbereitung eines konstanten Objekts (im kognitiven Sinne) vollzieht.

„Die Beziehung zur Mutter ist nicht die erste Beziehung des Kindes zu seiner Umwelt, es geht ihr eine frühere Phase voraus, in der nicht die Objektwelt, sondern die körperlichen Bedürfnisse, ihre Befriedigung und ihre Versagung die entscheidende Rolle spielen – ... Im Kampf um die Befriedigung der vitalen Bedürfnisse und Triebe dient das Objekt mehr dem Zweck der Wunscherfüllung, seine Bedeutung ist nichts weiter als Mittel zum Zweck zu sein, ein bequemes Mittel zur Erfüllung eines Zweckes, ‚à convenience'. Die Libidobesetzung heftet sich in dieser Phase offenbar nicht an das Bild des Objektes, sondern an die wonnevolle Erfahrung von Befriedigung und Beruhigung ..." (zitiert nach der deutschen Übersetzung von Bowlby, 1959, S. 422).

Anfangs ist die Mutter nur durch ihre Eigenschaft, die Bedürfnisse des Kindes befriedigen zu können, definiert („need-satisfying-object"). Besteht kein Bedürfnis oder Wunsch, existiert auch das Objekt für das Kind nicht mehr. Das Objekt wird gleichsam als Teil des „milieu interne" erlebt (A. Freud, 1952, S. 43; Hoffer, 1952). Erst mit dem Anstieg von Bedürfnissen erfolgt jeweils eine erneute Hinwendung zum Objekt (vgl. Fraiberg, 1969, S. 14f.; Jacobson, 1973, S. 50).
(Bezogen auf Piagets Experimente mit dem versteckten Spielzeug könnte man fragen, sucht das Kind den Gegenstand nicht, weil es nicht ausreichend motiviert ist?)
Allmählich verschiebt sich dann die libidinöse Besetzung „von dem Erlebnis der Befriedigung auf das Bild des Objekts, ohne das die Befriedigung nicht zustande gekommen wäre" (A. Freud, 1954, S. 13; Zitat übersetzt von H. N. B.), das heißt auf die Nahrung spendende und damit von oraler Spannung befreiende Mutter[21].

„Die psychoanalytische Theorie nimmt an, daß der Säugling wegen seiner im Bedürfnis verankerten primitiven Wahrnehmung eine Periode durchläuft, in der er zwei Bilder von seiner Mutter aufbaut: die Mutter, die befriedigt (das gute Objekt), und diejenige, die frustriert (das schlechte Objekt). Der Säugling besetzt das Bild von dem guten Objekt mit Libido, die seinen Wunsch trägt, der Mutter nahe zu sein, sich ihr zu nähern; das Bild des schlechten Objekts wird mit Aggression besetzt, die den Wunsch trägt, die Mutter zu beseitigen (sie zu stoßen, zu schlagen), um jede ihrer versagenden Tätigkeiten zu stören;

21 Zum ‚Befriedigungserlebnis' im Verhältnis zur halluzinatorischen Wunschbefriedigung und Objektbildung vergleiche die Ausführungen von Laplanche (1974, S. 91f.) und Laplanche/Pontalis (1972, S. 85–97). Besonders ausführlich und intensiv wird die Bedeutung dieser frühen bedürfnisbefriedigenden Beziehung zur Mutter für die weitere Entwicklung der Objektbeziehungen und die Herausbildung konstanter Objekte sowohl im Sinne der Psychoanalyse als auch der Theorie Piagets vom Edgcumbe/Burgner (1973) diskutiert. Vgl. auch Ritvo/Solnit (1958), besonders S. 80f.

oder umgekehrt: das Bild des schlechten Objekts taucht auch dann auf, wenn die Mutter durch Unaufmerksamkeit frustriert. Diese innerlich noch uneingeschränkten Impulse verhindern die Bildung von stabilen Erinnerungsbildern beim Säugling. Das Gedächtnisbild vom guten Objekt wird sofort aufgelöst, wenn der Säugling sensorische Eindrücke bekommt, die Versagung bedeuten; das gleiche gilt umgekehrt für das schlechte Objekt" (COBLINER, 1967, S. 358).
Wenn die aggressiven und libidinösen Triebe „auf das einzige, in höchstem Maß affektiv besetzte Objekt gerichtet sind, können wir erst von der Konstituierung des Objekts der Libido *im eigentlichen Sinn* und vom Beginn echter Objektbeziehungen sprechen" (SPITZ, 1967, S. 185).

Das Kind ist also zunehmend in der Lage, die libidinöse Besetzung der Mutter auch beizubehalten, wenn das Liebesobjekt nicht anwesend ist. Ist das Kind über längere Zeit dazu in der Lage und hält unabhängig von Erfahrungen der Befriedigung oder Frustration an der libidinösen Objektbesetzung fest, dann kann man von Objekt-Konstanz im Sinne der Psychoanalyse sprechen[22].
Wie sich in diesem Prozeß der Triebentmischung und der neuerlichen Triebvermischung ein konstantes Objekt (im weiteren, auch psychoanalytischen Sinn) konstituiert, hatte schon FERENCZI, ([1926] 1964, I) anknüpfend an FREUDS Aufsatz „Die Verneinung" (1925, GW XIV), klar formuliert. Die angedeutete Ambivalenz (böses/gutes Objekt, Objekt des Liebens und des Hassens), das heißt die Triebentmischung, hatte auch er als unumgänglich notwendig für das Zustandekommen einer Objektwahrnehmung angenommen.

„Dinge, die uns fortwährend lieben, das heißt, die stets alle unsere Bedürfnisse befriedigen, nehmen wir als solche gar nicht zur Kenntnis, wir schlagen sie einfach zu unserem subjektiven Ich; die Dinge, die uns stets feindlich gegenüberstehen und -standen, verdrängen wir einfach; für die Dinge aber, die nicht bedingungslos zur Verfügung stehen, die wir lieben, weil sie uns Befriedigung bringen, und hassen, weil sie uns nicht in allem gehorchen, errichten wir in unserem Seelenleben besondere Merkzeichen, Erinnerungsspuren mit dem Charakter des Objektiven, und freuen uns, wenn wir sie in der Realität wieder finden, das heißt, sie wieder lieben können" (FERENCZI, [1926] 1964, I, S. 90).

„Nun merken wir aber, daß mit der Ambivalenz zwar eine Anerkennung der Existenz der Dinge, nicht aber das erreicht ist, was wir objektive Betrachtung nennen; im Gegenteil, dieselben Dinge werden nacheinander Gegenstand leidenschaftlichen Hasses und ebensolcher Liebe. Zur Erreichung der ‚Objektivität' ist es notwendig, daß die losgelassenen Triebe gehemmt, das heißt, wieder miteinander vermengt werden, also eine neuerliche Triebvermischung nach erfolgter Erkenntnis stattfindet. Dies dürfte dann auch der psychische Vorgang sein, der die Hemmung und den Aufschub der Aktion bis zur Erreichung der Identität der äußeren mit der ‚Denkrealität' garantiert; ..." (S. 91)[23].

22 Vgl. dazu SPITZ, 1967; A. FREUD, 1954; FRAIBERG, 1969.
23 Vgl. dazu auch S. FREUD, „Triebe und Triebschicksale", 1915, GW X, besonders S. 228ff., und ABRAHAM, [1924] 1969.

Spitz betrachtet die sogenannte *Achtmonatsangst* als einen wichtigen Indikator dafür, daß ein Vorstellungsbild von der Mutter vorhanden ist, die das Kind befähigt, sie von Fremden deutlich zu unterscheiden. Das Kind, das in diesem Alter erstmalig mißtrauisch und prüfend den Fremden betrachtet, vergleicht dieses Wahrnehmungsbild mit den Erinnerungsspuren von dem Gesicht der Mutter. Es reagiert mit Unlust und Angst, wenn es feststellt, daß etwas im Ich als Vorstellung Vorhandenes in der Wahrnehmung der Realität nicht wiedergefunden werden kann[24]. Damit sieht Spitz die Konstanz des libidinösen Objekts erreicht[25]. Er zieht in diesem Zusammenhang (wie auch A. Freud, 1968) eine klare Trennungslinie zum kognitiven Objekt, wie es Piaget definiert hat.

„Nach meiner Ansicht zeigt dieses Verhalten an, daß das ‚Objekt' im eigentlichen Sinn gebildet worden ist. Für den Behavioristen bedeutet zweifellos die Manifestation der Achtmonatsangst lediglich, daß im optischen Bereich ein ‚Ding' konstituiert worden ist und kognitive Konstanz gewonnen hat. Sobald man aber die durch die behavioristische Methode gegebenen Grenzen überschreitet und nach dem *Sinn* des in der Achtmonatsangst gezeigten Verhaltens fragt, erkennt man, daß der Affekt, nämlich die Angst, bei dieser Erscheinung die entscheidende Rolle spielt. Es ist klar, daß das Objekt nicht nur im optischen (kognitiven) Bereich konstituiert worden ist, sondern auch – und vielleicht sollten wir sagen *vor allem* – im affektiven Bereich" (Spitz, 1967, S. 177)[26].

---

24 Vgl. S. Freud, „Die Verneinung", 1925, GW XIV; Spitz, 1957, S. 50; Fornari, 1970, S. 22.

25 Vgl. auch die Briefäußerung von Spitz, in: Fraiberg, 1969, S. 17.

26 A. Freud in einem Beitrag zur Panel-Diskussion (1968) bemerkt zur Problematik des Begriffs „object constance": „It is evidently a concept which has caused a good deal of confusion recently in analytic thinking, introduced by people who approached it not from the analytical but from the psychological side. They define object constancy as the child's capacity to keep an inner image of the object in the absence of the object in the external world. I have never used the concept in that sense and in our Clinic (i. e. Hampstead Child Therapy Clinic, London, H. N. B.) some people have followed my example.
What we mean by object constancy is the child's capacity to keep up object constancy irrespective of frustration or satisfaction. At the time before object constancy the child withdraws cathexis from the unsatisfactory or unsatisfying object. Also in times when no need or libidinal wish is present in the child, the object is considered as non-existent, unnecessary. The turning towards the object takes place again when the wish or need arises. After object constancy has been established the person representing the objects keeps this place for the child whether he satisfies or frustrates. If you use the concept this way it is related closely to the overcoming of what we call the need-satisfying phase. The need-satisfying phase is pre-object constancy; when it has been passed and the next step has been taken, object constancy comes into being. The object keeps its place. That is at least how I use it; other people may use it differently" (S. 506).
Vgl. zu den von A. Freud angesprochenen Problemen, besonders der „need-satisfying phase" und ihrer Bedeutung für die Objektbildung, die Arbeit von Edgcumbe/Burgner (1973).

Spitz sieht Objektkonstanz durch ein stabiles, konsistentes Erinnerungsbild (mental representation) von der Mutter begründet. Die Herausbildung dieses Vorstellungsbildes betrachtet er sowohl in den Begriffen der Trieborganisation (Fusion von libidinösen und aggressiven Trieben) als auch unter dem Gesichtspunkt der libidinösen Besetzung des Erinnerungsbildes (vgl. S. 184ff.). Nachdem zwischen dem achten und zehnten Monat die beiden Erinnerungsbilder vom guten (befriedigenden) und bösen (frustrierenden) Objekt bei günstiger Entwicklung weitgehend verschmolzen sind, die Bildung des Libido-Objekts somit vorbereitet worden ist, findet eine Neuverteilung der Besetzung statt.

„Infolgedessen überdauert das Erinnerungsbild des Kindes vom Objekt der Libido den vorübergehenden Sinneseindruck (sensory impression), es wird durch die aktuelle Sinneswahrnehmung (percept) nicht mehr aufgelöst. Wenn das zutrifft, dann folgt daraus, daß das Libido-Objekt auf die vorherige Konsolidierung des Sinneseindrucks von der Mutter gegründet ist. Mit anderen Worten: Der Konstanz des Libido-Objekts muß die Bildung des entsprechenden Dauerobjekts vorausgehen (das heißt, das Bild der Mutter muß im Geist des Kindes fortbestehen, wenn sie nicht da ist). Wenn das Kind heranreift, wird es fähig, immer länger abwesende Objekte mit libidinöser Besetzung zu versehen. Das Objekt der Libido ist konstituiert worden; es ist, wie wir gesehen haben, auf Abbildung im Gedächtnis und auf die Fähigkeit gegründet, Versagung zu ertragen, Befriedigung zu antizipieren" (Cobliner, 1967, S. 359).

3.2.3 Vorstellungsbilder und Gedächtnis bei der Konstituierung des (libidinösen beziehungsweise kognitiven) konstanten Objekts

Hier ergeben sich nun einige Probleme, wenn es darum geht, die Differenzen zwischen den Versuchen und Beobachtungen Piagets und den systematischen Beobachtungen von Spitz und Décarie zu klären.
Cobliner, der die Arbeiten von Spitz interpretiert, nimmt hier die Fähigkeit des evokativen Gedächtnisses (das Fortbestehen des Bildes von der Mutter, auch wenn diese nicht mehr anwesend ist) schon mit acht Monaten an, da er Spitz darin folgt, die Achtmonatsangst als einen Indikator für das Vorhandensein der Objektkonstanz zu betrachten. Mit acht Monaten befindet sich das Kind nach der Stufenfolge von Piaget aber im 4. Stadium, in dem es erst sehr begrenzte Vorstellungen von der Objektpermanenz erworben hat, die weiter eng an einen Handlungskontext gebunden bleiben. Sie setzen also eher ein rekognitives als ein evokatives Gedächtnis voraus. Cobliner gibt der 5. Stufe (frühestens ab elften Monat) ebenfalls eine neue Bedeutung, da er annimmt, daß sich auf dieser das Kriterium des evokativen Gedächtnisses für unbelebte Objekte finden lasse, was für Piaget erst mit 18 Monaten gegeben ist. Cobliner erklärt diesen Entwicklungsablauf folgendermaßen:

„Diese These, daß der Säugling zuerst das Dauerobjekt (konstante Objekt im Sinne PIAGETS, H. N. B.) herauskristallisieren muß, bevor er das Objekt der Libido erlangen kann, kann den Experimentator leicht irreführen, der allein nach der Schulpsychologie oder nach PIAGETS Begriffssystem ausgerichtet ist. Der Umstand, daß im Fall der Mutter das Dauerobjekt schon konstituiert ist, bedeutet nicht zugleich, daß der Säugling schon allgemein die Stufe des Dauerobjekts erreicht hat. Die psychoanalytische Theorie behauptet, und PIAGET stimmt mit dieser Annahme teilweise überein, daß der menschliche Partner in der geistigen Entwicklung des Kindes als Bahnbrecher dient (vgl. SPITZ, 1967, S. 191, H. N. B.). Es kann daher sehr wohl sein, daß der Säugling um den achten bis zehnten Monat das Dauerobjekt in bezug auf viele ‚Dinge' nicht konstituiert hat, besonders für diejenigen, die nicht mit ihm in Interaktion treten, wenn er sie handhabt" (COBLINER, 1967, S. 359)[27].

In der Charakterisierung der gleichzeitig erfolgenden Denkentwicklung stimmen COBLINER und SPITZ mit der Beschreibung PIAGETS von der 5. Stufe ziemlich genau überein:

„Wenn das Dauerobjekt erst einmal konstituiert ist und das Kleinkind das Objekt der Libido erlangt hat, kann es sich unbehindert geistigen Operationen und dem Denken hingeben. Es ist nun in der Lage, Dinge (Dauerobjekte) nicht nur mit den Händen zu bearbeiten, sondern auch im Geist" (COBLINER, 1967, S. 359).

„Im Denkapparat ist eine wachsende Anzahl von Erinnerungsspuren niedergelegt worden, so daß nun Denkoperationen von zunehmender Komplexität ausgeführt werden können. Diese Denkoperationen ermöglichen ihrerseits die Durchführung einer steigenden Zahl von gerichteten *Handlungsabfolgen* (das Kind sucht versteckte Gegenstände auch hinter verschiedenen Hindernissen, H. N. B.), die immer vielgestaltiger werden. Das Ingangsetzen von Denkoperationen und die daraus entstehenden Handlungsreihen stellen eine der Bedingungen für das Funktionieren von Ich-Systemen dar" (SPITZ, 1967, S. 178).

Die Differenzen in DÉCARIES (1966) Untersuchung zwischen beiden Objekt-Skalen (1. libidinösen Objektbeziehungen und 2. konstantem Objekt) ergeben sich stets an dem Punkt, an dem man evokatives Gedächtnis für das beobachtete Verhalten verantwortlich machen muß. DÉCARIE findet nach der Interpretation ihrer Daten diese Fähigkeit des evokativen Gedächtnisses für unbelebte Gegenstände schon mit 15 Monaten, also auf der 5. Stufe der sensomotorischen Entwicklung, und für das menschliche Objekt sogar mit zwölf Monaten (4. Stufe). Also bleibt auch hier eine Differenz von drei Monaten. Als problematisch erweist sich aber auch hier die Frage, welches Verhalten sich als Manifestation des evokativen Gedächtnisses interpretieren läßt. Der Ausdruck von

27 Vgl. hierzu die Beobachtungen, die McDEVITT im Masters Children's Center, New York, gesammelt hat und die ebenfalls auf eine gewisse Objektkonstanz des libidinösen Objekts (der Mutter) mit zehn bis zwölf Monaten schließen lassen (McDEVITT, 1971, S. 70ff., in seinem Diskussionsbeitrag zu GALENSONS Aufsatz „A Consideration of the Nature of Thought in Childhood Play").

Kummer beim Fortgehen eines geliebten Objekts und die Achtmonatsangst lassen aus der Sicht DÉCARIES zwar auf eine libidinöse Besetzung des menschlichen Objekts schließen, nicht aber auf die Fähigkeit, abwesende Dinge, Personen in der Vorstellung unabhängig von einer entsprechenden äußeren Wahrnehmung zu evozieren (DÉCARIE, 1966, S. 207; vgl. FRAIBERG, 1969, S. 34). Selbst wenn man argumentiert (wie COBLINER, 1967; FRAIBERG, 1969; A. FREUD, 1968; SPITZ, 1967), daß das libidinöse Objekt zuerst gebildet wird und als Wahrnehmungsobjekt Vorrang hat vor den unbelebten Gegenständen und daß die Tests, die sich mit Gegenständen allein beschäftigen, nicht die kognitiven Aspekte und Prozesse der hoch besetzten menschlichen Objektbeziehungen erfassen können, bleiben in den unterschiedlichen Interpretationen ungelöste Widersprüche.

BURGNER und EDGCUMBE (1973), die die psychoanalytische Diskussion über das Konzept der Objektkonstanz anhand des klinischen und empirischen Materials der Hampstead Child Therapy Clinic überprüften, konnten ebenfalls keine endgültige Klarheit in die widersprüchlichen theoretischen Interpretationen zu den Bildungsprozessen des konstanten Objekts bringen. Die dabei auftretenden Differenzen führen die Autoren besonders darauf zurück, daß die Herausbildung der Objektkonstanz durch die gleichzeitige Entwicklung einer Vielzahl disparater Aspekte der Es- und Ich-Funktionen mitbestimmt wird. Zu diesen die Bildung der Objektkonstanz begleitenden Entwicklungsprozessen zählen sie besonders:

- die Herausbildung der Wahrnehmung (besonders die Fähigkeit, zwischen Selbst und Objekt zu differenzieren, stabile Objekt- und Selbstrepräsentanzen zu organisieren und ein Wahrnehmungsbild des Objekts auch in dessen Abwesenheit festzuhalten);
- Stabilität der Besetzung von Objekten, das heißt, auch besonders bevorzugte Objektrepräsentanzen libidinös zu besetzen;
- die Fähigkeit zur Neutralisierung und Fusion von Trieben im Hinblick auf spezifische Objekte;
- die Fähigkeit, eine positive Bindung an ein Objekt auch unabhängig von der Befriedigung oder Frustration eigener Bedürfnisse beizubehalten;
- die Fähigkeit, ambivalente Gefühle für ein bestimmtes Objekt auszuhalten (1973, S. 329).

PIAGETS Experimente, die sich eigentlich nur mit den Barrieren der visuellen Wahrnehmung in – dem Anspruch nach – relativ affektiv neutralen Situationen beschäftigen, berühren nicht den Kern der psychoanalytischen Fragestellung, die von den in Bedürfnissituationen hervorgebrachten halluzinatorischen Bildern der Befriedigung ausgeht (vgl. FRAIBERG, 1969, S. 32).

Nach PIAGET besitzt das Kind erst am Ende der sensomotorischen Entwicklung die Fähigkeit des vorstellungsmäßigen Denkens und gelangt erst dann zum symbolischen Denken, wenn es gelernt hat, zwischen der Vorstellung eines Objekts und dem Objekt selbst zu unterscheiden.

„Piaget schließt aus der unmittelbaren Beobachtung auf eine nichtvorstellungsmäßige Phase des ‚Denkens', das nicht an ein a priori gegebenes Bild des Objekts bei Objekt-Abwesenheit gebunden ist; er konzipiert einen Reifungsprozeß, der von sensomotorischen Handlungsmustern über bildliche Vorstellungen zu symbolischem Denken und schließlich zur sozialisierten Sprache hinführt[28]. Diese Auffassung steht in scharfem Gegensatz zu der psychoanalytischen, wonach es eine angeborene Fähigkeit zur Bildung halluzinatorischer Bilder und zur Bildung von Ding- und Wortvorstellungen gibt. Aus klinischen Daten und theoretischen Rekonstruktionen wird in der psychoanalytischen Theorie die Konzeption abgeleitet, daß der erste ‚Gedanke' des Neugeborenen die Evokation einer sinnlichen Wahrnehmung ist. Das Denken entwickelt sich im Zuge der beständigen Verfeinerung der Beziehungen zwischen derartigen halluzinierten Bildern[29] und der Fähigkeit, Qualitäten realistisch zu beurteilen, wodurch es möglich wird, zwischen Halluzination, Tagtraum, Denken in Bildern und realistischem Denken zu unterscheiden... Zwar ist die früheste Wahrnehmung von Objekten noch vage und undifferenziert, aber die halluzinatorische Wunscherfüllung gilt als Reaktivierung von Sinneseindrücken, die dann zustande kommt, wenn eine Einwirkung auf Objekte selbst nicht möglich ist" (Wolff, 1974, S. 876f.).

Die psychoanalytische Theorie nimmt an, daß unter dem Einfluß des Lustprinzips das Kind zunächst seinen geistigen Tätigkeiten magische Kräfte zuschreibt, so daß jeder Wunsch unmittelbar phantasierte Aktualität wird (Allmacht der Gedanken). Die Enttäuschungen, die notwendigerweise daraus resultieren, veranlassen das Kind, sich überwiegend von den phantasierten Objekten abzuwenden und sich den realen Objekten zuzuwenden. Es verläßt damit den direkten Weg der Befriedigung durch Halluzination.

„Erst das Ausbleiben der erwarteten Befriedigung, die Enttäuschung, hatte zur Folge, daß dieser Versuch der Befriedigung auf halluzinatorischem Wege aufgegeben wurde. Anstatt seiner mußte sich der psychische Apparat entschließen, die realen Verhältnisse der Außenwelt vorzustellen und die reale Veränderung anzustreben. Damit war ein neues Prinzip der seelischen Tätigkeit eingeführt; es wurde nicht mehr vorgestellt, was angenehm, sondern was real war, auch wenn es unangenehm sein sollte" (Freud, „Formulierungen über die zwei Prinzipien des psychischen Geschehens", 1911, GW VIII, S. 231f.)[30].

Damit waren Realitätsprüfung und Realitätsprinzip eingesetzt.

---

28 Vgl. hierzu auch Piaget/Inhelder, 1972, S. 75ff.

29 Es ist zu betonen, daß stets auch sensomotorische Handlungskomplexe und besonders damit verknüpfte propriozeptive Erfahrungen halluziniert werden, die nicht – wie man hier mißverstehen könnte – als ‚starre Bilder' anzusehen sind.

30 Vgl. hierzu auch Ferenczi, [1926] 1964, I, S. 88. Zum Problem der halluzinatorischen Wunscherfüllung und zur Funktion der Realitätsprüfung vgl. auch Laplanche, 1974, S. 92ff. und 106ff., und Cohler, 1972, besonders S. 704ff.

Die Realitätsprüfung ermöglicht die Unterscheidung zwischen Vorgestelltem und Wahrgenommenem, ihr kommt die Urteilsfunktion zu, die Vorstellung an der Realität zu überprüfen; zugleich nimmt sie aber auch eine Differenzierung von Innen- und Außenwelt vor und vergleicht das in der Realität Wahrgenommene mit den Vorstellungen, was unter Umständen zu einer Korrektur der letzteren führt (vgl. SPITZ, 1957, S. 96f.).

„Die andere der Entscheidungen der Urteilsfunktion, die über die reale Existenz eines vorgestellten Dinges, ist ein Interesse des endgültigen Real-Ichs, das sich aus dem anfänglichen Lust-Ich entwickelt (Realitätsprüfung). Nun handelt es sich nicht mehr darum, ob etwas Wahrgenommenes (ein Ding) ins Ich aufgenommen werden soll oder nicht, sondern ob etwas im Ich als Vorstellung Vorhandenes auch in der Wahrnehmung (Realität) wiedergefunden werden kann (zum Beispiel die Mutter oder das versteckte Spielzeug, soweit davon schon eine Vorstellung gebildet wurde, H. N. B.). Es ist, wie man sieht, wieder eine Frage des Außen und Innen. Das Nichtreale, bloß Vorgestellte, Subjektive, ist nur innen; das andere, Reale, auch im Draußen vorhanden ... Die Erfahrung hat gelehrt, es ist nicht nur wichtig, ob ein Ding (Befriedigungsobjekt) die ‚gute' Eigenschaft besitzt, also die Aufnahme ins Ich verdient, sondern auch, ob es in der Außenwelt da ist, so daß man sich seiner nach Bedürfnis bemächtigen kann. Um diesen Fortschritt zu verstehen, muß man sich daran erinnern, daß alle Vorstellungen von Wahrnehmungen stammen, Wiederholungen derselben sind. Ursprünglich ist also schon die Existenz der Vorstellung eine Bürgschaft für die Realität des Vorgestellten. Der Gegensatz zwischen Subjektivem und Objektivem besteht nicht von Anfang an. Er stellt sich erst dadurch her, daß das Denken die Fähigkeit besitzt, etwas einmal Wahrgenommenes durch Reproduktion in der Vorstellung wieder gegenwärtig zu machen, während das Objekt draußen nicht mehr vorhanden zu sein braucht. Der erste und nächste Zweck der Realitätsprüfung ist also nicht, ein dem Vorgestellten entsprechendes Objekt in der realen Wahrnehmung zu finden, sondern es *wiederzufinden*, sich zu überzeugen, daß es noch vorhanden ist" (FREUD, „Die Verneinung", 1925, GW XIV, S. 13f.).

Die Realitätsprüfung als ein Wiederfinden von Objekten, die einst Befriedigung gebracht hatten, fanden wir besonders in dem Verhalten des Kindes, das in dem Fremden die Mutter sucht und enttäuscht mit Angst reagiert (Achtmonatsangst). Es wäre zu fragen, ob in den Versuchen PIAGETS bei den Kindern jeweils ein dringendes Bedürfnis vorhanden ist, die versteckten Objekte wiederzufinden. Es käme jeweils darauf an, wieviel und was dem jeweiligen Kind das versteckte Objekt bedeutet. Für FREUD zielt die erste psychische Tätigkeit „auf eine Wahrnehmungsidentität, nämlich auf die Wiederholung jener Wahrnehmung, welche mit der Befriedigung des Bedürfnisses verknüpft ist" („Die Traumdeutung", 1900, GW II/III, S. 571).
PIAGET hat an verschiedenen Stellen auf die zunehmende Differenzierung von Innen- und Außenwelt hingewiesen, den Stellenwert dieser Differenzierung für die Herausbildung der Objektkonstanz gesehen und die Bedeutung der Unterscheidung von Ich und anderen sowie der affektiven und kognitiven *De-*

zentrierung[31] für die weitere kognitive Entwicklung hervorgehoben. Dabei hat er pauschal auf einige psychoanalytische Autoren verwiesen, ohne aber deren genaue Forschungsergebnisse aufzugreifen (vgl. PIAGET/INHELDER, 1972, S.30ff.; PIAGET, 1972b, S.200ff.).

FREUD beschrieb die Genese der Realitätsdifferenzierung folgendermaßen:

Mittels seiner Wahrnehmungen wird das Baby sich eine erste Orientierung zu verschaffen suchen, indem es seine Muskelaktionen zum Kriterium für die Unterscheidung von ‚innen' und ‚außen' wählt. „Es wird einerseits Reize verspüren, denen es sich durch eine Muskelaktion (Flucht) entziehen kann, diese Reize rechnet es zu einer Außenwelt; andererseits aber auch noch Reize, gegen welche eine solche Aktion nutzlos bleibt, die trotzdem ihren konstant drängenden Charakter behalten; diese Reize sind das Kennzeichen einer Innenwelt, der Beweis für die Triebbedürfnisse. Die wahrnehmende Substanz des Lebewesens wird so an der Wirksamkeit ihrer Muskeltätigkeit einen Anhaltspunkt gewonnen haben, um ein ‚außen' von einem ‚innen' zu scheiden" (FREUD, „Triebe und Triebschicksale", 1915, GW X, S.212; vgl. auch S.213f.).

Die psychoanalytische Theorie wie auch PIAGET betrachten die Fähigkeit zum Aufschub von unmittelbaren Handlungen (PIAGET) oder zum Aufschub direkter Triebabfuhr (Psychoanalyse) als zentral für ein realitätsangemessenes Funktionieren des Individuums und die Entwicklung des Denkens. Diese Fähigkeit zum Aufschub schreibt PIAGET dem Erwerb von mobilen Handlungsschemata und der Konstituierung des konstanten Objekts zu. Aufschub und Umweg sind für PIAGET Aspekte ein und desselben Verhaltens. Die Psychoanalyse differenziert zwischen Aufschub und Umweg. Aufschub der Befriedigung kann erreicht werden entweder durch Umwege, zum Beispiel durch sekundärprozeßhaftes Denken, das die unmittelbare Befriedigung aufschiebt, um realistischere Wege zur Erreichung des Triebziels zu suchen, oder durch Aktivierung von Abwehrmechanismen, die verhindern, daß ein Trieb Zugang zur Motilität (Hemmung) oder zum Bewußtsein (Verdrängung) gewinnt.

Wenn keine Sublimierung stattfinden kann und auch keine Umwege zur Erreichung des ursprünglichen Triebzieles gefunden werden, führt solcher Aufschub zu einem Ansteigen der Triebspannung und zur Symptombildung oder zu anderen, primitiveren, dem Primärprozeß gehorchenden Abfuhrmodi (vgl. WOLFF, 1960, S.118). Während die sensomotorische Theorie PIAGETs als Basis jeder geistigen Aktivität Anpassungsprozesse an die Realität voraussetzt, geht

---

31 Vgl. hierzu PIAGET, 1969, S.358: „Das egozentrische Denken ist durch seine ‚Zentrierungen' gekennzeichnet, das heißt, anstatt daß es sich objektiv an die Wirklichkeit anpaßt, assimiliert es diese an die eigene Handlung, indem es die Wirklichkeit je nach dem ‚Gesichtspunkt' dieser Handlung deformiert... Es versteht sich daher von selbst, daß sich die Entwicklung in Richtung auf das Gleichgewicht hin vollzieht, das heißt in Richtung auf die Dezentration hin."

die Psychoanalyse davon aus, daß realitätsangepaßtes Denken vorrangig aus dem Widerstreit zwischen der Neigung zur unmittelbaren Triebabfuhr und den dem entgegenstehenden Realitätsbedingungen resultiert (vgl. WOLFF, 1960, S. 120).

„An Stelle der Verdrängung, welche einen Teil der auftauchenden Vorstellungen als unlusterzeugend von der Besetzung ausschloß, trat die unparteiische Urteilsfällung, welche entscheiden sollte, ob eine bestimmte Vorstellung wahr oder falsch, das heißt im Einklang mit der Realität sei oder nicht, und durch Vergleichung mit den Erinnerungsspuren der Realität darüber entschied.
Die motorische Abfuhr, die während der Herrschaft des Lustprinzips zur Entlastung des seelischen Apparats von Reizzuwächsen gedient hatte und dieser Aufgabe durch ins Innere des Körpers gesandte Innervationen (Mimik, Affektäußerungen) nachgekommen war, erhielt jetzt eine neue Funktion, indem sie zur zweckmäßigen Veränderung der Realität verwendet wurde. Sie wandelt sich zum *Handeln*.
Die notwendig gewordene Aufhaltung der motorischen Abfuhr (des Handelns) wurde durch den *Denkprozeß* besorgt, welcher sich aus dem Vorstellen herausbildete. Das Denken wurde mit Eigenschaften ausgestattet, welche dem seelischen Apparat das Ertragen der erhöhten Reizspannung während des Aufschubs der Abfuhr ermöglichten. Es ist im wesentlichen ein Probehandeln mit Verschiebung kleinerer Besetzungsquantitäten, unter geringer Verausgabung (Abfuhr) derselben" (FREUD, „Formulierungen über die zwei Prinzipien des psychischen Geschehens", 1911, GW VIII, S. 233; vgl. auch „Neue Folge der Vorlesungen...", 1933, GW XV, S. 82).

Im Prozeß der Auseinandersetzung mit wiederholten Versagungssituationen wie Hunger, Durst, Verschwinden der Bezugsperson beginnt das Kind aktiv Möglichkeiten zu suchen, um diese Frustration zu überwinden (diese dürfen allerdings ein gewisses Maß nicht überschreiten). Der Antrieb zur Bildung von Objektrepräsentanzen, die während der Abwesenheit des realen Objekts als Ersatzbefriedigung dienen, ist hierin zu sehen.
JACOBSON (1973) hat hervorgehoben, daß

„die Errichtung des Systems Ich mit der Entdeckung der Welt der Objekte und der zunehmenden Unterscheidung zwischen dieser und dem eigenen physischen und psychischen Selbst einsetzt. Aus den stetig sich vermehrenden Erinnerungsspuren lustvoller und unlustvoller, triebhafter, emotionaler, ideationaler und funktioneller Erlebnisse und aus den Wahrnehmungen, mit denen sie assoziativ verknüpft werden, erwachsen Imagines des Liebesobjektes wie auch des körperlichen und seelischen Selbst. Anfänglich vage und veränderlich, erweitern sie sich allmählich und entwickeln sich zu konsistenten und mehr oder weniger realistischen intrapsychischen Repräsentanzen der Welt der Objekte und des Selbst" (S. 30).

Man sieht, wie eng die mit der Entwicklung der Objektkonstanz (sowohl im Sinn von PIAGET als auch des libidinösen Objekts) einhergehenden kognitiven Fähigkeiten (Realitätsprüfung) mit der psychischen Entwicklung und den Erfahrungen von Lust und Unlusterlebnissen verknüpft sind.

Durch den Erwerb einer gewissen Frustrationstoleranz wird der Aufschub motorischer Abfuhr erreicht, der dann erst den komplexen Prozeß des Denkens ermöglicht. Man kann aus den Arbeiten von FREUD und SPITZ schließen, daß Denken solange nicht stattfinden kann, wie der Säugling von unmittelbarer Triebspannung beherrscht wird, das heißt, solange er von seinen Triebbedürfnissen sozusagen überschwemmt wird. Der Erwerb der Denkfähigkeit ermöglicht dann wieder eine Aggressionsabfuhr in Form gerichteter Handlungen, die neue Erfahrungen mit Gegenständen der Umwelt und damit Lustgewinn als lohnenden Ausgleich für den Aufschub verschaffen (vgl. SPITZ, 1967, S. 188).

Während die psychoanalytischen Untersuchungen immer den jeweiligen Zustand der Befriedigung oder Versagung von Bedürfnissen des Kindes mitreflektieren oder gar in den Mittelpunkt ihrer Untersuchungen stellen (SPITZ), unternahm PIAGET seine quasi-experimentellen Beobachtungen bei seinen Kindern offenbar – mit wenigen Ausnahmen – in Stadien eines relativ hohen inneren Gleichgewichts ihrer Bedürfnisspannung.

„Piagets Beschreibung der Reihenfolge der Momente, die zum vorstellungsmäßigen Denken führen, ist möglicherweise nur unter der Voraussetzung eines hohen Grades von Triebbefriedigung gültig; unter Bedingungen innerer Spannung oder im Verhältnis zu bestimmten Triebobjekten mag eine andersartige Reihenfolge auftreten. Es ist beispielsweise denkbar, daß das Kind im ersten Lebensjahr kaum artikulierte, ganzheitliche Bilder von Triebobjekten immer dann halluziniert, wenn die Triebspannung eine gewisse Intensität übersteigt..." (WOLFF, 1974, S. 879).

Die unterschiedliche Verwendung des Begriffs „Vorstellungsbild" (mental representation) und die ihm zugeschriebenen Bedeutungen in der Psychoanalyse einerseits und bei PIAGET andererseits erschweren den Vergleich der unterschiedlichen Forschungsergebnisse. In der psychoanalytischen Theorie wird von Vorstellungsbildern in verschiedenen Zusammenhängen und in bezug auf ein breites Spektrum kognitiver Akte, von den primitiven Halluzinationen bis zu komplexen geistigen Operationen und dem symbolischen Denken, gesprochen. Man muß sich hierzu an FREUDS Unterscheidung von Sach- und Wortvorstellung erinnern. Die primitive Halluzination des Kindes ist die Sachvorstellung, die für ein Äquivalent des früher wahrgenommenen und jetzt abwesenden Objekts genommen wird; sie ist die gelebte Szene, die das Befriedigungserlebnis reproduziert.

„Die bewußte Vorstellung umfaßt die Sachvorstellung plus der zugehörigen Wortvorstellung, die unbewußte ist die Sachvorstellung allein" (FREUD, „Das Unbewußte", 1913, GW X, S. 300). Mit letzterer haben wir es hauptsächlich in den ersten beiden Lebensjahren zu tun, an deren Ende erst die Entwicklung der Sprache steht.

In den psychoanalytischen Arbeiten ist nicht immer eindeutig, welcher Art und Komplexität die Vorstellungsbilder sind, auf denen die Bildung des libidinösen Objekts beruht (vgl. FRAIBERG, 1969, S. 21; NOY, 1974).
In einer Diskussion zwischen BERES und A. FREUD (1968) bezeichnet BERES im Zusammenhang mit Objektkonstanz „mental representation" als die Fähigkeit des Kindes, das Bild der Mutter auch in ihrer Abwesenheit hervorzurufen. Er spricht also vom evokativen Gedächtnis, das die Fähigkeit symbolischer Operationen voraussetzt, die von den meisten Autoren und PIAGET erst mit 18 Monaten angenommen wird (vgl. auch BERES, 1970). Dagegen behauptet A. FREUD, daß die Fähigkeit, ein inneres Bild zu bewahren, vor der Bildung von Objektkonstanz vorhanden sei, diese beginnt für sie bereits in der Mitte des ersten Lebensjahres (zwischen dem sechsten und achten Monat; vgl. SPITZ). Hier sei aber hinzugefügt, daß sie wohl mit ‚innerem Bild' das halluzinatorische Bild meint, das doch an bestimmte Bedürfnissituationen gebunden ist. Daß es in Abwesenheit des realen Objekts wieder besetzt werden kann (halluzinatorische Wunscherfüllung) und die spätere Suche nach dem befriedigenden Objekt leitet, bedeutet aber noch nicht, daß es unabhängig von den Triebbedürfnissen evoziert werden kann (vgl. hierzu auch RUBINFINE, 1962). Man muß wohl auch davon ausgehen, daß diesem Vorstellungsbild eine geringere Komplexität zukommt als den mit evokativem Gedächtnis verknüpften Bildern des zweiten Lebensjahres (vgl. FRAIBERG, 1969, S. 22).
PIAGET dagegen wendet sich eindeutig gegen das Konzept der halluzinatorischen Wunscherfüllung und die Auffassung der „Assoziationspsychologie", die das „Bild als eine Fortführung der Wahrnehmung und als ein Element des Denkens, das nur darin bestanden hätte, die Empfindungen und Bilder untereinander zu verbinden", betrachte (PIAGET/INHELDER, 1972, S. 75; vgl. PIAGET, 1969, S. 238ff.). Für ihn können ‚innere Bilder' erst zum Zeitpunkt der Entwicklung der „semiotischen Funktion" und des symbolischen Denkens, also mit etwa 18 Monaten, auftauchen (vgl. auch PIAGET, 1969, S. 94ff.).
‚Vorstellung' oder ‚Repräsentation' verwendet PIAGET in zwei verschiedenen Bedeutungen:

„Im weitesten Sinne vermengt sich der Terminus ‚Repräsentation' mit dem Begriff des Denkens, das heißt mit allen Formen der Intelligenz, die sich nicht einfach auf die Wahrnehmungen und die Bewegungen (sensomotorische Intelligenz), wohl aber auf ein System von Begriffen oder von geistigen Schemata stützen. Im engeren Sinne ist die Repräsentation auf das geistige Bild reduziert, auf das Erinnerungsbild, das heißt, auf die symbolische Evokation abwesender Realitäten. Es dürfte im übrigen klar sein, daß diese beiden Arten von Repräsentation, die begrifflich eng oder weit gefaßte, untereinander Beziehungen aufweisen. Der Begriff ist ein abstraktes Schema und das Bild ein konkretes Symbol. Aber wenn man auch das Denken nicht mehr auf ein System von bildhaften Vorstellungen reduziert, so können doch alle Denkformen von Bildern begleitet sein, denn wenn ‚Denken' darin besteht, Bedeutungen miteinander zu verknüpfen, dann wäre das Vorstellungsbild ein ‚Zeichen', und der Begriff wäre das ‚Bezeichnete'... Wir wollen also von jetzt an die Repräsentation im weiteren Sinne die ‚begriffliche Repräsentation' nennen und die Repräsentation im engeren Sinne die ‚symbolische oder bildhafte Vorstellung' oder kurz: ‚Symbole' und ‚Bilder'" (1969, S. 90).

Wie auch FURTH (1972) gezeigt hat, hält PIAGET diese Unterscheidung leider nicht immer durch. Es wäre dagegen zu prüfen, ob PIAGETS schon erwähnte Unterscheidung zwischen „rekognitivem (das heißt wiedererkennendem) Gedächtnis", das sich auf Wahrnehmungsschemata bezieht, und dem „evokativen Gedächtnis", das auf einem inneren Bild beruht, auch für die psychoanalytische Fragestellung hilfreich ist. (Hinzu kommt noch das „rekonstruktive Gedächtnis", das auf der Nachahmung aufbaut und eine Zwischenform zwischen den ersten beiden darstellt – vgl. FURTH, 1972, S. 255.)
Im Gegensatz zur Psychoanalyse, die vom Konzept der „Erinnerungsspuren" ausgeht, gibt es für PIAGET in der frühen Kindheit (den ersten beiden Lebensjahren) keine Erinnerung,

„weil es noch kein Gedächtnis im Sinne der Evokation gibt, das fähig wäre, die Erinnerungen zu organisieren. Das Gedächtnis im Sinne des Wiedererkennens impliziert keineswegs die Fähigkeit, Erinnerungen zu evozieren (hervorzurufen), denn diese setzt das geistige Bild voraus, die innere Sprache und den Beginn der begrifflichen Intelligenz" (1969, S. 240).

Während das evokative Gedächtnis also auf der Fähigkeit beruht, ein inneres Bild ohne äußeren Stimulus zu evozieren, ist das wiedererkennende Gedächtnis – so meint PIAGET – nicht auf das Vorhandensein eines inneren Bildes angewiesen. Für ihn ist jedes sensomotorische Verhalten auch mit einem ‚Wiedererkennen' im Sinne eines wiederholten neuen Entdeckens verbunden. „Hier kann es sich nochmals nur um Handlungsschemata handeln, nicht aber um Vorstellungsbilder, die als Bilder im Unbewußten selbst deponiert wären (was ja wieder auf eine zweite Art von Bewußtsein hinausliefe)" (PIAGET, 1969, S. 241; vgl. auch 1972b, S. 156–160; 1974, S. 16).
Hier scheint ein Widerspruch in der Definition des *rekognitiven Gedächtnisses* zu liegen. Entweder meint PIAGET, daß aufgrund einer bestimmten Anreizsituation punktuell die Erinnerung an eine frühere Situation evoziert wird, in der ein bestimmtes Schema angewendet wurde; dann muß die Erinnerung daran in einem ‚Gedächtnis' gespeichert worden sein. Formulierungen wie die folgende scheinen diese Interpretation nahezulegen:

„In der Rekognition ist das Vorbild gegenwärtig und wahrnehmbar; das Gedächtnis hat hier bloß die Funktion, das besondere Vorbild als im Gegensatz zu anderen Vorbildern schon einmal wahrgenommenes wiederzuerkennen" (PIAGET, INHELDER und SINCLAIR, 1972, S. 232; vgl. dagegen FURTH, 1972, S. 338).

Oder PIAGET schließt die Möglichkeit der punktuellen, durch äußeren Reiz hervorgerufenen Evokation eines Erinnerungs*bildes* auf der Stufe der sensomotorischen Entwicklung aus; dann ist es unsinnig, von einem rekognitiven, das heißt wiedererkennenden, das heißt von einem ‚jetzt' und ‚früher' vergleichenden Gedächtnis zu sprechen. Es handelt sich dann also entweder nur um die vom ‚Organismus' auf einer bestimmten Stufe erworbene Fähigkeit, *ohne* Erinnern und Vergleichen mit früheren Erfahrungen ein bestimmtes Handlungsschema wiederholt jeweils neu zu entdecken und anzuwenden (was nur für einen naiven Beobachter wie ein Wiedererkennen aussieht), oder/und es handelt sich um ein im deskriptiven Sinn stets unbewußt bleibendes Gedächtnis/Erinnern.

Das Problem des Gedächtnisses stellt sich als ein Problem der definitorischen Abgrenzung: „Nicht jede Erhaltung der Vergangenheit ist Gedächtnis, denn ein Schema (vom sensomotorischen Schema bis zu den operativen Schemata: Klassifizierung, Aneinanderreihung usw.) bleibt auch unabhängig vom Gedächtnis durch sein Funktionieren erhalten, oder, wenn man es so vorzieht, das Gedächtnis eines Schemas ist dieses Schema selbst.
Man darf deshalb annehmen, daß das, was man üblicherweise Gedächtnis nennt, falls man von allen Überbleibseln der Psychologie der Fähigkeiten absieht, nichts anderes ist als der bildhafte Aspekt der Schematasysteme in ihrer Totalität von den elementaren sensomotorischen Schemata (wo der bildhafte Aspekt das perzeptive Wiedererkennen ist) bis zu den höheren Schemata, deren bildhafter Aspekt erinnerungsmäßiger Ordnung die Bild-Erinnerung wäre" (PIAGET/INHELDER, 1972, S. 86).

PIAGET richtet sich hier gegen die psychoanalytische Theorie des Unbewußten. Man muß aber korrigieren, daß das Konzept der „Erinnerungsspuren" besagt, daß zwar alle Ereignisse als Erinnerungsspuren in verschiedenen Systemen niedergeschrieben sind, sie auch dauernd erhalten bleiben, aber die Möglichkeit ihrer Reaktivierung von der Art der Besetzung, der Entziehung der Besetzung oder Gegenbesetzung abhängt[32]. PIAGET, der das Konzept des Unbewußten ablehnt, übersieht aber auch FREUDS Unterscheidung zwischen Vorbewußt und Unbewußt, die dieser mit einer Unterscheidung zwischen zwei Erinnerungssystemen vergleicht (vgl. FREUD, „Die Traumdeutung", 1900, GW VII, Kap. 7; vgl. weiter unten Abschnitt 4.3.3).

„Alle Erinnerungssysteme sind unbewußt im ‚deskriptiven' Sinne, aber die Spuren des Systems Ubw können so, wie sie sind, nicht zum Bewußtsein gelangen, während die vorbewußten Erinnerungen (das Gedächtnis im gewöhnlichen Sinn des Wortes) in dieser oder jener Verhaltensweise aktualisiert werden können" (LAPLANCHE/PONTALIS, 1972, S. 139).

32 Zur Frage der Möglichkeit von Erinnerungen in den ersten Lebensjahren und nachträglich an diese Zeit vgl. WÄLDER, 1936, S. 520ff.

Piaget nimmt an, daß das Kleinkind einen Gegenstand oder eine Person wiedererkennt,

„soweit es auf sie reagieren kann, wie es das vorher getan hat, und es sind diese sensomotorischen Schemata, die sich in Erinnerungsbildern fortsetzen werden, ... Aber diese Übertragung des aktiven Wiedererkennens in das vorstellungsmäßige Evozieren setzt die ganze Organisation der interiorisierten Intelligenz voraus...“ (Piaget, 1969, S. 241).

Auch Furth (1972) verstrickt sich bei seiner Darstellung der Problematik in Widersprüche:

„Wie in allen anderen Formen sensomotorischen Erkennens vollzieht sich das Wiedererkennen im Akt des bedeutungsvollen Reagierens auf ein bestimmtes Objekt und erfordert keinerlei repräsentationale Präsenz“ (S. 214).

Für Piaget beruht das Gedächtnis im strengen Sinn auf der

„Verwendung figurativer Elemente, perzeptueller für die Rekognition und bildhafter für die Evokation sowie imitativer im strengen Sinne für ‚Rekonstruktion‘, die wir zwischen der Rekognition und der Evokation einordnen“ (Piaget, Inhelder und Sinclair, 1972, S. 224).

So unterscheidet er die Wahrnehmung, die Nachahmung und das Bild als die figurativen Aspekte der kognitiven Funktionen von den operativen Aspekten (vgl. Piaget/Inhelder, 1972, S. 76). Fraiberg (1969) hat herausgearbeitet, daß sich einige Phänomene, die auf das Vorhandensein eines gewissen mehr oder weniger komplexen Bildes des libidinösen Objekts schließen lassen, wie zum Beispiel die Achtmonatsangst, frühe Versteckspiele, mit der Fähigkeit des rekognitiven Gedächtnisses besser erklären lassen als mit dem Verweis auf das evokative Gedächtnis.
Die Angst, mit der das Kind im Alter von etwa sieben bis zehn Monaten auf das Gesicht des Fremden reagiert, ist sicherlich als ein Zeichen für seine Fähigkeit anzusehen, zwischen bekannten und unbekannten Gesichtern, unbesetzten und besetzten Objekten zu unterscheiden. Aber der Akt des Nichtwiedererkennens demonstriert, daß das rekognitive Gedächtnis schon eine gewisse Komplexität erreicht hat (vgl. Fraiberg, 1969, S. 23). Spitz hatte betont, daß die Angst als eine Reaktion auf das ‚Nichtwiederfinden‘ der Mutter in der Realität zu interpretieren sei; das erfordert aber noch nicht die Fähigkeit, das Bild der verlorenen Mutter unabhängig von dem Erlebnis eines fremden Gesichts, das aber auch (wie das Bild ‚Mutter‘) ein Gesicht ist, zu evozieren (vgl. Fornari, 1970, S. 159).
Das Phänomen der Achtmonatsangst setzt einerseits bereits die Existenz eines rudimentären Vorstellungsbildes von einer Summe von Reizen, die die Mutter auslöste, voraus, das durch äußere Reize, qua *rekognitives* Gedächtnis, reakti-

viert wird. Die Reaktivierung kann gerade, weil eine personale Integration der Reize in der Vorstellung wohl noch nicht erfolgen kann, auch durch scheinbar identische Reize (fremdes Gesicht) ausgelöst werden, deren partielle Nichtidentität mit der bestimmten Erinnerungsspur ‚Gesicht der Mutter' dann bereits entdeckt wird.

Andererseits ist dieses Bild noch nicht so strukturiert, daß darin Vorstellungen über den Zusammenhang der durch die Mutter vermittelten Befriedigungserlebnisse, über ihre Zugehörigkeit zu so etwas wie einer identisch bleibenden Person enthalten sind.

Beide Bedingungen müssen erfüllt sein, damit diese spezifisch objektgerichtete Angst überhaupt entstehen kann: einerseits die über rekognitives Gedächtnis erzeugte Angst, daß die positiven Reize, die mit der Wahrnehmung bestimmter Signale (Gesicht u.a.) verbunden werden, nicht wiederkehren; andererseits die Unmöglichkeit, schon ein so ‚stabiles' oder derart strukturiertes Bild von ‚Mutter' zu entwickeln, das bereits so etwas wie ein – zeitlichen Aufschub ermöglichendes – Vertrauen in die Wiederkehr dieser Reize umfaßt.

Im Laufe der kindlichen Entwicklung dehnt sich das rekognitive Gedächtnis aus und transformiert sich durch ständige Wiederholung zum evokativen Gedächtnis, das heißt, es trägt langsam zum Aufbau eines stabilen, konstanten inneren Bildes bei, das unabhängig von der äußeren Wahrnehmung wird (vgl. auch FRAIBERG, 1969, S. 24).

Sehr gut läßt sich das am frühen Versteckspielen, dem Guck-guck-Spiel kleiner Kinder von sechs bis zehn Monaten, beobachten. Je jünger das Kind ist, desto weniger Ernst darf der Erwachsene mit dem Verstecken seiner Person machen. Das Kind wird auf das völlige Verschwinden des geliebten Erwachsenen anfangs mit Angst reagieren, nimmt es doch an, er sei für immer verschwunden. Das innere Bild ist also noch nicht fest mit der Vorstellung verbunden, daß die Person auch weiter existiere, wenn sie nicht mehr sichtbar ist.

Darum ist das Guck-guck-Spiel, in dem der Erwachsene sich nur teilweise versteckt oder sein Gesicht bedeckt und wieder zeigt, so reizvoll für das Kind, da es sofort wieder die Bestätigung erhält: er ist nicht wirklich weg. Noch bedeutender wird dieses Spiel, wenn das Kind selbst ein Tuch oder die Hände vor das Gesicht zieht und wieder wegnimmt, es den Erwachsenen also selbst verschwinden lassen und wieder herbeirufen kann. Auch PIAGET berichtet von solchen Versteckspielen und zeigt, daß das Kind zwischen dem fünften und siebenten Monat einen unbelebten Gegenstand, der vollkommen versteckt wird, nicht zu suchen vermag (vgl. DÉCARIE, 1966, S. 42). So hilft dieses Spiel auch bei der Bemeisterung von Trennungsängsten[33] und im Prozeß der Tren-

---

33 In diesem Sinn funktionierte auch das von FREUD interpretierte „Spule-Spiel" – vgl. S. FREUD, „Jenseits des Lustprinzips", 1920, GW XIII. Vgl. dazu auch *Teil A*, Abschnitt 3.1.2.

nung und Individuation (MAHLER, 1965; MAHLER/FURER, 1963). Weiterhin kommt ihm auch eine zentrale Rolle für die Realitätsprüfung zu, indem es hilft, die Unterscheidung von Außen und Innen, Ich und Nicht-Ich, zu gewinnen (vgl. KLEEMAN, 1967).

Die Angst vor Fremden schwächt sich mit etwa 12 bis 13 Monaten immer stärker ab. Daraus kann man auf eine entsprechende kognitive Entwicklung schließen, die einen Schritt zur Unabhängigkeit des inneren Bildes von der äußeren Wahrnehmung bedeutet.

Diese Entwicklung ist aber mit Triebfaktoren eng verknüpft. FORNARI (1970) hat ergänzend zur Erklärung der Achtmonatsangst durch SPITZ auf weitere Gesichtspunkte aufmerksam gemacht, die besonders den engen Zusammenhang von libidinösen und kognitiven Faktoren beleuchten.

Er ist der Ansicht, „daß die Angst vor dem Fremden durch einen regelrechten Übertragungsprozeß von Inhalten der Innenerfahrung auf den Fremden zustande kommt – Inhalten, die das Kind in den vorangehenden Monaten stetig entwickelt hat. Die Fähigkeit der Unterscheidung zwischen Mutter und Fremdem scheint uns daher nicht so sehr (oder einfach) durch ein realistisches Erlernen bestimmt zu werden als vielmehr durch einen Projektionsprozeß, welcher dem Fremden eine Bedeutung zuweist, die der realistische Lernvorgang nicht zu erfassen vermöchte.

Die durch die Angst vor dem Fremden aufgeworfenen Probleme scheinen somit am ehesten geeignet, die enge Verknüpfung zwischen Trieb- und kognitiven Faktoren ins Licht zu rücken; sie zeigen, wie die kognitiven Faktoren weit davon entfernt sind, selbständig erlebt zu werden, sondern ihre Orientierung entscheidend an der mit dem Triebleben verbundenen projektiven Aktivität finden. Die Identifikation der bereits bekannten menschlichen Gestalt mit dem Freund-Objekt und der vorher unbekannten menschlichen Gestalt mit dem Feind-Objekt ist nicht verständlich ohne die Hypothese, daß am diakritischen Lernen des Kindes im achten Lebensmonat eine Vielzahl projektiv erarbeiteter Trieberfahrungen beteiligt sind. Mit der Achtmonatsangst externalisiert das Kind eine illusionäre Realität, innerhalb derer der Fremde zum Feind wird, in die Welt“ (1970, S. 160).

FRAIBERG (1969) meint, daß die Trennungsangst und die Fähigkeit des Kindes (zum Beispiel mit etwa zwei Jahren), über einen längeren Zeitraum die Trennung von der Mutter zu tolerieren, als die zwei Pole anzusehen seien, zwischen denen sich die Entwicklung zu einem stabileren und komplexeren Vorstellungsbild von der Mutter (oder anderen libidinösen Objekten) vollzieht.

Die ‚Toleranz der Trennung‘ ist sicher eher als die Achtmonatsangst als ein Indikator für ein *stabiles* und von intensiven äußeren wie inneren Stimuli unabhängiges Vorstellungsbild anzusehen.

Darum verbindet MAHLER (1965, S. 167) Objektkonstanz (im Sinne PIAGETS) mit dem Vorhandensein eines stabilen Vorstellungsbildes von dem libidinösen Objekt, das das Kind befähigt, die Trennung von der Mutter für längere Zeit zu ertragen, und es somit für die Kindergruppe reif macht. Sie sieht diese Fähigkeit erst mit etwa zwei Jahren gegeben und hat die Phasen dieses Individuierungsprozesses, die auch die zunehmende Stabilität des Vorstellungsbildes libidinöser Objekte erkennen lassen, beschrieben (vgl. auch SPEERS u. a., 1971).

Für das evokative Gedächtnis folgert FRAIBERG (1969): Wenn das Kriterium für die Möglichkeit eines evokativen Gedächtnisses in bezug auf relativ bedürfnisferne Objekte in der Unabhängigkeit des Bildes von einem Stimulus oder der Wahrnehmung eines Zeichens besteht, muß es ein korrespondierendes Kriterium für die Möglichkeit eines Bildes eines bedürfnisbefriedigenden Objektes geben, demzufolge das Bild auch unabhängig vom Stimulus des objektbezogenen Bedürfnisses gebildet werden kann. In dieser Formulierung ist das halluzinatorische Bild der Bedürfnisbefriedigung kein Ausdruck des evokativen Gedächtnisses, sofern es gerade an einen *spezifischen* Stimulus (ein Signal oder Bedürfnis) gebunden ist, auch dann nicht, wenn man die Halluzination von Befriedigungssituationen als eine Art Evokation abwesender Realitäten darstellen könnte und sie als ein wichtiges Verbindungsglied in der Entwicklung geistiger Operationen betrachtet. Evokatives Gedächtnis (im strengen Sinn) bezogen auf libidinöse Objekte – so formuliert FRAIBERG – sei die Produktion eines geistigen Bildes, das *relativ* unabhängig von den Stimuli der exterozeptiven Erfahrungen und den Stimuli der Triebe und Bedürfniszustände ist (S. 45).
Zu den Folgerungen von FRAIBERG wäre zu fragen, ob ein von ‚inneren' Stimuli unabhängiges Vorstellungsbild (evokatives Gedächtnis) in bezug auf ein libidinöses Objekt überhaupt möglich ist. Würde das nicht gerade dem Begriff von libidinöser Besetzung widersprechen?

4

Symbolfunktion und Symbolspiel in PIAGETs Entwicklungsmodell

4.1 Sprache und Spielsymbole

Wir hatten bereits skizziert, wie sich am Ende der sensomotorischen Periode, zwischen eineinhalb und zwei Jahren, erste „symbolische Schemata" und Vorformen des Symbolspiels entwickeln, die entscheidend durch die zu diesem Zeitpunkt sich entwickelnde Fähigkeit zur aufgeschobenen Nachahmung und den Erwerb des repräsentativen Denkens gefördert und geprägt werden. Diese mit dem zweiten Lebensjahr auftretenden Verhaltensweisen beruhen alle auf der *Vorstellung eines abwesenden Gegenstandes* und setzen die Verwendung differenzierter „Zeichen" voraus.

Die Fähigkeit, das einmal „Erkannte" auch mittels eines differenzierten Zeichens, wie zum Beispiel Sprache, inneres Bild, symbolische Geste, zu repräsentieren, nennt PIAGET die *symbolische Funktion* [1].

Mit dem Auftreten der Symbolfunktion und der Entwicklung der Sprache (mit eineinhalb bis zwei Jahren) beginnt die bis zum vierten Lebensjahr dauernde Periode des vorbegrifflichen und symbolischen Denkens, die eine Neustrukturierung der Intelligenz hervorbringt und der Wahrnehmung und Motorik das Bildlich-Vorgestellte hinzufügt (PIAGET, 1970, S. 138) [2].

Gerade weil die Vorstellung eines abwesenden Objektes eine Bedingung des symbolischen Spiels ist, kommt diesen Spielformen für die Analyse der Entwicklung des Denkens ein besonderer Stellenwert im System PIAGETs zu. Auf die diesen Spielen zugrundeliegende Form der geistigen Organisation trifft – nach Piaget – das erste Mal der Begriff „Denken" zu [3].

1 In letzter Zeit hat PIAGET dafür den Begriff „semiotische Funktion" eingeführt, um einerseits sorgfältiger zwischen Zeichen und Symbolen unterscheiden zu können und andererseits mit diesem Ausdruck „die Funktionsweisen zu bezeichnen, die sich auf das System der differenzierten Zeichen beziehen" (PIAGET/INHELDER, 1972, S. 61).

2 Vgl. auch die Arbeit von GALENSON (1971). Sie untersucht die dem kindlichen Spiel zugrundeliegenden geistigen Strukturen und analysiert – PIAGETs Ansatz mit dem der psychoanalytischen Theorie vergleichend – den damit verknüpften Prozeß der Symbolbildung. Zum Zusammenhang von Körper-Symbolisierungen und der Entwicklung der Sprache siehe auch die Arbeit von KUBIE (1934).

3 Vgl. den Bericht von SINCLAIR (1970) über eine an die Arbeiten PIAGETs anknüpfende longitudinale Untersuchung zur Frage des Übergangs von der Phase der sensomotorischen Aktivität zur Stufe der symbolischen Denkfähigkeit und zur Bedeutung dieser transitorischen Phase für den Spracherwerb. Vgl. auch FRANKLINS (1973) und V. STERNS (1973) Untersuchungen des repräsentativen Denkens in den frühkindlichen Symbolspielen und die Arbeit von CURRY und ARNAUD (1974) zu den kognitiven Grundlagen des spontanen kindlichen Rollenspiels.

Bei der Entstehung und Herausbildung des Vorstellungsbildes spielt die *Nachahmung* eine wichtige Rolle. Sie kann zunächst als die sensomotorische Vorwegnahme und Vorform der Vorstellung begriffen werden, basiert also anfangs noch ganz auf den Handlungen, setzt aber später, mit der Fähigkeit zur aufgeschobenen Nachahmung, schon ein inneres Bild voraus, ja das innere Bild selbst kann – nach PIAGET – als eine internalisierte Form der Nachahmung begriffen werden (PIAGET, 1969, S. 94ff. und 210; 1972b, S. 271; FURTH, 1972, S. 133).

Dem *inneren Bild* und damit dem repräsentativen Denken kommt für die Entwicklung des symbolischen Spiels eine wichtige Rolle zu. Im Zusammenhang mit PIAGETS Begriff des konstanten Objekts, das sich auch erst mit der 6. Stufe der sensomotorischen Entwicklung zu konstituieren beginnt, hatten wir bereits auf seine Begriffsbildungen zum inneren Bild, zur aufgeschobenen Nachahmung und zum Symbol sowie die zwischen ihnen bestehenden Zusammenhänge hingewiesen. Den *Begriff* hatte PIAGET ein „abstraktes Schema" und das Bild ein „konkretes Symbol" genannt (1969, S. 90). Er wendet sich wiederholt gegen die Hypothese, daß das innere Bild „einfach eine Verlängerung der Wahrnehmung sei". Dagegen scheint für ihn klar zu sein, daß „das geistige Bild, das heißt das Symbol, insofern es Kopie oder innere Reproduktion des Objektes ist", das Produkt der Interiorisation der Nachahmung selbst ist (S. 94).

PIAGET schließt aus dem gleichzeitigen Auftreten erster symbolischer Schemata, den einfachen Formen symbolischen Spiels und der aufgeschobenen Nachahmung, und zwar zu einem Zeitpunkt, da die Sprache sich gerade erst zu entwickeln beginnt, daß die Benutzung der Sprache die Entwicklung einer *allgemeineneren Symbolfunktion voraussetzt*, einer Symbolfunktion, die *umfassender als die Sprache ist.* Sie geht damit über die Verwendung verbaler und sozialer Zeichen hinaus, die von „Symbolen im strengeren Sinn" (das heißt den Bildern, „die in der Entwicklung der Nachahmung, des Spiels und sogar der kognitiven Repräsentation auftreten") zu unterscheiden sind (1969, S. 348)[4]. Diese symbolische oder semiotische Funktion manifestiert sich in verschiedenen Erscheinungsformen:

„Ob es sich um die aufgeschobene Nachahmung (nicht: Wahrnehmung = Übersetzungsfehler, H. N. B.), das symbolische Spiel, die Zeichnung, die inneren Bilder und Bild-Erscheinungen oder die Sprache handelt, sie ermöglicht immer die vorstellungsmäßige Evokation nicht aktuell wahrgenommener Gegenstände oder Ereignisse. Sie macht so das Denken möglich, indem sie ihm im Gegensatz zu den viel engeren Grenzen der sensomotorischen Aktion und der Wahrnehmung ein unbegrenztes Anwendungsfeld liefert, doch sie selbst (das heißt die semiotische Funktion, H. N. B.) macht umgekehrt

4 Zu PIAGETS Theorie der Sprachentwicklung vgl. auch MOERK (1975).

nur unter der Leitung und dank den Beiträgen dieses Denkens oder dieser vorstellungsmäßigen Intelligenz Fortschritte" (PIAGET/INHELDER, 1972, S. 94; vgl. PIAGET, 1969, S. 348).

Die Symbolfunktion ermöglicht, zwischen „*Bedeutungsträgern* (Zeichen und Symbolen) und *Bedeutung* (Objekte oder Ereignisse, beide schematisiert oder in Begriffe gebracht)" zu unterscheiden (PIAGET, 1972b, S. 272; vgl. 1970, S. 140) und die letzteren durch die ersteren zu repräsentieren.
Auf der sensomotorischen Stufe haben wir es nur mit *Anzeichen* oder *Signalen* zu tun, die PIAGET von den *Symbolen* und *Zeichen* unterscheidet. Im Gegensatz zu den letzteren sind die Anzeichen und Signale als Bezeichnung von dem Bezeichneten relativ wenig differenziert und setzen keine Vorstellungen voraus, „sie führen zum Bedeutungsgehalt wie ein Teil zum Ganzen oder die Mittel zu den Zwecken, anders als ein Zeichen oder Symbol es gestattet, durch das Denken ein Objekt oder Ereignis sogar in seiner Abwesenheit heraufzubeschwören" (PIAGET, 1972b, S. 272; vgl. 1969, S. 349f.).
Die Symbolfunktion macht die Aneignung der *Sprache*, das heißt der *kollektiven Zeichen* (Wörter), möglich. Diese verbalen Zeichen sind „willkürlich" oder konventionell, das heißt „vereinbarte Bedeutungsträger" (1972b, S. 270; vgl. 1969, S. 90, 131, 210).
Im Gegensatz dazu sind die *Symbole* im engeren Sinn „motivierte", für das sie benutzende Individuum „sinnvolle" Zeichen, die durch eine gewisse Ähnlichkeit mit dem Bezeichneten charakterisiert sind. Man könnte sie auch „private Symbole" nennen, PIAGET scheint sie einer entwicklungsgeschichtlich frühen egozentrischen Phase zuzuordnen (vgl. FURTH, 1972, S. 161; FLAVELL, 1963a, S. 155). Die Sprache und das verbale Zeichensystem setzen nach PIAGET immer schon eine soziale Beziehung voraus, „während die Sinnhaftigkeit (...), die dem Symbol eigen ist, auch das Produkt eines rein individuellen Denkens sein könnte", wie PIAGET es im Spiel des kleinen Kindes ausgedrückt findet (1969, S. 131).
PIAGET weist darauf hin, daß gleichzeitig mit der Sprache, dem System der kollektiven Zeichen, auch die ersten Spielsymbole, das heißt individuelle Bedeutungsträger und private Bezeichnungen auftauchen, und stellt die Frage, ob man daraus auch folgern könne,

„daß das Symbol auch in seiner spielerischen Form das Zeichen und die Sprache voraussetzt, insofern als es wie diese letzteren auf einem Faktor der Darstellungsfunktion beruht? Dieser Faktor wäre als Produkt des sozialen Austausches zu begreifen, der also dem Austausch und der intellektuellen Kommunikation zuzuschreiben wäre" (1969, S. 131).

PIAGET verneint aber diese Hypothese und hält den „Rekurs auf das globale Konzept des ‚sozialen Lebens'" als für die Psychologie unzulässig (1969,

S. 91). Er meint, daß die gleichzeitige Entstehung der Sprache und Verwendung individueller Symbole sich allein aus den Transformationen der Intelligenz und der Struktur des kindlichen Denkens ergeben (S. 135, 213).

Die gleichzeitige Herausbildung der unterschiedlichen semiotischen Funktionen (soziale Sprache/private Symbole) müßte aber im Sinne PIAGETS noch nicht zur Folge haben, das Kleinkind als isoliertes Individuum zu begreifen, das aus sich heraus die Symbole produziert. Gerade auch seine individuellen Symbole und deren spezifisch ‚privatsprachliche' Konnotationen sind durch die Interaktionsformen mit seinen libidinösen Objekten und die durch sie vermittelten Erfahrungen beeinflußt[5].

Das Interessante für PIAGET ist hingegen, daß das geistige Bild, das dem Symbol zugrunde liegt, individuell ist,

„weil es dem Individuum allein eigen ist und nur dazu dient, seine persönlichen Erfahrungen wiederzugeben, so daß es eine unersetzbare Rolle neben dem System der kollektiven Zeichen beibehält. Darum bleibt die interiorisierte Sprache, wenn sie auch innerlich ist, viel sozialisierter als das Vorstellungsbild, und sie bewahrt auch stets eine Tendenz, sich zu exteriorisieren: Sie ist auf allen Stufen daher die Skizze eines möglichen äußeren Sprechens. Dagegen enthält die Transformation der Nachahmung in Vorstellungsbilder einen viel größeren Anteil echter Interiorisation: Bis in die Tagträumerei, ja selbst bis in den Traum hinein, wandelt sich die Nachahmung von erlebten Szenen sowie von Personen und Dingen, wobei die kleinen Einzelheiten oft besonders genau nachgeahmt werden, in Vorstellungsbilder. Zumindest ist hier einer der Pole zu sehen, nach dem sich das Symbol orientiert" (1969, S. 96).

Durch den Erwerb des konventionellen Zeichensystems ist das Kind in der Lage, sich

„nicht-präsente Situationen zu vergegenwärtigen ... (und) damit die Schranken der unmittelbaren Wahrnehmung zu überwinden, während die sensomotorische Intelligenz fast ganz innerhalb solcher Grenzen gefangen ist. Zudem werden dank der Sprache die Objekte und die Ereignisse nicht mehr bloß in ihrer perzeptiven Unmittelbarkeit erfaßt, sondern in einem begrifflichen und rationalen Rahmen eingefügt, der die Kenntnisse über sie vergrößert" (PIAGET, 1972b, S. 270; vgl. auch ähnlich FERENCZI, [1913b] 1964, I, S. 75f.).

---

5 GALENSON (1971) hat darauf hingewiesen, daß die individuellen Spielsymbole, auch da, wo sie in ihrer Bedeutung mit anderen, zum Beispiel der Mutter, Geschwistern, dem Spielgefährten, geteilt werden können, zusätzlich idiosynkratisch verwendet werden. Objekte werden in der symbolischen Spieldarstellung der Art verwendet, daß sie den inneren Vorstellungen des Kindes entsprechen. Die Spielsymbole haben – so GALENSON – viel von den Eigenarten der nicht-diskursiven, das heißt präsentativen Symbolik, wie sie LANGER (1965) analysiert hat. Sie haben eine Vielzahl von möglichen Konnotationen, die sie zugleich als „unvollendete Symbole" erscheinen lassen; das soll heißen, daß zum Beispiel ein Klotz, der einen Lastwagen darstellt, im nächsten Moment des Spiels schon wieder für ganz etwas anderes stehen kann (GALENSON, 1971, S. 52; vgl. auch GALENSON/ROIPHE, 1971; GALENSON u. a., 1972a).

Es stellt sich hier die Frage, warum das Kleinkind neben der Sprache noch ein System von scheinbar individuellen und motivierten Bedeutungsträgern, wie man sie im symbolischen Spiel findet, benötigt. PIAGETS Antwort:

„Aber es ist klar, je jünger das Kind ist, um so weniger wird ihm das System der bereits bestehenden kollektiven Zeichen genügen, denn diese Zeichen, die für das Kind zum großen Teil unverständlich und schwer zu beherrschen sind, werden noch lange Zeit nicht fähig sein, das Individuelle, worauf das Subjekt noch zentriert ist, auszudrücken. Deswegen wird das Kind solange Symbole brauchen, als die egozentrische Assimilation der Wirklichkeit an die eigene Tätigkeit vorherrscht: daher das symbolische Spiel oder Phantasiespiel, die reinste Form des egozentrischen und symbolischen Denkens, Assimilation der Wirklichkeit an die eigenen Interessen und Ausdruck dieser Wirklichkeit durch Bilder, die das Ich selbst geschaffen hat" (1970, S. 144; vgl. 1969, S. 213; zum „Interesse" und „Bedürfnis" vgl. 1972b, S. 220).

4.2 Symbolisches Denken und Spiel

4.2.1 Kindlicher Egozentrismus und Animismus

Damit sind wir bei den für PIAGET charakteristischen Merkmalen des symbolischen Spiels, die für ihn notwendig aus dem vorlogischen und egozentrischen Denken das einzelnen Kindes resultieren. Das symbolische Denken des Kindes ist noch weit entfernt von der ‚Objektivität' des Denkens und der Reversibilität formaler und abstrakter Operationen, wie man sie schließlich bei Elf- bis Zwölfjährigen in der 3. Periode der begrifflichen Intelligenz findet (PIAGET, 1969, S. 214). Ihm fehlt das stabile Gleichgewicht zwischen Akkomodation (in der Nachahmung) und der Assimilation (im Spiel). Das symbolische Spiel ist

„das Ergebnis der Assimilation, die sich von der Akkomodation trennt, bevor sie in die Formen des permanenten Gleichgewichtes reintegriert, die auf der Ebene des operatorischen und rationalen Denkens aus der Akkomodation die Ergänzung der Assimilation machen. In diesem Sinne konstituiert das Spiel den extremen Pol der Assimilation der Wirklichkeit an das Ich, wobei es als Assimilator etwas von der schöpferischen Phantasie hat, die der Motor jeden späteren Denkens und selbst der Vernunft bleiben wird" (1969, S. 208).

Hier scheint PIAGET anzuerkennen, daß das symbolische Spiel also eine grundlegende Bedingung für die Kontinuität in der Entwicklung des Denkens (auch beim Erwachsenen) ist, zugleich aber den vorlogischen und egozentrischen Pol des Denkens repräsentiert, der durch die „verzerrende Assimilation" der Wirklichkeit und ihre Umgestaltung entsprechend den Wünschen des Kindes charakterisiert ist (vgl. PIAGET, 1969, S. 213ff.; 1972b, S. 208, 223).
Gerade an diesen letzten Bemerkungen fällt aber auf, daß PIAGET aus dieser ab-

strakten Einsicht in die Zusammenhänge zwischen kindlichem Spiel, schöpferischer Phantasie und Denken des Erwachsenen für die Konzeptualisierung des Verhältnisses von ,kollektiver-normierter' verbaler Sprache und ,persönlicher' Symbolsprache, insbesondere im Vergleich zwischen Kindheit und Erwachsenenalter, kaum Konsequenzen zieht[6].

„Vom Gesichtspunkt des Bezeichneten aus erlaubt das Spiel dem Kind die erlebten Erfahrungen wieder zu durchleben und tendiert eher zu einer Befriedigung des Ich als zu einer Unterwerfung unter die Wirklichkeit. Vom Zeichen aus gesehen, bietet der Symbolismus dem Kind eine lebendige und dynamische persönliche Sprache, die unentbehrlich ist, um seine subjektiven Erfahrungen auszudrücken, die nicht in die kollektive Sprache übersetzt werden können. Das symbolische Objekt macht den bezeichneten Gegenstand in einem Grade präsent und aktuell, den das verbale Zeichen niemals erreichen wird, da das Symbolobjekt ein wirkliches Substitut des bezeichneten Gegenstandes ist" (PIAGET, 1969, S. 215; vgl. 1972b, S. 208, 270).

PIAGET dichotomisiert zu einseitig diese beiden Extrempole sprachlicher Äußerung und beachtet zu wenig, daß auch kollektive, verbale Sprache erstens immer nur historisch subkulturell begrenzt ,kollektiviert' ist und (zum Teil deshalb) zweitens häufig von situations-, interaktions- und gruppenspezifischen, wenig kollektivierten verbalen und averbalen symbolischen Äußerungen begleitet ist, die wiederum immer nur teilweise intersubjektiv geteilt werden, gleichwohl aber nicht ,individuell' generiert sind. Erst hinter dieser eng begrenzt/unvollständig aktuell-kollektivierten Sprach- und Symbolschicht verbergen sich jene nicht mehr aktuell, sondern ontogenetisch vermittelt-vergesellschafteten ,inneren Monologe und Dialoge' des scheinbar autonomen ,Individuums'.
„Symbolisches Denken", „verzerrende Assimilation" und „Egozentrismus" werden im Zusammenhang mit dem Symbolspiel von PIAGET fast synonym gebraucht. Den *kindlichen Egozentrismus* definiert PIAGET durch das „Primat der Bedürfnisbefriedigung". Der Egozentrismus ist eine „Deformation der Wirklichkeit in Funktion der Handlung und des eigenen Gesichtspunktes"

6 Vgl. hierzu auch die aus etwas anderer Perspektive erfolgte Kritik WYGOTSKIS (1969) an der These PIAGETS, daß die egozentrische Sprache absterben müsse. Dagegen setzt WYGOTSKI die Kontinuität zwischen dem egozentrischen Sprechen und Denken des Kindes und dem inneren Sprechen des Erwachsenen (S. 39f.). WYGOTSKIS Kritik bezog sich besonders auf das 1923 erstmalig erschienene Buch von PIAGET „Sprechen und Denken des Kindes". In „Nachahmung, Spiel und Traum" (erstmalig 1945) hat PIAGET scheinbar diese Kritik WYGOTSKIS (ohne sich aber direkt auf ihn zu beziehen) aufgegriffen und eine gewisse Entsprechung zwischen kindlichen Phantasiedarstellungen (zum Beispiel im Spiel), seinen „Monologen" und dem Tagträumen und innerem Sprechen des Erwachsenenalters konzediert. Allerdings wird dieser Gedanke nicht konsequent ausgeführt und steht vielfach im Widerspruch zu PIAGETS sonstigen Interpretationen des kindlichen Spiels und dessen Weiterentwicklung.

(1969, S. 358; vgl. S. 98). Typisch für das egozentrische Denken des Kindes ist, daß es nicht zwischen seinem eigenen Standpunkt und dem anderer unterscheiden kann (vgl. 1972b, S. 202ff.)[7].

Schon bei seiner Untersuchung zum „Sprechen und Denken des Kindes ([1923] 1972a) hatte Piaget eine Verwandtschaft zwischen dem symbolischen Spiel und dem, was er den „verbalen Egozentrismus" nannte, beobachtet (vgl. S. 79). Er hatte dort die „egozentrische Sprache", die sich aus der Wiederholung (aus Vergnügen am Sprechen von Lauten und Worten), dem Monolog und dem „kollektiven Monolog"[8] zusammensetzt, und der er eine kommunikative Funktion abspricht, dem „sozialisierten" Sprechen beziehungsweise dem eigentlichen Dialog gegenüberstellt (vgl. Piaget, 1972b, S. 205f.). Er hatte gezeigt, daß das „Wort für das Kind der Handlung und Bewegung viel näher steht" (1972a, S. 25) als dem Erwachsenen, daß das Kind sein Handeln und Spielen mit Worten ständig begleitet, sie also gleichsam kommentiert, und zwar auch dann, wenn es allein ist. Vielfach bedient es sich auch der Worte als Ersatz für Handlungen, wenn diese die Darstellbarkeit des Gewünschten allein nicht repräsentieren können. So lebt gerade das Spiel des Kindes vielfach von einer Verbindung der „Allmacht der Worte" und der „Allmacht der Gebärde" (den fiktiven Gesten) (vgl. Ferenczi, [1913b] 1964, I; vgl. Freud, „Totem und Tabu", 1913, GW XIII).

„Das Phantasiespiel zum Beispiel projiziert die vorherrschenden Gedanken des Kindes in die Dinge selbst und verkörpert sie so symbolisch in der äußeren Wirklichkeit" (Piaget, 1972a, S. 77).

---

7 „Die Untersuchung des spontanen Sprechens zwischen Kindern und des Benehmens der Kleinen bei ihren Gemeinschaftsspielen zeigt, daß die ersten sozialen Verhaltensweisen noch auf halbem Weg vor der echten Sozialisierung stehenbleiben: Statt von seinem eigenen Standpunkt abzurücken und ihn mit dem der anderen zu koordinieren, verharrt das Individuum unbewußt bei seiner Ichbezogenheit, und dieser Egozentrismus gegenüber der sozialen Gruppe reproduziert und prolongiert jenen, den wir beim Säugling bezüglich der physischen Welt festgestellt haben; in beiden Fällen handelt es sich um den Mangel einer Unterscheidung zwischen dem Ich und der äußeren Realität – die hier durch die anderen Individuen und nicht allein durch die Objekte repräsentiert wird; in beiden Fällen führt dieses Durcheinander lezten Endes zur Vorrangstellung des eigenen Standpunkts" (Piaget, 1972b, S. 206).

8 Dieser Interpretation Piagets, daß Kinder im Alter von zwei bis sechs Jahren so häufig sich in „kollektiven Monologen" ausdrücken, in dieser Form aneinander vorbeireden und sich gegenseitig nichts mitteilen wollen, hat Isaacs ([1930] 1968, S. 86f.) mit gegenteiligen Beobachtungen aus Kindergartengruppen beantwortet. Nach ihren Erfahrungen mit Kindern dieser Altersgruppe sind Spielszenen wie die von Piaget berichteten auch durch einen spezifischen Mitteilungswert bestimmt. Die Kinder setzen ihre scheinbaren Monologe durchaus auch zielgerichtet ein und reden *miteinander* und nicht nur parallel nebeneinander. Piaget macht dagegen das vereinzelte Vorkommen dieser „kollektiven Monologe" zum Kennzeichen einer ganzen Altersphase (vgl. auch die Kritik von Isaacs, [1930] 1968, und [1933] 1972, S. 213ff.).

Die „kindliche Wortmagie“ ist für Piaget ebenfalls ein Kennzeichen des Egozentrismus (S. 27), der dafür verantwortlich sei, daß die Mitteilungsfunktion der Sprache bei Kindern (von etwa zwei bis sieben Jahren) anfangs keine und später nur eine untergeordnete Rolle spielte. Ist es richtig, daß der Egozentrismus dadurch bestimmt ist, „daß das Subjekt sich nicht genügend von der Außenwelt differenziert, sondern in diese Welt den Inhalt seiner Subjektivität projiziert“ (S. 77), so kann man aus psychoanalytischer Sicht der Erklärung Piagets über den geringen Mitteilungswert egozentrischer Äußerungen des Kindes (seien sie sprachlicher Art oder von der Art spielerischer Handlungen) nicht zustimmen[9].

Wir hatten gerade das averbale und verbale Spiel des Kindes als ein Medium der indirekten Kommunikation des Kindes mit seinen Bezugspersonen analysiert. Die Verständigungsprozesse, die zwischen Kind und Mutter oder auch zwischen den Kindern dennoch zustande kommen, laufen – so hatten wir zu zeigen versucht – auf der Ebene primärprozeßhaften Denkens ab.

Es ist erstaunlich, daß Piaget sich auf die durch die Psychoanalyse getroffene Unterscheidung von zwei fundamental verschiedenen Arten des Denkens beruft, aber dennoch zu anderen Schlußfolgerungen kommt. Er verwendet nicht die Begriffe primär- und sekundärprozeßhaftes Denken, sondern beruft sich auf Bleuler, der das „autistische Denken“, das heißt das „ungelenkte Denken“, dem „gelenkten oder intelligenten Denken“ gegenüberstellt (1972a, S. 49; vgl. 1972c, S. 205).

„Das gelenkte Denken ist bewußt, d. h. es verfolgt Ziele, die dem Geist des Denkenden gegenwärtig sind; es ist intelligent, d. h. der Wirklichkeit angepaßt, und sucht auf sie einzuwirken, es nimmt Wahrheit und Irrtum auf (empirische oder logische Wahrheit), und es ist durch die Sprache mitteilbar. Das autistische Denken ist unterbewußt, d. h. die Ziele, die es verfolgt, und die Probleme, die es sich stellt, sind dem Bewußtsein nicht gegenwärtig. Es ist der äußeren Wirklichkeit nicht angepaßt, sondern es schafft sich selbst eine aus Imagination oder Träumen bestehende Wirklichkeit; es versucht nicht Wahrheiten festzustellen, sondern Wünsche zu erfüllen; es bleibt streng individuell und läßt sich

---

9 Wygotski (1969) hat diese These Piagets, daß die Entwicklung der kindlichen Sprache vom Individuellen zum Sozialen verlaufe, kritisiert (S. 32ff., 35, 42). Auch widerspricht er der These Piagets, daß das egozentrische Sprechen das egozentrische Denken widerspiegele und aufgrund seiner Funktionslosigkeit absterben müsse und überwunden werde. Aus eigenen Beobachtungen und Untersuchungen zu diesem Problem folgert Wygotski dagegen, daß „die egozentrische Sprache bei entsprechenden Bedingungen sehr früh zu einem Mittel des realistischen Denkens beim Kinde“ werden kann (S. 41). Zur Erklärung der „egozentrischen“ beziehungsweise „Privatsprache“ und dem Hintergrund der kognitiven Entwicklung vgl. auch die Arbeit von Kohlberg (1974, S. 256 bis 334). Kohlberg vergleicht die Aussagen von Piaget, Wygotski, Mead und Flavell zur privaten beziehungsweise egozentrischen Sprache des Kindes und überprüft sie anhand eigener empirischer Untersuchungen.

nicht durch die Sprache mitteilen. Dieses Denken vollzieht sich vor allem in Bildern und muß, um sich mitzuteilen, indirekt vorgehen, wobei es die Gefühle, die es begleiten, durch Symbole und Mythen hervorruft" (PIAGET, 1972a, S. 50).

Damit beschreibt PIAGET ziemlich genau die Primär- und Sekundärvorgänge in ihren verschiedenen Ausdrucksformen. So stellt für ihn das gelenkte Denken (Sekundärprozeß) den Pol des sozialisierten Denkens dar, sozialisiert dank der Sprache und der Begriffe, die die Anpassung der Individuen untereinander erleichtern. Das autistische Denken bleibt dagegen den bildlichen Vorstellungen verhaftet. Das egozentrische Denken stellt für PIAGET nun eine Zwischenform zwischen beiden dar, da es die „Anpassung an die Wirklichkeit" bereits suche, ohne sich aber als solches mitteilen zu können (1972a, S. 51). Während das gelenkte Denken zunehmend den „Gesetzen der Erfahrung und der eigentlichen Logik" folgt, schreibt PIAGET auch dem ungelenkten Denken eine ihm spezifische Gesetzmäßigkeit zu (S. 52).
Im Gegensatz zur mitgeteilten Intelligenz", die im wesentlichen „deduktiv" vorgeht, charakterisiert PIAGET die egozentrische Logik 1. als

„intuitiver, eher ‚synkretistisch' als deduktiv. 2. Sie legt wenig Wert auf die Beweisführung und nicht einmal auf die Kontrolle der Behauptungen ... 3. Diese Logik gebraucht persönliche Analogieschemata, Erinnerungen an frühere Schlußfolgerungen, die die künftigen Schlußfolgerungen leiten, ohne daß dieser Einfluß jedoch bewußt empfunden wird. – 4. Die visuellen Schemata spielen eine große Rolle, ... 5. Die persönlichen Werturteile schließlich beeinflussen das egozentrische Denken viel mehr als das mitteilbare Denken" (PIAGET, 1972a, S. 53).

Dagegen braucht das mitgeteilte Denken den Beweis und versucht, Analogieschlüsse und visuelle Schemata als nicht beweiskräftig auszuschließen[10].
PIAGET stützt sich in seiner Beschreibung der ‚Logik' des egozentrischen und symbolischen Denkens beziehungsweise der „autistischen" Phantasien auch auf die von FREUD im Zusammenhang mit der Traumsymbolik analysierten Mechanismen des Primärprozesses: Verschiebung und Verdichtung. Dabei entlehnt er für seine Interpretation des vorlogischen und symbolischen Denkens nur die formalen Strukturähnlichkeiten und übergeht die ökonomische Hypothese der Besetzungsenergien.
PIAGET vermutet, daß es zwischen der Verdichtung („die mehrere unzusammenhängende Bilder in einem einzigen Bild verschmelzen läßt, ebenso mehrere Personen in einer"), der Übertragung, das heißt der Verschiebung („die die

10 Die Beschreibung der dem egozentrischen, nicht mitgeteilten Denken eigenen Logik erinnert an LANGERS (1965) Charakterisierung der „präsentativen Symbolik" (im Gegensatz zur „diskursiven Symbolik"), wenn sie auch – wie die Psychoanalyse – stärker den indirekten Mitteilungscharakter auch dieser Symbolik herausgearbeitet hat.

Merkmale eines Objektes auf ein anderes überträgt, die dem ersten zukamen..."), „und der Funktion der Verallgemeinerung (die eine Art Verdichtung darstellt) und der Abstraktion (die eine Art der Übertragung darstellt) alle möglichen Zwischenglieder" gibt.

„Der Synkretismus ist genau das wichtigste dieser Glieder. Er ‚verdichtet' wie der Traum objektiv unzusammenhängende Elemente zu einem Ganzen. Er ‚überträgt' wie der Traum je nach seinen Gedankenassoziationen, den rein äußeren Ähnlichkeiten oder den Assonanzen, die auf Wortspielen beruhen (...), die Merkmale, die sich anscheinend nur auf ein bestimmtes Objekt beziehen. Aber andererseits sind diese Verdichtung und diese Übertragung auch nicht so absurd wie im Traum (und auch nicht so gefühlsgeladen) oder wie bei der autistischen Phantasie: Sie nähern sich schon dem logischen Vergleich selbst. Man darf also annehmen, daß sie den Übergang zwischen den vorlogischen Denkmechanismen und den logischen Mechanismen bilden" (PIAGET, 1972a, S. 187)[11].

Mit dem Phänomen des *Egozentrismus* eng verwandt ist die Erscheinung des *Animismus*, der sich auf der Stufe des vorbegrifflichen, symbolischen Denkens und besonders deutlich im symbolischen Spiel findet, das ja von der „Belebung" der Gegenstände und der Assimilation der Dinge an eigene Tätigkeiten und Empfindungen geprägt ist. Aber auch das anschauliche Denken der Vier- bis Siebenjährigen zeigt noch Spuren des Animismus (vgl. PIAGET, 1969, S. 316f.).

Die egozentrische Haltung des Kindes besteht – positiv formuliert –

„in einer Absorption des Ich in den Dingen und in der sozialen Gruppe; diese Absorption vollzieht sich so, daß das Subjekt glaubt, die Dinge und die Menschen in sich zu kennen, ihnen aber in Wirklichkeit über ihre objektiven Merkmale hinaus Eigenschaften zuschreibt, die aus seinem eigenen Ich stammen oder auf die besondere Perspektive, die es einnimmt, zurückzuführen sind" (PIAGET, 1972a, S. 83).

Hier wird das von PIAGET häufig vernachlässigte, jedenfalls nicht systematisch in sein Theoriegebäude aufgenommene kommunikative und sozialisierende Potential der projektiv-egozentrischen Haltung deutlich.

Die Überwindung des Egozentrismus, die im Laufe der kindlichen Entwicklung stattfindet, führt PIAGET dann nicht so sehr auf den Erwerb neuer Kenntnisse über Personen und Dinge zurück, sondern auf eine „Dezentrierung", die darin besteht, daß sich das Individuum seiner selbst bewußt wird und sich als unterschieden von anderen erlebt.

Das symbolische Spiel ist aber noch weit von dieser „Dezentrierung" entfernt und ist vielfach auch ein Ausdruck des kindlichen Phänomenalismus; das heißt, das Kind beurteilt alle Dinge nach seiner Wahrnehmung und versieht sie über-

11 Vgl. die Bestimmung des Symbols und seine Bedeutung für die Entwicklung des Denkens bei JONES (1970, I, S. 101).

wiegend unbewußt mit Eigenschaften und Absichten, wie es sie von sich selbst kennt (vgl. PIAGET, 1972a, S. 83).
Im Falle *affektiver Reaktionen* finden sich auch noch bei Sechsjährigen animistische und egozentrische Vorstellungen, zum Beispiel:

„Mit 6;5 fällt ihr die Tür des Hühnerstalles in den Rücken, weil der Wind sie zugeschlagen hat, und sie schreit vor Schrecken auf. Dann sagt sie weinend: ‚Er ist böse, der Wind, er macht uns Angst. – Aber nicht absichtlich? – Doch absichtlich. Er ist böse, er hat gesagt, daß wir böse wären. – Aber weiß der Wind was er tut? – Er weiß, daß er bläst'" (PIAGET, 1969, S. 317) [12].

Hier kehrt das Kind zu einem früheren Modus des Denkens und Argumentierens (magisch-animistisch) zurück, weil es sich in einer spezifischen Situation befindet, die es ängstigt. Solche Äußerungen sind ein Beweis dafür, daß affektive Faktoren, wie zum Beispiel Angst, den optimal möglichen Stand der kognitiven Entwicklung temporär beeinträchtigen und beeinflussen können (vgl. GOULD, 1972, S. 58f.).
Die Herabsetzung der einmal erworbenen Ich-Leistungen durch temporäre Regression ist von Psychoanalytikern vielfach beschrieben und analysiert worden, während es bei PIAGET keinen Ansatz zur Erklärung von Regressionsphänomenen gibt (vgl. A. FREUD, 1968, S. 97ff.).
Auch übersieht PIAGET hier wiederum den gerade im kindlichen Egozentrismus und Animismus angelegten Drang nach quasi-ritueller Mitteilung oder ‚Teilung' dieser affektiv begründeten Grundhaltung gegenüber dem Verhältnis von Selbst und Umwelt mit anderen, nicht nur in Situationen besonderer affektiver Spannung.

12 ELKIND hat in seinem Aufsatz „Egocentrism in Children and Adolescents" (1970) aufgezeigt, wie sich die Merkmale des egozentrischen Denkens besonders in kindlichen Spielen, bestimmten Phantasien, Witzen und bestimmten Formen des kindlichen Räsonierens bis weit über das sogenannte Latenzalter hinaus durchsetzen. Die mangelnde Differenzierung zwischen Hypothesen und Fakten und ihre zeitweilige Verwechslung ist gerade für den fiktiven Charakter vieler Kinderspiele, die von angenommenen Realitäten (assumptive realities) ausgehen und Hypothesen wie Fakten behandeln, typisch (S. 55ff.). Das Auffällige ist, daß der Glaube an die angenommenen Fakten und die fiktive Wirklichkeit durchaus einhergehen mit konkret praktischen Operationen in anderen Handlungsbereichen (S. 64). Flucht in die Phantasie und fiktive Wirklichkeit bei gleichzeitig intakter Realitätsprüfung sind auch von psychoanalytischen Autoren immer wieder hervorgehoben worden.
Auch ISAACS ([1930] 1968; [1933] 1972) hat mit ihren über Jahre hinweg gesammelten Beobachtungen in Kindergartengruppen zahlreiche einleuchtende Beispiele dafür gebracht, wie beim Kind eine ‚objektive' Realitätseinschätzung mit magischem und egozentrischem Denken einhergehen kann und wie das normale Kind immer zwischen Realität und Phantasie zu unterscheiden vermag. ISAACS analysiert und illustriert außerdem die Beziehungen zwischen Denken und Phantasie und weist auf die durch Affekte und Angst bedingten Störungen der intellektuellen Vorgänge hin.

4.2.2 Vorbegriffe, verbale Schemata und Spielsymbole

Dem Egozentrismus liegt ein vorbegriffliches Denken, das wie die ersten verbalen Schemata durch bildliche Symbole geprägt ist, zugrunde. *Vorbegriffe* sind „Vorstellungen, die das Kind an die ersten sprachlichen Zeichen, die es zu verwenden gelernt hat, anknüpft. Charakteristisch für diese Schemata ist, daß sie zwischen der Allgemeinheit des Begriffs und der Individualität der Elemente, die er bezeichnet, stehen bleiben“ (PIAGET, 1970, S. 144; vgl. 1969, S. 285). Die ersten verbalen Zeichen (Wörter) des Kindes haben eher die Eigenschaften von ‚privaten' Symbolen als von sozialen Zeichen. Diese ersten verbalen Schemata nennt PIAGET „Halb-Zeichen“, sie beziehen sich auf idiosynkratische und ständig wechselnde Handlungsschemata und Vorstellungen[13].
Die konventionellen Zeichen sind für das Kleinkind anfangs zu schwer zu begreifen und sind daher unbrauchbar als repräsentationaler Ausdruck der Dinge, die das Kind jeweils aktuell beschäftigen. Das Kind reagiert darauf mit einem verstärkten Zurückgreifen auf nichtverbale Symbole und assimiliert andererseits die konventionellen Zeichen (Wörter) an sein situatives symbolisches Denken, das heißt, es behandelt sie wie ‚private' Symbole (vgl. FLAVELL, 1963a, S. 155).
Gleichwohl dienen sie ihm zu einer allerersten egozentrisch-projektiven, insbesondere animistischen situativen ‚Kommunikation' mit seiner unmittelbar belebten und unbelebten Umwelt, wobei es hierbei noch eher um die Bestätigung oder Bekräftigung einer allgemeinen Haltung ihr gegenüber, als um eine spezifische intentionale Mitteilung geht.
Auf der 6. Stufe der sensomotorischen Entwicklung findet man erste verbale Schemata wie zum Beispiel „tsch tsch“ (für Zug) oder „wau wau“ (für Hund), die von den Kindern aber auch auf andere Gegenstände als die ursprünglich bezeichneten ausgedehnt werden. So berichtet PIAGET, daß seine Tocher J. mit einem Jahr in „Analogie zu dem plötzlichen Auftauchen und Verschwinden der Züge“, das sie gelernt hatte, mit „tsch tsch“ zu bezeichnen, diese Laute auch beim Versteckspielen gebraucht, wenn der Papa verschwindet und wiederauftaucht. Zugleich wandte sie dieses verbale Schema auf alle möglichen Fahrzeuge an, aber auch auf einen vorübergehenden Mann.

---

13 Wie die frühe Lautgebung und Vokalisierung, die die Aktivitäten und spielerischen Handlungen des Kleinkindes auch schon auf unterster Stufe der sprachlichen Entwicklung (zum Beispiel beim sechs Monate alten Säugling) begleiten, geprägt sind durch die Interaktionen mit seiner sozialen Umwelt und die Antwort-Reaktionen seiner Bezugspersonen, haben unter besonderer Berücksichtigung der kognitiven Entwicklung MESSER/LEWIS (1972), MCCALL (1972), WATSON (1972) und ZELAZO (1972) gezeigt.

„Mit 1;2 sagt sie ‚voua ou‘ zu Hunden, Pferden, Kinderwagen und Radfahrern und scheint das ‚tsch tsch‘ für Autos und Züge zu reservieren.“ Dann wird alles mit diesem Ausdruck benannt, „was vom Balkon aus zu sehen ist: Tiere, Autos, der Hauseigentümer selbst (anfänglich war es der Hund) und die Leute im allgemeinen“ (PIAGET, 1969, S. 276f.).

Solche Bezeichnungen werden scheinbar völlig willkürlich auf unterschiedliche Gegenstände und Personen ausgedehnt. Ähnliches beobachtet PIAGET bei den Worten „papa“ und „maman“, mit dem manchmal die jeweilige Person, manchmal bestimmte ihrer Handlungen benannt werden; „papa“ wird dann auch später auf alle Männer angewandt. Mit diesen ersten Worten meint das Kind weniger bestimmte Objekte als vielmehr komplexe Handlungsschemata, die überwiegend subjektiv geprägt sind (S. 280–283).

„Sie bleiben Zwischenformen zwischen dem individuellen Symbol oder dem Nachahmungsbild und dem eigentlich kollektiven Zeichen. Sie behalten vom Symbol noch den Nachahmungscharakter, sei es, daß es sich um Lautmalereien (Nachahmung des bezeichneten Gegenstandes) handelt, sei es, daß es sich um eine Nachahmung von Wörtern handelt, die in der Sprache der Erwachsenen verwendet werden, wobei sie aber aus dieser Sprache herausgezogen und im isolierten Zustand nachgeahmt werden. Vor allem aber ... behalten sie vom Symbol dessen verwirrende Beweglichkeit im Gegensatz zur Fixiertheit des Zeichens“ (PIAGET, 1969, S. 281).

Begleiten anfangs die ersten verbalen Äußerungen gleichzeitig ablaufende Handlungen, so beginnt mit der Entwicklung der semiotischen Funktion das Wort zunehmend als Zeichen zu funktionieren, es kann für die Erinnerung an eine Handlung stehen. Das verbale Schema beginnt sich also mehr und mehr von den sensomotorischen Schemata zu lösen, um die auf gleicher Stufe sich ausbildende aufgeschobene Nachahmung, die „Funktion der Darstellung, d. h. einer neuen Vergegenwärtigung“, zu erwerben (S. 284). Es ist damit auch ein weiterer Schritt hin auf die Bildung des „Begriffs“ und die „Sozialisation des Denkens“ getan. Denn der „Begriff ist allgemein und kommunizierbar, das Bild ist individuell und egozentrisch“ (1969, S. 285). Man wird beobachten können, daß die Sprache des Kleinkindes

„auf halbem Weg zwischen der Kommunikation mit einem anderen und dem egozentrischen Monolog stehenbleibt... Die Sozialisierung ist also noch nicht zu einem Niveau der Differenzierung zwischen dem Ich und den anderen gelangt und enthält noch keinen Austausch zwischem dem Ich und den anderen, der auf einer deutlichen Differenzierung basieren würde“ (PIAGET, 1969, S. 285; vgl. ergänzend 1972a).

Erneut fällt auf, wie PIAGET selbst in einer Art projektivem Analogieschluß – zum Teil entgegen seinen Aussagen an anderer Stelle – die egozentrisch-animistische Haltung zur Welt mit Kommunikationslosigkeit und Monologisieren identifiziert, während es sich durchaus um eine intensive, allerdings qualitativ

andersartige und anderer Medien sich bedienende Kommunikation handelt als die nicht mehr überwiegend egozentrische Kommunikation.
Zwischen dem Nachahmungsbild, dem Spielsymbol, den ersten verbalen Schemata und dem Vorbegriff, die durch strukturelle Ähnlichkeiten miteinander verbunden sind, findet man verschiedene Zwischenformen, die alle auf der Fähigkeit, in Bildern zu denken, beruhen und denen die Allgemeinheit der operatorischen Begriffe noch fehlt (1969, S. 289). Der Begriff im eigentlichen Sinn hat sich im Verlauf des 2. Stadiums des anschaulichen Denkens (viertes bis siebentes Lebensjahr) von den individuellen bildhaften Schemata weitgehend gelöst und ist allgemein geworden.

„Im Falle des Spielsymbols wird ein gegebener Gegenstand an irgendwelche Realitäten assimiliert, und zwar dank der imitativen Bilder, die als Zeichen dienen. Im Falle des Vorbegriffes wird ein gegebenes Objekt auch an andere durch eine Art direkter Partizipation assimiliert... Aber da auf diesem Niveau noch keine allgemeinen Klassen, die als operatorische Schemata funktionieren, existieren und da die Assimilation der Objekte untereinander sich direkt vollzieht wegen dieser halb allgemeinen, halb individualisierten Schemata, die die Vorbegriffe sind, bleibt das Wort oder das kollektive Zeichen für den Inhalt dieser egozentrischen Assimilation unangemessen: das Bild behält also eine Funktion, die es von seinem imitativen Ursprung geerbt hat und die wir bereits beim Spielsymbol festgehalten haben, wobei das Bild natürlich schon seine Rolle als Zeichen spielt: Es stellt ein partielles Substitut des bezeichneten Gegenstandes dar durch dieses ‚Anhängen des Zeichens', das allen primitiven Symbolen eigen ist" (Piaget, 1969, S. 290).

Die Vorbegriffe der präoperationalen Stufe bleiben handlungsbestimmt und sind bildhaft und noch situativ-konkret, sie sind noch nicht einmal in dem Sinne abstrakt, daß ein von dem jeweiligen Handlungskontext *gelöstes* Konkretes (Ding, Person) bereits vorstellbar wäre. Die Personen, Lebewesen oder Dinge, auf die sie sich beziehen, werden noch nicht als identisch über die Zeit hin begriffen. Ähnlich wie das Kind den Ball unter dem Sessel als einen verschiedenen von dem Ball unter dem Sofa versteht, kann das Kleinkind der präoperationalen Stufe nur schwer das Identische von Dingen und Personen in verschiedenen wechselnden Handlungskontexten erkennen. „Die Klassen sind weniger allgemein, als sie das in der Folge sein werden, und eine Klasse ist eine Art ‚typisches Individuum', das in verschiedenen Exemplaren auftaucht" (1969, S. 288).
Diese Vorformen von Klassen enthalten damit noch nicht als über die Zeit hin identisch vorgestellte konkrete Fälle, sondern situativ begrenzt existierende konkrete Erscheinungen, die mit der Klasse in einer geheimnisvoll nur magisch animistisch zu interpretierenden Weise konkret, nicht als gedanklicher Abstraktionsprozeß verknüpft sind.
Folgendes Beispiel illustriert die charakteristischen Ausdrucksformen der vorbegrifflichen Strukturen:

„Mit 2;7: J. sieht L. in einem neuen Badekostüm mit Mütze und fragt: ‚Wie heißt das Baby?‘ Ihre Mutter antwortet ihr, daß es sich um ein Badekostüm handelt, aber J. zeigt auf L. selbst und sagt: ‚Aber wie die da?‘ (und zeigt auf das Gesicht von L.), und wiederholt dann mehrere Male die gleiche Frage. Sobald Lucienne ihren Badeanzug auszieht, ruft J. ganz ernsthaft: ‚Jetzt ist es wieder Lucienne‘, als ob ihre Schwester ihre Identität mit dem Kostüm gewechselt hätte“ (PIAGET, 1969, S. 286).

4.3 Typologie kognitiver Strukturen oder entwicklungstheoretische Vermittlung affektiver und kognitiver Prozesse des Symbolspiels?

Wir hatten oben schon darauf hingewiesen, daß PIAGET nach seinen eigenen Worten nicht so sehr an den Inhalten des Spiels als vielmehr an den ihm zugrundeliegenden Denkstrukturen interessiert ist. Das gilt im besonderen Maße auch für das Symbolspiel, das gerade wegen seiner Vielfalt von möglichen Funktionen und affektiven Inhalten sich einer Klassifikation zu entziehen scheint. So sieht PIAGET zwar sehr wohl, daß das Symbolspiel für das Kind auch eine spezifisch *affektive Relevanz* haben kann und der „Überwindung von Konflikten, aber auch zur Ausgleichung nicht befriedigter Bedürfnisse, zu Rollenvertauschungen (Gehorsam und Autorität), zur Befreiung und Ausweitung des Ichs usw.“ dienen kann (PIAGET/INHELDER, 1972, S. 68; vgl. PIAGET, 1969, S. 143).

Typisch für diese Art von Symbolspielen scheint ihm das Puppenspiel mit seiner Darstellung affektiver Konflikte zu sein.

„Wenn sich beim Essen irgendeine banale kleine Szene abgespielt hat, kann man zum Beispiel sicher sein, daß das Drama eine oder zwei Stunden später in einem Spiel mit der Puppe wiederholt und vor allem einer glücklicheren Lösung zugeführt wird, indem das Kind entweder seiner Puppe eine klügere Erziehung als die der Eltern angedeihen läßt oder in das Spiel integriert, was ihm bei Tisch seine Eigenliebe nicht zugab (etwa einen Teller mit einer für abscheulich gehaltenen Suppe leerzuessen), vor allem wenn die Puppe dies symbolisch tut“ (PIAGET/INHELDER, 1972, S. 68, Fußnote 4; vgl. PIAGET, 1969, S. 142).

Aber die „Hypothese eines *spezifischen* Inhaltes des Spiels mit Puppen“ betrachtet PIAGET als sinnlos für die strukturelle Interpretation (1969, S. 142), dagegen steht für ihn der „Versuch einer Interpretation des Spiels durch die Denkstruktur des Kindes“ im Vordergrund (S. 207). Gerade aber weil PIAGET den Inhalt nur global und vage als „Gesamtheit der Gegenstände oder Ereignisse, die durch das Symbol dargestellt werden ... (als) Objekt der Aktivitäten des Kindes, insbesondere seines Gefühlslebens“ (S. 157) bezeichnet und *nicht spezifischer* faßt, wie es die Psychoanalyse tut, kann das Inhaltliche für seine Interpretationen keine Rolle spielen.

Wir werden noch auf illustrative Beispiele PIAGETS zurückkommen, die weit über den von ihm angebotenen Interpretationsrahmen hinausweisen und die gerade in ihrem „spezifischen“ Inhalt nicht durch die entsprechende Denk-*struktur* erklärt werden können, wohl aber zur *genetisch*-strukturellen Differenzierung von Denkstrukturen Wesentliches beitragen könnten (vgl. auch GOULD, 1972).

4.3.1 Die Klassifikation und Abgrenzung von Symbolspielen gegenüber anderen Spielformen bei PIAGET

4.3.1.1 Das Klassifikationsschema zum Symbolspiel

Betrachten wir aber zunächst die Klassifikation und Entwickung der Symbolspiele, wie sie PIAGET beschreibt. Bei der Skizzierung der sensomotorischen Entwicklung hatten wir bereits die sich auf der 6. Stufe entwickelnden „symbolischen Schemata“ erwähnt, die eine primitive Form des Symbolspiels darstellen. Diese symbolischen Schemata reproduzieren eine eigene Handlung fiktiv in einem anderen als dem ursprünglichen Kontext. Das Symbol dieser Entwicklungsstufe ist aber noch an das sensomotorische Schema gebunden und noch nicht „zum Instrument des Denkens“ geworden. Das Kind beginnt also so zu tun, als schlafe es, es tut so, als wasche es sich usw. „Diese Verhaltensweisen symbolisch ausführen, das ist bereits Spiel!“ (PIAGET, 1969, S. 159) Warum aber hat das Kind Vergnügen an der Ausführung der fiktiven Handlungen, fragt PIAGET. Er wendet sich gegen die „Vorübungstheorie“ (GROOS). Natürlich übt das Kind nicht, sich zu waschen oder ähnliches.

„Es sucht einfach seine individuellen Fähigkeiten frei zu gebrauchen, seine Handlungen zu reproduzieren aus Freude, sich und anderen damit ein Schauspiel zu geben, kurz, sein Ich zu entfalten und dem Ich ohne Beschränkung das zu assimilieren, was normalerweise Akkomodation an die Wirklichkeit und assimilatorische Anstrengung ist“ (PIAGET, 1969, S. 160).

PIAGET erklärt diese ersten fiktiven Handlungen also ähnlich wie die Übungsspiele überwiegend als Ausdruck der „Funktionslust“. Es bleibt unklar, ob er mit seiner Fomulierung, „den anderen ein Schauspiel zu geben“, auch den kommunikativen Aspekt des Spiels meint, daß also unbewußt mehr mitgeteilt wird, als der manifeste Inhalt vermuten läßt. Nehmen wir ein Beispiel von FREUD aus der Fall-Geschichte vom „kleinen Hans“, das dieselbe einfache Grundstruktur des fiktiven, das heißt symbolischen Schemas erkennen läßt. Nur kommt den fiktiv ausgeführten Handlungen in der individuellen Geschichte des kleinen Jungen durchaus eine bestimmte Bedeutung zu, wie die Analyse des Materials durch FREUD zeigt (siehe *Teil A* der Arbeit).

„In seinem Interesse für den Wiwimacher hat er sich ein ganz besonderes Spiel ausgedacht. ‚Im Vorzimmer ist der Abort und eine dunkle Holzkammer. Seit einiger Zeit geht Hans in die Holzkammer und sagt: ‚Ich geh' in mein Klosett". Einmal schaue ich hinein, um zu sehen, was er in der dunklen Kammer macht. Er exhibiert und sagt: ‚Ich mache Wiwi'. Das heißt also: *er ‚spielt' Klosett* (Hervorhebung H. N. B.). Der Spielcharakter erhellt nicht nur daraus, daß er das Wiwimachen bloß fingiert und nicht etwa wirklich ausführt, sondern auch daraus, daß er nicht ins Klosett geht, was eigentlich viel einfacher wäre, vielmehr die Holzkammer vorzieht, die er ‚sein Klosett' heißt'" (Freud, „Analyse der Phobie eines fünfjährigen Knaben", 1909, GW VII, S. 251).

Mit dem Erwerb der Sprache entwickeln sich dann verschiedene, komplexer werdende Symbolspiele. Piaget unterscheidet sie nach der ihnen zugrundeliegenden Symbolstruktur in einen Typ IA und Typ IB. *Bei Typ IA geht es um die „Projektion der symbolischen Schemata auf neue Objekte"* (Piaget, 1969, S. 160f.), die eine Generalisierung der vorher gelernten und ausgeübten Verhaltensweisen bedeutet. Nachdem das Kind selbst so tat, als schlafe es, esse es usw., legt es jetzt ein Spieltier, eine Puppe und ähnliches schlafen, gibt ihnen zu essen usw.

Es fällt auf, daß Piaget eine Reihe von Spielbeispielen bringt, die auf der Nachahmung von Tätigkeiten und Pflegehandlungen der Mutter oder von Aktivitäten des Vaters (zum Beispiel Zeitunglesen, Telefonieren) beruhen.

Einige dieser Spielhandlungen stellen für Piaget einen *Typ IB* dar, das heißt, es handelt sich um die *„Projektion der Nachahmungsschemata auf neue Projekte";* die symbolischen Schemata sind nicht eigenen Verhaltensweisen, sondern nachgeahmten Modellen entlehnt und werden dann auf neue Objekte angewendet (Piaget, 1969, S. 161).

Die für die Symbolfunktion grundlegende Dissoziierung zwischen dem Zeichen und dem Bezeichneten auch in diesen ersten Symbolspielen sieht Piaget hier darin, daß die „spielerisch ausgeführte Verhaltensweise und ebenso das Objekt, an dem sie ausgeführt wird, die Rolle der Symbole spielen, und die dargestellte Verhaltensweise die Rolle des Symbolisierten spielt", dabei übernimmt also die „Nachahmung die Rolle des Symbols" (S. 162). Solche Erläuterungen Piagets bleiben notwendigerweise völlig formal. Halten wir dagegen die Erklärungen von Spitz, die sich ebenfalls auf diese ersten in Spielen auftauchenden Nachahmungen beziehen.

„Nachahmung und Identifikation mit den Gesten sind äußerst wichtige Beiträge des Kindes zur Bildung von Objektbeziehungen. Die ersten Identifikationen mit Gesten der Eltern erscheinen im dritten und vierten Lebensvierteljahr und sind echoartige Spiegelungen der Gestik der Erwachsenen. Sie entstehen im Verlauf der sich entfaltenden Objektbeziehungen zumeist als Spiele zwischen dem Erwachsenen und dem Kind, als unmittelbare Reaktion, in der sich die vom Erwachsenen gemachte Bewegung spiegelt. In der nächsten Phase ergreift das Kind die Initiative; es stellt Imitationen des Verhaltens, das es an seinen libidinösen Objekten beobachtet hat, in den Dienst seiner spontanen

Handlungen und Spiele, und zwar auch in Abwesenheit des betreffenden Erwachsenen. Daß es sich dabei um eigentliche Identifikationen handelt, ist offenkundig; das Kind hat Handlungen, die es beim libidinösen Objekt beobachtet hat, dem Gedächtnisapparat seines Ichs einverleibt, wodurch eine gewisse Modifikation seiner Ichstruktur eingetreten ist" (Spitz, 1957, S. 41).

Entscheidend ist offenbar, daß die Genese der Symbolspiele des Typs I B nicht anhand beliebiger Modelle und neuer Objekte erfolgt, sondern zunächst nur an libidinös besetzten ,Modellen' und eventuell sogar auch vorrangig an Objekten (Gegenständen), die an der Besetzung teilhaben, und daß quasi als Reflex dieser Modell- und Objektbesetzung auch die spielerische Verhaltensweise als ganze (die hier als Symbol fungiert) an der libidinösen Besetzung teilhat, was dann als (abstrakte) Funktionslust erscheinen mag.
Eine weitere Differenzierung des Symbolspiels stellt der *Typ II A,* charakterisiert durch „*einfache Assimilation eines Objektes an ein anderes*", dar, ferner *Typ II B,* bestimmt durch die „*Assimilation des eigenen Körpers* an den Körper eines anderen oder an irgendwelche *Objekte* (Imitationsspiele)" (Piaget, 1969, S. 164f.). Als Beispiel bringt Piaget für den Typ II A unter anderem:

„Mit 1;10 stellt sie eine Schale auf den Rand einer großen Kiste, schiebt sie dort entlang und sagt ,Katze auf der Mauer', dann (ohne etwas zu tun) ,Baum' und schließlich (indem sie sich die Schale auf den Kopf setzt) ,ganz oben' (ganz oben im Baum: Sie hat am Vortag gesehen, wie die Katze auf eine Kiefer geklettert ist)" (1969, S. 163).

In ähnlicher Weise imitiert J. die Bewegung eines Autos mit einer Schachtel, läßt Grieß durch ihre Finger rinnen, was für sie ,Regen' bedeutet.

„Es tritt also ein Element der Nachahmung im eigentlichen Sinne in den Symbolen des Typs II A auf, und dieses Element stellt mit dem gegebenen Objekt das Symbol (oder ,das Zeichen') dar, während das Symbolisierte (oder ,das Bezeichnete') nichts anderes ist als das abwesende und nur in der Vorstellung gegebene Objekt, das gleichzeitig durch das Nachahmungsverhalten und durch das gegebene Objekt wachgerufen wird" (S. 166).

Piaget charakterisiert dann im folgenden vier verschiedene Arten der *symbolischen Kombinationen,* die sich besonders mit dem dritten und vierten Lebensjahr voll entfalten. Es handelt sich hierbei um ein enges Ineinandergreifen von Imitationen der Handlungen anderer oder imaginärer Personen und Assimilationen an eigene Tätigkeiten.
Typ III A umfaßt hauptsächlich *einfache Kombinationen* und enthält im Gegensatz zu vorhergehenden symbolischen Spielformen *Konstruktionen ganzer Szenen* (1969, S. 167), die häufig Aktivitäten der Mutter an den Puppen und Spieltieren oder der kleineren Schwester reproduzieren.

„Mit 2;5 bereitet sie für L. ein Bad vor: Ein Grashalm figuriert als Thermometer, die Badewanne ist eine große Schachtel, und das Wasser existiert nur als verbale Behauptung. J.

taucht das Thermometer in das Bad und findet das Wasser zu heiß, sie wartet einen Augenblick und taucht dann das Gras wieder in die Schachtel: ‚So ist es gut, welch ein Glück.' Dann geht sie auf L. (in Wirklichkeit) zu und tut so, als ziehe sie ihr die Schürze, das Kleid, das Hemd aus, macht diese Gesten aber, ohne sie zu berühren. Das gleiche Spiel mit 2;8" (S. 167f.).

Solche Spielszenen stellen für Piaget eine Kombination aus Elementen der Imitation und der „deformierenden Assimilation" in jeweils unterschiedlicher Gewichtung dar. „In der Reproduktion wirklicher Szenen mittels der Spiele mit Puppen ist der Imitationsanteil maximal, aber es gibt trotzdem eine Veränderung durch subjektive Ziele, und wir haben keine Kopie mit einer Absicht zur Akkomodation" (S. 170).

Ahmt das Kind Tätigkeiten des Erwachsenen im Spiel nach, so sieht Piaget deren Bedeutung nicht darin, daß das Kind seine späteren Aktivitäten „vorübe", wie ältere psychologische Theorien (zum Beispiel Groos) das kindliche Spiel überwiegend interpretieren. Dagegen betont er, daß das Kind seine aktuelle Lebenssituation und Wirklichkeit im Spiel symbolisch reproduziert, und zwar aufgrund seiner spezifischen Denkstruktur.

„Das Kind verfügt noch nicht über ein hinreichend genaues und bewegliches inneres Denken, sein logisch-verbales Denken ist zuwenig umfassend und zu vage, während das Symbol alle Dinge konkretisiert und belebt. Aber dann ist es auch nicht die Vorübung, die das Symbol erklärt, sondern die Struktur des kindlichen Denkens selbst" (Piaget, 1969, S. 199).

In den Spielen des *Typs III B,* den *kompensatorischen Kombinationen,* wird – wie Piaget hervorhebt – die „Wirklichkeit eher korrigiert als reproduziert", und zwar, wie er meint, „um sich eine Freude zu verschaffen" (S. 172). Worin die Freude besteht oder warum die Korrektur der Wirklichkeit für das Kind notwendig ist, bleibt in der sehr knappen Benennung dieser Spiele bei Piaget unberücksichtigt.
Eng verwandt mit dieser Spielform ist der *Typ III C,* der durch *„gewisse Versuche, mit einer Sache fertig zu werden"*, charakterisiert ist (Piaget, 1969, S. 173). Das Kind versucht, im Spiel gegen bestimmte Ängste anzukämpfen, und wagt in der Spielform Handlungen, die es sich in der Wirklichkeit nicht zutraut.

„In peinlichen oder unangenehmen Situationen kann das Kind entweder versuchen, diese wie vorher (im Typ III B, H. N. B.) zu kompensieren, oder aber es kann sie akzeptieren, aber in diesem letzteren Fall versucht es sie wieder durchzuleben, indem es sie symbolisch verändert" (1969, S. 173).

So versucht J., die Bedeutung des Todes sich im Spiel zu vergegenwärtigen und verständlich zu machen, indem sie sich zum Beispiel mit einer toten Ente identifiziert und sie darstellt.

„Mit 3;11 ist sie beeindruckt, als sie eine tote und zerrupfte Ente auf dem Küchentisch liegen sieht. Am folgenden Tage finde ich J. allein unbeweglich auf dem Sofa meines Büros liegen, die Arme an den Körper gedrückt und die Beine übereinandergeschlagen: ‚Aber was machst du denn dort, J.? – … Ist dir nicht gut? – … – Bist du krank?‘ – ‚Nein, ich bin die tote Ente‘" (1969, S. 174).

Im *Typ III D,* den *symbolischen antizipatorischen Kombinationen,* sieht PIAGET bereits einen Grenzfall spielerischer Symbolhandlungen, da die Spielformen dieses Typs sich bereits in „Richtung des angepaßten Denkens" bewegen (S. 174). Auffallend scheint ihm an diesen Spielen, daß das Kind quasi deduktiv – aber noch in symbolischer Form – zum Beispiel die Konsequenzen seines Ungehorsams und seiner Unvorsichtigkeit vorwegnehmen kann.
Spiele der genannten Art sprengen eigentlich den von PIAGET angestrebten Klassifikationsrahmen, der die Spiele entsprechend der ihnen zugrundeliegenden Denkstruktur und der Struktur der Symbole ordnen wollte. „Korrektur der Wirklichkeit", „Angstbewältigung", „Versuche, mit einer Sache fertig zu werden", „Kompensation", das sind eher Hinweise auf den affektiven Inhalt der Spiele als auf ihre rein kognitive Struktur. So gibt PIAGET mit den als Typ III beschriebenen Spielformen mehr eine Reihe von Funktionen des Symbolspiels an, die dessen Stellenwert in der affektiven Entwicklung illustrieren und – wie im nächsten Abschnitt gezeigt werden wird – an die von A. FREUD beschriebenen Abwehrmechanismen in Kinderspielen erinnern. Oberflächlich gesehen, ergeben sich folgende partielle Entsprechungen zwischen Beschreibungen und Deutungen der zum Teil gleichen Spielphänomene bei PIAGET und in psychoanalytischen Beiträgen:

Piaget	*Psychoanalyse*
III A: Spiele dienen der ‚Überwindung‘ unangenehmer Situationen, indem sie fiktiv wiedererlebt werden; Wirklichkeit wird an das Ich assimiliert, um die Notwendigkeit der Akkomodation zu umgehen	Übergang von der infantilen Passivität zur Aktivität im Spiel; Wiederholungsprinzip im Dienst der Realitätsbewältigung; „Bemächtigungstrieb"
III B: Revanche an der Realität; Korrektur der Wirklichkeit; Angstbewältigung; Befreiung von Konflikten	Verleugnung der Realität in der Phantasie; Identifizierung mit dem Angreifer
III C: Wiederholung der Szenen, die ursprünglich Niederlage bedeuteten, um im nachhinein einen anderen Ausgang, d.h. Sieg, zu erreichen, symbolische Veränderung der Wirklichkeit	Verleugnung in Wort und Handlung
III D: Antizipatorische ‚Überwindung‘ von Szenen, die eine Niederlage und Strafe befürchten lassen	Antizipatorische Projektion von Über-Ich-Forderungen

Bevor wir den von PIAGET angedeuteten und nur benannten affektiven Inhalt der symbolischen Spielkombinationen entsprechend dem psychoanalytischen Theoriekontext der Abwehrmechanismen exemplarisch näher analysieren (vgl. Abschnitt 4.3.2), soll noch skizziert werden, wie PIAGET die Weiterentwicklung des kindlichen Spiels im Alter von vier bis sieben Jahren, dem *2. Stadium* der Spielentwicklung, darstellt. In diesem Altersabschnitt sieht er bereits eine zunehmende Rückentwicklung beziehungsweise Überwindung des Symbolspiels.
In diesen Spielen des 2. Stadiums tritt – so meint PIAGET – die spielerische Deformation von verwendeten Symbolen zugunsten einer möglichst genauen imitativen Darstellung der Wirklichkeit zurück. Im Gegensatz zu der scheinbaren Zusammenhanglosigkeit der symbolischen Kombinationen im vorhergehenden Stadium dominieren jetzt *geordnete spielerische Konstruktionen und Kombinationen,* die sich um Glaubwürdigkeit, Exaktheit und Wirklichkeitsnähe bemühen (S. 176 f.).

„J. verbringt seit ungefähr 5;6 ihre Zeit damit, Familienszenen, Erziehungsszenen, Heiratsszenen usw. mit ihren Puppen zu organisieren, wobei sie aber auch Häuser, Gärten und oft Möbel baut. Mit 6;5 erbaut sie aus Klötzen und Stäben ein großes Haus, eine Scheune und einen Holzstall, umgeben mit einem Garten und mit Wegen und Straßen versehen. Diese Puppen bewegen sich und halten unaufhörlich Dialoge, aber das Augenmerk wird auch auf die Exaktheit und die Wirklichkeitstreue der materiellen Konstruktionen gerichtet.
In der Folge wird nach und nach ein vollständiges Dorf ‚Ventichon' gebaut. Das ganze Leben von J. wird auf diesen Ort und seine Einwohner bezogen. Das Wesentliche ist die Reproduktion der Wirklichkeit, man beobachtet auch Kompensationen (‚In Ventichon trinkt man ein ganzes Glas Wasser' und nicht nur kleine Schlucke?). Man beobachtet auch Verhaltensweisen, die eine Schutzfunktion haben: Die Einwohner haben ein spezielles Kleidungsstück (Schleier vor dem Gesicht, der vor den Indiskretionen Erwachsener schützt), und sie sprechen bestimmte Losungswörter: ‚Ye Tenn', um in Häuser einzutreten (im Falle einer schlechten Aussprache wird man zurückgewiesen), ‚to-to-to', um bestimmte Treppen passieren zu dürfen, usw." (1969, S. 178).

Entscheidend an solchen Spielen ist für PIAGET weniger die auch an ihnen zu beobachtende phantasievolle Uminterpretation der Wirklichkeit, die er selbst zwar erwähnt, als vielmehr die zu beobachtende Entwicklung „in Richtung einer intelligenten Anpassung" und „präzisen Akkomodation". „Das spielerische Symbol entwickelt sich in Richtung auf eine einfache Kopie der Wirklichkeit, lediglich die allgemeinen Themen bleiben symbolisch, ..." (S. 178). ‚Symbolisch' heißt hier für PIAGET der fiktive Charakter der Phantasiespiele, nicht aber der latent symbolische, das heißt verborgene und verkleidete Inhalt solcher Spiele, wie er in der imaginären Ausgestaltung etwa des Lebens im Dorf ‚Ventichon' durchaus angedeutet ist.

Man denke als Vergleich auch an die Interpretation ähnlicher – von mehreren Kindern geteilten – Phantasiekonstruktionen, wie sie ZULLIGER (1970) am Beispiel des „Sangoi-Land"-Spiels gegeben hat (vgl. *Teil A*, Abschnitt 3.2.4). Als weiteres wichtiges Merkmal der Spiele vom vierten bis zum siebenten Lebensjahr hebt PIAGET den Beginn der *kollektiven* Symbolik hervor, die für ihn zugleich eine zunehmende „Sozialisierung" herbeiführt. Er versteht darunter die weiterreichende Differenzierung und Präzisierung der Rollen, die sich bei miteinander spielenden Kindern immer mehr ergänzen (PIAGET, 1969, S. 179).

Die Rollen im Spiel können von den Kindern aber nur dann komplementär gestaltet werden, wenn diese sich auf ungefähr gleicher Entwicklungsstufe befinden.

„Mit 3;11 scheint J. mit L. ein Verkaufsspiel durchführen zu wollen: ‚Madame, was wollen Sie? Zeig deine kleine Hand (L., die mit 1;7 nichts davon versteht und ratlos ist). Wollen Sie einen Sack Mehl? Ich verkauf der Cousine Sazoulet Mehl' usw. L. geht dann weg, und J. sagt: ‚Das ist die Dame, die zum Speicher gegangen ist.' Es gibt also in Wirklichkeit keine komplementären Rollen, und J. fügt L. einfach in ihr Spiel ein, wie sie das mit einer Puppe tun würde" (1969, S. 179).

Die „Sozialisierung" ist am Anfang dieses Stadiums auch noch relativ unstabil. Wie es in dieser Altersphase gleitende Übergänge und ein Hin und Her zwischen der sozialisierten und der egozentrischen Sprache gibt, so wechselt das Kind im Spiel mit anderen von individuellen Spielsymbolen zu gemeinsam geteilten Symbolen in kollektiven Spielen. Das bedeutet für PIAGET, daß die miteinander spielenden Kinder sich auf einen gemeinsamen fiktiven Rahmen einlassen, sich soweit verstehen, daß sie miteinander kooperieren und ihre Rollen komplementär gestalten können. Daß in solchen gemeinsam geteilten kollektiven Spielphantasien sich zusätzlich noch die dem Entwicklungsstand entsprechend individuell verschiedenen Interessen und Bedürfnisse in den teilweise geteilten Spielsymbolen ausdrücken können, das heißt also, daß die Symbole verschiedene Konnotationen haben, gleichwohl aber kollektives Spiel nicht unmöglich machen, wird von PIAGET nicht weiter berücksichtigt.
Die von ZULLIGER (1970) beschriebene und analysierte kollektive Spielphantasie von „Sangoi-Land" demonstriert dagegen sehr deutlich, wie drei Kinder unterschiedlichen Alters, entsprechend ihrer psychosexuellen Entwicklung und der Organisation ihrer Denkstruktur ganz spezifische Inhalte und zum Teil latente Bedeutungen in die gemeinsam geteilte Spielsymbolik einbringen und sich gegenseitig mit „Symbolmaterial" anregen können.
Der Höhepunkt des Symbolspiels findet sich – so PIAGET – zwischen dem zweiten und vierten Lebensjahr. Durch den Prozeß der „Sozialisierung" entwickelt es sich dann in Richtung auf die objektive und exakte Imitation der Wirklichkeit und nähert sich über die Stufe der Konstruktions- und Regel-

spiele der „zielgerechten und angepaßten Arbeit" (1969, S. 181). Dadurch daß das Kind zunehmend lernt, sich an die „physischen und sozialen Realitäten" anzupassen, kann auch die „deformierende Assimilation" der Wirklichkeit im Spiel überwunden werden. PIAGET nennt drei Gründe für das Zurückgehen von Symbolspielen:

(1) „In den Fällen, wo der Inhalt vom Bedürfnis nach Überlegenheit des Ichs, nach Kompensation, nach Verarbeitung oder einfach nach Fortsetzung des wirklichen Lebens (Puppen usw.) zeugt, findet das Kind immer mehr im wirklichen Leben – wenn es normal verläuft – Befriedigungen, die die symbolische und fiktive Assimilation überflüssig machen. Indem es größer wird, erweitert es seinen sozialen Wirkungskreis, und vor allem wird es einer stets wachsenden Anzahl wirklicher Personen gleichwertig (oder überlegen): Das Leben eröffnet ihm also die Mittel, zu kompensieren, zu liquidieren usw. in vielen Fällen, wo das Spiel bisher unverzichtbar war.
Die zweite Ursache liegt darin, daß die symbolische Darstellung zu mehreren die Regel nach sich ziehen kann, wodurch die Transformation der Fiktionsspiele in Regelspiele möglich wird.
Eine dritte Ursache ist noch wichtiger als die beiden anderen und erklärt die graduelle Verminderung der Spiele insgesamt und nicht nur des Symbolspiels: In dem Maße, in dem das Kind danach trachtet, sich der Wirklichkeit anzupassen, statt sie sich zu assimilieren, transformiert sich das deformierende Symbol in ein nachahmendes Vorstellungsbild, und die Nachahmung selbst inkorporiert sich in die intelligente oder effektive Anpassung" (1969, S. 187).

An dieser Bestimmung des Spiels als einer spezifisch-infantilen, nur transitorischen Erscheinung, die eine Kompensation für die kindliche Ohnmacht und vor allem für die Unfähigkeit zu reifem, objektivem Denken darstellt, ist von verschiedener Seite Kritik geübt worden (EL'KONIN, 1971; GILMORE, 1971; SUTTON-SMITH, 1966a, 1971a, 1971b; WYGOTSKI, 1969).
So weist SUTTON-SMITH (1966a) unter anderem darauf hin, daß das Spiel – und insbesondere das Symbolspiel – nicht mit dem Schulalter mehr und mehr verschwindet – wie PIAGET behauptet –, sondern daß es sich in differenzierter und zum Teil internalisierter Form bis ins Erwachsenenalter fortsetzt. Es findet seinen Ausdruck in einer Reihe verschiedener kultureller und sozialer Formen mit symbolischen, kompensatorischen oder rituellen Funktionen (Wortspiele, Regelspiele, zum Beispiel „Monopoly", Karneval, Sexualspiele usw.). Nicht zu vergessen sind auch die Phantasietätigkeit und die Tagträume, die ebenfalls als eine notwendige ‚normale' und temporäre Fortsetzung der kindlichen Spieltätigkeit zu verstehen sind. Das ursprünglich vorwiegend expressive Spielverhalten ist nur stärker internalisiert worden[14].

---

14 Hinzu kommt, daß die vergesellschafteten psychodynamischen Elemente von Infantilität (Kindheitsstatus), weniger die genetisch-kognitiven, stärker historisch variabel und veränderbar sind, als PIAGET anzunehmen scheint.

Vom Standpunkt PIAGETS scheint eine strikte Trennung zwischen den intellektuellen Operationen des Kindes und denen des Erwachsenen zu bestehen. Das ungelenkte beziehungsweise divergente Denken, die Phantasie und das Spiel sind für PIAGET nur kindliche Phänomene, auf die infantile Entwicklungsstufe beschränkt, sie werden als irrelevant für die Natur des adaptiven Denkens des Erwachsenen angesehen [15].

Indem Piaget das die Realität „deformierende" Symbolspiel nur als infantile Defizienzerscheinung definiert, die beim Übergang ins Erwachsenenalter von einer adaptiv-konstruktiven intelligenten Assimilationstätigkeit abgelöst wird, welche sich mit der Akkomodationstätigkeit im Gleichgewicht befinden soll, scheint er – zum Teil im Widerspruch zu vereinzelten eigenen Feststellungen – auch diejenigen Antriebe und Bedürfnisse für „deformierende" symbolische Spielaktivität und Phantasien wieder zu leugnen, die nicht auf defizienten Denkstrukturen, sondern „affektiven Schemata" (wie Kompensation, Angstbewältigung usw.) beruhen.

PIAGET vermag zwar aufzuzeigen, daß die ersteren Ursachen und Strukturelemente von Symbolspiel und Phantasie beim Übergang ins Erwachsenenalter als *selbständige* Veranlassung entfallen. Zum Nachweis, daß auch die von ihm selbst am kindlichen Spiel beschriebenen affektiven Antriebe und Bedürfnisse dazu beim ‚normalen' Erwachsenen nicht mehr vorhanden sind, fehlt ihm jedoch das notwendige theoretische und konzeptuelle Instrumentarium. Denn die bloße Behauptung, dieser Grund für die Entstehung von Symbolspiel und „deformierender" Phantasie entfalle, da ja das reale Leben selber, „wenn es normal verläuft", dem Erwachsenen alle Mittel zur Kompensation eröffne, oder der Erwachsene „einer stets wachsenden Anzahl wirklicher Personen gleichwertig (oder überlegen)" werde und somit alle „Befriedigung" finde, „die die symbolische und affektive Assimilation überflüssig" macht (1969, S. 187), wird man wohl nicht als Ersatz einer theoretischen Bewältigung dieser Problematik akzeptieren und auch in ihrer Common-sense-Suggestivität selbst für Angehörige des Genfer Bürgertums bezweifeln können.

Das ist in bezug auf entsprechendes Spielverhalten von ARIÈS ([1960] 1975, Kap. IV) nachgewiesen worden, der beschrieben und belegt hat, daß Spiele, die heute als typisch kindliche angesehen werden, in vergangenen Jahrhunderten (bis ins 17. Jahrhundert) mit der gleichen Selbstverständlichkeit von Erwachsenen gespielt wurden.

15 Zur Frage des Zusammenhangs von kindlichem Spiel, Phantasie und divergentem Denken beziehungsweise Kreativität vgl. u.a. GREENACRE, 1959, 1962; LIEBERMANN, 1965; SUTTON-SMITH, 1971a.

4.3.1.2 Die Überwindung der Symbolspiele und der Übergang zu den Regelspielen

Das Zurücktreten von Symbolspielen geht nach PIAGET mit einer Zunahme von Regelspielen einher. Vorformen lassen sich im 2. Stadium, zwischen dem vierten und siebenten Lebensjahr, beobachten; ihre volle Entfaltung findet diese Spielform aber erst im 3. Stadium, also zwischen dem siebenten und elften Lebensjahr, um dann über die Kindheit hinaus bis ins Erwachsenenalter bestehen zu bleiben. Die Regelspiele bleiben nach PIAGETS Ansicht notwendigerweise vom „Gesetz der Rückentwicklung" ausgeschlossen (PIAGET, 1969, S. 188). Entgegen PIAGETS Anspruch wird von ihm nicht überzeugend nachgewiesen, warum sie die einzige Spielform darstellen, die mit Recht bestehen bleiben soll. (Vgl. die dieser These entgegenstehenden Ergebnisse der Untersuchung und die Kritik von EIFERMANN, 1971a, 1971b.) Mit sieben Jahren – so meint PIAGET – gibt das Kind das „egozentrische Spiel" ganz zugunsten der „effektiven Anwendung von Regeln" und der „Kooperation zwischen den Spielern" auf (S. 181). Er unterscheidet bei den Regelspielen die „übermittelten Regeln", das heißt „die ‚institutionell' gewordenen Regeln im Sinne sozialer Realitäten", und die „spontanen Regeln", die auf gegenseitiger, zeitlich begrenzter Übereinkunft beruhen (S. 184). Die spontanen Regelspiele sieht PIAGET sich aus ritualisierten sensomotorischen Übungsspielen entwickeln, die, statt wie anfangs allein, mehr und mehr gemeinsam gespielt werden.

„Im Gegensatz zum Symbol setzt die Regel notwendigerweise soziale oder inter-individuelle Beziehungen voraus" (1969, S. 149).

Auch die Kollektivierung der Symbolspiele führt nach der Ansicht PIAGETS zu Regelspielen.

„Zweifellos werden die Spiele Räuber und Gendarm, Schwarzer Mann usw., die zunächst symbolischer Natur sind (und bei den Kleinen auch symbolischer Natur bleiben), allmählich von ihrem darstellenden Inhalt entleert, um zu reinen, reglementierten Verfolgungsspielen zu werden" (1969, S. 185).

Es ist hier wenig einleuchtend, warum diese Spiele nur bei den Kleinen, gemeint sind die Vier- bis Siebenjährigen, einen solchen symbolischen Charakter haben sollen, daß die „Realität deformierende" Phantasien damit verbunden sind. Auch für die älteren Kinder bleibt neben den Regeln mit der fiktiven Darstellungsweise ein bewußter affektiver Phantasie-Inhalt verknüpft. Hinzu kommt, daß der Ritual-Charakter solcher Spiele für ältere Kinder durchaus auch latent symbolische Inhalte mit einschließt.

Ein immer wieder hervorgehobenes Merkmal der voll entfalteten Regelspiele ist für PIAGET – im Gegensatz zu allen früheren Spielformen – ihr *sozialer Charakter*. Dabei vernachlässigt PIAGET völlig, daß auch die früheren Übungsspiele und Symbolspiele, auch da, wo das Kind allein für sich spielt, insoweit „sozialisiert" sind, als in sie bewußte Erwartungen und Verarbeitungen von Szenen und Interaktionen mit Eltern, Geschwistern usw. eingehen. Wir hatten im Zusammenhang mit der Diskussion des kindlichen Egozentrismus bereits auf diese eigentümlich behavioristische Interpretation von Sozialverhalten bei PIAGET hingewiesen. (Erinnert sei auch an die Kritik WYGOTSKIS.)
In seiner Arbeit „Das moralische Urteil beim Kinde" ([1932] 1973b) hat PIAGET besonders am Beispiel des Murmelspiels die stufenweise Entwicklung des Regelspiels analysiert. Im folgenden sollen diese Stufen kurz skizziert werden, ohne daß auf die damit verknüpften Probleme, wie Entwicklung der Moral, näher eingegangen werden soll[16]. Da unsere Arbeit ihren Hauptschwerpunkt in der Analyse der Entwicklung des frühkindlichen Spiels sieht, das Regelspiel, wie PIAGET es analysiert, sich aber erst mit dem siebenten Lebensjahr voll zu entfalten beginnt, wird es hier nur soweit beschrieben, wie es zum Verständnis des von Piaget dargestellten vollständigen Entwicklungsablaufs kindlicher Spiele notwendig ist.
Die Vorstellungen von der Bedeutung der Regeln beginnen sich zunächst über zwei Vorstufen zu entwickeln, nach zwei weiteren Stufen ist eine volle Entfaltung des Regelbewußtseins erlangt. Von der Praktizierung der Regeln ist jeweils das oft abweichende Regelbewußtsein zu unterscheiden.

1. Im *motorischen, individuellen Stadium* (der ersten beiden Lebensjahre) erprobt das Kleinkind an neuen Objekten (reicht man ihm zum Beispiel Murmeln) nur seine motorischen Gewohnheiten, die es schon in der Anwendung auf andere Gegenstände kennt. Daraus entwickelt es schließlich typische ritualisierte Schemata, die es mit Freude ständig wiederholt.
Diese *sensomotorischen Regeln* entsprechen der vorsprachlichen motorischen Intelligenz und sind von den sozialen Beziehungen des Kindes verhältnismäßig unabhängig.
Das Regelbewußtsein ist dadurch bestimmt, daß Regeln noch nicht als allgemein verbindlich aufgefaßt werden und noch nicht zur verpflichtenden Wirklichkeit geworden sind.

---

16 Vgl. hierzu die Arbeiten von KOHLBERG (1963, 1964) und die Arbeiten von NASS (1966) über die Entwicklung des Über-Ichs und der Moral in der Darstellung der psychoanalytischen Theorie und PIAGETS.

2. *Im egozentrischen Stadium* (zwischen dem zweiten und fünften Lebensjahr) werden an das Kind von außen bestimmte festgelegte Regeln herangetragen, und es beginnt, Ältere nachzuahmen, die nach Regeln spielen, spielt selbst aber meist noch allein. Spielt es dagegen mit anderen, so aber ohne Sinn für Wettbewerb oder den Wunsch, gewinnen zu wollen. Es gibt noch kein wirkliches Zusammenspiel und keine komplementäre Interaktion.
Die Regel wird als unantastbar und unabänderlich angesehen. Sie wird von der Autorität der Erwachsenen hergeleitet, die die Regeln irgendwann einmal geschaffen haben. Die Einhaltung der Regeln beruht meist auf einer einseitigen Achtung.

3. Im *Stadium der ersten Kooperation* (mit Beginn des siebenten/achten Lebensjahres) besteht bereits ein Wissen von allgemeingültigen und allgemein verbreiteten Regeln, ohne daß gleichzeitig genaue Vorstellungen über deren Zustandekommen vorhanden wären. In diesem Stadium setzen ein Interesse an gegenseitiger Kontrolle und ein Bemühen um Vereinheitlichung der Regeln ein. Das Interesse am Ausgang des Spiels nimmt zu: Man will auch gewinnen. Das Kind beginnt, die Regel als ein auf gegenseitiger Übereinkunft und Achtung beruhendes Gesetz zu betrachten. Mit allgemeinem Einverständnis wird jetzt auch eine Abänderung von Regeln möglich.

4. Im *Stadium der Kodifizierung der Regeln* (mit Beginn des elften/zwölften Lebensjahres) überwiegt immer mehr ein Interesse an den Regeln als solche, an ihrer Gesetzmäßigkeit und allgemeinen Verbindlichkeit.
Die Regelspiele exemplifizieren für Piaget den Fortschritt in der moralischen Entwicklung des Kindes. Die heterogene Moral des naiven Realismus (sechstes bis achtes Lebensjahr) wird von Ansätzen einer autonomen Moral im kritischen Realismus (neuntes bis zehntes Lebensjahr) abgelöst. Von der „Heteronomität" und dem einseitigen Respekt vor Autoritätspersonen und dem Glauben an unveränderliche moralische Gesetze (vergleichbar den Naturgesetzen) gelangt das Kind zu differenzierteren Vorstellungen und einem „autonomen" moralischen Sinn, der auf dem gegenseitigen Respekt unter Gleichen und der Fähigkeit zur Kooperation beruht. Anfangs wird die Regel als dem Individuum äußerlich verstanden und dann erst langsam als kollektive Regel verinnerlicht. Erst die auf Zusammenarbeit beruhende Regel, die auf die aus Zwang und Autorität hergeleitete Regel folgt, wird zum moralischen Gesetz. Das Regelspiel stellt für Piaget

„ein subtiles Gleichgewicht zwischen der Assimilation an das Ich – Prinzip aller Spiele – und dem sozialen Leben dar. Es enthält noch sensomotorische oder intellektuelle Befriedigung, und es tendiert darüber hinaus zum Sieg des Individuums über andere. Aber diese Befriedigungen sind sozusagen ‚legitim' geworden, legitim durch die Regeln des

Spiels, die den Wettkampf in einer allgemeinen Disziplin, in einen Ehrenkodex und in ein ‚fair play' einbettet. Es ist die dritte und letzte Form des Spiels, und sie widerspricht nicht der Feststellung, daß das Spiel Assimilation der Wirklichkeit an das Ich sei, aber sie bringt die spielerische Assimilation mit den Forderungen der sozialen Reziprozität in Einklang" (1969, S. 217).

Wie auch in dieser Charakterisierung des ‚Endzustandes' der Entwicklung der Spielstrukturen kommt PIAGET bei seiner gesamten Darstellung der einzelnen Formen und Stufen des Symbol- und Regelspiels zu differenzierten Klassifikationen von kognitiven Strukturen. Insbesondere bei der Thematisierung der Übergänge zwischen den einzelnen strukturellen Stufen, einschließlich des Übergangs zu den Spielen der Erwachsenen, führt er jedoch unvermittelt nichtkognitive Faktoren ein, insbesondere affektive Prozesse, wie zum Beispiel Bedürfnisse nach Kompensation oder Korrektur der Wirklichkeit, nach einem Sieg des Individuums über andere usw., sowie Prozesse der „Sozialisierung", ohne einen systematischen theoretischen Rahmen zur Rekonstruktion der Genese dieser Prozesse anzugeben.

4.3.2 Zur Abhängigkeit der Genese symbolischer Spielkombinationen vom affektiven Entwicklungskontext

Aber auch in den besonders differenzierten Darstellungen bestimmter Phasen und Formen des Symbolspiels läßt sich im Vergleich zu dem von PIAGET selbst referierten Beobachtungsmaterial sowohl die Struktur seiner reduktionistisch-kognitivistischen Interpretationstechnik aufzeigen als auch demonstrieren, welche Anhaltspunkte für eine Deutung des Materials im Sinne einer entwicklungstheoretischen Vermittlung affektiver und kognitiver Prozesse dadurch gewonnen werden können, daß man die von PIAGET entdeckten und systematisierten kognitiven Konfigurationen wieder in den szenisch-affektiven Entwicklungskontext zurückversetzt, aus dem er sie herausgerissen hat.
Besonders interessant sind einige symbolische Kombinationen, die über einen gewissen Zeitablauf hin sich ständig wiederholen und die Erfindung einer imaginären Person, deren Handlungen und Meinungen zum Inhalt haben. Wir hatten schon bei den Ausführungen über die imaginären Spielgefährten PIAGETS Beobachtungen dieses Phänomens erwähnt. Sehen wir uns sein Beispiel etwas genauer an:

„Mit 3;11 erfindet sie ein Tier, das sie ‚l'aseau' nennt (mit absichtlicher Unterscheidung von ‚oiseau' [= Vogel], was sie in diesem Alter korrekt aussprechen kann). J. imitiert ihn und verkörpert ihn: Sie läuft durch das Zimmer und schlägt mit den Flügeln (den ausgebreiteten Armen), um den Flug darzustellen. Aber sie kriecht auch auf allen vieren und murmelt: ‚Das ist eine Art Hund', und zur gleichen Zeit ist er ‚wie ein großer Vogel'. Seine Morphologie variiert von Tag zu Tag: Er hat Flügel, Tatzen, ist ungeheuer groß, hat lange Haare ... Er besitzt eine moralische Autorität: ‚Man darf das nicht tun (ein Papier zerreißen): Aseau wird schimpfen.' Zwei Tage später bemüht sich J. ordentlich zu essen, aus Angst, daß Aseau schimpfen würde" (1969, S. 169f.).

Man sieht, wie diese Figur teils als Verkörperung beziehungsweise Vorläufer des Über-Ichs erscheint, und auch Piaget betont, daß diese Figur J. über zwei Monate hin als „Stütze" bei der Befolgung von Ge- und Verboten gedient habe, aber zugleich auch als „Tröster im Kummer" (S. 170). Letztere Funktion wird aber dann bald durch eine neue imaginäre Figur, „Marécage", übernommen, mit deren Hilfe J. verstärkt ihre Interessen und Bedürfnisse ausdrückt. Dagegen verkörpert „Aseau" doch deutlich die von den Eltern vertretenen Moralvorstellungen, die dann mit zunehmender Internalisierung zu Forderungen des eigenen Über-Ichs werden. Nur solange, wie diese noch nicht vollkommen verinnerlicht sind, bedarf das Kind bei ihrer Befolgung solcher Stützen wie ‚imaginärer Gefährten', und es ist die Frage, ob die Unterwerfung unter die Gebote der Phantasiegestalten wirklich für das Kind „angenehmer" ist als die direkte Unterordnung unter die Autorität der Eltern, wie Piaget anzunehmen scheint.

„Zweifellos sind diese imaginären Begleiter auch beeinflußt von der moralischen Erziehung der Eltern, aber nur insofern, als es sich darum handelt, die moralische Erziehung auf angenehmere Weise zu internalisieren als in der Wirklichkeit" (1969, S. 171).

Piaget verweist in diesem Zusammenhang auch auf den von Freud und Ferenczi (im Beispiel vom „kleinen Hahnemann")[17] behandelten „Totemismus des Kindes" (S. 171), ohne aber daraus Konsequenzen für seine Interpretation der „Aseau"-Episoden zu ziehen. So wird zum Beispiel die mit dem Totemtier verknüpfte ambivalente Gefühlseinstellung, die letztlich den Vater meint und sich aus der ödipalen Konstellation herleitet, übergangen, obwohl sie auch in anderen Spielen, die Piaget berichtet, sich deutlich ausdrückt. Gould (1972) hat das Material Piagets über seine Tochter J. einer Sekundäranalyse unterworfen und auf die in ihm deutlich werdenden Abwehrmechanismen und Identifikationen mit dem Vater hin analysiert (S. 191ff.). Piaget benutzt die zitierten Spiele überwiegend zur Illustration seiner vorgenommenen Klassifikation symbolischer Strukturen und zerreißt dabei den affektiven Zusammenhang, der zwischen den einzelnen Spielen eines bestimmten Kindes besteht. Infolgedessen kann er über die affektive und situative Genese dieser symbolischen Strukturen wenig aussagen.

---

17 Freud, „Totem und Tabu", 1913, GW IX; Ferenczi, [1913a] 1964, II, S. 185–195.

Die ambivalente Haltung J.'s gegenüber dem Vater findet sich besonders deutlich in den von PIAGET unter dem Typ III B, den „kompensatorischen Kombinationen", aufgeführten Spiel- und Phantasiebeispielen.
GOULD (1972) hat darauf hingewiesen, daß PIAGETS Tochter J. scheinbar besondere Schwierigkeiten im Umgang mit ihren eigenen Aggressionstendenzen gegen den Vater und die jüngere Schwester hat. Es scheint, als sei es ihr schwer gemacht worden, diese aggressiven Impulse als ihre eigenen zu akzeptieren, so daß sie Zuflucht zu Phantasiegestalten nehmen muß, die für sie diese Aggressionen ausdrücken. Es scheint, als bedeute diese vermittelte Form der Aggressionsäußerung für das Kind einen geringeren Verstoß gegen Über-Ich-Forderungen; denn es fällt auf, wie sehr J. ihre eigenen Impulse gegen den Vater verleugnen muß.

„Mit 2;8 wird J. wütend auf ihren Vater, will ihn schlagen usw., *und als das üble Folgen zu haben droht,* schreit sie plötzlich: ‚Es war viel schöner, als Caroline (eine Freundin ihres Paten) wütend auf den Paten war.' Sie erzählt danach, was reine Phantasie ist, daß Caroline den Paten geschlagen habe, und verschiebt die ganze Affäre auf diese Szene, die sie sich im Detail zu spielen anschickt. In der Folge erwähnt ihre Mutter wieder ihre anfängliche Wut auf den Vater, *aber J. will davon nichts wissen:* ‚Nein, das ist Caroline'" (PIAGET, 1969, S. 172; Hervorhebung H. N. B.).

Man sieht hier, wie die Aggression gegen den Vater durch Drohungen der Eltern in Angst umschlägt, die wiederum zu einer Verleugnung der Aggression und einer Verschiebung derselben auf eine andere Person führt. A. FREUD ([1936] o. J.) hat diese Abwehrmechanismen ausführlich beschrieben, und PIAGETS Beispiele gehören in diesen Zusammenhang. Mittels des Projektionsmechanismus versucht J. die Vorstellungsrepräsentanz ihrer gefährlichen und aggressiven Triebregungen aus dem Zusammenhang des Ichs zu beseitigen, die Wirkungsweise ist – wie A. FREUD analysiert hat – der Verdrängung dabei sehr ähnlich (vgl. J.'s Behauptung, daß es nicht sie, sondern Caroline sei, die wütend auf den Vater gewesen sei). Auch gleicht die Projektion der Verdrängung darin, „daß sie nicht an eine spezielle Angstsituation gebunden ist, sondern durch Realangst, Über-Ich-Angst und Triebangst gleichmäßig ausgelöst werden kann" (S. 95). Die nicht zugelassene Regung der Aggression wird hier nicht wie bei der Verdrängung ins Es zurückgewiesen, sondern durch die Projektion in die Außenwelt oder wie hier auf eine imaginäre Figur geschoben (vgl. S. 95).

„Dem Ich des kleinen Kindes in der ganzen ersten Infantilperiode ist der Gebrauch von Projektionen jedenfalls natürlich. Sie dienen dazu, seine Handlungen und Wünsche, wenn sie gefährlich werden, von sich abzuweisen und in der Außenwelt einen neuen Urheber für sie zu suchen. Ein ‚fremdes Kind', ein Tier, selbst unbelebte Gegenstände sind ihm zur Unterbringung der eigenen Vergehen gleichmäßig recht. Das kindliche Ich entledigt sich auf diese Art normalerweise ständig verpönter Regungen und Wünsche und gibt sie freigebig an die Umgebung ab. Wo diese Wünsche von außen her mit Strafdrohungen belegt sind, schiebt es die Ersatzpersonen, auf die es projiziert hat, zur Bestrafung vor, wo Schuldgefühle es zur Projektion veranlaßt haben, wendet es die Selbstkritik als Anklage nach außen“ (A. FREUD, [1936] o. J., S. 95).

J. muß sich häufig projektiver Mechanismen bedienen, um dem Vater ihren Ärger über ihn mitteilen zu können.

„Mit 4;7 erfindet J., die auf ihren Vater eifersüchtig war, daß ‚Marécage‘ (eine Phantasiefigur, H. N. B.) einen abscheulichen Papa habe, der sie ‚ruft, wenn sie spielt‘, den ‚seine Mama schlecht ausgesucht‘ habe usw. Mit 4;8 eröffnet sie vor dem Schlafengehen, daß ‚Marécage‘ sich nie am Nachmittag zum Schlafen legt. Sie spielt die ganze Zeit‘“ (PIAGET, 1969, S. 173).

Immer wieder wird das Zusammensein mit dem Vater von J. als gefahrvoll für sie erlebt. J. reagiert mit einer einfachen Umkehr der Rollen und gelangt so im Spiel von der Passivität des Erlebens zur Aktivität. Wir haben hier die einfachste Form der Identifikation mit dem Aggressor vor uns. J. ist 4;6, der Vater stößt sie aus Versehen

„mit einem Rechen an die Hände, so daß sie weint. Ich entschuldige mich mit meiner Ungeschicklichkeit. Erst glaubt sie mir nicht und bleibt wütend, als ob ich es absichtlich gemacht hätte. Dann plötzlich sagt sie halb beruhigt zu mir: ‚Du bist Jacqueline, und ich bin Papa. Schau (sie schlägt mir auf die Finger)! Sag mir: ‚Aber du hast mir weh getan. – (Ich sage das) – Pardon, mein Mädchen. Ich habe es nicht absichtlich gemacht. Du weißt, daß ich sehr ungeschickt bin . . .‘ usw. Kurz, sie begnügt sich damit, die Rollen zu vertauschen und genau meine Worte zu wiederholen“ (1969, S. 174).

Man vergleiche auch folgendes Beispiel PIAGETS, das er von seiner Tochter Y. berichtet:

„Mit 5;8: Da sie sich z. Z. mit ihrem Vater nicht gut steht, beauftragt sie eine ihrer Puppen, sie zu rächen: ‚Zoubab hat seinem Vater den Kopf abgeschlagen. Aber sie hat guten Leim, und sie hat ihn wieder ein wenig aufgeklebt. Aber er hält nicht gut‘“ (1969, S. 224).

Bei gefährlichen Spaziergängen mit dem Vater in den Bergen, bei denen dieser sie zur Vorsicht ermahnt, da sie sonst fallen könnte, greift J. in Phantasiegeschichten die möglichen Gefahren antizipatorisch auf, nur läßt sie wiederum die imaginäre Figur „Marécage“ an ihre Stelle treten. PIAGET meint zu diesem Beispiel, daß J. „symbolisch die Konsequenzen des Ungehorsams oder der Unvorsichtigkeit“ in der Phantasie antizipiert (S. 175).

„Jacqueline geht mit 4;6 im Gebirge auf einem steilen Weg: ‚Paß auf auf diesen glatten Kieselsteinen. – Du weißt, Marécage ist einmal auf einen Kieselstein getreten, und sie hat nicht gut aufgepaßt und ist dann hingefallen und hat sich sehr weh getan!‘ Mit 4;6 auf einem anderen, etwas schwindelerregenden Weg warne ich J. und zeige ihr ganz am Fuß des Abhangs den Sturzbach: ,Du weißt, was sie gemacht hat, meine kleine Negerfreundin (gemeint ist „Marécage", H. N. B.)? Sie ist vier Nächte lang gerollt. Sie hat sich schrecklich das Knie und das Schienbein aufgestoßen. Sie hat aber nicht einmal geweint. Man hat sie hinterher aufgehoben. Sie war im See, sie konnte nicht schwimmen und wäre fast ertrunken. Man hat sie zunächst nicht gesehen, aber dann hat man sie gefunden. – Wie hast du das alles erfahren? – Sie hat es mir auf dem Schiff gesagt (das Schiff, auf dem J. zum erstenmal eine Negerin gesehen hat, was der Ausgangspunkt dieses Spielzyklus [um Marécage] ist)' " (1969, S. 175).

PIAGET sieht in den genannten Beispielen nur „eine einfache Reproduktion der Wirklichkeit", die darüber hinaus „aber eine exakte oder eine nur übertriebene Antizipation der Konsequenzen des reproduzierenden Aktes" enthalten. „Jedoch ist es klar, daß diese Antizipation spielerischer Art bleibt, obwohl sie mit der Erfahrung übereinstimmt und obwohl sie von einer quasi deduktiven Anstrengung zeugt. Sie bleibt spielerischer Natur, da sie sich gerade nicht in der Form einer Antizipation darstellt, sondern in der Form einer Rekonstruktion, die einem imaginären Begleiter zugeschrieben wird. Auf diese Weise erfüllt das Symbol des Spiels seine Funktion der Assimilation an das Ich" (S. 176).
Es ist nicht recht einleuchtend, warum PIAGET aus der Projektion der möglichen Gefahren auf „Marécage" folgert, daß J. sich nicht realistisch die Konsequenzen ihres eigenen Verhaltens vorstellen könne.
Wie kommt es, daß die Gefahren, die „Marécage" zustoßen, so lebhaft ausgestaltet sind? PIAGET meint, erst durch die Projektion der möglichen Konsequenzen auf die Phantasiefigur werden diese zu einer „greifbaren und lebhaften Wirklichkeit" (S. 176). Kann man nicht vielmehr davon ausgehen, daß J. sehr wohl genaue Vorstellungen über das hat, was *ihr* selbst zustoßen kann – die Angst darüber aber so groß ist, daß sie die damit verbundenen Phantasien nur in verkleideter Form aussprechen und durch die Projektion auf „Marécage" durcharbeiten kann. Die phantasierten Gefahren und die Angst vor Verletzungen scheinen auch noch dadurch vergrößert, daß der sie begleitende Vater keinen ausreichenden Schutz vor Gefahren bieten kann. Man kann sich auf ihn scheinbar nicht verlassen, also setzt sich J. in der Phantasie mit dem Ungewissen auseinander, wobei sie selbst noch ihre Unsicherheit über ihre Rettung andeutet (wäre fast ertrunken, zunächst nicht gesehen).
Ihr Ausweichen in die Phantasien drückt eine Abwehrform aus, die der Vermeidung von Realunlust und Realgefahr dient (vgl. A. FREUD, [1936] o. J., S. 55f.). A. FREUD hat betont, daß diese Abwehrformen durchaus mit einer intakten Realitätsprüfung einhergehen können, wie es auch im Verhalten von J. sich ausdrückt (vgl. S. 64, 71). Nur weil sie die realen Gefahren einschätzen kann (Knie aufgeschlagen, den Hang hinunterstürzen, wenn man nicht auf den Weg achtet und über Steine stolpert), können sie in phantasierter Übertreibung auf „Marécage" projiziert werden.

In anderen Situationen fordert J. den Vater direkt auf, sie vor Verletzungen zu bewahren und sie seines Schutzes zu versichern.

„Mit 4;7 streifen wir Brennesseln, und ich sage ihr, sie solle aufpassen. Sie spielt darauf ein Mädchen, das sich verbrannt hat. Am selben Tag spielt sie Mähen mit einem dünnen und zugespitzten Stock. Sie sagt mir darauf spontan: ‚Papa, sag mir: Du schneidest dich nicht, Jacqueline?‘ Dann erzählt sie eine Geschichte, die den vorhergehenden analog ist“ (1969, S. 175).

Im Umgang mit der Angst vor realen wie phantasierten Verletzungen des eigenen Körpers wie in der Auseinandersetzung mit der unliebsamen Wirklichkeit zeigt J. mit zwei Jahren dieselben Projektions- beziehungsweise Abwehrmechanismen wie mit vier Jahren (vgl. auch die Analyse von GOULD, 1972). Phantasiefiguren übernehmen es immer wieder, antizipatorisch oder nachträglich, die Gefahrsituationen erfolgreich zu bewältigen, vor denen sich das Kind selbst fürchtet oder vor denen die Eltern, insbesondere der Vater, gewarnt haben.

„J. hat mit 2;1 Angst auf einem neuen Stuhl bei Tisch. Am Nachmittag setzt sie ihre Puppen in unbequeme Positionen und sagt ihnen: ‚Das macht nichts, das geht schon gut‘ usw., und wiederholt so das, was man ihr selbst gesagt hat.
Mit 2;3 gibt es die gleiche Szene mit einer Arznei, die sie später einem Schaf gibt“ (PIAGET, 1969, S. 173).

Immer wieder erscheint das symbolische Spiel als ein Versuch, mit einem erlittenen Schmerz fertig zu werden, er wird noch einmal durchlebt und „assimiliert“, indem man eine Puppe stellvertretend erleben läßt, was man selbst passiv erleiden mußte.

„Mit 2;7 ist sie gefallen und hat sich an der Lippe verletzt. Nach der üblichen Szene beruhigt sie sich und projiziert das Ganze auf ihre ‚Cousine Andrée‘, die sie mit einer Puppe darstellt: ‚Oh! Da ist ja Cousine Andrée. Man wäscht Cousine Andrée sicher, weil sie auf die Lippe gefallen ist. Sie hat ein kleines Loch. Sie hat geweint‘ usw. Am folgenden Tage noch spielt sie sozusagen ‚Fallen‘, und zwar mit ihrem Cousin François, und der ‚Sirup‘ seiner Lippe macht einen Flecken an der Mauer“ (1969, S. 173).

Bei intakter Realitätsprüfung leugnet das Kind, was ihm an der Wirklichkeit mißfällt. Im Rollenspiel bleibt diese Verleugnung nicht nur auf die Vorstellungsebene beschränkt, sondern das Kind kann sowohl die Umkehr der ursprünglichen realen Situation ‚darstellen‘ als auch diese in Wort und Handlung durch kompensatorische Repräsentationen verleugnen (vgl. A. FREUD, [1936] o. J.).

„Mit 3;11 verbietet man ihr, in die Küche zu gehen, weil dort heiße Wasserkübel für ein Bad stehen: ‚Also gehe ich in eine Spielküche. Ich habe einmal einen kleinen Jungen gesehen, der in eine Küche ging, und als Odette mit dem heißen Wasser vorbeiging, hat er sich zur Seite gestellt.‘ Die Geschichte über dieses Thema geht dann noch weiter aus Gründen der Kompensation. Dann schließt sie mit einer symbolischen Annahme: ‚Schließlich ist er nicht mehr in die Küche gegangen‘“ (PIAGET, 1969, S. 172).

In die Kette von erlebten Verletzungen gehört für J. – als sie zweieinhalb ist – auch die Geburt der kleinen Schwester L. Die Ambivalenz gegenüber diesem Rivalen um die Gunst der Eltern drückt sich deutlich in ihrem Spielverhalten aus.

„Mit 2;6 will sie Nonette tragen (= L. die kurz vorher zur Welt kam). Ihre Mutter verschiebt diesen Versuch auf später. J. kreuzt ihre Arme und sagt: ‚Hier ist Nonette drin. Es gibt zwei Nonette.‘ Dann spricht sie zu dieser imaginären Nonette, wiegt sie usw. Am selben Tage wird dieses Spiel wiederholt, *aber mehr und mehr heimlich: J. schweigt still, wenn ich hinzukomme*, und spricht mit leiser Stimme zu Nonette. Mit 2;7 schreit J. *aus Wut*, und als man ihr das untersagt, erklärt sie, daß sie Nonette sei und fährt fort mit dem Weinen, aber indem sie sozusagen das Weinen ihrer jüngeren Schwester imitiert, was sie beruhigt“ (1969, S. 172).

Dieses Beispiel illustriert zugleich auch die Einschränkungen, der die Methode der Verleugnung durch Wort und Phantasie im Rollenspiel durch die Erwachsenen unterliegt. J. beginnt ihre Spiele vor dem Vater zu verheimlichen. A. FREUD hat hervorgehoben, daß das Kind zwar beim Phantasieren noch relativ souverän ist, denn

„solange es seine Phantasien niemandem mitteilt, hat die Umgebung keine Veranlassung, sich einzumischen. Dagegen braucht die Darstellung der Phantasien in Wort und Tat Raum in der Außenwelt. Die Nachgiebigkeit der Außenwelt gegenüber diesen Darstellungen des Kindes ist also die äußere Bedingung für die Anwendbarkeit des Mechanismus, ähnlich wie seine Verträglichkeit mit der Realitätsprüfung die innere Bedingung ist“ (A. FREUD, [1936] o. J., S. 72).

4.3.3 PIAGETs Konzeption des „sekundären Symbolismus“ als Abwehr der psychoanalytischen Theorie des Unbewußten

Setzt die Symbolbildung allgemein die Fähigkeit voraus, „etwas durch etwas anderes darzustellen“ (PIAGET, 1970, S. 143), so ist damit das Eigentümliche eines Symbols, wie es in der Psychoanalyse überwiegend verstanden wird, ebensowenig ausreichend bestimmt, wie damit die komplexe Struktur der von PIAGET selbst beschriebenen Symbolspiele des Typs III begriffen werden kann.

Das Symbol setzt zwar, wie PIAGET ausführt, „die Vorstellung eines abwesenden Objektes“ und „eine fiktive Darstellung“ voraus, „da das Symbol einen Vergleich zwischen einem gegebenen und einem vorgestellten Element enthält“ (1969, S. 148), aber für das psychoanalytische Verständnis von Symbolen gilt das, was FERENCZI hervorhob: „Nicht alles, was für etwas anderes steht, ist ein Symbol“ (FERENCZI, [1913 c] 1964, I, S. 248).

„Ein Kind, das eine Schachtel herumschiebt und sich dabei ein Automobil vorstellt, (stellt) das letztere durch die erstere symbolisch dar und begnügt sich mit einer Fiktion, da die Verbindung zwischen dem Zeichen und dem Bezeichneten völlig subjektiv bleibt“ (PIAGET, 1969, S. 148).

PIAGET gebraucht hier den Begriff Symbol im Sinn eines „motivierten“ Zeichens, d. h., es enthält irgendeine Ähnlichkeit mit dem Bezeichneten“ (S. 218).

Es sei hervorgehoben, daß hier meist eine *eindeutige* Beziehung zwischen Symbol und Symbolisiertem gemeint ist, die sich aber längst nicht in allen Typen des Symbolspiels nachweisen läßt. Die fiktive Verwendung der Schachtel für das Auto ist zwar ein Beispiel für eine typische Entwicklungsstufe der kindlichen Symbolbildung im Spiel, wie sie PIAGET mit den Spielen des Typs I und II charakterisiert hat.

Aber „Symbol im Sinne der Psychoanalyse wird ein solches Gleichnis erst vom Moment an, wo die Zensur die ursprüngliche Bedeutung des Gleichnisses ins Unbewußte verdrängt“ (FERENCZI, [1913 c] 1964, I, S. 248).

Dieser Bestimmung des Symbolischen scheint PIAGET nahe zu kommen, wenn auch er bei der Beobachtung von bestimmten Kinderspielen feststellen muß, daß eine Ähnlichkeit zwischen dem Bezeichneten, dem Gemeinten und dem dafür eingesetzten Symbol nicht immer nachweisbar ist.
Auch verweist PIAGET bei seiner Darstellung symbolischer Spiele, besonders des Typs III, selbst auf die Nähe zu psychoanalytischen Spielinterpretationen und muß zugestehen, daß gewisse symbolische Spiele nicht nur der Formulierung der „bewußten Interessen“ des Kindes dienen, sondern „sich oft auch auf unbewußte Konflikte: sexuelle Interessen, Verteidigung gegen Angst, Phobien, Aggressivität oder Identifikation mit Aggressoren, Rückzug aus Angst vor der Gefahr oder dem Wettkampf usw.“ beziehen (PIAGET/INHELDER, 1972, S. 69f.). Außerdem zeugt gerade das symbolische Spiel der Kinder von den „unscharfen Grenzen zwischen Bewußtsein und dem Unbewußten“ (S. 70), und die Verwandtschaft der Symbolik mancher Spiele mit der Symbolik des Traumes wird auch von PIAGET gesehen.
Diese Tatsache und die Erkenntnis, daß in manchen Spielen „bereits Manifestationen eines eher versteckten Symbolismus, der Tendenzen des Kindes enthüllt, von denen es selbst oft nichts weiß“ und deren Symbolbedeutung es nicht versteht, ausgedrückt sind, führten PIAGET zu der Frage nach dem Stellenwert des *unbewußten* oder, wie er es nennt, *sekundären Symbolismus* in der Denkentwicklung des Kindes (PIAGET, 1969, S. 219).

Es stellt sich die Frage, ob sich PIAGET mit seiner Charakterisierung des „sekundären Symbolismus" der Bestimmung des Symbols annähert, wie sie FERENCZI und JONES gegeben haben, oder ob trotz gewisser Analogien bestimmte wesentliche Unterschiede bestehenbleiben.

Wie im Zusammenhang mit dem kindlichen Egozentrismus bereits skizziert, sieht PIAGET gewisse Analogien zwischen dem synkretischen und vorlogischen Denken des Kindes (zum Beispiel im Spiel) und dem unbewußten Symboldenken (wie es der Traum in besonders klarer Form darstellt). Das unbewußte Symboldenken scheint für PIAGET ein Zwischenglied zwischen dem vorlogischen und dem rationalen Denken darzustellen (1969, S. 220).

Die von PIAGET als Typ III beschriebenen Kompensationsspiele enthalten wegen ihrer affektiven Funktionen alle Zwischenglieder zwischen den bewußten und unbewußten symbolischen Assimilationen. Das ist sicher ein Grund, warum die angeführten Beispiele den von ihm vorgegebenen Klassifikationsrahmen sprengen. Es ist richtig, wenn PIAGET betont, daß jedes Symbol gleichzeitig bewußt (in seinem Ergebnis als Darstellung, sei es in Worten, sei es in Handlungen) und unbewußt ist (das heißt, das mit dem Bezeichneten Gemeinte kann unbewußt bleiben) und

„daß man nicht ein für allemal sämtliche Symbole in primäre und sekundäre einteilen kann. Jedes Symbol ist vielleicht gleichzeitig primär und sekundär, d. h., es kann zu seiner unmittelbaren und vom Subjekt verstandenen Bedeutung auch tiefere Bedeutungen enthalten, ..." (1969, S. 223).

Halten wir aber fest, daß PIAGET hier stets vom Deskriptiv-Unbewußten und noch nicht vom Verdrängt-Unbewußten spricht, was noch näher zu erläutern sein wird.

Außerdem stecken in PIAGETs Begriff des *sekundären* Symbolismus bestimmte Annahmen über dessen Genese, er versteht ihn mehr als abgeleitete Form des Denkens und teilt nicht die Annahmen der Psychoanalyse über die Zusammenhänge zwischen *primärprozeßhaftem* Denken und Symbolbildung. Wenn es primärprozeßhaftes Denken auch niemals in reiner Form gibt, so kann man aber doch sagen, daß das frühkindliche Denken durch Primärvorgänge dominiert wird, andererseits ist natürlich das Symbol oder auch das symbolische Spiel immer zugleich Ausdruck von Primärvorgängen *und* Sekundärvorgängen, und wir hatten oben gerade das Oszillieren im Spiel zwischen diesen beiden Denkvorgängen analysiert. PIAGET formuliert zu diesen Problemen folgende Hypothesen:

„... – im Gegenteil – das bewußte Denken des Kindes könnte das erste Faktum sein, zunächst in der Form der sensomotorischen Aktivität und Intelligenz, dann in der Form eines halbsozialisierten Denkens, das aber noch vorbegrifflich und bildhaft ist. Die höheren Formen des anschaulichen Denkens schaffen schließlich mit Hilfe des sozialen Lebens die Operationen des rationalen Denkens. *Am Rande dieser Entwicklung* (und in dem Maße, in dem die Akkomodation über die Assimilation dominiert und umgekehrt) würde sich entweder die Imitation, das einfache Bild usw. abzeichnen oder umgekehrt das Spiel und der Traum, deren extremer Pol der ‚unbewußte Symbolismus' wäre (und dieser wäre genau in dem Maße unbewußt, in dem der Egozentrismus, im Traum auf ein Maximum gesteigert, zu einer Unterdrückung des Bewußtseins vom Ich führen würde)" (1969, S. 220, Hervorhebung H. N. B.).

Bei einer genauen Beobachtung kindlicher Spiele fielen PIAGET „drei Gruppen von Spielsymbolen" auf, die über die *bewußte* Mitteilung hinausgehen und auf eine dem Kind *unbewußt* bleibende Bedeutung hinweisen. Zu klären wäre, ob diese Spielsymbole im Sinne von JONES auch in der Form der Kompromißbildung Ausdrucksmittel für Verdrängtes darstellen.
Wir hatten bei der Analyse der „konstanten" Symbole in der psychoanalytischen Diskussion (vgl. Exkurs im Anschluß an Abschnitt 2.2.3) darauf hingewiesen, wie bestimmte partiell verdrängte Grunderfahrungen des Kindes sich zu einer symbolischen Darstellung im Spiel anbieten.
PIAGET nennt zu Recht vor allem folgende Themen:

a) „die sich auf die mit dem eigenen Körper verbundenen Interessen beziehen (Saugen und Ausscheiden);
b) die, welche die bekannten elementaren Gefühle berühren (Liebe, Eifersucht und Aggressivität);
c) und auch diejenigen, die mit den Interessen an der Geburt der Kinder zusammenhängen" (1969, S. 223).

(Wir erinnern daran, daß auch JONES [1972, II] als zentrale Themen der symbolischen Darstellung die ursprünglichen Vorstellungen, die den eigenen Körper betreffen, die Beziehungen zu Familie und Geburt, Liebe und Tod aufgezählt hat, vgl. S. 592.)
Die *sogenannten anatomischen Symbole*, wie PIAGET sie nennt, „die einen Teil des eigenen Körpers durch äußere Objekte darstellen" (1969, S. 255), können von Verdrängung begleitet sein, diese kann aber auch fehlen. Wir können ergänzen, daß der Grad und das Vorhandensein der Wirkungen von Verdrängungsprozessen von der psychosexuellen Entwicklung und dem Alter des Kindes abhängen [18].
Auf den frühesten Stufen der Entwicklung sind *körperanaloge Symbolbildungen*, wie wir sie oben (Abschnitt 2.3.1, *Teil A*) beschrieben haben, noch kein Ausdrucksmittel für Verdrängtes, da die Notwendigkeit für Verdrängungs-

---

18 Vgl. hierzu auch KUBIE (1934) und die Arbeit von RUBINFINE (1961), die den Zusammenhang zwischen Wahrnehmung, Realitätsprüfung und Symbolbildungsprozessen sowie deren Auswirkung auf die Konstituierung eines Körperbildes analysieren.

prozesse, wie sie dann besonders in der ödipalen Phase stattfinden, noch nicht besteht. Darum hatten wir diese frühen körperanalogen Deutungen des Kindes noch nicht zu den eigentlichen Symbolen im Sinne der Psychoanalyse gezählt, aber ihre Bedeutung als Vorläufer für diese analysiert.

Auch bei den „nicht-anatomischen Symbolen" könne es – so PIAGET – „verdrängte Symbole" geben, wie andererseits diese Beziehung zur Verdrängung fehlen könne. So fällt das Kriterium der Verdrängung für den sekundären Symbolismus bei PIAGET weg. Für ihn bedeutet das Symbol *nicht* mehr Ausdrucksmittel der Verdrängung *und* Stellvertretung für Unbewußtes, wie die meisten psychoanalytischen Autoren das Symbolische im engeren Sinne bestimmten. Für ihn sind die „Wirkungen der Verdrängungen" nur ein „Sonderfall" bei den als sekundär beziehungsweise unbewußt bezeichneten Symbolbildungen, die wiederum nur einen besonderen Fall des allgemeinen Symbolbildungsprozesses darstellen (1969, S. 259).

Es ist richtig, wenn PIAGET feststellt, daß beim Kleinkind, besonders zwischen dem zweiten und vierten Lebensjahr, diejenigen Symbole am häufigsten zu beobachten sind, die teils bewußt und teils unbewußt sind.

Wie erklärt PIAGET nun, daß Kinder ein von ihnen selbst gebildetes Symbol nicht verstehen? Warum kann das Kind die volle Bedeutung des von ihm Produzierten nicht verstehen? Für ihn macht das „Nicht-Verstehen" das Hauptmerkmal des „unbewußten" Symbols aus.

Wir hatten bereits auf die Bestimmung des sekundären Symbolismus als eines abgeleiteten Denkprozesses und die Verbindung zum Egozentrismus verwiesen. Die egozentrische Assimilation, der die ausgleichende Akkomodation fehlt, liefert für PIAGET *die* Erklärung für das unbewußte Symbol, das heißt für das Nicht-Verstehen beziehungsweise für das mangelnde Bewußtwerden des Symbolisierten.

„Wenn das Symbolspiel aber nur der Ausdruck einer Assimilation der Wirklichkeit an das Ich ist, das heißt Ausdruck einer von einer korrespondierenden aktuellen Akkomodation getrennten Assimilation, so ist es das unbewußte Symbol um so mehr: Den radikalen Egozentrismus, den der Traum (insofern er Kontaktverlust zu der akzeptierten Wirklichkeit ist) oder die verdrängten Tendenzen (insofern sie der akzeptierten Wirklichkeit entgegenstehen) zeigen, genügt, um das Unbewußte des Symbols zu erklären, weil ein radikal egozentrischer Zustand ein Zustand der völligen Nicht-Differenzierung zwischen dem Ich und der äußeren Welt ist und infolgedessen ein Zustand des Nicht-Bewußtseins vom Ich oder, was auf dasselbe hinauskommt, ein Zustand der Projektion der inneren Eindrücke auf die Formen, die von der äußeren Welt geliefert werden. Die Unterdrückung des Bewußtseins vom Ich durch eine völlige, imaginäre Absorption der äußeren Welt, also durch Vermischung mit dieser, das ist das Prinzip des unbewußten Symbols. Man erkennt sofort, daß dieses Prinzip einen einfachen Grenzfall dieser Assimilation der Wirklichkeit an das Ich konstituiert, worin eben das spielerische Symbol besteht" (1969, S. 255).

Der Inhalt der Spiele und Phantasieäußerungen, die PIAGET für den *Typ a*, die körperanalogen Symbolbildungen, gibt, kann auch noch als relativ bewußtseinsnah betrachtet werden.

a) Bei Kindern von 2;6 bis 3;6 Jahren beobachtet PIAGET eine Reihe von spielerischen Konstruktionen, „die darin bestehen, die Ausscheidungsorgane bei den verschiedensten Gegenständen wiederzuentdecken, nicht nur bei Spieltieren, sondern auch bei kleinen Autos, Flugzeugen, Tassen, Stöcken usw. Gegen 3;6 ergeben sich daraus Fragen über die morphologischen Geschlechtsunterschiede und bald ernste, bald spielerische Aussagen über die Angleichung anatomischer Unterschiede (‚männlicher Protest'). Mit 3;6: ‚Ich denke, daß der Berg, der hier hängt, das stößt, und dann wird ein kleines langes Ding daraus, vorn hat's ein Loch, um Pipi zu machen, wie bei den Jungen.' Und mit 5;8: ‚Warum müssen die Jungen ein so langes Ding haben, um Pipi zu machen? Sie könnten durch den Nabel machen. Zoubab (Spielfigur) macht Pipi durch den Nabel.' Und mit 5;8, nachdem sie gesagt hat, die Jungen könnten es durch die Barriere machen, spielt X. ‚Zoubab pflegen', der krank ist: ‚Ich lasse ihn Pipi durch das Fenstergitter machen'" (1969, S. 224).

Die letzten Äußerungen, die X. mit 5;8 macht, lassen allerdings schon die Konflikthaftigkeit, die in der Frage nach dem Geschlechtsunterschied für das Mädchen steckt, erkennen. Auch ist eine Tendenz zur Kompromißbildung und zu einer gewissen Verkleidung der „intimen Interessen" und „unbekennbaren Wünsche" mit der Projektion eigener Phantasien auf die Spielfigur Zoubab zu erkennen (1969, S. 225). Die Spielfigur Zoubab, die in ihrem Geschlecht nicht eindeutig definiert ist, dient in mehrfacher Weise als Identifikationsmuster. Zoubab kann einerseits als das Mädchen betrachtet werden, das durch den Nabel „Pipi macht" und dafür kein Glied braucht, aber durch „Pflege" (wieder) ein Glied erhalten könnte. Andererseits kann Zoubab aber auch als Junge betrachtet werden, an dem X. ihre aggressiven Kastrationsphantasien gegen die Jungen Wirklichkeit werden ließ.
Solche möglichen psychodynamischen Aspekte werden von PIAGET aber hartnäckig und wiederholt verleugnet.

„Daß die Funktionen der Ausscheidung interessieren, was von der Umwelt bestraft wird, ist zu banal, um darauf einzugehen. Und daß sich dem Kind die Fragen über die Verschiedenartigkeit der Geschlechtsorgane stellen und der Wunsch des kleinen Mädchens nach diesbezüglicher Gleichheit (der ‚männliche Protest'[? – H. N. B.]), ist ebenso bekannt. Es ist daher völlig normal, wenn sich diese Tendenzen in den Spielen wiederfinden, und wenn sie im Augenblick der Konstruktion des Spielsymbols dem Kind selbst bewußt sind, so ist es nicht weniger klar, daß sie über dieses relative Bewußtsein hinausgehen" (1969, S. 255).

Die Frage hier ist aber doch, warum der Inhalt des Spielsymbols über das Bewußtsein hinausgeht, genauer, vom Bewußtsein ferngehalten wird. Warum redet X. von Zoubab und nicht von sich selbst?

Noch verschlüsselter und komplexer sind die Phantasien von Y., die schon deutlich die ödipale Problematik erkennen lassen.

Das Interesse für die Geschlechtsunterschiede geht bei Y. mit dem Wunsch einher, „ein Knabe (zu) sein". „Mit 4;2 erfindet sie die Geschichte eines kleinen Jungen, ‚der lachte, als sein Vater tot war. Aber danach hat man ihn begraben. Er hat geweint, man mußte ihn trösten. Ich bin ein großes Mädchen. Mich braucht man nicht zu trösten. Danach ist er ein Papa geworden. Auf einmal ist er Papa geworden, aber er merkte es nicht, er ahnte es nicht. Er schlief in einem Bett, in einem so kleinen Bett neben seiner Mama. Und dann am Morgen hat seine Mama zu ihm gesagt: ‚Aber du hast ein viel zu kleines Bett'. Seine Beine waren viel zu lang und zu dick. Er war ganz groß. Er ist ein Papa geworden, auf einmal, in der Nacht, weil seine Mama ihm ein Löffelchen voll Kartoffeln gegeben hat. Und dann hatte er eine kleine Schwester. Die ist auch eine Mama geworden. Auf einmal, sie merkte nichts davon'" (1969, S. 224).

Es kann hier nicht eine Deutung dieser isolierten Szene gegeben werden, dazu fehlt das Material zu dem Kontext der psychodynamischen Entwicklung von Y.

Es sei nur darauf hingewiesen, wie wenig PIAGETs Feststellung von der relativen Bewußtseinsferne und dem radikalen Egozentrismus dem Verständnis dieser Szene dienen kann. Warum ersetzt Y. (in Gestalt des Jungen) den Vater bei der Mutter? (Hier klingt die Problematik des negativen Ödipuskomplexes an.) Wie vieldeutig ist auch die Verwandlung des eigenen Körpers in dem zu kleinen Bett, warum werden gerade die Beine lang und dick?

Auch hier verfährt PIAGET ähnlich verharmlosend mit seinen Bemerkungen zur ödipalen Problematik. Die „Tendenzen und Gefühle" dieser Thematik entziehen sich dem „klaren Bewußtsein des Kindes" „aus dem einfachen Grund, weil sie fast niemals in Frage gestellt werden" (1969, S. 226). Es ist nicht ganz klar, was PIAGET hier meint. Die zu beobachtende Identifizierung mit der Mutter beziehungsweise dem Vater ist ihm so selbstverständlich, daß die doch so unterschiedliche Art und Weise, in der das geschieht, für ihn nicht mehr von Belang ist. Warum analysiert er nicht den Einfluß, den die *unterschiedlich* komplexen „bewußtseinsfernen Verdichtungen" diesbezüglicher Wunschphantasien auf die kognitive Entwicklung haben und umgekehrt?

Ebenso pauschal wird festgestellt, daß der Vater immer „Objekt ambivalenter Gefühle" ist. „Er wird geliebt, aber er ist auch häufig hinderlich, und sich von ihm zu befreien, führt nicht zu Konsequenzen, während die Auflehnung gegen die Mutter viel tiefer greift" (S. 226). Damit bezieht sich PIAGET auf eine besonders drastische Spielszene seiner Tochter Y.:

„Mit 5;8: Da sie sich zur Zeit mit ihrem Vater nicht gut steht, beauftragt sie eine ihrer Puppen, sie zu rächen: ‚Zoubab hat seinem Vater den Kopf abgeschlagen. Aber sie hat guten Leim, und sie hat ihn wieder ein wenig aufgeklebt. Aber er hält nicht gut'" (1969, S. 224).

Auch hier erscheint es PIAGET überflüssig, einen Verdrängungsprozeß, Abwehrmechanismen, Tendenzen zur Verkleidung oder Gründe für diese Kompromißbildung anzunehmen. Ebenso lehnt er die Annahme einer Zensur ab, „um zu erklären, warum das Subjekt seine verborgenen Mechanismen nicht versteht" (S. 267). Die dem Denken zugrundeliegenden Prozesse bleiben unbewußt, ebenso die affektiven Schemata, mit denen die Funktion des unbewußten Symbolismus eng verbunden ist.

„Warum bleiben die affektiven Schemata wenigstens im wesentlichen unbewußt? Einfach deshalb, weil sich jede Assimilation unbewußt vollzieht, wenn sie nicht ein Gleichgewicht zu einer aktuellen Akkomodation sucht, das heißt, wenn sie nicht zu einer absichtlichen Verallgemeinerung führt. Ein sensomotorischer Transfer, der es dem Subjekt ermöglicht, bei einem neuen Problem die bereits in früheren Situationen erworbenen Schemata anzuwenden, ist fast völlig unbewußt" (1919, S. 266).

Die kognitiven Schemata sind im gleichen Maße unbewußt wie die affektiven. Damit meint PIAGET nur die angeblich allgemein akzeptierte Tatsache, daß die dem Denken zugrundeliegenden Strukturen und Schemata dem Denkenden nicht bewußt sind; ebenso unbewußt blieben die dynamisch-energetischen Prozesse, die dem „affektiven Empfinden" zugrunde liegen. In beiden Fällen ginge die relative Bewußtheit über die Ergebnisse des Handelns, Denkens, Fühlens einher mit *vollständigem* Mangel an Bewußtsein über die diese Resultate hervorbringenden Strukturen und Prozesse. Das Unbewußte besteht für PIAGET einfach aus einem Ensemble von in Strukturen organisierten Schemata, die entweder kognitiver oder affektiver Art sind, was für ihn nur verschiedene Seiten ein und derselben Medaille sind (vgl. 1973b, S. 251, 157)[19]. Die Kompetenzstruktur, die der jeweiligen Performanz zugrunde liegt, bleibt ohne besondere Metakommunikationsprozesse unbewußt.
Im Unterschied zu PIAGET, den im wesentlichen nur allgemeine Strukturen interessieren, konzentriert sich die Psychoanalyse auch auf individual-genetisch *unterschiedliche* psychodynamische Prozesse auf der Basis *gleicher* Kompetenzstrukturen. Sie muß daher stärker differenzieren zwischen den bestimmten affektiven und kognitiven Akten zugrundeliegenden beziehungsweise sie ermöglichenden Kompetenzstrukturen einerseits und individuellen Performanzprozessen andererseits; wobei die letzteren ebenfalls durchaus in dem Maße relativ bewußt sein beziehungsweise bleiben können, wie sie nicht zum ständigen Bewußtmachen eines ihnen zugrundeliegenden Kompetenzschemas

19 „Ein System affektiver Schemata ist mit einem System intellektueller Schemata vergleichbar, wenn beide wirklich komplementäre Aspekte einer einzigen und gleichen Realität sind, nämlich des Systems der realen und virtuellen Handlungsschemata" (PIAGET, 1969, S. 268f.).

zwingen, das entweder für durchschnittliche Alltagsdenkprozesse formal zu komplex ist oder aber aus psychodynamischen Konfliktursachen heraus verdrängt-unbewußt gehalten werden muß. Das relative Bewußtbleiben solcher zu einem aktuellen psychischen Geschehen hinführenden individuellen Performanzen in der Vergangenheit ist für die Psychoanalyse gerade eine zentrale Dimension, in der vielschichtige Verhüllungen und Verkleidungen von „affektiven Schemata" beziehungsweise ‚Klischees' einander zum Teil zirkulär abwechseln.

Wenn PIAGET von „unbewußten" Prozessen spricht und damit – wie er meint – sich dem psychoanalytischen Verständnis vom Unbewußten nähert, so wird aber immer wieder deutlich, daß er eigentlich nur vom „deskriptiven Unbewußten", das vielfach mit dem Vorbewußten identisch ist, spricht. Mit dem Vorbewußten (*Vbw*) bezeichnete FREUD ein vom System Unbewußt (*Ubw*) deutlich unterschiedenes System, dessen Operationen und Inhalte im aktuellen Bewußtsein nicht vorhanden und demnach in der deskriptiven Bedeutung unbewußt sind (vgl. FREUD, „Das Ich und das Es", 1923, GW XIII, S. 242; „Das Unbewußte", 1913, GW X, S. 271 ff.). Sie unterscheiden sich aber von den Inhalten und Operationen des Systems *Ubw* dadurch, daß sie ohne größere Widerstände dem Bewußtsein wieder zugänglich gemacht werden können, also latent bewußtseinsfähig sind.

„Unseren Begriff des Unbewußten gewinnen wir also aus der Lehre von der Verdrängung. Das Verdrängte ist uns das Vorbild des Unbewußten. Wir sehen aber, daß wir zweierlei Unbewußtes haben, das latente, doch bewußtseinsfähige, und das Verdrängte, an sich und ohne weiteres nicht bewußtseinsfähige. Unser Einblick in die psychische Dynamik kann nicht ohne Einfluß auf die Nomenklatur und Beschreibung bleiben. Wir heißen das Latente, das nur deskriptiv unbewußt ist, nicht im dynamischen Sinne, *vorbewußt*; den Namen *unbewußt* beschränken wir auf das dynamisch unbewußte Verdrängte, so daß wir jetzt drei Termini haben, bewußt (bw), vorbewußt (vbw) und unbewußt (ubw), deren Sinn nicht mehr rein deskriptiv ist" (FREUD, „Das Ich und das Es", 1923, GW XIII, S. 241)[20].

---

20 Auf das besondere Verhältnis von *Vbw* und *Ubw* und eine genaue Charakterisierung des *Vbw* ist EISSLER (1974) eingegangen. Er definiert hier noch einmal die von der Psychoanalyse unterschiedlichen Bedeutungen des Terminus „unbewußt":
„1. *Deskriptiv*: alles, was nicht bewußt ist, ist unbewußt;
2. *dynamisch*: alles, was mit Widerstand bewußt wird, oder alles, was weder bewußt noch vorbewußt ist, ist unbewußt;
3. *topisch*: Das ‚Ubw' ist ein psychisches System, das durch den Primärprozeß beherrscht wird;
4. *strukturell*: Das Unbewußte ist eine psychische Qualität aller im Es erscheinenden und einiger im Ich und Über-Ich vorkommender Prozesse" (S. 976, Hervorhebung H. N. B.).
Diesen vier Bedeutungen fügt EISSLER eine weitere hinzu, die mit der noch nicht eindeutig geklärten Frage zusammenhängt, „ob psychische Funktionen per se als be-

PIAGET spricht nur im deskriptiven Sinn vom Unbewußten, das heißt von den psychischen Inhalten und Prozessen, deren gemeinsames negatives Merkmal darin besteht, aktuell nicht bewußt zu sein. Damit verschwindet aber bei ihm auch der Unterschied zwischen dem Vorbewußten und dem Unbewußten und der zwischen dem deskriptiven Unbewußten und dem eigentlichen „dynamischen Unbewußten", das – und dies ist entscheidend – an die *Verdrängung* geknüpft ist. Der eigentümliche Charakter des dynamischen Unbewußten besteht darin, daß gerade auch die psychischen Prozesse beziehungsweise Gedanken vom Bewußtsein ferngehalten werden, die durch besondere Intensität gekennzeichnet sind, also gerade nicht nebensächlich oder unwichtig sind (vgl. FREUD, „Einige Bemerkungen über den Begriff des Unbewußten", 1913, GW VIII, S. 434).
Für PIAGET ist das Unbewußte nicht eine topologisch vom Bewußtsein getrennte Region, deren verdrängten Inhalten der Zugang zum System Vorbewußt-Bewußt (*Vbw-Bw*) durch den Abwehrmechanismus der Verdrängung versperrt ist (vgl. FREUD, 1913, GW VIII, S. 436), sondern er sieht eine gleitende *Kontinuität* zwischen beiden Bereichen, die ein ungehindertes Hin und Her zwischen den unterschiedlichen psychischen Prozessen ermöglicht.

„Das Unbewußte ist überall, und es gibt unbewußte intellektuelle wie unbewußte affektive Prozesse. Aber das bedeutet, daß das Unbewußte kein Teil im Sinne einer ‚Region' ist; der Unterschied hängt vom Ausmaß an Reflexion ab" (PIAGET, 1969, S. 222f.; vgl. auch S. 243 und 1973a).

Es ist in diesem Zusammenhang aber wichtig festzuhalten, daß die Zensurinstanz unbewußten Inhalten den Weg zum Vorbewußten und damit schließlich auch zum Bewußtsein zu versperren sucht. Die Zensur liegt allen Verdrängungsprozessen zugrunde und bildet die selektive Schranke zwischen den Sy-

---

wußt betrachtet werden können oder nicht", eine Frage, auf die FREUD nicht direkt eingegangen ist.
„Klinische Betrachtungen scheinen nahezulegen, daß psychische Funktionen selbst während ihrer periodischen Aktivität nicht bewußt sind und natürlich erst recht nicht, wenn sie stilliegen. Selbst wenn sich herausstellen sollte, daß diese Annahme nicht für alle Funktionen zutrifft, so scheint es für die beiden Hauptgruppen der Ich-Funktion gerechtfertigt zu sein: Wahrnehmen und Denken. ‚Daß ich wahrnehme, weiß ich aus dem Inhalt meiner Wahrnehmung, daß ich denke, aus der Folge meiner Gedanken', wäre eine Zusammenfassung dieser Anschauung. Ob nun derartige Funktionen, wenn sie aktiviert sind, außerhalb der durch die aktivierten Inhalte als Funktionen durch besondere Indizes repräsentiert werden, ist eine Frage, deren Klärung in der psychoanalytischen Literatur noch aussteht" (EISSLER, 1974, S. 977).
Die von Piaget als unbewußt bezeichneten Prozesse und Funktionen decken sich zum Teil sowohl mit den von EISSLER zuletzt benannten Phänomenen als auch mit dem deskriptiv-Unbewußten.

stemen *Ubw* und *Vbw-Bw*. Das Wirksamwerden einer Zensurinstanz ist für Piaget nicht zu begreifen, und obwohl er verbal behauptet, die Bedeutung von Freuds Begriff der Verdrängung anzuerkennen, denkt er sich die durch Verdrängung bestimmten Prozesse als unabhängig von einer abwehrenden, verdrängenden Instanz. Auf die Tatsache, daß die dem Denken und Handeln zugrundeliegenden Prozesse überwiegend unbewußt bleiben, meint Piaget fälschlich Freuds Begriff der Verdrängung richtig anwenden zu können. Dabei handelt es sich im Verständnis von Piaget gewissermaßen um ‚denkökonomische Schwellen', die das Bewußtwerden verhindern.

„Noch weniger ist es erforderlich, sich eine Zensur zu denken, um zu erklären, warum das Subjekt seine verborgenen Mechanismen nicht versteht; ebenso müßte man eine Zensur der Intelligenzhandlungen annehmen, in allen Fällen, wo das Denken sein eigenes Funktionieren nicht mehr bewußt erfaßt. Die Verdrängung und ihre Auswirkungen bleiben aber, wie wir gesehen haben, ein wesentliches Element im Funktionieren der Schemata: Die Schemata tendieren dazu, sich ganz oder teilweise aneinander zu assimilieren, wodurch der völlige oder teilweise Transfer zu erklären ist, der das Äquivalent für die Implikationen im intellektuellen Bereich konstituiert; wo diese gegenseitige Assimilation nicht möglich ist, tendieren die Schemata dazu, sich gegenseitig auszuschließen, was das Äquivalent für die Inkompatibilität im intellektuellen Bereich darstellt" (1969, S. 267; vgl. auch S. 244).

Für die Inkompatibilität von verschiedenen Schemata im kognitiven Bereich, die schließlich zur Unterdrückung eines bestimmten Schemas führen und dessen Bewußtwerden auf einer (meist) höheren kognitiven Stufe verhindern, nimmt Piaget „hemmende Faktoren" an, die er als analog den Verdrängungsprozessen betrachtet (vgl. 1973a, S. 254). Dabei stellt sich ihm auch die wichtige Frage, warum zum Beispiel bestimmte sensomotorische Schemata durch ‚richtige' Übersetzung in repräsentationale (oder verbale) Begriffe bewußtgemacht werden können, andere dagegen gar nicht oder in unzureichender oder gar falscher Weise. Diese letzteren, so meint Piaget, geraten dann in einen Gegensatz zu schon im Bewußtsein verankerten Vorstellungen und Begriffen. Der dabei entstehende ‚Konflikt' wird dann durch ‚Verdrängung' beziehungsweise Eliminierung des einen Schemas ‚gelöst' (vgl. 1973a, S. 255).
Wenn Piaget sich die Frage gestellt hätte, ob und wie die psychodynamische Konstellation, zum Beispiel Kind–Bezugsperson, das Wirksamwerden dieses „hemmenden Faktors" beeinflußt, so wäre ihm die Notwendigkeit des psychoanalytischen Begriffs des Verdrängt-Unbewußten auch für die Untersuchung der *kognitiven* Entwicklung deutlicher geworden. Inwieweit welche sensomotorischen Schemata vom Kind jeweils in repräsentationale Begriffe übersetzt werden können, kann davon abhängen, wie die Unlusterfahrungen, die möglicherweise mit dem Bewußtmachen der Diskontinuität oder Widersprüchlichkeit in der sensomotorischen und repräsentationalen Kompetenz-

entwicklung des Kindes verbunden sind, in Interaktionen mit Bezugspersonen im konkreten affektiven Kontext von ihm verarbeitet werden können.
Wenn PIAGET verbal auch wiederholt behauptet, die Bedeutung von FREUDS Begriff der Verdrängung voll anzuerkennen, so wird bei seiner Auseinandersetzung und seinen Erklärungsversuchen des „unbewußten Symbolismus" deutlich, wie sehr er an einem wirklichen Verständnis der Verdrängung vorbeigeht.
So zieht es PIAGET vor, von „Jung die Zentralidee eines ursprünglichen symbolischen Denkens beizubehalten, das unabhängig von den Mechanismen der Verdrängung oder der Zensur ist" (1969, S. 254).
PIAGET übersieht auch, wie seine Bemerkungen zu den oben aufgeführten Beispielen unbewußten Symbolspiels zeigen, daß die Abweisung unbewußter Gedanken gerade durch die in ihrem *Inhalt* verkörperten Tendenzen hervorgerufen wird (vgl. FREUD, „Einige Bemerkungen über den Begriff des Unbewußten", 1913, GW VIII, S. 437). In den genannten Symbolspielen (zum Beispiel um die Spielfigur Zoubab) müssen bestimmte Gedanken und Gefühle in das Unbewußte abgewiesen werden, weil ihr Bewußtwerden bestimmte Konflikte verstärken würde. Das völlige Fehlen von Konflikten in PIAGETS Erklärungsmodell muß ihn auch dazu führen, den Kompromißcharakter vieler Symbolbildungen zu verkennen und die Merkmale von „Verkleidung" oder Verschlüsselung für das unbewußt symbolische Denken abzulehnen.

„Das symbolische Denken ist die einzig mögliche Form der Bewußtwerdung der Assimilation affektiver Schemata. Es ist allerdings ein *unvollständiges und infolgedessen deformierendes Bewußtwerden*, weil es den Mechanismus, deren Ausdruck das symbolische Denken ist, an Akkomodation fehlt. Aber es handelt sich doch *ausschließlich um ein Bewußtwerden und nicht um eine Verkleidung*. Das ist der Grund, warum sich das symbolische Denken ziemlich genau nach der Organisation oder der wechselseitigen Assimilation dieser Schemata formt, wobei es die Schemata in Bilder übersetzt und nicht mehr in Begriffe und Relationen wie dann, wenn die Schemata durch ein Gleichgewicht mit der Akkomodation angepaßt sind" (PIAGET, 1969, S. 268; vgl. auch S. 244, 263; Hervorhebung H. N. B.).

Die an der Symbolbildung beteiligten Mechanismen von Verdichtung und Verschiebung sind für PIAGET „durch einfache Faktoren der Ökonomie des Denkens erklärbar" (1969, S. 245; vgl. S. 269), während FREUD die Verdichtung unter anderem auch als ein Ergebnis der Zensur und ein Mittel, ihr zu entgehen, gekennzeichnet hat und die Wirksamkeit dieser Mechanismen besonders überall dort nachwies, wo es um die Verarbeitung psychischer Konflikte geht (vgl. *Teil A*, Abschnitt 1.3).
Das Unbewußte, das für PIAGET einfach aus den Schemata besteht, ist daher für ihn mehr eine funktionale Kategorie als eine topographische Erklärung der Beziehungen zwischen Bewußtsein und Unbewußtem (vgl. ANTHONY, 1956, S. 32, und R. J. EVANS, 1973, S. 5).

Auch PIAGETS letzte Stellungnahme (1973a) zur Frage des Unbewußten konstruiert nur eine harmonische Komplementarität zwischen kognitivem Unbewußten auf der einen und affektivem Unbewußten auf der anderen Seite und kommt über die allgemeinsten Bestimmungen des deskriptiven Unbewußten nicht hinaus. Die von PIAGET teilweise angenommene lineare Übereinstimmung zwischen Intelligenz und Affektivität kann den komplexen und zum Teil widersprüchlichen und dialektischen Beziehungen zwischen diesen beiden Aspekten jeder psychischen Aktivität nicht gerecht werden.
Seine Ablehnung von Abwehrmechanismen oder Abwehrinstanzen wie der Zensur sind nur ein weiterer Ausdruck und weiteres Indiz für sein mangelndes Verständnis und Erklärungsvermögen psychischer Konflikte (vgl. ANTHONY, 1957, S. 260). Warum bleiben aber die Inhalte und Bedeutungen bestimmter Symbolbildungen, wie sie selbst PIAGET bei gewissen Symbolspielen beschreibt, dem Individuum unbewußt? Er meint:

„Der unbewußte Symbolismus reicht an Allgemeinheit weit über den Bereich des Verdrängten und infolgedessen des Zensurierbaren hinaus, und so kann man sich fragen, ob sein unbewußter Charakter (das heißt, daß das Subjekt die Bedeutung der Symbole nicht kennt) nicht einfach eine schwierige und unvollständige Bewußtwerdung ist" (1969, S. 245; vgl. auch S. 268).

Daß die Zurückführung des Unbewußten auf eine nur mangelnde Bewußtwerdung indirekt auf ein Aufräumen mit dem eigentlichen Unbewußten in seinen dynamischen Auswirkungen hinausläuft und damit außerdem – wie gezeigt – die wesentliche Unterscheidung zwischen *Vbw* und *Ubw* verwischt wird, hat FREUD bereits in seiner Auseinandersetzung mit Kritikern seines Begriffes des Unbewußten gezeigt:

„Manche Forscher, die sich der Anerkennung der psychoanalytischen Tatsachen nicht verschließen, das Unbewußte aber nicht annehmen wollen, schaffen sich eine Auskunft mit Hilfe der unbestrittenen Tatsache, daß auch das Bewußtsein – als Phänomen – eine große Reihe von Abstufungen der Intensität oder Deutlichkeit erkennen läßt. So wie es Vorgänge gibt, die sehr lebhaft, grell, greifbar, bewußt sind, so erleben wir auch andere, die nur schwach, kaum eben merklich bewußt sind, und die am schwächsten bewußten seien eben die, für welche die Psychoanalyse das unpassende Wort unbewußt gebrauchen wolle. Sie seien aber doch auch bewußt oder ‚im Bewußtsein' und lassen sich voll und stark bewußtmachen, wenn man ihnen genug Aufmerksamkeit schenkte ... (Aber) der Hinweis auf eine Deutlichkeitsskala der Bewußheit hat nichts Verbindliches und nicht mehr Beweiskraft als etwa die analogen Sätze: es gibt so viele Abstufungen der Beleuchtung vom grellsten, blendenden Licht bis zum matten Lichtschimmer, folglich gibt es überhaupt keine Dunkelheit. Oder: es gibt verschiedene Grade der Vitalität, folglich gibt es keinen Tod ... Ein Bewußtsein, von dem man nichts weiß, scheint mir doch um vieles absurder als ein unbewußtes Seelisches. Endlich ist solche Angleichung des Unbemerkten an das Unbewußte offenbar *ohne Rücksicht auf die dynamischen Verhältnisse versucht worden,* welche für die psychoanalytische Auffassung maßgebend waren. Denn zwei Tatsachen werden dabei vernachlässigt; erstens, daß es sehr schwierig ist, großer Anstrengung bedarf, um einem solchen Unbemerkten genug Aufmerksamkeit zuzuführen, und zweitens, daß, wenn dies gelungen ist, *das vordem Unbemerkte jetzt nicht vom Bewußtsein erkannt wird, sondern oft genug ihm völlig fremd, gegensätzlich erscheint, und von ihm schroff abgelehnt wird.* Der Rekurs vom Unbewußten auf das wenig Bemerkte und nicht Bemerkte ist also doch nur ein Abkömmling des Vorurteils, dem die Identität des Psychischen mit dem Bewußten ein für allemal feststeht" (FREUD, „Das Ich und das Es", 1923, GW XIII, S. 242f., Anmerkung 1; Hervorhebung H. N. B.).

In seinen konkreten Interpretationen von symbolischen Spielhandlungen benutzt PIAGET das als solches nicht zu bestreitende Phänomen des ‚denkökonomisch' bedingten deskriptiv-Unbewußten, um durch Verdrängung unbewußt gewordene Inhalte als nur deskriptiv unbewußte zu verharmlosen und zu ‚rationalisieren'. Hierbei meint ‚denkökonomisch', daß sich die unserer aktuellen Denkprozesse zugrundeliegenden kognitiven Strukturen oder Schemata nur durch zusätzliche metakommunikative Reflexionen dem bewußten Denken selber erschließen lassen und nicht schon durch andere äußerliche Auslöser, Reize oder Assoziationen willkürlich im Bewußtsein auftauchen, wie bei dem nicht denkstrukturell bedingten deskriptiv-Unbewußten. Die kognitiv-strukturell bedingten Komponenten des deskriptiv-Unbewußten sind deshalb auch für eine psychoanalytisch-pädagogische Theoriebildung zum kindlichen Spiel so wichtig, weil sich die beginnenden Verdrängungsprozesse der kognitiv-strukturellen Defizite des infantilen Denkens bedienen können, um psychodynamisch bedingte Verdichtungen und Verschlüsselungen abzusichern und zu gestalten.
Die von PIAGET immer wieder ins Spiel gebrachten formalen Analogien zwischen affektiven und kognitiven Prozessen haben allerdings gerade dort ihre Grenzen, wo es um die motivationale Struktur für ihr Bewußtwerden und dessen Rückwirkungen auf diese geht:
Während beim affektiven Geschehen einerseits ein größerer Antrieb besteht, vergangenes affektives Geschehen in die aktuelle bewußte Situation miteinzubeziehen, muß auf der anderen Seite eben deshalb gleichzeitig das Bewußtwerden des Vergangenen so verkleidet und symbolisch verschlüsselt werden, daß es die Abwehr der affektiv-kognitiven Bearbeitung der zugrundeliegenden psychodynamischen ‚Klischees' oder ‚Szenen' ermöglicht. In diesem Widerspruch bewegen sich gewissermaßen ständig ‚fehlgeleitete' affektiv-kognitive Phantasie und Symbolbildung, was nicht ohne Auswirkung auf parallel laufende andere kognitive Prozesse und Kompetenzaneignungen bleiben kann.

Demgegenüber kann bei den überwiegend nicht affektiv gestörten, angepaßten kognitiven Prozessen ein analoger, in sich widersprüchlicher Zwang zur deformierenden Rekonstruktion vergangener Prozesse nicht unterstellt werden. Erinnern, Wiederholen und Imitieren früherer kognitiver Akte folgen hier nicht einem zwanghaften Interesse an Verschlüsselung und Verkehrung der ihnen zugrundeliegenden Strukturen oder Schemata, sondern den denk- und verhaltensökonomischen relativen Notwendigkeiten von Alltagspraxis. Der Maßstab ist dabei ein ökonomisch-genetischer, nicht ein aktuell-konflikthafter. *Sowohl* kognitive Performanzphänomene *als* unter Umständen *auch* Tiefenstrukturen werden hier in dem Maße aktuell bewußt, in dem eine möglichst flüssige, handlungsorientierte kognitive Realitätsaneignung dies erforderlich macht. Ein systematischer psychodynamisch notwendiger Widerspruch zwischen Performanz beziehungsweise Oberflächenerscheinungen und Kompetenz beziehungsweise Tiefenstrukturen ebenso wie zwischen aktiv deformierender Erinnerung und damit identischer Abwehr, das heißt eine Dynamik der Identität von ‚falschem Bewußtmachen' mit Verdrängung, besteht hier nicht.

Eine Notwendigkeit, die ‚primitiven' transitorischen kognitiven Schemata sich rekonstruierend wieder bewußtzumachen, obwohl sie in höheren entweder per Implikation aufgehoben oder für ‚reifes' operatives Denken ausgeschlossen worden sind, besteht in der Regel für angepaßtes, äußere Realität aneignendes Denken nicht. Diese ergibt sich allerdings gewissermaßen als instrumentelle Notwendigkeit im Dienste sowohl des falschen als auch des richtigen Bewußtmachens von infantilen affektiven Szenen: Deren Ver- und Entschlüsselung erfordern ein relatives Regredieren auf korrespondierende primitive Denkformen, sei es im Interesse der kognitiven Verdunkelung im Dienste von Verdrängung und Abwehr, sei es als Form von introspektiver Empathie im Dienste der Aufhebung dieser Verdrängung.

5

Literaturverzeichnis

ABRAHAM, K.: „Traum und Mythus. Eine Studie zur Völkerpsychologie" (1909). In: ABRAHAM, K.: *Psychoanalytische Studien zur Charakterbildung. Und andere Schriften.* Hrsg. von J. CREMERIUS. Bd. I, Frankfurt a. M. 1969, S. 261–382.

– „Ergänzungen zur Lehre vom Analcharakter" (1921). In: ABRAHAM, K.: *Psychoanalytische Studien zur Charakterbildung. Und andere Schriften. Bd. I,* Frankfurt a. M. 1969, S. 184–204.

– „Anfänge und Entwicklung der Objektliebe" (1923). In: ABRAHAM, K.: *Psychoanalytische Studien zur Charakterbildung. Und andere Schriften. Bd. I,* Frankfurt a. M. 1969, S. 165–183.

– „Versuch einer Entwicklungsgeschichte der Libido auf Grund der Psychoanalyse seelischer Störungen" (1924). In: ABRAHAM, K.: *Psychoanalytische Studien zur Charakterbildung. Und andere Schriften. Bd. I,* Frankfurt a. M. 1969, S. 113–164.

AEBLI, H.: „Piaget, and Beyond". In: *Interchange, Bd. 1* (1970), S. 12–24.

AINSWORTH, M. D., SALTER, D., und WITTIG, B. A: „Attachment and Exploratory Behavior of One-Year-Olds in a Strange Situation". In: Foss, B. M. (Hrsg.): *Determinants of Infant Behavior. Bd. 4,* London und New York 1967.

ALMY M. (Hrsg.): Early Childhood Play. Selected Readings Related to Cognition and Motivation. New York 1968.

ALPERT, A.: „The Latency Period". In: *Amer. J. of Orthopsychiatry, Bd. 11* (1941), S. 126–132.

ANTHONY, A. E.: „The Significance of Jean Piaget for Child Psychiatry". In: *Brit. J. of Medical Psychology, Bd. 29* (1956), S. 20–34.

– „The System Makers: Piaget and Freud". In: *Brit. J. of Medical Psychology, Bd. 30* (1957), S. 255–268.

– „The Reactions of Parents to the Oedipal Child". In: ANTHONY, J. E., und BENEDEK, T. (Hrsg.): *Parenthood.* Boston 1970, S. 275–288.

ANTHONY, J. E., und BENEDEK, T. (Hrsg.): Parenthood. Its Psychology and Psychopathology. Boston 1970.

APFELBAUM, B.: „On Ego Psychology. A Critique of the Structural Approach to Psycho-analytic Theory". In: *Int. J. of Psychoanalysis, Bd. 47* (1966), S. 451–475.

ARBEITSAUSSCHUSS GUTES SPIELZEUG: Gutes Spielzeug. Kleines Handbuch für die richtige Wahl. Ulm 1967.

ARIÈS, P.: Centuries of Childhood. A Social History of Family Life. New York 1960. Geschichte der Kindheit. München 1976.

ARLOW, J. A: „Phantasie, Erinnerung und Realitätsprüfung". In: *Psyche, Bd. 23* (1969), S. 881–899.

ATHEY, I. J., und RUBADEAU, D. O. (Hrsg.): Educational Implications of Piaget's Theory. Waltham, Mass., 1970.

ATKIN, S.: „Psychoanalytische Betrachtungen über Sprache und Denken". In: *Psyche, Bd. 26* (1972), S. 96–125.

AVEDON, E., und SUTTON-SMITH, B. (Hrsg.): The Study of Games. New York 1970.

AXLINE, V. M.: Play Therapy. New York 1969.

BALINT, M.: „Ich-Stärke, Ich-Pädagogik und ‚Lernen'" (1938). In: BALINT, M.: *Die Urformen der Liebe und die Technik der Psychoanalyse.* Frankfurt 1969, S. 202–213.
– Angstlust und Regression. Stuttgart 1959.
– Die Urformen der Liebe und die Technik der Psychoanalyse. Frankfurt a. M. 1969.
– Therapeutische Aspekte der Regression. Reinbek b. Hamburg 1973.
BALKANYI, C.: „On Verbalization". In: *Int. J. of Psychoanalysis, Bd. 45* (1964), S. 64–74.
BEARISON, D. J.: „The Construct of Regression: A Piagetian Approach". In: *Merrill-Palmer Quart., Bd. 20* (1974), S. 21–30.
BECKER, T. E.: „Panel Report: Latency". In: *J. of the Amer. Psychoanalytic Assoc., Bd. 13* (1965), S. 584–590.
BENDER, L., und VOGEL, F.: „Imaginary Companions of Children". In: *Amer. J. of Orthopsychiatry, Bd. 11* (1941), S. 56–65.
BENEDEK, T.: „Elternschaft als Phase der Entwicklung". In: *Jahrbuch der Psychoanalyse, Bd. 1* (1960), S. 35–61.
BERES, D.: „Perception, Imagination and Reality". In: *Int. J. of Psychoanalysis, Bd. 41* (1960 a), S. 327–334.
– „The Psychoanalytic Psychology of Imagination". In: *J. of the Amer. Psychoanalytic Assoc., Bd. 8* (1960 b), S. 252–269.
– „The Unconscious Phantasy". In: *Psychoanalytic Quart., Bd. 31* (1952), S. 309–328.
– „Symbol und Objekt". In: *Psyche, Bd. 24* (1970), S. 921–941.
BERGLER, E.: „Laughter and the Sense of Humor". New York 1956.
BERNA, S.: „Zur Technik der Kinderanalyse". In: *Psyche, Bd. 3* (1949/50), S. 600–622.
– „Ich-psychologische Deutungstechnik und Kinderanalyse". In: *Psyche, Bd. 21* (1967), S. 31–43.
– Kinder beim Analytiker. München 1973.
BERNFELD, S.: „Bemerkungen über ‚Sublimierung'". In: *Imago, Bd. 8* (1922), S. 333–417.
– (Hrsg.): Dichterisches Schaffen der Jugend. Neue Beiträge zur Jugendforschung. Ergebnisse und Aufgaben. Wien 1924, S. 257–283.
– „Über sexuelle Aufklärung" (1926). In: WERDER, L. v., und WOLFF, R. (Hrsg.): *Antiautoritäre Erziehung und Psychoanalyse. Bd. 1,* Darmstadt 1969, S. 79–84.
– „Der soziale Ort und seine Bedeutung für Neurose, Verwahrlosung und Pädagogik" (1929). In: WERDER L. v., und WOLFF, R. (Hrsg.): *Antiautoritäre Erziehung und Psychoanalyse. Bd. 1,* Darmstadt 1969, S. 198–211.
– „Die Krise der Psychologie und die Psychoanalyse". In: *Int. Z. f. Psychoanalyse, Bd. 17* (1931 a), S. 176–211.
– „Zur Sublimierungstheorie". In: *Imago, Bd. 17* (1931 b), S. 309–409.
– „Der Begriff der ‚Deutung' in der Psychoanalyse" (1932). In: WERDER, L. v., und WOLFF, R. (Hrsg.): *Antiautoritäre Erziehung und Psychoanalyse. Bd. 2,* Darmstadt 1969, S. 566–611.
– Sisyphos oder die Grenzen der Erziehung. Frankfurt a. M. 1967.
BETTELHEIM, B.: Die Kinder der Zukunft. Gemeinschaftserziehung als Weg einer neuen Pädagogik. Wien und München 1971.
BIBER, B., und FRANKLIN, M. B.: „The Relevance of Developmental and Psychodynamic Concepts to the Education of the Pre-school Child". In: ALMY, M. (Hrsg.): *Early Childhood Play*. Selected Readings Related to Cognition and Motivation. New York 1968, S. 23–42.
BIERMANN, G. (Hrsg.): Handbuch der Kinderpsychotherapie. München und Basel 1967.

BISHOP, D.W., und CHACE, C.A.: „Parental Conceptual Systems, Home, Play, Environment, and Potential Creativity in Children". In: *J. of Experimental Child Psychology, Bd. 12* (1971), S. 318–338.
BITTNER, G.: „Sublimierungstheorie und pädagogische Praxis". In: *Psyche, Bd. 18* (1964/65), S. 292–304.
– „Pädagogische Überlegungen zum Realitätsprinzip". In: *Psyche, Bd. 20* (1966), S. 128–142.
– Psychoanalyse und soziale Erziehung. München 1967.
– „Zur pädagogischen Theorie des Spielzeugs". In: BITTNER, G., und SCHMIDT-CORDS, E. (Hrsg.): Erziehung in früher Kindheit. München 1968, S. 219–233.
– Sprache und affektive Entwicklung. Stuttgart 1969.
– „Vorschulerziehung und kindliche Identität". In: *Z. f. Pädagogik, Bd. 17* (1971), S. 417–430.
– „Psychoanalyse und das Handeln der Erzieher". In: *Z. f. Pädagogik, Bd. 19* (1973), S. 77–89.
BLANCHARD, P. „Psychoanalytic Contributions to the Problems of Reading Disabilities". In: *The Psychoanalytic Study of the Child, Bd. 2* (1946), S. 163–187.
BLEICH, D.: „New Considerations of the Infantile Acquisition of Language and Symbolic Thought". In: *The Psychoanalytic Rev., Bd. 63* (1976), S. 49–71.
BLOS, P.: On Adolescence. New York 1962. Deutsch: Adoleszenz. Stuttgart 1973.
BORNEMAN, E.: Unsere Kinder im Spiegel ihrer Lieder, Reime, Verse und Rätsel. Studien zur Befreiung des Kindes. Bd. 1, Olten bei Freiburg, 1973; Bd. 2, 1975.
BORNSTEIN, B.: „Beziehungen zwischen Sexual- und Intellektentwicklung". In: *Z. f. psychoanalytische Pädagogik, Bd. 4* (1930a), S. 446–454.
– „Zur Psychogenese der Pseudodebilität". In: *Int. Z. f. Psychoanalyse, Bd. 16* (1930b), S. 378–399.
– „On Latency". In: *The Psychoanalytic Study of the Child, Bd. 6* (1951), S. 279–285.
– „Masturbation in the Latency Period". In: *The Psychoanalytic Study of the Child, Bd. 8* (1953), S. 65–78.
BOROWITZ, G.H., u.a.: „Play Behavior and Competence in Ghetto Four-year-olds". In: *The J. of Special Education, Bd. 4* (1970), S. 215–221.
BOWLBY, J.: „Über das Wesen der Mutter-Kind-Bindung". In: *Psyche, Bd. 13* (1959), S. 415–456.
BREDE, K.: „Der Trieb als humanspezifische Kategorie. Alfred Lorenzers problematischer Beitrag zum Verhältnis von Interaktion und Trieb". In: *Psyche*, Bd. 30 (1976), S. 473–502.
BRENNER, C.: Grundzüge der Psychoanalyse. Frankfurt a. M. 1967.
BRITT, S.H., und BALCOM, M.M.: „Jumping Rope Rhymes and the Social Psychology of Play". In: *J. of Genetic Psychology, Bd. 58* (1941), S. 289–306.
BROCHER, T.: „Über averbale Kommunikation". In: *Psyche, Bd. 21* (1967), S. 633–653.
BRODY, S.: Patterns of Mothering. A Study of Maternal Influence during Infancy. New York 1956.
BRODY, S., und AXELRAD, S.: Angst und Ich-Bildung in der Kindheit. Stuttgart 1974.
BROWN, N.S.: „How Groups of Children Deal with Common Stress through Play". In: *Play. The Child Strives toward Self-Realization. Washington, D.C.: National Association for the Education of Young Children (NAEYC)* 1971, S. 26–38.
BRUNER, J.S.: „Eye, Hand, and Mind". In: ELKIND, D., und FLAVELL, J.H. (Hrsg.): Studies in Cognitive Development. Essays in Honor of Jean Piaget. New York 1969, S. 223–235.

BRUNSWICK, M. R.: „The Preoedipal Phase of the Libido Development". In: *Psychoanalytic Quart., Bd. 9* (1940), S. 293–319.
BULL, N. J.: Moral Judgement from Childhood to Adolescence. London 1969.
BÜHLER, C.: Kindheit und Jugend. Leipzig 1929.
BÜHLER, C., und SPITZ, R. A.: „Probleme der Interaktion von Anlage und Umwelt. Eine Diskussion zwischen CHARLOTTE BÜHLER und RENÉ A. SPITZ". In: *Psyche, Bd. 22* (1968), S. 143–152.
BURGNER, M., und EDGCUMBE, R.: „Some Problems in the Conceptualization of Early Object Relationship. Part II: The Concept of Object Constancy". In: *Psychoanalytic Study of the Child, Bd. 27* (1973). S. 315–333.
BURKERT, H. N., und BONNE, J.-G.: „Doktorspiele". In: *ZEIT Magazin,* Nr. 40, 28. 9. 1973, S. 10–18.
BURLINGHAM, D. T.: „The Fantasy of Having a Twin". In: *The Psychoanalytic Study of the Child, Bd. 1* (1945), S. 205–210.
– Twins. A Study of Three Pairs of Identical Twins. London 1952.
BURLINGHAM, D. T., und FREUD, A.: Kriegskinder. London 1949.
– Anstaltskinder. Argumente für und gegen die Anstaltserziehung von Kleinkindern. London 1950.
BUTLER, F.: „The Poetry of Rope-skipping". In: *New York Times (Magazine Section),* 16. 12. 1973, S. 90–94.
BUXBAUM, E.: „The Rôle of Detective Stories in a Child Analysis". In: *Psychoanalytic Quart., Bd. 10* (1941), S. 373–381.
– „Transference and Group Formation in Children and Adolescents". In: *The Psychoanalytic Study of the Child, Bd. 1* (1945), S. 351–365.
– „Die Rolle der Eltern in der Ätiologie der Lernstörungen". In: *Psyche, Bd. 20* (1966), S. 161–187.
– Troubled Children in a Troubled World. New York 1970.
CALL, J. D., und MARSCHAK, M.: „Styles and Games in Infancy". In: *J. of the Amer. Academy of Child Psychiatry, Bd. 5* (1966), S. 193–210.
CAPELL, M. D.: „Games and the Mastery of Helplessness". In: SLOVENKO, R., und KNIGHTS, J. A. (Hrsg.): *Motivations in Play, Games and Sports.* Springfield, Ill., 1967, S. 39–54.
CAPLAN, F., und CAPLAN, T.: The Power of Play. New York 1973.
CARUSO, I. A.: „Das Symbol in der Tiefenpsychologie". In: *Studium generale, Bd. 6* (1953), S. 296–302.
COBLINER, W. G.: „Die Genfer Schule der genetischen Psychologie und Psychoanalyse: Parallelen und Gegensätze". In: SPITZ, R.: *Vom Säugling zum Kleinkind.* Stuttgart 1967, S. 312–367.
COBURN-STAEGE, U.: „Soziales Handeln durch Rollenspiel". In: *Z. f. Pädagogik, Bd. 20* (1974), S. 553–566.
COHEN, S.: „The Problem with Piaget's Child". In: FROST, J. L. (Hrsg.): *Early Childhood Education Rediscovered.* New York 1968, S. 153–163.
COHLER, B. J.: „Psychoanalysis, Adaption, and Education: I. Reality and its Appraisal". In: *Psychological Reports, Bd. 30* (1972), S. 695–718.
CORMAN, H. H., und ESCALONA, S.: „Stages of Sensorimotor Development. A Replication Study". In: *Merrill-Palmer Quart., Bd. 15* (1969), S. 351–361.
CURRY, N. E., und ARNAUD, S. H.: „Cognitive Implications in Children's Spontaneous Role Play". In: *Theory into Practice, Bd. 13* (1974), S. 273–277.
DAHMER, H.: Libido und Gesellschaft. Studien über Freud und die Freudsche Linke. Frankfurt a. M. 1973.

DÉCARIE, T. G.: Intelligence and Affectivity in Early Childhood. Experimental Study of Jean Piaget's Object Concept and Object Relations. New York 1966.
DEUTSCH, H.: „Über die pathologische Lüge". In: *Int. Z. f. Psychoanalyse, Bd. 8* (1922), S. 153–167.
– „Zur Genese des Familienromans". In: *Int. Z. f. Psychoanalyse, Bd. 16* (1930), S. 249–253.
DEUTSCHER BILDUNGSRAT: Strukturplan für das Bildungswesen. Stuttgart 1970.
– Empfehlungen der Bildungskommission. Zur Einrichtung eines Modellprogramms für Curriculum-Entwicklung im Elementarbereich. Bonn 1973.
– Gutachten und Studien der Bildungskommission. Die Eingangsstufe des Primarbereichs. Bd. 2/1: Spielen und Gestalten. Stuttgart 1975.
DIEKMEYER, U.: Das Elternbuch. Unser Kind im 1. Lebensjahr. Das Elternbuch. Unser Kind im 2. Lebensjahr. usw. Reinbek bei Hamburg 1976.
EDGCUMBE, R., und BURGNER, M.: „Some Problems in the Conceptualization of Early Object Relationships. Part I: The Concepts of Need Satisfaction and Need-Satisfying Relationships". In: *The Psychoanalytic Study of the Child, Bd. 27* (1973), S. 283–315.
EIFERMANN, R. R.: Determinants of Children's Game Styles. On Free Play in a ‚Disadvantaged' School. Jerusalem 1971a.
– „Social Play in Childhood". In: HERRON, R. E., und SUTTON-SMITH, B. (Hrsg.): *Child's Play.* New York 1971b.
EISSLER, K. R.: „Zur Metapsychologie des Vorbewußten". In: *Psyche, Bd. 28* (1974), S. 951–983.
EKSTEIN, R., und FRIEDMAN, S. W.: „The Function of Acting out, Play Action and Play Acting in the Psychotherapeutic Process". In: *J. of the Amer. Psychoanalytic Assoc., Bd. 5* (1957), S. 581–629.
ELKIND, D.: Children and Adolescents. Interpretative Essays on Jean Piaget. New York 1970.
EL'KONIN, D. B.: „Symbolics and its Function in the Play of Children". In: SUTTON-SMITH, B., und HERRON, R. E. (Hrsg.): *Child's Play.* New York 1971, S. 221–230.
ERIKSON, E. H.: „Traumatische Konfigurationen im Spiel". In: *Imago, Bd. 23* (1937), S. 447–516.
– „Wachstum und Krisen der gesunden Persönlichkeit" (1950). In: ERIKSON, E. H.: *Identität und Lebenszyklus.* Frankfurt a. M. 1966, S. 55–122.
– „Sex Differences in the Play Configurations of Preadolescents". In: *Amer. J. of Orthopsychiatry, Bd. 21* (1951), S. 667–692.
– Identität und Lebenszyklus. Frankfurt a. M. 1966.
– Kindheit und Gesellschaft. Stuttgart 1968.
ESCALONA, S. K.: The Roots of Individuality. Normal Patterns of Development in Infancy. Chicago 1968.
EVANS, P. H.: Rimbles. A Book of Children's Classic Games, Rhymes, Songs, and Sayings. New York 1961.
EVANS, R. I.: Jean Piaget. The Man and his Ideas. A Dialogue with Jean Piaget plus Illuminating Articles by Jean Piaget, David Elkind and Others. New York 1973.
FELGENHAUER, U.: Verbales Kommunikationsverhalten im ungelenkten Kinderspiel unter besonderer Betonung des funktionalen Sprachgebrauchs. Berlin: Pädagogische Hochschule Berlin 1973 (unveröffentl. Dipl.-Arbeit).
– „Zur Frage des funktionalen Sprachgebrauchs im ungelenkten Spiel von Kleinkindern". In: *Praxis der Kinderpsychologie und Kinderpsychiatrie, Bd. 24* (1975), S. 21–25.

FENICHEL, O.: „Die Identifizierung". In: *Int. Z. f. Psychoanalyse, Bd. 12* (1926), S. 309–325.
– „Zur prägenitalen Vorgeschichte des Ödipuskomplexes". In: *Int. Z. f. Psychoanalyse, Bd. 16* (1930), S. 319–342.
– „Spezialformen des Ödipuskomplexes" (1931). In: FENICHEL, O.: *Psychoanalyse und Gesellschaft. Aufsätze.* Frankfurt a. M. 1972, S. 64–81.
– „Schautrieb und Identifizierung". In: *Int. Z. f. Psychoanalyse, Bd. 21* (1935), S. 561–583.
– „Die schwarze Köchin". In: *Z. f. psychoanalytische Pädagogik, Bd. 10* (1936), S. 103–105.
– „The Means of Education". In: *The Psychoanalytic Study of the Child, Bd. 1* (1945), S. 281–293.
– Psychoanalyse und Gesellschaft. Aufsätze. Frankfurt a. M. 1972.
FERENCZI, S.: Bausteine zur Psychoanalyse. Bd. I–IV, Bern und Stuttgart 1964.
– „Über obszöne Worte. Beitrag zur Psychologie der Latenzzeit" (1911). In: *Bausteine, Bd. I,* S. 171–188.
– „Ein kleiner Hahnemann" (1913 a). In: *Bausteine, Bd. II,* S. 185–195.
– „Entwicklungsstufen des Wirklichkeitssinnes" (1913 b). In: *Bausteine, Bd. I,* S. 62–83.
– „Kritik der Jungschen ‚Wandlungen und Symbole der Libido'" (1913 c). In: *Bausteine, Bd. I,* S. 243–268.
– „Zur Augensymbolik" (1913 d). In: *Bausteine, Bd. II,* S. 264–269.
– „Zur Ontogenese der Symbole" (1913 e). In: *Bausteine, Bd. I,* S. 101–105.
– „Zur Ontogenie des Geldinteresses" (1914). In: *Bausteine, Bd. I,* S. 109–119.
– „Analyse von Gleichnissen" (1915). In: *Bausteine, Bd. II,* S. 164–177.
– „Das Problem der Unlustbejahung (Fortschritte in der Erkenntnis des Wirklichkeitssinnes)" (1926). In: *Bausteine, Bd. I,* S. 84–100.
FINEMAN, J.: „Observations on the Development of Imaginative Play in Early Childhood". In: *J. of the Amer. Academy of Child Psychiatry, Bd. 1* (1962), S. 167–181.
FLAVELL, J. H.: The Developmental Psychology of Jean Piaget. Princeton, N. J., 1963 a.
– „Piaget's Contributions to the Study of Cognitive Development". In: *Merrill-Palmer Quart., Bd. 9* (1963 b), S. 245–252.
FLAVELL, J. H., und WOHLWILL, J. F.: „Formal and Functional Aspects of Cognitive Development". In: ELKIND, D., und FLAVELL, J. H. (Hrsg.): Studies in Cognitive Development. Essays in Honor of Jean Piaget. New York 1969, S. 67–120.
FLITNER, A.: Spielen – Lernen. Praxis und Deutung des Kinderspiels. München 1972.
– (Hrsg.): Das Kinderspiel. Texte. München 1973.
FORNARI, F.: Psychoanalyse des ersten Lebensjahres. Frankfurt a. M. 1970.
FRAIBERG, S.: „Tales of the Discovery of the Secret Treasure". In: *The Psychoanalytic Study of the Child, Bd. 9* (1959), S. 218–241.
– „Libidinal Object Constancy and Mental Representation". In: *The Psychoanalytic Study of the Child, Bd. 24* (1969), S. 9–47.
– Die magischen Jahre in der Persönlichkeitsentwicklung des Vorschulkindes. Reinbek bei Hamburg 1972.
– „Some Characteristics of Genital Arousal and Discharge in Latency Girls". In: *The Psychoanalytic Study of the Child, Bd. 27* (1973), S. 439–475.
FRANK, L. K.: „Play in Personality Development". In: *Amer. J. of Orthopsychiatry, Bd. 25* (1955), S. 576–590.
FRANKL, L.: „Die verschiedenen Theorien und Anwendungsformen der Kinderpsycho-

therapie. I. Die Hampstead Child-Therapy-Clinic". In: Biermann, G. (Hrsg.): *Handbuch für Kinderpsychiatrie. Bd. I,* München und Basel 1969.
Franklin, M. B.: „Non-verbal Representation in Young Children: a Cognitive Perspective". In: *Young Children, Bd. 29* (1973), S. 33–53.
Freeman, T., u. a.: Studie zur chronischen Schizophrenie. Frankfurt a. M. 1969.
French, T. M.: „Defense and Synthesis in the Function of the Ego. Some Observations Stimulated by Anna Freud's ‚The Ego and the Mechanism of Defense'". In: *Psychoanalytic Quart., Bd. 7* (1938), S. 537–553.
Freud, A.: The Writings of Anna Freud. 5 Bde., New York (o. J.).
– Einführung in die Technik der Kinderanalyse. (1927), 4. Aufl., München und Basel 1966.
– Das Ich und die Abwehrmechanismen. (1936) München (o. J.).
– „The Psychoanalytic Study of Infantile Feeding Disturbances". In: *The Psychoanalytic Study of the Child, Bd. 2* (1946), S. 119–132.
– „Emotional and Instinctual Development" (1947). In: Freud, A.: Writings of Anna Freud. Bd. 4, New York (o. J.), S. 458–488.
– „Sublimation as Factor in Upbringing". In: *Health Educ. J., Bd. 6* (1948), S. 25–29.
– „On Certain Difficulties in the Preadolescent's Relation to his Parents" (1949). In: Freud, A.: The Writings of Anna Freud. Bd. 4, New York (o. J.), S. 95–106.
– „Observations on Child Development" (1950/51). In: Freud, A.: The Writings of Anna Freud. Bd. 4, New York (o. J.), S. 142–162.
– „The Mutual Influences in the Development of Ego and Id. Introduction to the Discussion". In: *The Psychoanalytic Study of the Child, Bd. 7* (1952), S. 42–50.
– „Psychoanalysis and Education". In: *The Psychoanalytic Study of the Child, Bd. 9* (1954), S. 9–15.
– „Beiträge der Psychoanalyse zur Entwicklungspsychologie". In: *Psyche, Bd. 11* (1957/58), S. 174–198.
– „Child Observation and Prediction of Development". In: *The Psychoanalytic Study of the Child, Bd. 13* (1958), S. 92–124.
– „The Role of Regression in Mental Development" (1963). In: Freud, A.: The Writings of Anna Freud. Bd. 5, New York (o. J.), S. 407–418.
– Wege und Irrwege der Kinderentwicklung. Stuttgart 1968.
Freud, S.: Gesammelte Werke (GW). Hrsg. von Freud, A., Bibring, E., Hoffer, W., Kris, E., und Isakower, O. Frankfurt a. M. 1960.
Friedländer, K.: „Über Kinderbücher und ihre Funktion in Latenz und Vorpubertät". In: *Int. Z. f. Psychoanalyse, Bd. 26* (1941), S. 233–251.
Fromm, E., u. a.: „The Oedipus Complex: Comments on ‚The Case of Little Hans'". In: *Contemporary Psychoanalysis, Bd. 4* (1968), S. 178–188.
Fuchs, G.: „Knurrland. Versuch der Analyse eines Kinderspiels". In: Bernfeld, S. (Hrsg.): *Vom Gemeinschaftsleben der Jugend. Beiträge zur Jugendforschung.* Leipzig und Wien 1922, S. 145–187.
Fürstenau, P.: „Zur Psychoanalyse der Schule als Institution". In: *Das Argument, Bd. 6* (1964), S. 65–74.
– „‚Sublimierung' in affirmativer und negativ-kritischer Anwendung". In: *Jahrbuch der Psychoanalyse, Bd. 4* (1967), S. 43–62.
Furth, H. G.: Intelligenz und Erkennen. Die Grundlagen der genetischen Erkenntnistheorie Piagets. Frankfurt a. M. 1972.
Galenson, E.: „A Consideration of the Nature of Thought in Childhood Play". In: McDevitt, J. B., und Settlage, C. F. (Hrsg.): Separation – Individuation. Essays in Honor of Margaret S. Mahler. New York 1971, S. 41–74.

GALENSON, E., und ROIPHE, H.: „The Impact of Early Sexual Discovery on Mood, Defensive Organization, and Symbolization". In: *The Psychoanalytic Study of the Child, Bd. 26* (1971), S. 195–216.
– „The Emergence of Genital Awareness during the Second Year of Life". New York 1973 (unveröffentlichtes Manuskript).
GALENSON, E., u. a.: „The Choice of Symbols". New York 1972a (unveröffentlichtes Manuskript).
– „Disturbances in Sexual Identity Beginning at 18 Month of Age". New York 1972b (unveröffentlichtes Manuskript).
GESELL, A.: „The Ontogenesis of Infant Behavior". In: CARMICHAEL, L. (Hrsg.): *Manual of Child Psychology.* New York 1946.
– Säugling und Kleinkind in der Kultur der Gegenwart. Bad Nauheim 1952.
– Das Kind von 5–10. Bad Nauheim 1954.
GETZELS, J. W., und JACKSON, P. W.: „Family Environment and Cognitive Style" (1961). In: HUDSON, L. (Hrsg.): *Ecology of Human Intelligence.* Harmondsworth (England) 1970, S. 225–242.
GILMORE, J. B.: „The Role of Anxiety and Cognitive Factors in Children's Play Behavior". In: *Child Development, Bd. 37* (1966), S. 397–416.
– „Play: A Special Behavior". In: HERRON, R. E., und SUTTON-SMITH, B. (Hrsg.): *Child's Play.* New York 1971, S. 311–325.
GINOTT, H. G.: Gruppenpsychotherapie mit Kindern. Theorie und Praxis der Spieltherapie. Weinheim 1966.
GITELSON, M.: „Section on ‚Play Therapy'". In: *Amer. J. of Orthopsychiatry, Bd. 8* (1938), S. 499–524.
GLOVER, E.: „Sublimation, Substitution, and Social Anxiety". In: *Int. J. of Psychoanalysis, Bd. 12* (1931), S. 263–297.
– „Examination of the Klein System of Child Psychology". In: *The Psychoanalytic Study of Child, Bd. 1* (1945), S. 75–118.
GOLDSTEIN, J., FREUD, A., und SOLNIT, A. J.: Jenseits des Kindeswohls. Frankfurt a. M. 1974.
GOULD, R.: Child Studies through Fantasy. Cognitive-Affective Patterns in Development. New York 1972.
GRATCH, G.: „On Levels of Awareness of Objects in Infants and Students thereof". In: *Merrill-Palmer Quart., Bd. 22* (1976), S. 157–176.
GRATCH, G., u. a.: „Piaget's Stage IV Object Concept Error: Evidence of Forgetting or Object Conception?". In: *Child Development, Bd. 45* (1974), H. 1, S. 71–77.
GREENACRE, P.: „Special Problems of Early Female Sexual Development". In: *The Psychoanalytic Study of the Child, Bd. 5* (1950), S. 122–138.
– Trauma, Growth, and Personality. London 1953.
– „Early Physical Determinants in the Development of the Sense of Identity". In: *J. of the Amer. Psychoanalytic Assoc., Bd. 6* (1958), S. 612–627.
– „Play in Relation to Creative Imagination". In: *The Psychoanalytic Study of the Child, Bd. 14* (1959), S. 61–80.
– „Discussions and Comments on the Psychology of Creativity". In: *J. of the Amer. Academy of Child Psychiatry, Bd. 1* (1962), S. 129–137.
– „The Fetish and the Transitional Object" (1969). In: GREENACRE, P.: *Emotional Growth. Bd. I,* New York (o. J.), S. 315–334.
– „The Transitional Object and the Fetish: with Special Reference to the Role of Illusion" (1970). In: GREENACRE, P.: *Emotional Growth. Bd. I,* New York (o. J.), S. 335–352.

– Emotional Growth. Psychoanalytic Studies of the Gifted and a Great Variety of Other Individuals. 2 Bde., New York (o. J.).
Griffing, P.: „Sociodramatic Play among Young Black Children". In: *Theory into Practice, Bd. 13* (1974), S. 257–266.
Grotjahn, M.: Beyond Laughter. Humor and the Subconscious. 2. Aufl., New York 1970.
– (deutsche Ausgabe) Vom Sinn des Lachens. Psychoanalytische Betrachtungen über den Witz, den Humor und das Komische. München 1974.
Habermas J.: „Der Universalitätsanspruch der Hermeneutik". In: *Hermeneutik und Ideologiekritik.* Mit Beiträgen von K.-O. Apel, C. v. Bormann, R. Bubner, H.-G. Gadamer, H. J. Giegel und J. Habermas. Frankfurt a. M. 1971, S. 120–159.
Hacker, F. J.: „Symbole und Psychoanalyse". In: Psyche, Bd. 11 (1958), S. 641–671.
Haley, J.: „Paradoxes in Play, Fantasy, and Psychotherapy". In: *Psychiatric Research Reports of the Amer. Psychiatric Assoc., Bd. 2* (1955), S. 52–58.
Hammerman, A., und Morse, S.: „Open Teaching: Piaget in the Classroom". In: *Young Children, Bd. 28* (1972), S. 41–54.
Hammerman, D.: „Conceptions of Superego Development". In: *J. of the Amer. Psychoanalytic Assoc., Bd. 13* (1965), S. 320–355.
Hartmann, H.: „Bemerkungen zur Theorie der Sublimierung". In: *Psyche, Bd. 10* (1956/57), S. 41–62.
– „Bemerkungen zum Realitätsproblem". In: *Psyche, Bd. 18* (1964/65), S. 397–419.
Haynal, A.: „Freud und Piaget. Parallelen und Differenzen zweier Entwicklungspsychologien". In: *Psyche, Bd. 29* (1975), S. 242–272.
Heckhausen, H.: „Entwurf einer Psychologie des Spielens". In: *Psychologische Forschung, Bd. 27* (1964), S. 225–243.
Heimann, P.: „Bemerkungen zur Theorie der Sublimierung". In: *Psyche, Bd. 13* (1959), S. 397–414.
Hendrick, I.: „Instinct and the Ego During Infancy". In: *Psychoanalytic Quart., Bd. 11* (1942), S. 33–58.
– „Work and the Pleasure Principle". In: *Psychoanalytic Quart., Bd. 12* (1943), S. 311–329.
Hermann, I.: „Randbemerkungen zum Wiederholungszwang". In: *Int. Z. f. Psychoanalyse, Bd. 8* (1922), S. 1–13.
– „Anklammerung, Feuer, Schamgefühl". In: *Int. Z. f. Psychoanalyse, Bd. 26* (1941), S. 252–274.
Hermeneutik und Ideologiekritik. Mit Beiträgen von K.-O. Apel, C. v. Bormann, R. Bubner, H.-G. Gadamer, H. J. Giegel und J. Habermas. Frankfurt a. M. 1971.
Herron, R. E., und Sutton-Smith, B. (Hrsg.): Child's Play. New York 1971.
Hetzer, H.: Kind und Schaffen. Experimente über konstruktive Betätigungen im Kleinkindalter. Jena 1931 (Quellen und Studien zur Jugendkunde, Heft 17).
– „Kinderspiel und Kinderspielzeug in der internationalen Diskussion". In: *Schule und Psychologie* (1961), S. 22–26.
– Spiel und Spielzeug für jedes Alter. München 1970.
– Spielen lernen – Spielen lehren. München 1971.
Hoffer W.: „Phantasiespiele der Kinder und ihre Beziehung zur dichterischen Produktivität". In: Bernfeld, S. (Hrsg.): *Dichterisches Schaffen der Jugend. Neue Beiträge zur Jugendforschung.* Wien 1924, S. 238–256.
– „Development of the Body Ego". In: *Psychoanalytic Study of the Child, Bd. 5* (1950 a), S. 18–23.

– „Oral Aggressiveness and Ego Development“. In: *Int. J. of Psychoanalysis, Bd. 31* (1950b), S. 156–160.
– „The Mutual Influences in the Development of Ego and Id. Earliest Stages“. In: *The Psychoanalytic Study of the Child, Bd. 7* (1952), S. 31–41.
– „Mund, Hand und Ich-Integration“. In: *Psyche, Bd. 18* (1964), S. 81–88.
HOFFMANN, S. O.: „Neutralisierung oder autonome Ich-Energien“. In: *Psyche, Bd. 26* (1972), S. 405–422.
HUG-HELLMUTH, H. v.: „Zur Technik der Kinderanalyse“. In: *Int. Z. f. Psychoanalyse, Bd. 7* (1921), S. 179–197.
HUNT, J./McVICKER: „Piaget's System as a Source of Hypotheses Concerning Motivation“. In: *Merrill-Palmer Quart., Bd. 9* (1963), S. 263–276.
– „Intrinsic Motivation and its Role in Psychological Development“. In: LEVINE, D. (Hrsg.): *Nebraska Symposium on Motivation, Bd. 13* (1965), S. 189–282.
HURLOCK, E. B., und BURSTEIN, M.: „The Imaginary Playmate: A Questionnaire Study“. In: *The Pedagogical Seminary and J. of Genetic Psychology, Bd. 41* (1932), S. 380–392.
INHELDER, B.: „Die affektive und kognitive Entwicklung des Kindes“. In: *Schweizerische Z. für Psychologie, Bd. 15* (1956), S. 251–268.
– „Memory and Intelligence in the Child“. In: ELKIND, D., und FLAVELL, J. H. (Hrsg.): Studies in Cognitive Development. Essays in Honor of Jean Piaget. New York 1969, S. 337–364.
ISAACS, S.: „Critical Notes; the Child's Conception of the World, by Jean Piaget“. In: *Mind, Bd. 38* (1928), S. 506–513.
– „The Nature and Function of Phantasy“. In: RIVIERE, J. (Hrsg.): *Developments in Psycho-Analysis*. London 1952, S. 67–121.
– Intellectual Growth in Young Children (1930). New York 1968.
– Social Development in Young Children (1933). New York 1972.
JACOBSON, E.: „The Child's Laughter“. In: *The Psychoanalytic Study of the Child, Bd. 2* (1946), S. 39–60.
– Das Selbst und die Welt der Objekte. Frankfurt a. M. 1973.
JAPPE, G.: Über Wort und Sprache in der Psychoanalyse. Frankfurt a. M. 1971.
JARVIS, V.: „Learning Disability and its Relationship to Normal Fantasy Formation“. In: *The Psychoanalytic Rev., Bd. 56* (1969/70), S. 288–298.
JONES, E.: „The Value of Sublimating Processes for Education and Reeducation“. In: *J. of Educational Psychology, Bd. 3* (1912), S. 241–256.
– „Die phallische Phase“. In: *Int. Z. f. Psychoanalyse, Bd. 19* (1933), S. 322–357.
– „Die Theorie der Symbolik“. In: *Psyche, Bd. 24* (1970), S. 942–959 (Teil I); *Psyche, Bd. 26* (1972), S. 581–622 (Teil II).
KAMII, C. K., und Radin, N. L.: „A Framework for a Preschool Curriculum Based on Some Piagetian Concepts“. In: ATHEY, I. J., und RUBADEAU, D. O. (Hrsg.): *Educational Implications of Piaget's Theory*. Waltham, Mass., 1970, S. 89–114.
KAPLAN, E. B.: „Reflections Regarding Psychomotor Activities during the Latency Period“. In: *The Psychoanalytic Study of the Child, Bd. 20* (1965), S. 220–238.
KAPLAN, L. J.: „The Concept of the Family Romance“. In: *The Psychoanalytic Rev., Bd. 61* (1974), S. 169–202.
KARDOS, E., und Peto, A.: „Contributions to the Theory of Play“. In: *Brit. J. of Medical Psychology, Bd. 29* (1956), S. 100–112.
KATAN, A.: „Some Thoughts about Verbalization in Early Childhood“. In: *The Psychoanalytic Study of the Child, Bd. 16* (1961), S. 184–188.

Kay, P.: „Psychoanalytic Theory of Development in Childhood and Preadolescence". In: Wolman, B. B. (Hrsg.): *Handbook of Child Psychoanalysis. Research, Theory, and Practice.* New York 1972.

Kestenberg, J. S.: „On the Development of Maternal Feelings in Early Childhood". In: *The Psychoanalytic Study of the Child, Bd. 11* (1956), S. 257–291.

– „The Role of Movement Patterns in Development". Teil I in: *Psychoanalytic Quart., Bd. 34* (1965), S. 1–36. Teil II in: *Psychoanalytic Quart., Bd. 34* (1965), S. 517–563. Teil III in: *Psychoanalytic Quart., Bd. 36* (1967), S. 356–409.

– „The Effects on Parents of the Child's Transition into and out of Latency". In: Anthony, E. J., und Benedek, T. (Hrsg.): *Parenthood.* Boston, Mass., 1970, S. 289–306.

Kinder- und Jugendtheater Rote Grütze: Darüber spricht man nicht!!! Ein Spiel vom Kindermachen und Kinderkriegen, vom Liebhaben und Schämen und was noch alles vorkommt. Materialien. München 1973.

Kleeman, J. A.: „The Peek-A-Boo Game. Its Origins, Meanings, and Related Phenomena in the First Year". In: *The Psychoanalytic Study of the Child, Bd. 12* (1967), S. 239–273.

Klein, G. S.: „The Emergence of Ego Psychology. The Ego in Psychoanalysis: A Concept in Search of Identity". In: *The Psychoanalytic Rev., Bd. 56* (1969/70), S. 511–525.

Klein, M.: „Der Familienroman in statu nascendi". In: *Int. Z. f. Psychoanalyse, Bd. 6* (1920), S. 151–155.

– „Eine Kinderentwicklung" (1921). In: Cremerius, J. (Hrsg.): *Psychoanalyse und Erziehungspraxis.* Frankfurt a. M. 1971, S. 23–50.

– „Zur Frühanalyse" (1923). In: Cremerius, J. (Hrsg.): *Psychoanalyse und Erziehungspraxis.* Frankfurt a. M. 1971, S. 51–83.

– „Die psychologischen Grundlagen der Frühanalyse". In: *Imago, Bd. 12* (1926), S. 365–376.

– „Die Rollenbildung im Kinderspiel". In: *Int. Z. f. Psychoanalyse, Bd. 15* (1929), S. 171–182.

– Psychoanalyse des Kindes. Wien 1932.

– „The Mutual Influences in the Development of Ego and Id". In: *The Psychoanalytic Study of the Child, Bd. 7* (1952), S. 51–53.

– Das Seelenleben des Kleinkindes und andere Beiträge zur Psychoanalyse. Reinbek b. Hamburg 1972.

Klewitz, M., und Nickel, H.-W. (Hrsg.): Kindertheater und Interaktionspädagogik. Stuttgart 1972.

Kohlberg, L.: „Moral Development and Identification". In: Stevenson, H. (Hrsg.): *Child Psychology: Sixty-Second Yearbook of the National Society for the Study of Education.* Chicago, Ill., 1963.

– „Development of Moral Character and Ideology". In: Hoffman, M. L. (Hrsg.): *Review of Child Development Research. Bd. 1,* New York 1964.

– Zur kognitiven Entwicklung des Kindes. Frankfurt a. M. 1974.

Kolansky, H.: „Some Psychoanalytic Considerations on Speech in Normal Development and Psychopathology". In: *The Psychoanalytic Study of the Child, Bd. 22* (1967), S. 274–295.

Krappmann, L.: „Lernen durch Rollenspiel". In: Klewitz, M., und Nickel, H.-W. (Hrsg.): *Kindertheater und Interaktionspädagogik.* Stuttgart 1972, S. 37–57.

– „Soziale Kommunikation und Kooperation im Spiel und ihre Auswirkungen auf das Lernen". In: Daublebsky, B.: Spielen in der Schule. Stuttgart 1973 a, S. 190–226.

– „Sozialisation im Spiel". In: *Die Grundschule, Bd. 5* (1973 b), S. 195–201.

– „Kommunikation und Interaktion im Spiel". In: DEUTSCHER BILDUNGSRAT: Die Eingangsstufe des Primarbereichs. Bd. 2/1: Spielen und Gestalten. Stuttgart 1975 (Gutachten und Studien der Bildungskommission), S. 45–76.
KRIS, E.: „On Psychoanalysis and Education". In: *Amer. J. of Orthopsychiatry, Bd. 18* (1948), S. 622–635.
– „Notes on the Development and on Some Current Problems of Psychoanalytic Child Psychology". In: *The Psychoanalytic Study of the Child, Bd. 5* (1950), S. 24–46.
– „Ego Psychology and Interpretation in Psychoanalytic Theory". In: *Psychoanalytic Quart., Bd. 20* (1951), S. 15ff.
– Psychoanalytic Explorations in Art. New York 1952.
– „Neutralization and Sublimation. Observations in Young Children". In: *The Psychoanalytic Study of the Child, Bd. 10* (1955), S. 30–46.
– „Probleme der Ästhetik". In: *Psyche, Bd. 24* (1970), S. 841–880.
KUBIE, L. S.: „Body Symbolization and the Development of Language". In: *Psychoanalytic Quart., Bd. 3* (1934), S. 430–444.
– „The Fallacious Misuse of the Concept of Sublimation". In: *Psychoanalytic Quart., Bd. 31* (1962), S. 73–79.
– Psychoanalyse und Genie. Der schöpferische Prozeß. Reinbek b. Hamburg 1966.
LANGER, S. K.: Philosophie auf neuem Wege. Das Symbol im Denken, im Ritus und in der Kunst. Frankfurt a. M. 1965.
LAPLANCHE, J.: Leben und Tod in der Psychoanalyse. Freiburg i. Breisgau 1974.
LAPLANCHE, J., und PONTALIS, J.-B.: Das Vokabular der Psychoanalyse. Frankfurt a. M. 1972.
LAUFER, M.: „The Body Image, the Function of Masturbation, and Adolescence". In: *The Psychoanalytic Study of the Child, Bd. 23* (1968), S. 114-137.
LEBOVICI, S., und CRÉMIEUX, R.: „Zur Rolle und zum Bild des Vaters". In: STORCK, J. (Hrsg.): *Fragen nach dem Vater*. München 1974, S. 113–114.
LEITHÄUSER, T., und HEINZ, W. R. (Hrsg.): Produktion, Arbeit, Sozialisation. Frankfurt a. M. 1976.
LEWIS, E.: „The Function of Group Play during Middle Childhood in Developing the Ego Complex". In: *British J. of Medical Psychology, Bd. 27* (1954), S. 15–29.
LEVY, D. M.: Maternal Overprotection (1943). New York 1966.
LIEBERMANN, J. N.: „Playfulness and Divergent Thinking: An Investigation of their Relationship at the Kindergarten Level". In: *J. of Genetic Psychology, Bd. 107* (1965), S. 219–224.
LINCKE, H.: „Bemerkungen zur Triebpsychologie der Ersatzbefriedigung und Sublimierung". In: *Psyche, Bd. 7* (1953/54), S. 501–520.
– „Wirklichkeit und Illusion". In: *Psyche, Bd. 26* (1972), S. 821–852.
LOCH, W., und JAPPE, G.: „Die Konstruktion der Wirklichkeit und die Phantasien". In: *Psyche, Bd. 28* (1974), S. 1–31.
LOEWENSTEIN, R. M.: „The Problem of Interpretation". In: *Psychoanalytic Quart., Bd. 20* (1951), S. 1–14.
– „Defense Organization and Autonomous Ego Functions". In: *J. of the Amer. Psychoanalytic Assoc., Bd. 15* (1967), S. 795–809.
LORENZER, A.: Kritik des psychoanalytischen Symbolbegriffs. Frankfurt a. M. 1970a.
– Sprachzerstörung und Rekonstruktion. Vorarbeiten zu einer Metatheorie der Psychoanalyse. Frankfurt a. M. 1970b.
– „Symbol, Interaktion und Praxis". Psychoanalyse als Sozialwissenschaft. Mit Beiträgen von A. Lorenzer, H. Dahmer, K. Horn, K. Breck und E. Schwanenberg. Frankfurt a. M. 1971, S. 9–59.

– Zur Begründung einer materialistischen Sozialisationstheorie. Frankfurt a. M. 1972.
– Über den Gegenstand der Psychoanalyse oder: Sprache und Interaktion. Frankfurt a. M. 1973.
– Die Wahrheit der psychoanalytischen Erkenntnis. Ein historisch-materialistischer Entwurf. Frankfurt a. M. 1974.
LOURIE, R.: „The Role of Rhythmic Patterns in Childhood". In: *Amer. J. of Psychiatry, Bd. 105* (1949), S. 653–660.
MACCOBY, M., u. a.: „Games and Social Character in a Mexican Village". In: *Psychiatry, Bd. 27* (1964), S. 150–162.
MAENCHEN, A.: „Denkhemmung und Aggression aus Kastrationsangst". In: *Z. f. psychoanalytische Pädagogik, Bd. 10* (1936), S. 276–299.
– „On the Technique of Child Analysis in Relation to Stages of Development". In: *The Psychoanalytic Study of the Child, Bd. 25* (1970), S. 175–207.
MAHLER, M. S.: „On Sadness and Grief in Infancy and Childhood. Loss and Restoration of the Symbiotic Love Object". In: *The Psychoanalytic Study of the Child, Bd. 16* (1961), S. 332–351.
– „Certain Aspects of the Separation-Individuation Phase". In: *Psychoanalytic Quart., Bd. 32* (1963 a), S. 1–14.
– „Thoughts about Development and Individuation". In: *The Psychoanalytic Study of the Child, Bd. 18* (1963 b), S. 307–324.
– „On the Significance of the Normal Separation-Individuation Phase". In: SCHUR, M. v. (Hrsg.): *Drives, Affects and Behavior. Bd. 2,* New York 1965, S. 161–169.
– „On Human Symbiosis and the Vicissitudes of Individuation". In: *J. of the Amer. Psychoanalytic Assoc., Bd. 15* (1967), S. 740–763.
– „A Study of the Separation-Individuation Process". In: *The Psychoanalytic Study of the Child, Bd. 26* (1971), S. 403–424.
– Symbiose und Individuation. Bd. 1, Stuttgart 1972.
– „Symbiose und Individuation. Die psychische Geburt des Menschenkindes". In: *Psyche, Bd. 29* (1975), S. 609–625.
MAHLER, M. S., und FURER, M.: „Certain Aspects of the Separation-Individuation Phase". In: *Psychoanalytic Quart., Bd. 32* (1963), S. 1–14.
MAHLER, M. S., und LAPIERRE, K.: „Mother-Child Interaction during Separation-Individuation". In: *Psychoanalytic Quart., Bd. 34* (1965), S. 483–498.
MAHLER, M. S., PINE, F., und BERGMAN, A.: „The Mother's Reaction to her Toddler's Drive for Individuation". In: ANTHONY, E. J., und BENEDEK, T. (Hrsg.): *Parenthood.* Boston, Mass., 1970, S. 257–274.
– The Psychological Birth of the Human Infant. London 1975.
MCCALL, R.: „Smiling and Vocalization in Infants as Indices of Perceptual-Cognitive Processes". In: *Merrill-Palmer Quart., Bd. 18* (1972), S. 341–346.
MCDEVITT, J. B.: „Discussion". In: MCDEVITT, J. B., und SETTLAGE, C. F. (Hrsg.): *Separation-Individuation. Essays in Honor of Margaret S. Mahler.* New York 1971, S. 70–74.
MCDEVITT, J. B., und SETTLAGE, C. F. (Hrsg.): *Separation-Individuation. Essays in Honor of Margaret S. Mahler.* New York 1971.
MEISS, M. L.: „The Oedipal Problems of a Fatherless Child". In: *The Psychoanalytic Study of the Child, Bd. 7* (1952), S. 216–229.
MENNE, K.: „Ein verstehender Zugang zum Unbewußten? Zu Alfred Lorenzers Konzept des ‚szenischen Verstehens'". In: *Psyche, Bd. 30* (1976), S. 534–553.
MESSER, S. B., und LEWIS, M.: „Social Class and Sex Differences in the Attachment and

Play Behavior of the One-Year-Old Infant". In: *Merrill-Palmer Quart., Bd. 18* (1972), S. 295–305.
MITSCHERLICH, A.: „Lust- und Realitätsprinzip in ihrer Beziehung zur Phantasie". In: *Psyche, Bd. 6* (1952/53), S. 401–424.
MITTELMANN, B.: „Motility in Infants, Children, and Adults. Patterning and Psychodynamics". In: *The Psychoanalytic Study of the Child, Bd. 9* (1954), S. 142–177.
– „Motor Patterns and Genital Behavior: Fetishism". In: *The Psychoanalytic Study of the Child, Bd. 10* (1955), S. 241–263.
– „Psychodynamics of Motility". In: *Int. J. of Psychoanalysis, Bd. 39* (1958), S. 196–199.
– „Motility in the Therapy of Children and Adults". In: *The Psychoanalytic Study of the Child, Bd. 12* (1959), S. 284–319.
– „Intrauterine and Early Infantile Motility". In: *The Psychoanalytic Study of the Child, Bd. 15* (1960), S. 104–127.
MOERK, E. L.: „Piaget's Research as Applied to the Explanation of Language Development". In: *Merrill-Palmer Quart., Bd. 21* (1975), S. 151–169.
MOERSCH, E.: „Symbol, Repräsentanz, Primärprozeß. Kritische Überlegungen zu den Revisionsvorschlägen Alfred Lorenzers". In: *Psyche, Bd. 30* (1976), S. 503–533.
MOORE, T.: „Realism and Fantasy in Children's Play". In: *J. of Child Psychology, Bd. 5* (1964), S. 15–36.
MÜLLER-BRAUNSCHWEIG, C.: „Die erste Objektbesetzung des Mädchens in ihrer Bedeutung für Penisneid und Weiblichkeit". In: *Psyche, Bd. 13* (1959), S. 1–24.
– „Triebleben und Charakter. Über die Bedeutung der psychoanalytischen Psychologie für die Erziehung". In: BITTNER, G., und REHM, W. (Hrsg.): *Psychoanalyse und Erziehung*. München 1966, S. 28–46.
MÜLLER-BRAUNSCHWEIG, H.: Die Wirkung der frühen Erfahrung. Das erste Lebensjahr und seine Bedeutung für die psychische Entwicklung. Stuttgart 1975.
NAGERA, H.: „On Arrest in Development, Fixation, and Regression". In: *The Psychoanalytic Study of the Child, Bd. 19* (1964), S. 222–239.
– „The Imaginary Companion. Its Significance for Ego Development and Conflict Solution". In: *The Psychoanalytic Study of the Child, Bd. 24* (1969), S. 165–196.
– (Hrsg.): Psychoanalytische Grundbegriffe. Eine Einführung in Sigmund Freuds Terminologie und Theoriebildung. Frankfurt a. M. 1974.
NAGERA, H., und BOLLAND, J.: „Das Entwicklungsmodell in seiner heutigen Form". In: *Psyche, Bd. 22* (1968), S. 534–552.
NASS, M. L.: „The Superego and Moral Development in the Theories of Freud and Piaget". In: *The Psychoanalytic Study of the Child, Bd. 22* (1966), S. 51–68.
NEUBAUER, P. B. „The One-Parent-Child and his Oedipal Development". In: *The Psychoanalytic Study of the Child, Bd. 15* (1960), S. 286–309.
– „Psychoanalysis and the Preschool Child". In: WOLMAN, B. B. (Hrsg.): *Handbook of Child Psychoanalysis.* New York 1972, S. 221–252.
NEUMANN-SCHÖNWETTER, M., PAULSEN, S., und STEPPKE, G.: „Familiensoziologische und psychoanalytische Überlegungen zum kindlichen Spiel". In: HELLMICH, J. (Hrsg.): *Unterrichtseinheiten und Materialien für Vorklassen.* Weinheim 1974.
NOLTE, H.: „Der Beitrag der Psychoanalyse zur Verwissenschaftlichung der Erziehung". In: *Frankfurter Hefte, Bd. 29* (1974), S. 891–903.
NOY, P.: „A Revision of the Psychoanalytic Theorie of the Primary Process". In: *Int. J. of Psychoanalysis, Bd. 50* (1969), S. 155–178.
– „Symbolism and Mental Representation". In: *The Annual of Psychoanalysis, Bd. 1* (1974), S. 125–158.

OLDEN, C.: „On Adult Empathy with Children". In: *The Psychoanalytic Study of the Child, Bd. 8* (1953), S. 111–126.
OPIE, I., und OPIE, P.: „Children's Games in Street and Playground. Oxford 1970.
OTTOMEYER, K.: Anthropologieproblem und marxistische Handlungstheorie. Gießen 1976.
PAINTER, G.: Baby-Schule. Entwicklungsanregungen für Kleinkinder. Reinbek b. Hamburg 1975.
„Panel Discussion (1968), Held at the 25th Congress of the International Psychoanalytical Association, Copenhagen, July 1967". In: *Int. J. of Psychoanalysis, Bd. 49* (1968), S. 506–512.
PARIN, P.: „Der Ausgang des ödipalen Konflikts in drei verschiedenen Kulturen. Eine Anwendung der Psychoanalyse als Sozialwissenschaft". In: *Kursbuch, Bd. 29* (1972), S. 179–201.
PARSONS, A.: „Is the Oedipus Complex Universal? The Jones-Malinowski Debate Revisited". In: Parsons, A.: *Belief, Magic, Anatomy.* New York 1969.
PEESCH, R.: Das Berliner Kinderspiel der Gegenwart. Berlin 1957.
PELLER, L. E.: „Incentives to Development and Means of Early Education". In: *The Psychoanalytic Study of the Child, Bd. 2* (1946), S. 397–415.
– „The School's Role in Promoting Sublimation". In: *The Psychoanalytic Study of the Child, Bd. 11* (1956), S. 437–449.
– „Reading and Daydreaming in Latency, Boy-Girl Differences". In: *J. of the Amer. Psychoanalytic Assoc., Bd. 6* (1958), S. 57–69.
– „Daydreams and Children's Favorite Books. Psychoanalytic Comments". In: *The Psychoanalytic Study of the Child, Bd. 14* (1959), S. 414–433.
– „Comments on Libidinal Organizations and Child Development". In: *J. of the Amer. Psychoanalytic Assoc., Bd. 13* (1965 a), S. 732–747.
– „Language and Development". In: NEUBAUER, P. B. (Hrsg.): *Concepts of Development in Early Childhood Education.* Springfield, Ill., 1965 b, S. 53–83.
– „Das Spiel im Zusammenhang der Trieb- und Ichentwicklung". In: BITTNER, G., und SCHMID-CORDS, E. (Hrsg.): *Erziehung in früher Kindheit.* München 1968, S. 195–219.
– „Das Spiel als Spiegel der Libido-Entwicklung". BIERMANN, G. (Hrsg.): *Handbuch für Kinderpsychotherapie. Bd. I,* Basel und München 1969, S. 45–53.
PETO, A.: „Body Image and Archaic Thinking". In: *Int. J. of Psychoanalysis, Bd. 40* (1959), S. 223–297.
PFEIFER, S.: „Äußerungen infantil-erotischer Triebe im Spiel". In: *Imago, Bd. 5* (1919), S. 243–282.
PHILLIPS, R. H.: „Children's Games". In: SLOVENKO, R., und KNIGHT, J. A. (Hrsg.): *Motivations in Play, Games and Sports.* Springfield, Ill., 1967, S. 63–73.
– „The Nature and Function of Children's Formal Games". In: *Psychoanalytic Quart., Bd. 29* (1969), S. 200–207.
PIAGET, J.: Nachahmung, Spiel und Traum. Stuttgart 1969.
– Psychologie der Intelligenz. Zürich 1970.
– Sprechen und Denken des Kindes. Düsseldorf 1972 a.
– Theorien und Methoden der modernen Erziehung. Wien 1972 b.
– Urteil und Denkprozeß des Kindes. Düsseldorf 1972 c.
– „The Affective Unconscious and the Cognitive Unconscious". In: *J. of Amer. Psychoanalytic Assoc., Bd. 21* (1973 a), S. 249–261. Deutsch: „Das affektive und das kognitive Unbewußte". In: PIAGET, J.: *Probleme der Entwicklungspsychologie. Kleine Schriften.* Frankfurt a. M. 1976, S. 31–45.

– Erkenntnistheorie der Wissenschaften vom Menschen. Frankfurt a. M. 1973c.
– Das moralische Urteil beim Kinde. Frankfurt a. M. 1973b.
– Der Aufbau der Wirklichkeit beim Kinde. Stuttgart 1974.
– Probleme der Entwicklungspsychologie. Kleine Schriften. Frankfurt a. M. 1976.

PIAGET, J., und INHELDER, B.: Die Psychologie des Kindes. Freiburg i. Breisgau 1972.

PIAGET, J., INHELDER, B., und SINCLAIR, H.: „Gedächtnis und Intelligenz". In: FURTH, H. G. (Hrsg.): Intelligenz und Erkennen. Frankfurt a. M. 1972, S. 220–233.

PINARD, A., und LAURENDEAU, M.: „‚Stage' in Piaget's Cognitive-Developmental Theory: Exegesis of a Concept". In: ELKIND, D., und FLAVELL, J. H. (Hrsg.): *Studies in Cognitive Development. Essays in Honor of Jean Piaget.* New York 1969, S. 121–170.

PLAY: The Child Strives toward Self-Realization. Proceedings of a Conference Sponsored by the Arsenal Family and Children's Center and the National Association for the Education of the Young Children. Washington, D. C.: National Association for the Education of Young Children (NAEYC), 1971.

PONTALIS, J. B.: Nach Freud. Frankfurt a. M. 1968a.
– „Unser Eintritt ins Leben nach Melanie Klein". In: PONTALIS, J. B.: Nach Freud. Frankfurt a. M. 1968b, S. 157–176.

PROJEKTGRUPPE BRELOHSTRASSE: Hi ha ho – die Bonzen komm'n ins Klo! Bericht über zwei Jahre proletarische Vorschulerziehung. Theorie und Praxis. Hamburg 1973.

PROVENCE, S., und RITVO, S.: „Effects of Deprivation on Institutionalized Infants". In: *The Psychoanalytic Study of the Child, Bd. 16* (1961), S. 189–205.

PSYCHOANALYSE ALS SOZIALWISSENSCHAFT. Mit Beiträgen von A. Lorenzer, H. Dahmer, K. Horn, K. Brede und E. Schwanenberg. Frankfurt a. M. 1971.

PULASKI, M. A. S.: Understanding Piaget. An Introduction to Children's Cognitive Development. New York 1971.

RANK, O., und SACHS, H.: Die Bedeutung der Psychoanalyse für die Geisteswissenschaften. Wiesbaden 1913.

RAPAPORT, D.: „On the Psychoanalytic Theory of Motivation". In: JONES, M. R. (Hrsg.): *Nebraska Symposium on Motivation 1960* (Current theory and research in motivation, Vol. 8, S. 173–247).

REDL, F.: „The Impact of Games Ingredients on Children's Play Behavior". In: SCHAFFNER, B. (Hrsg.): *Group Processes. Transactions of the Fourth Conference. Oct. 1957.* Princeton, N. J., und New York 1959, S. 33–81.

REHM, W.: Die psychoanalytische Erziehungslehre. Anfänge und Entwicklung. München 1968.

REICHE, R.: „Ödipus – ein bürgerlicher Komplex". In: *Kursbuch* (1972), H. 29, S. 159–176.

REIDER, N.: „Preanalytic and Psychoanalytic Theories of Play and Games". In: SLOVENKO, R., und KNIGHT, J. A. (Hrsg.): *Motivations in Play, Games and Sports.* Springfield, Ill., 1967, S. 13–39.

REIK, T.: „Der Angstangriff". In: *Int. Z. f. Psychoanalyse, Bd. 23* (1937), S. 306–313.

REIMANN, B. W. R.: Psychoanalyse und Gesellschaftstheorie. Neuwied 1973.

REMPLEIN, H.: Die seelische Entwicklung der Kindheit und Reifezeit. 14. Aufl., München und Basel 1966.

RICHARD, J.: „Spielpädagogik und politisch-ästhetische Erziehung". In: *Gesellschaft und Schule, Bd. 3/4* (1972a), S. 82–94.
– „Zum angeleiteten Rollenspiel mit Arbeiterkindern im Schulalter". In: *Gesamtschulinformation, Bd. 3* (1972b), S. 88–108.

RICHTER, D., und MERKEL, J.: Märchen, Phantasie und soziales Lernen. Berlin 1974.

Richter, H.-E.: Eltern, Kind, Neurose. Die Rolle des Kindes in der Familie. Reinbek b. Hamburg 1963.
– Patient Familie. Entstehung, Struktur und Therapie von Konflikten in Ehe und Familie. Reinbek b. Hamburg 1972.
Ricoeur, P.: Die Interpretation. Ein Versuch über Freud. Frankfurt a.M. 1969.
Ripple, R.E., und Rockcastle, V.N. (Hrsg.): Piaget Rediscovered. A Report of the Conference on Cognitive Studies and Curriculum Development. Ithaca: Cornell University 1964.
Ritvo, S., und Solnit, A.J.: „Influence of Early Mother-Child Interaction on Identification Processes". In: *The Psychoanalytic Study of the Child, Bd. 13* (1958), S. 64–86.
Ritvo, S., u.a.: „Some Relations of Constitution, Environment and Personality as Observed in a Longitudinal Study of Child Development". In: Solnit, A.J., und Provence, S.A. (Hrsg.): *Modern Perspectives in Child Development.* New York 1963.
Roberts, J.M., und Sutton-Smith, B.: „Child Training and Game Involvement". In: *Ethnology, Bd. 1* (1962), S. 166–185.
Roberts, J.M., Sutton-Smith, B., und Kendon, A.: „Strategy in Games and Folk Tales". In: *J. of Social Psychology, Bd. 61* (1963), S. 185–199.
Robertson, J.: „Mothering as an Influence on Early Development". In: *The Psychoanalytic Study of the Child, Bd. 17* (1962), S. 245–264.
Róheim, G.: „Children's Games and Rhymes of Duau". In: *American Anthropologist, Bd. 45* (1943), S. 99–119.
Roiphe, H.: „On an Early Genital Phase". In: *The Psychoanalytic Study of the Child, Bd. 23* (1968), S. 348–365.
Roiphe, H., und Galenson, E.: „Early Genital Activity and the Castration Complex". In: *The Psychoanalytic Quart., Bd. 41* (1972), S. 334–347.
– „The Infantile Fetish". In: *The Psychoanalytic Study of the Child, Bd. 28* (1973a), S. 147–166.
– „Object Loss and Early Sexual Development". In: *The Psychoanalytic Quart., Bd. 42* (1973b), S. 73–90.
– „Some Observations on Transitional Object and Infantile Fetish". In: *Psychoanalytic Quart., Bd. 44* (1975), S. 206–231.
Rose, G.J.: „Body Ego and Creative Imagination". In: *J. of the Amer. Psychoanalytic Assoc., Bd. 11* (1963), S. 775–789.
– „Körper-Ich und Realität". In: *Psyche, Bd. 22* (1968), S. 503–517.
Rosen, C.E.: „The Effect of Sociodramatic Play on Problem-Solving Behavior among Culturally Disadvantaged Preschool Children". In: *Child Development, Bd. 45* (1974), S. 920–927.
Rosen, V.H.: „Sprache und Psychoanalyse". In: *Psyche, Bd. 26* (1972), S. 81–88.
Ross, H.: „Das Schulespiel". In: *Psyche, Bd. 22* (1968), S. 604–613.
– „Some Special Aspects of Psychoanalytic Education". In: Marcus, I. (Hrsg.): *Currents in Psychoanalysis.* New York 1971, S. 3–56.
Roth-Bilz, A., und Roth, W.: „Die Bedeutung des Spiels". In: *Was ist vorschulische Erziehung?* Ravensburg 1972 *(Ravensburger Elternbücher, Bd. 18/19).*
Rubinfine, D.L.: „Perception, Reality Testing and Symbolism". In: *The Psychoanalytic Study of the Child, Bd. 16* (1961), S. 73–89.
– „Maternal Stimulation, Psychic Structure, and Early Object Relations". In: *The Psychoanalytic Study of the Child, Bd. 17* (1962), S. 265–282.
Rühmkorf, P.: Über das Volksvermögen. Exkurse in den literarischen Untergrund. Frankfurt a.M. 1969.

Rüssel, A.: Das Kinderspiel. Grundlagen einer psychologischen Theorie. München 1965.
Rycroft, C.: „Symbolism and its Relation to Primary and Secondary Processes". In: *Int. J. of Psychoanalysis, Bd. 37* (1956), S. 137–146.
Sachs, H.: Gemeinsame Tagträume. Leipzig 1924.
Sandler, J.: „Zum Begriff des Über-Ichs". In: *Psyche, Bd. 18* (1964/65), S. 721–743 und S. 812–828.
Sandler, J., und Joffe, W. G.: „Über Fertigkeiten und ihre Beziehung zur Sublimierung". In: *Psyche, Bd. 22* (1968), S. 81–98.
Sandler, J., und Nagera, H.: „Einige Aspekte der Metapsychologie der Phantasie". In: *Psyche, Bd. 20* (1966), S. 188–221.
Sänger, A.: „Die nicht deutende Spieltherapie". In: Biermann, G. (Hrsg.): *Handbuch für Kinderpsychotherapie. Bd. 1,* München und Basel 1969, S. 198–210.
Sarnoff, C. A.: „Symbols and Symptoms. Psytophobia in a Two-Year-Old Girl". In: *Psychoanalytic Quart., Bd. 39* (1970), S. 550–562.
– „Ego Structure in Latency". In: *Psychoanalytic Quart., Bd. 15* (1971), S. 387–415.
Schacht, L.: „Besprechung von Winnicott, D. W.: Playing and Reality". In: *Psyche, Bd. 27* (1973 a), S. 186–188.
– „Subjekt gebraucht Subjekt". In: *Psyche, Bd. 27* (1973 b), S. 151–168.
Schachtel, E. G.: „Die Entwicklung der gegenständlichen Aufmerksamkeit und das Hervortreten der Realität". In: *Psyche, Bd. 9* (1955/56), S. 204–229.
Schecter, D. E.: „The Oedipus Complex: Considerations of Ego Development and Parental Interaction". In: *Contemporary Psychoanalysis, Bd. 4* (1968), S. 111–137.
Schenk-Danziger, L.: Studien zur Entwicklungspsychologie und zur Praxis der Schul- und Beratungspsychologie. München und Basel 1963.
Schmideberg, M.: „Intellektuelle Hemmung und Aggression". In: *Z. f. psychoanalytische Pädagogik, Bd. 4* (1930), S. 467–477.
– „Erziehung und Gesellschaftsordnung". In: *Imago, Bd. 18* (1932), S. 245–276.
– „The Play-Analysis of a Three-Year-Old Girl". In: *Int. J. of Psychoanalysis, Bd. 15* (1934), S. 245–264.
Schneider, M.: Neurose und Klassenkampf. Reinbek b. Hamburg 1973.
Schulz, C. W.: Linus, oder: Wo ist meine Schmusedecke? Götzenhain 1969.
Searl, M. N.: „Die Flucht in die Realität". In: *Int. Z. f. Psychoanalyse, Bd. 15* (1929), S. 259–270.
– „Die Gefahrensituationen des unreifen Ich". In: *Int. Z. f. Psychoanalyse, Bd. 16* (1930), S. 456–470.
– „Spiel, Realität und Aggression". In: *Z. f. psychoanalytische Pädagogik, Bd. 6* (1932), S. 212–222.
Sechehaye, M.: Die symbolische Wunscherfüllung. Darstellungen einer neuen psychotherapeutischen Methode und Tagebuch der Kranken. Bern und Stuttgart 1958.
– Tagebuch einer Schizophrenen. Frankfurt a. M. 1973.
„Section on ‚Play Therapy'". In: *Amer. J. of Orthopsychiatry, Bd. 8* (1938), S. 499–524.
Seiler, T. B.: Die Reversibilität in der Entwicklung des Denkens. Stuttgart 1968.
Der Senator für Schulwesen, Berlin: Vorläufiger Rahmenplan für die Vorklassen. 2. Fassung 1972. Informationsdienst Schulwesen, Berlin 1973.
Sendak, M.: Wo die wilden Kerle wohnen. Zürich 1967.
Sigel, I. E.: „Cognitive Competence and Level of Symbolization among Five-Year-Old Children". In: Hellmuth, J. (Hrsg.): *The Disadvantaged Child. Bd. I,* Seattle, Wash., 1967, S. 435–453.

SILVERMANN, M. A.: „The Growth of Logical Thinking. Piaget's Contribution to Ego Psychology". In: *Psychoanalytic Quart., Bd. 40* (1971), S. 317–341.
SIMMEL, E.: „Doktorspiel, Kranksein und Arztberuf". In: *Int. Z. f. Psychoanalyse, Bd. 12* (1926), S. 528–539.
SINCLAIR, H.: „The Transition from Sensory-Motor Behavior to Symbolic Activity". In: *Interchange, Bd. 1* (1970), S. 119–126.
SINGER, K.: Lernhemmung, Psychoanalyse und Schulpädagogik. München 1970.
SINGER, J. L.: Daydreaming. An Introduction to the Experimental Study of Inner Experience. New York 1966.
– „Imagery and Daydream Techniques Employed in Psychotherapy: Some Practical and Theoretical Implications". In: SPIELBERGER, C. D. (Hrsg.): *Current Topics in Clinical and Community Psychology. Bd. 3,* New York 1971, S. 1–51.
SINGER, J. L., und MCCRAVEN, V. G.: „Daydreaming Patterns of American Subcultural Groups". In: *The Int. J. of Social Psychiatry, Bd. 8* (1962), S. 272–281.
SINGER, J. L., u. a.: The Child's World of Make-Believe. Experimental Studies of Imaginative Play. New York 1973.
SLOVENKO, R., und KNIGHT, J. A. (Hrsg.): Motivations in Play, Games and Sports. Springfield, Ill., 1967.
SMILANSKY, S.: The Effects of Sociodramatic Play on Disadvantaged Preschool Children. New York 1968.
– „Can Adults Facilitate Play in Children? Theoretical and Practical Considerations". In: *Play. The Child Strives toward Self-Realization.* Washington, D. C.: National Association for the Education of Young Children (NAEYC), 1971.
– „Wirkungen des sozialen Rollenspiels auf benachteiligte Kinder". Und: „Anleitungen zum sozialen Rollenspiel". In: FLITNER, A. (Hrsg.): *Das Kinderspiel. Texte*. München 1973.
SMILANSKY, S., und SMILANSKY, M.: „Der Nutzen der Vorschulen für die Förderung kulturell benachteiligter Kinder". In: SCHMAHLOHR, E., und SCHÜTTLER-JANIKULA, K. (Hrsg.): *Bildungsförderung im Vorschulalter. Bericht der Tagung im UNESCO-Institut für Pädagogik 1970*. Oberursel 1972, S. 183–239.
SMIRNOFF, V. N.: The Scope of Child Analysis. London 1971.
– „Die fetischistische Transaktion". In: PONTALIS, J. B. (Hrsg.): *Objekte des Fetischismus*. Frankfurt a. M. 1972, S. 76–112.
SONQUIST, H. D., und KAMII, C. K.: „Applying Some Piagetian Concepts in the Classroom for the Disadvantaged". In: FROST, J. L. (Hrsg.): *Early Childhood Education Rediscovered*. New York 1968, S. 169–180.
SPEERS, R. W.: Separation – Individuation and Implications for Play Ability and Learning as Studies in the Three-Year-Old Nursery School. Pittsburgh 1971 (vervielfältigtes Manuskript).
SPEERS, R. W., u. a.: „Recapitulation of Separation – Individuation Processes when the Normal Three-Year-Old Enters Nursery School". In: MCDEVITT, J. B., und SETTLAGE, C. F. (Hrsg.): *Separation – Individuation*. New York 1971, S. 297–321.
SPERLING, O. E.: „An Imaginary Companion, Representing a Prestage of the Superego". In: *The Psychoanalytic Study of the Child, Bd. 9* (1954), S. 252–258.
SPIRO, M. E.: Children of the Kibbutz. A Study in Child Training and Personality. New York 1969.
SPITZ, R. A.: „Wiederholung, Rhythmus, Langeweile". In: *Imago, Bd. 23* (1937), S. 171–196.
– „Relevancy of Direct Infant Observation". In: *The Psychoanalytic Study of the Child, Bd. 5* (1950), S. 66–73.

– „Aggression: Its Role in the Establishment of Object Relations". In: LOEWENSTEIN, R.M. (Hrsg.): *Drives, Affects, Behavior. Bd. 1*, New York 1953, S. 126–138.
– Nein und Ja. Die Ursprünge der menschlichen Kommunikation. Stuttgart 1957.
– „Zur Entstehung der Über-Ich-Komponenten". In: *Psyche, Bd. 14* (1960/61), S. 400–426.
– Vom Säugling zum Kleinkind. Stuttgart 1967.
– „Hospitalismus I. und II." In: BITTNER, G., und SCHMIDT-CORDS, E. (Hrsg.): *Erziehung in früher Kindheit*. München 1968, S. 77–104.
– Angeboren oder erworben? Die Zwillinge Rosy und Cathy. Amsterdam 1971.
– „Das Leben und der Dialog". In: *Psyche, Bd. 26* (1972), S. 249–264.
– „Die Evolution des Dialogs". In: *Psyche, Bd. 27* (1973), S. 697–717.
STERBA, R.: „Zur Problematik der Sublimierungslehre". In: *Int. Z. f. Psychoanalyse, Bd. 16* (1930), S. 370–377.
STERN, V.: Cognitive Aspects of Symbolic Play in Young Children. Final Report. Research Division, Bank Street College of Education. New York 1973.
STERN, W.: Psychologie der frühen Kindheit bis zum 6. Lebensjahr. Leipzig 1928.
STEVENSON, O.: „The First Treasured Possession. A Study of the Part Played by Specially Loved Objects and Toys in the Lives of Certain Children. With a Preface by D.W. Winnicott". In: *The Psychoanalytic Study of the Child, Bd. 9* (1954), S. 199–217.
STIERLIN, H.: „Die Funktion innerer Objekte". In: *Psyche, Bd. 25* (1971), S. 81–97.
STORCK, J. (Hrsg.): Fragen nach dem Vater. Französische Beiträge zu einer psychoanalytischen Anthropologie. München 1974.
STREAN, H.S.: „A Family Therapist Looks at ‚Little Hans'". In: *Family Process, Bd. 6* (1967), S. 227–234.
STROM, R.D.: „Observing Parent-Child-Fantasy Play". In: *Theory into Practice, Bd. 13* (1974), S. 287–297.
SUTTON-SMITH, B.: „A Formal Analysis of Games Meaning". In: *Western Folklore, Bd. 18* (1959), S. 13–24.
– „Piaget on Play: A Critique". In: *Psychological Rev., Bd. 73* (1966a), S. 104–110.
– „Role Replication and Reversal in Play". In: *Merrill-Palmer Quart., Bd. 12* (1966b), S. 285–298.
– „The Role of Play in Cognitive Development". In: HERRON, R.E., und SUTTON-SMITH, B. (Hrsg.): *Child's Play*. New York 1971a, S. 252–260.
– „A Syntax for Play and Games". In: HERRON, R.E., und SUTTON-SMITH, B. (Hrsg.): *Child's Play*. New York 1971b, S. 298–307.
– The Folkgames of Children. Austin 1974.
SUTTON-SMITH, B., und ROBERTS, J.M.: „Rubrics of Competitive Behavior". In: *J. of Genetic Psychology, Bd. 105* (1964), S. 13–37.
SVENDSEN, M.: „Children's Imaginary Companions". In: *Archives of Neurology and Psychiatry, Bd. 32* (1934), S. 985–999.
SYMPOSIUM ON FANTASY. In: *Int. J. of Psychoanalysis, Bd. 45* (1964), S. 171–202.
SZÉKELY, L.: „Meaning, Meaning Schemata and Body Schemata in Thought". In: *Int. J. of Psychoanalysis, Bd. 43* (1962), S. 297–305.
WÄLDER, R.: „Das Prinzip der mehrfachen Funktion". In: *Int. Z. f. Psychoanalyse, Bd. 16* (1930), S. 285–300.
– „Die psychoanalytische Theorie des Spiels". In: *Z. f. psychoanalytische Pädagogik, Bd. 6* (1932), S. 184–194; jetzt in: FLITNER, A. (Hrsg.): *Das Kinderspiel. Texte.* München 1973.

– „The Psychoanalytic Theory of Play". In: *Psychoanalytic Quart., Bd. 2* (1933), S. 208–224.
– „Zur Frage der Genese der psychischen Konflikte im frühen Kindesalter". In: *Int. Z. f. Psychoanalyse, Bd. 22* (1936), S. 513–570.
WANGH, M.: „The Evocation of a Proxy". In: *The Psychoanalytic Study of the Child, Bd. 17* (1962), S. 451–469.
WATSON, J. S.: „Smiling, Cooing and ‚the Game'". In: *Merrill-Palmer Quart., Bd. 18* (1972), S. 323–339.
WEIKART, D. P., u. a.: The Cognitively Oriented Curriculum. A Framework for Preschool Teachers. ERIC-NAEYC Publication, University of Illinois, Urbana, Ill., 1971.
WEISBERG, P. S., und SPRINGER, K. J.: „Environmental Factors in Creative Function". In: *Archives of Genetic Psychiatry, Bd. 5* (1961), S. 554–564.
WHITE, R. W.: „Motivation Reconsidered: The Concept of Competence". In: *Psychological Rev., Bd. 66* (1959), S. 297–333.
– „Competence and the Psychosexual Stages of Development". In: JONES, M. R. (Hrsg.): *Nebraska Symposium on Motivation, Bd. 8* (1960), S. 97–141.
– „Ego and Reality in Psychoanalytic Theory. A Proposal Regarding Independent Ego Energies". In: *Psychological Issues, Bd. 3* (1963), Nr. 3 (Monograph 11).
WILLIAMS, M.: „Problems of Technique during Latency". In: *The Psychoanalytic Study of the Child, Bd. 27* (1973), S. 598–620.
WINNICOTT, D. W.: „Über die Fähigkeit allein zu sein". In: *Psyche, Bd. 12* (1958/59), S. 344–352.
– „Über die emotionelle Entwicklung im ersten Lebensjahr". In: *Psyche, Bd. 14* (1960/61), S. 25–37.
– „Übergangsobjekte und Übergangsphänomene. Eine Studie über den ersten, nicht zum Selbst gehörenden Besitz". In: *Psyche, Bd. 24* (1969), S. 66–82.
– „Die Lokalisierung des kulturellen Erlebens". In: *Psyche, Bd. 24* (1970), S. 260–269.
– Playing and Reality. London 1971. Deutsch: Vom Spiel zur Kreativität. Stuttgart 1973.
WOHLWILL, J. F.: „Piaget's System as a Source of Empirical Research". In: *Merrill-Palmer Quart., Bd. 9* (1963), S. 253–262.
WOLFENSTEIN, M.: „A Phase in the Development of Children's Sense of Humor". In: *The Psychoanalytic Study of the Child, Bd. 6* (1951), S. 336–350.
– „Children's Understanding of Jokes". In: *The Psychoanalytic Study of the Child, Bd. 8* (1953), S. 162–173.
WOLFF, P. H.: „The Developmental Psychologies of Jean Piaget and Psychoanalysis". In: *Psychological Issues, Bd. 2* (1961), Nr. 1, S. 1–181 (Monograph 5).
– „Developmental and Motivational Concepts in Piaget's Sensorimotor Theory of Development". In: *J. of the Amer. Academy of Child Psychiatry, Bd. 2* (1963), S. 225–243.
– „Cognitive Considerations for a Psychoanalytic Theory of Language Acquisition". In: HOLT, F. R. (Hrsg.): *Motives and Thought. Essays in Honor of David Rapaport*. In: *Psychological Issues, Bd. 5* (1967), Nr. 2–3, S. 299–342 (Monograph 18–19).
– „Überlegungen zu einer psychoanalytischen Theorie des Spracherwerbs". In: *Psyche, Bd. 28* (1974), S. 853–899.
WOLFFHEIM, N.: Psychoanalyse und Kindergarten. München und Basel 1966.
WYGOTSKY, L. S.: Denken und Sprechen. Frankfurt a. M. 1969.
– „Das Spiel und seine Rolle für die psychische Entwicklung des Kindes". In: *Ästhetik und Kommunikation, Bd. 4* (1973), S. 16–37.

ZELAZO, P. R.: „Smiling and Vocalization: A Cognitive Emphasis“. In: *Merrill-Palmer Quart., Bd. 18* (1972), S. 349–365.
ZEPF, S.: Zur Theorie der psychosomatischen Erkrankung. Frankfurt a. M. 1973.
ZULLIGER, H.: Bausteine zur Kinderpsychotherapie und zur Kindertiefenpsychologie. Bern und Stuttgart 1957.
– Heilende Kräfte im kindlichen Spiel. Stuttgart 1970.

Summary

Children's Play: Dynamics of Instinctual Drives Versus Enculturation

The purpose of the present investigation, an enquiry into a number of psychoanalytic studies as well as into Piaget's developmental psychology, is to determine how much these approaches contribute to our understanding of children's play and fantasies and their *psychodynamic* and *cognitive* bases.

In psychoanalysis a variety of theoretical interpretations based on clinical and other empirical experiences have been developed. Their contradictions and unresolved problems are considered under the aspect of their relevance for a critique and modification of educational measures and concepts of handling children's play. Though the dominating theoretical interest of the present study is an educational one it is not attempted to articulate a systematic normative theory of educational practice concerned with the phenomenon of children's play. The specific contribution of psychoanalytic theoretical investigations to educational practice consists mainly in guiding and increasing the sensitivity of parents and educators concerning the potential consequences of their activities (or their passivity) versus children's play. These aims cannot be realized in the everyday life of family socialization under the present social conditions. But they could possibly be realized partly in the training of nursery- and pre-school-teachers and child-guidance workers.

In the investigation of the *dynamics* of children's play, its motivation, its different forms and structures, the contradiction and conflict between the dynamics of instinctual drives on the one hand and the "reality principle" on the other must be emphasized and analyzed. The traditional theories of genetic developmental psychology are as inadequate and insufficient in explaining the dynamic aspects of play as are the sociological models of explication for "role-playing", which cannot comprehend the complexities of children's play activities.

There are three aspects of conflict which determine childrens's play: (1) the conflict between the child and its environment, its parents, educators and all adults, (2) the conflict between opposing needs or drives, (3) and finally the conflict between the id, and the ego, and later the super-ego. In studying a *specific* play activity of a *particular* child one has to take into account the manifold conflicts which possibly determine the child's behavior. Children's play activities have always a number of determinants which differ from one individual to another. In this point the psychoanalytic literature differs from academic psychology, which was chiefly interested in *typical games* played by *all* children.

Psychoanalytic interpretations take into account typical and wide-spread games as well, but their focus is more on the individual differences in playing a special game. Psychoanalytic explanations always emphasize that a particular play activity may have various meanings and may perform various functions in the development of the child.

In the present study play is seen as a representational assimilation of children's concrete experience. As a representation it serves as a concrete form of communication between the child and his parents and other educators. To the child play represents the externalized expression of his emotional life. A better understanding of play as a mode of communication would enable parents and educators to recognize and diagnose the conflicts of children.

Only when one has grasped play as a complexly structured, presentational, symbolic form of communication and is sensitized to the forms it takes is one in a position to point out the limitations of the quasi social-technical approach to it now in favor. It is a one-dimensional instrumentalization of play activities that atomizes a unified process for purposes of functional training, and as such cannot be without negative consequences for the psyche of the child.

Following Bateson and Haley ("The message: this is play") specific forms of representational play activities can be interpreted as an expression of a more or less successfully obtained competence for 'meta-communication'. At the same time play is defined as a transitional mode of communication between the primary processes encompassing no meta-communication and the conscious meta-communication possibly involved in secondary processes. Due to the specific psychodynamic function of an individual play activity communication and meta-communication are at the same time equated and discriminated. In this context the permanent oscillation between the two forms of thinking – primary- and secondary-process-thinking – e. g. between fantasy and reality in children's play is to be considered.

It is analyzed how children attempt to assimilate certain highly unpleasent experiences or anxiety-ridden events by repeating them actively in play, thereby lessening the discomfort they have caused. In this case, however, children overcome threatening situations not by developing a function or skill in reality, but by making use of their *imagination*.

Because fantasy and reality interpenetrate in play, the child may experience what is known as an "acting out" of anxiety, though this be of an illusionary nature. And though playing may bring about a certain wish fulfillment, it is coupled with the ability of the child to differentiate between fantasy and reality and to accept the fact that his play does not represent reality. Only a child that has gained a certain measure of general emotional security through early identification with his parents will be able to "*represent*" even new, threatening experiences in play, i. e. transform them into *imaginary communication* in which his basic trust in these persons is latently present.

This in turn means that the child will be in a better position to deal successfully with conflicts in reality, since it will be able to face them with less anxiety.
The subject of the present investigation are also the unconscious processes which motivate the collectively shared and practised educational concepts of adults towards children's play. Psychoanalysis has studied the educator's influence on the child and has shown the impact of adults', especially parents' own unresolved conflicts on those of the child. Of interest are also the attitudes of one individual educator towards a specific play activity. Any contact with the child tends to mobilize impulses and desires of the parents' own childhood. The thesis of S. Bernfeld that all educational measures are formed by the attitude of the adult towards the repressed child in himself (i.e. the child he once was himself) applies especially to the attitudes of adults towards children's play.
Children's play is very often an expression of their infantile-erotic instincts in a disguised form and therefore adults reactions are sometimes confused, helpless or aggressive. The adult's aggressiveness towards the child, which may manifest itself as 'discipline' may be due to experiences in the adult's own child-parent relationship. A psychoanalytically guided education would – knowing the dynamics of instinctual drives in the child's development – try to give 'potential space' (Winnicott) for spontaneous and self-initiated play-activities.
We attempt to show how deeply certain children's games and fantasies result from a compromise between repressed early infantile desires and the socially transmitted prohibitions of these desires (although an analysis of the historical development of various prohibitions was beyond the scope of our study). On closer analysis many forms of play reveal both what has been repressed and the defense mechanisms society provides for its repression. Thus games often exhibit many of the characteristics of substitutes for thwarted satisfactions; at the same time they express the sanctions of educational authorities, which in turn follow their own, socially transmitted dynamics of instinctual drives. We give particular attention to those forms and aspects of children's play that have not yet been enlisted by educational bodies in the service of enculturation, and which often express resistance to social pressure to conform. These include the collective play fantasies of older children that unite them against their parents.
Children's play is characterized from the psychoanalytic point of view by its *manifest facade* and *latent content.* In other words, play attempts at one and the same time to express something and to conceal it; it is both a representation of a child's desires and conflicts and their complete, concealing opposite. Thus the manifest meaning of a game (analogous to that of a dream) always points to a hidden meaning that challenges us to explain and interpret it. This is especially true of the mode of thinking and presentation that is dominant in many forms of play, the symbolic.

The key chapters of this study are those that show how a child's earliest learning experiences are transmitted. This takes place primarily through the *body experiences* that are so decisive in forming the *cognitive* and *communicative* structure of early play. Our analysis here is based largely on the empirical work of Galenson et al on the process of symbol-formation.

The body-analogous interpretations that a child makes of his environment and the perception of reality that emerges from them, come together in the process of symbol-formation. Galenson et al describe how, in two-year-old children, the experience of anal, urethral and genital body sensations become concentrated in corresponding body images (these, however, are only partially translated into symbols whose meaning is shared with family and/or society). Particularly in the play behavior of two-year-olds, these researchers often observed "body derivatives" of such early body experiences and self-exploration whose affective content was divorced from the original experience.

Thus the exploration of the dimensions of inside and outside of the most diverse objects may stand, in the anal stage, for curiosity about the inside of one's own body. A child may even "symbolize" certain body functions by manipulating play materials. Many of the characteristics that Langer described for presentational symbolism also apply to body derivatives; e. g. that their meaning can be understood only in the individual, dramatic context and cannot be simply translated into the language of discursive symbolism.

Galenson proceeds on the assumption that from this "presentational" symbolism of early play, whose content often consists of externalization and/or projection of certain experiences of one or more body zones, a line of genetic connection leads to the development of creativity in later years.

In connection with *play and creativity* we also discuss and analyze Winnicott's concept of "transitional objects". The most interesting thing about Winnicott's observations when compared, say, to Piaget's treatment of the phenomenon of play, is the strong emphasis he places on the affective needs of the child in the process of earliest symbol formation. The importance of the reliability of affective security for the infant may be related, in Winnicott's view, to the two basic dimensions of symbolic and fantasy play:

1. Gaining a minimum basic confidence in the reoccurence of experiences with positively cathected objects, posticularly with the mother.
2. Gaining a secure "potential space" to form, use and develop symbols.

We go on to suggest how, using psychodynamic concepts of this kind, one might approach a theoretical explanation of the type. Piaget has often said is necessary but no one has yet succeeded in giving, of the affective, drive-related prerequisites of cognitive development and its permanent overdetermination. When speaking of the facade of play and its symbolic representations, whose manifest content points to latent (i. e. repressed) material, one should keep in mind that in the earliest stages of development children do not need to conceal anything using their body-analogous interpretations of the environment. On the level of ontogenesis we have, therefore, to make a distinction between two steps or stages resulting in symbol-formation in the psychoanalytical sense:

1. The stage that *precedes* the onset of repression-processes. Here the symbol is a vicarious representation of the not-yet-comprehended and the incomprehensible (e.g. body-analogous denominations, magic thinking, primary identification-processes).
2. The stage that *follows* the onset of repression. Here the symbol is a vicarious representation of repressed unconscious contents.

Though psychoanalysis has provided a great deal of evidence to show that cognition cannot be isolated from affective participation, the psychoanalytic theory of development and play is often accused of one-sidedness and contrasted unfavorably with Piaget's theoretical edifice. It must be emphasized, however, that even Piaget has dealt with only a certain limited aspect of development. His main interest has been in thought processes and how they develop gradually out of motor acts. This approach also largely determines his theory of play, which can be understood only in the context of his general theory of intelligence and the development of thinking.

Piaget is not so interested in psychic functions as in finding what he calls psychic *structures*, the constituent elements of the thought function. Since, however, he does not take into account that psychic functions must involve a conflict of forces, there is hardly room for dynamics in his system.

Play in the sense of practicing action schemes is, for Piaget, at the same time a part of the cognitive component in the formation of concepts. For him play is a necessary result of the cognitive structures of the child; it is a certain *form* of thinking, and it represents a transitional *stage* in the development of the capacity to think that the child must overcome in order to move away from its original, egocentric and phenomenalistic viewpoint and towards the rational viewpoint of the adult.

When discussing thinking and playing, Piaget invariably asks what they achieve in terms of adaptation to reality and what relationship between assimilation and accommodation they express. Play for Piaget is all behavior which neglects the aspect of adaptation to reality. Play as an objectified form of the dominant activity of assimilation is defined as that type of behavior that perceives reality only in terms of already existing forms of thought and action schemes and, so to speak, "bends itself to fit". As an act of assimilation of reality to the ego or "things among themselves to the interests of the ego", play serves the "desire for individual need satisfaction" (Piaget). This interpretation of play sounds very close to that of psychoanalysis.

Nevertheless, Piaget's view of children's play differs from it in important respects. In words that appear again and again in his writings, Piaget describes play as a "distorting" and "deforming" activity or assimilation of reality, and he assumes that this is a result of the disequilibrium of infantile thinking. Thus he interprets play as compensating for the yet undeveloped thinking capacity of children.

In giving so much attention to the adaptive function of intelligence and thinking he completely neglects the importance of divergent thought. His definition of the function of play as basically a "reproductive assimilation" and "simple copy of reality" overlooks the fact that play may well produce independent results of its own and can be a great impetus to creativity, flexibility and spontaneity. Creativity, however, cannot be described solely in terms of adaptive intelligence.

In this connection the question arises for educators as to whether play can or ought to be treated solely as a *means* to socialization, or whether it might not be a profitable *aim* as well. Aside from the fact that Piaget was not interested in answering questions of this kind, he did state in many places that intelligent and effective adaptation was the sole aim of development. Thus, according to him, the symbolic games of middle childhood develop in the process of socialization towards an objective and precise imitation of reality, and approach, by way of the stage of games with rules, "goal-oriented and adapted work".

If we see play not only as a *general structural phenomenon* but also in terms of the highly varied character of specific play acts, the question arises whether a classification and typing of the kind attempted by Piaget can really do it justice. Can a descriptive, structural classification of this kind explain the functions or even the spectrum of possible functions that certain forms of play entail? Piaget is less interested in interpreting the content of particular games than in making a "pure structural analysis", so it is no wonder that his theory does not consider the motivational side of play and its emotionally determined content. Nor does his classification include interpersonal relationships. We have attempted to show in this paper that the concept of *functional pleasure* that Piaget falls back upon is actually only a half-hearted *motivational* concept. When he repeatedly characterizes the sensory-motor games as "aimless" and without external goal, one is tempted to ask: Yes, but isn't there an internal goal here that is being overlooked? No matter what kind of behavior is being discussed, Piaget locates its motivation only in the "need to function".

Unlike motivations in the psychoanalytic sense, which are always used to mean libidinal cathexes that provide the impulses to activate the various psychic functions, the "need to function" (or even the "effectance motivation" of White) cannot be displaced from one goal to another. Yet thinking and acting, perceiving and feeling are based, at least in psychoanalytic theory, precisely on the displacement of libidinal cathectic energies to different objects each time.

Functional pleasure or need to function thus produces no substitute acts and seeks no substitute objects if the desired object or goal cannot be reached. Over the controversies that have been raging about the exact definition of "functional pleasure" or "need to function" and "effectance motivation" it should be remembered that concepts like these are often applied indiscriminately to all sorts of phenomena that could perhaps be better explained by psychoanalytic theorems on the interrelationship of drive derivates, defense mechanisms and ego accomplishments.

The basic inseparability of affective and cognitive aspects of behavior is expressed for Piaget in the concept of the "scheme". The scheme is a tool for intelligent generalization and for the satisfaction of needs and interests. (Piaget does not, however, derive or clearly define these last two terms.) What one misses here is a description of the cognitive processes and structures that relate to internal, instinctual impulses or even body functions and needs, or which develop out of confrontation with them.

Though Piaget assumes that affects always *accompany* thoughts, he sees them or tends to see them as unvarying and unchanging *constants*. This leads him to neglect the affects as possible systematic variables in the development of intelligence. Nor does he take into account that a *particular* affect may be associated with different cognitive acts, and a *particular* cognitive act may be associated with the most various affects. Despite a number of programmatic assertions on the interplay of cognition and affect, particularly in children's play, one looks through Piaget's writings in vain for a concrete discussion of satisfying and/or frustrating situations and the effect they have on the structuring of cognitive processes.

Taking "secondary symbolism" in play as our example, we show that in the end Piaget's attempt to integrate psychoanalytic concepts into his theory amounts to a rejection of one of its main pillars, the unconscious. Then too, his reinterpretation of such key concepts of psychoanalysis as the unconscious, repression, censorship, and symbol, is so far-reaching that they are no longer applicable to the central frame of reference of psychoanalytic theory, namely the dynamics of drives.

In his concrete interpretations of symbolic acts in play, Piaget describes a phenomenon which is beyond dispute, namely the *descriptive unconscious*. Determined by infantile *cognitive deficits* and the *thoughtsaving of everyday consciousness*, its purpose is to work out and rationalize content that has been relegated to the unconscious by means of repression. Now, by thoughtsaving we mean that the cognitive structures or schemata that underly our everyday thought processes may be opened to our conscious thinking only through the extra effort of metacommunicative reflection. The reason why cognitive and structurally determined components of the descriptive unconscious are so important for the formulation of a psychoanalytic educational theory of children's play is that the emerging processes of repression can make use of the cognitive structural deficits of infantile thinking to secure and to form psychodynamically determined condensations and codes.

In another section of this study, taking the formation of permanent objects and libidinal objects as our example, we attempt to elucidate as clearly as possible how psychoanalysis views the mutual interaction of cognitive and affective development. Despite the overlapping and interdependency of concepts such as these, it is important to keep their differences in mind.

To be an object of the libido, an object need not always exist in outside reality (as Piaget's objects invariably do). Often enough it may be a fantasized object. On the one hand, the consolidation of the libidinal object depends partly on the baby having grasped certain aspects of permanent, cognitive objects; on the other, no permanent, cognitive object can be constituted without a certain libidinal cathexis of the corresponding concrete (cognitive) object. This mutual interdependency should not be misconstrued as identity, however. The libidinal object is tied to affective experiences of satisfaction or denial transmitted by persons; in sharp contrast to the cognitive object in Piaget's sense, the object of libido is *not* in the least characterized by its remaining identical with itself. Furthermore, we must ask whether Piaget's concept of the cognitive object should not be revised such that even inanimate objects of cognition – depending on the cathectic processes specific to the situation – do not remain primarily identical to themselves up to a certain stage of development, but initially give rise only to a constancy of object *realms* that are contradictorily cathected.

The main hypothetical conclusions that have emerged from our comparative analysis of psychoanalytic and cognitive-developmental psychological studies may be summarized as follows:

1. Neither psychoanalytic theory nor Piaget's theory of development represents, in and of itself and in its present form, a sufficient psychological basis for delineating pedagogical procedures for preschool children.
2. On the other hand, the work of Sigmund Freud and Anna Freud as well as more recent studies with a combined psychoanalytic and developmental approach do contain valuable elements of a complex mediation between the affective and cognitive dimensions of developmental theory. Therefore, these are more likely to provide a good starting point for educational concepts, which must of course consider the total development of the child's psyche.
3. By contrast and true to his own intention and background, the work of Piaget is an intentionally onesided analysis of cognitive development alone. It makes no claim, either explicitly or implicitly, to being a basis for teaching conceptions.

If one were to characterize the relationship of psychoanalysis to Piaget's theory with respect to cognitive development in a few words, one might describe Piaget's theoretical edifice as an incomplete, genetic theory and structural phenomenology of cognition. It explains in a rather one-sided way the sensomotoric, biologically based deep structures of the genesis of cognitive operations and schemes and then, proceeding from this core, discusses more peripheral aspects of the *entire* genetic process by utilizing other traditional theories. It nevertheless neglects to characterize in a systematic way other key deep structures involved in the genesis of cognitive structures, particularly those of a psychodynamic, motivational and social-communicative nature.

By contrast psychoanalysis, though it may be incomplete in other ways, provides us with important building blocks for a genetic theory of the emergence and everyday structuring of cognitive processes, in which the psychodynamic, biologically based deep structures of the genesis of *cognitive forms* have, by necessity, been elucidated.

Among these building blocks of theory to integrate affective and cognitive dimensions of development are the following psychoanalytic concepts (which also imply answers to certain problems of thinking and cognitive problem-solving strategies):

1. Primary and secondary processes as particular psychodynamically determined forms of thought;
2. Reality testing as a means to differentiate between inner and outer world;
3. Symbol formation as a dialectical interrelation of affective and cognitive dimensions, e.g. the formation of body-analogous symbols;
4. Defense mechanisms with their specifically cognitive functions – projection, introjection, identification.

Personenregister

[1] Der Name Piaget wird hier nur soweit aufgeführt, wie er in Teil A erwähnt wird. Im Teil B wird Piaget so durchgehend zitiert, daß sich Hinweise erübrigen.

Sachregister